OpenCV
컴퓨터 비전 프로그래밍

Motion Detection / Tracking & Camera Calibration

저자 김동근

- OpenCV v2.4.6 사용
- opencv_video, opencv_calib3d 라이브러리
- 움직임 검출(Motion Detection)
- 움직임 추적(MeanShift, CamShift, Kalman Filter)
- 단일 카메라 캘리브레이션
- 스테레오 카메라 캘리브레이션 및 교정(Rectification)
- 깊이(Depth)계산 및 3D 재구성(Reconstruction)

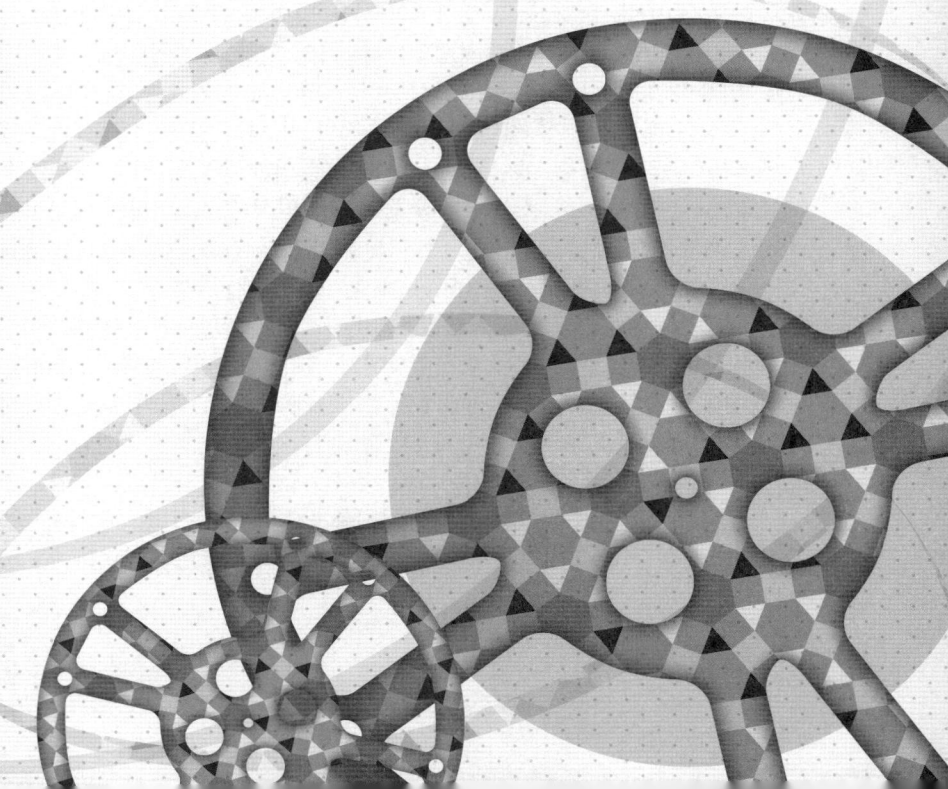

부록 CD-ROM
예제 소스

- 좋은 책 · 알찬 내용 -
가메출판사

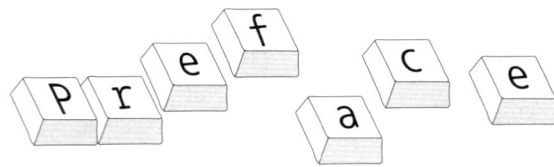

　　　　　　　OpenCV는 오픈소스 컴퓨터 비전(Computer Vision) 라이브러리입니다. OpenCV 소스는 C/C++로 구현되었고, 윈도우즈, 리눅스, iOS, 안드로이드 등의 다양한 플랫폼에서, C, C++, Python, JAVA 등의 다른 언어와 연동하여 사용할 수 있습니다. 2013년 10월에 OpenCV 2.4.6 버전과 11월에 버그 수정 등을 포함한 OpenCV 2.4.7 버전이 발표되었으며, 많은 수의 영상처리(Image processing) 및 컴퓨터 비전 관련 알고리즘이 구현되어 있습니다.

2010년(초판)과 2011년(개정판)에 가메출판사에서 출판한 OpenCV Programming은 함수 기반의 C API를 사용하여 opencv_core, opencv_imgproc, opencv_highgui 라이브러리의 내용을 중심으로 행렬, 영상 등의 OpenCV 자료구조, 간단한 그래픽, 기본 연산 함수, 포인트 프로세싱, 공간 필터링, 주파수 필터링, 영상 분할 및 특징 검출, 비디오 입출력, 레이블링 등의 기본적인 영상처리 내용을 다루었습니다.

본 교재는 opencv_video 라이브러리의 움직임 검출 및 추적(Motion Detection and Tracking)과 opencv_calib3d 라이브러리의 카메라 캘리브레이션(camera calibration)을 중심으로 다루었습니다. 윈도우즈 환경에서 OpenCV 2.4.6 버전과 Visual Studio 2010을 사용하여 예제를 작성하고 설명하였습니다. 1장은 OpenCV 개요와 비주얼 스튜디오 2010에서 OpenCV 2.4.6의 사용 방법을 간략히 설명하였고, 2장은 OpenCV Programming 교재에서 OpenCV 자료구조, 영상 및 행렬 접근, 간단한 그래픽, 비디오 입출력 등의 C 언어 API를 사용하는 영상처리 기초를 간략히 요약 설명하였습니다. 3장은 배경 차영상 기법에 의한 움직임 및 변화 영역 검출 그리고 움직임 히스토리에 의한 움직임 검출, 광류(optical flow)에 의한 움직임 검출, MeanShift/CamShift, Kalman 필터에 의한 움직임 추적 등의 움직임 검출 및 추적에 대하여 다루었습니다. 4장은 체스보드 패턴을 사용한 코너점 및 대응점 검출, Zhengyou Zhang의 논문을 기반으로 호모그래피(homography) 계산, 호모그래피로부터 카메라 캘리브레이션의 직접 구현, OpenCV의 카메라 캘리브레이션 함수, 캘리브레이션 파라미터 행렬의 XML, YML로 저장 및 읽기, 스테레오 영상에서 에피폴 및 기반행렬(fundamental matrix) 계산, 2대의 카메라로부터의 스테레오 캘리브레이션, 3D 깊이(depth) 계산 및 3D 재구성(reconstruction) 등에 대하여 다루었습니다.

끝으로 책을 출판에 수고하여 주신 가메출판사 담당자 여러분께 감사드리며, 이 책이 독자 여러분이 컴퓨터 비전을 공부하는 데에 도움이 되었으면 합니다.

저자 김동근

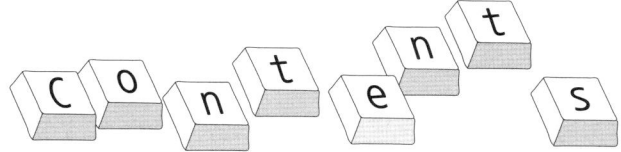

Chapter 01 OpenCV 기초

1.1 영상처리와 컴퓨터 비전	10
1.2 OpenCV 개요	11
1.3 OpenCV 2.4.6	13
1.4 비주얼 스튜디오 2010에서 OpenCV 2.4.6 사용	15
1.4.1 OpenCV 2.4.6 설치	15
1.4.2 OpenCV 2.4.6 설치 폴더	16
1.4.3 OpenCV 2.4.6의 기본 응용 프로그램	22
1.4.4 OpenCV 2.4.6의 VC2010 커스텀 위저드	26

Chapter 02 OpenCV C API 자료구조

2.1 C API를 사용한 영상처리	32
2.1.1 영상 파일 읽기, 저장, 화면 표시	32
2.1.2 IplImage 영상 생성, 파괴, 복사 및 초기화	35
2.1.3 영상(IplImage)의 화소 접근	38
2.1.4 영상에 선, 원, 타원 그리기	43
2.1.5 영상에서 관심 영역(ROI)과 관심 채널(COI) 지정	45
2.1.6 영상(IplImage)과 행렬(CvMat)의 헤더 변환	48
2.1.7 모양 변경, 채널 분리/합성 및 컬러 변환	53
2.1.8 행과 열의 부분 접근 및 복사	61
2.2 C API 비디오 입출력	64
2.2.1 비디오 입력	64
2.2.2 비디오 출력	67

Chapter 03 비디오에서 움직임 검출 및 추적

3.1 움직임 검출(Motion detection) 74
  3.1.1 배경 차영상 기법에 의한 움직임 및 변화 영역 검출 74
  3.1.2 움직임 히스토리에 의한 움직임 검출 88
  3.1.3 광류에 의한 움직임 검출 96
3.2 움직임 추적(Motion tracking) 123
  3.2.1 MeanShift/CamShift에 의한 움직임 추적 123
  3.2.2 Kalman 필터에 의한 움직임 추적 137

Chapter 04 카메라 캘리브레이션

4.1 핀홀 카메라 164
4.2 체스 보드 패턴을 사용한 코너점 및 대응점 검출 167
  4.2.1 체스 보드 패턴에서 코너점 검출 167
4.3 호모그래피 계산 172
  4.3.1 DLT에 의한 호모그래피 계산 172
  4.3.2 SVD를 이용한 $AX=0$ 해 구하기 173
  4.3.3 정규화된 DLT(Normalized_DLT)에 의한 호모그래피 계산 174
  4.3.4 RANSAC을 이용한 정규화 DLT 알고리즘 184
  4.3.5 cvFindHomography 함수 198
4.4 호모그래피 H로부터 카메라 캘리브레이션 214
  4.4.1 내부 파라미터 계산 215
  4.4.2 외부 파라미터 계산 219
  4.4.3 MLE(Maximum Likelyhood Estimation) 220
  4.4.4 카메라 렌즈 왜곡 보정 220
4.5 OpenCV의 카메라 캘리브레이션 291
4.6 행렬을 XML과 YML로 저장 및 읽기 334
4.7 스테레오 영상 345
  4.7.1 에피폴라 및 기반 행렬 계산 345
  4.7.2 스테레오 캘리브레이션 351
  4.7.3 3D 깊이(Depth) 계산 및 3D 재구성(Reconstruction) 383

예제 목차

예제 cvEx0101: OpenCV 2.4.6의 기본 응용 프로그램	22
예제 cvEx0102: OpenCV 커스텀 위저드를 이용한 응용 프로그램 생성	28
예제 cvEx0201: 영상 파일 읽기, 저장, 화면표시	33
예제 cvEx0202: 생성, 파괴, 초기화	36
예제 cvEx0203: cvCloneImage, cvCopy	37
예제 cvEx0204: 그레이스케일 영상(IPL_DEPTH_8U, 1채널)에서 화소 값 접근 (cvSetReal2D, cvSet2D, cvGetReal2D, cvGet2D)	40
예제 cvEx0205: 컬러 영상(IPL_DEPTH_8U, 3채널)에서 화소 값 접근 (cvSet2D, cvGet2D)	41
예제 cvEx0206: 라인, 사각형, 원, 타원 그리기	44
예제 cvEx0207: 관심영역(ROI), 관심채널(COI)을 이용한 영역 복사	46
예제 cvEx0208: cvGetMat로 영상화소 값을 행렬로 변환	48
예제 cvEx0209: cvGetImage로 행렬을 영상 변환	50
예제 cvEx0210: cvGetSubRect를 이용한 영상의 부분 영역 지정	51
예제 cvEx0211: cvReshape, cvCalcCovarMatrix에 의한 컬러 영상의 평균 벡터와 공분산 행렬 계산	56
예제 cvEx0212: 영상 채널분리 및 병합 (cvSplit, cvMerge)	58
예제 cvEx0213: cvCvtColor에 의한 컬러 변환	60
예제 cvEx0214: 행과 열의 부분 접근 및 복사	62
예제 cvEx0215: 카메라로부터 비디오 입력 및 Canny 에지 검출	66
예제 cvEx0216: 카메라로부터 입력되는 비디오를 AVI 파일로 저장	68
예제 cvEx0217: AVI 비디오 파일로부터 영상 프레임 획득	70
예제 cvEx0301: cvAcc에 의한 배경 영상 계산	76
예제 cvEx0302: 배경 차영상에 의한 이동 물체 검출	78
예제 cvEx0303: 마스크 사용 없는 cvRunningAvg로 배경 영상 계산 및 차영상으로 변화 영역 검출	82
예제 cvEx0304: 마스크를 사용한 cvRunningAvg로 배경 영상 계산 및 차영상으로 변화 영역 검출	86
예제 cvEx0305: 움직임 히스토리에 의한 움직임 검출	90
예제 cvEx0306: 블록 정합 방법에 의한 광류 계산	102
예제 cvEx0307: Horn과 Schunck 방법에 의한 광류 계산	105
예제 cvEx0308: Lucas와 Kanade 방법에 의한 광류 계산	109
예제 cvEx0309: 피라미드 구조를 사용한 Lucas와 Kanade 방법에 의한 특징점 추적	113
예제 cvEx0310: cvCalcBackProject에 의한 히스토그램 역투영	124
예제 cvEx0311: cvCalcBackProject에 의한 히스토그램 역투영	126
예제 cvEx0312: cvCamShift에 의한 이동 물체 추적	133
예제 cvEx0313: 칼만 필터를 사용한 랜덤 상수 추정 1 (직접 구현)	142
예제 cvEx0314: 칼만 필터를 사용한 랜덤 상수 추정 2 (CvKalman 사용)	146
예제 cvEx0315: 자유 낙하 운동(motion of falling body)	150
예제 cvEx0316: MeanShift와 Kalman 필터를 사용한 물체 추적	154

예제 cvEx0401: 체스 보드 패턴의 코너점 검출 … 168
예제 cvEx0402: 비디오에서 체스 보드 패턴의 코너점 검출 … 170
예제 cvEx0403: 정규화된 DLT에 의한 두 영상 사이의 호모그래피 계산 … 175
예제 cvEx0404: RANSAC에 의한 호모그래피 … 185
예제 cvEx0405: cvFindHomography에 의한 두 영상 사이의 호모그래피 … 199
예제 cvEx0406: cvFindHomography에 의한 세계 좌표와 영상 좌표 사이의 호모그래피 … 204
예제 cvEx0407: cvFindHomography에 의한 비디오에서 세계 좌표와 영상 좌표사이의 호모그래피 … 210
예제 cvEx0408: N=1개의 영상을 이용한 캘리브레이션 계산(Zhang data) … 222
    (제약조건: $\gamma=0$, image center=(u0, v0))
예제 cvEx0409: N≧2개의 영상을 이용한 캘리브레이션 계산(Zhang data) (제약조건: If N=2, $\gamma=0$) … 236
예제 cvEx0410: N=1개의 패턴 영상에서 코너점 및 캘리브레이션 계산 … 250
    (제약조건: $\gamma=0$, image center=(u0, v0))
예제 cvEx0411: N≧2개의 영상을 이용한 캘리브레이션 계산(Corner 계산) … 265
예제 cvEx0412: 비디오에서 N≧2개의 영상을 이용한 캘리브레이션 계산 … 278
예제 cvEx0413: cvInitIntrinsicParams2D 함수로 카메라 내부 파라미터 계산(Zhang data) … 301
예제 cvEx0414: cvCalibrateCamera2 함수로 카메라 캘리브레이션 계산(Zhang data) … 306
예제 cvEx0415: ccvCalibrateCamera2와 cvFindExtrinsicCameraParams2 함수로 … 313
    카메라 캘리브레이션 계산(Zhang data)
예제 cvEx0416: ccvCalibrateCamera2와 cvFindExtrinsicCameraParams2 함수로 … 320
    카메라 캘리브레이션 및 cvProjectPoints2에 의한 검증
예제 cvEx0417: 비디오에서 카메라 캘리브레이션 계산 … 327
예제 cvEx0418: 행렬을 XML로 읽기/쓰기 … 334
예제 cvEx0419: 비디오에서 카메라 내부 파라미터와 렌즈 왜곡 계수 행렬을 XML/YML로 쓰기 … 336
예제 cvEx0420: 비디오에서 카메라 내부 파라미터와 렌즈 왜곡 계수 행렬을 … 340
    XML/YML에서 읽고, 외부 파라미터 계산
예제 cvEx0421: cvFindFundamentalMat, cvComputeCorrespondEpilines, cvCorrectMatches 함수로 … 346
    F 행렬 및 에피폴라 라인 계산
예제 cvEx0422: 2대의 USB 카메라부터 스테레오 비디오 획득 … 357
예제 cvEx0423: cvStereoCalibrate 함수를 이용한 비디오 스테레오 캘리브레이션(1) … 359
예제 cvEx0424: cvStereoCalibrate 함수를 이용한 비디오 스테레오 캘리브레이션(2) … 368
    ($R_2=R \times R_1$, $T_2=R \times T_1+T$의 관계 확인)
예제 cvEx0425: cvStereoRectify 함수를 이용한 스테레오 교정 … 374
    (streoCalibRect8.yml, streoCalibRect12.yml)
예제 cvEx0426: cvFindStereoCorrespondenceBM 함수를 이용한 깊이 계산(1) … 387
    (스테레오 영상: tsukuba_l.png, tsukuba_r.png)
예제 cvEx0427: cvFindStereoCorrespondenceBM 함수를 이용한 깊이 계산(2) … 391
    잔차확인 : ("tsukuba_l.png", "tsukuba_r.png")
예제 cvEx0428: 비디오에서 cvFindStereoCorrespondenceBM 함수를 이용한 잔차(disparity) 계산 및 … 393
    cvReprojectImageTo3D에 의한 3차원 역투영 (cvEx0425의 "streoCalibRect8.yml",
    "streoCalibRect12.yml" 이용)

예제 cvEx0429: cvTriangulatePoints 함수   403
     (3D point -> cvProjectPoints2 -> 2D point -> cvTriangulatePoints -> 3D point)

예제 cvEx0430: 비디오에서 코너점의 3차원 좌표 계산(1)   406
     (cvFindExtrinsicCameraParams2, cvProjectPoints2, cvTriangulatePoints)

예제 cvEx0431: 비디오에서 코너점의 3차원 좌표 계산(2)   414
     (cvStereoRectify 투영행렬, cvUndistortPoints, cvTriangulatePoints)

예제 cvEx0432: 비디오에서 코너점의 3차원 좌표 계산(3)   423
     (cvStereoRectify의 Q행렬, cvUndistortPoints, 잔차(disparity))

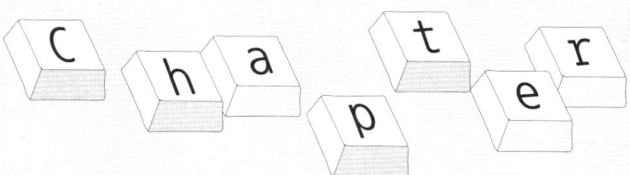
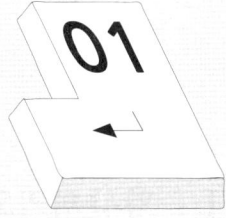

OpenCV 기초

1.1 영상처리와 컴퓨터 비전
1.2 OpenCV 개요
1.3 OpenCV 2.4.6 사용
1.4 비주얼 스튜디오 2010에서 OpenCV 2.4.6 사용

Chapter 01

OpenCV 기초

1.1 영상처리와 컴퓨터 비전

디지털 영상처리(image processing)는 컴퓨터를 사용하여 입력 영상을 보다 질 좋은 출력 영상을 얻는 과정이다. 예를 들면 포토샵을 이용하여 입력 영상에 포함된 잡음(noise)을 제거하거나, 영상의 대비(contrast)를 개선(enhancement)하여 선명하게 하거나, 영상의 특정 부분인 관심영역(region of interest)을 강조하거나, 관심영역을 분할(segmentation)하거나, 영상 파일로 압축하여 저장하거나, 영상을 검색 또는 분류, 인식하는 등의 영상을 처리 대상으로 하는 모든 것이 모두 영상처리 예이다.

컴퓨터 비전(computer vision)은 카메라(camera)에 의해 획득되는 입력 영상으로부터 영상에 대한 의미 있는 정보를 추출해 내는 분야로 주로 실시간(real-time) 응용에 적용된다. 컴퓨터 비전의 응용 예는 산업현장에서 자동으로 제품의 결함을 검사(industrial inspection)하거나, 스캐너 또는 카메라로부터 획득한 영상에서 문자인식(character recognition), 얼굴인식(face recognition), 지문인식(fingerprint recognition), 사람 또는 자동차 등과 같은 움직이는 물체 검출(motion detection) 및 물체 추적(object tracking), 2개 이상의 카메라로부터 획득한 스테레오 영상을 이용하여 깊이를 계산하거나 3차원 물체의 구조(structure/shape)를 계산하는 등의 스테레오 비전 등이 있다.

영상처리와 컴퓨터 비전은 모두 영상을 처리하기 때문에 다음 [그림 1.1]과 같이 많은 내용이 중복된다. 대략적인 구분은 영상을 컴퓨터를 사용하여 처리하는 모든 분야를 영상처리라 하고, 인간의 눈 대신 카메라에 의한 영상을 입력, 인간의 뇌 대신에 컴퓨터를 사용하여 영상으로부터 의미 있는 정보를 추출하는 분야를 컴퓨터 비전이라 할 수 있다. 또는 입력 영상의 화질 개선, 잡음 제거, 영역 분할 등의 전처리(preprocessing) 또는 저수준 처리(low level processing)를 영상처리라 하고, 영상 분석, 추적, 인식 등의 후처리(postprocessing) 또는 고수준 처리(high level processing)를 컴퓨터 비전이라고도 한다. 의료 영상처리(medical image processing) 및 위성 영상처리(satellite image processing)와 같이 구체적으로 분야를 명시하여 용어를 사용하기도 하며, 영상처리 및 컴퓨터 비전과 유사한 용어로 패턴인식(pattern recognition), 로봇 비전(robot vision) 등이 있다.

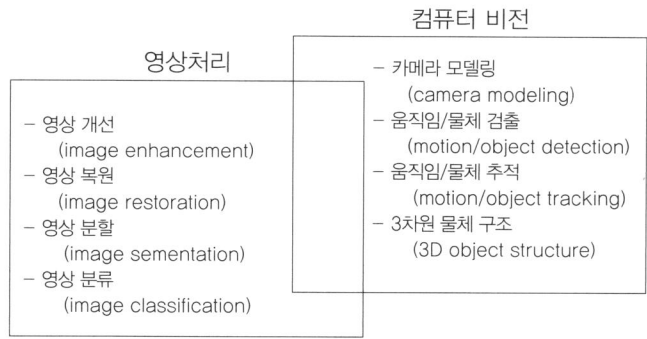

[그림 1.1] 영상처리와 컴퓨터 비전

1.2 OpenCV 개요

OpenCV(Open Source Computer Vision)는 영상처리, 컴퓨터 비전, 기계학습 관련 라이브러리로 소스가 공개되어 있으며, BSD(Berkeley Software Distribution) 라이선스를 따르며, 교육 및 상업 목적의 사용은 모두 무료인 라이브러리이다.

OpenCV는 초창기에 Intel에서 C 언어로 개발된 IPL(Image Processing Library)을 기반으로 만들어졌으며, 2000년에 최초로 일반인에게 공개되었다. 2007년에 OpenCV 1.0 버전을 시작으로, 2013년 10월에 OpenCV 2.4.6 그리고 11월에 버그 수정 등을 포함하여 OpenCV 2.4.7 버전이 발표되었다.

[표 1.1] OpenCV 주요 라이브러리 버전

년도	라이브러리 버전
2007	OpenCV 1.0
2008	OpenCV 1.1
2009	OpenCV 1.2 , OpenCV 2.0
2010	OpenCV 2.1, OpenCV 2.2
2011	OpenCV 2.3
2012	OpenCV 2.4, OpenCV 2.4.2, OpenCV 2.4.3
2013	OpenCV 2.4.6, OpenCV 2.4.7

OpenCV 2.4.6 버전은 [그림 1.2]와 같이 윈도우즈, 리눅스, 안드로이드, 애플의 Mac

OS, iOS 등의 다양한 플랫폼에서 사용할 수 있다. OpenCV는 다음의 URL에서 다운로드할 수 있다.

    http://www.opencv.org
    http://opencv.willowgarage.com/wiki/
    http://sourceforge.net/projects/opencvlibrary/

OpenCV는 초기의 1.x 버전은 C 언어로 개발되었으나, 2.x 버전은 C++로 갱신되었으며, 최신 버전인 OpenCV 2.4.6은 [그림 1.3]과 같이 C, C++, Python, 자바 등의 프로그래밍 인터페이스가 제공되고 있다. 성능 향상을 위하여 CUDA 기반의 GPU 프로그래밍과 인텔의 TBB(Threading Building Block) DLL을 지원한다.

C 언어 API는 자료구조로 CvPoint, CvScalar, CvMat, IplImage 등의 자료구조를 위한 구조체(struct) 및 함수를 지원하고, C++ API는 DataType, Point_, Point3_, Size_, Rect_, Vec, Scalar_, Ptr, Mat 등의 자료구조를 위한 템플릿 클래스와 영상처리, 컴퓨터 비전, 기계학습 등을 위한 라이브러리 함수 및 클래스를 cv 네임스페이스에 구현하여 제공한다. C++ API를 사용하면 포인터에 할당된 메모리 해제 등의 작업을 클래스의 파괴자(destructor)에서 하므로 보다 편리하게 응용 프로그램을 작성할 수 있다.

최근에 응용 분야가 확대되고 있는 대화형(Interpreter) 언어인 Python을 지원하고 있으며, Python의 확장모듈 기능을 사용하여 C 또는 C++로 작성된 OpenCV DLL을 호출할 수 있게 한 Python DLL인 cv2.pyd 파일을 임포트하는 방법으로 OpenCV를 사용한다. http://code.google.com/p/javacv/의 JavaCV는 자바에서 OpenCV를 사용할 수 있는 래퍼(wrappers)를 제공한다.

[그림 1.2] OpenCV 2.4.6 플랫폼 환경

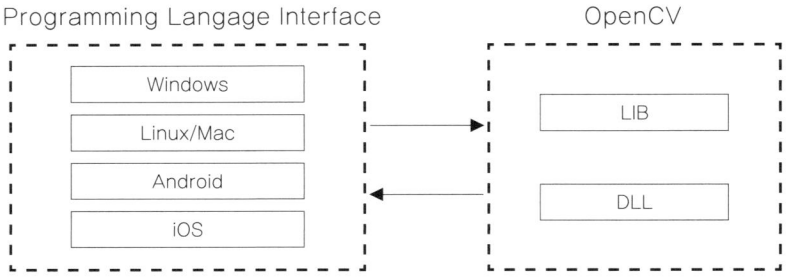

[그림 1.3] OpenCV 2.4.6 프로그래밍 인터페이스

1.3 OpenCV 2.4.6

본 교재에서는 2013년 10월 버전인 OpenCV 2.4.6을 사용한다. 아래의 [표 1.2]는 OpenCV 2.4.6의 주요 라이브러리의 기능을 설명하고, [표 1.3]은 라이브러리를 사용하는 데 필요한 헤더 파일과 라이브러리 파일명이다.

'opencv_core'는 OpenCV에서 사용하는 기본 자료구조와 행렬 연산 등의 함수를 제공하는 기본 라이브러리이며, 'opencv_imgproc'는 영상처리 알고리즘 라이브러리이고, 'opencv_highgui'는 영상 및 비디오를 읽고, 저장하고, 윈도우 창에 표시하는 등의 사용자 인터페이스를 제공하며, 'opencv_ml'는 기계학습 알고리즘을 제공한다.

'opencv_features2d'는 2차원 특징 추출, 'opencv_video'는 움직임 검출 및 추적 등의 비디오 처리, 'opencv_objdetect'는 물체 검출, 'opencv_calib3d'는 카메라 캘리브레이션, 'opencv_flann'은 빠른 이웃 검출, 'opencv_stitching'은 파노라마 영상 생성, 'opencv_gpu'는 GPU 프로그래밍, 'opencv_nonfree'는 특허가 있는 알고리즘, 'opencv_photo'는 인페인팅(inpainting)에 의한 영상 복구와 관련된 알고리즘을 제공한다.

'opencv_contrib'는 새로 추가되어 안정화가 필요한 알고리즘, 'opencv_legacy'는 중요도가 떨어져 삭제될 알고리즘을 포함하고 있다.

본 교재에서는 'opencv_video'의 움직임 검출 및 추적 등의 비디오 처리와 'opencv_calib3d'의 카메라 캘리브레이션을 3장과 4장에서 주요 내용으로 다룬다.

[표 1.2] OpenCV 2.4.6의 주요 라이브러리 기능

라이브러리	설명
opencv_core	기본 자료구조, 행렬 연산, DFT, XML, 그리기 등
opencv_imgproc	필터링, 히스토그램 처리, 컬러 변환 등의 영상처리 알고리즘 구현
opencv_highgui	간단한 윈도우 관련 GUI, 영상 및 Video 입출력
opencv_ml	Bayes 분류기, SVM, 결정 트리, EM 등 기계학습 알고리즘
opencv_features2d	2D 특징 디스크립터(FAST, ORB, GFTT, HARRIS 등) 및 매칭자(Matchers)를 위한 래퍼 인터페이스 제공
opencv_video	움직임 검출 및 물체 추적(optical flow, background subtraction 등)
opencv_objdetect	영상에서 물체 검출(Haar & LBP 기반 얼굴 검출, HOG 사람 검출 등)
opencv_calib3d	카메라 캘리브레이션, 스테레오 영상 처리, 3D 데이터 처리
opencv_flann	공간에서 이웃을 빨리 찾는 알고리즘(the Fast Library for Approximate Nearest Neighbors, FLANN)
opencv_stitching	여러 장의 영상을 이용하여 파노라마 영상을 생성
opencv_gpu	CUDA를 이용한 GPU 프로그래밍

opencv_nonfree	SURF, SIFT 등의 특허가 있는 알고리즘
opencv_photo	이웃 화소값을 이용하여 영상을 복구하는 Inpainting 알고리즘
opencv_contrib	최근에 새로 추가되어 안정화되지 않고, 최적화가 필요한 알고리즘
opencv_legacy	이전 버전에 있었으나, 중요도가 떨어져 삭제될 알고리즘

[표 1.3] OpenCV 2.4.6의 주요 라이브러리 파일

라이브러리	헤더 파일	LIB	DLL
opencv_core	core.hpp	opencv_core246.lib opencv_core246d.lib	opencv_core246.dll opencv_core246d.dll
opencv_imgproc	imgproc.hpp	opencv_imgproc246.lib opencv_imgproc246d.lib	opencv_imgproc246.dll opencv_imgproc246d.dll
opencv_highgui	highgui.hpp	opencv_highgui246.lib opencv_highgui246d.lib	opencv_highgui246.dll opencv_highgui246d.dll
opencv_ml	ml.hpp	opencv_ml246.lib opencv_ml246d.lib	opencv_ml246.dll opencv_ml246d.dll
opencv_features2d	features2d.hpp	opencv_features2d246.libl opencv_features2d246d.lib	opencv_features2d246.dll opencv_features2d246d.dll
opencv_video	video.hpp	opencv_video246.lib opencv_video246d.lib	opencv_video246.dll opencv_video246d.dll
opencv_objdetect	objdetect.hpp	opencv_objdetect246.lib opencv_objdetect246d.lib	opencv_objdetect246.dll opencv_objdetect23d.dll
opencv_calib3d	calib3d.hpp	opencv_calib3d246.lib opencv_calib3d246d.lib	opencv_calib3d246.dll opencv_calib3d246d.dll
opencv_flann	miniflann.hpp	opencv_flann246.lib opencv_flann246d.lib	opencv_flann246.dll opencv_flann246d.dll
opencv_gpu	gpu.hpp	opencv_gpu246.lib opencv_gpu246d.lib	opencv_gpu246.dll opencv_gpu246d.dll

[표 1.3]에서 '*.hpp' 헤더 파일은 C++ API를 위한 헤더(header plus plus)이며, C API를 위한 헤더는 'core_c.h', 'highgui_c.h' 등과 같이 '*.h' 헤더 파일로 되어 있다. OpenCV의 이전 버전(1.x, 2.0, 2.1 등)으로 작성된 소스와의 호환을 위하여 'cv.h', 'cxcore.h', 'highgui.h', 'ml.h' 등의 '*.h' 파일도 함께 제공한다.

[그림 1.4]에서 보이는 것처럼 헤더 파일은 프로그램을 작성할 때 include 문장에 의해 컴파일 단계에서 사용되고, 임포트 라이브러리(*.lib)는 링크 단계에서 사용되며, 동적 연결 라이브러리(*.dll)는 실행 단계에서 사용된다.

본 교재는 마이크로소프트사의 윈도우즈 플랫폼에서 개발 도구로 비주얼 스튜디오 10(2010)을 사용하고, OpenCV 2.4.6 버전을 C/C++ API 프로그래밍 사용하여 간단한 설치 방법을 설명한 후에, 비디오 처리, 카메라 캘리브레이션, 기계학습 라이브러리 사

용에 대하여 다룬다.

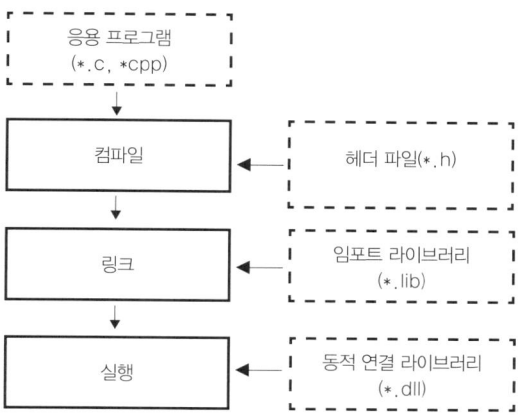

[그림 1.4] hpp(h), lib, dll과 응용 프로그램과의 관계

1.4 비주얼 스튜디오 2010에서 OpenCV 2.4.6 사용

본 교재에서는 윈도우즈용 OpenCV 2.4.6을 설치하고, 32비트(x86) 환경에서 비주얼 스튜디오 2010에서 사용하는 방법만을 설명한다. CMake를 사용하여 OpenCV 소스를 재구성하고, 라이브러리를 다시 빌드하는 방법과 비주얼 스튜디오 2008을 사용하여 프로그래밍하는 방법 등은 가메출판사의 "OpenCV Programming" 도서를 참고한다.

1.4.1 OpenCV 2.4.6 설치

(1) OpenCV 2.4.6 다운로드 및 압축 해제

http://sourceforge.net/projects/opencvlibrary/에서 윈도우즈용 OpenCV 파일인 'OpenCV-2.4.6.0.exe' 파일을 다운로드하여 실행하면, 압축된 파일을 압축해제 할 폴더를 요구하는 대화 상자가 나타난다. [그림 1.5]와 같이 'C:\Program Files' 폴더를 지정하고, [Extract] 버튼을 클릭하면, 'C:\Program Files\opencv' 폴더에 압축을 해제한다.

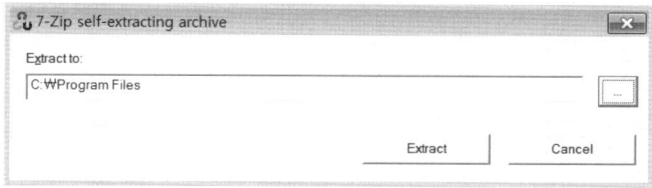

[그림 1.5] OpenCV를 위한 폴더 지정

'C:\Program Files\opencv' 폴더가 생성되고, OpenCV를 위한 폴더 및 파일들이 생성된다. 다른 버전의 OpenCV와 같이 사용하기 위하여, 'opencv' 폴더 이름을 버전 번호를 추

가하여 'OpenCV2.4.6'으로 변경한다. 본 교재에서의 소스는 OpenCV 소스가 미리 빌드 (build)되어 있는 'C:\Program Files\OpenCV2.4.6\build' 폴더를 사용하도록 설정되어 있다.

(2) Path 환경 변수 설정

제어판(윈도우 7)의 [시스템]-[고급 시스템 설정]-[환경 변수]를 차례로 선택한 다음, '사용자 변수' 또는 '시스템 변수'에서 [편집] 기능을 이용하여 PATH 변수의 마지막에 [그림 1.6]과 같이 DLL 파일이 있는 'C:\Program Files\OpenCV2.4.6\build\x86\vc10\bin' 폴더를 추가하면, OpenCV 2.4.6의 설치는 모두 끝난다.

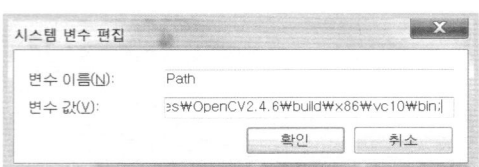

[그림 1.6] C:\Program Files\OpenCV2.4.6\build\x86\vc10\bin

1.4.2 OpenCV 2.4.6 설치 폴더

(1) OpenCV2.4.6\build 폴더

OpenCV 설치 폴더인 'C:\Program Files\OpenCV2.4.6' 폴더는 [그림 1.7]과 같이 '3rdparty', 'apps', 'build', 'cmake', 'data', 'doc', 'include', 'modules', 'platforms', 'samples' 등의 폴더가 있다. 'build' 폴더는 OpenCV 소스를 미리 빌드해 놓은 라이브러리가 있는 폴더이다. 본 교재에서는 소스를 다시 빌드하지 않고 'C:\Program Files\OpenCV2.4.6\build' 폴더를 사용한다. [그림 1.8]은 'build' 폴더의 내용이다. 'include' 폴더는 헤더 파일들이 있고, 'x86'에는 32비트 윈도우즈용 라이브러리, 'x64'에는 64비트 윈도우즈용 라이브러리가 비주얼 스튜디오 버전별로 폴더에 구성되어 있다.

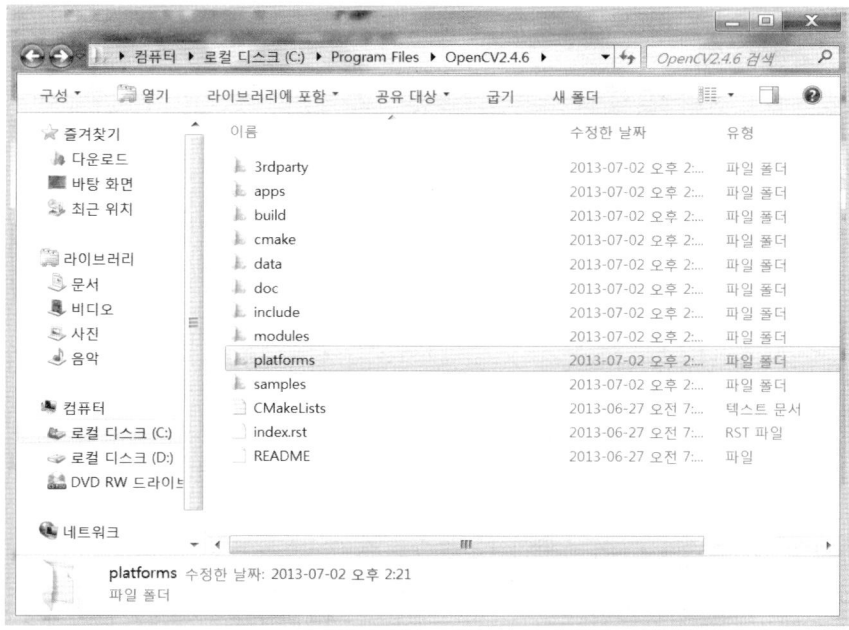

[그림 1.7] OpenCV 2.4.6 설치 폴더

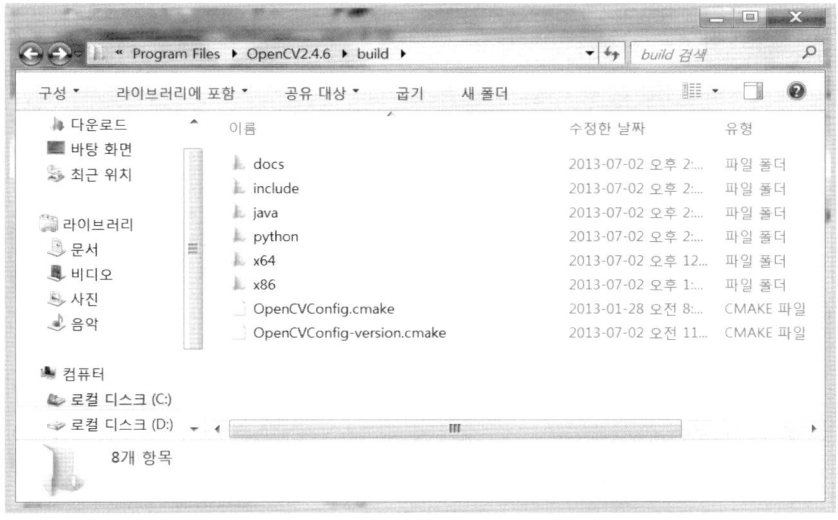

[그림 1.8] C:\Program Files\OpenCV2.4.6\build 폴더

(2) build\include 폴더

OpenCV 2.4.6 버전의 헤더 파일은 'build\include' 폴더 안에 'opencv'와 'opencv2' 폴더가 있다. 'include\opencv' 폴더는 이전 버전(1.x, 2.0, 2.1)의 소스와의 호환성을 위한 폴더로 [그림 1.9]와 같이 'cv.h', 'cvaux.h', 'highgui.h', 'cxcore.h', 'ml.h' 등의 헤더 파일이 있다.

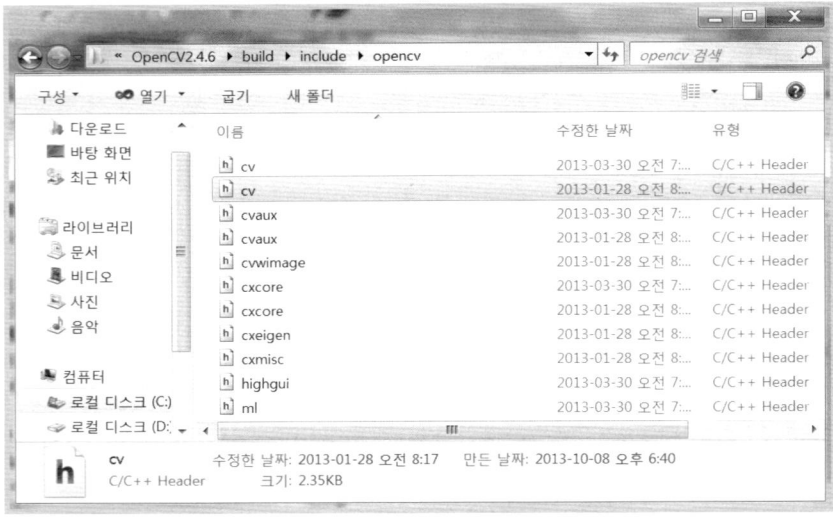

[그림 1.9] build\include\opencv 폴더

'include\opencv2' 폴더에는 [그림 1.10]과 같이 OpenCV 2.2 이상의 버전에서 새로 작성된 헤더 파일이 있다.

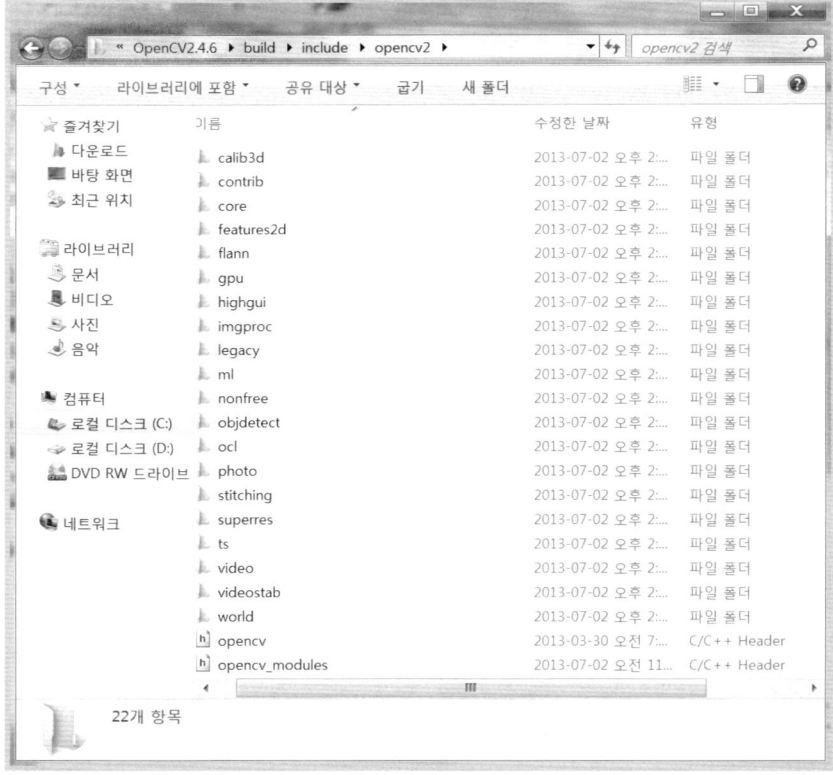

[그림 1.10] build\include\opencv2 폴더

[그림 1.11]과 [그림 1.12]는 'include\opencv' 폴더의 'cv.h'와 'highgui.h' 헤더 파일의 내용이다.

```
#ifndef __OPENCV_OLD_CV_H__
#define __OPENCV_OLD_CV_H__
..............

//CV_WARNING("This is a deprecated opencv header provided for compatibility.
Please include a header from a corresponding opencv module")

#include "opencv2/core/core_c.h"
#include "opencv2/core/core.hpp"
#include "opencv2/imgproc/imgproc_c.h"
#include "opencv2/imgproc/imgproc.hpp"
#include "opencv2/video/tracking.hpp"
#include "opencv2/features2d/features2d.hpp"
#include "opencv2/flann/flann.hpp"
#include "opencv2/calib3d/calib3d.hpp"
#include "opencv2/objdetect/objdetect.hpp"
#include "opencv2/legacy/compat.hpp"

#if !defined(CV_IMPL)
#define CV_IMPL extern "C"
#endif //CV_IMPL

#if defined(__cplusplus)
#include "opencv2/core/internal.hpp"
#endif //__cplusplus

#endif // __OPENCV_OLD_CV_H_
```

[그림 1.11] 'include\opencv' 폴더의 〈cv.h〉 헤더 파일

```
#ifndef __OPENCV_OLD_HIGHGUI_H__
#define __OPENCV_OLD_HIGHGUI_H__

#include "opencv2/core/core_c.h"
#include "opencv2/core/core.hpp"
#include "opencv2/highgui/highgui_c.h"
#include "opencv2/highgui/highgui.hpp"

#endif
```

[그림 1.12] 'include\opencv' 폴더의 〈highgui.h〉 헤더 파일

[그림 1.13]은 'include\opencv2' 폴더의 'opencv.hpp' 헤더 파일의 내용이다. 'opencv.hpp' 헤더 파일은 필요한 헤더 파일을 거의 모두 포함하고 있으므로, 응용 프로그램을 작성할 때 'opencv.hpp' 헤더 파일만 포함(include)하여 프로그램을 작성하면 된다. 물론 모든 헤더 파일을 포함하지 않고, 실제로 사용하는 라이브러리에 따라 필요한 헤더 파일을 개별적으로 명시하여 응용 프로그램을 작성할 수도 있다.

```
#ifndef __OPENCV_ALL_HPP__
#define __OPENCV_ALL_HPP__

#include "opencv2/core/core_c.h"
#include "opencv2/core/core.hpp"
#include "opencv2/flann/miniflann.hpp"
#include "opencv2/imgproc/imgproc_c.h"
#include "opencv2/imgproc/imgproc.hpp"
#include "opencv2/photo/photo.hpp"
#include "opencv2/video/video.hpp"
#include "opencv2/features2d/features2d.hpp"
#include "opencv2/objdetect/objdetect.hpp"
#include "opencv2/calib3d/calib3d.hpp"
#include "opencv2/ml/ml.hpp"
#include "opencv2/highgui/highgui_c.h"
#include "opencv2/highgui/highgui.hpp"
#include "opencv2/contrib/contrib.hpp"

#endif
```

[그림 1.13] 'include\opencv2' 폴더의 〈opencv.hpp〉 헤더 파일

(3) OpenCV 2.4.6\build\x86\vc10 폴더

'build\x86\vc10' 폴더에는 비주얼 스튜디오 10(2010)에서 사용할 수 있는 32비트 윈도우즈용 OpenCV 라이브러리가 빌드되어 있다. 'build\x86\vc10\lib' 폴더에는 [그림 1.14]와 같이 OpenCV 라이브러리를 사용하기 위한 임포트(import) 라이브러리 파일(*.lib)이 있다.

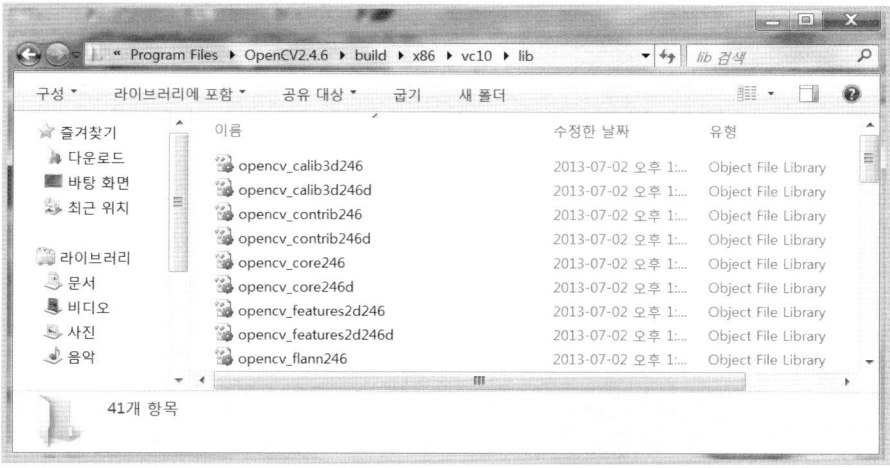

[그림 1.14] 'build\x86\vc10\lib' 폴더

'build\x86\vc10\bin' 폴더에는 [그림 1.15]와 같이 OpenCV 응용 프로그램이 실행될 때 필요한 동적 연결 라이브러리(*.dll) 파일이 있다.

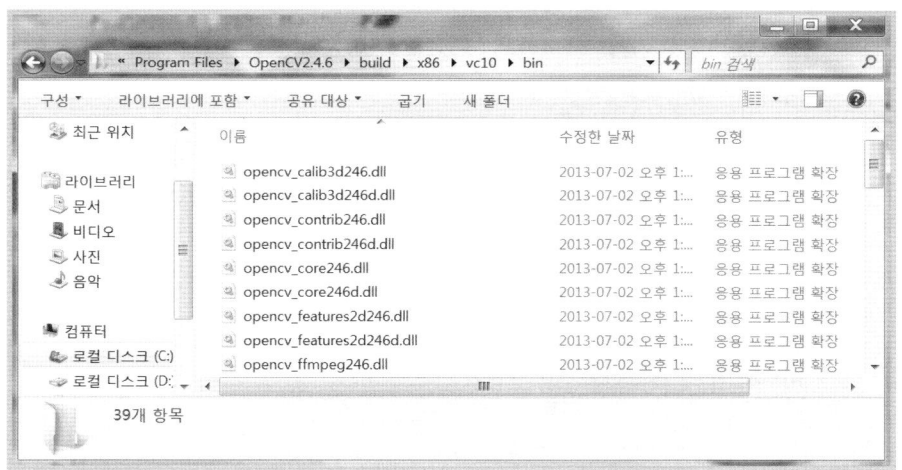

[그림 1.15] 'build\x86\vc10\bin' 폴더

'build\x86\vc10\staticlib' 폴더에는 [그림 1.16]과 같이 정적 라이브러리가 있다.

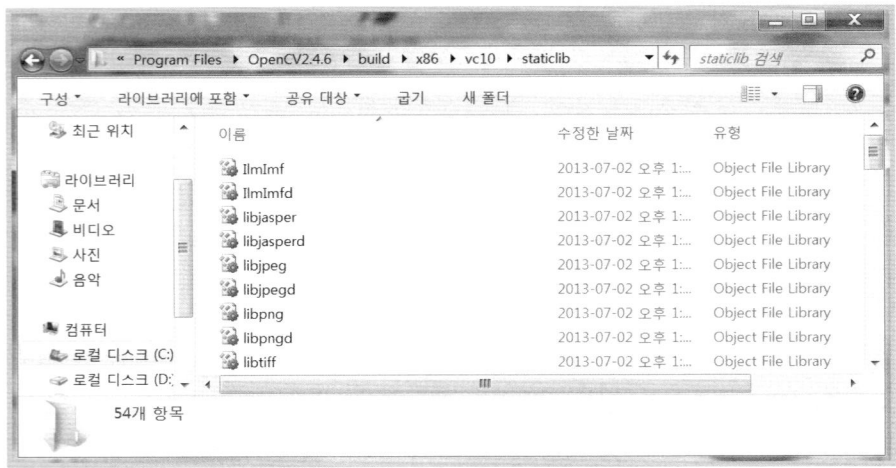

[그림 1.16] 'build\x86\vc10\staticlib' 폴더

1.4.3 OpenCV 2.4.6의 기본 응용 프로그램

비주얼 스튜디오 2010에서 OpenCV 2.4.6의 C/C++ API를 이용하여, 영상을 화면에 표시하는 기본 프로그램을 작성하는 방법을 예제로 설명한다.

예제 cvEx0101   OpenCV 2.4.6의 기본 응용 프로그램

① [Win32 콘솔 응용 프로그램] 프로젝트 생성

비주얼 스튜디오 2010의 메뉴에서 [파일]-[새 프로젝트] 메뉴를 선택하여 [그림 1.17]과 같이 [Win32 콘솔 응용 프로그램 생성]을 선택하고, 이름과 폴더 위치를 지정한 다음, [확인] 버튼을 클릭한다.

[그림 1.17] Win32 콘솔 응용 프로그램 프로젝트 생성

[그림 1.18]과 같이 [응용 프로그램 설정] 대화상자에서 [미리 컴파일된 헤더] 체크 박스를 해제하고, [빈 프로젝트] 체크박스를 선택하여 미리 컴파일된 헤더 파일(stdafx.h)과 'stdafx.cpp' 파일을 생성하지 않는

다. 여기서는 예제를 간단히 보여 주기 위해서 미리 컴파일된 헤더를 사용하지 않을 뿐이다.

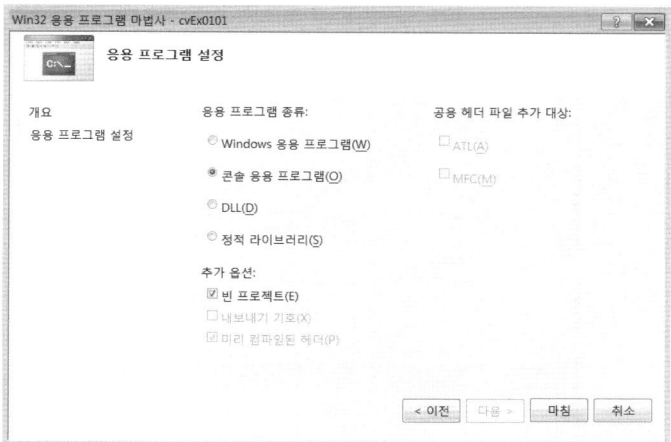

[그림 1.18] 응용 프로그램 설정

② 프로그램 소스 작성

비주얼 스튜디오 2010의 솔루션 탐색기에서, 마우스로 [소스 파일]을 선택한 후, [추가]-[새 항목]을 선택하고, [그림 1.19]와 같이 'C++ 파일(.cpp)' 템플릿을 선택한 뒤 이름에 'cvEx0101'을 입력하고, [추가] 버튼을 누르면 'cvEx0101.cpp' 파일이 프로젝트에 추가된다.

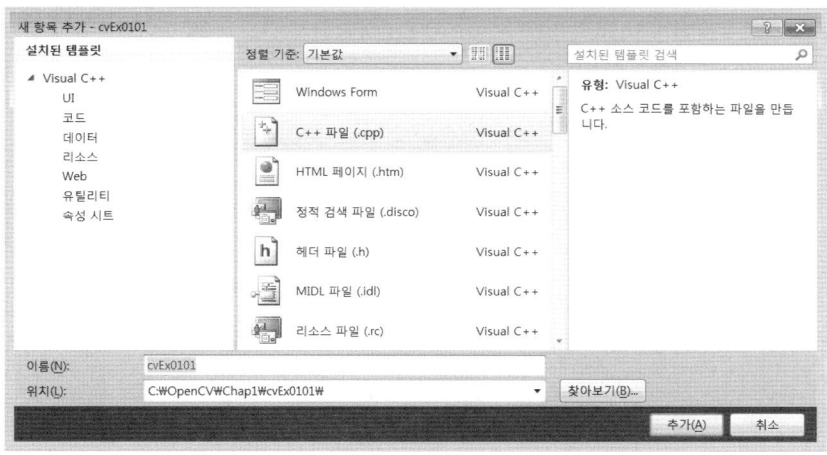

[그림 1.19] 프로젝트에 CPP 파일 생성

'cvEx0101.cpp' 파일에 [그림 1.20]과 같이 소스 프로그램을 편집한다.

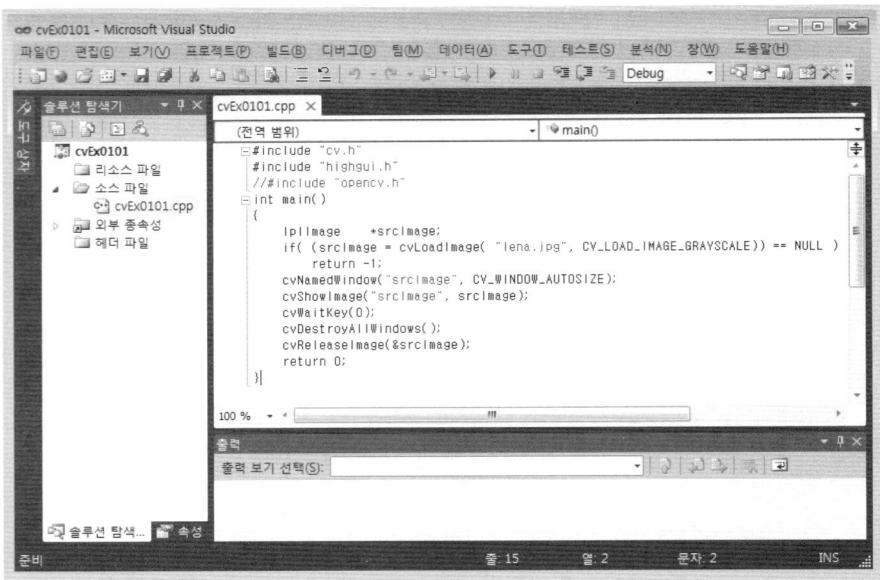

[그림 1.20] 응용 프로그램 소스 편집

③ 추가 포함 디렉터리 속성 설정

비주얼 스튜디오 2010에서 각 프로젝트의 컴파일을 위하여 OpenCV 2.4.6의 포함 디렉터리 설정을 [그림 1.21]과 같이 [프로젝트]-[속성]-[구성 속성]-[C/C++]-[일반]-[추가 포함 디렉터리]에서 OpenCV 2.4.6의 'build\include', 'build\include\opencv', 'build\include\opencv2' 폴더를 추가한다.

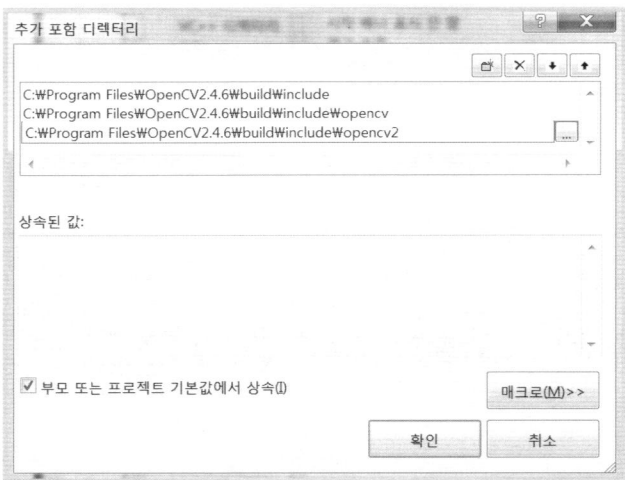

[그림 1.21] OpenCV 2.4.6 추가 포함 디렉터리 속성 설정

④ 추가 라이브러리 디렉터리 속성 설정

비주얼 스튜디오 2010에서 각 프로젝트의 링크를 위하여 OpenCV 2.4.6의 라이브러리 디렉터리 설정을 [그림 1.22]와 같이 [프로젝트]-[속성]-[구성 속성]-[링커]-[일반]-[추가 라이브러리 디렉터리]에서 OpenCV 2.4.6의 'build\x86\vc10\lib' 폴더를 추가한다.

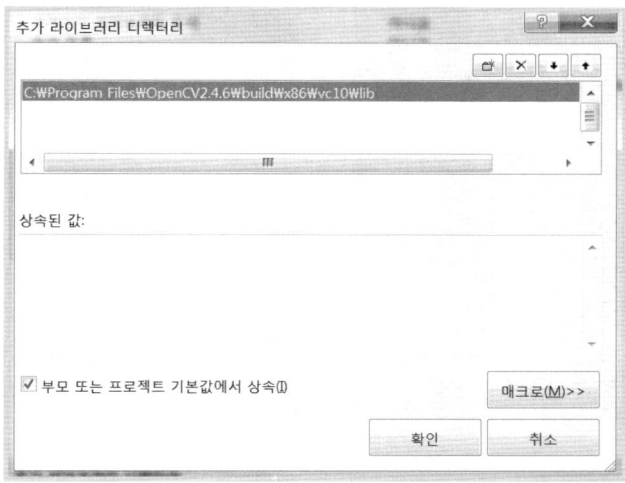

[그림 1.22] OpenCV 2.4.6 라이브러리 디렉터리 속성 설정

⑤ 임포트 라이브러리 파일 명시

[프로젝트]-[속성]-[구성 속성]-[링커]-[입력]을 선택한 다음, [추가 종속성] 오른쪽 열을 선택한 다음, 〈편집...〉을 선택하고, [그림 1.23]과 같이 디버그용 라이브러리를 명시한다. 만약 배포용(Release) 라이브러리를 사용하려면, 'd' 문자가 없는 배포용 라이브러리를 명시한다. 현재 예제의 소스 코드는 영상을 로드하고, 화면에 표시하는 기능만 있는 코드이므로 'opencv_core246d.lib'와 'opencv_highgui246d.lib' 만을 임포트할 수도 있다.

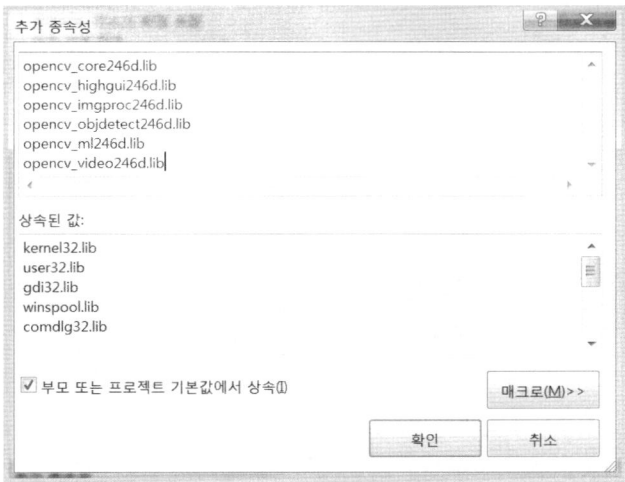

[그림 1.23] OpenCV2.4.6 임포트 라이브러리 파일 명시

⑥ 'lena.jpg' 영상 파일을 현재 프로젝트 폴더에 복사하고, 빌드한 후에 실행하면, [그림 1.24]와 같다.

[그림 1.24] 실행 결과

1.4.4 OpenCV 2.4.6의 VC2010 커스텀 위저드

CD에 포함된 OpenCV 커스텀 위저드는 Visual Studio 10.0에서 OpenCV 기본 소스 프로그램을 자동으로 생성하고, 추가 포함 라이브러리 폴더 지정, 추가 라이브러리 디렉터리 지정, 추가 종속성 지정 등의 프로젝트 속성 설정을 자동으로 설정한다. Visual Studio 10.0에 OpenCV 커스텀 위저드를 설치하고, 예제를 생성하는 방법을 간단히 설명한다.

(1) vcprojects 폴더

'OpenCV246_VC10\vcprojects' 폴더의 'OpenCV' 폴더와 'OpenCV246.ico', 'OpenCV246.vsz' 파일을 Visual Studio 2010이 설치된 위치인 'C:\Program Files\Microsoft Visual Studio 10.0\VC\vcprojects' 폴더에 [그림 1.25]와 같이 복사한다.

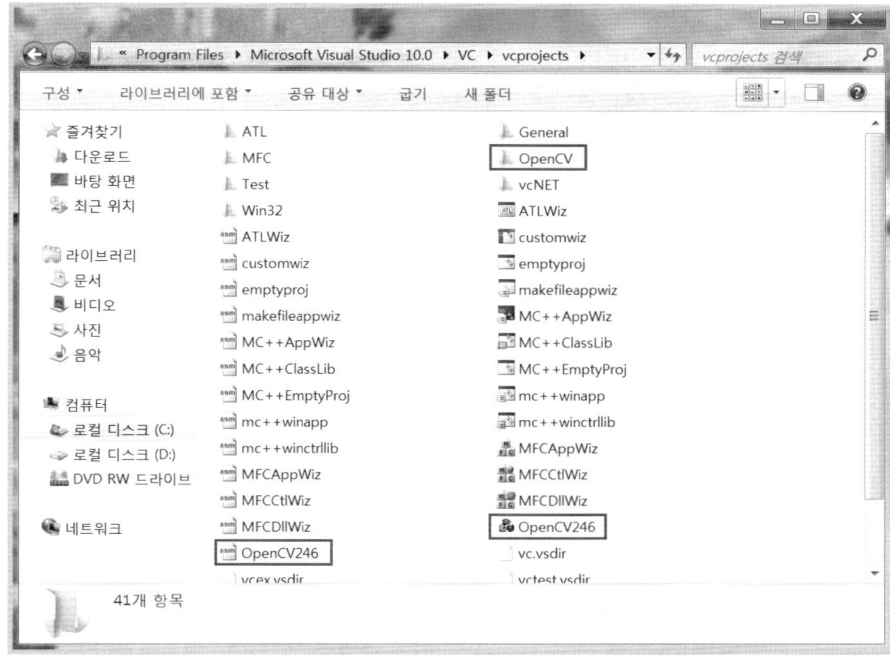

[그림 1.25] vcprojects 폴더

(2) VCWizards\AppWiz 폴더

'OpenCV246_VC10\VCWizards\AppWiz' 폴더 아래에 있는 'OpenCV246' 폴더를 Visual Studio 2010 설치 위치인 'C:\Program Files\Microsoft Visual Studio 10.0\VC\VCWizards\AppWiz' 폴더에 [그림 1.26]과 같이 복사한다.

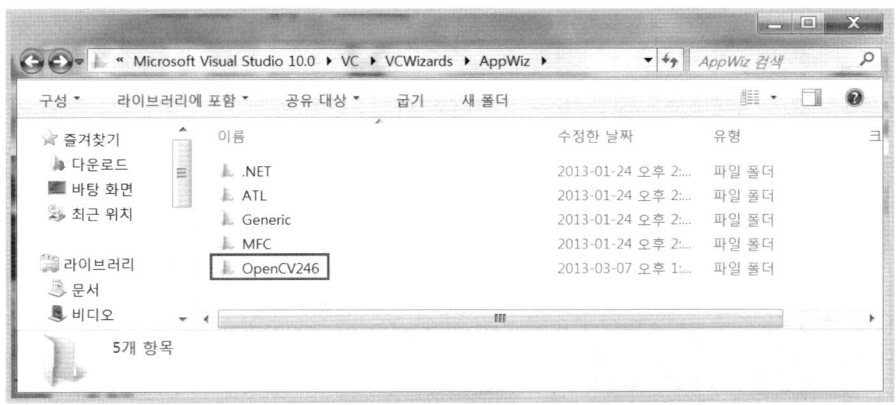

[그림 1.26] VCWizards\AppWiz 폴더

[그림 1.27]과 같이 'C:\Program Files\Microsoft Visual Studio 10.0\VC\VCWizards\AppWizvOpenCV246\Application' 폴더에는 'HTML', 'Images', 'Scripts', 'Templates' 폴더가 있다. 'HTML\1042' 폴더에는 사용자 인터페이스를 위한 'default.htm' 파일이 있고, 'Scripts\1042' 폴더에는 코드 생성을 위한 스크립트 파일인 'default.js' 파일이 있

으며, 'Templates\1042' 폴더에는 'Lena.jpg', 'main.cpp', 'Templates.inf' 템플릿 파일이 있다. 영문 Visual Studio 10.0이면 '1042' 폴더를 '1033' 폴더로 변경해야 한다.

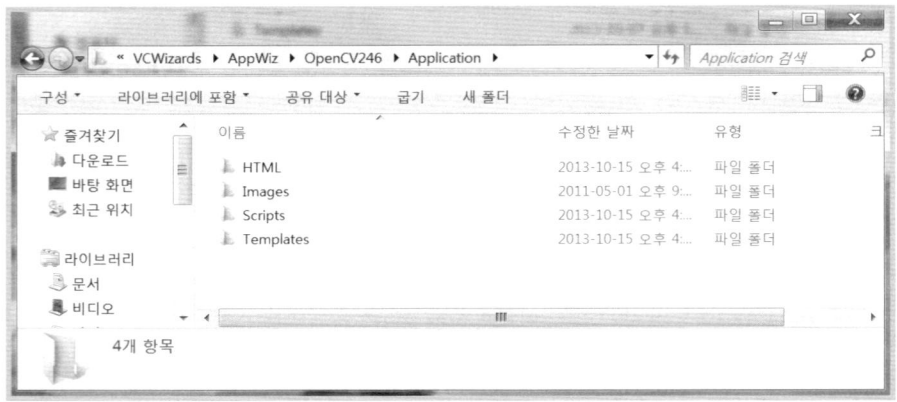

[그림 1.27] VCWizards\AppWiz 폴더

예제 cvEx0102 OpenCV 커스텀 위저드를 이용한 응용 프로그램 생성

① 비주얼 스튜디오 2010의 [파일]-[새 프로젝트] 항목을 선택하고, [그림 1.28]과 같이 [설치된 템플릿]-[OpenCV] 템플릿과 [OpenCV2.4.6] 아이콘을 선택하고, 프로젝트의 이름과 폴더 위치를 지정한 다음 [확인] 버튼을 클릭하여 새 프로젝트를 준비한다. 'OpenCV Wizard'로 새 프로젝트를 생성하는 것이다.

[그림 1.28] OpenCV Wizard로 새 프로젝트 생성

② [그림 1.29]의 OpenCV Wizard의 사용자 인터페이스에서 OpenCV API, Include Image, Import Library를 그림과 같이 선택하고 [마침] 버튼을 선택하여 OpenCV 전용 프로젝트를 생성한다. 기본값으로 OpenCV API Style은 'C API', Include Image에는 'Lena' 그리고 Import Library는 'OpenCV2.4.6'이 선택되

어 있다.

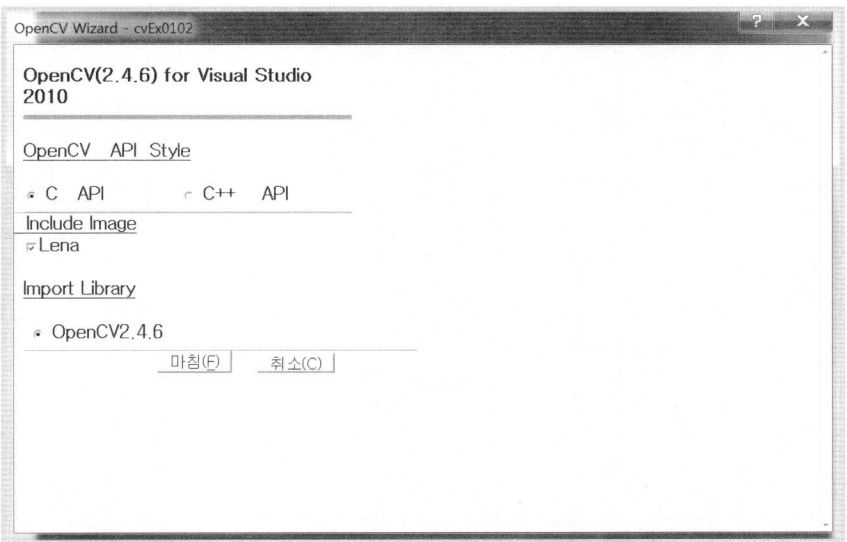

[그림 1.29] OpenCV Wizard에서 사용자 인터페이스에 의한 선택

③ [그림 1.30]은 OpenCV Wizard를 이용하여 생성된 프로젝트에 포함된 소스 코드를 보이고 있다.

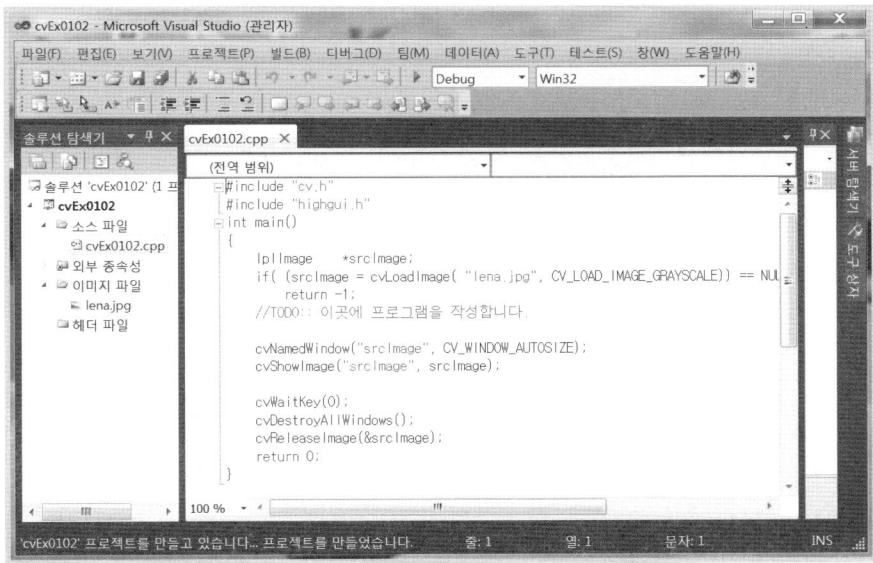

[그림 1.30] OpenCV Wizard로 생성된 프로젝트

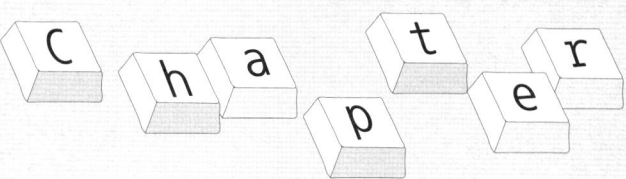
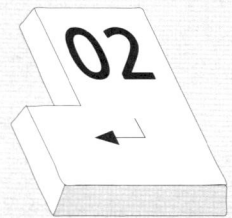

C API 영상처리 기초

2.1 C API를 사용한 영상처리
2.2 C API 비디오 입출력

Chapter 02

C API 영상처리 기초

이 장에서는 OpenCV의 C 언어 API를 사용한 영상과 비디오의 간단한 입출력 및 기본 연산에 대하여 간단히 설명한다. C 언어 API를 사용하는 영상처리의 더욱 상세한 내용은 가메출판사의 "OpenCV Programming" 도서를 참고하기 바란다.

▍2.1 C API를 사용한 영상처리

2.1.1 영상 파일 읽기, 저장, 화면 표시

다양한 형식의 영상 파일을 읽어 화면에 표시하고, 영상 파일로 저장하는 방법을 설명한다.

(1) IplImage* cvLoadImage(const char* filename,
          int iscolor=CV_LOAD_IMAGE_COLOR);

cvLoadImage 함수는 filename 파일에서 영상을 읽어 IplImage 구조체 포인터를 반환한다. iscolor=CV_LOAD_IMAGE_COLOR이면 3채널 컬러 영상으로, iscolor=CV_LOAD_IMAGE_GRAYSCALE이면 1채널 그레이 스케일 영상으로, iscolor=CV_LOAD_IMAGE_UNCHANGED이면 원본 영상을 그대로 읽는다. 영상 포맷은 윈도우즈 비트맵(BMP, DIB), JPEG(JPEG, JPG, JPE), PNG, TIFF(TIFF, TIF) 등의 다양한 형식의 영상 파일을 손쉽게 읽을 수 있다.

```
CV_LOAD_IMAGE_GRAYSCALE  =  0
CV_LOAD_IMAGE_COLOR      =  1
CV_LOAD_IMAGE_UNCHANGED  = -1
```

(2) int cvSaveImage(const char* filename, const CvArr* image);
cvSaveImage 함수는 영상을 파일에 저장한다. 영상 포맷은 파일의 확장자에 의해 정해

지며, 8비트 단일 채널과 3채널 컬러 영상으로 저장할 수 있다. CvArr*는 영상을 위한 구조체 포인터 IplImage*와 행렬 구조체 포인터 CvMat* 모두 사용할 수 있다.

(3) int cvWaitKey(int delay=0);

cvWaitKey 함수는 delay/1000초 만큼 지연하여 대기한다. delay=0이면 키보드의 아무 키나 누를 때까지 무한히 대기한다.

(4) int cvNamedWindow(const char* name, int flags);

문자열 name을 윈도우 캡션으로 사용하는 윈도우를 생성한다. name은 윈도를 식별하는 ID로 사용된다. 윈도우의 크기를 영상의 크기에 맞게 자동 조절하는 flags = CV_WINDOW_AUTOSIZE를 지원한다. CV_WINDOW_AUTOSIZE = 1이다.

(5) void cvShowImage(const char* name, const CvArr* image);

name 이름을 갖는 윈도우에 영상 image를 표시한다. 영상의 크기에 맞게 윈도우의 크기가 스케일 된다.

(6) void cvDestroyWindow(const char* name);
    void cvDestroyAllWindows(void);

cvDestroyWindow 함수는 cvNamedWindow 함수에 의해 생성된 특정 윈도우를 파괴한다. 생성된 윈도우가 하나 이상일 때는 cvDestroyAllWindows 함수는 cvNamedWindow 함수에 의해 생성된 모든 윈도우를 한꺼번에 파괴할 수 있다.

예제 cvEx0201   영상 파일 읽기, 저장, 화면 표시

```
001: #include "cv.h"
002: #include "highgui.h"
003: int main()
004: {
005:     IplImage    *srcImage;
006:     if((srcImage=cvLoadImage("lena.jpg",
007:            CV_LOAD_IMAGE_GRAYSCALE))==NULL)
008: // if((srcImage=cvLoadImage("lena.jpg"))==NULL)
009:            return -1;
010:     printf("colorModel     = %s \n", srcImage->colorModel);
011:     printf("channelSeq     = %s \n", srcImage->channelSeq);
012:
013:     printf("image pixel size = %d x %d \n",
014:            srcImage->width, srcImage->height);
015:     printf("# of channel   = %d \n", srcImage->nChannels);
016:     printf("depth          = %d \n", srcImage->depth);
017:
018:     cvNamedWindow("Lena", CV_WINDOW_AUTOSIZE);
```

```
019:    cvShowImage("Lena", srcImage);
020:    cvWaitKey(0);
021:    cvSaveImage("lena.bmp", srcImage);
022:    cvDestroyAllWindows();
023:    cvReleaseImage(&srcImage);
024:    return 0;
025: }
```

5-9행	영상을 읽어오기 위한 IplImage 포인터 변수, srcImage를 선언하고, cvLoadImage 함수로 현재 폴더에 있는 "lena.jpg" 파일을 그레이 스케일(CV_LOAD_IMAGE_GRAYSCALE)로 읽어 IplImage 포인터 변수 srcImage에 저장한다. cvLoadImage 함수에서 2번째 인수에 CV_LOAD_IMAGE_GRAYSCALE을 주면 영상의 컬러 모델에 관계없이 무조건 그레이 스케일로 읽어 온다. 8행과 같이 cvLoadImage() 함수의 2번째 인수를 명시하지 않으면 묵시적으로 iscolor=CV_LOAD_IMAGE_COLOR이기 때문에 영상의 컬러 모델과 관계없이 3채널의 컬러 영상으로 읽어 온다. "lena.jpg" 파일이 현재 폴더에 없으면 -1을 반환하여 응용 프로그램을 종료한다.
10-16행	srcImage->colorModel은 srcImage 영상의 컬러 모델이 저장되어 있고, srcImage->channelSeq는 채널의 순서가 저장되어 있다. srcImage->width와 srcImage->height는 영상의 가로 크기와 세로 크기가 저장되어 있다. [그림 2.1]은 cvLoadImage("lena.jpg", CV_LOAD_IMAGE_GRAYSCALE) 함수로 이미지를 로드한 경우로, srcImage의 컬러 모델은 colorModel="GRAYGRAY"이고, 채널 순서는 channelSeq= "GRAY"이며, 영상의 크기는 srcImage->width=512, srcImage->height=512, 채널의 개수는 srcImage->nChannels=1, 화소의 깊이는 srcImage->depth=8이 출력된다. [그림 2.2]는 cvLoadImage("lena.jpg") 함수로 이미지를 로드한 경우로, srcImage의 컬러 모델은 colorModel="RGB"이고, 채널 순서는 channelSeq= "BGR"이며, 영상의 크기는 srcImage->width=512, srcImage->height=512, 채널의 개수는 srcImage->nChannels=3, 화소의 깊이는 srcImage->depth=8이 출력된다. 화소별 비트 수는 채널 수(nChannels)×깊이(depth)이므로, [그림 2.1]과 같이 그레이 스케일 영상인 경우는 화소별 비트 수는 1×8=8bits이고, [그림 2.2]와 같은 컬러인 경우는 3×8=24bits이다.
18행	cvNamedWindow 함수를 사용하여 윈도우 캡션의 이름을 "Lena"로 하고 창 크기로 CV_WINDOW_AUTOSIZE 플래그를 적용한 윈도우를 생성한다.
19행	cvShowImage 함수로 srcImage에 로드된 영상을 캡션 이름이 "Lena"인 윈도우에 보여준다.
20행	cvWaitKey 함수의 지연 값이 delay=0이므로, 사용자가 아무 키보드나 누를 때까지 멈추고 기다린다. cvShowImage 함수에 의해 보이는 윈도우를 멈춰서 영상을 볼 수 있게 하기 위한 것이다.
21행	cvSaveImage 함수를 사용하여 srcImage에 로드된 영상을 "lena.bmp" 파일로 저장한다.
22행	cvDestroyAllWindows 함수로 모든 윈도우를 파괴한다. 여기서는 cvNamedWindow 함수에 의해 생성된 "Lena" 윈도우를 파괴하는 것이다. cvDestroyWindow("Lena") 함수로 윈도우 이름을 명시하여 파괴할 수도 있다.

23행 cvReleaseImage 함수로 srcImage에 할당된 메모리를 해제한다.

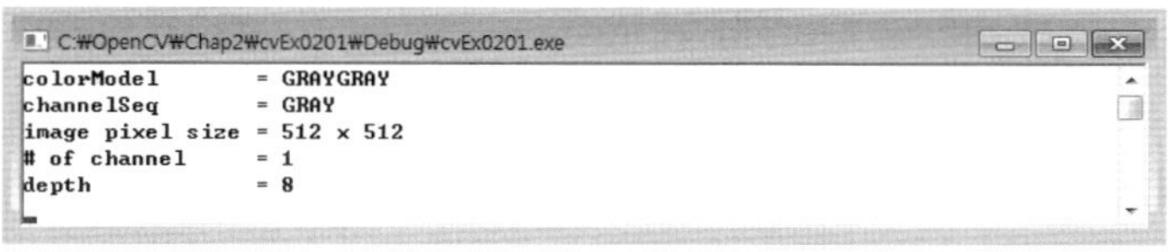
C:\OpenCV\Chap2\cvEx0201\Debug\cvEx0201.exe
colorModel = GRAYGRAY
channelSeq = GRAY
image pixel size = 512 x 512
# of channel = 1
depth = 8

[그림 2.1] cvLoadImage("lena.jpg", CV_LOAD_IMAGE_GRAYSCALE)

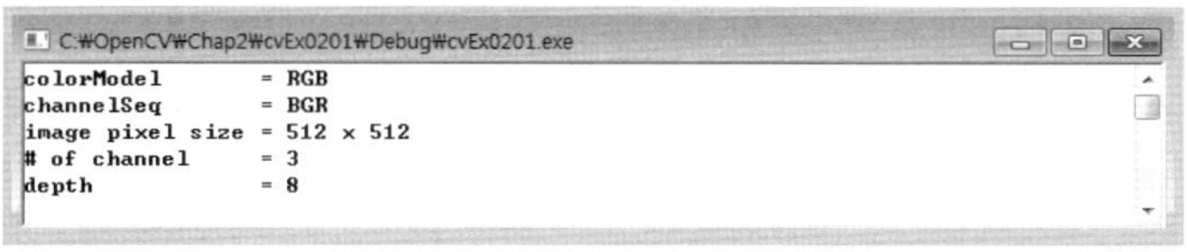
C:\OpenCV\Chap2\cvEx0201\Debug\cvEx0201.exe
colorModel = RGB
channelSeq = BGR
image pixel size = 512 x 512
# of channel = 3
depth = 8

[그림 2.2] cvLoadImage("lena.jpg")

2.1.2 IplImage 영상 생성, 파괴, 복사 및 초기화

프로그램에서 영상을 생성, 파괴, 복사 및 초기화 방법에 대하여 설명한다.

(1) IplImage* cvCreateImage(CvSize size, int depth, int channels);

cvCreateImage 함수는 size, depth, channels를 이용하여 영상의 IplImage 헤더를 생성하고, 영상 데이터를 위한 메모리를 할당한다.

CvSize는 크기를 위한 구조체로 인라인 함수인 cvSize로 초기화하여 사용한다. 깊이인 depth는 IPL_DEPTH_8U, IPL_DEPTH_8S, IPL_DEPTH_16U, IPL_DEPTH_16S, IPL_DEPTH_32S, IPL_DEPTH_32F, IPL_DEPTH_64F 등이 있다. 8, 16, 32, 64는 비트 수를 나타내고, U는 unsigned, S는 signed, F는 float를 나타낸다. 32F는 C, C++의 float 자료형, 64F는 double과 유사한 메모리 구조이다.

cvCreateImage 함수는 컬러 영상일 때 각 화소의 채널 값이 (BGR, BGR, BGR, ...)와 같이 연속으로 저장되는 인터리브 컬러 채널(interleaved color channels) 영상을 생성한다. 위에서 IplImage 헤더를 생성한다는 것은 IplImage 구조체의 멤버 변수를 초기화한다는 의미이다. cvCreateImage 함수는 cvCreateImageHeader 함수를 호출하고 이어서 cvCreateData 함수를 호출한 것과 같다. cvCreateImage 함수는 입력 영상의 중간 결과 또는 최종 결과 영상을 위한 메모리 할당에 주로 사용한다.

(2) void cvReleaseImage(IplImage** image);

영상의 헤더와 영상을 위해 할당된 메모리를 해제한다. 인수인 image가 이중 포인터임에 주의한다.

(3) IplImage* cvCloneImage(const IplImage* image);

cvCloneImage 함수는 영상의 헤더, 데이터, ROI 모두를 복사한 다음 영상 포인터를 반환한다.

(4) void cvCopy(const CvArr* src, CvArr* dst, const CvArr* mask=NULL);

cvCopy 함수는 src에 주어진 행렬 및 영상을 dst로 복사한다. dst는 cvCreateImage 함수 등에 의해 이미 영상의 크기, 깊이, 채널 수 등에 의해 영상의 헤더와 영상을 위한 메모리가 할당되어 있어야 한다. src와 dst가 영상의 크기, 깊이, 채널 수 등에 의해 영상의 헤더 정보가 같아야만 복사가 된다. mask는 8비트 1채널이며, mask 행렬 또는 영상을 사용하여 mask의 요소 값이 0이 아닌 위치에서만 복사된다.

(5) void cvSet(CvArr* arr, CvScalar value, const CvArr* mask=NULL);

cvSet 함수는 arr에 주어진 행렬 및 영상의 모든 요소 값을 CvScalar 구조체형의 value 값으로 변경한다. CvScalar 구조체는 인라인 함수 cvScalar, cvRealScalar, cvScalarAll 등으로 초기화하여 사용한다. mask 행렬 또는 영상을 사용하여 mask의 요소 값이 0이 아닌 위치에서만 선택적으로 value로 변경할 수 있다.

(6) void cvSetZero(CvArr* arr);

cvSetZero 함수는 arr에 주어진 행렬 및 영상의 모든 요소 값을 0으로 변경한다. cvSet(CvArr* arr, cvScalarAll(0))과 같다.

예제 cvEx0202 생성, 파괴, 초기화

```
001: #include "cv.h"
002: #include "highgui.h"
003: int main()
004: {
005:     IplImage    *dstImage;
006:     dstImage = cvCreateImage(cvSize(512, 512), IPL_DEPTH_8U, 3);
007:
008: // cvSet(dstImage, cvScalar(255, 0, 0));
009: // cvSet(dstImage, CV_RGB(0, 0, 255));
010:     cvSetZero(dstImage);
011:
012:     cvShowImage("dstImage", dstImage);
013:     cvWaitKey();
014:
015:     cvDestroyAllWindows();
016:     cvReleaseImage(&dstImage);
017:     return 0;
018: }
```

6행	인라인 함수 cvSize(512, 512)로 영상의 크기를 512×512, 영상에서 깊이는 unsigned 8비트인 IPL_DEPTH_8U, 3채널로 생성하여 포인터 변수 dstImage에 저장한다.
8행	cvSet 함수를 이용하여 영상 dstImage의 모든 화소 값을 cvScalar(255, 0, 0) 함수의 색상을 사용하여 초기화한다. 채널 순서가 BGR이므로, cvScalar(255, 0, 0)는 파란색(blue)이다. 8행의 주석을 해제하고 실행하면 [그림 2.3] 같이 영상의 화소들 모두 파란색으로 초기화된다.
9행	매크로 함수 CV_RGB를 사용하면 RGB 순서로 컬러를 초기화할 수 있다. CV_RGB(0, 0, 255)는 cvScalar(255, 0, 0) 함수와 같으며 파란색(blue)이다. 9행의 주석을 해제하고 실행하면 [그림 2.3] 같이 영상의 화소들 모두 파란색으로 초기화된다.
10행	cvSetZero 함수로 영상 dstImage의 모든 화소 값을 cvScalar(0, 0, 0) 함수의 색상인 검은색으로 초기화한다. cvSet(dstImage, cvScalar(0, 0, 0)) 함수를 사용하는 것과 같다.
12행	cvNamedWindow 함수를 이용하여 윈도우 이름을 "dstImage"로 하여 윈도우를 생성하지 않아도, cvShowImage 함수에서 윈도우 이름을 "dstImage"로 하여 윈도우를 생성하고 영상을 표시한다.

[그림 2.3] cvSet(dstImage, cvScalar(255, 0, 0));   [그림 2.4] cvSetZero(dstImage);

예제 cvEx0203   cvCloneImage, cvCopy

```
001: #include "cv.h"
002: #include "highgui.h"
003: int main()
004: {
005:    IplImage   *srcImage;
006:    if((srcImage=cvLoadImage("lena.jpg"))==NULL)
007:        return -1;
008:
009:    IplImage   *dstImage1;
010:    dstImage1=cvCloneImage(srcImage);
011:
012:    IplImage   *dstImage2;
013:    dstImage2 = cvCreateImage(cvGetSize(srcImage),
014:            srcImage->depth, srcImage->nChannels);
```

```
015:
016:     cvCopy(srcImage, dstImage2);
017:
018:     cvShowImage("srcImage", srcImage);
019:     cvShowImage("dstImage1", dstImage1);
020:     cvShowImage("dstImage2", dstImage2);
021:     cvWaitKey();
022:
023:     cvDestroyAllWindows();
024:     cvReleaseImage(&srcImage);
025:     cvReleaseImage(&dstImage1);
026:     cvReleaseImage(&dstImage2);
027:     return 0;
028: }
```

6행	srcImage에 "lena.jpg" 영상을 컬러로 로드한다.
9-10행	IplImage 포인터 변수 dstImage1을 선언하고, cvCloneImage 함수로 srcImage 영상을 dstImage1로 복제한다.
12-14행	IplImage 포인터 변수 dstImage2를 선언하고, cvCreateImage 함수로 srcImage 영상과 같은 크기, 같은 깊이, 같은 채널 개수를 갖는 영상을 생성하여 dstImage2에 저장한다.
16행	cvCopy 함수로 srcImage 영상을 dstImage2에 복사한다. 만약 12-13행을 주석 처리하면 실행시간 오류가 발생한다. 11행에서 dstImage2를 IplImage 포인터 변수로 선언하는 것만으로는 부족하고, 영상을 저장할 공간이 할당되어야 한다. 또한, 복제될 dstImage2 영상의 크기, 깊이, 채널 수 등의 헤더 정보가 원본 영상인 srcImage와 반드시 같아야 오류 없이 복사된다. 원본 영상 srcImage와 cvCloneImage 함수로 복제된 영상 dstImage1 그리고 cvCopy 함수로 복사된 영상 dstImage2의 내용은 모두 같다.

2.1.3 영상(IplImage)의 화소 접근

영상(IplImage)의 화소 값을 읽고 변경하는 다양한 함수가 있다. 화소 값을 변경하는 함수는 cvSetReal*D와 cvSet*D이다. cvSetReal*D 함수는 1채널에서만 사용 가능하며, cvSet*D 함수는 1, 2, 3의 모든 채널에서 사용 가능하다. 영상의 요소 값을 읽는 함수는 cvGetReal*D와 cvGet*D이다. cvGetReal*D 함수는 1채널에서만 사용 가능하며, cvGet*D 함수는 1, 2, 3의 모든 채널에서 사용 가능하다.

(1) cvSetReal*D : 1채널에서만 사용

cvSetReal*D 함수는 1채널 행렬 또는 영상에서만 사용할 수 있으며, 행렬 또는 영상의 포인터 인수 arr의 위치 idx0, idx1, idx2 등에 의해 지정된 요소 값을 double형 인수인 value 값으로 변경한다.

cvSetReal1D 함수는 1차원, cvSetReal2D는 2차원, cvSetReal3D는 3차원, cvSetRealND는 N차원에서 사용한다. cvSetRealND 함수는 idx 포인터에 첨자 배열을 전달한다.

```
void cvSetReal1D(CvArr* arr, int idx0, double value);
void cvSetReal2D(CvArr* arr, int idx0, int idx1, double value);
void cvSetReal3D(CvArr* arr, int idx0, int idx1, int idx2, double value);
void cvSetRealND(CvArr* arr, const int* idx, double value);
```

(2) cvSet*D : 1, 2, 3채널에서 사용

cvSet*D 함수는 1, 2, 3채널의 행렬 또는 영상에서 모두 사용할 수 있으며, 행렬 또는 영상의 포인터 인수 arr에서 idx0, idx1, idx2 등에 의해 지정된 요소 값을 CvScalar 형 인수인 value 값으로 변경한다.

```
void cvSet1D(CvArr* arr, int idx0, CvScalar value);
void cvSet2D(CvArr* arr, int idx0, int idx1, CvScalar value);
void cvSet3D(CvArr* arr, int idx0, int idx1, int idx2, CvScalar value);
void cvSetND(CvArr* arr, const int* idx, CvScalar value);
```

(3) cvGetReal*D : 1채널에서만 사용

cvGetReal*D 함수는 1채널 행렬 또는 영상에서만 사용할 수 있으며, 행렬 또는 영상의 포인터 인수 arr에서 idx0, idx1, idx2 등에 의해 지정된 요소 값을 double 형으로 반환한다. cvGetReal1D 함수는 1차원, cvGetReal2D는 2차원, cvGetReal3D는 3차원, cvGetRealND는 N 차원에서 사용한다.

```
double cvGetReal1D(const CvArr* arr, int idx0);
double cvGetReal2D(const CvArr* arr, int idx0, int idx1);
double cvGetReal3D(const CvArr* arr, int idx0, int idx1, int idx2);
double cvGetRealND(const CvArr* arr, const int* idx);
```

(4) cvGet*D : 1, 2, 3채널에서 사용

cvGet*D 함수는 1, 2, 3채널의 행렬 또는 영상에서 모두 사용할 수 있으며, 행렬 또는 영상의 포인터 인수 arr에서 idx0, idx1, idx2 등에 의해 지정된 요소 값을 CvScalar 형으로 반환한다.

```
CvScalar cvGet1D(const CvArr* arr, int idx0);
CvScalar cvGet2D(const CvArr* arr, int idx0, int idx1);
CvScalar cvGet3D(const CvArr* arr, int idx0, int idx1, int idx2);
CvScalar cvGetND(const CvArr* arr, const int* idx);
```

예제 cvEx0204 그레이 스케일 영상(IPL_DEPTH_8U, 1채널)에서 화소 값 접근
(cvSetReal2D, cvSet2D, cvGetReal2D, cvGet2D)

```
001: #include "cv.h"
002: #include "highgui.h"
003:
004: int main()
005: {
006:
007:     IplImage    *dstImage;
008:     dstImage = cvCreateImage(cvSize(512, 512), IPL_DEPTH_8U, 1);
009:     cvSet(dstImage, cvRealScalar(255));
010:
011:     int x = 200;
012:     int y = 100;
013:     cvSetReal2D(dstImage, y, x, 0);
014:     cvSet2D(dstImage, y, x+1, cvRealScalar(10));
015:
016:     double  a = cvGetReal2D(dstImage, y, x);
017:     CvScalar b = cvGet2D(dstImage, y, x+1);
018:
019:     printf("dstImage[%d, %d] = %f\n", y, x, a);
020:     printf("dstImage[%d, %d] = %f\n", y, x+1, b.val[0]);
021:
022:     cvShowImage("dstImage", dstImage);
023:
024:     cvWaitKey(0);
025:     cvDestroyAllWindows();
026:     cvReleaseImage(&dstImage);
027:     return 0;
028: }
```

7-8행 IplImage 포인터 변수 dstImage를 선언하고, cvCreateImage 함수로 영상 크기 cvSize(512, 512), 영상 깊이 IPL_DEPTH_8U인 1채널 그레이 스케일 영상을 dstImage에 생성한다.

9행 cvSet 함수로 영상 dstImage의 모든 화소를 흰색인 cvRealScalar(255)로 초기화한다. dstImage이 1채널인 영상이므로 화소 값을 cvRealScalar 함수로 지정할 수 있다. 1채널인 그레이 스케일 영상에서 255는 흰색이고, 0은 검은색이다.

13행 cvSetReal2D 함수로 dstImage 영상의 y=100행, x=200열의 값을 0으로 변경한다. dstImage이 1채널인 영상이므로 화소에 접근하기 위하여 cvSetReal2D 함수를 사용할 수 있다. cvSetReal2D(dstImage, y, x, 0)의 의미를 설명하기 위하여 행렬 표현과 유사하게 dstImage[y, x] = 0으로 표현할 수 있으며, (y, x) 위치의 화소 값을 0으로 변경하는 의미이다.

14행 cvSet2D 함수는 2차원인 3채널 컬러 영상, 1채널 그레이 스케일 영상 모두에서 화소에 접근하기 위하여 사용할 수 있다. cvSet2D(dstImage, y, x+1, cvRealScalar(10))는 dstImage[y, x+1] = cvRealScalar(10)의 의미이다. cvSet2D 함수에서 화소 값은 CvScalar 구조체형이다. cvRealScalar(10)는 cvScalar(10, 0, 0)와 같다.

16-17행 cvGetReal2D 함수를 사용하여 dstImage[y, x]의 화소 값을 읽어 double형 변수 a에 저장한다. [그림 2.5]와 같이 dstImage[100, 200] = 0.0으로 출력된다.

19-20행 cvGet2D 함수를 사용하여 dstImage[y, x]의 화소 값을 읽어 CvScalar형 변수 b에 저장한다. CvScalar 구조체는 double val[4] 멤버를 가지고 있다. val 배열의 크기가 4인 것은 4채널까지의 화소 값을 읽기 위한 것이다. 1채널 영상인 경우는 val[0]에 값이 저장되고, 3채 영상은 채널 순서에 따라 val[0], val[1], val[2]에 값이 저장되며, 4채널 영상에서 val[3]은 투명도(alpha) 값을 저장한다. dstImage 영상이 1채널이므로 (y, x) 화소의 값은 b.val[0]에 저장되어 있다. [그림 2.5]와 같이 dstImage[100, 201] = 10.0으로 출력된다.

22행 cvShowImage 함수로 dstImage 영상을 화면에 표시하면 [그림 2.6]과 같이 2개의 화소인 (100, 200), (100, 201)에서 검은색으로 표시된다.

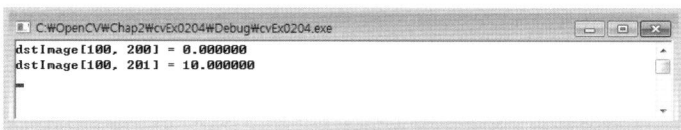

[그림 2.5] dstImage[100, 200]와 dstImage[100, 201]의 화소 값

[그림 2.6] dstImage 영상

예제 cvEx0205 컬러 영상(IPL_DEPTH_8U, 3채널)에서 화소 값 접근(cvSet2D, cvGet2D)

```
001: #include "cv.h"
002: #include "highgui.h"
003:
004: int main()
005: {
006:     IplImage    *dstImage;
007:     dstImage = cvCreateImage(cvSize(512, 512), IPL_DEPTH_8U, 3);
008:     cvSet(dstImage, cvScalarAll(255));
009:
010:     int x, y;
011:     y = 100;
012:     for(x = 200; x<300; x++)
013:         cvSet2D(dstImage, y, x, CV_RGB(255, 0, 0));
```

```
014:
015:    CvScalar a;
016:    for(x = 200; x<210; x++)
017:    {
018:        a = cvGet2D(dstImage, y, x);
019:        printf("dstImage[%d, %d] = (%f, %f, %f)\n",
020:            y, x, a.val[0], a.val[1], a.val[2]);
021:    }
022:    cvShowImage("dstImage", dstImage);
023:
024:    cvWaitKey(0);
025:    cvDestroyAllWindows();
026:    cvReleaseImage(&dstImage);
027:    return 0;
028: }
```

6–7행	IplImage 포인터 변수 dstImage를 선언하고, cvCreateImage 함수로 영상 크기 cvSize(512, 512), 영상 깊이 IPL_DEPTH_8U인 3채널 컬러 영상을 생성하여 dstImage에 저장한다.
8행	cvSet 함수로 영상 dstImage의 모든 화소를 흰색인 cvScalarAll(255)로 초기화한다. dstImage가 3채널 영상이므로 화소 값을 cvScalarAll 또는 cvScalar, CV_RGB로 지정할 수 있다. 3채널인 컬러 영상에서 RGB 값이 (255, 255, 255)이면 흰색이고, (0, 0, 0)은 검은색이다.
10–13행	정수형 변수 x, y를 선언하고, y=100으로 초기화한다. 11행의 for 문장으로 x를 200에서 299까지 1씩 증가시키며, 12행에서 cvSet2D() 함수로 dstImage 영상의 화소 (y, x)의 컬러 값을 빨간색인 CV_RGB(255, 0, 0)로 변경한다.
15–21행	화소 값을 읽어서 저장할 변수 a를 CvScalar형으로 선언하고, 16행의 for 문장으로 x를 200에서 209까지 1씩 증가시키며, 18행에서 cvGet2D() 함수로 dstImage 영상의 화소 (y, x)의 컬러 값을 읽어 CvScalar형 변수 a에 저장한다. 19–20행에서 printf() 함수로 읽어온 화소 a의 값인 a.val[0], a.val[1], a.val[2]를 출력한다. RGB 영상의 컬러 시퀀스는 디폴트로 BGR이므로 a.val[0]는 파랑(blue), a.val[1]는 녹색(green), a.val[2]는 빨강(red)이 저장된다. 9–12행에 의하여 빨간색으로 저장되므로 [그림 2.7]과 같이 (0, 0, 255)가 출력된다.
22행	cvShowImage 함수로 dstImage 영상을 화면에 표시하면 [그림 2-8]과 같이 100개의 점이 빨간색으로 표시된다.

```
C:\OpenCV\Chap2\cvEx0205\Debug\cvEx0205.exe
dstImage[100, 200] = (0.000000, 0.000000, 255.000000)
dstImage[100, 201] = (0.000000, 0.000000, 255.000000)
dstImage[100, 202] = (0.000000, 0.000000, 255.000000)
dstImage[100, 203] = (0.000000, 0.000000, 255.000000)
dstImage[100, 204] = (0.000000, 0.000000, 255.000000)
dstImage[100, 205] = (0.000000, 0.000000, 255.000000)
dstImage[100, 206] = (0.000000, 0.000000, 255.000000)
dstImage[100, 207] = (0.000000, 0.000000, 255.000000)
dstImage[100, 208] = (0.000000, 0.000000, 255.000000)
dstImage[100, 209] = (0.000000, 0.000000, 255.000000)
```

[그림 2.7] dstImage[100, 200]에서 dstImage[100, 209]까지의 화소 값

[그림 2.8] dstImage 영상

2.1.4 영상에 선, 원, 타원 그리기

(1) void cvLine(CvArr* img, CvPoint pt1, CvPoint pt2, CvScalar color,
    int thickness=1, int line_type=8, int shift=0);

영상 img에 점 pt1에서 pt2까지 color 색상, thickness 두께로 직선을 그린다. line_type=8 또는 4이면 직선 위의 화소를 계산할 때 8 또는 4 이웃 화소 연결을 사용하는 것을 의미하며, line_type=CV_AA이면 직선을 부드럽게 보이도록 가우시안 필터링을 사용하는 안티에일리어싱을 지원하는 직선을 생성한다. 마지막 인수인 shift는 점 pt1과 pt2의 각 좌표에 비트 이동을 나타낸다. 즉 shift=1이면 pt1과 pt2의 x, y 각 좌표값을 shift left 1비트 한 결과(즉 2로 나눈 효과)의 좌표에 직선을 그린다. CvPoint는 화소 점을 위한 구조체로 x, y 멤버를 갖고 cvPoint 인라인 함수로 초기화할 수 있다.

(2) void cvRectangle(CvArr* img, CvPoint pt1, CvPoint pt2,
    CvScalar color, int thickness=1, int line_type=8, int shift=0);

영상 img에 점 pt1과 pt2에 의해 정의되는 사각형을 color 색상, thickness 두께로 그린다.

(3) void cvCircle(CvArr* img, CvPoint center, int radius,
    CvScalar color, int thickness=1, int line_type=8, int shift=0);

영상 img에 중심점이 center이고 반지름이 radius인 원을 그린다.

(4) void cvEllipse(CvArr* img, CvPoint center, CvSize axes,
    double angle, double start_angle, double end_angle,
    CvScalar color, int thickness=1, int line_type=8,
    int shift=0);

영상 img에 중심점이 center, 축의 크기가 axes인 타원을 그린다. angle은 x 축과의 회전 각도이다. start_angle, end_angle을 사용하여 호(arc) 또는 완전히 닫힌 타원을 그릴 수 있으며 단위는 각도(degree)이다.

예제 cvEx0206   라인, 사각형, 원, 타원 그리기

```
001: #include "cv.h"
002: #include "highgui.h"
003: int main()
004: {
005:    IplImage    *dstImage;
006:    dstImage = cvCreateImage(cvSize(512, 512), IPL_DEPTH_8U, 3);
007:    cvSet(dstImage, CV_RGB(255, 255, 255));
008:
009:    cvLine(dstImage, cvPoint(50, 200),
010:            cvPoint(450, 200), CV_RGB(255, 0, 0));
011:    cvLine(dstImage, cvPoint(250, 100),
012:            cvPoint(250, 300), CV_RGB(255, 0, 0));
013:
014:    cvRectangle(dstImage, cvPoint(50, 100),
015:            cvPoint(450, 300), CV_RGB(0, 255, 0), 2);
016:
017:    cvCircle(dstImage, cvPoint(250, 200), 100, CV_RGB(0, 0, 0), 2);
018:
019:    cvEllipse(dstImage, cvPoint(250, 200), cvSize(200, 100),
020:                0, 0, 360, CV_RGB(0, 0, 255), 2);
021:
022:    cvEllipse(dstImage, cvPoint(250, 200), cvSize(200, 100),
023:                45, 0, 360, CV_RGB(0, 255, 255), 3);
024:
025:    cvNamedWindow("Drawing Graphics", CV_WINDOW_AUTOSIZE);
026:    cvShowImage("Drawing Graphics", dstImage);
027:    cvWaitKey(0);
028:
029:    cvDestroyAllWindows();
030:    cvReleaseImage(&dstImage);
031:    return 0;
032: }
```

5-7행   IplImage 포인터 변수 dstImage에 영상 크기가 cvSize(512, 512)이고 영상 깊이가 IPL_DEPTH_8U인 3채널 컬러 영상을 생성하고 CV_RGB(255, 255, 255)로 초기화하여 dstImage에 저장한다.

9-10행   dstImage 영상에 두 점 cvPoint(50, 200)와 cvPoint(450, 200) 사이의 직선을 CV_RGB(255, 0, 0) 색상으로 그린다.

11-12행   dstImage 영상에 두 점 cvPoint(250, 100)와 cvPoint(250, 300) 사이의 직선을 CV_RGB(255, 0, 0) 색상으로 그린다.

14-15행   dstImage 영상에 두 점 cvPoint(50, 100)와 cvPoint(450, 300)를 대각의 두 모서리로 갖는 사각형을 CV_RGB(0, 255, 0) 색상으로 그리고 두께를 2로 그린다.

17행   dstImage 영상에 중심점 cvPoint(250, 200), 반지름 100, 색상 CV_RGB(0, 0, 0) 그리고 두께 2인 원을 그린다.

19-20행   dstImage 영상에 중심점 cvPoint(250, 200), 두 축의 크기 cvSize(200, 100), 회전각을 0도로 하고 시작과 끝을 0도에서 360도로 하여 닫힌 원을 색상 CV_RGB(0, 0, 255) 그리고 두께 2로 그린다.

22-23행   dstImage 영상에 중심점 cvPoint(250, 200), 두 축의 크기 cvSize(200, 100), 회전각을 45도로 하고 시작과 끝을 0도에서 360도로 하여 닫힌 원을 색상 CV_RGB(0, 255, 255) 그리고 두께 3으로 그린다.

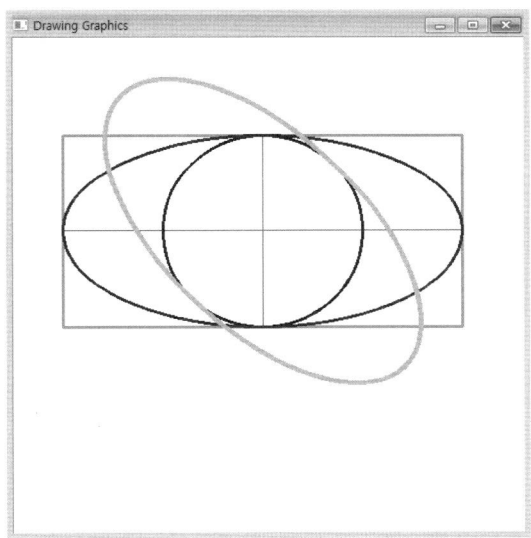

[그림 2.9] 라인, 사각형, 원, 타원 그리기

2.1.5 영상에서 관심 영역(ROI)과 관심 채널(COI) 지정

영상에서 관심 영역(ROI : Region Of Interest)과 관심 채널(COI : Channel Of Interest)을 설정하여 영상에 적용되는 함수의 연산 범위를 제한한다.

(1) void cvSetImageROI(IplImage* image, CvRect rect);

cvSetImageROI 함수는 영상 image에서 관심 영역을 CvRect 자료형의 사각형 rect를 이용하여 설정한다. ROI가 사용될 때 화소의 좌표는 ROI의 모서리(왼쪽 상단 또는 왼쪽 하단)가 기준이 된다.

(2) void cvResetImageROI(IplImage* image);

영상 image 전체 영역이 ROI가 되도록 재설정한다.

(3) CvRect cvGetImageROI(const IplImage* image);

영상 image의 ROI를 CvRect 자료형의 사각 영역으로 반환한다. ROI가 설정되어 있지 않으면 cvRect(0, 0, image->width, image->height)를 반환한다.

(4) void cvSetImageCOI(IplImage* image, int coi);

cvSetImageCOI 함수는 영상 image에서 COI로 관심 채널을 설정한다. coi=0이면 모든 채널, coi=1이면 첫 번째 채널, coi=2이면 두 번째 채널이 관심 채널로 설정된다.

(5) int cvGetImageCOI(const IplImage* image);

cvGetImageCOI 함수는 영상 image에 설정된 관심 채널을 반환한다.

예제 cvEx0207 — 관심 영역(ROI), 관심 채널(COI)을 이용한 영역 복사

```
001: #include "cv.h"
002: #include "highgui.h"
003: int main()
004: {
005:     IplImage    *srcImage;
006:     if((srcImage = cvLoadImage("lena.jpg")) == NULL)
007:             return -1;
008:     IplImage    *dstImage;
009:     dstImage = cvCreateImage(cvGetSize(srcImage), IPL_DEPTH_8U, 1);
010:     cvSet(dstImage, cvScalar(255));
011:
012:     cvRectangle(srcImage,   cvPoint(0, srcImage->height/2),
013:         cvPoint(srcImage->width/2-1, srcImage->height-1),
014:         CV_RGB(0, 0, 255), 2);
015:
016:     cvSetImageROI(srcImage,
017:      cvRect(0,srcImage->height/2, srcImage->width/2,srcImage->height/2));
018:     cvSetImageROI(dstImage,
019:         cvRect(0,  0, srcImage->width/2, srcImage->height/2));
020:
021:     cvSetImageCOI(srcImage, 1);   // Blue Channel
022:
023:     cvCopy(srcImage, dstImage);
024:
025:     cvResetImageROI(srcImage);
026:     cvResetImageROI(dstImage);
027: // cvSetImageCOI(srcImage, 0);
028:
029:     cvNamedWindow("lena RGB", CV_WINDOW_AUTOSIZE);
030:     cvShowImage("lena RGB", srcImage);
031:     cvNamedWindow("Blue channel", CV_WINDOW_AUTOSIZE);
032:     cvShowImage("Blue channel", dstImage);
033:
```

```
034:        cvWaitKey(0);
035:        cvDestroyAllWindows();
036:        cvReleaseImage(&srcImage);
037:        cvReleaseImage(&dstImage);
038:        return 0;
039: }
```

8-10행	입력 영상 srcImage와 같은 크기의 8비트 1채널 그레이 스케일 영상인 dstImage를 생성하고, 그레이 스케일 영상을 흰색인 cvScalar(255)로 초기화한다.
12-14행	[그림 2.10]과 같이 srcImage 영상의 왼쪽 아랫부분에 사각형을 그린다. 왼쪽 상단의 좌표가 cvPoint(0, srcImage->height/2)이고, 오른쪽 아래의 좌표가 cvPoint(srcImage->width/2-1, srcImage->height-1)인 사각형을 CV_RGB(0, 0, 255) 색상으로 그리고 두께 2로 그린다.
16-17행	영상 srcImage에서 [그림 2.10]의 파랑색인 사각 영역을 ROI로 설정한다.
18-19행	영상 dstImage에서 사각 영역 cvRect(0, 0, srcImage->width/2, srcImage->height/2)를 ROI로 설정한다.
21행	3채널 컬러 영상의 채널 시퀀스는 BGR이므로, srcImage에서 파랑색(blue)이 저장된 1번 채널을 COI로 설정한다. RGB 컬러 영상에서 1번 채널이 B, 2번 채널이 G, 3번 채널이 R이다.
23행	영상 srcImage를 영상 dstImage로 복사한다. [그림 2.11]과 같이 영상 srcImage의 COI 채널, 즉 1번 채널의 ROI 영역 cvRect(0, srcImage->height/2, srcImage->width/2, srcImage->height/2)에서 영상 dstImage의 ROI 영역 cvRect(0, 0, srcImage->width/2, srcImage->height/2)로 복사한다.
25-26행	cvShowImage 함수로 srcImage와 dstImage 영상의 전체를 보기 위하여 ROI를 전체 영역으로 재설정한다.
27행	cvShowImage 함수는 COI 정보를 사용하지 않으므로, cvSetImageCOI(srcImage, 0)로 srcImage의 COI를 모든 채널로 재설정하지 않아도 된다.

[그림 2.10] srcImage의 관심영역(ROI)

[그림 2.11] 복사된 dstImage

2.1.6 영상(IplImage)과 행렬(CvMat)의 헤더 변환

cvGetMat 함수는 CvMat 행렬의 헤더 포인터를 반환하고, cvGetImage 함수는 IplImage 영상의 헤더 포인터를 반환한다. 주의할 점은 반환되는 포인터에 대한 영상 또는 행렬 요소를 위해 메모리가 새로 할당되는 것은 아니고 단지 헤더만을 반환한다.

(1) CvMat* cvGetMat(const CvArr* arr, CvMat* header,
          int* coi=NULL, int allowND=0);

cvGetMat 함수는 입력인 arr의 CvMat 행렬의 헤더 포인터를 반환한다. header는 임시 버퍼로 사용될 CvMat 포인터이다. arr이 영상일 때는 설정된 COI를 인수 coi에 반환하며 ROI 설정에 영향을 받는다. allowND가 0이 아니면 CvMatND*를 지원한다. CvMatND는 2×2×2와 같은 다차원 행렬 자료형이다. arr은 영상 또는 행렬일 수 있으나, cvGetMat 함수는 영상(IplImage)인 arr을 행렬(CvMat)로 변환할 때 주로 사용한다.

예제 cvEx0208 cvGetMat로 영상 화소 값을 행렬로 변환

```
001: #include <stdio.h>
002: #include "cv.h"
003: #include "highgui.h"
004: void PrintMat(const CvMat *mat, const char *strName);
005: int main()
006: {
007:     IplImage    *srcImage;
008:     if((srcImage=cvLoadImage("lena.jpg",
009:         CV_LOAD_IMAGE_GRAYSCALE))== NULL)
010:         return -1;
011:     CvMat matHeader, *pSrcMat;
012:     cvSetImageROI(srcImage, cvRect(0, 0, 10, 10));
013:     pSrcMat = cvGetMat(srcImage, &matHeader);
014:     printf("&matHeader = %p\n", &matHeader);
015:     printf("pSrcMat = %p\n", pSrcMat);
016:
017:     printf("srcImage->imageData = %p\n", srcImage->imageData);
018:     printf("pSrcMat->data = %p\n", pSrcMat->data);
019:
020:     PrintMat(pSrcMat, "pSrcMat");
021:     cvWaitKey(0);
022:     cvReleaseImage(&srcImage);
023:     return 0;
024: }
025: void PrintMat(const CvMat *mat, const char *strName)
026: {
027:     int    x, y;
028:     double    fValue;
029:     printf(" %s = \n", strName);
030:     for(y= 0; y<mat->rows; y++)
```

```
031:    {
032:       for(x= 0; x<mat->cols; x++)
033:       {
034:          fValue = cvGetReal2D(mat, y, x);
035:          printf("%4d ", cvRound(fValue));
036:       }
037:       printf("\n");
038:    }
039:    printf("\n\n");
040: }
```

1행	printf 함수를 사용하기 위하여 〈stdio.h〉 헤더 파일을 포함하였다.
11-12행	영상 srcImage의 ROI를 cvRect(0, 0, 10, 10)로 설정한다.
13행	영상 srcImage의 ROI인 cvRect(0, 0, 10, 10) 영역의 화소 값을 행렬 포인터 pSrcMat로 반환한다. matHeader는 임시 버퍼로 사용되는 헤더이다.
14-18행	영상 srcImage를 행렬 pSrcMat로 변환한다. &matHeader와 pSrcMat는 같은 주소이다. 또한, 영상의 화소 데이터가 저장된 시작 주소 srcImage->imageData와 행렬 pSrcMat의 요소가 저장된 주소 pSrcMat->data가 같다. 즉 영상 헤더를 행렬 헤더로 변환만 하고 메모리를 새로 할당하지 않은 것을 의미한다.
20행	PrintMat(pSrcMat, "pSrcMat") 문장은 20-40행에 정의된 PrintMat 함수를 호출하여 행렬 pSrcMat의 각 요소 값을 for 문장과 printf("%4d ", cvRound(fValue)) 문장을 이용하여 정수 형식으로 출력한다. cvRound(fValue)는 실수 fValue의 가장 가까운 정수를 반환한다.

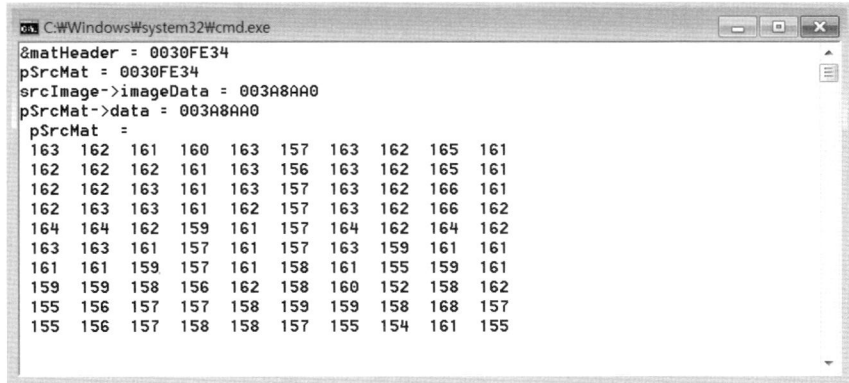

[그림 2.12] cvGetMat로 영상을 행렬로 변환

(2) IplImage* cvGetImage(const CvArr* arr, IplImage* image header);
cvGetImage 함수는 영상 또는 행렬인 arr의 이미지 헤더 포인터를 반환한다. cvGetImag 함수는 행렬인 arr을 영상으로 변환할 때 주로 사용한다.

예제 cvEx0209 — cvGetImage로 행렬을 영상 변환

```
001: #include "cv.h"
002: #include "highgui.h"
003: int main()
004: {
005:
006:     CvMat* pSrcMat = cvCreateMat(512, 512, CV_8UC1);
007:     cvSet(pSrcMat, cvScalarAll(128));
008:
009:     IplImage    *dstImage, tmpImage;
010:     dstImage = cvGetImage(pSrcMat, &tmpImage);
011:
012:     printf("&tmpImage = %p\n", &tmpImage);
013:     printf("dstImage = %p\n", dstImage);
014:
015:     printf("pSrcMat->data = %p\n", pSrcMat->data);
016:     printf("dstImage->imageData = %p\n", dstImage->imageData);
017:
018:     cvNamedWindow("dstImage", CV_WINDOW_AUTOSIZE);
019:     cvShowImage("dstImage", dstImage);
020:
021:     cvWaitKey(0);
022:     cvDestroyAllWindows();
023:     cvReleaseMat(&pSrcMat);
024:     return 0;
025: }
```

6-7행	cvCreateMat 함수로 행렬 포인터 pSrcMat에 512x512 크기, 8비트, 1채널인 CV_8UC1 자료형인 행렬을 생성한다. cvSet 함수로 행렬 pSrcMat의 모든 요소 값을 128로 설정한다.
9-10행	cvGetImage 함수로 행렬 pSrcMat를 영상 dstImage로 변환한다. [그림 2.14]는 cvShowImage 함수에 의해 화소의 값이 128인 회색의 영상이 출력된 결과이다.
12-16행	[그림 2.13]과 같이 &tmpImage와 dstImage는 같은 주소이다. 또한, 행렬 pSrcMat의 요소가 저장된 주소 pSrcMat->data와 cvGetImage 함수에 의해 반환된 영상의 화소 데이터가 저장된 시작 주소인 dstImage->imageData는 같다. 즉 행렬 헤더를 영상 헤더로 변환만 하고 메모리를 새로 할당하지 않은 것을 의미한다.

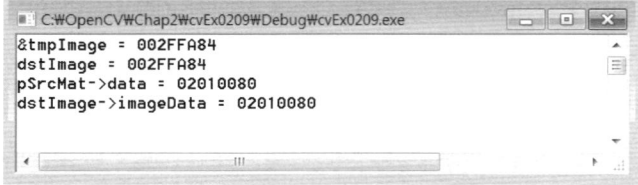

[그림 2.13] &tmpImage, dstImage, pSrcMat->data, dstImage->imageData

Chpater 02 영상 및 비디오 처리 기초 **51**

[그림 2.14] dstImage

(3) CvMat* cvGetSubRect(const CvArr* arr, CvMat* submat, CvRect rect);
영상 또는 행렬인 arr에서 rect에 의해 설정된 사각 영역을 행렬 포인터 submat에 저장하고 포인터를 반환한다.

예제 cvEx0210   cvGetSubRect를 이용한 영상의 부분 영역 지정

```
001: #include "cv.h"
002: #include "highgui.h"
003: int main()
004: {
005:     IplImage *srcImage;
006:     if((srcImage=cvLoadImage("lena.jpg",
007:                      CV_LOAD_IMAGE_GRAYSCALE))== NULL)
008: //  if((srcImage=cvLoadImage("lena.jpg"))== NULL)
009:         return -1;
010:     IplImage    *dstImage;
011:     dstImage = cvCreateImage(cvGetSize(srcImage),
012:                  srcImage->depth, srcImage->nChannels);
013:
014:     CvMat *subSrc, *subDst, mTempSrc, mTempDst;
015:     int nWidth, nHeight;
016:     int x, y;
017:     int nX = 4, nY = 4;
018: // int nX = 64, nY = 64;
019:     CvScalar value;
020:
021:     nWidth = srcImage->width/nX;
022:     nHeight= srcImage->height/nY;
```

```
023:
024:     for(y=0; y<srcImage->height; y += nHeight)
025:       for(x=0; x<srcImage->width;  x += nWidth)
026:       {
027:           subSrc = cvGetSubRect(srcImage, &mTempSrc,
028:                        cvRect(x,y,nWidth, nHeight));
029:           subDst = cvGetSubRect(dstImage, &mTempDst,
030:                        cvRect(x,y,nWidth, nHeight));
031:           value = cvAvg(subSrc);
032:           cvSet(subDst, value);
033:       }
034:     cvNamedWindow("srcImage", CV_WINDOW_AUTOSIZE);
035:     cvShowImage("srcImage", srcImage);
036:
037:     cvNamedWindow("dstImage", CV_WINDOW_AUTOSIZE);
038:     cvShowImage("dstImage", dstImage);
039:
040:     cvWaitKey(0);
041:     cvDestroyAllWindows();
042:     cvReleaseImage(&srcImage);
043:     cvReleaseImage(&dstImage);
044:     return 0;
045: }
```

- **11-12행**   cvCreateImage 함수로 입력 영상 srcImage와 크기, 화소 비트 수, 채널 개수가 같은 영상인 dstImage를 생성한다.

- **17-18행**   nX는 가로 방향의 부분 영역의 개수이고, nY는 세로 방향의 부분 영역의 개수이다. nX=4, nY=4이면 영상을 16개의 부분 영역으로 나눈다.

- **21-22행**   가로와 세로 방향의 부분 영역의 개수인 nX와 nY에 의해 하나의 부분 영역의 크기를 계산한다. nX = 4, nY = 4이고, srcImage->width = 512, srcImage->height = 512인 경우, 하나의 부분 영역의 크기는 nWidth = 128, nHeight = 128이다.

- **24-25행**   for 문장의 변수 x, y는 영상 srcImage와 dstImage에서 영역의 크기가 nWidth, nHeight인 사각 영역의 왼쪽 상단 좌표이다.

- **27-28행**   cvGetSubRect 함수로 srcImage와 dstImage에서 cvRect(x,y,nWidth, nHeight)에 의해 정의되는 부분 영역의 행렬 포인터를 subSrc, subDst에 저장한다.

- **31-32행**   cvAvg 함수로 영상 srcImage의 부분 영역인 subSrc의 평균을 value에 계산하고 cvSet 함수로 영상 dstImage의 같은 위치의 부분 영역인 subDst의 모든 화소에 계산된 평균인 value를 저장한다. subDst가 영상 dstImage의 포인터이기 때문에 dstImage의 화소 값이 변경된다. [그림 2.15]는 nX=4, nY=4일 때의 dstImage이고, [그림 2.16]은 nX=64, nY=64일 때의 dstImage이다.

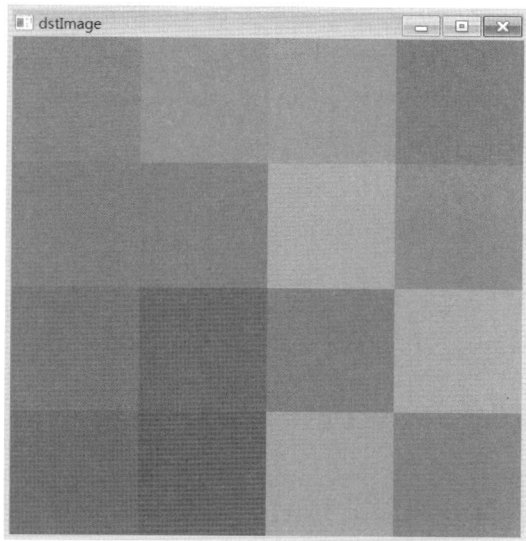
[그림 2.15] dstImage, nX=4, nY=4

[그림 2.16] dstImage, nX=64, nY=64

2.1.7 모양 변경, 채널 분리/합성 및 컬러 변환

cvReshape 함수는 영상을 복사하지 않고, 행과 채널 개수를 변경하여 영상과 행렬의 모양을 변경하며, cvSplit와 cvMerge 함수는 채널을 분리 또는 합성하고 cvCvtColor 함수는 서로 다른 컬러 모델로 변환한다.

(1) CvMat* cvReshape(const CvArr* arr, CvMat* header, int new_cn, int new_rows=0);

영상 또는 행렬인 arr을 복사 없이 행(row)과 채널 개수를 변경한다. header는 변경될 CvMat 포인터 헤더, new_cn은 새로운 채널 개수이며 new_cn=0이면 원본인 arr의 채널 개수를 유지한다. new_rows는 새로운 행의 개수이며, new_rows=0이면 행의 개수가 변경되지 않는다. header에 영상 또는 행렬 요소를 위한 메모리가 따로 할당되는 것이 아니라 헤더만 변경된다. cvReshape 함수는 CvMat 행렬 포인터를 반환하므로 영상을 행렬로 cvReshape한 후에 다시 cvGetImage 함수를 사용하면 영상으로 변환할 수 있다.

(2) void cvSplit(const CvArr* src, CvArr* dst0, CvArr* dst1, CvArr* dst2, CvArr* dst3);

다중 채널인 src에서 각각의 채널을 dst0, dst1, dst2, dst3의 1채널로 분리한다. dst0, dst1, dst2, dst3은 NULL일 수 있다. dst1=NULL이면 dst2=NULL, dst3=NULL이어야 한다. 1채널에서 한 곳이 NULL이면 그 오른쪽은 반드시 NULL이어야 한다. 영상일 때는 COI와 cvCopy 함수를 사용하여 특정 채널의 영상을 얻을 수도 있다.

```
IplImage *srcImage;
if((srcImage = cvLoadImage("lena.jpg")) == NULL)
    return -1;
IplImage *dstR, *dstG,*dstB;
dstR = cvCreateImage(cvSize(512, 512), IPL_DEPTH_8U, 1);
dstG = cvCreateImage(cvSize(512, 512), IPL_DEPTH_8U, 1);
dstB = cvCreateImage(cvSize(512, 512), IPL_DEPTH_8U, 1);
cvSplit(srcImage, dstB, dstG, dstR, NULL);
```

(3) void cvMerge(const CvArr* src0, const CvArr* src1, const CvArr* src2, const CvArr* src3, CvArr* dst);

1채널 src0, src1, src2, src3 이용하여 다중 채널인 dst를 만든다. 예를 들어 dst가 3채널이면 src0, src1, src2를 사용하여 dst에 3채널을 생성한다. 영상일 때는 COI와 cvCopy 함수를 사용하여 1채널을 다중 채널의 한 채널로 복사를 할 수 있다. cvSplit 함수는 채널을 분리하는 함수이고 cvMerge 함수는 채널을 합성하는 함수이다.

```
IplImage *dstImage;
dstImage = cvCreateImage(cvSize(512, 512), IPL_DEPTH_8U, 3);
cvSetZero(dstImage);
cvMerge(dstB, dstG, dstR, NULL, dstImage);
```

(4) void cvCvtColor(const CvArr* src, CvArr* dst, int code);

src는 8비트(8U), 16비트(16U) 또는 32비트 실수 입력 영상이다. dst는 src와 같은 크기, 같은 깊이를 가지며 채널의 수는 다를 수 있는 출력 영상이다. code는 CV_src_color2dst_color의 형태로 입력 src의 컬러와 출력 dst의 컬러 변환을 명시한다. 함수에서 영상 헤더의 컬러 정보를 사용하지 않으므로 src와 dst의 정확한 컬러 모델을 명시해야 한다.

① RGB ⟨–⟩ GRAY

CV_RGB2GRAY는 RGB로 표현된 src 영상을 dst에 GRAY 영상으로 변환한다. GRAY2BGR은 GRAY로 표현된 src 영상을 dst에 BGR 영상으로 변환한다. RGB와 BGR의 채널의 순서가 다름에 주의한다. 예를 들면 RGB 컬러를 이용하여 GRAY 영상 값 Y를 다음과 같이 계산한다. RGB 값의 범위는 8비트이면 0에서 255이고, 16비트이면 0에서 65535이며, 실수 영상이면 0에서 1 사이의 값이다.

$$Y = 0.299R + 0.587G + 0.114B$$
$$R = Y, G = Y, B = Y$$

② RGB ⟨–⟩ YCrCb

CV_BGR2YCrCb는 src의 BGR 컬러 모델을 YCrCb로 변환하여 dst에 저장한다. 유사하게 CV_RGB2YCrCb, CV_YCrCb2BGR, CV_YCrCb2RGB 등이 있다.

$$Y = 0.299R + 0.587G + 0.114B$$
$$Cr = (R-Y)0.713 + delta$$
$$Cb = (B-Y)0.564 + delta$$

$$R = Y + 1.403(Cr - delta)$$
$$G = Y - 0.344(Cr - delta) - 0.714(Cb - delta)$$
$$B = Y + 1.773(Cb - delta)$$

$$\text{여기서, } delta = \begin{cases} 128 & \text{if } 8bit \text{ 영상} \\ 32768 & \text{if } 16bit \text{ 영상} \\ 0.5 & \text{if 실수 영상} \end{cases}$$

③ RGB ⟨–⟩ HSV

CV_BGR2HSV는 src의 BGR 컬러 모델을 YCrCb로 변환하여 dst에 저장한다. 유사하게 CV_RGB2HSV, CV_HSV2BGR, CV_HSV2RGB 등이 있다.

$$V = \max(R, G, B)$$

$$S = \begin{cases} \dfrac{V - \min(R, G, B)}{V} & \text{if } V \neq 0 \\ 0 & o.w. \end{cases}$$

$$H = \begin{cases} 60(G-B)/S & \text{if } V = R \\ 120 + 60(B-R)/S & \text{if } V = G \\ 240 + 60(R-G)/S & \text{if } V = B \end{cases}$$

if $H < 0$ then $H = H + 360$

$0 \leq V \leq 1$

$0 \leq S \leq 1$

$0 \leq H \leq 360$

8bit 영상이면, V=255V, S=255S, H=H/2로 0에서 255 사이 값으로 스케일링한다.

④ RGB ⟨→⟩ CIE XYZ 변환
CV_BGR2XYZ은 src의 BGR 컬러 모델을 XYZ로 변환하여 dst에 저장한다. 유사하게 CV_RGB2XYZ, CV_XYZ2BGR, CV_XYZ2RGB 등이 있다.

⑤ RGB ⟨→⟩ HLS
CV_BGR2HLS는 src의 BGR 컬러 모델을 HLS로 변환하여 dst에 저장한다. 유사하게 CV_RGB2HLS, CV_HLS2BGR, CV_HLS2RGB 등이 있다.

⑥ RGB ⟨→⟩ CIE L*u*v*
CV_BGR2Luv는 src의 BGR 컬러 모델을 Luv로 변환하여 dst에 저장한다. 유사하게 CV_RGB2Luv, CV_Luv2BGR, CV_Luv2RGB 등이 있다.

⑦ Bayer ⟨→⟩ RGB
Bayer 컬러 모델은 CMOS 또는 CCD 컬러 모델에서 R, G, B 컬러를 특정 패턴으로 사이사이 끼워 넣어 주변의 값과 함께 컬러를 이루는 방법으로 CV_BayerBG2BGR, CV_BayerGB2BGR, CV_BayerRG2BGR, CV_BayerGR2BGR, CV_BayerBG2RGB, CV_BayerGB2RGB, CV_BayerRG2RGB, CV_BayerGR2RGB 등이 있다.

예제 cvEx0211   cvReshape, cvCalcCovarMatrix에 의한 컬러 영상의 평균 벡터와 공분산 행렬 계산

```
001: #include "cv.h"
002: #include "highgui.h"
003: void PrintMat(const CvMat *mat, const char *strName);
004: int main()
005: {
006:     IplImage   *srcImage;
007:     if((srcImage = cvLoadImage("lena.jpg")) == NULL)
008:        return -1;
009:
010:     CvMat *pCov = cvCreateMat(3, 3, CV_32FC1);
011:     CvMat *pAvg = cvCreateMat(1, 3, CV_32FC1);
012:
013:     CvSize srcSize = cvGetSize(srcImage);
014:     CvMat *pXYZ = cvCreateMat(srcSize.width, srcSize.height, CV_32FC3);
015:     cvScale(srcImage, pXYZ); // unsigned 8bit -> float 32bit
016:
```

```
017:    // convert 3 channel -> 1 channel
018:    int nSamples = srcImage->width*srcImage->height;
019:    CvMat* samplesMat = cvCreateMatHeader(nSamples, 3, CV_32FC1);
020:
021:      // (nSamples  x 3) matrix, 1channel
022:    cvReshape(srcImage, samplesMat, 1, nSamples);
023:
024:    cvCalcCovarMatrix((const CvArr**)&samplesMat, samplesMat->rows,
025:       pCov, pAvg,CV_COVAR_NORMAL|CV_COVAR_ROWS);
026:
027:    PrintMat(pCov, "pCov = ");
028:    PrintMat(pAvg, "pAvg = ");
029:
030:    cvWaitKey(0);
031:    cvDestroyAllWindows();
032:    cvReleaseImage(&srcImage);
033:    cvReleaseMat(&pXYZ);
034:    return 0;
035: }
036: void PrintMat(const CvMat *mat, const char *strName)
037: {
038:    int    x, y;
039:    double   fValue;
040:    printf(" %s  \n =  \n", strName);
041:    for(y= 0; y<mat->rows; y++)
042:    {
043:      for(x= 0; x<mat->cols; x++)
044:      {
045:         fValue = cvGetReal2D(mat, y, x);
046:         printf("%.1f ", fValue);
047:      }
048:      printf("\n");
049:    }
050:    printf("\n\n");
051: }
```

7행	lena.jpg 영상을 컬러로 srcImage에 읽는다. srcImage는 512×512 크기, 8비트, 3채널이다.
13-15행	cvGetSize 함수로 srcImage의 크기를 가져오고, cvCreateMat 함수로 srcImage와 크기가 같고, 32비트 실수 3채널인 CV_32FC3 자료형의 행렬 pXYZ를 생성한다. cvScale 함수로 8비트인 영상 srcImage를 32비트 실수인 pXYZ에 1.0으로 스케일링한다. 이때 srcImage와 pXYZ이 자료형이 다르기 때문에 cvCopy 함수는 사용할 수 없다.
18-22행	cvReshape 함수를 사용하여 512x512 크기, 3채널인 srcImage를 262144×3, 1채널인 행렬 samplesMat로 모양을 변경하였다. 행렬 samplesMat의 각 행에 컬러 영상 srcImage의 3채널의 화소 값이 각 열에 있다.
24행	cvCalcCovarMatrix 함수를 사용하여 행렬 samplesMat의 컬러 영상의 평균 벡터 pAvg와 공분산 행렬 pCov를 [그림 2-17]과 같이 계산한다.

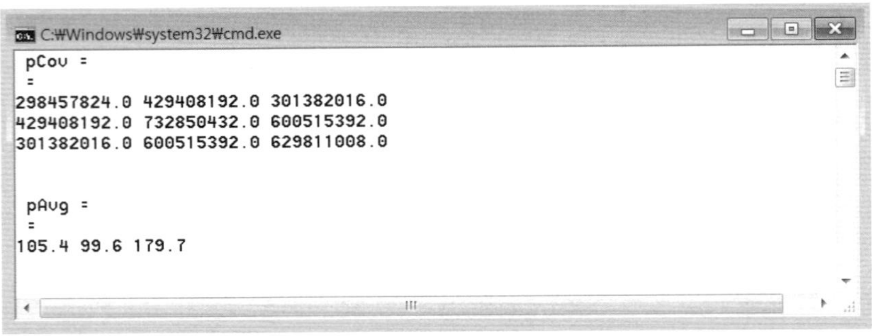

```
                        C:\Windows\system32\cmd.exe
                       pCov =
                       298457824.0  429408192.0  301382016.0
                       429408192.0  732850432.0  600515392.0
                       301382016.0  600515392.0  629811008.0

                       pAvg =
                       =
                       105.4 99.6 179.7
```

[그림 2.17] 평균 벡터 pAvg와 공분산 행렬 pCov

예제 cvEx0212 영상 채널 분리 및 병합 (cvSplit, cvMerge)

```
001: #include "cv.h"
002: #include "highgui.h"
003: int main()
004: {
005:    IplImage    *srcImage;
006:    if((srcImage = cvLoadImage("lena.jpg")) == NULL)
007:            return -1;
008:    IplImage    *dstR, *dstG,*dstB;
009:    dstR = cvCreateImage(cvGetSize(srcImage), IPL_DEPTH_8U, 1);
010:    dstG = cvCreateImage(cvGetSize(srcImage), IPL_DEPTH_8U, 1);
011:    dstB = cvCreateImage(cvGetSize(srcImage), IPL_DEPTH_8U, 1);
012:
013:    cvSplit(srcImage, dstB, dstG, dstR, NULL);
014: // cvSplit(srcImage, dstB, NULL, NULL, NULL);
015:
016:    IplImage    *dstImage;
017:    dstImage = cvCreateImage(cvSize(512, 512), IPL_DEPTH_8U, 3);
018:
019:    cvSetZero(dstImage);
020: // cvMerge(dstB, dstG, dstR,NULL, dstImage);
021:    cvMerge(dstB, NULL, NULL, NULL, dstImage);
022:
023:    cvNamedWindow("Source Image", CV_WINDOW_AUTOSIZE);
024:    cvShowImage("Source Image", srcImage);
025:
026:    cvNamedWindow("Red Channel", CV_WINDOW_AUTOSIZE);
027:    cvShowImage("Red Channel", dstR);
028:
029:    cvNamedWindow("Green Channel", CV_WINDOW_AUTOSIZE);
030:    cvShowImage("Green Channel", dstG);
031:
032:    cvNamedWindow("Blue Channel", CV_WINDOW_AUTOSIZE);
033:    cvShowImage("Blue Channel", dstB);
034:
035:    cvNamedWindow("Merge Image", CV_WINDOW_AUTOSIZE);
036:    cvShowImage("Merge Image", dstImage);
```

```
037:
038:    cvWaitKey(0);
039:    cvDestroyAllWindows();
040:    cvReleaseImage(&srcImage);
041:    cvReleaseImage(&dstR);
042:    cvReleaseImage(&dstG);
043:    cvReleaseImage(&dstB);
044:    cvReleaseImage(&dstImage);
045:    return 0;
046: }
```

9-11행	컬러 영상인 원본 영상 srcImage의 각 채널을 분리해서 저장할 1채널 영상 dstB, dstG, dstR을 생성한다.
13행	cvSplit 함수로 영상 srcImage의 각 채널을 dstB, dstG, dstR에 분리하여 저장한다. 채널 순서가 BGR이기 때문에 인자의 순서는 dstB, dstG, dstR 순서이다. [그림 2.18](a), [그림 2.18](b), [그림 2.18](c)는 분리된 채널의 결과이다.
19-21행	cvSetZero 함수로 3채널 컬러 영상 dstImage의 모든 화소를 0으로 초기화하고, cvMerge 함수를 사용하여 파란색 채널인 dstB 만을 사용하여 dstImage에 합성하면 [그림 2.18](d)와 같다.

(a) dstR

(b) dstG

(c) dstB

(d) dstImage

[그림 2.18] cvSplit, cvMerge

예제 cvEx0213　　cvCvtColor에 의한 컬러 변환

```
001: #include <stdio.h>
002: #include "cv.h"
003: #include "highgui.h"
004: int main()
005: {
006:     IplImage    *srcImage;
007:     if((srcImage = cvLoadImage("lena.jpg")) == NULL)
008:             return -1;
009:     printf("srcImage->colorModel=%s, srcImage->channelSeq=%s\n",
010:             srcImage->colorModel, srcImage->channelSeq);
011:
012:     IplImage* RGB2Gray = cvCreateImage(cvGetSize(srcImage), IPL_DEPTH_8U, 1);
013:     IplImage* BGR2Gray = cvCreateImage(cvGetSize(srcImage), IPL_DEPTH_8U, 1);
014:
015:     IplImage* BGR2YCrCb=cvCreateImage(cvGetSize(srcImage), IPL_DEPTH_8U, 3);
016:     IplImage* BGR2HSV = cvCreateImage(cvGetSize(srcImage), IPL_DEPTH_8U, 3);
017:
018:     cvCvtColor(srcImage, RGB2Gray, CV_RGB2GRAY);
019:     cvCvtColor(srcImage, BGR2Gray, CV_BGR2GRAY);
020:     cvCvtColor(srcImage, BGR2YCrCb, CV_BGR2YCrCb);
021:     cvCvtColor(srcImage, BGR2HSV, CV_BGR2HSV);
022:
023:     cvNamedWindow("RGB2Gray", CV_WINDOW_AUTOSIZE);
024:     cvShowImage("RGB2Gray", RGB2Gray);
025:
026:     cvNamedWindow("BGR2Gray", CV_WINDOW_AUTOSIZE);
027:     cvShowImage("BGR2Gray", BGR2Gray);
028:
029:     cvNamedWindow("BGR2YCrCb", CV_WINDOW_AUTOSIZE);
030:     cvShowImage("BGR2YCrCb", BGR2YCrCb);
031:
032:     cvNamedWindow("BGR2HSV", CV_WINDOW_AUTOSIZE);
033:     cvShowImage("BGR2HSV", BGR2HSV);
034:
035:     cvWaitKey(0);
036:     cvDestroyAllWindows();
037:     cvReleaseImage(&RGB2Gray);
038:     cvReleaseImage(&BGR2Gray);
039:     cvReleaseImage(&BGR2YCrCb);
040:     cvReleaseImage(&BGR2HSV);
041:     return 0;
042: }
```

9-10행　　영상 srcImage의 컬러 모델과 채널 순서를 출력하면 srcImage->colorModel="RGB"이고, srcImage->channelSeq="BGR"이다. 채널 순서가 BGR이므로 컬러 변환에서 변환 형식을 CV_BGR2GRAY, CV_BGR2YCrCb, CV_BGR2HSV 등과 같이 해야 한다.

18-21행 채널 순서가 BGR인 srcImage를 CV_RGB2GRAY로 변환하여 RGB2Gray에 저장하고, CV_BGR2GRAY로 변환하여 BGR2Gray에 저장하며, CV_BGR2YCrCb로 변환하여 BGR2YCrCb에 저장하고, CV_BGR2HS로 변환하여 BGR2HSV에 저장한다. [그림 2.19](a), [그림 2.19](b), [그림 2.19](c), [그림 2.19](d)는 컬러 변환 결과이다.

(a) RGB2Gray (b) BGR2Gray

(c) BGR2YCrCb (d) BGR2HSV

[그림 2.19] cvCvtColor에 의한 컬러 변환

2.1.8 행과 열의 부분 접근 및 복사

(1) CvMat* cvGetCol(const CvArr* arr, CvMat* submat, int col)

cvGetCol 함수는 arr에 주어진 입력 행렬 또는 영상에서, col에 주어진 하나의 열(column)을 submat에 반환한다. submat은 메모리가 복사되는 것이 아니라 행렬 헤더만을 반환한다.

(2) CvMat* cvGetCols(const CvArr* arr, CvMat* submat,
    int start_col, int end_col)

cvGetCols 함수는 arr에 주어진 입력 행렬 또는 영상에서, start_col에서 end_col-1 열

까지의 하나 이상의 열을 submat에 반환한다. end_col 열은 포함되지 않는다. submat은 메모리가 복사되는 것이 아니라 행렬 헤더만을 반환한다.

(3) CvMat* cvGetRow(const CvArr* arr, CvMat* submat, int row)

cvGetRow 함수는 arr에 주어진 입력 행렬 또는 영상에서, row에 주어진 하나의 행(row)을 submat에 반환한다. submat은 메모리가 복사되는 것이 아니라 행렬 헤더만을 반환한다.

(4) CvMat* cvGetRows(const CvArr* arr, CvMat* submat,
    int start_row, int end_row, int delta_row=1)

cvGetRows 함수는 arr에 주어진 입력 행렬 또는 영상에서, start_row에서 end_row-1 행까지의 하나 이상의 행을 submat에 반환한다. end_row 행은 포함되지 않는다. submat은 메모리가 복사되는 것이 아니라 행렬 헤더만을 반환한다.

예제 cvEx0214 행과 열의 부분 접근 및 복사

```
001: #include "cv.h"
002: #include "highgui.h"
003: void PrintMat(const CvMat *mat, const char *strName);
004: int main()
005: {
006:     float data[]= {1,  2,  3,  4,
007:                    5,  6,  7,  8,
008:                    9, 10, 11, 12};
009:
010:     CvMat mat = cvMat(3, 4, CV_32FC1, data);
011:     CvMat sub1, sub2;
012:     cvGetCol(&mat, &sub1, 0);
013:     cvGetCols(&mat, &sub2, 0, 2);
014:
015:     PrintMat(&mat, "&mat:");
016:     PrintMat(&sub1, "&sub1:");
017:     PrintMat(&sub2, "&sub2:");
018:
019:     CvMat sub3, sub4;
020:     cvGetRow(&mat, &sub3, 0);
021:     cvGetRows(&mat, &sub4, 0, 2);
022:
023:     PrintMat(&sub3, "&sub3:");
024:     PrintMat(&sub4, "&sub4:");
025:
026:     CvMat *pMat = cvCreateMat(3, 2, CV_32FC1);
027:     cvCopy(&sub2, pMat);
028:     PrintMat(pMat, "pMat:");
029:
```

```
030:        cvReleaseMat(&pMat);
031:        return 0;
032: }
033: void PrintMat(const CvMat *mat, const char *strName)
034: {
035:        int     x, y;
036:        double  fValue;
037:        printf(" %s  \n =  \n", strName);
038:        for(y= 0; y<mat->rows; y++)
039:        {
040:                for(x= 0; x<mat->cols; x++)
041:                {
042:                        fValue = cvGetReal2D(mat, y, x);
043:                        printf("%.1f ", fValue);
044:                }
045:                printf("\n");
046:        }
047:        printf("\n\n");
048: }
```

6-10행	행렬 mat를 CV_32FC1 자료형인 3x4 행렬로 생성하고, 배열 data로 초기화한다.
12행	cvGetCol 함수로 mat 행렬에서 0번 열을 행렬 sub1에 저장한다.
13행	cvGetCols 함수로 mat 행렬에서 0에서 1열까지를 행렬 sub2에 저장한다.
20행	cvGetRow 함수로 mat 행렬에서 0번 행을 행렬 sub3에 저장한다.
21행	cvGetRows 함수로 mat 행렬에서 0에서 1행까지를 행렬 sub4에 저장한다.
26행	cvCreateMat 함수로 CV_32FC1 자료형인 3x2 행렬을 pMat에 생성한다.
27행	cvCopy 함수로 행렬 mat의 0에서 1열까지의 행렬인 sub2를 pMat에 복사한다.

[그림 2.20]은 행과 열의 부분 접근 및 복사한 결과를 표시한다.

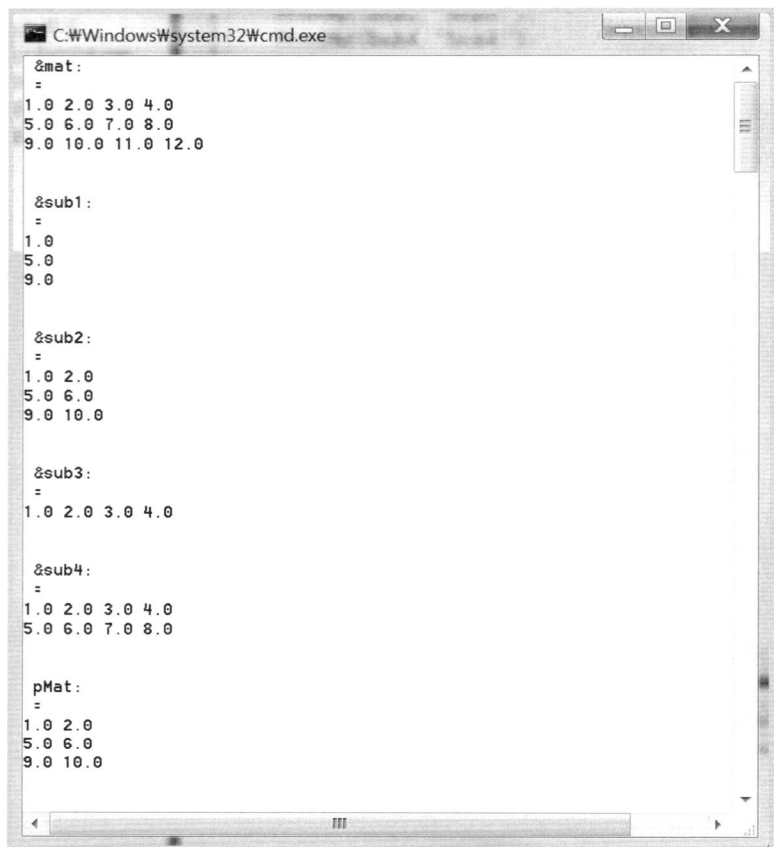

[그림 2.20] 행과 열의 부분 접근 및 복사

2.2 C API 비디오 입출력

OpenCV 함수를 사용하면, 비디오 파일 입출력과 카메라로부터 비디오 입력을 받을 수 있다. 윈도우즈용 OpenCV는 기본적으로 비디오 입출력을 위하여 Video for Windows(VfW)를 사용한다. 리눅스에서는 FFMpeg을 사용한다.

2.2.1 비디오 입력

(1) CvCapture* cvCaptureFromFile(const char* filename);

비디오 파일인 filename으로부터 비디오 획득을 초기화하여 CvCapture* 포인터를 반환한다.

(2) CvCapture* cvCaptureFromCAM(int index);

카메라 번호를 나타내는 index로부터 비디오 획득을 초기화하여 CvCapture* 포인터를 반환한다.

(3) void cvReleaseCapture(CvCapture** capture);

cvCaptureFromFile 또는 cvCaptureFromCAM 함수에 의해 비디오 획득을 위한 획득 구조체 포인터 capture를 해제한다.

(4) int cvGrabFrame(CvCapture* capture);

비디오 파일 또는 카메라에 연결된 구조체 capture를 사용하여 영상 프레임을 잡기(grab) 위해 사용한다. 그러나 잡힌 영상 프레임을 얻기 위해서는 cvRetrieveFrame 함수를 사용하여야 한다. cvGrabFrame 함수는 여러 카메라에서 빠른 시간에 동기를 맞추어 영상을 획득할 때 사용한다.

(5) IplImage* cvRetrieveFrame(CvCapture* capture);

cvGrabFrame 함수에 의해 잡은 영상 프레임을 IplImage* 포인터로 반환한다. 반환 값이 NULL이면 오류 발생을 의미한다. 또한, 반환된 영상을 변경 또는 메모리 해제를 해서는 안 된다.

(6) IplImage* cvQueryFrame(CvCapture* capture);

카메라 또는 비디오 파일인 capture로부터 영상 프레임을 잡고, 압축을 풀어서 영상 포인터를 반환한다. cvGrabFrame 함수와 cvRetrieveFrame 함수를 모두 수행한 결과와 같다.

(7) double cvGetCaptureProperty(CvCapture* capture, int property_id);

capture에 연결된 비디오 또는 카메라로부터 property_id에 아래와 같은 상수를 주면 이에 따른 속성을 반환한다.

[표 2.1] property_id 상수

property_id	설명
CV_CAP_PROP_POS_MSEC	타임스탬프 또는 미리초로 현재 위치
CV_CAP_PROP_POS_FRAMES	획득될 프레임 번호
CV_CAP_PROP_POS_AVI_RATIO	비디오 파일의 위치(0이면 시작, 1이면 끝)
CV_CAP_PROP_FRAME_WIDTH	비디오 프레임의 가로 크기
CV_CAP_PROP_FRAME_HEIGHT	비디오 프레임의 세로 크기
CV_CAP_PROP_FPS	프레임 속도
CV_CAP_PROP_FOURCC	코덱의 4 문자
CV_CAP_PROP_FRAME_COUNT	비디오 파일에서 총 프레임 수
CV_CAP_PROP_BRIGHTNESS	카메라에서 밝기
CV_CAP_PROP_CONTRAST	카메라에서 대비

CV_CAP_PROP_SATURATION	카메라에서 포화도(saturation)
CV_CAP_PROP_HUE	카메라에서 채도(hue)

(8) int cvSetCaptureProperty(CvCapture* capture, int property_id, double value);

capture에 연결된 비디오 또는 카메라로부터 property_id에 따른 속성을 value로 설정한다. 현재의 구현은 비디오 파일에서 CV_CAP_PROP_POS_MSEC, CV_CAP_PROP_POS_FRAMES, CV_CAP_PROP_POS_AVI_RATIO에 대하여만 동작한다.

예제 cvEx0215 카메라로부터 비디오 입력 및 Canny 에지 검출

```
001: #include "cv.h"
002: #include "highgui.h"
003: int main()
004: {
005:     CvCapture* capture = cvCaptureFromCAM(0);
006:     if(!capture)
007:     {
008:         printf("You need to connect a camera to your computer");
009:         return 0;
010:     }
011:     int width = (int)cvGetCaptureProperty(capture,
012:             CV_CAP_PROP_FRAME_WIDTH);
013:     int height = (int)cvGetCaptureProperty(capture,
014:             CV_CAP_PROP_FRAME_HEIGHT);
015:     IplImage* frame;
016:     IplImage *grayImage = cvCreateImage(cvSize(width, height),
017:             IPL_DEPTH_8U, 1);
018:     IplImage *edgeImage=cvCreateImage(cvSize(width, height),
019:             IPL_DEPTH_8U, 1);
020:     cvNamedWindow("grayImage", CV_WINDOW_AUTOSIZE);
021:     cvNamedWindow("edgeImage", CV_WINDOW_AUTOSIZE);
022:     while(1)
023:     {
024:         frame = cvQueryFrame(capture);
025:         if(!frame)
026:             break;
027:         cvCvtColor(frame, grayImage, CV_BGR2GRAY);
028:         cvCanny(grayImage, edgeImage, 50, 100, 3);
029:
030:         cvShowImage("grayImage", grayImage);
031:         cvShowImage("edgeImage", edgeImage);
032:         char chKey = cvWaitKey(10);
033:         if(chKey == 27) // Esc
034:             break;
035:     }
036:     cvReleaseCapture(&capture);
```

```
037:        cvReleaseImage(&grayImage);
038:        cvReleaseImage(&edgeImage);
039:        cvDestroyAllWindows();
040:        return 0;
041: }
```

5행	컴퓨터에 연결된 카메라 번호 index=0으로부터 비디오 획득을 초기화하고 CvCapture* 포인터를 반환하여 capture에 저장한다.
11-14행	cvGetCaptureProperty 함수를 사용하여 capture의 속성 중에서 비디오 프레임의 가로 크기를 width에 저장하고, 세로 크기를 height에 저장한다.
24행	cvQueryFrame 함수를 사용하여 capture에 연결된 카메라로부터 영상 프레임을 잡아서 포인터를 frame에 저장한다.
27-34행	cvCvtColor 함수를 사용하여 frame을 그레이 스케일 영상으로 변환하여 grayImage에 저장하고, cvCanny 함수를 사용하여 에지를 검출하여 edgeImage에 저장하고, cvShowImage 함수로 그레이 스케일 영상과 에지 영상을 윈도우에 보여 주고 Esc 키를 누르면 반복문을 벗어나 비디오 처리를 중단한다. [그림 2.21]은 비디오의 임의의 프레임에서 그레이 스케일 영상과 에지 검출 영상의 결과이다.

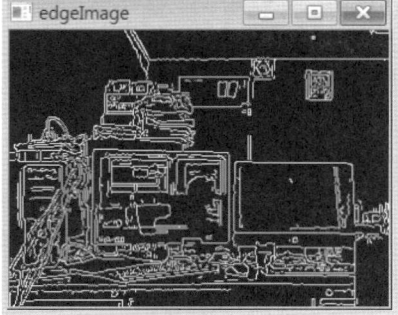

(a) grayImage (b) edgeImage

[그림 2.21] 비디오 입력 및 Canny 에지 검출

2.2.2 비디오 출력

(9) CvVideoWriter* cvCreateVideoWriter(const char* filename,
    int fourcc, double fps, CvSize frame_size, int is_color=1);

출력 비디오 파일 filename으로 비디오 출력기를 생성하여 CvVideoWriter* 포인터를 반환한다. fourcc는 비디오 코덱을 위한 4문자를 CV_FOURCC 매크로 함수를 통하여 전달한다. fourcc= -1이면 비디오 코덱 선택을 위한 대화 상자가 나타난다. CV_FOURCC 매크로 함수로 지정한 코덱을 사용하기 위해서는 코덱이 시스템에 설치되어 있어야 한다. 스타코덱, Z통합코덱 등의 코덱을 설치하고, 옵션을 올바르게 설정해야 한다. 윈도우즈에서는 VFW(video for Window) 지원 코덱만을 사용할 수 있다. [표 2.2]는 CV_FOURCC 매크로 함수의 주요 비디오 코덱 문자이다. fourcc=CV_

FOURCC('P','I','M','1')이면 MPEG-1 코덱, fourcc = CV_FOURCC('M','J','P','G')이면 모션 JPEG이다. fourcc=1이면 코덱 선택 대화 상자를 통하여 코덱을 선택할 수 있다. fps는 프레임 속도, frame_size는 영상의 가로와 세로 크기, is_color=1이면 컬러, 0이면 그레이 스케일이다. is_color를 사용할 때 cvWriteFrame 함수에서 실제 비디오를 출력할 때 image의 형식이 일치해야 한다.

[표 2.2] fourcc 주요 비디오 코덱 문자

fourcc	코덱
CV_FOURCC('P','I','M','1')	MPEG-1
CV_FOURCC('M','J','P','G')	motion-jpeg
CV_FOURCC('D', 'I', 'V', 'X')	DIVX
CV_FOURCC('C', 'R', 'A', 'M')	Video for Window
CV_FOURCC('X', 'V', 'I', 'D')	XVID
CV_FOURCC('M', 'P', 'E', 'G')	MPEG-4
CV_FOURCC('H', '2', '6', '4')	H.246/AVC

(10) void cvReleaseVideoWriter(CvVideoWriter** writer);

비디오 writer를 해제한다.

(11) int cvWriteFrame(CvVideoWriter* writer, const IplImage* image);

writer에 영상 image를 출력한다. writer의 is_color=1이면 컬러이므로, 영상 image의 채널 수는 3이며, is_color=0이면 그레이 스케일이므로, 영상 image의 채널 수는 1이어야 한다.

예제 cvEx0216 카메라로부터 입력되는 비디오를 AVI 파일로 저장

```
001: #include<stdio.h>
002: #include "cv.h"
003: #include "highgui.h"
004: int main()
005: {
006:     CvCapture* capture = cvCaptureFromCAM(0);
007:     if(!capture)
008:     {
009:         printf("You need to connect a camera to your computer");
010:         return 0;
011:     }
012:     int fourcc = -1;   // 압축 코덱 선택 대화 상자
013:     // int fourcc = CV_FOURCC('P','I','M','1');       // MPEG-1
014:     // int fourcc =CV_FOURCC('M','J','P','G');        // motion-jpeg
015:     // int fourcc = CV_FOURCC('D', 'I', 'V', 'X'); // : MPEG-4
016:
```

```
017:        // change the frame size
018:        cvSetCaptureProperty(capture, CV_CAP_PROP_FRAME_WIDTH,640.0);
019:        cvSetCaptureProperty(capture, CV_CAP_PROP_FRAME_HEIGHT,480.0);
020:
021:        double fps = 30.0;
022:        int width = (int)cvGetCaptureProperty(capture,
023:                        CV_CAP_PROP_FRAME_WIDTH);
024:        int height = (int)cvGetCaptureProperty(capture,
025:                        CV_CAP_PROP_FRAME_HEIGHT);
026:
027:        printf("fps = %f, frame_size = (%d, %d)\n", fps, width, height);
028:
029:        int is_color = 1;
030:        CvSize frame_size = cvSize(width, height);
031:        CvVideoWriter* videoWriter = cvCreateVideoWriter("test.avi",
032:                        fourcc,  fps, frame_size, is_color);
033:
034:        if(!videoWriter)
035:            return 0;
036:
037:        IplImage* frame;
038:        cvNamedWindow("video frame", CV_WINDOW_AUTOSIZE);
039:        while(1)       // for( ; ; )
040:        {
041:            frame = cvQueryFrame(capture);
042:            if(!frame)
043:                break;
044:
045:            cvWriteFrame(videoWriter,  frame);
046:            cvShowImage("video frame", frame);
047:
048:            char chKey = cvWaitKey(10);
049:            if(chKey == 27) // Esc
050:                break;
051:
052:        }
053:        cvDestroyAllWindows();
054:        cvReleaseCapture(&capture);
055:        cvReleaseVideoWriter(&videoWriter);
056:        return 0;
057: }
```

6-15행   cvCaptureFromCAM() 함수로 0번 비디오 카메라를 capture에 저장하고, fourcc= -1로 하여 대화 상자를 통하여 비디오 압축을 위한 코덱을 선택한다. CV_FOURCC('P','I','M','1'), CV_FOURCC(' M','J','P','G'), CV_FOURCC('D', 'I', 'V', 'X') 등과 같이 코덱을 직접 명시할 수 있다. [그림 2.22]는 fourcc= -1로 하였을 때 나타나는 비디오 압축 선택 대화 상자이다.

18-25행 cvSetCaptureProperty 함수를 사용하여 비디오 카메라의 프레임의 가로 방향 크기를 640, 세로 방향 크기를 480으로 설정한다. 프레임 크기가 설정되었는지를 확인하기 위하여 cvGetCaptureProperty 함수로 width와 height에 가로와 세로 크기 속성을 읽어온다.

31-32행 비디오 파일 'test.avi'를 대화 상자에서 선택한 코덱(fps = 30, frame_size = cvSize(width, height), is_color=1)으로 하여 비디오 출력기(writer)를 생성하여 videoWriter에 저장한다.

45행 cvQueryFrame 함수에 의해 카메라에 연결된 capture에서 획득한 영상 frame을 비디오 파일과 연결된 videoWriter에 출력한다.

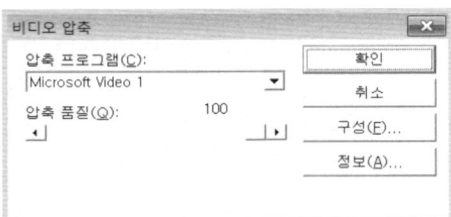

[그림 2.22] fourcc= -1, 비디오 압축 선택 대화 상자

예제 cvEx0217   AVI 비디오 파일로부터 영상 프레임 획득

```
001: #include<stdio.h>
002: #include "cv.h"
003: #include "highgui.h"
004: int main()
005: {
006:     CvCapture* capture = cvCaptureFromFile("test.avi");
007:     if(!capture)
008:     {
009:         printf("the video file was not found.");
010:         return 0;
011:     }
012:     int width = (int)cvGetCaptureProperty(capture,
013:             CV_CAP_PROP_FRAME_WIDTH);
014:     int height = (int)cvGetCaptureProperty(capture,
015:             CV_CAP_PROP_FRAME_HEIGHT);
016:     double fps = cvGetCaptureProperty(capture,
017:             CV_CAP_PROP_FPS);
018:     int nTotalFrame = (int)cvGetCaptureProperty(capture,
019:             CV_CAP_PROP_FRAME_COUNT);
020:     int fourcc = (int)cvGetCaptureProperty(capture,
021:             CV_CAP_PROP_FOURCC);
022:
023:     printf("fps = %f, frame_size = (%d, %d)\n", fps, width, height);
024:     printf("nTotalFrame = %d\n", nTotalFrame);
025:     char *ptr = (char *)&fourcc;
026:     printf("fourcc = %c%c%c%C\n", ptr[0], ptr[1], ptr[2], ptr[3]);
027:
028:     IplImage* frame;
```

```
029:    cvNamedWindow("video frame", CV_WINDOW_AUTOSIZE);
030:    for(;;)
031:    {
032:        frame = cvQueryFrame(capture);
033:        if(!frame)
034:            break;
035:        cvShowImage("video frame", frame);
036:
037:        char chKey = cvWaitKey(10);
038:        if(chKey == 27) // Esc
039:            break;
040:    }
041:    cvDestroyAllWindows();
042:    cvReleaseCapture(&capture);
043:    return 0;
044: }
```

6행 비디오 파일 'test.avi'에서 프레임 영상을 획득하기 위하여 cvCaptureFromFile 함수의 반환 포인터를 capture에 저장한다.

12-21행 cvGetCaptureProperty 함수를 사용하여 'test.avi' 파일과 연결된 capture로부터 프레임의 가로와 세로 크기 속성을 읽어서 width, height에 저장하고, 초당 프레임 속도를 fps에 저장하고, 전체 프레임수를 nTotalFrame에 저장하고, 압축을 위한 코덱 문자는 fourcc에 저장한다. fourcc=CRAM는 'test.avi' 비디오 파일이 Video for Window(Microsoft Video 1) 코덱으로 압축되었음을 의미한다.

[그림 2.23]은 비디오 파일 'test.avi'의 속성 정보를 출력한 결과이다.

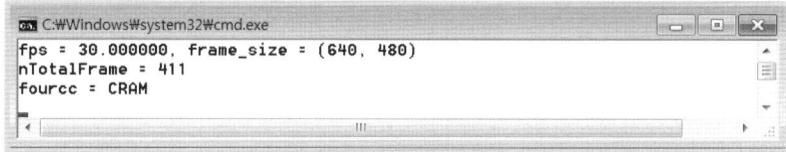

[그림 2.23] test.avi의 fps, frame_size, nTotalFrame, fourcc

비디오에서 움직임 검출 및 추적

3.1 움직임 검출(Motion detection)
3.2 움직임 추적(Motion tracking)

Chapter 03

비디오에서 움직임 검출 및 추적

3.1 움직임 검출(Motion detection)

비디오 영상에서 움직임과 변화 영역 검출 방법에 대하여 설명한다.

3.1.1 배경 차영상 기법에 의한 움직임 및 변화 영역 검출

배경 차영상(background subtraction) 방법은 가장 간단하면서도 효과적으로 움직임(motion) 및 변화 영역(change area)을 검출하는 방법이다. 움직임 검출에 의해 이동 물체(moving object)를 검출할 수 있다. 배경 차영상 방법은 배경 영상과 현재 입력 프레임 영상 사이의 차이를 계산하고, 임계값 이상의 화소 위치를 움직임이 있는 화소로 판단하는 방법이다. 배경 차영상 방법은 배경 영상을 안정적으로 계산하는 것이 중요한 문제이다. OpenCV는 cvAcc, cvRunningAvg를 사용하여 배경 영상을 계산할 수 있다.

(1) void cvAcc(const CvArr* image, CvArr* sum,
    const CvArr* mask=NULL);

함수 의미: $sum(x,y) = sum(x,y) + image(x,y)$ if $mask(x,y) \neq$

cvAcc 함수는 image를 sum에 누적한다. image는 입력 영상으로 1채널 또는 3채널이며, 화소 깊이는 8비트 또는 32비트인 실수 영상이다. sum은 image를 누적할 영상으로 image와 같은 채널 개수를 가지고, 32비트 또는 64비트인 실수 영상이다. 3채널 영상일 때는 각각의 채널별로 독립적으로 더해진다. cvAcc() 함수를 이용하면 비디오 프레임을 누적한 후에 프레임 수로 나누어 평균 영상을 얻을 수 있다. 카메라가 고정되어 있으면, 프레임들의 평균 영상으로 계산한 배경 영상(background image)을 사용한 배경 차영상 방법은 효과적으로 이동 물체를 검출 할 수 있다.

(2) void cvSquareAcc(const CvArr* image, CvArr* sqsum,
     const CvArr* mask=NULL);

함수 의미: $sqsum(x,y) = sqsum(x,y) + image(x,y)^2$ if $mask(x,y) \neq 0$

cvSquareAcc 함수는 image를 제곱하여 sqsum에 누적한다. image는 입력 영상으로 1채널 또는 3채널이며, 화소 깊이는 8비트 또는 32비트인 실수 영상이다. sqsum은 image와 같은 채널 개수이며, 32비트 또는 64비트인 실수 영상이다. 3채널 영상일 때는 각각의 채널별로 독립적으로 더해진다. cvSquareAcc 함수를 이용하면 비디오 프레임의 제곱평균 영상을 계산할 수 있으므로, cvAcc 함수에 의해 계산된 평균 영상을 함께 이용하면 분산을 계산할 수 있다.

(3) void cvMultiplyAcc(const CvArr* image1, const CvArr* image2,
     CvArr* acc, const CvArr* mask=NULL);

함수 의미: $acc(x,y) = acc(x,y) + image1(x,y) \times image2(x,y)$ if $mask(x,y) \neq 0$

cvMultiplyAcc 함수는 두 개의 입력 영상 image1과 image2의 곱셈 결과를 acc에 누적하여 더한다. image1과 image2는 1채널 또는 3채널의 8비트 또는 32비트 실수 영상이며, acc는 image1, image2와 같은 채널 개수이며, 32비트 또는 64비트인 실수 영상이다. 3채널 영상일 때는 각각의 채널별로 독립적으로 곱해진다.

(4) void cvRunningAvg(const CvArr* image, CvArr* acc, double
     alpha, const CvArr* mask=NULL);

함수 의미: $acc(x,y) = (1-alpha) \times acc(x,y) + alpha \times image(x,y)$ if $mask(x,y) \neq 0$

cvRunningAvg 함수는 가중치 alpha를 이용하여 이동 평균(running average, moving average)을 계산한다. image는 입력 영상으로 1채널 또는 3채널이며, 화소 깊이는 8비트 또는 32비트인 실수 영상이다.

acc는 이동 평균 영상으로, image와 같은 채널 개수이고, 32비트 또는 64비트인 실수 영상이다. 3채널 영상일 때 각각의 채널은 독립적으로 계산된다.

alpha가 1에 가까우면 현재의 입력 영상인 image에 가중치를 높게 하고, 과거의 이동 평균 acc에 낮은 가중치를 주어 이동 평균을 계산하고, alpha가 0에 가까우면 과거의 이동 평균인 acc에 높은 가중치를 주고, 현재의 입력은 가중치를 낮게 하여 이동 평균을 계산한다. 즉, alpha가 1에 가까우면 현재의 입력 영상을 중요하게 생각하며, alpha가 0에 가까우면 과거의 이동 평균인 acc를 중요한 값으로 고려한다.

비디오 영상에서 배경 영상을 계산할 때 alpha를 초기에는 1에 가깝게 하고, 시간이 지남에 따라 감소시키는 방법을 사용한다. 그리고 cvRunningAvg 함수에 의한 이동 평균으로 배경 영상을 계산할 때 비디오 영상의 처음 프레임 부분에 이동 물체가 있으면, 이동 물체를 배경에 계속 남아 있을 가능성이 있기 때문에, 일정 시간 동안 cvAcc 함수를 사용하여 배경 영상을 계산한 다음부터 이동 평균을 계산하는 등의 방법을 사용한다.

cvRunningAvg 함수를 사용하여 비디오의 입력 영상 프레임의 모든 화소에 대하여 이동 평균을 계산할 수도 있고, 배경 영상과 차영상의 절대값이 임계값보다 큰 화소는 이동 물체인 부분으로 간주하여 마스크 영상 maks(x, y)=0으로 하고, 차영상의 절대값이 임계값 이하인 화소의 마스크 영상 maks(x, y)=1로 하여, 부드럽게 서서히 변하는 화소에서만 이동 평균을 갱신하는 방법을 사용할 수 있다.

예제 cvEx0301   cvAcc에 의한 배경 영상 계산

```
001: #include "cv.h"
002: #include "highgui.h"
003: int main()
004: {
005:     CvCapture* capture = cvCaptureFromFile("ball.avi");
006: // CvCapture* capture = cvCaptureFromFile("car.wmv");
007: // CvCapture* capture = cvCaptureFromFile("tunnel.mpeg");
008: // CvCapture* capture = cvCaptureFromFile("hand.avi");
009:     if(!capture)
010:     {
011:         printf("the video file was not found.");
012:         return 0;
013:     }
014:     int width = (int)cvGetCaptureProperty(capture,
015:             CV_CAP_PROP_FRAME_WIDTH);
016:     int height = (int)cvGetCaptureProperty(capture,
017:             CV_CAP_PROP_FRAME_HEIGHT);
018: // cvNamedWindow("grayImage");
019:     CvSize frameSize = cvSize(width,height);
020:
021:     IplImage* grayImage = cvCreateImage(frameSize, IPL_DEPTH_8U, 1);
022:     IplImage* sumImage = cvCreateImage(frameSize, IPL_DEPTH_32F, 1);
023:     cvZero(sumImage);
024:
025:     IplImage* frame=NULL;
026:     int t = 0;
027:     for(;;)
028:     {
029:         frame = cvQueryFrame(capture);
030:         if(!frame)
031:             break;
032:         t++;
```

```
033:    //       printf("t=%d\n", t);
034:             cvCvtColor(frame, grayImage, CV_BGR2GRAY);
035:             cvAcc(grayImage, sumImage, NULL);
036:
037:             cvShowImage("grayImage", grayImage);
038:             char chKey = cvWaitKey(10);
039:             if(chKey == 27) // Esc
040:                 break;
041:         }
042:         cvScale(sumImage, sumImage, 1.0/t);
043:         cvSaveImage("ballBkg.jpg", sumImage);
044:    //   cvSaveImage("carBkg.jpg", sumImage);
045:    //   cvSaveImage("tunnelBkg.jpg", sumImage);
046:    //   cvSaveImage("handBkg.jpg", sumImage);
047:         cvDestroyAllWindows();
048:         cvReleaseImage(&sumImage);
049:         cvReleaseImage(&grayImage);
050:         cvReleaseCapture(&capture);
051:         return 0;
052:    }
```

5-8행 비디오 파일 'ball.avi', 'car.wmv', 'tunnel.mpeg', 'hand.avi'에서 영상 프레임을 획득하기 위하여 cvCaptureFromFile 함수의 반환 포인터를 capture에 저장한다.

14-17행 cvGetCaptureProperty 함수를 사용하여 비디오 파일과 연결된 포인터 capture로부터 프레임의 가로와 세로 크기 정보를 읽어서 width와 height에 저장한다.

21-23행 그레이 스케일 영상을 저장할 grayImage와 cvAcc 함수를 이용하여 누적하기 위한 sumImage 영상을 생성하고, cvZero 함수를 사용하여 sumImage를 0으로 초기화한다.

29-35행 29행은 capture로부터 프레임을 획득하여 포인터 frame에 저장한다. frame은 컬러이므로 34행에서 cvCvtColor 함수를 이용하여 29행에서 cvQueryFrame 함수로 획득한 frame을 그레이 스케일 영상으로 변환하여 grayImage에 저장한다. 35행에서 cvAcc 함수를 사용하여 grayImage 영상을 sumImage에 누적한다.

42-46행 cvScale 함수를 사용하여 누적 영상 sumImage를 1.0/t로 스케일링하여 평균 영상을 계산하여 sumImage에 다시 저장한다. cvSaveImage 함수를 이용하여 sumImage에 저장된 평균 영상을 'ballBkg.jpg', 'carBkg.jpg', 'tunnelBkg.jpg', 'handBkg.jpg' 등의 파일에 저장한다. [그림 3.1](a)는 'ball.avi'의 배경 영상인 'ballBkg.jpg'이며, [그림 3.1](b)는 'car.wmv'의 배경 영상인 'carBkg.jpg'이며, [그림 3.1](c)은 'tunnel.mpeg'의 배경 영상인 'tunnelBkg.jpg'이며, [그림 3.1](d)는 'hand.avi'의 배경 영상인 'handBkg.jpg'이다. [그림 3.1](a)-(c)에서 각 비디오의 배경 영상은 비디오에서 움직임이 없는 배경만을 포함하고 있다. 비디오의 총 프레임의 길이와 움직이는 물체가 나타나는 프레임의 수 및 화질 등의 영향으로 [그림 3.1](d)의 경우와 같이 잔상이 남을 수 있다.

OpenCV 컴퓨터 비전 프로그래밍

(a) ballBkg.jpg

(b) carBkg.jpg

(c) tunnelBkg.jpg

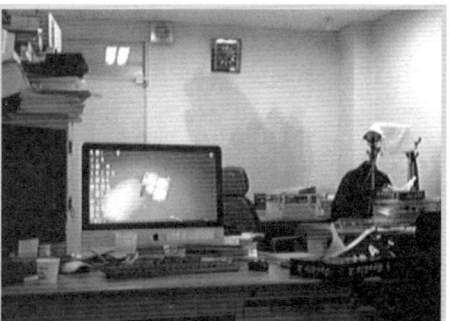

(d) handBkg.jpg

[그림 3.1] cvAcc에 의한 배경 영상 계산

예제 cvEx0302   배경 차영상에 의한 이동 물체 검출

```
001: #include<stdio.h>
002: #include "cv.h"
003: #include "highgui.h"
004: int main()
005: {
006:    CvCapture* capture = cvCaptureFromFile("ball.avi");
007: // CvCapture* capture = cvCaptureFromFile("car.wmv");
008: // CvCapture* capture = cvCaptureFromFile("tunnel.mpeg");
009: // CvCapture* capture = cvCaptureFromFile("hand.avi");
010:    if(!capture)
011:    {
012:      printf("the video file was not found.");
013:      return 0;
014:    }
015:    int width = (int)cvGetCaptureProperty(capture,
016:                         CV_CAP_PROP_FRAME_WIDTH);
017:    int height = (int)cvGetCaptureProperty(capture,
018:                         CV_CAP_PROP_FRAME_HEIGHT);
019:    CvSize size = cvSize(width,height);
020:
021:    // Initial background image
```

```
022:    IplImage* bkgImage=cvLoadImage("ballBkg.jpg",
023:                        CV_LOAD_IMAGE_GRAYSCALE);
024: // IplImage* bkgImage=cvLoadImage("carBkg.jpg",
025: //                     CV_LOAD_IMAGE_GRAYSCALE);
026: // IplImage* bkgImage=cvLoadImage("tunnelBkg.jpg",
027: //                     CV_LOAD_IMAGE_GRAYSCALE);
028: // IplImage* bkgImage=cvLoadImage("tunnelBkg.jpg",
029: //                     CV_LOAD_IMAGE_GRAYSCALE);
030:    if(bkgImage == NULL)
031:         return -1;
032:    cvShowImage("bkgImage", bkgImage);
033:
034:    IplImage* grayImage = cvCreateImage(size, IPL_DEPTH_8U, 1);
035:    IplImage* diffImage = cvCreateImage(size,  IPL_DEPTH_8U, 1);
036:    IplImage* frame=NULL;
037:    int t = 0; // // frame count
038:    int nThreshold = 50;
039:
040:    for(;;)
041:    {
042:       frame = cvQueryFrame(capture);
043:       if(!frame)
044:          break;
045:       t++;
046:       printf("t = %d\n", t);
047:       cvCvtColor(frame, grayImage, CV_BGR2GRAY);
048:       cvAbsDiff(grayImage, bkgImage, diffImage);
049:       cvThreshold(diffImage, diffImage, nThreshold,
050:                        255, CV_THRESH_BINARY);
051:       cvShowImage("grayImage", grayImage);
052:       cvShowImage("diffImage", diffImage);
053:
054:       char chKey = cvWaitKey(10);
055:       if(chKey == 27) // Esc
056:          break;
057:    }
058:    cvDestroyAllWindows();
059:    cvReleaseImage(&grayImage);
060:    cvReleaseImage(&diffImage);
061:    cvReleaseCapture(&capture);
062:    return 0;
063: }
```

6-9행	움직임을 검출할 'ball.avi', 'car.wmv', 'tunnel.mpeg', 'hand.avi' 등의 비디오 파일을 포인터 capture에 저장한다.
22-29행	6-9행에서 선택한 비디오의 배경 영상('ballBkg.jpg', 'carBkg.jpg', 'tunnelBkg.jpg', 'handBkg.jpg')을 bkgImage에 로드한다.

34-38행   cvCreateImage 함수를 사용하여 그레이 스케일로 변환을 위한 grayImage와 차영상을 위한 diffImage를 생성한다. nFrame은 프레임 카운터이고, nThreshold은 차영상에서의 임계값이다.

47-50행   cvCvtColor 함수를 사용하여 cvQueryFrame 함수로 획득한 frame을 그레이 스케일 영상으로 변환하여 grayImage에 저장하고, cvAbsDiff 함수로 현재의 입력 비디오 프레임의 그레이 스케일 영상인 grayImage와 배경 영상인 bkgImage와의 차이의 절대값을 계산하여 diffImage에 저장한다. diffImage에서 0인 화소는 변화가 없는 화소이며, 값이 크면 클수록 배경 영상과의 차이가 크게 일어난 화소이다. cvThreshold 함수를 사용하여 cvThreshold=50 이상인 화소만을 255로 저장하고, 임계값 이하인 값은 0으로 저장한다. 임계값은 실험 또는 자동으로 적절히 결정해야 한다.

[그림 3.2]는 'ball.avi' 파일의 t=300에서 차영상에 의한 움직임 검출 결과이다. [그림 3.2](a)는 t=300에서 획득한 프레임의 그레이 스케일 영상인 grayImage이고, [그림 3.2](b)는 배경 영상과의 차영상을 계산하고, cvThreshold=50으로 임계값을 적용한 결과인 diffImage으로 공뿐만 아니라 그림자도 검출된 것을 볼 수 있다. [그림 3.3]은 'car.wmv'의 t=70에서 차영상에 의한 움직임 검출 결과이다. [그림 3.4]는 'tunnel.mpeg'의 t=70에서 차영상에 의한 움직임 검출 결과로, 움직이는 물체인 차에 검출되지 않아 채워지지 않은 부분이 포함됨을 볼 수 있다. [그림 3.5]는 'hand.avi'의 움직임 검출 결과로 t=50에서는 움직이는 물체인 손이 보이지 않음에도 배경 영상의 영향으로 [그림 3.5](b)와 같이 검출됨을 볼 수 있고, t=100에서는 움직이는 물체인 손이 [그림 3.5](d)와 같이 검출됨을 볼 수 있다.

(a) grayImage, t=300   (b) diffImage, t=300

[그림 3.2] 차영상에 의한 변화 영역 검출(ball.avi)

 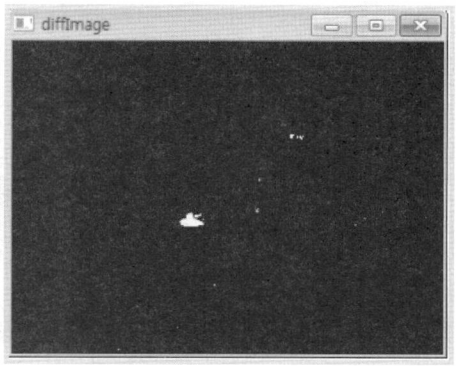

(a) grayImage, t=70   (b) diffImage, t=70

[그림 3.3] 차영상에 의한 변화 영역 검출(car.wmv)

(a) grayImage, t=70   (b) diffImage, t=70

[그림 3.4] 차영상에 의한 변화 영역 검출(tunnel.mpeg)

(a) grayImage, t= 50   (b) diffImage, t=50

 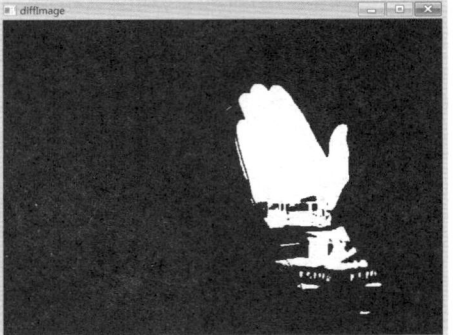

(c) grayImage, t= 100   (d) diffImage, t=100

[그림 3.5] 차영상에 의한 변화 영역 검출(hand.avi)

예제 cvEx0303   마스크 사용 없는 cvRunningAvg로 배경 영상 계산 및 차영상으로 변화 영역 검출

```
001: #include<stdio.h>
002: #include "cv.h"
003: #include "highgui.h"
004: int main()
005: {
006:     CvCapture* capture = cvCaptureFromFile("tunnel.mpeg");
007:     if(!capture)
008:     {
009:             printf("the video file was not found.");
010:             return 0;
011:     }
012:     // Initial background image
013:     IplImage* bkgImage = cvLoadImage("tunnelBkg.jpg",
014:                                     CV_LOAD_IMAGE_GRAYSCALE);
015:     if(bkgImage == NULL)
016:             return -1;
017:     cvShowImage("bkgImage", bkgImage);
018:     CvSize size = cvGetSize(bkgImage);
019:     IplImage* grayImage8 = cvCreateImage(size, IPL_DEPTH_8U, 1);
020:     IplImage* accImage8  = cvCreateImage(size, IPL_DEPTH_8U, 1);
```

```
021:    IplImage* maskImage8 = cvCreateImage(size, IPL_DEPTH_8U, 1);
022:    IplImage* accImage32= cvCreateImage(size, IPL_DEPTH_32F, 1);
023:    IplImage* grayImage32 = cvCreateImage(size, IPL_DEPTH_32F, 1);
024:    IplImage* diffImage32 = cvCreateImage(size,  IPL_DEPTH_32F, 1);
025:
026: // set bkgImage to accImage
027:    cvConvert(bkgImage, accImage32);
028:
029:    IplImage* frame=NULL;
030:    double threshold = 50;
031:    double alpha = 0.01;
032:    int    t = 0; // frame count
033:    for(;;)
034:    {
035:        frame = cvQueryFrame(capture);
036:        if(!frame)
037:            break;
038:        t++;
039: //     printf("t=%d\n", t);
040:        cvCvtColor(frame, grayImage8, CV_BGR2GRAY);
041:        cvConvert(grayImage8, grayImage32);
042:        cvAbsDiff(grayImage32, accImage32, diffImage32);
043:        cvThreshold(diffImage32, maskImage8, threshold, 255,
044:                                CV_THRESH_BINARY);
045:        cvRunningAvg(grayImage32, accImage32, alpha, NULL);
046:
047:        cvShowImage("grayImage", grayImage8);
048:        cvShowImage("maskImage", maskImage8);
049:        cvConvert(accImage32, accImage8);
050:        cvShowImage("accImage", accImage8);
051:
052:        char chKey = cvWaitKey(10);
053:        if(chKey == 27) // Esc
054:                break;
055:    }
056:    cvSaveImage("runningAvg.jpg", accImage8);
057:    cvDestroyAllWindows();
058:    cvReleaseImage(&bkgImage);
059:    cvReleaseImage(&grayImage8);
060:    cvReleaseImage(&diffImage32);
061:    cvReleaseImage(&maskImage8);
062:    cvReleaseImage(&accImage8);
063:    cvReleaseImage(&accImage32);
064:    cvReleaseImage(&grayImage32);
065:    cvReleaseCapture(&capture);
066:    return 0;
067: }
```

6행	비디오 파일 'tunnel.mpeg'에서 영상 프레임을 획득하기 위하여 cvCaptureFromFile 함수의 반환 포인터를 capture에 저장한다.
13-14행	[예제 cvEx0301]에서 cvAcc 함수를 이용하여 생성한 움직임이 없는 배경 영상인 'tunnelBkg.jpg' 파일을 읽어 bkgImage에 저장한다.
19-24행	cvCreateImage 함수를 사용하여 이동 평균 계산을 위해 필요한 영상을 저장할 메모리를 할당한다. grayImage8은 입력 영상프레임을 그레이 스케일 영상으로 변환하기 위한 메모리이고, accImage32는 이동 평균을 계산하기 위한 32비트 실수 영상이고, accImage8은 실수 영상인 accImage32의 내용을 중간에 cvShowImage 함수를 사용하여 보여주기 위한 임시 메모리이며, grayImage32는 grayImage8을 32비트 실수 영상으로 변환하기 위한 메모리이고, diffImage32는 grayImage32와 accImage32 사이의 차이의 절대값을 저장하기 위한 메모리이다. 서로 다른 메모리 구조 사이에 연산이 되지 않으며, cvRunningAvg 함수에서 alpha 값에 의해 실수 계산에 의해 변경되기 때문에 cvConvert 함수를 사용하여 32비트 실수 영상으로 변환하여 처리하기 위하여 32비트 실수 영상을 생성하였다.
27행	cvConvert 함수를 사용하여 8비트 영상인 bkgImage를 32비트 실수 영상인 accImage32로 변환한다. 시간에 따라 갱신될 이동 평균 영상인 accImage32의 t=0에서 초기 영상으로 cvAcc 함수를 이용하여 생성한 배경 영상인 'tunnelBkg.jpg' 파일로 초기화한 것이다. 본 예제에서는 비디오 전체의 평균을 계산하여 초기화하였으나, 실제 카메라로부터 입력되는 비디오에서는 현재 시점에서 미래의 프레임까지 포함한 전체 비디오 프레임을 모두 알 수 없어 평균을 계산할 수 없으므로, 일정 시간 동안의 평균 영상을 계산하고 초기화한다. cvConvert 함수는 cvConvertScale, cvScale 등의 함수 이름과 혼용하여 사용할 수 있다. scale = 1.0으로 하여 서로 다른 깊이의 영상을 복사한다.
40-44행	cvCvtColor 함수를 사용하여 cvQueryFrame 함수로 획득한 frame을 그레이 스케일 영상인 grayImage8로 변환하고, cvConvert 함수를 사용하여 8비트인 grayImage8을 32비트 실수 영상인 grayImage32로 변환한다. cvAbsDiff 함수로 현재의 입력 비디오 프레임 grayImage32와 현재까지의 이동 평균 accImage32와의 차이의 절대값을 diffImage32에 계산한다. cvThreshold 함수로 diffImage32에서 임계값인 threshold보다 큰 화소는 흰색인 255, 작은 화소는 검은색인 0으로 하여 maskImage8에 저장한다. maskImage8에서 흰색 255인 화소는 배경과 비교하면 차이가 많이 발생하는 화소이다.
45행	cvRunningAvg 함수를 사용하여 현재 프레임의 32비트 실수 영상인 grayImage32에 가중치 alpha=0.01을 이용하여 이동 평균 accImage32를 갱신한다. 가중치 alpha 값이 크면 현재의 입력 프레임에 가중치를 높게 주며, 가중치 alpha 값이 작으면 과거의 이동 평균에 가중치를 높게 설정한다. $$accImage32(x,y) = (1-alpha) \times accImage32(x,y) + alpha \times grayImage32(x,y)$$
47-50행	입력 영상 프레임의 그레이 스케일 영상 grayImage8, 변화 영역의 정보인 maskImage8, 이동 평균 영상 accImage8를 표시한다. 이동 평균은 32비트 실수 영상인 accImage32이다. cvShowImage 함수는 실수 영상일 때 255를 곱하여 화면에 표시하므로 accImage32를 그대로 화면에 표시할 수는 없다. 그래서 47행에서 cvConvert 함수로 accImage32를 accImage8로 변환하여 표시하였다.

[그림 3.6]은 'tunnel.mpeg'의 t=70에서 마스크 사용 없는 cvRunningAvg에 의한 배경 영상 계산 및 차영상에 의한 움직임 검출 결과이다.

[그림 3.6](a)는 초기의 배경 영상 bkgImage이고, [그림 3.6](b)는 t=70에서 이동 평균인 배경 영상 accImage8이다. [그림 3.6](a)와 [그림 3.6](b)는 눈으로는 차이가 없으나 실제로는 갱신된 내용이다. [그림 3.6](c)는 t=70에서 입력 프레임 grayImage8이고, [그림 3.6](d)는 배경 영상과의 차영상에 임계값을 적용한 maskImage8로 움직이는 자동차들이 검출된 것을 볼 수 있으며, 터널 내의 전등 부분 역시 카메라의 흔들림 등 때문에 잡음으로 검출된 것을 확인할 수 있다. cvThreshold 함수에 의한 변화 영역 maskImage8을 검출한 후에 모폴로지 연산 등을 통하여 이동 물체 내부의 빈 홀은 채우고, 물체 밖의 고립된 잡음은 제거하는 작업이 추가로 필요하다.

(a) bkgImage   (b) accImage8, t=70

(c) grayImage8, t=70   (d) maskImage8, t=70

[그림 3.6] 마스크 사용 없는 cvRunningAvg로 배경 영상 계산 및 차영상으로 변화 영역 검출(tunnel.mpeg)

예제 cvEx0304 마스크를 사용한 cvRunningAvg로 배경 영상 계산 및 차영상으로 변화 영역 검출

```
001: #include<stdio.h>
002: #include "cv.h"
003: #include "highgui.h"
004: int main()
005: {
006:    CvCapture* capture = cvCaptureFromFile("tunnel.mpeg");
007:    if(!capture)
008:    {
009:      printf("the video file was not found.");
010:      return 0;
011:    }
012:    // Initial background image
013:    IplImage* bkgImage = cvLoadImage("tunnelBkg.jpg",
014:                         CV_LOAD_IMAGE_GRAYSCALE);
015:    if(bkgImage == NULL)
016:      return -1;
017:    cvShowImage("bkgImage", bkgImage);
018:    CvSize size = cvGetSize(bkgImage);
019:    IplImage* grayImage8 = cvCreateImage(size, IPL_DEPTH_8U, 1);
020:    IplImage* accImage8 = cvCreateImage(size, IPL_DEPTH_8U, 1);
021:    IplImage* maskImage8 = cvCreateImage(size, IPL_DEPTH_8U, 1);
022:    IplImage* accImage32= cvCreateImage(size, IPL_DEPTH_32F, 1);
023:    IplImage* grayImage32 = cvCreateImage(size, IPL_DEPTH_32F, 1);
024:    IplImage* diffImage32 = cvCreateImage(size,  IPL_DEPTH_32F, 1);
025:
026: // set bkgImage to accImage
027:    cvConvert(bkgImage, accImage32);
028:
029:    IplImage* frame=NULL;
030:    double threshold = 50;
031:    double alpha = 0.01;
032:    int   t = 0; // frame count
033:    for(;;)
034:    {
035:        frame = cvQueryFrame(capture);
036:        if(!frame)
037:           break;
038:        t++;
039: //     printf("t=%d\n", t);
040:        cvCvtColor(frame, grayImage8, CV_BGR2GRAY);
041:        cvConvert(grayImage8, grayImage32);
042:        cvAbsDiff(grayImage32, accImage32, diffImage32);
043:        cvThreshold(diffImage32, maskImage8, threshold, 255,
044:                             CV_THRESH_BINARY_INV);
045:        cvRunningAvg(grayImage32, accImage32, alpha, maskImage8);
046:
047:        cvShowImage("grayImage", grayImage8);
048:        cvNot(maskImage8, maskImage8);
```

```
049:        cvShowImage("maskImage", maskImage8);
050:        cvConvert(accImage32, accImage8);
051:        cvShowImage("accImage", accImage8);
052:
053:        char chKey = cvWaitKey(10);
054:        if(chKey == 27) // Esc
055:                break;
056:    }
057:    cvSaveImage("runningAvg.jpg", accImage8);
058:    cvDestroyAllWindows();
059:    cvReleaseImage(&bkgImage);
060:    cvReleaseImage(&grayImage8);
061:    cvReleaseImage(&diffImage32);
062:    cvReleaseImage(&maskImage8);
063:    cvReleaseImage(&accImage8);
064:    cvReleaseImage(&accImage32);
065:    cvReleaseImage(&grayImage32);
066:    cvReleaseCapture(&capture);
067:    return 0;
068: }
```

42-45행 cvAbsDiff 함수로 현재의 입력 그레이 스케일 영상 grayImage32와 이동 평균 배경 영상 accImage32의 차이의 절대값을 diffImage32에 계산하고, cvThreshold 함수에서 CV_THRESH_BINARY_INV에 의해 diffImage32에서 임계값인 threshold보다 큰 화소는 검은색인 0, 임계값보다 작은 화소는 흰색인 255로 하여 maskImage8에 저장한다. 45행은 cvRunningAvg 함수로 maskImage8에서 임계값보다 작은 변화가 있는 화소에서만 가중치에 의한 갱신이 일어난다.

$$accImage32(x,y) = (1-alpha) \times accImage32(x,y) + alpha \times grayImage32(x,y)$$
$$if\ maskImage8(x,y) \neq 0$$

48-51행 cvNot 함수를 이용하여 maskImage8 영상을 반전시켜 흰색 255를 변화 영역으로 표시한다. [그림 3.7](a)는 t=70에서 이동평균 영상 accImage8이고, [그림 3.7](b)은 검출된 변화 영역 영상 maskImage8이다. cvThreshold 함수에 의한 변화 영역 maskImage8을 검출한 후에 모폴로지 연산 등을 통하여 이동 물체 내부의 빈 홀은 채우고, 물체 밖의 고립된 잡음은 제거하는 작업이 추가로 필요하다.

50-51행 cvConvert 함수를 이용하여 32비트 실수 영상인 accImage32를 8비트 영상인 accImage8로 변환한다. cvShowImage 함수가 실수 영상일 때 255로 스케일하여 표시하기 때문이다.

 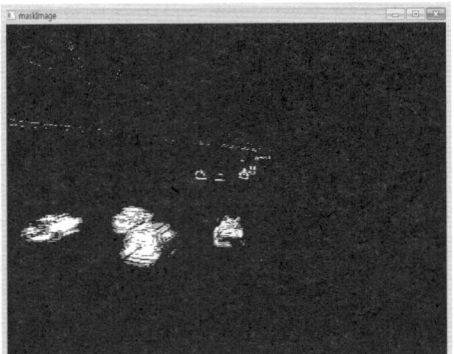

(a) accImage8, t=70   (b) maskImage8, t=70

[그림 3.7] 마스크를 사용한 cvRunningAvg로 배경 영상 계산 및 차영상으로 변화 영역 검출(tunnel.mpeg)

3.1.2 움직임 히스토리에 의한 움직임 검출

(1) void cvUpdateMotionHistory(const CvArr* silhouette,
         CvArr* mhi, double timestamp, double duration);

cvUpdateMotionHistory 함수는 움직임 실루엣 silhouette를 이용하여 움직임 히스토리 영상(motion history image)인 mhi를 갱신한다. silhouette는 움직임이 발생하는 0이 아닌 화소를 갖는 실루엣 마스크이다. mhi는 함수에 의해 갱신되는 1채널 32비트 실수인 움직임 히스토리 영상이다. timestamp는 현재시간이며, duration은 최대 지속시간이다. 움직임이 발생한 위치에 현재의 타임스탬프를 찍고 아주 오래전에 움직임이 있던 곳은 0으로 한다.

$$mhi(x,y) = \begin{cases} timestamp & \text{if } silhouette(x,y) \neq 0 \\ 0 & \text{if } silhouette(x,y) = 0 \text{ and } mhi(x,y) < (timestamp - duration) \\ mhi(x,y) & o.w. \end{cases}$$

(2) void cvCalcMotionGradient(const CvArr* mhi, CvArr* mask,
         CvArr* orientation, double delta1,
         double delta2, int apertureSize=3);

움직임 히스토리 영상 mhi의 그래디언트 방향인 orientation을 계산한다. mask는 움직임 그래디언트가 올바른 화소를 마스킹하여 출력한다. orientation은 0에서 360도 사이의 움직임 그래디언트 영상이며, apertureSize 크기의 마스크를 사용하여 mhi의 편미분 D_x, D_y를 계산하고, 그래디언트 방향을 다음과 같이 계산한다.

$$orientation(x,y) = \arctan(\frac{D_y(x,y)}{D_x(x,y)})$$

$$D_x(x,y) = \frac{\partial}{\partial x} mhi(x,y)$$

$$D_y(x,y) = \frac{\partial}{\partial y} mhi(x,y)$$

$mhi(x,y)$의 이웃에서 최소값 $m(x,y)$, 최대값 $M(x,y)$을 이용하여 아래와 같이 유효한 (valid) 그래디언트 방향을 마스킹한다.

$$mask(x,y) = valid \quad \text{if} \quad \min(delta1, delta2) \leq M(x,y) - m(x,y) \leq \max(delta1, delta2)$$

(3) double cvCalcGlobalOrientation(const CvArr* orientation, const CvArr* mask, const CvArr* mhi, double timestamp, double duration);

cvCalcGlobalOrientation 함수는 mask에 지정된 영역의 전역 움직임 방향을 0에서 360도의 각도로 계산하여 반환한다. orientation과 mask는 cvCalcMotionGradient 함수로 계산된 움직임 방향과 유효한 그래디언트 마스크이다. 또한, mask에 전역 움직임 방향을 계산하기 위한 영역을 지정한다. mhi는 움직임 히스토리 영상이고, timestamp는 밀리 초(또는, 다른 단위 시간)로 현재의 시각이며, duration은 최대 지속시간이다.

(4) CvSeq* cvSegmentMotion(const CvArr* mhi, CvArr* seg_mask, CvMemStorage* storage, double timestamp, double seg_thresh);

cvSegmentMotion 함수는 움직임 히스토리 영상 mhi에서 움직임 세그먼트를 계산하여 seg_mask에 레이블(1, 2, 3, ...)을 검출하며, 분할된 각 물체의 움직임 요소를 CvConnectedComp 구조체의 연결 요소의 시퀀스를 반환한다. storage는 연결 요소를 위한 메모리이며, timestamp는 현재 시각이며, seg_thresh는 세그먼트를 나누기 위한 임계값으로 움직임 히스토리의 간격과 같거나 또는 움직임 히스토리의 간격보다 큰 값으로 한다. 각 움직임 컴포넌트의 전역 움직임 방향은 시퀀스의 컴포넌트를 이용하여 마스크한 다음 cvCalcGlobalOrientation 함수로 계산한다.

예제 cvEx0305   움직임 히스토리에 의한 움직임 검출

```
001: #include "cv.h"
002: #include "highgui.h"
003: #include <time.h>
004: #include <math.h>
005: #include <stdio.h>
006:
007: const double MHI_DURATION = 1;
008: const double MAX_TIME_DELTA = 0.5;
009: const double MIN_TIME_DELTA = 0.05;
010: const int N = 4;
011:
012: void InitFrameBuffer(IplImage* buffer[], CvSize size);
013: void ReleaseFrameBuffer(IplImage* buffer[]);
014:
015: void  DifferenceIFrames(IplImage* img1, IplImage* img2,
016:                        IplImage *diffImage, int threshold) ;
017: void ConvertMHItoMotionImage(IplImage *mhi, IplImage *motion,
018:                        IplImage *mask, double timeStamp);
019:
020: void DrawMotionOrientation(CvSeq* seq, IplImage* silh, IplImage* mhi,
021:                            IplImage* orient, IplImage* mask,
022:                            IplImage* dstImage, double timeStamp);
023: int main()
024: {
025:    CvCapture* capture = cvCaptureFromFile("ball.avi");
026: // CvCapture* capture = cvCaptureFromFile("car.wmv");
027:    if(!capture)
028:    {
029:         printf("the video file was not found.");
030:         return 0;
031:    }
032:    int width = (int)cvGetCaptureProperty(capture,
033:                               CV_CAP_PROP_FRAME_WIDTH);
034:    int height = (int)cvGetCaptureProperty(capture,
035:                               CV_CAP_PROP_FRAME_HEIGHT);
036:    CvSize size = cvSize(width,height);
037:
038:    IplImage* motion = cvCreateImage(size, 8, 3);
039:    cvZero(motion);
040:
041:    IplImage*  mask = cvCreateImage(size, IPL_DEPTH_8U, 1);
042:    IplImage*  segmask = cvCreateImage(size, IPL_DEPTH_32F, 1);
043:    IplImage*  mhi  = cvCreateImage(size, IPL_DEPTH_32F, 1);
044:    IplImage*  orient = cvCreateImage(size, IPL_DEPTH_32F, 1);
045:    IplImage*  dstImage = cvCreateImage(size, IPL_DEPTH_8U, 3);
046:    cvZero(mhi);
047:
048:    CvSeq* seq = NULL;
```

```
049:    CvMemStorage* storage = cvCreateMemStorage(0);
050:    IplImage *buffer[N]; //circular buffer
051:    InitFrameBuffer(buffer, size);
052:
053:    IplImage* frame=NULL;
054:    IplImage* silh=NULL;
055:    int t = 0;
056:    double threshold = 50;
057:    double timeStamp;
058:    int last = 0;
059:    int prev, curr;
060:    for(;;)
061:    {
062:        frame = cvQueryFrame(capture);
063:        if(!frame)
064:            break;
065:        cvCvtColor(frame, buffer[last], CV_BGR2GRAY);
066:        curr = last;
067:        prev = (curr + 1) % N;
068:        last = prev;
069:        silh = buffer[prev];
070:
071:        if(++t < N)
072:            continue;
073:        DifferenceIFrames(buffer[prev], buffer[curr], silh, threshold);
074:        // get current time in seconds
075:        timeStamp = (double)clock()/CLOCKS_PER_SEC;
076:        cvUpdateMotionHistory(silh, mhi, timeStamp, MHI_DURATION);
077:        ConvertMHItoMotionImage(mhi, motion, mask, timeStamp);
078:        cvCalcMotionGradient(mhi, mask, orient,
079:                        MAX_TIME_DELTA, MIN_TIME_DELTA, 3);
080:
081:        cvClearMemStorage(storage);
082:        seq = cvSegmentMotion(mhi, segmask, storage,
083:                            timeStamp, MAX_TIME_DELTA);
084:
085:        cvCopy(frame, dstImage);
086:        if(seq->total> 0)
087:            DrawMotionOrientation(seq, silh, mhi, orient,
088:                                mask, dstImage, timeStamp);
089:        cvShowImage("Motion", motion);
090:        cvShowImage("dstImage", dstImage);
091:
092:        char chKey;
093: //     if(seq->total> 0)
094: //         chKey = cvWaitKey(0);
095:        chKey = cvWaitKey(10);
096:        if(chKey == 27) // Esc
097:            break;
098:    }
```

```
099:    cvDestroyAllWindows();
100:    cvReleaseCapture(&capture);
101:    cvReleaseImage(&motion);
102:    cvReleaseImage(&mask);
103:    cvReleaseImage(&segmask);
104:    cvReleaseImage(&mhi);
105:    cvReleaseImage(&orient);
106:    cvReleaseImage(&dstImage);
107:    ReleaseFrameBuffer(buffer);
108:    cvReleaseMemStorage(&storage);
109:    return 0;
110: }
111:
112: void InitFrameBuffer(IplImage* buffer[], CvSize size)
113: {
114:    int i;
115:    for(i = 0; i < N; i++)
116:    {
117:            buffer[i] = cvCreateImage(size, IPL_DEPTH_8U, 1);
118:            cvZero(buffer[i]);
119:     }
120: }
121:
122: void ReleaseFrameBuffer(IplImage* buffer[])
123: {
124:    int i;
125:    for(i = 0; i < N; i++)
126:    {
127:            cvReleaseImage(&buffer[i]);
128:     }
129: }
130:
131: //  diffImage = 1 if abs(img1 - img2) > threshold
132: void  DifferenceIFrames(IplImage* img1, IplImage* img2,
133:                        IplImage *diffImage, int threshold)
134: {
135:    cvAbsDiff(img1, img2, diffImage);
136: // cvThreshold(diffImage, diffImage,threshold, 1,CV_THRESH_BINARY);
137:    cvThreshold(diffImage, diffImage,threshold, 255,CV_THRESH_BINARY);
138: }
139:
140: void DrawMotionOrientation(CvSeq* seq, IplImage* silh, IplImage* mhi,
141:                           IplImage* orient, IplImage* mask,
142:                           IplImage* dstImage, double timeStamp)
143: {
144:    int i, x, y;
145:    int count;
146:    CvRect comp_rect;
147:    CvScalar color;
148:    CvPoint center;
```

```
149:        double r, angle;
150:        CvSize size = cvGetSize(dstImage);
151:
152:        for(i = -1; i < seq->total; i++)
153:        {
154:            if(i < 0) // case of the whole image
155:            {
156:                comp_rect = cvRect(0, 0, size.width, size.height);
157:                color = CV_RGB(0, 0, 255);
158:                r = 100;
159:            }
160:            else // i-th motion component
161:            {
162:                comp_rect = ((CvConnectedComp*)cvGetSeqElem(seq, i))->rect;
163:                // reject very small components
164:                if(comp_rect.width*comp_rect.height < 100)
165:                    continue;
166:                color = CV_RGB(255,0,0);
167:                r = 30;
168:            }
169:            // select component ROI
170:            cvSetImageROI(silh, comp_rect);
171:            cvSetImageROI(mhi, comp_rect);
172:            cvSetImageROI(orient, comp_rect);
173:            cvSetImageROI(mask, comp_rect);
174:
175:            // calculate orientation
176:            angle = cvCalcGlobalOrientation(orient, mask, mhi,
177:                                            timeStamp, MHI_DURATION);
178:            // adjust for images with top-left origin
179:            angle = 360.0 - angle;
180:            count = cvNorm(silh, NULL, CV_L1, NULL);
181:            // count = cvCountNonZero(silh);
182:
183:            cvResetImageROI(mhi);
184:            cvResetImageROI(orient);
185:            cvResetImageROI(mask);
186:            cvResetImageROI(silh);
187:
188:            // check for the case of little motion
189:            if(count < comp_rect.width*comp_rect.height * 0.001)
190:                continue;
191:
192:            // draw a clock with arrow indicating the direction
193:            center = cvPoint((comp_rect.x + comp_rect.width/2),
194:                             (comp_rect.y + comp_rect.height/2));
195:
196:            cvCircle(dstImage, center, cvRound(r*1.2), color, 3, CV_AA, 0);
197:            x = cvRound(center.x + r*cos(angle*CV_PI/180));
198:            y = cvRound(center.y - r*sin(angle*CV_PI/180));
```

```
199:            cvLine(dstImage, center, cvPoint(x, y), color, 3, CV_AA, 0);
200:        }
201: }
202:
203: void ConvertMHItoMotionImage(IplImage *mhi, IplImage *motion,
204:                              IplImage *mask, double timeStamp)
205: {
206:     // convert MHI to blue 8u image
207:     // mapping: [timeStamp - MHI_DURATION, timeStamp] -> [0, 255]
208:     double scale = 255./MHI_DURATION;
209:     double t = MHI_DURATION - timeStamp;
210:     cvScale(mhi, mask, scale,  t*scale);
211:     cvZero(motion);
212:     cvMerge(mask, 0, 0, 0, motion);
213: }
```

이 예제는 OpenCV 샘플 프로그램 motempl.c 파일을 참고하여 작성하였다.

7-10행	움직임 히스토리를 갱신할 지속 시간을 MHI_DURATION = 1초(sec)로 설정한다. cvCalcMotionGradient 함수에서 사용할 상수인 MAX_TIME_DELTA = 0.5, MIN_TIME_DELTA = 0.05로 설정한다. 영상 버퍼를 N=4로 하여 최근 4개의 프레임을 저장한다.
38-49행	cvCreateImage 함수를 이용하여 영상을 저장할 메모리를 생성한다. motion은 움직임 히스토리인 mhi를 스케일링하여 표시할 영상이다. mask는 유효한 그래디언트 마스크 영상이며, segmask는 분할된 이동 물체를 위한 마스크이고, orient는 그래디언트 방향을 저장할 영상이며, dstImage는 입력 프레임 영상을 복사하고 분할된 물체의 움직임 방향을 원과 선으로 표시할 영상이다. seq는 cvSegmentMotion 함수에 의해 반환된 각 물체의 움직임 요소에 대한 정보를 갖는 CvConnectedComp 구조체의 연결 요소의 시퀀스이다. storage는 시퀀스에서 사용하는 메모리이다. buffer는 최근 N개의 입력 영상의 그레이 스케일 영상을 저장할 영상 원형 버퍼(circular buffer)이다.
50-59행	정수형 변수 last, prev, curr은 최근 N개의 입력 영상의 그레이 스케일 영상을 저장할 원형 버퍼 (circular buffer)인 buffer의 첨자이다. InitFrameBuffer 함수에서 포인터 배열 buffer에 N개의 영상을 위한 메모리를 생성한다. silh은 차영상의 결과인 실루엣으로, 메모리를 별도로 할당하지 않고, silh=buffer[prev]에 의해 buffer[prev]로의 포인터이다. t 변수는 프레임 카운터이며, threshold는 차영상의 임계값이다. timeStamp는 초(second) 단위로 저장할 타임스탬프이다.
65-72행	cvCvtColor 함수로 현재 프레임을 그레이 스케일로 변환하여 buffer[last]에 저장한다. curr은 가장 최근에 buffer에 저장된 영상의 첨자이고, prev = (curr + 1) % N에 의해 prev는 buffer에 저장된 영상 중에서 가장 오래전에 저장된 영상의 첨자이다. 이것은 buffer가 원형 (circular) 버퍼이기 때문이다. silh=buffer[prev]에 의해 가장 오래된 영상을 실루엣인 silh로 같이 사용하는 이유는 메모리를 절약하려고 하는 것이다. 차영상을 계산한 후에는 다음 프레임에서 가장 오래된 영상이 없어져야 하기 때문이다. (++t < N) 조건을 이용하여 버퍼가 채워질 때까지 기다린다.

73행	DifferenceIFrames 함수에서 가장 최근의 영상, 즉 현재 영상인 buffer[curr]와 버퍼에서 가장 오래된 영상인 buffer[prev] 사이의 차이의 절대값을 계산하고, 임계값 threshold보다 큰 값인 화소에 255 또는 1, 작은 화소에 0으로 하여 silh에 저장한다. 실제로 silh은 buffer[prev]와 같은 위치이다. 즉, silh에는 최근 N개의 프레임 영상의 처음과 마지막 사이의 변화 정보를 가진다.
75-76행	timeStamp 변수에 프로그램이 실행된 후의 시간을 초(second)로 저장한다. cvUpdateMotionHistory 함수에 의해 최근 N개의 프레임 영상의 처음과 마지막 사이의 변화 정보를 갖는 silh, timeStamp, MHI_DURATION을 이용하여, 움직임 히스토리 영상 mhi를 갱신한다. MHI_DURATION 동안 움직임이 없었으면 0, 움직임이 있었으면 mhi에 타임스탬프 저장된다.
77행	ConvertMHItoMotionImage 함수에서 움직임 히스토리 영상 mhi의 값을 0에서 255의 값으로 스케일링하여 motion의 0번 채널(blue)에 저장한다.
78-79행	cvCalcMotionGradient 함수에 의해 mhi에서 그래디언트를 계산해 orient에 저장하고, 유효한 화소를 mask에 저장한다. 마스크 크기는 apertureSize=3으로 하여 계산한다.
81-83행	storage를 0으로 초기화하고, cvSegmentMotion에 의해 mhi를 이동 물체로 분할하여 반환된 결과를 seq에 저장한다. 분할된 이동 물체의 수는 seq->total이다.
85-88행	입력 영상 frame을 dstImage에 복사하고, (seq->total > 0) 조건에 의해 분할된 이동 물체가 있을 때 DrawMotionOrientation 함수에서 seq, silh, mhi, orient, mask 정보를 이용하여 dstImage에 각 물체의 이동 방향을 원과 직선으로 표시한다.
93-94행	만약 (seq->total > 0) 조건에 의해 분할된 이동 물체가 있을 때, cvWaitKey(0)에 의해 멈추면, 경과 시간을 사용하기 때문에 결과는 달라질 수 있다.
131-138행	DifferenceIFrames 함수는 cvAbsDiff 함수에 의해 img1와 img2의 차이의 절대값을 diffImage 저장하고, cvThreshold 함수를 사용하여 threshold보다 크면 255, 그렇지 않으면 0으로 하여 diffImage에 저장한다. 여기서는 이동 물체의 화소를 화면에서 보기 위하여 threshold보다 크면 255를 저장하였다. OpenCV 샘플에서는 1을 사용하였다.
140-201행	DrawMotionOrientation 함수는 seq의 각 요소에 대한 영역 comp_rect를 ROI로 설정하고, 176-177행에서 cvCalcGlobalOrientation 함수를 사용하여 전역 움직임 방향 각도를 계산한 후에, 179행에서 왼쪽 상단이 원점인 영상에 대하여 각도를 조정하고, 193-203행에서 작은 움직임 방향은 방향 표시를 처리하지 않도록 하며, 180행에서 silh의 CV_L1 놈(norm)을 계산하고, 189행에서 움직임이 작은 경우를 확인한다. 193-199행에서 영역의 중심과 방향을 이용하여 원과 직선을 dstImage에 표시한다.
203-213행	ConvertMHItoMotionImage 함수는 움직임 히스토리 영상 mhi의 값을 0에서 255의 값으로 스케일링하여 motion의 0번 채널(blue)에 저장한다. mhi의 값이 0이 아니면 범위 [timeStamp - MHI_DURATION, timeStamp] 사이의 값이다. 이 값을 범위 [0, 255]로 변환한다.

$$mask(x,y) = \frac{255}{MHI\_DURATION}[mhi(x,y) - (timeStamp - MHI\_DURATION)]$$

$$= scale \cdot mhi(x,y) + scale \cdot t$$

여기서, $scale = \dfrac{255}{MHI\_DURATION}$

$$t = MHI\_DURATION - timeStamp$$

[그림 3.8]은 'ball.avi'에서 움직임 히스토리에 의한 움직임 검출을 실험한 결과이다. [그림 3.8](a)는 mhi를 채널 0(blue)에서 0에서 255의 값으로 표시한 결과이고, [그림 3.8](b)는 각각 움직이는 물체의 움직임 방향은 빨간색 원으로 표시하고, 전체 영상에서의 움직임은 파란색 원으로 표시하였다. 선분은 움직이는 방향을 나타낸다. [그림 3.9]는 'car.wmv'에서 움직임 히스토리에 의한 움직임 검출을 실험한 결과이다.

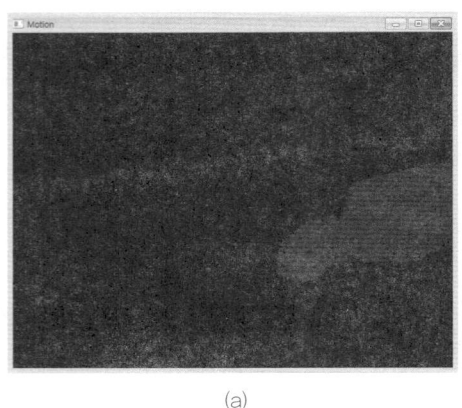
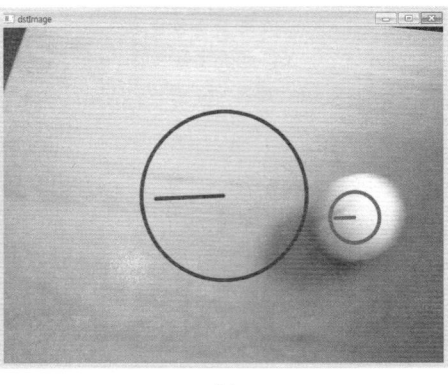

(a)　　　　　　　　　　　　　　　　(b)

[그림 3.8] ball.avi에서 움직임 히스토리에 의한 움직임 검출

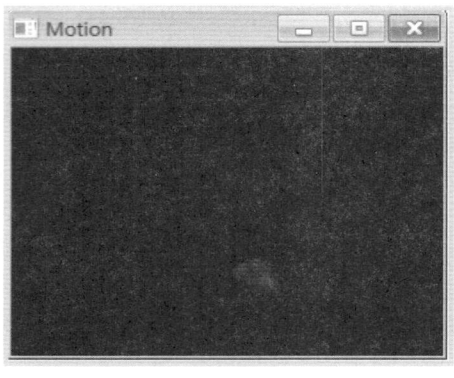

(a)　　　　　　　　　　　　　　　　(b)

[그림 3.9] car.wmv에서 움직임 히스토리에 의한 움직임 검출

3.1.3 광류에 의한 움직임 검출

광류(optical flow)는 영상에서 밝기값 패턴의 움직임의 눈에 보이는 속도(velocity)의 분포이다. 광류는 카메라와 물체의 상대적인 움직임에 의해 발생한다. [그림 3.10]과 같이 광류를 계산할 두 영상 프레임(prev, curr)의 각 화소에서 광류 속도 벡터(velx, vely)를 계산한다. 속도 벡터는 각 축 방향으로의 이동 벡터이고, 이를 이용하여 선분을 이용하여 표시하는데 이를 바늘 도표(needle diagram)라 한다.

OpenCV 2.4.6에서는 [표 3.1]과 같이 기존의 블록 정합(block matching) 방법, Lucas

와 Kanade 방법, Horn과 Schunck 방법 등은 legacy 라이브러리로 밀려나고, video 라이브러리에는 calcOpticalFlowPyrLK와 calcOpticalFlowFarneback 함수만이 구현되어 있다.

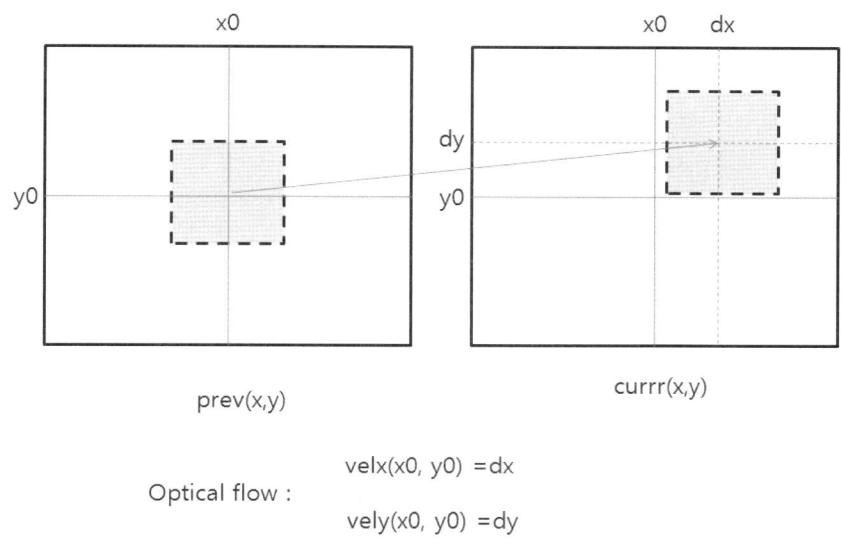

[그림 3.10] 광류에 의한 움직임 검출

[표 3.1] 광류(optical flow) 함수와 라이브러리

함수명	라이브러리(Debug)
cvCalcOpticalFlowBM	opencv_legacy246d.lib
cvCalcOpticalFlowHS	opencv_legacy246d.lib
cvCalcOpticalFlowLK	opencv_legacy246d.lib
cvCalcOpticalFlowPyrLK	opencv_video246d.lib
calcOpticalFlowFarneback	opencv_video246d.lib

(1) void cvCalcOpticalFlowBM(const CvArr* prev, const CvArr* curr,
    CvSize blockSize, CvSize shiftSize, CvSize max_range,
    int usePrevious, CvArr* velx, CvArr* vely);

cvCalcOpticalFlowBM 함수는 블록 정합 방법에 의해 2개의 영상 prev, curr 사이의 광류 속도 벡터를 계산하며, OpenCV 2.4.3에서는 legacy 라이브러리에 포함되어 있다. 광류를 계산할 두 영상 프레임(prev, curr)은 8비트 1채널 그레이 스케일 영상이다. 시간 t의 이전 프레임 영상 prev의 각 화소를 중심으로 (blockSize.width, blockSize.height) 크기의 블록 영상과 유사한 블록 영상을 시간 t+dt의 현재 영상 curr에서 찾아 이동 벡터인 광류 속도 벡터를 velx, vely에 저장한다. max_range는 curr에서의 최대 탐색 범위이며, shiftSize는 prev에서 블록 좌표를 이동시킬 크기이며, velx, vely는 광류인 속도 벡터로 1채널 32비트 실수 영상이고, 가로와 세로 크기는 shiftSize와 blockSize에 의

해 결정된다. OpenCV 2.4.2와 OpenCV 2.4.3의 velx, vely의 크기가 1차이가 나는 것에 주의한다. usePrevious = 1이면 velx, vely에 있는 이전에 계산된 결과를 사용한다.

velx, vely의 크기 : $[\frac{prev \rightarrow width - blockSize.width}{shiftSize.width}+1, \frac{prev \rightarrow height - blockSize.height}{shiftSize.height}+1]$

(2) void cvCalcOpticalFlowHS(const CvArr* prev, const CvArr* curr,
        int usePrevious, CvArr* velx, CvArr* vely,
        double lambda, CvTermCriteria criteria);

cvCalcOpticalFlowHS 함수는 Horn과 Schunck 방법으로 1채널 32비트 실수 광류 속도 벡터인 velx, vely를 계산하며, OpenCV 2.4.3에서는 legacy 라이브러리에 포함되어 있다. lambda는 라그랑지 상수이고 criteria는 종료를 위한 조건으로, 반복 계산에서 최대 반복횟수 criteria.max_iter와 같거나 속도 벡터가 criteria.epsilon보다 더 작게 움직이면, 즉 수렴하면 멈춘다.

Horn과 Schunck는 밝기값 패턴에서 임의의 화소에서의 밝기값이 시간에 따라 변화하지 않는 상수로 가정하고, 속도 분포가 영상의 모든 화소에서 부드럽게(smooth) 변화한다는 제약조건을 추가하여 제곱 에러 e^2을 최소화하는 속도 벡터 u와 v를 반복적으로 계산한다. $(\overline{u^n}, \overline{v^n})$은 이전 속도 (u^n, v^n)의 지역 평균이고, $\lambda = 1/\alpha^2$는 제약조건에 대한 가중치인 라그랑지 상수이다. λ가 작으면(즉, α^2가 크면) 제약조건에 가중치를 크게 하여 결과적으로 부드러운 벡터를 얻게 된다. Horn과 Schunck는 전역 에러 제곱을 최소화하여 전역 정규화(global regularization) 방법이다. cvCalcOpticalFlowHS 함수에 의한 Horn과 Schunck 방법은 모든 화소에서 광류 계산을 수행하기 때문에 매우 느리게 동작한다.

$$\frac{d\, E(x,y)}{d\, t} = 0$$

$$\frac{\partial E}{\partial x}\frac{dx}{dt} + \frac{\partial E}{\partial y}\frac{dy}{dt} + \frac{\partial E}{\partial t} = 0$$

$$E_x u + E_y v + E_t = 0 : optical\, flow\, equation$$

$$e^2 = \iint (e_b^2 + \alpha^2 e_c^2) dx\, dy$$

where, $e_b = E_x u + E_y v + E_t$

$$e_c^2 = (\frac{\partial u}{\partial x})^2 + (\frac{\partial u}{\partial y})^2 + (\frac{\partial v}{\partial x})^2 + (\frac{\partial v}{\partial y})^2$$

반복 계산에 의한 해(solution)는 다음과 같다.

$$u^{n+1} = \bar{u}^n - E_x[E_x\bar{u}^n + E_y\bar{v}^n + E_t]/(\alpha^2 + E_x^2 + E_y^2)$$

$$v^{n+1} = \bar{v}^n - E_y[E_x\bar{u}^n + E_y\bar{v}^n + E_t]/(\alpha^2 + E_x^2 + E_y^2)$$

Horn과 Schunck는 편미분 E_x, E_y, E_t을 2×2의 윈도우를 사용하여 다음과 같이 계산한다.

$$E_x \approx \frac{1}{4}[prev(y,x+1) - prev(y,x) + prev(y+1,x+1) - prev(y+1,x)$$
$$+ curr(y,x+1) - curr(y,x) + curr(y+1,x+1) - curr(y+1,x)]$$

$$E_y \approx \frac{1}{4}[prev(y+1,x) - prev(y,x) + prev(y+1,x+1) - prev(y,x+1)$$
$$+ curr(y+1,x) - curr(y,x) + curr(y+1,x+1) - curr(y,x+1)]$$

$$E_t \approx \frac{1}{4}[curr(y,x) - prev(y,x) + curr(y+1,x) - prev(y+1,x)$$
$$+ curr(y,x+1) - prev(y,x+1) + curr(y+1,x+1) - prev(y+1,x+1)]$$

(3) void cvCalcOpticalFlowLK(const CvArr* prev, const CvArr* curr, CvSize winSize, CvArr* velx, CvArr* vely);

cvCalcOpticalFlowLK 함수는 Lucas와 Kanade 방법으로 1채널 32비트 실수인 광류 속도 벡터인 velx, vely를 계산하며, OpenCV 2.4.3에서는 legacy 라이브러리에 포함되어 있다. winSize는 이웃 화소를 결정하는 크기로 홀수이어야 한다. 각 화소에 대하여 윈도우 크기인 winSize 내의 이웃 화소들에 대하여 광류식(optical flow equation)의 에러 제곱을 최소화하는 광류 속도 벡터를 지역 최소자승법(local least squares)로 계산한다. 예를 들면 윈도우 크기가 3×3일 때 9개의 화소에 대하여 에러 제곱을 최소화하는 (u,v)을 의사 역행렬(pseudo inverse matrix)에 의한 최소자승법으로 계산한다.

$$\begin{bmatrix} E_{x1} & E_{y1} \\ E_{x2} & E_{y2} \\ \cdots & \cdots \\ E_{x9} & E_{y9} \end{bmatrix} \begin{bmatrix} u \\ v \end{bmatrix} = \begin{bmatrix} -E_{t1} \\ -E_{t2} \\ \cdots \\ -E_{t9} \end{bmatrix}$$

$$AU = B_t$$
$$U = (A^TA)^{-1}A^TB_t$$

$$\text{where } A = \begin{bmatrix} E_{x1} & E_{y1} \\ E_{x2} & E_{y2} \\ \cdots & \cdots \\ E_{x9} & E_{y9} \end{bmatrix}, U = \begin{bmatrix} u \\ v \end{bmatrix}, B_t = \begin{bmatrix} -E_{t1} \\ -E_{t2} \\ \cdots \\ -E_{t9} \end{bmatrix}$$

다음과 같이 광류식의 에러 제곱을 최소화하는 광류 속도 벡터 (u,v)을 구하기 위하여 u와 v 각각으로 미분한 식을 0으로 놓고 정리하여 얻을 수 있다.

$$\min \sum (E_{xi}u + E_{yi}v + E_{ti})^2$$

$$\sum (E_{xi}u + E_{yi}v + E_{ti})E_{xi} = 0$$

$$\sum (E_{xi}u + E_{yi}v + E_{ti})E_{yi} = 0$$

$$\begin{bmatrix} u \\ v \end{bmatrix} = \begin{bmatrix} \sum E_{xi}^2 & \sum E_{xi}E_{yi} \\ \sum E_{xi}E_{yi} & \sum E_{yi}^2 \end{bmatrix}^{-1} \begin{bmatrix} -\sum E_{xi}E_{ti} \\ -\sum E_{yi}E_{ti} \end{bmatrix}$$

(4) void cvCalcOpticalFlowPyrLK(const CvArr* prev,
    const CvArr* curr, CvArr* prevPyr,
    CvArr* currPyr, const CvPoint2D32f* prevFeatures,
    CvPoint2D32f* currFeatures, int count,
    CvSize winSize, int level, char* status,
    float* track_error, CvTermCriteria criteria, int flags);

cvCalcOpticalFlowPyrLK 함수는 Lucas와 Kanade 방법을 피라미드 구조로 적용하여 부화소 단위까지 광류 속도 벡터를 계산하며, video 라이브러리에 포함되어 있다. 시간 t의 영상 prev의 좌표들에 대한 배열 prevFeatures의 각 좌표에 대한 시간 t+dt의 영상 curr로의 이동 벡터인 광류 속도 벡터를 배열 currFeatures에 계산한다.

prevPyr과 currPyr는 각각 prev와 curr에 대한 피라미드 버퍼이다. count는 배열 prevFeatures와 currFeatures의 개수이고, winSize는 각 피라미드 레벨에서 탐색 윈도우 크기이며, level은 최대 피라미드 레벨이다. status는 char형 배열로 대응하는 속도 벡터가 발견되면 1, 그렇지 않으면 0이며 크기는 배열 prevFeatures와 currFeatures의 크기와 같다. track_error는 float형 배열이며 prevFeatures와 currFeatures의 각 대응점 사이의 오차로 윈도우 크기인 winSize 내의 모든 화소 값 사이의 오차 합계이다. 그러므로 윈도우 크기가 커지면 따라서 증가한다.

criteria는 각 피라미드 레벨에서 각 좌표에 대한 속도 벡터를 찾는 과정에서 반복을 멈추는 조건이다. flags=0이면 함수 내부에서 메모리 버퍼를 할당하고, 피라미드를 계산하고, 처리한 후에 버퍼 메모리를 해제한다. C++ 라이브러리에서는 buildOpticalFlowPyramid 함수를 사용하여 피라미드를 생성할 수 있다.

(5) void cvCalcOpticalFlowFarneback(const CvArr* prev,
    const CvArr* next, CvArr* flow, double pyr_scale,
    int levels, int winsize, int iterations,
    int poly_n, double poly_sigma, int flags)

cvCalcOpticalFlowFarneback 함수는 Gunnar Farneback 방법으로 광류 속도 벡터를 계산하며, video 라이브러리에 포함되어 있다. Gunnar Farneback 방법은 2프레임을 사용한 광류 계산 방법으로 2차 다항식에 의해 두 프레임의 이웃을 근사시키는 방법을 사용하여 광류를 계산하였다.

$$prev(y,x) \approx next(y + flow(y,x)[1], \ x + flow(y,x)[0])$$

prev와 next는 입력 프레임이며, 모두 같은 크기의 8비트 1채널 영상이다. flow는 출력인 광류 속도 벡터이며, prev, next와 같은 크기이며, 자료형은 CV_32FC2이다. pyr_scale는 입력 프레임에서 피라미드를 생성하기 위한 피라미드 스케일로 1보다 작은 값을 가진다.

pyr_scale=0.5이면, 고전적인 피라미드가 생성된다. levels는 초기 영상을 포함한 피라미드 레이어의 수이다. winsize는 평균 필터를 적용할 윈도우 크기로 winsize가 크면 잡음에 강인하고, 빠른 움직임도 검출할 수 있지만, 움직임이 블러링된다.

iterations은 각 피라미드에서 반복횟수이고, poly_n은 각 화소에서 다항식 확장에 의한 근사를 찾기 위한 이웃의 크기로, 값이 크면 근사곡면이 부드러워진다. 일반적으로 poly_n=5 또는 poly_n=7을 사용한다. poly_sigma은 다항식 확장 근사에서 필요한 미분 계산에서 사용되는 가우시안 함수의 표준 편차로 poly_n=5이면 poly_sigma=1.1을 사용하고, poly_n=7이면 poly_sigma=1.5를 사용한다.

flags는 연산을 지정하는 플래그로 OPTFLOW_USE_INITIAL_FLOW와 OPTFLOW_FARNEBACK_GAUSSIAN를 조합해서 사용할 수 있다. flags= OPTFLOW_USE_INITIAL_FLOW이면 초기 벡터의 근사로 입력 flow를 사용하며, flags=OPTFLOW_FARNEBACK_GAUSSIAN이면 (winsize × winsize)의 가우시안 함수를 사용한다. OPTFLOW_FARNEBACK_GAUSSIAN이 설정되어 있지 않으면 박스 필터가 사용된다.

예제 cvEx0306 블록 정합 방법에 의한 광류 계산

```
001: #include "cv.h"
002: #include "highgui.h"
003: #include "opencv2/legacy/legacy.hpp"
004:
005: #define THRESHOLD 2
006: #define N 4
007: void InitFrameBuffer(IplImage* buffer[], CvSize size);
008: void ReleaseFrameBuffer(IplImage* buffer[]);
009: void DrawOpticalFlow(IplImage* velx, IplImage* vely, IplImage* dstImage,
010:                       CvSize blockSize, CvSize shiftSize);
011: int main()
012: {
013: // CvCapture* capture = cvCaptureFromFile("car.wmv");
014:    CvCapture* capture = cvCaptureFromFile("ball.avi");
015:
016:    if(!capture)
017:    {
018:        printf("the video file was not found.");
019:        return 0;
020:    }
021:    int width = (int)cvGetCaptureProperty(capture,
022:                        CV_CAP_PROP_FRAME_WIDTH);
023:    int height = (int)cvGetCaptureProperty(capture,
024:                        CV_CAP_PROP_FRAME_HEIGHT);
025:    CvSize size = cvSize(width,height);
026:
027:    IplImage *buffer[N]; //circular buffer
028:    InitFrameBuffer(buffer, size);
029:
030:    IplImage*  frame=NULL;
031:    IplImage*  dstImage = cvCreateImage(size, IPL_DEPTH_8U, 3);
032:
033:    int last = 0;
034:    int prev, curr;
035:    int t = 0;
036:
037:    CvSize blockSize = cvSize(5, 5);
038:    CvSize shiftSize = cvSize(4, 4);
039:    CvSize max_range = cvSize(3, 3);
040:    int usePrevious = 0;
041:
042:    int sX = (size.width- blockSize.width)/shiftSize.width + 1;
043:    int sY = (size.height - blockSize.height) / shiftSize.height + 1;
044:
045:
046:
047:
048:    CvSize velxySize = cvSize(sX, sY);
```

```
049:    IplImage*   velx  = cvCreateImage(velxySize, IPL_DEPTH_32F, 1);
050:    IplImage*   vely  = cvCreateImage(velxySize, IPL_DEPTH_32F, 1);
051:    cvZero(velx);
052:    cvZero(vely);
053:
054:    for(;;)
055:    {
056:      frame = cvQueryFrame(capture);
057:      if(!frame)
058:      break;
059:      printf("t=%d\n", t);
060:      cvCvtColor(frame, buffer[last], CV_BGR2GRAY);
061:
062:      curr = last;
063:      prev = (curr + 1) % N;
064:      last = prev;
065:
066:      if(++t < N)
067:         continue;
068:
069:      cvCalcOpticalFlowBM(buffer[prev], buffer[curr],
070:             blockSize, shiftSize, max_range, usePrevious, velx, vely);
071:
072:      cvCopy(frame, dstImage);
073:      DrawOpticalFlow(velx, vely, dstImage, blockSize, shiftSize);
074:      cvShowImage("dstImage", dstImage);
075:
076:      char chKey = cvWaitKey(10);
077:      if(chKey == 27) // Esc
078:          break;
079:    }
080:    cvDestroyAllWindows();
081:    cvReleaseCapture(&capture);
082:    cvReleaseImage(&velx);
083:    cvReleaseImage(&vely);
084:    cvReleaseImage(&dstImage);
085:    ReleaseFrameBuffer(buffer);
086:    return 0;
087: }
088:
089: void InitFrameBuffer(IplImage* buffer[], CvSize size)
090: {
091:    int i;
092:    for(i = 0; i < N; i++)
093:    {
094:        buffer[i] = cvCreateImage(size, IPL_DEPTH_8U, 1);
095:        cvZero(buffer[i]);
096:    }
097: }
098: void ReleaseFrameBuffer(IplImage* buffer[])
```

```
099: {
100:     int i;
101:     for(i = 0; i < N; i++)
102:     {
103:         cvReleaseImage(&buffer[i]);
104:     }
105: }
106: void DrawOpticalFlow(IplImage* velx, IplImage* vely, IplImage* dstImage,
107:                      CvSize blockSize, CvSize shiftSize)
108: {
109:     int x, y;
110:     double dx, dy;
111:     CvPoint p1, p2;
112:
113:     for(y = 0; y< velx->height; y++)
114:     for(x = 0; x< velx->width; x++)
115:     {
116:        dx = cvGetReal2D(velx, y, x);
117:        dy = cvGetReal2D(vely, y, x);
118:        if(sqrt(dx*dx + dy*dy) < THRESHOLD) //reject small motions
119:           continue;
120:
121:        p1.x = blockSize.width + x*shiftSize.width;
122:        p1.y = blockSize.height + y*shiftSize.height;
123:
124:        p2.x = cvRound(p1.x + dx);
125:        p2.y = cvRound(p1.y + dy);
126:
127:        cvLine(dstImage, p1, p2, CV_RGB(0, 0, 255), 1, CV_AA, 0);
128:     }
129: }
```

3행   OpenCV 2.4.6에서는 블록 정합이 legacy 라이브러리로 밀려났다. OpenCV 2.4.6의 legacy 라이브러리를 사용하기 위하여 "opencv2/legacy/legacy.hpp" 파일을 포함한다. 또한 속성에서 opencv_legacy246d.lib 또는 opencv_legacy246.lib 라이브러리를 추가해야 한다.

27-35행   정수형 변수 last, prev, curr은 최근 N개의 입력 영상의 그레이 스케일 영상을 저장할 원형 버퍼 (circular buffer)인 buffer의 첨자이다. buffer[prev]에서 buffer[curr]로의 광류 속도 벡터를 계산한다. InitFrameBuffer 함수에서 포인터 배열 buffer에 N개의 영상을 위한 메모리를 생성한다. 최근 N의 프레임 중에서, 가장 오래전에 획득된 프레임은 buffer[prev]이며, 가장 최근에 획득된 프레임은 buffer[curr]이다. t는 프레임 카운터이다.

37-40행   블록 매칭을 수행할 블록 크기인 blockSize, prev에서 광류를 계산할 화소의 간격인 shiftSize, curr에서의 최대 탐색 범위인 max_range를 초기화하고, usePrevious=0으로 초기화하여 이전에 계산된 velx, vely를 사용하지 않는다.

42-52행   광류인 속도 벡터 velx, vely의 크기를 sX, sY를 이용하여 velxySize에 계산하고, 메모리를 할당하고, cvZero 함수를 사용하여 0으로 초기화한다.

69-70행   cvCalcOpticalFlowBM() 함수를 사용하여 블록 정합 방법으로 buffer[prev]에서 buffer[curr]로의 광류 속도 벡터를 velx, vely에 계산한다.

72-74행   입력 영상에 광류 속도 벡터를 겹쳐 표시하기 위하여 frame을 dstImage에 복사하고, DrawOpticalFlow 함수를 사용하여 velx, vely를 dstImage에 선분으로 표시한다. [그림 3.11](a)은 "car.wmv"에서 블록 정합 방법에 의한 광류계산 결과로, 이동 물체인 자동차가 진행 방향과 함께 잘 표시됨을 알 수 있다. [그림 3.11](b)는 "ball.avi"에서 블록 정합 방법에 의한 광류 계산 결과로 공의 이동에 따른 움직임이 잘 검출됨을 알 수 있다. "ball.avi"는 많은 잡음을 포함하고 있다.

106-129행   DrawOpticalFlow 함수는 광류 벡터를 표시한다. 116-117행에서 각 화소 위치에서 광류 속도 벡터를 dx, dy에 읽어온다. 118행에서 속도 벡터 크기가 THRESHOLD 이하인 것은 표시하지 않고, blockSize와 shiftSize를 고려하여 prev에서의 위치를 p1에 저장하고, curr에서 이동된 위치를 p2에 계산하여 선분으로 표시한다.

(a)　　　　　　　　　　　　　　　　(b)

[그림 3.11] 블록 정합 방법에 의한 광류 계산

예제 cvEx0307   Horn과 Schunck 방법에 의한 광류 계산

```
001: #include "cv.h"
002: #include "highgui.h"
003: #include "opencv2/legacy/legacy.hpp"
004: #define N 2
005: #define THRESHOLD 2
006: void InitFrameBuffer(IplImage* buffer[], CvSize size);
007: void ReleaseFrameBuffer(IplImage* buffer[]);
008: void DrawOpticalFlow(IplImage* velx, IplImage* vely, IplImage* dstImage);
009: int main()
010: {
011: //   CvCapture* capture = cvCaptureFromFile("car.wmv");
012:      CvCapture* capture = cvCaptureFromFile("ball.avi");
013:      if(!capture)
014:      {
015:          printf("the video file was not found.");
016:          return 0;
017:      }
```

```
018:    int width = (int)cvGetCaptureProperty(capture,
019:                    CV_CAP_PROP_FRAME_WIDTH);
020:    int height = (int)cvGetCaptureProperty(capture,
021:                    CV_CAP_PROP_FRAME_HEIGHT);
022:    CvSize size = cvSize(width,height);
023:
024:    int last = 0;
025:    int prev, curr;
026:
027:    IplImage *buffer[N]; //circular buffer
028:    InitFrameBuffer(buffer, size);
029:
030:    IplImage* frame=NULL;
031:    IplImage*  dstImage = cvCreateImage(size, IPL_DEPTH_8U, 3);
032:
033:    int t = 0;
034:
035: //  Note: cvoptflowhs.cpp in src
036: //  float Ilambda = 1 / lambda;
037: //  II[address].alpha = 1 / (Ilambda + II[address].xx + II[address].yy);
038:
039: // double lambda= 10.0;
040:    double lambda= 0.1;
041:    CvTermCriteria criteria =
042:        cvTermCriteria(CV_TERMCRIT_ITER+CV_TERMCRIT_EPS, 20, 0.01);
043:    int usePrevious = 0;
044:
045:    IplImage*  velx = cvCreateImage(size, IPL_DEPTH_32F, 1);
046:    IplImage*  vely = cvCreateImage(size, IPL_DEPTH_32F, 1);
047:    cvZero(velx);
048:    cvZero(vely);
049:
050:    for(;;)
051:    {
052:        frame = cvQueryFrame(capture);
053:        if(!frame)
054:           break;
055:        // printf("t=%d\n", t);
056:        cvCvtColor(frame, buffer[last], CV_BGR2GRAY);
057:        cvSmooth(buffer[last], buffer[last], CV_GAUSSIAN, 5);
058:
059:        curr = last;
060:        prev = (curr + 1) % N;
061:        last = prev;
062:
063:        if(++t < N)
064:           continue;
065:
066:        cvCalcOpticalFlowHS(buffer[prev], buffer[curr],
067:                    usePrevious, velx, vely, lambda, criteria);
```

```
068:
069:            cvCopy(frame, dstImage);
070:            DrawOpticalFlow(velx, vely, dstImage);
071:            cvShowImage("dstImage", dstImage);
072:
073:            char chKey = cvWaitKey(10);
074:            if(chKey == 27) // Esc
075:                break;
076:
077:        }
078:        cvDestroyAllWindows();
079:        cvReleaseCapture(&capture);
080:        cvReleaseImage(&velx);
081:        cvReleaseImage(&vely);
082:        cvReleaseImage(&dstImage);
083:        ReleaseFrameBuffer(buffer);
084:        return 0;
085: }
086: void InitFrameBuffer(IplImage* buffer[], CvSize size)
087: {
088:     int i;
089:     for(i = 0; i < N; i++)
090:     {
091:         buffer[i] = cvCreateImage(size, IPL_DEPTH_8U, 1);
092:         cvZero(buffer[i]);
093:     }
094: }
095: void ReleaseFrameBuffer(IplImage* buffer[])
096: {
097:     int i;
098:     for(i = 0; i < N; i++)
099:     {
100:         cvReleaseImage(&buffer[i]);
101:     }
102: }
103: void DrawOpticalFlow(IplImage* velx, IplImage* vely, IplImage* dstImage)
104: {
105:     int     x, y;
106:     double  dx, dy;
107:     CvPoint p1, p2;
108:     CvSize size = cvGetSize(dstImage);
109:     CvSize shiftSize = cvSize(4, 4);
110:
111:     for(y = 0; y< velx->height; y+=shiftSize.height)
112:     for(x = 0; x< velx->width; x+=shiftSize.width)
113:     {
114:         dx = cvGetReal2D(velx, y, x);
115:         dy = cvGetReal2D(vely, y, x);
116:
117:         if(sqrt(dx*dx + dy*dy) < THRESHOLD)
```

```
118:            continue;
119:
120:        p1.x = x;
121:        p1.y = y;
122:
123:        p2.x = cvRound(p1.x + dx);
124:        p2.y = cvRound(p1.y + dy);
125:
126:        cvLine(dstImage, p1, p2, CV_RGB(0, 0, 255), 1, CV_AA, 0);
127:    }
128: }
```

3-5행   3행에서 OpenCV 2.4.3의 legacy 라이브러리를 사용하기 위하여 "opencv2/legacy/legacy.hpp"를 포함한다. 또한 속성에서 opencv_legacy246d.lib 또는 opencv_legacy246.lib 라이브러리를 추가해야 한다.

4행에서 인접한 프레임 사이에서의 움직임을 검출하기 위하여 N을 2로 정의하였다. 5행에서 THRESHOLD는 벡터의 크기에 대한 임계값으로 사용한다.

35-40행   lambda와 alpha 사이의 관계는 OpenCV 소스 파일 "cvoptflowhs.cpp"을 보면 36-37행과 같이 사용됨을 알 수 있다. 그러므로 Horn과 Schunck 논문에서의 수식과의 관계를 비교해보면 $\lambda = 1/\alpha^2$임을 알 수 있다. λ가 작으면(즉, α^2가 크면) 제약조건에 가중치를 크게 하여 결과적으로 부드러운 벡터를 얻게 된다. lambda= 10.0일 때 보다 lambda= 0.1일 때 잡음이 작은 부드러운 벡터를 얻는다.

41-42행   Horn과 Schunck의 반복 알고리즘의 종료조건인 criteria를 최대 반복 회수 criteria.max_iter=20, criteria.epsilon=0.01로 설정한다.

45-48행   프레임 영상과 같은 크기로 속도 벡터 velx, vely의 메모리를 할당하고, 0으로 초기화한다.

56-57행   입력 영상을 그레이 스케일로 변환하고, 미분 연산에서 잡음을 줄이기 위하여 cvSmooth 함수를 사용하여 CV_GAUSSIAN 방법으로 부드럽게 스무딩한다.

66-67행   cvCalcOpticalFlowHS 함수를 사용하여 Horn과 Schunck 방법으로 buffer[prev]에서 buffer[curr]로의 광류인 속도 벡터 velx, vely를 계산한다.

69-70행   입력 영상에 광류 속도 벡터를 겹쳐 표시하기 위하여 frame을 dstImage에 복사하고, DrawOpticalFlow 함수를 사용하여 velx, vely를 dstImage에 선분으로 표시한다.

[그림 3.12]는 car.wmv에서 Horn과 Schunck 방법에 의한 광류 계산 결과이다. 이동 물체인 자동차가 진행 방향과 함께 잘 표시됨을 알 수 있다. [그림 3.12](a)는 lambda=10으로 실행한 결과이고, [그림 3.12](b)는 lambda=0.1로 실행한 결과이다. 따라서 lambda를 작게 하면 속도 벡터가 좀 더 작게 검출됨을 알 수 있다. [그림 3.13]은 "ball.avi"에서 Horn과 Schunck 방법에 의한 광류 계산 결과이다. cvCalcOpticalFlowHS 함수는 모든 화소에서 광류 계산을 수행하기 때문에 매우 느리게 동작한다.

103-128행   cvCalcOpticalFlowHS 함수는 모든 화소에서 광류 계산을 수행하지만, 모든 벡터를 화면에 표시하면 복잡하기 때문에 DrawOpticalFlow 함수에서는 109행의 shiftSize 크기만큼을 이동하며 벡터를 출력하였다.

(a) lambda= 10   (b) lambda= 0.1

[그림3.12] Horn과 Schunck 방법에 의한 광류 계산(car.wmv)

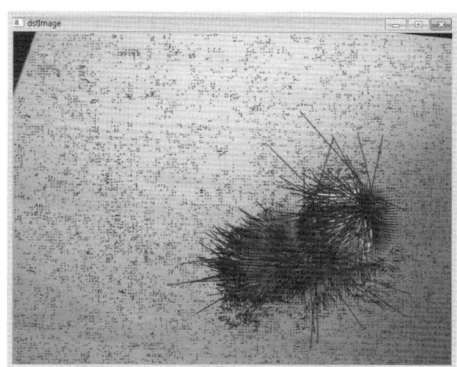 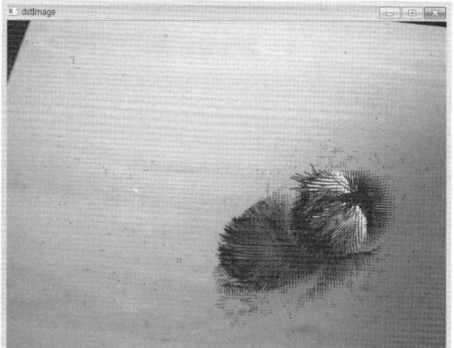

(a) lambda= 10   (b) lambda= 0.1

[그림3.13] Horn과 Schunck 방법에 의한 광류 계산(ball.avi)

예제 cvEx0308   Lucas와 Kanade 방법에 의한 광류 계산

```
001: #include "cv.h"
002: #include "highgui.h"
003: #include "opencv2/legacy/legacy.hpp"
004: #define N 2
005: #define THRESHOLD 2
006: void InitFrameBuffer(IplImage* buffer[], CvSize size);
007: void ReleaseFrameBuffer(IplImage* buffer[]);
008: void DrawOpticalFlow(IplImage* velx, IplImage* vely, IplImage* dstImage);
009: int main()
010: {
011: // CvCapture* capture = cvCaptureFromFile("car.wmv");
012:    CvCapture* capture = cvCaptureFromFile("ball.avi");
013:
014:    if(!capture)
015:    {
016:        printf("the video file was not found.");
017:        return 0;
```

```
018:    }
019:    int width = (int)cvGetCaptureProperty(capture,
020:                CV_CAP_PROP_FRAME_WIDTH);
021:    int height = (int)cvGetCaptureProperty(capture,
022:                CV_CAP_PROP_FRAME_HEIGHT);
023:    CvSize size = cvSize(width,height);
024:
025:    int last = 0;
026:    int prev, curr;
027:
028:    IplImage *buffer[N]; //circular buffer
029:    InitFrameBuffer(buffer, size);
030:
031:    IplImage* frame=NULL;
032:    IplImage*  dstImage = cvCreateImage(size, IPL_DEPTH_8U, 3);
033:
034:    int t = 0;
035:    CvSize winSize = cvSize(3,3);
036: // CvSize winSize = cvSize(7,7);
037:
038:    IplImage*  velx = cvCreateImage(size, IPL_DEPTH_32F, 1);
039:    IplImage*  vely = cvCreateImage(size, IPL_DEPTH_32F, 1);
040:
041:    cvZero(velx);
042:    cvZero(vely);
043:
044:    for(;;)
045:    {
046:        frame = cvQueryFrame(capture);
047:        if(!frame)
048:            break;
049: //     printf("t=%d\n", t);
050:        cvCvtColor(frame, buffer[last], CV_BGR2GRAY);
051:        cvSmooth(buffer[last], buffer[last], CV_GAUSSIAN, 5);
052:
053:        curr = last;
054:        prev = (curr + 1) % N;
055:        last = prev;
056:
057:        if(++t < N)
058:            continue;
059:
060:      cvCalcOpticalFlowLK(buffer[prev],buffer[curr], winSize, velx, vely);
061:
062:        cvCopy(frame, dstImage);
063:        DrawOpticalFlow(velx, vely, dstImage);
064:        cvShowImage("dstImage", dstImage);
065:
066:        char chKey = cvWaitKey(10);
067:        if(chKey == 27) // Esc
```

```
068:            break;
069:
070:        }
071:    cvDestroyAllWindows();
072:    cvReleaseCapture(&capture);
073:    cvReleaseImage(&velx);
074:    cvReleaseImage(&vely);
075:    cvReleaseImage(&dstImage);
076:    ReleaseFrameBuffer(buffer);
077:    return 0;
078: }
079: void InitFrameBuffer(IplImage* buffer[], CvSize size)
080: {
081:    int i;
082:    for(i = 0; i < N; i++)
083:    {
084:        buffer[i] = cvCreateImage(size, IPL_DEPTH_8U, 1);
085:        cvZero(buffer[i]);
086:    }
087: }
088: void ReleaseFrameBuffer(IplImage* buffer[])
089: {
090:    int i;
091:    for(i = 0; i < N; i++)
092:    {
093:        cvReleaseImage(&buffer[i]);
094:    }
095: }
096: void DrawOpticalFlow(IplImage* velx, IplImage* vely, IplImage* dstImage)
097: {
098:    int      x, y;
099:    double   dx, dy;
100:    CvPoint p1, p2;
101:    CvSize size = cvGetSize(dstImage);
102:    CvSize shiftSize = cvSize(4, 4);
103:
104:    for(y = 0; y< velx->height; y+=shiftSize.height)
105:    for(x = 0; x< velx->width; x+=shiftSize.width)
106:    {
107:        dx = cvGetReal2D(velx, y, x);
108:        dy = cvGetReal2D(vely, y, x);
109:
110:        if(sqrt(dx*dx + dy*dy) < THRESHOLD)
111:            continue;
112:        p1.x = x;
113:        p1.y = y;
114:        p2.x = cvRound(p1.x + dx);
115:        p2.y = cvRound(p1.y + dy);
116:        cvLine(dstImage, p1, p2, CV_RGB(0, 0, 255), 1, CV_AA, 0);
117:    }
118: }
```

3-5행	3행에서 OpenCV 2.4.3의 legacy 라이브러리를 사용하기 위하여 "opencv2/legacy/legacy.hpp"를 포함한다. 4행에서 인접한 프레임 사이에서의 움직임을 검출하기 위하여 N을 2로 정의하였다. 5행에서 THRESHOLD는 벡터의 크기에 대한 임계값으로 사용한다.
33-36행	이웃 화소를 결정하는 크기인 winSize를 cvSize(3, 3) 또는 cvSize(7, 7)로 설정한다. winSize는 홀수이며, 클수록 움직임 벡터가 부드러워진다.
50-51행	입력 영상을 그레이 스케일로 변환하고, 미분 연산에서 잡음을 줄이기 위하여 cvSmooth 함수를 사용하여 CV_GAUSSIAN 방법으로 부드럽게 스무딩한다.
60행	cvCalcOpticalFlowLK 함수를 사용하여 Lucas와 Kanade 방법으로 buffer[prev]에서 buffer[curr]로의 속도 벡터 velx, vely를 계산한다.
62-63행	입력 영상에 광류 속도 벡터를 겹쳐 표시하기 위하여 frame을 dstImage에 복사하고, DrawOpticalFlow() 함수를 사용하여 velx, vely를 dstImage에 선분으로 표시한다.

[그림 3.14]은 "car.wmv"에서 Lucas와 Kanade 방법에 의한 광류 계산 결과이다. 이동 물체인 자동차가 진행 방향과 함께 잘 표시됨을 알 수 있다. [그림 3.14](a)는 winSize=cvSize(3, 3)로 실행한 결과이고, [그림 3.14](b)는 winSize=cvSize(7,7)로 실행한 결과이다. [그림 3.15]은 "ball.avi"에서 Lucas와 Kanade 방법에 의한 광류 계산 결과이다. 윈도우 크기인 winSize 내의 이웃 화소들에 대하여 광류식(optical flow equation)의 에러 제곱을 최소화하는 광류 속도 벡터를 지역 최소 자승법으로 계산하기 때문에 일반적으로 winSize가 크면 클수록 잡음이 줄어든다. cvCalcOpticalFlowLK 함수 역시 모든 화소에 대하여 광류를 계산하지만, cvCalcOpticalFlowHS 함수에 비해 상대적으로 속도가 빠르게 동작한다.

(a) winSize = cvSize(3, 3)　　　　　　(b) winSize = cvSize(7, 7)

[그림 3.14] Lucas와 Kanade 방법에 의한 광류 계산(car.wmv)

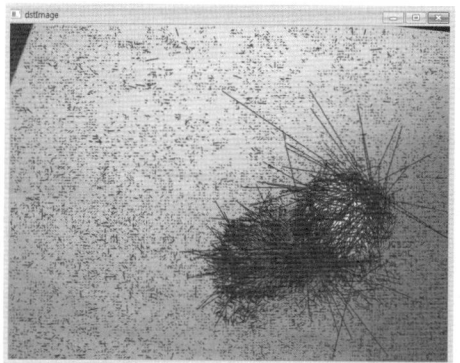 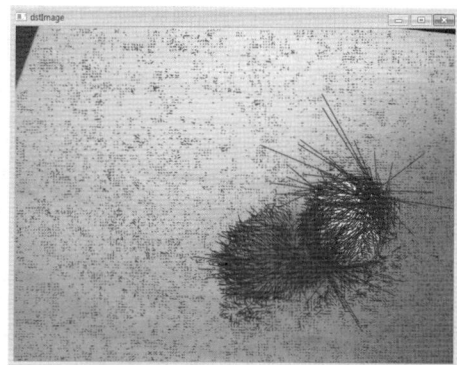

(a) winSize = cvSize(3, 3)　　　　　　　　(b) winSize = cvSize(7, 7)

[그림 3.15] Lucas와 Kanade 방법에 의한 광류 계산(ball.avi)

예제 cvEx0309　　피라미드 구조를 사용한 Lucas와 Kanade 방법에 의한 특징점 추적

```
001: #include "cv.h"
002: #include "highgui.h"
003: #include <stdio.h>
004: #define N 2
005: #define MAX_POINTS 100
006:
007: void InitFrameBuffer(IplImage* buffer[], CvSize size);
008: void ReleaseFrameBuffer(IplImage* buffer[]);
009: void DrawTrackingData(CvMat* ptMat,
010:                 int corner_count, IplImage* dstImage);
011: void DrawTrackingData2(CvPoint2D32f* points,
012:                 int corner_count, IplImage* dstImage);
013:
014: void ExtractFeaturePoints(IplImage *srcImage, CvPoint2D32f *corners,
015:                 int *corner_count, IplImage *mask);
016:
017: void CheckTrackingPoints(CvPoint2D32f* currFeatures, float *track_error,
018:                 CvSize winSize, int *corner_count, int threshold);
019:
020: CvPoint    g_pt1;
021: CvPoint    g_pt2;
022:
023: bool g_bLeftDownAndMove = false;
024: bool g_bROI = false;
025:
026: void on_mouse(int mevent, int x, int y, int flags, void* param)
027: {
028:     switch(mevent)
029:     {
030:     case CV_EVENT_LBUTTONDOWN:
031:             g_bLeftDownAndMove = false;
032:             g_pt1 =   cvPoint(x,y);
```

```
033:            break;
034:    case CV_EVENT_MOUSEMOVE:
035:            if(flags == CV_EVENT_FLAG_LBUTTON)
036:            {
037:                    g_pt2 = cvPoint(x,y);
038:                    g_bLeftDownAndMove = true;
039:            }
040:            break;
041:    case CV_EVENT_LBUTTONUP:
042:            g_pt2 = cvPoint(x,y);
043:            g_bROI = true;
044:            g_bLeftDownAndMove = false;
045:            break;
046:    }
047: }
048:
049: int main()
050: {
051:    CvCapture* capture = cvCaptureFromFile("checkBoard3x3.avi");
052:    if(!capture)
053:    {
054:            printf("the video file was not found.");
055:            return 0;
056:    }
057:    int width = (int)cvGetCaptureProperty(capture,
058:                            CV_CAP_PROP_FRAME_WIDTH);
059:    int height = (int)cvGetCaptureProperty(capture,
060:                            CV_CAP_PROP_FRAME_HEIGHT);
061:    CvSize size = cvSize(width,height);
062:
063:    int t = 0;
064:    int prev = -1, curr=0;
065:
066:    IplImage *buffer[N]; //circular buffer
067:    InitFrameBuffer(buffer, size);
068:
069:    IplImage* frame=NULL;
070:    IplImage* dstImage = cvCreateImage(size, IPL_DEPTH_8U, 3);
071:
072:    IplImage* prevPyr = cvCreateImage(size, 8, 1);
073:    IplImage* currPyr = cvCreateImage(size, 8, 1);
074:
075:    CvPoint2D32f* prevFeatures =
076:            (CvPoint2D32f*)cvAlloc(MAX_POINTS*sizeof(CvPoint2D32f));
077:    CvPoint2D32f* currFeatures =
078:            (CvPoint2D32f*)cvAlloc(MAX_POINTS*sizeof(CvPoint2D32f));
079:    char *status = (char*)cvAlloc(MAX_POINTS);
080:    float *track_error = (float*)cvAlloc(MAX_POINTS);
081:
082:    CvMat prevMat = cvMat(1, MAX_POINTS, CV_32FC2, prevFeatures);
```

```
083:    CvMat currMat = cvMat(1, MAX_POINTS, CV_32FC2, currFeatures);
084:
085:    // parameters in cvCalcOpticalFlowPyrLK
086:    int flags = 0;
087:    int corner_count = 0;
088:    int level = 3;
089:    CvTermCriteria  criteria=
090:       cvTermCriteria(CV_TERMCRIT_ITER|CV_TERMCRIT_EPS,5,0.03);
091:    CvSize winSize = cvSize(5,5);
092:
093:    cvNamedWindow("dstImage", 0);
094:    cvSetMouseCallback("dstImage", on_mouse, dstImage);
095:
096:    // for writing a output video
097:    int is_color = 1;
098:    double fps = 24.0;
099:    int fourcc = CV_FOURCC('D', 'I', 'V', 'X'); // : MPEG-4
100:    CvSize frame_size = cvSize(width, height);
101:    CvVideoWriter* videoWriter = cvCreateVideoWriter("trackingRect.avi",
102:          fourcc,  fps, frame_size, is_color);
103:    if(!videoWriter)
104:          return 0;
105:
106:    int x, y;
107:    char chKey;
108:    for(;;)
109:    {
110:       frame = cvQueryFrame(capture);
111:       if(!frame)
112:          break;
113:
114:       cvCopy(frame, dstImage);
115:       cvShowImage("dstImage", dstImage);
116:
117:       cvCvtColor(frame, buffer[curr], CV_BGR2GRAY);
118:       cvSmooth(buffer[curr], buffer[curr], CV_GAUSSIAN, 5);
119:
120: //    printf("t = %d\n", t++);
121:       if(g_bLeftDownAndMove) // for drawing
122:       {
123:          cvRectangle(dstImage, g_pt1, g_pt2, CV_RGB(255, 0, 0), 2);
124:          cvWriteFrame(videoWriter,  dstImage);
125:          cvShowImage("dstImage", dstImage);
126:       }
127:       if(g_bROI) // Initialize tracking points
128:       {
129:          IplImage*  mask = cvCreateImage(size, 8, 1);
130:          cvZero(mask);
131:          for(y=g_pt1.y; y<=g_pt2.y; y++)
132:          for(x=g_pt1.x; x<=g_pt2.x; x++)
133:                cvSetReal2D(mask, y, x, 1);
```

```
134:
135:                ExtractFeaturePoints(buffer[prev], prevFeatures,
136:                                            &corner_count, mask);
137:                cvReleaseImage(&mask);
138:                DrawTrackingData(&prevMat , corner_count, dstImage);
139: //             DrawTrackingData2(prevFeatures , corner_count, dstImage);
140:
141:                cvWriteFrame(videoWriter,  dstImage);
142:                g_bROI = false;
143:            }
144:
145:        if(0 < corner_count && corner_count < MAX_POINTS)
146:            {
147:                cvCalcOpticalFlowPyrLK(buffer[prev],buffer[curr],
148:                    prevPyr,currPyr, prevFeatures, currFeatures, corner_count,
149:                    winSize, level, status, track_error,criteria,flags);
150:
151:                cvFindCornerSubPix(buffer[curr], currFeatures, corner_count,
152:                    winSize, cvSize(-1,-1), criteria);
153:
154:                CheckTrackingPoints(currFeatures, track_error, winSize,
155:                                            &corner_count, 2);
156:
157: //             DrawTrackingData(&currMat, corner_count, dstImage);
158:                DrawTrackingData2(currFeatures, corner_count, dstImage);
159:
160:                cvCopy(&currMat, &prevMat);
161: // memcpy(prevFeatures, currFeatures, corner_count*sizeof(CvPoint2D32f));
162:
163:                cvWriteFrame(videoWriter,  dstImage);
164: /*
165:                printf("*************corner_count = %d *****\n", corner_count);
166:                for(i = 0; i<corner_count; i++)
167:                {
168:                    printf("pt[%d] : status = %d, track_error = %f\n",
169:                            i, status[i], track_error[i]);
170:                }
171: */
172:            }
173:        chKey = cvWaitKey(10);
174:        if(chKey == 27) // Esc
175:            break;
176:        prev = curr;
177:        curr = 1 - prev; // for next frame
178:    }
179:    cvDestroyAllWindows();
180:    cvReleaseCapture(&capture);
181:    cvFree(&prevFeatures);
182:    cvFree(&currFeatures);
183:    cvFree(&status);
184:    cvFree(&track_error);
```

```
185:
186:     cvReleaseImage(&prevPyr);
187:     cvReleaseImage(&currPyr);
188:     cvReleaseImage(&dstImage);
189:     cvReleaseVideoWriter(&videoWriter);
190:
191:     ReleaseFrameBuffer(buffer);
192:     return 0;
193: }
194: void InitFrameBuffer(IplImage* buffer[], CvSize size)
195: {
196:     for(int i = 0; i < N; i++)
197:     {
198:             buffer[i] = cvCreateImage(size, IPL_DEPTH_8U, 1);
199:             cvZero(buffer[i]);
200:      }
201: }
202:
203: void ReleaseFrameBuffer(IplImage* buffer[])
204: {
205:     for(int i = 0; i < N; i++)
206:     {
207:             cvReleaseImage(&buffer[i]);
208:      }
209: }
210: void ExtractFeaturePoints(IplImage *srcImage, CvPoint2D32f *corners,
211:                                   int *corner_count, IplImage *mask)
212: {
213:     double quality_level = 0.001;
214:     double min_distance  = 10;
215:     int    block_size = 3;
216:     int    use_harris=1;
217:     double k=0.01;
218:
219:     IplImage* eig_image = cvCreateImage(cvGetSize(srcImage),
220:                                                 IPL_DEPTH_32F, 1);
221:     IplImage* temp_image = cvCreateImage(cvGetSize(srcImage),
222:                                                 IPL_DEPTH_32F, 1);
223:     cvGoodFeaturesToTrack(srcImage, eig_image, temp_image, corners,
224:                     corner_count, quality_level, min_distance, mask,
225:                     block_size, use_harris, k);
226:     cvReleaseImage(&eig_image);
227:     cvReleaseImage(&temp_image);
228: }
229: void DrawTrackingData(CvMat* ptMat,
230:                     int corner_count, IplImage* dstImage)
231: {
232:     int k;
233:     CvPoint pt, pt0,pt1;
234:     CvPoint* points = (CvPoint*)malloc(corner_count * sizeof(CvPoint));
235:     int* hull = (int*)malloc(corner_count * sizeof(int));
```

```
236:     CvMat pointMat = cvMat(1, corner_count, CV_32SC2, points);
237:     CvMat hullMat = cvMat(1, corner_count, CV_32SC1, hull);
238:
239:     for(k = 0; k<corner_count; k++)
240:     {
241:             CvScalar sPt;
242:             sPt = cvGet1D(ptMat,k);
243:             pt.x = cvRound(sPt.val[0]);
244:             pt.y = cvRound(sPt.val[1]);
245:             points[k] = pt;
246:             cvCircle(dstImage, pt, 1, CV_RGB(0, 0, 255), 2);
247:     }
248:     cvConvexHull2(&pointMat, &hullMat, CV_CLOCKWISE, 0);
249:     int hullcount = hullMat.cols;
250:
251:     pt0 =points[hull[hullcount-1]];
252:     for(k = 0; k < hullcount; k++)
253:     {
254:         pt1 =points[hull[k]];
255:         cvLine(dstImage, pt0, pt1, CV_RGB(255, 0, 0), 2);
256:         pt0 = pt1;
257:     }
258:
259:
260:     // for calculating and drawing the bounding box
261:     CvBox2D box;
262:     CvPoint2D32f ptBox32f[4];
263:     CvPoint     ptBox[4];
264:
265:     box = cvMinAreaRect2(&pointMat);
266:     cvBoxPoints(box, ptBox32f);
267:     for(k=0; k<4; k++)
268:     {
269:             ptBox[k].x = cvRound(ptBox32f[k].x);
270:             ptBox[k].y = cvRound(ptBox32f[k].y);
271:     }
272:     for(k=0; k<3; k++)
273:             cvLine(dstImage, ptBox[k],  ptBox[k+1], CV_RGB(0, 255, 0), 1);
274:     cvLine(dstImage, ptBox[3],  ptBox[0], CV_RGB(0, 255, 0), 1);
275:
276:     cvShowImage("dstImage", dstImage);
277: }
278: void DrawTrackingData2(CvPoint2D32f* points,
279:                    int corner_count, IplImage* dstImage)
280: {
281:     int k;
282:     CvPoint pt;
283:     CvMemStorage* storage = cvCreateMemStorage(0);
284:     CvSeq* ptSeq =
285:             cvCreateSeq(CV_32SC2, sizeof(CvSeq), sizeof(CvPoint), storage);
286:
```

```
287:    for(k = 0; k<corner_count; k++)
288:    {
289:            pt.x = cvRound(points[k].x);
290:            pt.y = cvRound(points[k].y);
291:            cvCircle(dstImage, pt, 1, CV_RGB(0, 0, 255), 2);
292:            cvSeqPush(ptSeq,   &pt); // for calculate a box
293:    }
294:
295:    CvSeq* hullSeq = cvConvexHull2(ptSeq, 0, CV_CLOCKWISE, 0);
296:    int hullcount = hullSeq->total;
297:    CvPoint pt0,pt1;
298:    pt0 = **CV_GET_SEQ_ELEM(CvPoint*, hullSeq, hullcount-1);
299:    for(k = 0; k < hullcount; k++)
300:    {
301:        pt1 = **CV_GET_SEQ_ELEM(CvPoint*, hullSeq, k);
302:        cvLine(dstImage, pt0, pt1, CV_RGB(255, 0, 0), 2);
303:        pt0 = pt1;
304:    }
305:
306:
307:    // for calculating and drawing the bounding box
308:    CvBox2D box;
309:    CvPoint2D32f ptBox32f[4];
310:    CvPoint     ptBox[4];
311:
312:    box = cvMinAreaRect2(ptSeq);
313:    cvBoxPoints(box, ptBox32f);
314:    for(k=0; k<4; k++)
315:    {
316:            ptBox[k].x = cvRound(ptBox32f[k].x);
317:            ptBox[k].y = cvRound(ptBox32f[k].y);
318:    }
319:    for(k=0; k<3; k++)
320:            cvLine(dstImage, ptBox[k],  ptBox[k+1], CV_RGB(0, 255, 0), 1);
321:    cvLine(dstImage, ptBox[3],  ptBox[0], CV_RGB(0, 255, 0), 2);
322:
323:    cvShowImage("dstImage", dstImage);
324:    cvReleaseMemStorage(&storage);
325: }
326:
327: void CheckTrackingPoints(CvPoint2D32f* currFeatures, float *track_error,
328:                 CvSize winSize, int *corner_count, int threshold)
329: {
330:    int count=0;
331:    CvPoint2D32f* pts =
332:            (CvPoint2D32f*)cvAlloc(MAX_POINTS*sizeof(CvPoint2D32f));
333:    for(int i = 0; i< *corner_count; i++)
334:    {
335:            // mean errors
336:            track_error[i] = track_error[i]/(winSize.width*winSize.height);
337:            if(track_error[i] < threshold)
```

```
338:                {
339:                     pts[count++] = currFeatures[i];
340:                }
341:         }
342:         memcpy(currFeatures, pts, count*sizeof(CvPoint2D32f));
343:         *corner_count = count;
344:         cvFree(&pts);
345: }
```

26-47행   on_mouse 함수는 마우스 왼쪽 버튼으로 특징점을 검출할 사각형을 지정하기 위한 함수이다. 전역변수인 g_bLeftDownAndMove는 마우스 왼쪽 버튼을 누르고 움직이면 true, 그렇지 않으면 false 값을 갖는다. 마우스 왼쪽 버튼을 누르면 전역변수 마우스 위치를 g_pt1에 저장하고, 마우스 왼쪽 버튼을 누르고 움직이면 마우스 위치를 g_pt2에 저장한다. 마우스 왼쪽 버튼을 때면 마우스 위치를 g_pt2에 저장하고 g_bROI=true로 하여, 특징점 검출 영역을 g_pt1, g_pt2에 의한 사각 영역으로 설정을 완료한다.

51-94행   비디오 파일 "checkBoard3x3.avi"를 캡춰링하기 위해 설정한다. 연속한 두 개의 영상 프레임은 buffer에 저장하고, 첨자는 prev, curr에 의해 구분한다. dstImage는 추적되는 특징점을 표시할 영상이고, prevPyr와 currPyr는 피라미드를 위한 메모리이며, mask는 ExtractFeaturePoints 함수에서 추적할 특징점을 찾기 위한 영역을 한정하기 위해 사용하며, prevFeatures는 이전 프레임의 특징점, currFeatures는 현재 프레임의 특징점을 저장할 메모리이며, prevMat와 currMat는 prevFeatures와 currFeatures와 연결된 행렬이다.

     status와 track_error는 특징점의 검출 여부와 오차 정보를 저장하기 위한 메모리로, 최대 MAX_COUNT의 좌표에 대한 특징을 추적할 수 있다. 피라미드 최대 레벨을 level=3으로 하고, 종료조건을 초기화하고, Lucas와 Kanade 방법의 윈도우 크기 영역을 winSize=cvSize(5,5)로 초기화한다. 94행에서 마우스로 특징 추출을 위한 영역을 설정하기 위하여, on_mouse() 함수를 마우스 콜백 함수로 설정한다.

97-104행   추적되는 결과를 컬러 비디오 파일 "trackingRect.avi"에 출력하기 위하여 videoWriter를 설정한다.

110-118행   획득한 영상 프레임 frame을 출력을 위해 dstImage에 복사하고, 그레이 스케일로 변환하여 buffer[curr]에 저장하고, 잡음 제거를 위하여 가우시안 스무딩을 수행한다.

121-126행   g_bLeftDownAndMove=true일 때, 즉 마우스 왼쪽 버튼을 누르고 움직일 때, g_pt1, g_pt2에 의해 정의되는 사각형을 dstImage에, 그리고 videoWriter에 연결된 비디오 파일에 출력한다.

127-143행   129-133행은 특징점을 계산할 영역에 대한 마스크를 g_pt1, g_pt2를 이용하여 설정한다. 135-136행의 사용자 정의 함수 ExtractFeaturePoints는 buffer[prev] 영상에서 mask에 1로 설정된 영역에서 corner_count개의 특징점을 검출하여 prevFeatures에 저장한다. 138행의 사용자 정의 함수 DrawTrackingData는 검출된 특징 좌표의 배열인 prevFeatures와 연결된 행렬 prevMat를 이용하여 특징점, 볼록 껍질(Convex hull), 사각형을 dstImage 영상에 표시한다. 139행의 사용자 정의 함수 DrawTrackingData2는 prevFeatures를 직접 이용하여 특징점, 볼록 껍질, 사각형을 dstImage 영상에 표시한다. 141행은 dstImage 영상을 비디오에 출력하고, 142행은 g_bROI = false로 하여, 특징점을 계산하는 127-143행을 두 번 수행하지 않게 한다.

Chpater 03 움직임 검출 및 추적 121

145-172행 특징점의 개수 corner_count가 0보다 크고 MAX_POINTS 미만 일 때 만 추적한다. cvCalcOpticalFlowPyrLK 함수는 opencv_video246d.lib 또는 opencv_video246.lib 라이브러리에 포함되어 있다.

147-149행에서 cvCalcOpticalFlowPyrLK 함수에 의해 buffer[prev]에서 주어진 좌표 위치의 배열 prevFeatures의 각 점에 대한 buffer[curr]에서의 대응 좌표들을 currFeatures에 계산한다. prevPyr와 currPyr는 피라미드 영상에 대한 메모리이고, winSize는 Lucas와 Kanade 방법에서의 윈도우 크기이고, level은 최대 피라미드 레벨, criteria는 종료조건, flags=0으로 하여 함수 내부에서 피라미드 메모리를 할당 및 해제하도록 하였다.

status와 track_error는 cvCalcOpticalFlowPyrLK 함수에 의해 계산되는 출력으로 대응점의 개수와 같은 크기의 배열이다. status는 대응점이 검출되었는지 여부에 따라 1과 0으로 반환되고, track_error는 각 좌표에 대하여 winSize 크기의 주변 화소의 오차의 합이 저장된다.

151-152행에서 cvFindCornerSubPix 함수는 buffer[curr] 영상에서의 대응점의 좌표 배열인 currFeatures의 부화소 단위로 검출한다.

154-155행에서 CheckTrackingPoints 함수는 대응점의 좌표 배열인 currFeatures에서 오차 평균이 임계값 2보다 큰 대응점은 잘못 검출된 좌표로 고려하여 추적에서 삭제한다. track_error는 윈도우 크기를 이용하여 계산된 오차의 평균이 저장된다.

157-158행에서 DrawTrackingData 함수 또는 DrawTrackingData2로 currFeatures 좌표를 이용하여 특징점, 볼록 껍질, 사각형을 dstImage 영상에 표시한다.

160-161행에서 다음 번을 위하여 cvCopy 함수로 currMat를 prevMat에 복사하거나, memcpy 함수로 currFeatures를 prevFeatures에 복사한다.

163행에서 dstImage를 비디오에 출력한다.

165-170행에서는 각 특징점의 status와 track_error를 출력한다.

194-201행 InitFrameBuffer() 함수는 cvCreateImage() 함수를 이용하여 N개의 영상을 buffer에 생성하고 초기화한다.

203-209행 ReleaseFrameBuffer() 함수는 cvReleaseImage() 함수를 이용하여 buffer에 생성된 N개의 영상을 해제한다.

210-228행 ExtractFeaturePoints 함수는 cvGoodFeaturesToTrack 함수를 사용하여 srcImage 영상의 mask된 영역에서 특징점을 계산하여 배열 corners에 저장한다.

229-277행 DrawTrackingData 함수는 행렬 ptMat을 이용하여 특징점을 원으로 출력하고, 볼록 껍질과 외곽 사각형을 계산하여 dstImage 영상에 표시한다.

248행에서 cvConvexHull2 함수를 이용하여 pointMat에 저장된 좌표점의 볼록 껍질을 계산하여 결과를 hullMat에 리턴한다. return_points=0이므로 실제 좌표가 아닌 인덱스가 hullMat에 저장된다. 만약 return_points=1이면 실제 좌표가 hullMat에 저장된다.

251-257행에서는 볼록 껍질을 라인으로 dstImage 영상에 표시한다.

261-274행에서는 cvMinAreaRect2 함수로 pointMat 행렬에 저장된 좌표의 최소 사각형을 box에 계산하고, cvBoxPoints 함수를 사용하여 box로부터 4개의 모서리 점을 ptBox32f 배열에 계산하며, 라인으로 dstImage 영상에 표시한다. cvMinAreaRect2 함수는 볼록 껍질을 계산한 후에, 4점으로 이루어진 최소 사각형을 구하고, cvConvexHull2 함수는 볼록 껍질만을 계산하기 때문에 약간의 차이가 난다.

278-325행 DrawTrackingData2 함수는 DrawTrackingData 함수와 하는 일은 동일하다. CvPoint2D32f 형의 배열 points에서 cvCreateSeq 함수를 이용하여 시퀀스를 만들어 볼록 껍질과 최소 사각형을 계산한다.

327-345행 CheckTrackingPoints 함수는 배열 currFeatures 좌표에서 오차인 track_error를 336행과 같이 윈도우의 평균을 계산하여 평균 오차가 임계값 threshold 보다 작은 좌표만을 pts 배열에 저장한 후에 342행에서 pts를 currFeatures에 복사한다. 즉 임계값보다 평균오차가 큰 좌표를 삭제한다.

[그림 3.16]는 피라미드 구조를 사용한 Lucas와 Kanade 방법으로 특징점을 추적한 결과를 저장한 비디오 파일 "trackingRect.avi"를 캡쳐링한 화면이다. [그림 3.16](a)는 마우스를 이용하여 추적하고자 하는 대상을 지정한 영역을 빨강 사각형으로 표시한 것이고, [그림 3.16](b)-(d)는 추적하고 있는 16개의 특징점을 파랑색 원으로 표시하고, 볼록 껍질은 빨강색 라인으로 표시하고, 최소 사각형은 녹색으로 표시하였다. 대부분의 프레임에서 볼록 껍질과 최소 사각형이 일치하지만, [그림 3.16](c)를 보면 볼록 껍질과 최소 사각형이 일치하지 않음을 볼 수 있다.

(a)

(b)

(c)

(d)

[그림 3.16] 피라미드 구조를 사용한 Lucas와 Kanade 방법에 의한 특징점 추적

3.2 움직임 추적(Motion tracking)

MeanShift/CamShift와 Kalman 필터에 의한 움직임 추적에 대해 설명한다.

3.2.1 MeanShift/CamShift에 의한 움직임 추적

MeanShift와 Camshift는 추적하려는 물체의 히스토그램의 역투영을 이용한다. MeanShift는 물체의 중심점을 추적하고 CamShift는 물체의 중심, 크기, 방향을 함께 추적한다.

(1) void cvCalcBackProject(IplImage** image,
        CvArr* back_project, const CvHistogram* hist);

함수 의미 : back_project[i] = hist[image[i]];

히스토그램인 hist의 역투영(back projection)을 계산한다. back_project는 입력 영상인 image와 채널수와 비트수가 같아야 한다. image는 영상 또는 행렬도 가능하다.

(2) int cvMeanShift(const CvArr* prob_image, CvRect window,
        CvTermCriteria criteria, CvConnectedComp* comp);

cvMeanShift 함수는 추적하고자 하는 물체로부터 계산 히스토그램의 역투영인 prob_image와 초기 탐색 윈도우인 window를 이용하여 물체 중심을 반복적으로 계산하여 물체의 중심위치를 추적한다. 히스토그램의 역투영인 prob_image는 cvCalcBackProject 함수로 계산한다. criteria는 탐색 종료조건으로 최대 반복횟수인 criteria.max_iter와 탐색 윈도우가 움직이지 않으면 반복을 종료하도록 하는 criteria.epsilon로 구성된다. comp는 cvMeanShift 함수의 탐색 결과이다. comp->rect에는 탐색된 사각 영역이 저장되고, 윈도우 내의 화소들의 합계인 면적은 comp->area에 저장된다. cvMeanShift 함수의 반환 값은 탐색이 종료된 반복횟수이다.

(3) int cvCamShift(const CvArr* prob_image, CvRect window,
CvTermCriteria criteria, CvConnectedComp* comp, CvBox2D* box=NULL);

cvCamShift 함수는 추적하고자 하는 물체로부터 계산 히스토그램의 역투영인 prob_image와 초기 탐색 윈도우인 window를 이용하여 물체의 중심(center), 크기(size), 방향(orientation)을 반복적인 방법으로 계산한다. 히스토그램의 역투영인 prob_image는 cvCalcBackProject 함수로 계산한다. box!=NULL이면 box는 탐색된 물체의 외접하는 박스로 탐색된 물체의 크기와 방향을 함께 알려준다. cvCamShift 함수는 cvMeanShift 함수로 물체의 중심을 계산하고, 물체의 크기와 방향을 모멘트를 이용하여 계산한다. 따라서 크기가 변하는 물체도 추적할 수 있다.

예제 cvEx0310   cvCalcBackProject에 의한 히스토그램 역투영

```c
001: #include <stdio.h>
002: #include "cv.h"
003: #define  BIN_SIZE   8
004: void PrintMat(const CvMat *mat, const char *strName);
005: int main()
006: {
007:     uchar dataA[16] = { 0,   0,   0, 0,
008:                         1,   1,   3, 5,
009:                         6,   1,   1, 3,
010:                         4,   3,   1, 7 };
011:     long   hist[BIN_SIZE];
012:     int    k;
013:
014:     CvMat *pSrcMat = cvCreateMat(4, 4, CV_8UC1);
015:     cvSetData(pSrcMat, dataA, pSrcMat->step);
016:
017:     IplImage    *srcImage, tmpImage;
018:     srcImage = cvGetImage(pSrcMat, &tmpImage);
019:
020:     int    histSize = BIN_SIZE;
021:     float  valueRange[ ]={0, 8};
022:     float* ranges[ ] = {valueRange};
023:
024:     CvHistogram *pHist;
025:     pHist = cvCreateHist(1, &histSize, CV_HIST_ARRAY, ranges, 1);
026:     cvCalcHist(&srcImage, pHist, 0, NULL);
027:
028:     for(k=0; k<BIN_SIZE; k++)
029:     {
030:          hist[k] = (long)cvQueryHistValue_1D(pHist, k);
031:          printf("hist[%3d]: %6d \n", k, hist[k]);
032:
033:     }
034:
035:     CvMat *backProject = cvCreateMat(4, 4, CV_8UC1);
036:
037:     cvCalcBackProject(&pSrcMat, backProject, pHist);
038:     PrintMat(pSrcMat, "pSrcMat ");
039:     PrintMat(backProject, "backProject ");
040:
041:     cvReleaseHist(&pHist);
042:     cvReleaseMat(&pSrcMat);
043:     cvReleaseMat(&backProject);
044:     return 0;
045: }
046: void PrintMat(const CvMat *mat, const char *strName)
047: {
048:     int   x, y;
```

```
049:    double   fValue;
050:    printf(" %s  \n =  \n", strName);
051:    for(y= 0; y<mat->rows; y++)
052:    {
053:            for(x= 0; x<mat->cols; x++)
054:            {
055:                    fValue = cvGetReal2D(mat, y, x);
056:                    printf("%10.4f ", fValue);
057:            }
058:            printf("\n");
059:    }
060:    printf("\n\n");
061: }
```

15-18행 cvSetData 함수로 행렬 pSrcMat에 배열 dataA를 초기화하고, cvGetImage 함수로 행렬 pSrcMat를 영상 srcImage로 변환한다. 이것은 cvCalcHist 함수가 영상에 대한 히스토그램을 계산하기 때문이다.

20-22행 히스토그램 빈(bin)의 크기를 hist_size = BIN_SIZE로 초기화하고, 히스토그램을 구할 값의 범위를 ranges에 초기화한다.

24-26행 cvCreateHist 함수로 히스토그램인 pHist을 생성하고, cvCalcHist 함수로 입력인 srcImage의 히스토그램을 pHist에 계산한다.

28-33행 cvQueryHistValue_1D 함수로 히스토그램 pHist의 각 빈의 값을 읽어 배열 hist에 저장한다.

35-37행 역투영을 위한 행렬 back_project를 생성하고, cvCalcBackProject 함수에서 입력 영상 pSrcMat, 히스토그램 pHist를 이용하여 역투영을 계산하여 backProject에 저장한다.

38-39행 [그림 3.17]은 히스토그램의 빈의 크기를 BIN_SIZE=8로 하여 히스토그램을 계산하고, 입력 행렬 pSrcMat를 역투영한 backProject 행렬을 출력한 결과이다.

[그림 3.18]은 히스토그램의 빈의 크기를 BIN_SIZE=4로 하여 계산한 결과이다. 예를 들면 BIN_SIZE=4일 때 히스토그램은 입력 행렬에서 0 또는 1의 개수는 hist[0]=9로 저장되며, 2 또는 3의 개수는 hist[1]=3, 4 또는 5의 개수는 hist[2]=2, 6 또는 7의 개수는 hist[3]=2로 계산된다. pSrcMat(0,0)=0이므로, backProject(0,0)=hist[0]=9가 저장된다.

```
C:\WINDOWS\system32\cmd.exe
hist[  0]:      4
hist[  1]:      5
hist[  2]:      0
hist[  3]:      3
hist[  4]:      1
hist[  5]:      1
hist[  6]:      1
hist[  7]:      1
 pSrcMat
 =
    0.0000      0.0000      0.0000      0.0000
    1.0000      1.0000      3.0000      5.0000
    6.0000      1.0000      1.0000      3.0000
    4.0000      3.0000      1.0000      7.0000


 backProject
 =
    4.0000      4.0000      4.0000      4.0000
    5.0000      5.0000      3.0000      1.0000
    1.0000      5.0000      5.0000      3.0000
    1.0000      3.0000      5.0000      1.0000
```

[그림 3.17] 히스토그램 역투영, BIN_SIZE = 8

```
C:\WINDOWS\system32\cmd.exe
hist[  0]:      9
hist[  1]:      3
hist[  2]:      2
hist[  3]:      2
 pSrcMat
 =
    0.0000      0.0000      0.0000      0.0000
    1.0000      1.0000      3.0000      5.0000
    6.0000      1.0000      1.0000      3.0000
    4.0000      3.0000      1.0000      7.0000


 backProject
 =
    9.0000      9.0000      9.0000      9.0000
    9.0000      9.0000      3.0000      2.0000
    2.0000      9.0000      9.0000      3.0000
    2.0000      3.0000      9.0000      2.0000
```

[그림 3.18] 히스토그램 역투영, BIN_SIZE = 4

예제 cvEx0311 cvCalcBackProject에 의한 히스토그램 역투영

```
#include "cv.h"
#include "highgui.h"
#include <stdio.h>

CvRect    selection;
bool  bLButtonDown = false;

typedef enum {INIT, CALC_HIST, TRACKING} STATUS;
STATUS  trackingMode = INIT;

void on_mouse(int event, int x, int y, int flags, void* param)
{
   static CvPoint   origin;

   IplImage *image = (IplImage *)param;
   if(!image)
```

```
017:        return;
018:
019:    if(bLButtonDown)
020:    {
021:        selection.x = MIN(x,origin.x);
022:        selection.y = MIN(y,origin.y);
023:        selection.width = selection.x + CV_IABS(x - origin.x);
024:        selection.height = selection.y + CV_IABS(y - origin.y);
025:
026:        selection.x = MAX(selection.x, 0);
027:        selection.y = MAX(selection.y, 0);
028:        selection.width = MIN(selection.width, image->width);
029:        selection.height = MIN(selection.height, image->height);
030:        selection.width -= selection.x;
031:        selection.height -= selection.y;
032:    }
033:    switch(event)
034:    {
035:    case CV_EVENT_LBUTTONDOWN:
036:        origin = cvPoint(x,y);
037:        selection = cvRect(x,y,0,0);
038:        bLButtonDown = true;
039:        break;
040:    case CV_EVENT_LBUTTONUP:
041:        bLButtonDown = false;
042:        if(selection.width > 0 && selection.height > 0)
043:            trackingMode = CALC_HIST;
044:        break;
045:    }
046: }
047: int main()
048: {
049:    CvCapture* capture = cvCaptureFromFile("ball.wmv");
050:
051:    if(!capture)
052:    {
053:            printf("the video file was not found.");
054:            return 0;
055:    }
056:    int width = (int)cvGetCaptureProperty(capture,
057:                                    CV_CAP_PROP_FRAME_WIDTH);
058:    int height = (int)cvGetCaptureProperty(capture,
059:                                    CV_CAP_PROP_FRAME_HEIGHT);
060:    CvSize size = cvSize(width,height);
061:
062:    IplImage*   frame=NULL;
063:    IplImage*   hsvImage    = cvCreateImage(size, IPL_DEPTH_8U, 3);
064:    IplImage*   hImage      = cvCreateImage(size, IPL_DEPTH_8U, 1);
065:    IplImage*   mask        = cvCreateImage(size, IPL_DEPTH_8U, 1);
066:    IplImage*   backProject = cvCreateImage(size, IPL_DEPTH_8U, 1);
067:    IplImage*   dstImage    = cvCreateImage(size, IPL_DEPTH_8U, 3);
```

```
068:
069:     int    histSize = 8;
070:     float  valueRange[ ]={0, 180}; //hue's maximum is 180.
071:     float* ranges[ ] = {valueRange};
072:     CvHistogram *pHist = NULL;
073:     pHist = cvCreateHist(1, &histSize, CV_HIST_ARRAY, ranges, 1);
074:
075:     CvRect    track_window;
076:     CvConnectedComp track_comp;
077:     CvTermCriteria  criteria =
078:             cvTermCriteria(CV_TERMCRIT_EPS | CV_TERMCRIT_ITER, 10, 5);
079:
080:      cvNamedWindow("dstImage", 1);
081:      cvSetMouseCallback("dstImage", on_mouse, dstImage);
082:
083:     float max_val;
084:     CvPoint pt1, pt2;
085:     int k, hValue;
086:     char chKey;
087:
088:     for(int t=0;;t++)
089:     {
090:         frame = cvQueryFrame(capture);
091:         if(!frame)
092:             break;
093:         cvCvtColor(frame, hsvImage, CV_BGR2HSV);
094: //      printf("t = %d\n", t);
095:         cvCopy(frame, dstImage);
096:         if(bLButtonDown && selection.width > 0 && selection.height > 0)
097:         {
098:             cvSetImageROI(dstImage, selection);
099:             cvXorS(dstImage, cvScalarAll(255), dstImage, 0);
100:             cvResetImageROI(dstImage);
101:         }
102:
103:         if(trackingMode) // CALC_HIST or TRACKING
104:         {
105:             // create mask image
106:             int vmin = 50, vmax = 256, smin = 50;
107:             cvInRangeS(hsvImage, cvScalar(0,smin, MIN(vmin,vmax)),
108:                             cvScalar(180, 256, MAX(vmin,vmax)), mask);
109:             cvSplit(hsvImage, hImage, 0, 0, 0);
110:
111:             if(trackingMode == CALC_HIST)
112:             {
113:                 cvSetImageROI(hImage, selection);
114:                 cvSetImageROI(mask, selection);
115:                 cvCalcHist(&hImage, pHist, 0, mask);
116:
117:                 printf("Before scaling pHist...\n");
118:                 for(k=0; k<histSize; k++)
```

```
119:                 {
120:                         hValue = (int)cvQueryHistValue_1D(pHist, k);
121:                         printf("h[%d] = %d\n", k, hValue);
122:                 }
123:                 cvGetMinMaxHistValue(pHist, 0, &max_val, 0, 0);
124:                 cvScale(pHist->bins, pHist->bins,
125:                     max_val ? 255. / max_val : 0.0);//[0, 255]
126:
127:                 printf("After scaling pHist to [0.255]...\n");
128:                 for(k=0; k<histSize; k++)
129:                 {
130:                         hValue = (int)cvQueryHistValue_1D(pHist, k);
131:                         printf("h[%d] = %d\n", k, hValue);
132:                 }
133:                 cvResetImageROI(hImage);
134:                 cvResetImageROI(mask);
135:                 track_window = selection;
136:                 trackingMode = TRACKING;
137:             }
138:             // TRACKING:
139:             cvCalcBackProject(&hImage, backProject, pHist);
140:             cvAnd(backProject, mask, backProject);
141:
142:             cvMeanShift(backProject, track_window, criteria, &track_comp);
143:
144:             track_window = track_comp.rect;
145:             pt1 = cvPoint(track_window.x, track_window.y);
146:             pt2 = cvPoint(pt1.x + track_window.width, pt1.y+track_window.height);
147:
148:             cvRectangle(dstImage, pt1, pt2, CV_RGB(255, 0, 0), 2);
149:         }
150:         cvShowImage("mask", mask);
151:         cvShowImage("backProject", backProject);
152:         cvShowImage("dstImage", dstImage);
153:         cvShowImage("hImage", hImage);
154:
155:         chKey = cvWaitKey(50);
156:         if(chKey == 27)
157:             break;
158:     }
159:     cvWaitKey(0);
160:     cvDestroyAllWindows();
161:     cvReleaseCapture(&capture);
162:     cvReleaseHist(&pHist);
163:     cvReleaseImage(&hsvImage);
164:     cvReleaseImage(&hImage);
165:     cvReleaseImage(&backProject);
166:     cvReleaseImage(&dstImage);
167:     cvReleaseImage(&mask);
168:     return 0;
169: }
```

5-9행	selection은 추적할 물체를 마우스 왼쪽 버튼을 누른 채로 드래깅하여 선택한 사각 영역을 저장한다. bLButtonDown은 마우스 왼쪽 버튼을 누른 상태인지를 나타낸다. trackingMode는 프로그램의 상태를 나타내기 위한 변수로 추적할 물체를 선택 지정하지 않은 초기상태는 INIT, 마우스로 추적할 물체 영역을 선택하면 히스토그램을 계산하여야 하므로 CALC_HIST, 추적할 물체의 히스토그램이 계산되면 추적 모드인 TRACKING을 저장한다.
11-46행	on_mouse 함수는 마우스의 콜백 함수이다. 마우스 왼쪽 버튼을 누른 상태에서 움직이다가 마우스의 버튼을 떼면 해당 영역을 selection에 저장한다.
69-73행	히스토그램 빈의 크기를 histSize=8로 하고, Hue 값의 범위를 valueRange[ ]={0, 180}로 저장하고, ranges 배열에 초기화한다. cvCvtColor 함수의 CV_BGR2HSV에 의해 HSV 컬러 모델로 변환되는 Hue의 최대값은 180이다. cvCreateHist 함수로 히스토그램 포인터 pHist를 생성한다.
75-78행	track_window는 초기 마우스로 지정된 추적할 물체의 사각 영역 또는 이전 프레임에서 추적된 사각 영역이다. track_comp는 cvMeanShift 함수에 의해 track_window가 이동된 물체의 사각 영역의 정보를 저장한다. criteria는 cvMeanShift 함수의 종료 조건이다.
90-95행	획득된 비디오 프레임 frame을 cvCvtColor 함수를 이용하여 HSV 컬러 모델로 변환하여 hsvImage에 저장하고 추적 결과를 표시하기 위하여 dstImage에 저장한다.
96-101행	마우스 왼쪽 버튼을 누른 상태인 bLButtonDown=true이고 선택 영역이 있으면, cvXorS() 함수를 사용하여 cvScalarAll(255)와 XOR 연산을 수행하여 선택 영역임을 알 수 있게 표시한다.
103-149행	trackingMode가 CALC_HIST 또는 TRACKING이면, 즉 INIT가 아니면 히스토그램을 계산하고, 히스토그램을 이용하여 역투영한 영상을 이용하여 물체 영역을 추적한다.
106-109행	cvInRangeS 함수를 사용하여 HSV 컬러 모델로 변환된 영상인 hsvImage에서 추적하려는 컬러의 범위를 cvScalar(0, smin, MIN(vmin,vmax))에서 cvScalar(180, 256, MAX(vmin,vmax)) 사이로 지정하여 이 범위 내의 화소는 255, 범위 밖의 화소는 0으로 하여 mask를 생성한다. 즉 마우스로 선택한 영역인 selection 내에서 추적하려는 색상이 255로 마스킹되어야 한다. cvSplit 함수로 hsvImage에서 H 채널 영상을 hImage에 저장한다.
111-137행	trackingMode=CALC_HIST이면, cvCalcHist 함수를 사용하여 hImage 영상에서 마우스로 선택한 영역인 selection에서 mask가 255인 화소들의 히스토그램을 pHist에 계산한다. 즉 pHist에는 추적하고자 하는 물체의 H 채널의 히스토그램이 계산된다.
	118-122행은 히스토그램 pHist를 콘솔에 출력한다. 123-125행은 히스토그램을 [0, 255]의 범위로 스케일링한다. 128-132행은 스케일링 후의 히스토그램 pHist를 콘솔에 출력한다. 히스토그램 빈(bin)의 값이 클수록 해당 밝기 값이 selection 영역에서 많이 분포하는 화소이다. 즉 히스토그램의 값이 255인 빈(bin)의 화소가 selection 영역에서 가장 많이 분포하는 화소이다.
	135행은 마우스로 선택한 영역인 selection을 추적을 위한 초기 영역으로 track_window에 저장한다. 136행은 트래킹 모드를 trackingMode= TRACKING으로 저장한다.
139-140행	cvCalcBackProject 함수로 입력 비디오 프레임의 H 채널의 영상인 hImage와 히스토그램 pHist를 이용하여 역투영한 결과를 backProject에 저장한다. cvAnd 함수를 사용하여 backProject와 mask를 비트 AND 연산하여 추적하려는 색상의 위치에서만 값을 갖게 하고 나머지에서는 0이 되도록 한다.

142-148행 cvMeanShift 함수는 히스토그램 역투영인 backProject를 이용하여 초기 영역 track_window의 이동 위치 정보를 track_comp에 저장한다. 144행은 다음 번 프레임에서 추적을 위해 추적 결과인 track_comp.rect를 track_window에 저장한다. 사각 영역의 두 모서리 점을 pt1, pt2에 저장하고, cvRectangle 함수를 사용하여 CV_RGB(255, 0, 0) 색상으로 dstImage에 표시한다.

[그림 3.19]은 마우스로 선택한 영역의 히스토그램인 pHist를 [0, 255] 범위로 스케일링하기 전과 후의 결과이다. h[1] 빈의 값이 가장 크다.

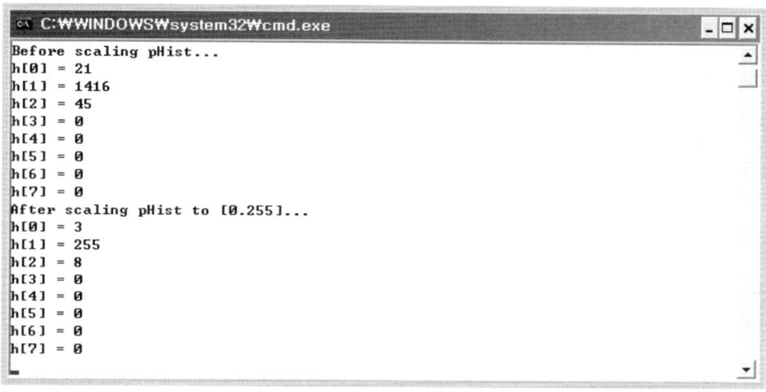

[그림 3.19] 히스토그램 pHist의 [0, 255] 범위로의 스케일링

[그림 3.20]는 t=0에서 마우스로 초기화하고 cvMeanShift에 의한 테니스 공의 추적 결과이다. [그림 3.20](a)는 입력 비디오 프레임을 HSV 컬러 모델로 변환한 영상의 H 채널 영상인 hImage이고, [그림 3.20](b)는 cvInRangeS 함수를 사용하여 HSV 컬러 영상인 hsvImage에서 추적하려는 컬러의 범위를 cvScalar(0, smin, MIN(vmin,vmax),0)에서 cvScalar(180, 256, MAX(vmin,vmax), 0) 사이로 지정한 mask 영상이다. 추적하려는 물체인 테니스 공이 255인 영역에 포함됨을 알 수 있다.

[그림 3.20](c)는 H 채널 영상인 hImage와 히스토그램 pHist를 사용하여 역투영한 영상인 backProject로, backProject는 mask와 비트 AND 연산한 결과로 추적하려는 테니스 공의 H 채널 색상과 히스토그램이 같은 부분은 255, 그렇지 않은 부분은 0으로 표시되었다. [그림 3.19](d)는 입력 영상 프레임에 cvMeanShift에 의한 추적된 테니스 공의 위치를 사각형으로 표시하였다.

[그림 3.21](a)는 t=110에서 cvMeanShift에 의한 테니스 공의 추적 결과이고, [그림 3.21](b)는 t=370에서 cvMeanShift에 의한 테니스 공의 추적 결과이다. 손에 의해 공이 부분적으로 가려도 잘 추적됨을 알 수 있다. 그러나 cvMeanShift 함수는 물체의 크기 변화를 추적할 수는 없다.

(a) hImage

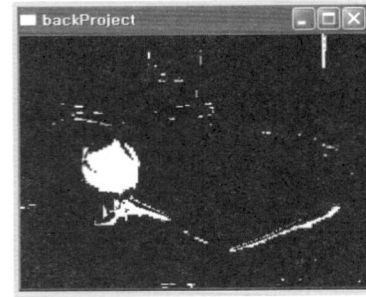

(b) mask

(c) backProject

(d) dstImage

[그림 3.20] t=0에서 cvMeanShift에 의한 테니스 공 추적

(a) t=110

(b) t=370

[그림 3.21] cvMeanShift 함수에 의한 테니스 공 추적

예제 cvEx0312   cvCamShift에 의한 이동 물체 추적

```
001: #include "cv.h"
002: #include "highgui.h"
003: #include <stdio.h>
004:
005: CvRect    selection;
006: bool  bLButtonDown = false;
007:
008: typedef enum {INIT, CALC_HIST, TRACKING} STATUS;
009: STATUS   trackingMode = INIT;
010:
011: void on_mouse(int event, int x, int y, int flags, void* param)
012: {
013:    static CvPoint   origin;
014:
015:    IplImage *image = (IplImage *)param;
016:    if(!image)
017:        return;
018:
019:    if(bLButtonDown)
020:    {
021:        selection.x = MIN(x,origin.x);
022:        selection.y = MIN(y,origin.y);
023:        selection.width = selection.x + CV_IABS(x - origin.x);
024:        selection.height = selection.y + CV_IABS(y - origin.y);
025:
026:        selection.x = MAX(selection.x, 0);
027:        selection.y = MAX(selection.y, 0);
028:        selection.width = MIN(selection.width, image->width);
029:        selection.height = MIN(selection.height, image->height);
030:        selection.width -= selection.x;
031:        selection.height -= selection.y;
032:    }
033:
034:    switch(event)
035:    {
036:    case CV_EVENT_LBUTTONDOWN:
037:        origin = cvPoint(x,y);
038:        selection = cvRect(x,y,0,0);
039:        bLButtonDown = true;
040:        break;
041:    case CV_EVENT_LBUTTONUP:
042:        bLButtonDown = false;
043:        if(selection.width > 0 && selection.height > 0)
044:            trackingMode = CALC_HIST;
045:        break;
046:    }
047: }
048:
```

```
049: int main()
050: {
051:     CvCapture* capture = cvCaptureFromFile("ball.wmv");
052:     if(!capture)
053:     {
054:             printf("the video file was not found.");
055:             return 0;
056:     }
057:     int width = (int)cvGetCaptureProperty(capture,
058:                             CV_CAP_PROP_FRAME_WIDTH);
059:     int height = (int)cvGetCaptureProperty(capture,
060:                             CV_CAP_PROP_FRAME_HEIGHT);
061:     CvSize size = cvSize(width,height);
062:
063:     IplImage*   frame=NULL;
064:     IplImage*   hsvImage    = cvCreateImage(size, IPL_DEPTH_8U, 3);
065:     IplImage*   hImage      = cvCreateImage(size, IPL_DEPTH_8U, 1);
066:     IplImage*   mask        = cvCreateImage(size, IPL_DEPTH_8U, 1);
067:     IplImage*   backProject = cvCreateImage(size, IPL_DEPTH_8U, 1);
068:     IplImage*   dstImage    = cvCreateImage(size, IPL_DEPTH_8U, 3);
069:
070:     int    histSize = 8;
071:     float  valueRange[ ]={0, 180}; //hue's maximum is 180.
072:     float* ranges[ ] = {valueRange};
073:     CvHistogram *pHist = NULL;
074:     pHist = cvCreateHist(1, &histSize, CV_HIST_ARRAY, ranges, 1);
075:
076:     CvConnectedComp track_comp;
077:     CvBox2D    track_box;
078:
079:     CvRect          track_window;
080:     CvTermCriteria  criteria =
081:             cvTermCriteria(CV_TERMCRIT_EPS | CV_TERMCRIT_ITER, 10, 5);
082:
083:     cvNamedWindow("dstImage", 1);
084:     cvSetMouseCallback("dstImage", on_mouse, dstImage);
085:
086:     float max_val;
087:     CvPoint pt1, pt2;
088:     int k, hValue;
089:     char chKey;
090:     for(int t=0;;t++)
091:     {
092:         frame = cvQueryFrame(capture);
093:         if(!frame)
094:             break;
095:         cvCvtColor(frame, hsvImage, CV_BGR2HSV);
096:         //printf("t = %d\n", t);
097:
098:         cvCopy(frame, dstImage);
099:         if(bLButtonDown && selection.width > 0 && selection.height > 0)
```

```
100:
101:            {
102:                cvSetImageROI(dstImage, selection);
103:                cvXorS(dstImage, cvScalarAll(255), dstImage, 0);
104:                cvResetImageROI(dstImage);
105:            }
106:
107:        if(trackingMode) // CALC_HIST or TRACKING
108:        {
109:            // create mask image
110:            int vmin = 50, vmax = 256, smin = 50;
111:            cvInRangeS(hsvImage, cvScalar(0,smin, MIN(vmin,vmax)),
112:                                 cvScalar(180, 256, MAX(vmin,vmax)), mask);
113:            cvSplit(hsvImage, hImage, 0, 0, 0);
114:
115:            if(trackingMode == CALC_HIST)
116:            {
117:                    cvSetImageROI(hImage, selection);
118:                    cvSetImageROI(mask, selection);
119:                    cvCalcHist(&hImage, pHist, 0, mask);
120:
121:                    printf("Before scaling pHist...\n");
122:                    for(k=0; k<histSize; k++)
123:                    {
124:                            hValue = (int)cvQueryHistValue_1D(pHist, k);
125:                            printf("h[%d] = %d\n", k, hValue);
126:                    }
127:
128:                    cvGetMinMaxHistValue(pHist, 0, &max_val, 0, 0);
129:                    cvScale(pHist->bins, pHist->bins,
130:                         max_val ? 255. / max_val : 0.0);//[0, 255]
131:
132:                    printf("After scaling pHist to [0.255]...\n");
133:                    for(k=0; k<histSize; k++)
134:                    {
135:                            hValue = (int)cvQueryHistValue_1D(pHist, k);
136:                            printf("h[%d] = %d\n", k, hValue);
137:                    }
138:                    cvResetImageROI(hImage);
139:                    cvResetImageROI(mask);
140:                    track_window = selection;
141:                    trackingMode = TRACKING;
142:            }
143:            // TRACKING:
144:            cvCalcBackProject(&hImage, backProject, pHist);
145:            cvAnd(backProject, mask, backProject);
146:
147:            cvCamShift(backProject, track_window, criteria,
148:                            &track_comp, &track_box);
149:
150:            track_window = track_comp.rect;
```

```
151: //          pt1 = cvPoint(track_window.x, track_window.y);
152: //          pt2 = cvPoint(pt1.x + track_window.width,
153: //                        pt1.y+track_window.height);
154: //          cvRectangle(dstImage, pt1, pt2, CV_RGB(0, 0, 255), 2);
155:
156:            cvEllipseBox(dstImage, track_box, CV_RGB(255,0,0), 3, CV_AA, 0);
157:
158:         }
159:
160:         cvShowImage("mask", mask);
161:         cvShowImage("backProject", backProject);
162:         cvShowImage("dstImage", dstImage);
163:         cvShowImage("hImage", hImage);
164:
165:         chKey = cvWaitKey(10);
166:         if(chKey == 27)
167:             break;
168:     }
169:     cvDestroyAllWindows();
170:     cvReleaseCapture(&capture);
171:     cvReleaseHist(&pHist);
172:     cvReleaseImage(&hsvImage);
173:     cvReleaseImage(&hImage);
174:     cvReleaseImage(&backProject);
175:     cvReleaseImage(&dstImage);
176:     cvReleaseImage(&mask);
177:     return 0;
178: }
```

예제 cvEx0311의 cvMeanShift에 의한 이동 물체 추적 프로그램과 유사하다.

77행	track_box는 cvCamShift 함수에 의해 추적되는 박스를 저장한다. track_box.center는 중심 위치, track_box.size는 크기, track_box.angle은 방향을 나타낸다.
147-157행	cvCamShift 함수는 히스토그램 역투영인 backProject를 이용하여 초기 탐색 영역 track_window의 탐색된 영역 정보는 track_comp에 이동 물체의 위치, 크기, 방향은 track_box에 저장한다. 156행에서 cvEllipseBox 함수는 track_box에 내접한 타원을 dstImage에 표시한다.

[그림 3.22]는 cvCamShift 함수에 의한 테니스 공의 추적 결과이다. [그림 3.22](a)는 t=0, [그림 3.22](b)는 t = 110, [그림 3.22](c) t = 230, [그림 3.22](c) t = 370에서의 추적 결과이다. cvCamShift 함수는 물체의 위치, 크기, 방향을 추적할 수 있음을 알 수 있다.

(a) t=0   (b) t=110

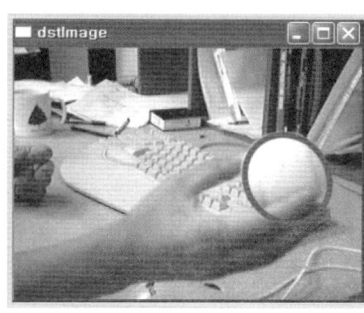

(c) t=230   (d) t=370

[그림 3.22] cvCamShift 함수에 의한 테니스 공 추적

3.2.2 Kalman 필터에 의한 움직임 추적

칼만 필터는 부정확한 측정값(observation/measurement)으로부터 오차를 최소로 하는 추정치(estimate)를 반복적으로 추정하는 방법으로 가우시안 잡음(Gaussian noise)인 경우에 최적의 추정량(optical estimator)을 구할 수 있다. 잡음으로부터 최적의 추정치를 찾는다는 의미에서 필터라는 이름이 붙었다.

칼만 필터의 프로세스 방정식(process equation)과 측정 방정식(measurement equation)은 다음과 같다. OpenCV에 구현된 Kalman 필터의 수식 표기는 G. Welch' and G. Bishop의 "An Introduction to the Kalman Filter"의 표기법과 같다.

$$x_k = A \cdot x_{k-1} + B \cdot u_k + w_k \quad : Process\ equation$$

$$z_k = H \cdot x_k + v_k \quad : Measurement\ equation$$

여기서, x_k : $system\ state\ at\ k$

x_{k-1} : $system\ state\ at\ k-1$

z_k : $measurement\ at\ k$

u_k : $external\ control\ at\ k$

w_k : $process\ noise,\ p(w) \sim N(0, Q)$

v_k : $measurement\ noise,\ p(v) \sim N(0, R)$

A : $state\ transition$ model, $n \times n\ matrix,$

B : $optional\ control-input$ model, $n \times l\ matrix,$

H : $observation$ model, $m \times n\ matrix,$

Q : $process\ noise\ covariance\ matrix$

R : $measurement\ covariance\ matrix$

초기 상태 x_0와 각 단계에서 잡음 벡터 $\{x_0, w_1, w_2, ..., w_k, v_1, v_2, ..., v_k\}$는 서로 독립이라 가정한다. 칼만 필터는 [그림 3.23]과 같이 초기화 이후 예측(predict) 단계와 정정(correct) 단계를 반복적으로 수행하며 추정치를 구한다. 측정 잡음의 공분산 R이 아주 크면, 칼만 이득(Kalman gain) K가 매우 작아져서 다음 단계의 추정치를 계산할 때 현재의 측정값이 무시된다. 즉 측정 잡음이 크면, 현재의 측정값보단 이전의 추정치에 더 의존한다.

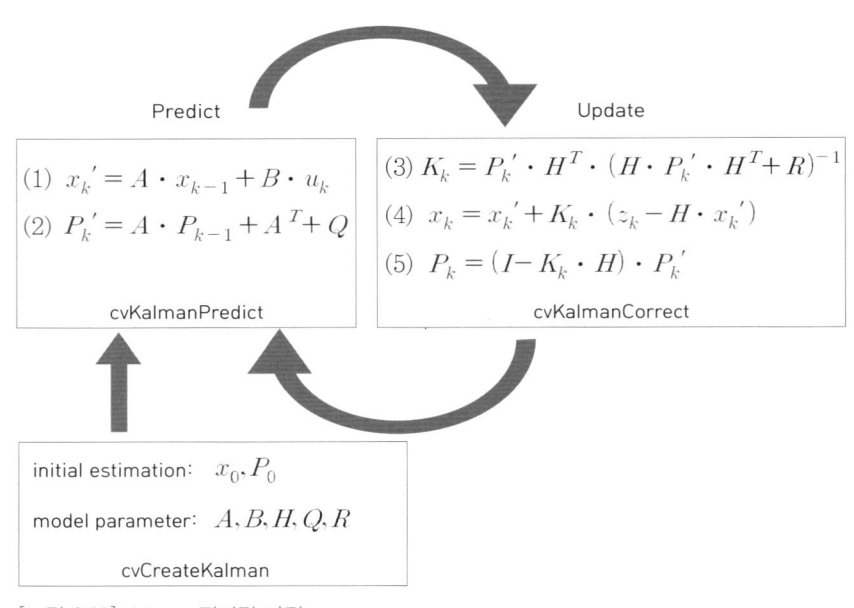

[그림 3.23] Kalman 필터링 과정

(1) CvKalman

CvKalman는 칼만 필터의 상태를 표시하기 위한 구조체로 cvCreateKalman 함수에 의해 생성된다. cvKalmanPredict 함수에 의해 예측하고, cvKalmanCorrect 함수에 의해 정정에 의해 갱신되고, cvReleaseKalman 함수에 의해 해제된다.

```c
typedef struct CvKalman
{
    int MP;            /* number of measurement vector dimensions */
    int DP;            /* number of state vector dimensions */
    int CP;            /* number of control vector dimensions */

    /* backward compatibility fields */
#if 1
    float* PosterState;         /* =state_pre->data.fl */
    float* PriorState;          /* =state_post->data.fl */
    float* DynamMatr;           /* =transition_matrix->data.fl */
    float* MeasurementMatr;     /* =measurement_matrix->data.fl */
    float* MNCovariance;        /* =measurement_noise_cov->data.fl */
    float* PNCovariance;        /* =process_noise_cov->data.fl */
    float* KalmGainMatr;        /* =gain->data.fl */
    float* PriorErrorCovariance;/* =error_cov_pre->data.fl */
    float* PosterErrorCovariance;/* =error_cov_post->data.fl */
    float* Temp1;               /* temp1->data.fl */
    float* Temp2;               /* temp2->data.fl */
#endif
    CvMat* state_pre;           /* predicted state (x'(k)):
                                   x'(k)=A*x(k-1)+B*u(k) */
    CvMat* state_post;          /* corrected state (x(k)):
                                   x(k)=x'(k)+K(k)*(z(k)-H*x'(k)) */
    CvMat* transition_matrix;   /* state transition matrix (A) */
    CvMat* control_matrix;      /* control matrix (B)
    CvMat* measurement_matrix;  /* measurement matrix (H) */
    CvMat* process_noise_cov;   /* process noise covariance matrix (Q) */
    CvMat* measurement_noise_cov; /* measurement noise covariance matrix (R) */
    CvMat* error_cov_pre;       /* priori error estimate covariance matrix (P'(k)):
                                   P'(k)=A*P(k-1)*At + Q)*/
    CvMat* gain;                /* Kalman gain matrix (K(k)):
                                   K(k)=P'(k)*Ht*inv(H*P'(k)*Ht+R)*/
    CvMat* error_cov_post;      /* posteriori error estimate covariance matrix (P(k)):
                                   P(k)=(I-K(k)*H)*P'(k) */
    CvMat* temp1;               /* temporary matrices */
    CvMat* temp2;
    CvMat* temp3;
    CvMat* temp4;
    CvMat* temp5;
} CvKalman;
```

① MP, DP, CP는 각각 측정 벡터(measurement vector), 상태 벡터(state vector), 외부 제어 벡터(control vector)의 차원 수이다.

② CvMat* state_pre; /* predicted state (x'(k)): x'(k)=A*x(k−1)+B*u(k) */
state_pre는 cvKalmanPredict 함수에 의한 상태의 예측 결과이다. [그림 3.23]에서 수식 (1)의 결과인 x'_k이다.

$$(1)\ x'_k = A \cdot x_{k-1} + B \cdot u_k$$

③ CvMat* state_post; /* corrected state (x(k)): x(k)=x'(k)+K(k)*(z(k)−H*x'(k)) */
state_post는 cvKalmanCorrect 함수에 의해 정정된 상태의 결과이다. [그림 3.23]에서 수식 (4)의 결과인 x_k이다.

$$(4)\ x_k = x'_k + K_k \cdot (z_k - H \cdot x'_k)$$

④ CvMat* transition_matrix;
transition_matrix는 상태 변환 행렬 A이다.

⑤ CvMat* control_matrix;
control_matrix는 제어 행렬 B이다. 외부 제어가 없는, CP=0이면 control_matrix는 사용되지 않는다.

⑥ CvMat* measurement_matrix;
measurement_matrix는 측정 벡터의 변환 행렬 H이다.

⑦ CvMat* process_noise_cov;
process_noise_cov는 프로세스 잡음(process noise)의 공분산 행렬(covariance matrix) Q이다.

⑧ CvMat* measurement_noise_cov;
measurement_noise_cov는 측정 잡음(measurement noise)의 공분산 행렬(covariance matrix) R이다.

⑨ CvMat* error_cov_pre; /* P'(k)=A*P(k−1)*At + Q */
error_cov_pre는 cvKalmanPredict 함수에 의한 사전 오차(priori error) 공분산 행렬이다. [그림 3.23]에서 수식 (2)의 결과인 P'_k이다.

$$(2)\ P'_k = A \cdot P_{k-1} + A^T + Q$$

⑩ CvMat* gain; /* Kalman gain matrix (K(k)): */
gain은 cvKalmanCorrect 함수에 의한 칼만 이득 행렬(Kalman gain matrix)이다. [그림 3.23]에서 수식 (3)의 결과인 K_k이다.

$$(3)\ K_k = P'_k \cdot H^T \cdot (H \cdot P'_k \cdot H^T + R)^{-1}$$

⑪ **CvMat* error_cov_post;** /*posteriori error estimate covariance matrix */
error_cov_post는 cvKalmanCorrect() 함수에 의한 사후 오차(posteriori error) 공분산 행렬이다. [그림 3.23]에서 수식 (5)의 결과인 P_k이다.

$$(5) P_k = (I - K_k \cdot H) \cdot P_k'$$

⑫ 위의 칼만 필터를 위한 각 행렬을 실수형 포인터 멤버에 의해 접근할 수도 있다. PosterState는 state_pre->data.fl, PriorState는 state_post->data.fl, PriorErrorCovariance는 error_cov_pre->data.fl, PosterErrorCovariance는 error_cov_post->data.fl로의 포인터이므로 사용할 때 이름에 주의해야 한다.

```
float* PosterState;  /* =state_pre->data.fl */
float* PriorState;   /* =state_post->data.fl */
float* DynamMatr;    /* =transition_matrix->data.fl */
float* MeasurementMatr; /* =measurement_matrix->data.fl */
float* MNCovariance; /* =measurement_noise_cov->data.fl */
float* PNCovariance; /* =process_noise_cov->data.fl */
float* KalmGainMatr; /* =gain->data.fl */
float* PriorErrorCovariance;/* =error_cov_pre->data.fl */
float* PosterErrorCovariance;/* =error_cov_post->data.fl */
```

(2) CvKalman* cvCreateKalman(int dynam_params,
        int measure_params, int control_params=0);

cvCreateKalman 함수는 칼만 필터 구조체를 생성하고, 초기화한 후에 CvKalman * 형의 포인터를 반환한다. dynam_params는 상태 벡터의 크기, measure_params는 측정 벡터의 크기, control_params는 제어 벡터의 크기이다.

(3) const CvMat* cvKalmanPredict(CvKalman* kalman,
        const CvMat* control=NULL);

cvKalmanPredict 함수는 칼만 필터의 상태를 예측(prediction)하여 kalman->state_pre에 저장한다. kalman은 칼만 필터의 상태이다. 외부 제어가 없으면 control=NULL이어야 한다. 예측한 상태인 kalman->state_pre를 반환한다.

(4) const CvMat* cvKalmanCorrect(CvKalman* kalman,
        const CvMat* measurement);

cvKalmanCorrect 함수는 관찰 벡터 measurement를 사용하여 모델의 상태를 정정한다. 정정된 모델의 상태 kalman->state_post를 반환한다.

예제 cvEx0313 칼만 필터를 사용한 랜덤 상수 추정 1(직접 구현)

```
001: #include <stdio.h>
002: #include "cv.h"
003: #include "highgui.h"
004:
005: int main()
006: {
007:     // Greg Welch and Gary Bishop, "An Introduction to the Kalman Filter," 2006.
008:     // Estimating a Random Constant
009:
010:     IplImage*  dstImage = cvCreateImage(cvSize(512, 512), IPL_DEPTH_8U, 3);
011:     cvSet(dstImage, CV_RGB(255, 255, 255));
012:
013:     IplImage*  PImage = cvCreateImage(cvSize(512, 512), IPL_DEPTH_8U, 3);
014:     cvSet(PImage, CV_RGB(255, 255, 255));
015:
016:     cvNamedWindow("dstImage", 1);
017:     cvNamedWindow("PImage", 1);
018:
019:     CvRNG rng_state = cvRNG(0xffffffff);
020:
021:     int t, count = 50;
022:     double x = -0.37727;   // truth value
023:
024:     int step = dstImage->width/count;
025:
026:     CvMat* z=cvCreateMat(count,1,CV_32FC1);//the noisy measurements, observations
027:     cvRandArr(&rng_state, z, CV_RAND_NORMAL, cvRealScalar(x),   // average
028:                                              cvRealScalar(0.1)); // deviation
029:     ///////////////////// Kalman Filter /////////////////////
030:     double Q = 1e-5;           // process variance
031:     double R = (0.1)*(0.1);    // estimate of measurement variance
032: //  double R = 1.0;            // estimate of measurement variance
033: //  double R = 0.0001;         // estimate of measurement variance
034:
035:     CvMat* xhat     = cvCreateMat(count, 1, CV_32FC1); // a posteriori estimate of x
036:     CvMat* P        = cvCreateMat(count, 1, CV_32FC1); // a posteriori error estimate
037:     CvMat* xhatminus = cvCreateMat(count, 1, CV_32FC1); // a priori estimate of x
038:     CvMat* Pminus   = cvCreateMat(count, 1, CV_32FC1); // a priori error estimate
039:     CvMat* K        = cvCreateMat(count, 1, CV_32FC1); // Kalman gain
040:
041:     // to access as an array in 1D matrix
042:     float *xhatA      = xhat->data.fl;
043:     float *PA         = P->data.fl;
044:     float *xhatminusA = xhatminus->data.fl;
045:     float *PminusA    = Pminus->data.fl;
046:     float *KA         = K->data.fl;
047:     float *zA         = z->data.fl;
048:
```

```
049:    // intial guesses
050:    xhatA[0] = 0.0;
051:    PA[0]    = 1.0;
052:    for(t = 1; t < count; t++)
053:    {
054:        // predict
055:        xhatminusA[t] = xhatA[t-1];
056:        PminusA[t] = PA[t-1]+Q;
057:
058:        // update
059:        KA[t] = PminusA[t]/(PminusA[t]+R);
060:        xhatA[t] = xhatminusA[t]+KA[t]*(zA[t]-xhatminusA[t]);
061:        PA[t] = (1-KA[t])*PminusA[t];
062:    }
063:
064:    //drawing values
065:    double minVal, maxVal;
066:    cvMinMaxLoc(z, &minVal, &maxVal);
067:    double scale = dstImage->height/(maxVal - minVal);
068:    printf("observations, z: minVal=%f, maxVal = %f\n", minVal, maxVal);
069:
070:    // drawing the truth value , x = -0.37727
071:    CvPoint pt1, pt2;
072:    pt1.x = 0;
073:    pt1.y = dstImage->height-cvRound(scale*x - scale*minVal);
074:
075:    pt2.x = dstImage->width;
076:    pt2.y = dstImage->height-cvRound(scale*x - scale*minVal);
077:    cvLine(dstImage, pt1, pt2, CV_RGB(0, 0, 255), 2);
078:
079:    // drawing the noisy measurements, observations, z
080:    for(t = 0; t < count; t++)
081:    {
082:            pt1.x = t*step;
083:            pt1.y = dstImage->height-cvRound(scale*zA[t] - scale*minVal);
084:            cvCircle(dstImage, pt1, 3, CV_RGB(255,0, 0), 2);
085:    }
086:    // drawing the filter estimate, xhat
087:    pt1.x = 0;
088:    pt1.y = dstImage->height - cvRound(scale*xhatA[0] - scale*minVal);
089:    for(t = 1; t < count; t++)
090:    {
091:            pt2.x = t*step;
092:            pt2.y = dstImage->height - cvRound(scale*xhatA[t] - scale*minVal);
093:            cvLine(dstImage, pt1, pt2, CV_RGB(0, 255, 0), 2);
094:            pt1 = pt2;
095:    }
096:    // drawing the error covariance, P
097:    cvMinMaxLoc(P, &minVal, &maxVal);
098:    scale = PImage->height/(maxVal - minVal);
099:    printf("error covariance, P: minVal=%f, maxVal = %f\n", minVal, maxVal);
```

```
100:
101:     pt1.x = 0;
102:     pt1.y = PImage->height - cvRound(scale*PA[0] - scale*minVal);
103:     for(t = 1; t < count; t++)
104:     {
105:         pt2.x = t*step;
106:         pt2.y = PImage->height - cvRound(scale*PA[t] - scale*minVal);
107:  //    printf("PA[%d] = %f\n", t, PA[t]);
108:         cvLine(PImage, pt1, pt2, CV_RGB(255, 0, 0), 2);
109:         pt1 = pt2;
110:     }
111:     cvShowImage("dstImage", dstImage);
112:     cvShowImage("PImage", PImage);
113:     cvWaitKey(0);
114:
115:     cvReleaseMat(&z);
116:     cvReleaseImage(&dstImage);
117:     cvReleaseImage(&PImage);
118:     cvReleaseMat(&xhat);
119:     cvReleaseMat(&P);
120:     cvReleaseMat(&xhatminus);
121:     cvReleaseMat(&Pminus);
122:     cvReleaseMat(&K);
123: }
```

Greg Welch와 Gary Bishop의 "An Introduction to the Kalman Filter"에서 랜덤 상수를 추정(Estimating a Random Constant)하는 예제의 Python 프로그램을 OpenCV의 Kalman 필터 관련 함수를 사용하지 않고 직접 프로그래밍하였다.

칼만 필터의 프로세스 방정식(process equation)과 측정 방정식(measurement equation)은 다음과 같다. 칼만 필터에서 외부 컨트롤 $u_k=0$이고, 변환 행렬 H=1이다.

$x_k = x_{k-1} + w_k$: $Process\ equation$

$z_k = x_k + v_k$: $Measurement\ equation$

랜덤 상수의 참값 $x=-0.37727$에 $N(0, (0.1)^2)$의 정규분포를 따르는 잡음을 추가하여 50개의 측정값 z_k을 생성한다. 칼만 필터에서 프로세스 잡음의 분산을 $Q=1e-5$, 측정 잡음의 분산을 $R=0.01$, $R=1.0$, $R=0.0001$의 3가지로 실험하여 랜덤 상수 x의 추정치를 반복적으로 계산한다. 각각에서 에러 공분산 P를 그래프로 표시한다.

27-28행 $N(-0.37727, (0.1)^2)$의 정규분포를 따르는 50개의 측정치 생성하여 행렬 z에 저장한다. 측정값 z_k는 참값 $x=-0.37727$에서 표준편차 0.1인 정규분포를 따르는 측정 잡음이 포함되어 있다고 가정하고 데이터를 생성한다.

30-33행   프로세스 잡음의 분산을 $Q=1e-5$, 측정 잡음의 분산을 $R=0.01$로 초기화한다. 32행, 33행의 주석을 해제하여 각각 $R=1.0$, $R=0.0001$로 초기화하여 측정 잡음의 분산의 서로 다른 값에서 시뮬레이션한다.

35-39행	칼만 필터를 위한 xhat, P, xhatminus, Pminus, K 행렬을 생성한다.
42-47행	hat, P, xhatminus, Pminus, K 행렬을 배열과 같이 접근하기 위한 포인터를 선언하고 각각의 행렬의 데이터로의 포인터를 저장한다.
50-62행	칼만 필터를 수행한다. 50-51행에서 xhatA[0] = 0.0, PA[0]= 1.0으로 초기화한다. 55-56행에서 예측(predict)을 수행하고, 59-61행에서 정정(correct)을 수행한다.
65-67행	데이터를 dstImage 영상에 표시하기 위하여 cvMinMaxLoc 함수로 잡음이 포함된 관측 데이터 z 행렬에서 최소값 minVal와 최대값 maxVal을 계산하고, dstImage 영상의 높이로의 변환을 위한 기울기 scale을 계산한다.
71-77행	참값인 x = -0.37727을 dstImage 영상에 직선으로 표시한다.
80-85행	잡음이 포함된 관측 데이터 z 행렬의 값을 dstImage 영상에 CV_RGB(255,0, 0) 색상의 원으로 표시한다.
87-95행	필터링된 추정치 xhat을 dstImage 영상에 CV_RGB(0, 255, 0) 색상의 선으로 표시한다.
97-98행	에러 공분산 행렬 P를 dstImage 영상에 표시하기 위하여, cvMinMaxLoc 함수로 공분산 행렬 P에서 최소값 minVal와 최대값 maxVal을 계산하고, dstImage 영상의 높이로의 변환을 위한 기울기 scale을 계산한다.
101-110행	에러 공분산 PA를 PImage에 CV_RGB(255, 0, 0) 색상의 선으로 표시한다.

[그림 3.24]는 실험을 위해 생성한 50개의 측정값에 대한 표준편차의 제곱과 정확히 같은 R=0.01로 실험한 결과로 가장 정확한 결과이다.

[그림 3.25]는 측정 잡음의 공분산보다 100배 큰 R=1.0으로 실험한 결과이다. R이 크기 때문에 측정값이 부정확하다고 믿는다. 결과적으로 필터링된 추정치들은 천천히 참값으로 움직인다. [그림 3.26]은 측정 잡음의 공분산보다 100배 작은 R=0.0001로 실험한 결과이다. R이 작기 때문에 바로 측정값이 정확할 거라 신뢰하여 결과에 바로 반영되어 필터링된 추정치들의 크게 움직인다.

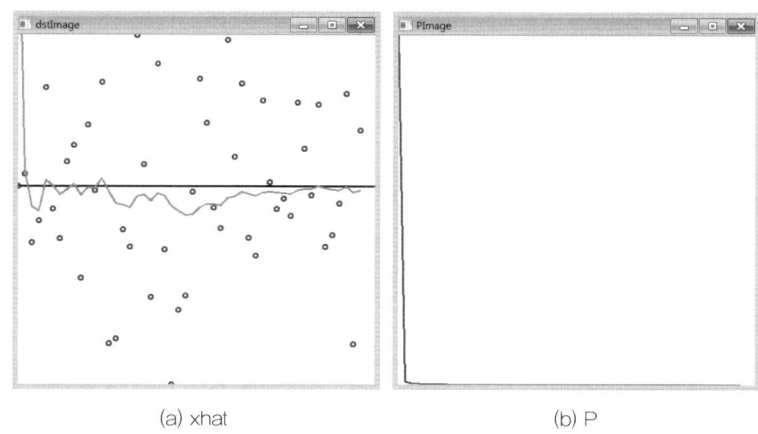

(a) xhat　　　　　　　　　　　(b) P

[그림 3.24] $R = 0.01$ 일 때 칼만 필터 결과

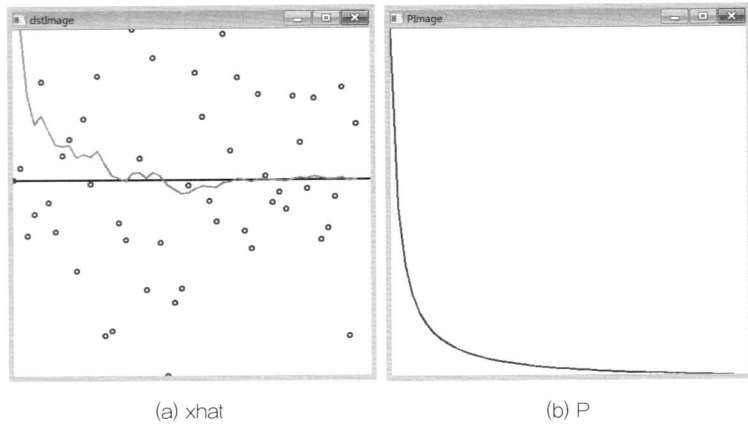

(a) xhat　　　　　　　　　　　　(b) P

[그림 3.25] $R=1.0$일 때 칼만 필터 결과

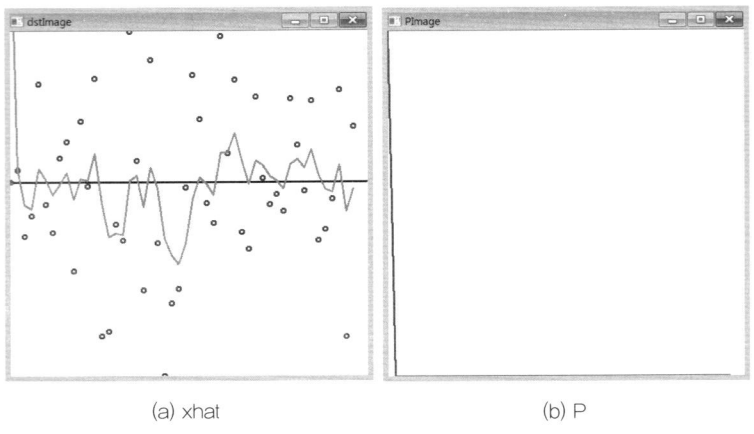

(a) xhat　　　　　　　　　　　　(b) P

[그림 3.26] $R=0.0001$일 때 칼만 필터 결과

예제 cvEx0314　　칼만 필터를 사용한 랜덤 상수 추정 2 (CvKalman 사용)

```
001: #include <stdio.h>
002: #include "cv.h"
003: #include "highgui.h"
004:
005: int main()
006: {
007:     // Greg Welch and Gary Bishop, "An Introduction to the Kalman Filter," 2006.
008:     // Estimating a Random Constant
009:
010:     double x = -0.37727;   // truth value
011:     int t, count = 50;
012:
013:     IplImage*  dstImage = cvCreateImage(cvSize(512, 512), IPL_DEPTH_8U, 3);
014:     cvSet(dstImage, CV_RGB(255, 255, 255));
015:
016:     IplImage*  PImage = cvCreateImage(cvSize(512, 512), IPL_DEPTH_8U, 3);
```

```
017:    cvSet(PImage, CV_RGB(255, 255, 255));
018:
019:    cvNamedWindow("dstImage", 1);
020:    cvNamedWindow("PImage", 1);
021:
022:    // for drawing ////////////
023:    CvMat* state_k = cvCreateMat(1, count, CV_32FC1); // state
024:    CvMat* predict_k = cvCreateMat(1, count, CV_32FC1); // predict
025:    CvMat* measurement_k = cvCreateMat(1, count, CV_32FC1); // measurement
026:    CvMat* error_P = cvCreateMat(1, count, CV_32FC1); // the error covariance, P
027:
028:
029:    ////////////////////////
030:    CvKalman* kalman = cvCreateKalman(1, 1, 0);
031:
032:    // Measurements,
033:    CvMat* z_k = cvCreateMat(1, 1, CV_32FC1);
034:
035:    // initial measurement
036:    CvRNG rng_state = cvRNG(0xffffffff);
037:    cvRandArr(&rng_state, z_k, CV_RAND_NORMAL, cvRealScalar(x), // average
038:                                               cvRealScalar(0.1)); // deviation
039:    // Transition matrix A describes model parameters at k-1 and k
040:    const float A[] = { 1 };
041:    memcpy(kalman->transition_matrix->data.fl, A, sizeof(A));
042:
043:    // Initialize  Kalman parameters
044:    double Q = 1e-5;          //process variance
045:    double R = (0.1)*(0.1); // estimate of measurement variance
046: // double R = 1.0;          // estimate of measurement variance
047: // double R = 0.0001;       // estimate of measurement variance
048:    cvSetIdentity(kalman->measurement_matrix, cvRealScalar(1));     // H
049:    cvSetIdentity(kalman->process_noise_cov, cvRealScalar(Q));      // Q
050:    cvSetIdentity(kalman->measurement_noise_cov, cvRealScalar(R));  // R
051:
052: // intial guesses
053:    cvZero(kalman->state_post); // x(0) = 0
054:    cvSetIdentity(kalman->error_cov_post, cvRealScalar(1.0)); // P(0) = 1
055:
056:    // Save to draw
057:    measurement_k->data.fl[0] = z_k->data.fl[0];
058:    state_k->data.fl[0]   = kalman->PosterState[0];
059:    error_P->data.fl[0]   = kalman->PosterErrorCovariance[0];
060: // error_P->data.fl[0]    = kalman->error_cov_post->data.fl[0];
061:
062:    for(t = 1; t < count; t++)
063:    {
064:        // Predict value, y_k
065:        const CvMat* y_k = cvKalmanPredict(kalman, 0);
066:
067:        // measurement, z_k
```

```
068:            cvRandArr(&rng_state, z_k, CV_RAND_NORMAL, cvRealScalar(x),  // average
069:                                        cvRealScalar(0.1)); // deviation
070:            // Save to draw
071:            measurement_k->data.fl[t] = z_k->data.fl[0];
072:            predict_k->data.fl[t] = y_k->data.fl[0];
073:            state_k->data.fl[t]    = kalman->PosterState[0];
074:            error_P->data.fl[t]    = kalman->PosterErrorCovariance[0];
075:
076:        //  printf("t = %d : PriorState=%f, PosterState=%f\n",
077:        //         t, kalman->PriorState[0], kalman->PosterState[0]);
078:
079:        // Adjust Kalman filter state with measurement, z_k
080:            cvKalmanCorrect(kalman, z_k);
081:        }
082:        //drawing values
083:        double minVal, maxVal;
084:        cvMinMaxLoc(measurement_k, &minVal, &maxVal);
085:        double scale = dstImage->height/(maxVal - minVal);
086:
087:        printf("observations, z: minVal=%f, maxVal = %f\n", minVal, maxVal);
088:
089:        // drawing the truth value ,  x = -0.37727;
090:        CvPoint pt1, pt2;
091:        pt1.x = 0;
092:        pt1.y = dstImage->height-cvRound(scale*x - scale*minVal);
093:
094:        pt2.x = dstImage->width;
095:        pt2.y = dstImage->height-cvRound(scale*x - scale*minVal);
096:        cvLine(dstImage, pt1, pt2, CV_RGB(0, 0, 255), 2);
097:
098:        // drawing the noisy measurements, observations, z
099:        int step = dstImage->width/count;
100:        for(t = 0; t < count; t++)
101:        {
102:            pt1.x = t*step;
103:            pt1.y = dstImage->height -
104:                    cvRound(scale*measurement_k->data.fl[t] - scale*minVal);
105:            cvCircle(dstImage, pt1, 3, CV_RGB(255, 0, 0), 2);
106:        }
107:        // drawing a posteriori state estimate
108:        pt1.x = 0;
109:        pt1.y = dstImage->height -
110:                cvRound(scale*state_k->data.fl[0] - scale*minVal);
111:        for(t = 0; t < count; t++)
112:        {
113:            pt2.x = t*step;
114:            pt2.y = dstImage->height-
115:                    cvRound(scale*state_k->data.fl[t] - scale*minVal);
116:            cvLine(dstImage, pt1, pt2, CV_RGB(0, 255, 0), 2);
117:            pt1 = pt2;
118:        }
```

```
119:
120:        // drawing the error covariance, P
121:        cvMinMaxLoc(error_P, &minVal, &maxVal);
122:        scale = PImage->height/(maxVal - minVal);
123:        printf("error covariance, error_P: minVal=%f, maxVal = %f\n", minVal, maxVal);
124:
125:        pt1.x = 0;
126:        pt1.y = PImage->height - cvRound(scale*error_P->data.fl[0] - scale*minVal);
127:        for(t = 1; t < count; t++)
128:        {
129:            pt2.x = t*step;
130:            pt2.y = PImage->height - cvRound(scale*error_P->data.fl[t]-scale*minVal);
131:            cvLine(PImage, pt1, pt2, CV_RGB(255, 0, 0), 2);
132:            pt1 = pt2;
133:        }
134:
135:        cvShowImage("dstImage", dstImage);
136:        cvShowImage("PImage", PImage);
137:        cvWaitKey(0);
138:        cvReleaseKalman(&kalman);
139:        cvReleaseMat(&z_k);
140:        cvReleaseMat(&state_k);
141:        cvReleaseMat(&predict_k);
142:        cvReleaseMat(&measurement_k);
143:        cvReleaseMat(&error_P);
144: }
```

예제 cvEx0314는 CvKalman 구조체를 사용하여 구현한 예제이다.

- **23-27행** 필터링 후에 데이터를 그림으로 표시하기 위하여 state_k, predict_k, measurement_k, error_P 배열을 생성한다. 상태와 에러 공분산을 라인(line)으로 그리기 위하여 배열에 저장한 다음, 최대값과 최소값을 이용하여 스케일링한 다음 표시한다.

- **30-33행** 30행은 cvCreateKalman 함수로 상태 벡터의 크기가 1, 측정 벡터의 크기 1, 제어 벡터가 없는 칼만 필터 구조체를 생성하여 포인터를 kalman에 저장한다. z_k는 측정값을 위한 1×1 행렬이다.

- **36-37행** cvRNG 함수로 난수를 초기화하고, cvRandArr 함수로 랜덤 상수 $x = -0.37727$를 중심으로 $N(0, (0.1)^2)$의 정규분포를 따르는 잡음이 추가된 측정값을 z_k에 발생시킨다. 37행의 초기 측정값은 실제로 사용은 되지 않고, 단지 그림에 표시하기 위해 발생한 것이다.

- **40-50행** 변환 행렬 A를 kalman->transition_matrix->data.fl에 초기화하고, 측정값의 변환 행렬 kalman->measurement_matrix를 1로 초기화하며, 프로세스 분산 Q를 kalman->process_noise_cov에 초기화하고, 측정분산 R을 kalman->measurement_noise_cov에 초기화한다.

- **53-54행** 초기 추정값 kalman->state_post를 0으로 초기화하고, 에러 공분산 kalman->error_cov_post를 1로 설정한다.

- **57-60행** 데이터를 그림으로 표시하기 위하여 measurement_k, state_k, error_P 배열의 t=0번째에 측정값 z_k, kalman->PosterState[0], kalman->PosterErrorCovariance[0]을 각각 저장한다. kalman->PosterErrorCovariance[0]은 kalman->error_cov_post->data.fl[0]과 같은 값이다.

57-60행　데이터를 그림으로 표시하기 위하여 measurement_k, state_k, error_P 배열의 t=0번째에 측정값 z_k, kalman->PosterState[0], kalman->PosterErrorCovariance[0]을 각각 저장한다. kalman->PosterErrorCovariance[0]은 kalman->error_cov_post->data.fl[0]과 같은 값이다.

65행　cvKalmanPredict 함수에 의해 외부 제어 없이 상태를 예측하고 결과를 y_k에 반환한다.

68-69행　cvRandArr 함수로 랜덤 상수 $x = -0.37727$를 중심으로 $N(0, (0.1)^2)$의 정규분포를 따르는 잡음이 추가된 측정값을 z_k에 발생시킨다. 37행의 초기 측정값은 실제로 사용은 되지 않고, 단지 그림에 표시하기 위해 발생한 것이다.

71-74행　데이터를 그림으로 표시하기 위하여 measurement_k, state_k, error_P 배열의 t번째에 측정값 z_k, kalman->PosterState[0], kalman->PosterErrorCovariance[0]을 각각 저장한다.

80행　측정값 z_k에 의해 칼만 필터 kalman의 상태를 정정한다. 추정된 상태는 kalman->state_post에 저장되고, 에러 공분산은 error_cov_post에 저장된다.

83-85행　데이터를 dstImage 영상에 표시하기 위하여 cvMinMaxLoc 함수로 잡음이 포함된 관측 데이터 z행렬에서 최솟값 minVal와 최댓값 maxVal을 계산하고, dstImage 영상의 높이로의 변환을 위한 기울기 scale을 계산한다.

90-96행　참값인 x = -0.37727을 dstImage 영상에 파란색 직선으로 표시한다.

99-106행　잡음이 포함된 관측 데이터 measurement_k 행렬의 값을 dstImage 영상에 CV_RGB(255, 0, 0) 색상의 원으로 표시한다.

108-118행　상태 추정치 행렬 state_k를 dstImage 영상에 CV_RGB(0, 255, 0) 색상의 선으로 표시한다. 에러 공분산 행렬 error_P를 dstImage 영상에 표시하기 위하여, cvMinMaxLoc 함수로 공분산 행렬 error_P에서 최솟값 minVal와 최댓값 maxVal을 계산하고, dstImage 영상의 높이로의 변환을 위한 기울기 scale을 계산한다.

120-133행　에러 공분산 error_P를 PImage에 CV_RGB(255, 0, 0) 색상의 선으로 표시한다.

실행 결과는 예제 cvEx0313의 실행 결과와 같다.

예제 cvEx0315　자유 낙하 운동(motion of falling body)

```
001: #include <stdio.h>
002: #include "cv.h"
003: #include "highgui.h"
004:
005: int main()
006: {
007:     // Digital and Kalman filtering by S.M.Bozic,
008:     // in Wiley in New York, pp.130
009:     // 자유낙하 운동(motion of falling body)
010:     int t, count = 7;
011:
012:     CvKalman* kalman = cvCreateKalman(2, 1, 1);
013:
014:     // Measurements,
```

```
015:    CvMat* z_k = cvCreateMat(1, 1, CV_32FC1);
016:
017:    // Transition matrix A describes model parameters at k-1 and k
018:    const float A[] = { 1, 1, 0, 1 };
019:    memcpy(kalman->transition_matrix->data.fl, A, sizeof(A));
020:
021:    float g = 1.0; // We assume g = 1.0 for simplicity;
022:    const float B[] = { 0.5, 1.0};
023:    cvmSet(kalman->control_matrix, 0,0, B[0]);
024:    cvmSet(kalman->control_matrix, 1,0, B[1]);
025:
026:    CvMat* controlB = cvCreateMat(1, 1, CV_32FC1);
027:    cvmSet(controlB, 0,0, -g);
028:
029:    // Initialize  Kalman parameters
030:    double Q = 0;
031:    double R = 1.0;         // estimate of measurement variance
032:    const float H[] = { 1, 0 };
033:    memcpy(kalman->measurement_matrix->data.fl, H, sizeof(H));
034:    cvSetIdentity(kalman->process_noise_cov, cvRealScalar(Q));      // Q
035:    cvSetIdentity(kalman->measurement_noise_cov, cvRealScalar(R));  // R
036:
037: // initial value of the state vector(position and velocity)
038:    cvmSet(kalman->state_post, 0,0, 95.0);
039:    cvmSet(kalman->state_post, 1,0, 1.0);
040:
041:    // initial errors
042:    cvZero(kalman->error_cov_post); // P(0,0) = 10, P(1,1) = 1
043:    cvmSet(kalman->error_cov_post, 0,0, 10.0);
044:    cvmSet(kalman->error_cov_post, 1,1, 1.0);
045:
046:    // Measurements in the text book  of S.M.Bozic
047:    // z[0]=0 is a dummy one and it is not used.
048:    float z[7] = {0, 100.0, 97.9, 94.4, 92.7, 87.3, 82.1};
049:
050:    printf("   state_post=(position, velocity) : error_cov_post=(position, velocity)\n");
051:
052:    printf("t= 0: state_post=(%f, %f) : error_cov_post=(%f, %f)\n",
053:           kalman->state_post->data.fl[0],
054:           kalman->state_post->data.fl[1],
055:           kalman->error_cov_post->data.fl[0],
056:           kalman->error_cov_post->data.fl[1]);
057:
058:    for(t = 1; t < count; t++)
059:    {
060:           // Predict value, y_k
061:           const CvMat* y_k = cvKalmanPredict(kalman, controlB);
062:
063:           cvmSet(z_k, 0,0, z[t]); // measurements
064:
065:           // Adjust Kalman filter state with measurement, z_k
```

```
066:            cvKalmanCorrect(kalman, z_k);
067:
068:            printf("t= %d: state_post=(%f, %f) : error_cov_post=(%f, %f)\n", t,
069:                    kalman->state_post->data.fl[0],
070:                    kalman->state_post->data.fl[1],
071:                    kalman->error_cov_post->data.fl[0],
072:                    kalman->error_cov_post->data.fl[1]);
073:        }
074:        cvReleaseKalman(&kalman);
075:        cvReleaseMat(&z_k);
076:        cvReleaseMat(&controlB);
077: }
```

S.M.Bozic의 "Digital and Kalman filtering" 교재에 나오는 자유 낙하 운동(motion of falling body) 예제를 구현한다. 공기의 저항 없이 중력 가속도에 의해 일정 속도로 떨어지며 자유 낙하 운동하는 물체의 위치(position) $x_1(t)$와 속도(velocity) $x_2(t)$는 다음과 같다.

$$x_1(t) = x_1(t_0) + x_2(t_0)(t-t_0) - \frac{g}{2}(t-t_0)^2$$
$$x_2(t) = x_2(t_0) - g(t-t_0)$$

여기서 $t=kT$, $t_0=(k-1)T$, $T=1$로 치환하여 다시 정리하면 다음과 같다.

$$x_1(k) = x_1(k-1) + x_2(k-1) - \frac{g}{2}$$
$$x_2(k) = x_2(k-1) - g$$

k에서의 위치 $x_1(k)$는 $k-1$에서의 위치 $x_1(k-1)$와 속도 $x_2(k-1)$와 중력 가속도 g에 의존한다. 칼만 필터의 상태 벡터(state vector)는 $x(k) = [x_1(k)\ x_2(k)]$가 되며, 칼만 필터를 위한 상태 방정식은 다음과 같다.

$$\text{상태 방정식} : x(k) = Ax(k-1) + Bu$$
$$= \begin{bmatrix} 1 & 1 \\ 0 & 1 \end{bmatrix} x(k-1) + \begin{bmatrix} 0.5 \\ 1 \end{bmatrix}(-g)$$

S.M.Bozic의 교재와 같이 위치 초기값은 $x_1(0)=100$, 속도 초기값은 $x_2(0)=0$, $g=1$로 한다. 프로세스 잡음 $Q=0$으로 가정한다. 상태 벡터의 초기값은 $x(0)$, $P(0)$으로 가정하고 실험한다.

$$\text{상태 벡터 초기값} : x(0) = [95\ 1]^T$$
$$P(0) = \begin{bmatrix} 10 & 0 \\ 0 & 1 \end{bmatrix}$$

측정 방정식 $z(k)$는 다음과 같다.

측정 방정식 : $z(k) = Hx(k) + v(k)$
$$= [1\ 0]x(k) + v(k)$$

측정 잡음 $p(v)$는 $R=1$인 가우시안 분포 $N(0, R)$을 따른다고 가정하며, 물체의 위치를 직접 관찰할 수 있다고 가정한다. 여기서는 S.M.Bozic의 교재에서 실험 결과에 제시된 $z(1) = 100.0$, $z(2) = 97.9$, $z(3) = 94.4$, $z(4) = 92.7$, $z(5) = 87.3$의 측정값을 이용하여 실험하였다.

12행	cvCreateKalman 함수로 상태 벡터의 크기는 2, 측정 벡터의 크기는 1, 제어 벡터의 크기는 1로 하는 필터를 생성한다.
15행	측정 벡터를 위한 1×1 행렬 z_k를 생성한다.
18-19행	칼만 필터의 상태 변환 행렬 kalman->transition_matrix를 초기화한다.
21-27행	칼만 필터의 제어 행렬 kalman->control_matrix를 초기화하고, 제어 벡터를 위한 행렬 controlB를 초기화한다.
30-35행	측정 변환 행렬 kalman->measurement_matrix를 초기화하고, 프로세스 잡음 kalman->process_noise_cov를 Q=0으로 초기화하며, 측정 잡음 kalman->measurement_noise_cov을 R=1.0으로 초기화한다.
38-39행	상태 벡터 kalman->state_post의 초기값을 $[95\ \ 1]^T$로 초기화한다.
42-44행	상태 벡터의 초기 에러 공분산 kalman->error_cov_post를 초기화한다.
48행	S.M.Bozic의 교재에 실험을 위해 사용된 측정벡터를 배열 z에 초기화한다. z[0] = 0은 사용하지 않는다.
50-56행	초기 상태 state_post와 초기 에러 공분산 error_cov_post를 출력한다. 초기화된 값인 state_post=(95.0, 1.0), error_cov_post=(10.0, 0.0)을 출력한다.
61행	cvKalmanPredict 함수를 사용하여 칼만 필터의 상태를 예측하여 kalman->state_pre에 저장한다. controlB는 외부 제어이다. 예측한 상태인 kalman->state_pre를 반환하여 y_k에 저장한다. 여기서는 y_k를 사용하지 않는다.
63행	cvmSet 함수로 측정값을 가진 배열 z[t]를 행렬 z_k에 저장한다.
66행	cvKalmanCorrect 함수로 측정값을 가진 행렬 z_k를 이용하여 칼만 필터의 상태를 갱신한다. 갱신된 모델의 상태 kalman->state_post와 에러 공분산 error_cov_post가 변경된다.
68-72행	반복 t에서 측정값 z_k로 갱신된 추정치 상태 state_post와 에러 공분산 error_cov_post를 출력한다. [그림 3.27]은 자유 낙하 운동 칼만 필터의 결과이다.

```
state_post=(position, velocity) : error_cov_post=(position, velocity)
t= 0: state_post=(95.000000, 1.000000) : error_cov_post=(10.000000, 0.000000)
t= 1: state_post=(99.625000, 0.375000) : error_cov_post=(0.916666, 0.083333)
t= 2: state_post=(98.433334, -1.158333) : error_cov_post=(0.666667, 0.333333)
t= 3: state_post=(95.214287, -2.904761) : error_cov_post=(0.657143, 0.314286)
t= 4: state_post=(92.354980, -3.694465) : error_cov_post=(0.612546, 0.236162)
t= 5: state_post=(87.684822, -4.843564) : error_cov_post=(0.552805, 0.173267)
t= 6: state_post=(82.221634, -5.874875) : error_cov_post=(0.495840, 0.129784)
```

[그림 3.27] 자유 낙하 운동 칼만 필터

예제 cvEx0316 MeanShift와 Kalman 필터를 사용한 물체 추적

```
001: #include "cv.h"
002: #include "highgui.h"
003: #include <stdio.h>
004: #define DIST_TH   0.4
005:
006: CvRect    mouseSelect;
007: bool   bLButtonDown = false;
008:
009: typedef enum {INIT, CALC_HIST, TRACKING} STATUS;
010: STATUS   trackingMode = INIT;
011:
012: void on_mouse(int mevent, int x, int y, int flags, void* param)
013: {
014:     static CvPoint   origin;
015:     IplImage *image = (IplImage *)param;
016:     if(!image)
017:         return;
018:
019:     if(bLButtonDown)
020:     {
021:         mouseSelect.x = MIN(x,origin.x);
022:         mouseSelect.y = MIN(y,origin.y);
023:         mouseSelect.width = mouseSelect.x + CV_IABS(x - origin.x);
024:         mouseSelect.height = mouseSelect.y + CV_IABS(y - origin.y);
025:
026:         mouseSelect.x = MAX(mouseSelect.x, 0);
027:         mouseSelect.y = MAX(mouseSelect.y, 0);
028:         mouseSelect.width = MIN(mouseSelect.width, image->width);
029:         mouseSelect.height = MIN(mouseSelect.height, image->height);
030:         mouseSelect.width -= mouseSelect.x;
031:         mouseSelect.height -= mouseSelect.y;
032:     }
033:     switch(mevent)
034:     {
035:     case CV_EVENT_LBUTTONDOWN:
036:         origin = cvPoint(x,y);
037:         mouseSelect = cvRect(x,y,0,0);
038:         bLButtonDown = true;
039:         break;
040:     case CV_EVENT_LBUTTONUP:
041:         bLButtonDown = false;
042:         if(mouseSelect.width > 0 && mouseSelect.height > 0)
043:             trackingMode = CALC_HIST;
044:         break;
045:     }
046: }
047: int main()
048: {
```

```
049:    CvCapture* capture = cvCaptureFromFile("ball1.wmv");
050: // CvCapture* capture = cvCaptureFromFile("ball2.wmv");
051:    if(!capture)
052:    {
053:            printf("the video file was not found.");
054:            return 0;
055:    }
056:    int width  = (int)cvGetCaptureProperty(capture,
057:                            CV_CAP_PROP_FRAME_WIDTH);
058:    int height = (int)cvGetCaptureProperty(capture,
059:                            CV_CAP_PROP_FRAME_HEIGHT);
060:    CvSize size = cvSize(width,height);
061:
062:    IplImage*  frame=NULL;
063:    IplImage*  hsvImage    = cvCreateImage(size, IPL_DEPTH_8U, 3);
064:    IplImage*  hImage      = cvCreateImage(size, IPL_DEPTH_8U, 1);
065:    IplImage*  mask        = cvCreateImage(size, IPL_DEPTH_8U, 1);
066:    IplImage*  backProject = cvCreateImage(size, IPL_DEPTH_8U, 1);
067:    IplImage*  dstImage    = cvCreateImage(size, IPL_DEPTH_8U, 3);
068:
069:    // for writing a output video
070:    int is_color = 1;
071:    double fps = 24.0;
072:    int fourcc = CV_FOURCC('D', 'I', 'V', 'X'); // : MPEG-4
073:    CvSize frame_size = cvSize(width, height);
074:    CvVideoWriter* videoWriter = cvCreateVideoWriter("tracking1.avi",
075:            fourcc, fps, frame_size, is_color);
076: // CvVideoWriter* videoWriter = cvCreateVideoWriter("tracking2.avi",
077: //         fourcc, fps, frame_size, is_color);
078:    if(!videoWriter)
079:            return 0;
080:    int    histSize = 8;
081:    float  valueRange[ ]={0, 180}; //hue's maximum is 180.
082:    float* ranges[ ] = {valueRange};
083:    CvHistogram *pHist = NULL;
084:    pHist = cvCreateHist(1, &histSize, CV_HIST_ARRAY, ranges, 1);
085:
086:    CvHistogram *pHist1 = NULL;
087:    pHist1 = cvCreateHist(1, &histSize, CV_HIST_ARRAY, ranges, 1);
088:
089:    CvHistogram *pHist2 = NULL;
090:    pHist2 = cvCreateHist(1, &histSize, CV_HIST_ARRAY, ranges, 1);
091:
092:    CvRect    track_window;
093:    CvConnectedComp track_comp;
094:    CvTermCriteria  criteria =
095:            cvTermCriteria(CV_TERMCRIT_EPS | CV_TERMCRIT_ITER, 10, 5);
096:
097:    cvNamedWindow("dstImage", 1);
098:    cvSetMouseCallback("dstImage", on_mouse, dstImage);
099:
```

```cpp
100:    float max_val;
101:    CvPoint ptPredicted;
102:    CvPoint ptEstimated;
103:    CvPoint ptMeasured;
104:    CvPoint pt1, pt2;
105:    int k, hValue;
106:    char chKey;
107:
108:    /////Kalman Filter ////////////////////////////////////
109:    // state vector x = [x_k, y_k, vx_k, vy_k]^T
110:    CvKalman* kalman = cvCreateKalman(4, 2, 0);
111:    // Measurements,
112:    float Z[2];
113:    CvMat  z_k = cvMat(2, 1, CV_32FC1, Z);
114:
115:    float dt = 1.0;
116:    // Transition matrix A describes model parameters at k-1 and k
117:    const float A[] = { 1, 0, dt, 0,
118:                        0, 1, 0, dt,
119:                        0, 0, 1, 0,
120:                        0, 0, 0, 1};
121:    memcpy(kalman->transition_matrix->data.fl, A, sizeof(A));
122:
123:    // Initialize  Kalman parameters
124:    double Q = 1e-5;   // process_noise_cov
125:    double R = 0.0001;  // estimate of measurement variance
126:    const float H[] = { 1, 0, 0, 0,
127:                        0, 1, 0, 0};
128:    memcpy(kalman->measurement_matrix->data.fl, H, sizeof(H));
129:
130:    cvSetIdentity(kalman->process_noise_cov, cvRealScalar(Q));      // Q
131:    cvmSet(kalman->process_noise_cov, 2,2, 0);
132:    cvmSet(kalman->process_noise_cov, 3,3, 0);
133:
134:    cvSetIdentity(kalman->measurement_noise_cov, cvRealScalar(R));  // R
135:    cvSetIdentity(kalman->error_cov_post, cvRealScalar(1.0));
136:
137:    for(int t=0;;t++)
138:    {
139:        frame = cvQueryFrame(capture);
140:        if(!frame)
141:                break;
142:        cvCvtColor(frame, hsvImage, CV_BGR2HSV);
143:        cvCopy(frame, dstImage);
144:        if(bLButtonDown && mouseSelect.width > 0 && mouseSelect.height > 0)
145:        {
146:            cvSetImageROI(dstImage, mouseSelect);
147:            cvXorS(dstImage, cvScalarAll(255), dstImage, 0);
148:            cvResetImageROI(dstImage);
149:        }
150:        if(trackingMode) // CALC_HIST or TRACKING
```

```
151:        {
152:            // create mask image
153:            int vmin = 50, vmax = 256, smin = 50;
154:            cvInRangeS(hsvImage, cvScalar(0,smin, MIN(vmin,vmax)),
155:                            cvScalar(180, 256, MAX(vmin,vmax)), mask);
156:            cvSplit(hsvImage, hImage, 0, 0, 0);
157:
158:            if(trackingMode == CALC_HIST) // Initialize a tracking
159:            {
160:                    cvSetImageROI(hImage, mouseSelect);
161:                    cvSetImageROI(mask, mouseSelect);
162:                    cvCalcHist(&hImage, pHist, 0, mask);
163:                    cvCopyHist(pHist, &pHist1);
164:                    cvNormalizeHist(pHist1, 1);
165:                    for(k=0; k<histSize; k++)
166:                    {
167:                            hValue = (int)cvQueryHistValue_1D(pHist, k);
168:                    }
169:                    cvGetMinMaxHistValue(pHist, 0, &max_val, 0, 0);
170:                    cvScale(pHist->bins, pHist->bins,
171:                                    max_val ? 255. / max_val : 0.0);
172:
173:                    //printf("After scaling pHist to [0.255]...\n");
174:                    for(k=0; k<histSize; k++)
175:                    {
176:                            hValue = (int)cvQueryHistValue_1D(pHist, k);
177:                            //printf("h[%d] = %d\n", k, hValue);
178:                    }
179:                    cvResetImageROI(hImage);
180:                    cvResetImageROI(mask);
181:                    track_window = mouseSelect;
182:                    trackingMode = TRACKING;
183:
184:                    //  initialize the state vector(position and velocity)
185:                    ptMeasured=cvPoint(track_window.x + mouseSelect.width/2,
186:                                    track_window.y + mouseSelect.height/2);
187:                    cvmSet(kalman->state_post, 0,0, ptMeasured.x);
188:                        cvmSet(kalman->state_post, 1,0, ptMeasured.y);
189:                        cvmSet(kalman->state_post, 2,0, 0);
190:                        cvmSet(kalman->state_post, 3,0, 0);
191:            }
192:
193:            // Predict value, y_k
194:            const CvMat* y_k = cvKalmanPredict(kalman, NULL);
195:            ptPredicted.x = (int)y_k->data.fl[0];
196:            ptPredicted.y = (int)y_k->data.fl[1];
197:
198:            // MeanShift Tracking:  calculation for measurements, object detection
199:            cvCalcBackProject(&hImage, backProject, pHist);
200:            cvAnd(backProject, mask, backProject);
201:            cvMeanShift(backProject, track_window,
```

```
202:                                   criteria, &track_comp);
203:
204:          // Validate the result of cvMeanShift
205:          cvSetImageROI(hImage, track_comp.rect);
206:          cvSetImageROI(mask, track_comp.rect);
207:          cvClearHist(pHist2);
208:          cvCalcHist(&hImage, pHist2, 0, mask);
209:          cvNormalizeHist(pHist2, 1);
210:
211:          // Bhattacharyya distance between pHist1 and pHist2
212:          // 0<= dist <= 1
213:          // 0: similar object, 1: dissimilar object
214:          double dist=cvCompareHist(pHist1, pHist2, CV_COMP_BHATTACHARYYA);
215: //       printf("t = %d : Bhattacharyya dist = %f: track_comp.rect(%d, %d)\n",
216: //               t, dist,track_comp.rect.width, track_comp.rect.height);
217:          cvResetImageROI(hImage);
218:          cvResetImageROI(mask);
219:          /////////////////////////////////////////////
220:          if(dist<DIST_TH)// A tracking object is detected by cvMeanShift
221:          {
222: //            track_window = track_comp.rect;
223:              ptMeasured=cvPoint(track_comp.rect.x+track_comp.rect.width/2,
224:                           track_comp.rect.y + track_comp.rect.height/2);
225:              track_window = cvRect(ptMeasured.x - mouseSelect.width/2,
226:                               ptMeasured.y - mouseSelect.height/2,
227:                               mouseSelect.width, mouseSelect.height);
228:
229:          // measurements : the center point of the track_window
230:              Z[0] = (float)ptMeasured.x;
231:              Z[1] = (float)ptMeasured.y;
232:
233:          // Correct Kalman filter state with measurement, z_k
234:              const CvMat* x_k = cvKalmanCorrect(kalman, &z_k);
235: //     cvMatMulAdd(kalman->measurement_matrix, kalman->state_post, NULL, &z_k);
236: //            ptEstimated.x = Z[0];
237: //            ptEstimated.y = Z[1];
238:              ptEstimated.x= (int)x_k->data.fl[0];
239:              ptEstimated.y = (int)x_k->data.fl[1];
240: //            printf("t = %d: x_k =(%f, %f), Z = (%f, %f)\n",
241: //              t, x_k->data.fl[0], x_k->data.fl[1],    Z[0], Z[1]);
242:              pt1 = cvPoint(ptMeasured.x-track_window.width/2,
243:                       ptMeasured.y-track_window.height/2);
244:              pt2 = cvPoint(ptMeasured.x + track_window.width/2,
245:                       ptMeasured.y+track_window.height/2);
246:              cvRectangle(dstImage, pt1, pt2, CV_RGB(255,0,0), 2);
247:              cvCircle(dstImage, ptMeasured, 5, CV_RGB(255,0,0), 2);
248:
249:              pt1 = cvPoint(ptEstimated.x-track_window.width/2,
250:                       ptEstimated.y-track_window.height/2);
251:              pt2 = cvPoint(ptEstimated.x + track_window.width/2,
252:                       ptEstimated.y+track_window.height/2);
```

```
253:                     cvRectangle(dstImage, pt1, pt2, CV_RGB(0, 0, 255), 2);
254:                     cvCircle(dstImage, ptEstimated, 5, CV_RGB(0,0,255), 2);
255:                 }
256:                 else // A tracking object is not detected by cvMeanShift
257:                 {
258:                     track_window = cvRect(ptPredicted.x - mouseSelect.width/2,
259:                                     ptPredicted.y - mouseSelect.height/2,
260:                                     mouseSelect.width, mouseSelect.height);
261:                     pt1 = cvPoint(ptPredicted.x-track_window.width/2,
262:                                     ptPredicted.y-track_window.height/2);
263:                     pt2 = cvPoint(ptPredicted.x + track_window.width/2,
264:                                     ptPredicted.y+track_window.height/2);
265:                     cvRectangle(dstImage, pt1, pt2, CV_RGB(0, 255, 0), 2);
266:                     cvCircle(dstImage, ptPredicted, 5, CV_RGB(0,255,0), 2);
267:                 }
268:             }
269:             cvShowImage("dstImage", dstImage);
270:             cvWriteFrame(videoWriter,  dstImage);
271:             chKey = cvWaitKey(50);
272:             if(chKey == 27)
273:                     break;
274:     }
275:     cvWaitKey(0);
276:     cvDestroyAllWindows();
277:     cvReleaseCapture(&capture);
278:     cvReleaseHist(&pHist);
279:     cvReleaseHist(&pHist1);
280:     cvReleaseHist(&pHist2);
281:     cvReleaseImage(&hsvImage);
282:     cvReleaseImage(&hImage);
283:     cvReleaseImage(&backProject);
284:     cvReleaseImage(&dstImage);
285:     cvReleaseImage(&mask);
286:     cvReleaseVideoWriter(&videoWriter);
287:     return 0;
288: }
```

예제 cvEx0311의 cvMeanShift 예제에 Kalman 필터를 적용하여 물체를 추적한다. 칼만 필터의 상태 벡터 $X(k) = [x(k)\ y(k)\ v_x(k)\ v_y(k)]^T$는 물체의 중심위치 ($x(k)\ y(k)$)와 속도 ($v_x(k)\ v_y(k)$)로 구성된다. 물체의 중심 위치 ($x(k)\ y(k)$)는 cvMeanShift에 의해 계산된다.

상태 방정식 : $X(k) = A\ X(k-1) + w(k-1)$

$$\begin{bmatrix} x(k) \\ y(k) \\ v_x(k) \\ v_y(k) \end{bmatrix} = \begin{bmatrix} 1 & 0 & dt & 0 \\ 0 & 1 & 0 & dt \\ 0 & 0 & 1 & 0 \\ 0 & 0 & 0 & 1 \end{bmatrix} \begin{bmatrix} x(k-1) \\ y(k-1) \\ v_x(k-1) \\ v_y(k-1) \end{bmatrix} + w(k-1)$$

측정 방정식: $\quad Z(k) = H\,X(k) + \mu(k)$

$$\begin{bmatrix} z_x(k) \\ z_y(k) \end{bmatrix} = \begin{bmatrix} 1 & 0 & 0 & 0 \\ 0 & 1 & 0 & 0 \end{bmatrix} \begin{bmatrix} x(k) \\ y(k) \\ v_x(k) \\ v_y(k) \end{bmatrix} + v(k)$$

12-42행	on_mouse 함수는 마우스를 이용하여 추적하고자 하는 부분을 선택하는 함수이다. 선택 영역은 전역변수 mouseSelect에 저장된다.
70-79행	추적되는 내용을 비디오 파일로 출력하기 위하여 videoWriter를 생성한다.
80-95행	cvMeanShift 추적을 위한 변수 선언, 히스토그램 생성, 종료 조건 설정 부분이다.
101-104행	ptMeasured는 cvMeanShift에 의한 측정 좌표, ptPredicted는 cvKalmanPredict 함수에 의한 예측 좌표, ptEstimated는 cvKalmanCorrect 함수에 의한 갱신 좌표를 저장하기 위한 변수이다.
110행	cvCreateKalman(4, 2, 0)에 의해 상태 벡터의 크기는 4, 측정 벡터의 크기는 2, 제어 벡터의 크기는 0인 칼만 필터 kalman을 생성한다.
112-113행	측정 벡터 z_k를 2×1 행렬로 생성하고, 메모리를 배열 Z로 사용하여, 배열 Z를 통해 측정 벡터에 접근하려 한다.
115-121행	시간 간격 dt와 행렬 A를 사용하여 칼만 필터의 상태 변환 행렬 kalman->transition_matrix를 초기화한다.
124-135행	행렬 H를 사용하여 측정 행렬 kalman->measurement_matrix를 초기화하고, 프로세스 잡음 공분산 kalman->process_noise_cov, 측정 잡음 공분산 kalman->measurement_noise_cov을 Q, R을 사용하여 초기화한다.
144-149행	마우스로 추적할 부분을 선택하는 동안 선택된 부분을 반전시키는 부분이다.
158-191행	mouseSelect에 의해 선택된 부분의 중심을 측정값 ptMeasured에 저장하고, 이것을 상태 벡터 kalman->state_post의 위치에 저장하고, 속도는 0으로 초기화한다.
193-196행	cvKalmanPredict 함수를 사용하여 상태 벡터를 예측하고, 상태 벡터의 위치 값을 ptPredicted에 저장한다.
198-202행	cvMeanShift 함수에 의해 물체의 움직임을 추적한다. 움직임의 추적 결과는 track_comp.rect에 저장된다.
204-218행	cvMeanShift 함수에 의한 움직임 추적 결과를 검증하기 위하여 추적된 사각형 track_comp.rect 내의 영상 히스토그램을 pHist2에 계산하고 정규화하고, 초기에 마우스로 선택할 때 계산된 추적물체의 히스토그램 pHist1과 cvCompareHist 함수를 사용하여 CV_COMP_BHATTACHARYYA 방법으로 두 히스토그램 사이의 거리를 dist에 저장한다. dist 값은 0에 가까우면 유사한 물체이고, 1에 가까우면 상이한 물체이다.
220-255행	dist < DIST_TH이면 cvMeanShift 함수에 의해 추적된 물체가 올바른 경우이다. track_comp.rect의 중심 좌표를 ptMeasured에 저장하고, track_window에 다음 추적을 위해 ptMeasured 좌표를 기준으로 mouseSelect 사각형 크기의 사각형을 저장한다. 측정 좌표 ptMeasured를 측정 벡터 z_k에 연결된 행렬 Z에 저장하고, cvKalmanCorrect 함수로 측정값을 갱신하여 x_k에 저장한다. 갱신된 상태 벡터를 이용하여 물체의 위치 좌표를 ptEstimated에 저장한다.

좌표 p1, p2를 사용하여 측정 위치 ptMeasured를 중심으로 하는 사각형과 원을 CV_RGB(255,0,0) 색상으로 표시한다. 칼만 필터에 의해 갱신된 위치 ptEstimated를 중심으로 하는 사각형과 원은 CV_RGB(0, 0, 255) 색상으로 표시한다.

256-267행 dist >= DIST_TH이면 cvMeanShift 함수에 의해 추적된 물체가 검출되지 못한 경우로 판단한다.

다음 번 추적을 위하여 ptPredicted 좌표를 중심으로 mouseSelect 사각형 크기의 사각형을 track_window에 저장한다. 좌표 p1, p2를 사용하여 측정 위치 ptPredicted를 중심으로 하는 사각형과 원을 CV_RGB(0, 255, 0) 색상으로 표시한다.

[그림 3.28]은 MeanShift와 Kalman 필터를 사용한 물체 추적 결과이다. [그림 3.28](a)는 초기 추적 물체를 마우스로 지정한 프레임이고, [그림 3.28](b), [그림 3.28](c), [그림 3.28](d)는 중간 추적 결과이다.

CV_RGB(255, 0, 0) 색상은 cvMeanShift 함수에 의해 추적 물체가 검출된 ptMeasured 좌표에 의한 중심점 및 사각형이며, CV_RGB(0, 0, 255) 색상은 cvKalmanCorrect 함수에 의해 정정된 ptEstimated 좌표에 의한 중심점 및 사각형이다. [그림 3.28](d)의 CV_RGB(0, 255, 0) 색상은 cvMeanShift 함수에 의해 추적 물체가 검출되지 않은 경우로, 칼만 필터에 의해 예측되는 ptPredicted 좌표에 의한 표시이다.

(a)

(b)

(c)

(d)

[그림 3.28] MeanShift와 Kalman 필터를 사용한 물체 추적

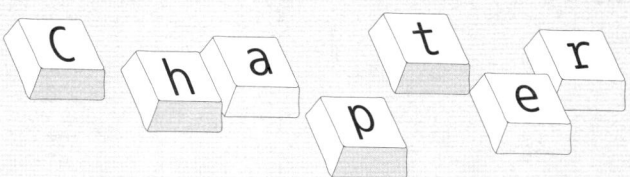

카메라 캘리브레이션
(Camera Calibration)

4.1 핀홀 카메라
4.2 체스 보드 패턴을 사용한 코너점 및 대응점 검출
4.3 호모그래피 계산
4.4 호모그래피 H로부터 카메라 캘리브레이션
4.5 OpenCV의 카메라 캘리브레이션
4.6 행렬을 XML과 YML로 저장 및 읽기
4.7 스테레오 영상

Chapter 04

카메라 캘리브레이션(Camera Calibration)

이 장에서는 카메라 캘리브레이션에 대해 다룬다. 3D 기하(geometry) 관련 지식이 있어야 하지만, 대부분은 대학의 선형대수(Linear algebra) 교재의 내용을 이해하면 크게 어렵지는 않다. 여기서는 OpenCV 함수의 이해를 위해 필요한 관련 내용을 간단히 함께 설명한다. 카메라 캘리브레이션에 관련된 자세한 내용은 Hartley와 Zisserman의 "Multiple View Geometry in Computer Vision", Faugeras의 "The Geometry of multiple Images", Trucco와 Verri의 "Introductory Techniques for 3-D Computer Vision" 등의 교재를 참고한다.

4.1 핀홀 카메라

카메라 캘리브레이션의 이해를 위해 핀홀 카메라의 수학적 모델을 간단히 소개한다. [그림 4.1]은 카메라가 원점(C)에 위치하고, Z 축을 향하고 있으며, 이미지 평면(image plane)의 원점과 투영 중심인 주점(principal point)이 일치하고, 카메라의 좌표계에서의 핀홀 카메라 모델이다. 카메라 좌표계와 세계 좌표계가 일치한다고 가정한 것과 같다. [수식 4-1]에 의해 3차원 좌표 $X' = (X_c, Y_c, Z_c)^T$가 초점거리 f인 뷰 평면(view plane)/이미지 평면(image plane)에 $x' = (x_{cam}, y_{cam})^T$로 투영된다.

$$x' = (x_{cam}, y_{cam})^T$$

여기서, $x_{cam} = \dfrac{fX}{Z}$, $y_{cam} = \dfrac{fY}{Z}$ [수식 4-1]

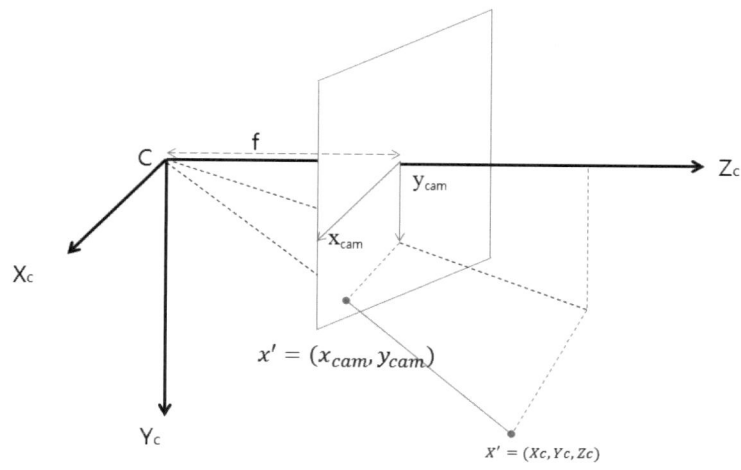

[그림 4.1] 핀홀 카메라

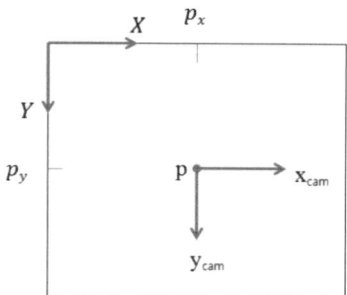

[그림 4.2] 영상 주점(principal point), $p = (p_x, p_y)$에 의한 이동

[그림 4.2]는 주점(principal point)이 $p = (p_x, p_y)$만큼 이동되었을 때의 뷰 평면을 보여준다. 이때 투영 좌표는 [수식 4-2]와 같다.

$$x_{cam} = \frac{fX}{Z} + p_x$$

$$y_{cam} = \frac{fY}{Z} + p_y \qquad \text{[수식 4-2]}$$

동차좌표 표현에 의해 [수식 4-3]과 같이 표현된다.

$$\begin{bmatrix} fX + Zp_x \\ fY + Zp_y \\ Z \end{bmatrix} = \begin{bmatrix} f & 0 & p_x & 0 \\ 0 & f & p_y & 0 \\ 0 & 0 & 1 & 0 \end{bmatrix} \begin{bmatrix} X \\ Y \\ Z \\ 1 \end{bmatrix} \qquad \text{[수식 4-3]}$$

[수식 4-4]에서 m'과 M'은 2차원과 3차원 좌표를 동차좌표로 확장된 표현이다. A(대부분 교재 및 논문에서, K로 표현하지만, 여기서는 일관성을 위해 A로 표현함)를 카메라 캘리브레이션 행렬 또는 카메라 내부 파라미터라 한다.

$$m' = A[I\,|\,0]M'$$

$$A = \begin{bmatrix} f & 0 & p_x \\ 0 & f & p_y \\ 0 & 0 & 1 \end{bmatrix}$$

[수식 4-4]

실제 CCD 카메라의 캘리브레이션의 경우, 카메라 캘리브레이션 행렬을 [수식 4-5]를 사용한다. m_x, m_y는 단위 길이당 화소의 개수이며, $\alpha = f \times m_x$, $\beta = f \times m_y$이고, $u_0 = m_x \times p_x$, $v_0 = m_y \times p_y$이다. 이때의 단위는 화소 단위이다.

$$A = \begin{bmatrix} \alpha & 0 & u_0 \\ 0 & \beta & v_0 \\ 0 & 0 & 1 \end{bmatrix}$$

[수식 4-5]

[그림 4.3]은 카메라 좌표계와 세계 좌표계는 동일하지 않은 일반적인 상황을 보여준다. C는 카메라의 원점이고, O는 세계 좌표의 원점이다. t는 이동 벡터이고, R은 회전 행렬이다. 세계 좌표계의 $M' = (X, Y, Z)^T$는 $X' = RM' + t$에 의해 카메라 좌표계의 $X' = (X_c, Y_c, Z_c)^T$으로 변환된다. $[R|t]$를 카메라의 외부 파라미터라 한다. $P = A[R|t]$를 투영 행렬(projection matrix)이라 한다. 4.4절의 [수식 4-19]와 [수식 4-20]에서 보다 자세히 설명한다.

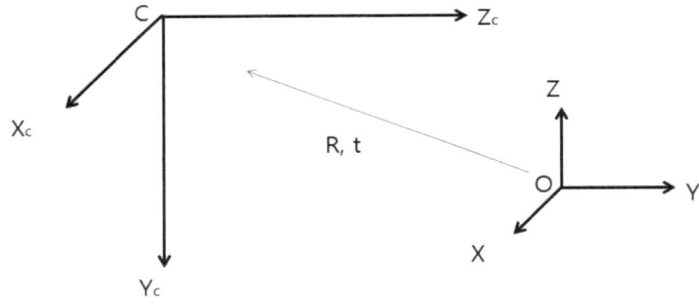

[그림 4.3] 세계 좌표계와 카메라 좌표계 사이의 변환

4.2 체스 보드 패턴을 사용한 코너점 및 대응점 검출

영상을 이용한 카메라 캘리브레이션을 위해서는 서로 다른 뷰에서 획득한 영상 사이에 일정 개수 이상의 대응점(correspondence points)이 필요하다. 카메라 캘리브레이션을 위해 손쉽게 대응점을 찾는 방법은 체스 보드와 같은 격자형 패턴을 사용하는 것이다.

이 방법은 코너점을 명확히 찾을 수 있으며, 코너점을 일정한 순서(행 우선 순서, 같은 행에서는 왼쪽에서 오른쪽)로 정렬하여, 영상에 있는 코너점의 대응 관계를 쉽게 결정할 수 있는 장점이 있다. 이 장에서는 체스 보드 패턴을 사용하여 대응점을 계산하고, 이를 통하여 카메라를 캘리브레이션하는 방법에 대하여 설명한다.

체스 보드 패턴을 사용하지 않고 일반 영상에서 직접 특징점을 검출하고 대응 관계를 찾는 방법을 사용할 수 있다. 예를 들면 스케일과 회전이 거의 없는 경우는 cvCornerHarris 함수로 코너점을 검출하고, 두 영상 사이의 대응되는 코너점을 cvMatchTemplate 함수로 찾는 방법을 사용하거나, 스케일과 회전이 있는 경우는 SIFT, SURF 등의 묘사자를 검출하고, 묘사자 사이의 대응 관계는 최소 거리 이웃(nearest neighbors) 방법 등을 사용하여 대응점을 검출하는 방법을 사용할 수 있다.

4.2.1 체스 보드 패턴에서 코너점 검출

(1) int cvFindChessboardCorners(const void* image, CvSize patternSize,
    CvPoint2D32f* corners, int* cornerCount=NULL,
    int flags=CV_CALIB_CB_ADAPTIVE_THRESH);

cvFindChessboard 함수는 체스 보드 패턴의 내부 코너점(internal corners)의 위치를 순차적으로 검출한다. 함수의 반환 값이 0이면 모든 코너점을 검출 못 한 것이며, 반환 값이 0이 아니면 모든 코너를 검출한 것이다. 검출된 코너점은 행 우선 순서로 같은 행에서는 왼쪽에서 오른쪽으로 정렬하여 corners에 반환한다. 체스 보드 패턴의 내부 코너점을 검출하므로, 예를 들면 7×4의 흰색과 검은색 사각형으로 이루어진 체스 보드 패턴의 내부 코너점은 6×3임에 주의한다. 추가적으로 cvFindCornerSubPix 함수를 사용하면 부화소 단위로 더욱 정확한 좌표를 검출할 수 있다.

① 8비트 그레이 스케일 또는 컬러 영상인 image이고, patternSize는 패턴의 내부 코너의 열과 행의 크기로 patternSize=cvSize(columns, rows)이다.
② 검출된 코너점은 corners에 저장되고, cornerCount는 검출된 코너점의 개수이다.
③ flags는 0이거나, 다음을 조합하여 사용한다.
   CV_CALIB_CB_ADAPTIVE_THRESH : 적응형 임계값 적용한다.
   CV_CALIB_CB_NORMALIZE_IMAGE, : 임계값 적용 전에 cvEqualizeHist를 적용한다.
   CV_CALIB_CB_FILTER_QUADS: 사변형의 면적, 크기 등의 필터링을 통해 너무 작은 것은 제거한다.

(2) void cvDrawChessboardCorners(CvArr* image, CvSize patternSize,
    CvPoint2D32f* corners, int count, int patternWasFound);

cvDrawChessboardCorners 함수는 내부 코너점을 8비트 그레이 스케일 또는 컬러 영상인 image에 표시한다. 내부 코너점을 작은 원으로 표시하고, 코너점의 정렬 순서를 나타내기 위하여 직선으로 표시하며, 동일한 색상으로 행의 원과 라인을 그린다. patternWasFound는 cvFindChessboardCorners 함수의 반환 값으로 $pattern\,WasFound \neq 0$이면 모든 코너점이 검출되었음을 의미한다.

예제 cvEx0401 체스 보드 패턴의 코너점 검출

```
001: #include <stdio.h>
002: #include "cv.h"
003: #include "highgui.h"
004: int main()
005: {
006:     IplImage    *srcImage;
007:     if((srcImage=cvLoadImage("image1.jpg"))==NULL)
008:             return -1;
009:     CvSize patternSize = cvSize(6,3);
010:     CvPoint2D32f corners[18];
011:     int count, nFound;
012:
013:     nFound = cvFindChessboardCorners(srcImage, patternSize, corners, &count,
014:                                      CV_CALIB_CB_ADAPTIVE_THRESH);
015:     cvDrawChessboardCorners(srcImage, patternSize, corners, count, nFound);
016:
017:     // corner points on srcImage
018:     for(int i=0; i<count; i++)
019:     {
020:             printf("corners[%2d]=(%6.2f, %6.2f)\n",
021:                     i, corners[i].x, corners[i].y);
022: //          if(i<patternSize.width) // for checking the order in corners
023:             if(i==0) // for checking the order in corners
024:                     cvCircle(srcImage,cvPoint(cvRound(corners[i].x),
025:                             cvRound(corners[i].y)),2,CV_RGB(0,0,255), 2);
026:     }
027:     cvNamedWindow("srcImage", CV_WINDOW_AUTOSIZE);
028:     cvShowImage("srcImage", srcImage);
029:     cvWaitKey(0);
030:
031:     cvDestroyAllWindows();
032:     cvReleaseImage(&srcImage);
033:     return 0;
034: }
```

9-10행	체스 보드 패턴의 내부 코너점의 크기인 cvSize(6, 3)를 patternSize에 저장하고, 검출된 18개의 코너점을 저장할 CvPoint2D32f 자료형의 배열 corners를 선언한다.
13-14행	cvFindChessboardCorners 함수를 사용하여 영상 srcImage에서 적응형 임계치를 적용하여, cvSize(6, 3) 크기의 내부 코너점을 찾아 corners에 저장한다. count는 검출된 코너점의 개수이며, 함수의 반환 값인 nFound가 0이 아니면 모든 코너점이 검출된 것이다.
15행	cvDrawChessboardCorners 함수로 검출된 코너점 corners를 영상 srcImage에 표시한다.
18-26	검출된 코너점의 좌표를 출력하고, cvCircle 함수를 사용하여 검출된 코너점의 순서를 확인하기 위하여 if(i==0)에 의해 corners[0]의 좌표의 위치를 확인하거나, if(i < patternSize.width) 문장에 의해 한 행의 코너점의 순서를 확인할 수 있다. 코너점이 저장된 배열의 순서는 아래에서 위로, 오른쪽에서 왼쪽 순서로 저장된 것을 확인할 수 있다.

[그림 4.4]는 체스 보드 패턴에서 코너점의 검출 결과를 보여주고, [그림 4.5]는 검출된 코너점의 좌표를 보여준다.

[그림 4.4] 체스 보드 캘리브레이션 패턴에서 코너점 검출

```
corners[ 0]=(456.50, 225.46)
corners[ 1]=(410.98, 221.01)
corners[ 2]=(365.96, 216.03)
corners[ 3]=(323.13, 211.90)
corners[ 4]=(279.50, 207.83)
corners[ 5]=(237.39, 204.39)
corners[ 6]=(461.67, 179.57)
corners[ 7]=(415.73, 175.27)
corners[ 8]=(371.27, 171.51)
corners[ 9]=(327.46, 167.80)
corners[10]=(285.04, 164.92)
corners[11]=(242.59, 161.47)
corners[12]=(466.54, 133.43)
corners[13]=(421.17, 130.23)
corners[14]=(376.07, 126.79)
corners[15]=(333.01, 123.30)
corners[16]=(289.87, 120.13)
corners[17]=(247.49, 117.44)
```

[그림 4.5] 체스 보드 패턴에서 검출된 코너점 좌표

예제 cvEx0402　비디오에서 체스 보드 패턴의 코너점 검출

```
001: #include <stdio.h>
002: #include "cv.h"
003: #include "highgui.h"
004: int main()
005: {
006:    IplImage*  frame=NULL;
007:    CvCapture* capture = cvCaptureFromFile("chess1.wmv");
008:    if(!capture)
009:    {
010:            printf("the video file was not found.");
011:            return 0;
012:    }
013:    int width = (int)cvGetCaptureProperty(capture,
014:                            CV_CAP_PROP_FRAME_WIDTH);
015:    int height = (int)cvGetCaptureProperty(capture,
016:                            CV_CAP_PROP_FRAME_HEIGHT);
017:    // for writing a output video
018:    int is_color = 1;
019:    double fps = 24.0;
020:
021:    int fourcc = CV_FOURCC('D', 'I', 'V', 'X'); // : MPEG-4
022:    CvSize frame_size = cvSize(width, height);
023:    CvVideoWriter* videoWriter = cvCreateVideoWriter("boardTracking1.avi",
024:            fourcc,  fps, frame_size, is_color);
025:    if(!videoWriter)
026:            return 0;
027:    cvNamedWindow("frame", 1);
028:
029:    CvSize patternSize = cvSize(6,3);
030:    CvPoint2D32f corners[18];
031:    int count;
032:    int nFound;
```

```
033:
034:     for(;cvWaitKey(10) != 27;)
035:     {
036:         frame = cvQueryFrame(capture);
037:         if(!frame)
038:             break;
039:         nFound = cvFindChessboardCorners(frame, patternSize, corners, &count,
040:                         CV_CALIB_CB_ADAPTIVE_THRESH);
041:         cvDrawChessboardCorners(frame, patternSize, corners, count, nFound);
042:
043:         cvShowImage("frame", frame);
044:         cvWriteFrame(videoWriter, frame);
045:     }
046:     cvWaitKey(0);
047:     cvDestroyAllWindows();
048:     cvReleaseCapture(&capture);
049:     cvReleaseVideoWriter(&videoWriter);
050:     return 0;
051: }
```

7-24행 7행은 비디오 파일 "chess1.wmv"를 획득하기 위한 포인터를 설정한다. 23-24행은 체스 보드 패턴의 검출된 내부 코너점을 화면에 표시할 출력 비디오 파일 "boardCorner1.avi"를 설정한다.

39-44행 39-40행은 비디오 파일 "chess1.wmv"에서 획득한 frame 영상에서 cvSize(6, 3) 크기의 체스 보드 패턴의 내부 코너점을 corners 배열에 검출하고, 41행은 검출된 코너점을 frame 영상에 표시하고, 44행은 비디오 파일 "boardCorner1.avi"에 출력한다.

(a)

(b)

[그림 4.6] 비디오에서 체스 보드 패턴의 코너점 검출

4.3 호모그래피 계산

컴퓨터 비전에서 호모그래피(homography)는 서로 다른 카메라 뷰(view)의 영상에 있는 두 평면(plane) 사이의 변환 또는 3차원 공간의 평면과 영상에 투영된 평면 사이의 3×3 변환 행렬 H이다. 호모그래피는 파노라마 영상 생성, 영상 교정(rectification), 카메라 캘리브레이션 등에서 사용된다. 여기서는 Hartley와 Zisserman의 "Multiple View Geometry in Computer Vision(Cambridge University Press, 2000)"을 참고하여 DLT와 RANSAC을 이용한 호모그래피 계산 알고리즘을 자세히 설명하고 구현하였으며, 또한 OpenCV의 cvFindHomography 함수를 이용하여 호모그래피 계산하는 방법을 예제를 통하여 설명한다.

4.3.1 DLT에 의한 호모그래피 계산

DLT(direct linear transform) 알고리즘은 대응점 $(x, y) \leftrightarrow (u, v)$ 사이의 호모그래피 변환행렬 H를 계산한다. s는 임의의 스케일링 상수이다.

$$s \begin{bmatrix} u \\ v \\ 1 \end{bmatrix} = H \begin{bmatrix} x \\ y \\ 1 \end{bmatrix}$$

$$\text{여기서, } H = \begin{bmatrix} h_1 & h_2 & h_3 \\ h_4 & h_5 & h_6 \\ h_7 & h_8 & h_9 \end{bmatrix}$$

[수식 4-6]

[수식 4-6]은 스케일링 상수 $s=1$이라 하면, 아래의 [수식 4-7]과 같이 풀어서 쓸 수 있다.

$$-h_1 x - h_2 y - h_3 + (h_7 x + h_8 y + h_9)u = 0$$
$$-h_4 x - h_5 y - h_6 + (h_7 x + h_8 y + h_9)v = 0 \quad \text{[수식 4-7]}$$

[수식 4-7]은 아래 [수식 4-8]과 같이 행렬에 의한 연립 방정식으로 표현된다.

$$A_1 h = 0$$

$$A_1 = \begin{bmatrix} -x & -y & -1 & 0 & 0 & 0 & ux & uy & u \\ 0 & 0 & 0 & -x & -y & -1 & vx & vy & v \end{bmatrix}$$

$$h = [h_1 \ h_2 \ h_3 \ h_4 \ h_5 \ h_6 \ h_7 \ h_8 \ h_9]^T$$

[수식 4-8]

[수식 4-8]은 동차 연립 방정식(homogeneous linear equation system)이다. 그러므로 4개의 대응점 $(x_i, y_i) \leftrightarrow (u_i, v_i)$, $i = 1, 2, 3, 4$가 있으면 계산될 수 있다. 이때 3개의 대응점이 동일 직선 위에 있지 말아야 한다. 각 대응점에 대하여 2×9인 A_i행렬을 계산할 수 있으며, 4개의 대응점을 이용하여 얻은 8×9 행렬 A로부터 호모그래피 행렬 H를 계산할 수 있다. 대응점의 개수가 $N > 4$이면 행렬 A가 $2N \times 9$이며, N개의 대응점 모두를 사용하여 최소 자승(least squares) 방법으로 호모그래피 H를 계산하거나, RANSAC(RANdom SAmple Consensus) 또는 Least-Median 방법을 사용하여 호모그래피 H를 계산한다.

$$Ah = 0$$

여기서, $A = \begin{bmatrix} A_1 \\ A_2 \\ \cdot \\ \cdot \\ \cdot \\ A_N \end{bmatrix}$ [수식 4-9]

최소 자승(least squares) 방법은 $N > 4$개의 대응점에 잘못된 아웃라이어(outlier)가 없는 경우에, 즉 모든 데이터가 의미 있는 인라이어(inlier)인 경우에는 최적의 방법이다. 그러나 대응점에 잘못된 데이터가 섞여 있으면 계산된 호모그래피 H에 영향을 미치게 되어 오류가 커지게 된다. Least-Median 방법은 임계값은 필요 없지만 인라이어가 50% 이상일 때만 올바르게 호모그래피 H를 계산할 수 있다.

4.3.2 SVD를 이용한 $AX = 0$ 해 구하기

행렬 A는 $M \times N$이며, 미지수 벡터 X는 $N \times 1$ 벡터이다. 모든 응용에서 $X = 0$인 명백한 해(trivial solution) 이외의 $X \neq 0$ 해는 [수식 4-10]과 같이 SVD(Singular Value Decomposition)를 통해 계산한다. OpenCV에서는 cvSVD 함수를 사용하여 행렬을 분해할 수 있다.

$$A = UDV^T$$ [수식 4-10]

① $M = N$ 인 경우.
해가 존재하면, A^TA의 고유값(eigen values)과 관계 있는 D의 대각선 요소 중에서 하나만 $d_i = 0$ 일 것이다. D의 대각선 요소에 의해 내림차순으로 정렬되면 $d_i = 0$에 대응하는 V의 마지막 열이 해가 된다.

② $M > N$ 인 경우.
미지수의 개수보다 방정식의 개수가 많으므로, 정확한 하나의 해가 존재하지 않는다. 제곱오차를 최소화하는 최소 자승 해(least-squares solution)는 D의 대각선 요소가 내림차순으로 정렬되면, 가장 작은 d_i에 대응하는 V의 마지막 열이 해가 된다.

③ $M < N$, $rank(A) = M$ 인 경우.
[수식 4-9]에서, $N=4$인 경우는, 행렬 A가 8×9 크기가 된다. $rank(A) = 8$이므로 $\|H\| = 1$을 만족하는 해를 SVD를 이용하여 구하기 위해서는, 단순히 $(N-M)$ 행을 모두 0으로 채워서 행렬 A가 $N \times N$ 정방 행렬을 만들고 SVD를 적용한다.

4.3.3 정규화된 DLT(Normalized_DLT)에 의한 호모그래피 계산

기본 DLT 알고리즘은 영상의 크기 및 원점의 위치에 의존하기 때문에 정규화(normalization) 과정이 필요하다. 정규화 과정은 다음과 같다. N개의 대응점의 동차좌표를 $p_i = (x_i, y_i, 1)$, $q_i = (u_i, v_i, 1)$, $i = 1, ..., N$으로 표현한다.

Step 1: N개의 대응점 좌표 $p_i = (x_i, y_i, 1)$를 $\tilde{p}_i = (x_i'', y_i'', 1)$로 변환하는 변환 행렬 T_1을 계산한다. 즉, $\tilde{p}_i = T_1 p_i$인 변환 T_1는 $\tilde{p}_i$의 중심점이 원점이 되고, 원점에서의 평균 거리가 $\sqrt{2}$가 되도록 한다.

① 평균을 이용하여 중심점 (m_x, m_y)을 계산한다.

$$m_x = \frac{1}{N} x_i, \quad m_y = \frac{1}{N} y_i \qquad \text{[수식 4-11]}$$

② N개의 대응점 좌표를 중심점 (m_x, m_y)을 기준으로 이동시킨다.

$$x_i' = x_i - m_x$$
$$y_i' = y_i - m_y \qquad \text{[수식 4-12]}$$

③ 중심점 (m_x, m_y)에서의 평균거리 $E(d_i)$를 계산한다.

$$E(d_i) = \frac{1}{N} \sum_{i=1}^{N} \left(\sqrt{x_i'^2 + y_i'^2} \right) \qquad \text{[수식 4-13]}$$

④ 평균 거리 $E(d_i)$가 $\sqrt{2}$가 되도록 스케일링하여 $\tilde{p}_i = (x_i'', y_i'')$를 구한다.

$$x_i'' = c \times x_i'$$
$$y_i'' = c \times y_i'$$

여기서, $c = \dfrac{\sqrt{2}}{E(d_i)} \qquad \text{[수식 4-14]}$

⑤ 동차좌표를 위한 변환 행렬 T_1으로 표현하면 다음과 같다.

$$T_1 = \begin{bmatrix} c & 0 & 0 \\ 0 & c & 0 \\ 0 & 0 & 1 \end{bmatrix} \begin{bmatrix} 1 & 0 & -m_x \\ 0 & 1 & -m_y \\ 0 & 0 & 1 \end{bmatrix} = \begin{bmatrix} c & 0 & -c \times m_x \\ 0 & c & -c \times m_y \\ 0 & 0 & 1 \end{bmatrix} \quad \text{[수식 4-15]}$$

Step 2: 유사하게 좌표 q_i를 $\tilde{q}_i$로 변환하는 변환 T_2를 계산한다. 변환 T_2는 $\tilde{q}_i$의 중심점이 원점이 되고, 원점에서의 평균거리가 $\sqrt{2}$가 되도록 한다.

Step 3: DLT를 이용하여 $\tilde{p}_i \rightarrow \tilde{q}_i$의 호모그래피 $\tilde{H}$를 계산한다.

Step 4: $H = (T_2)^{-1} \tilde{H} T_1$로 호모그래피 행렬 H을 계산한다.

예제 cvEx0403 정규화된 DLT에 의한 두 영상 사이의 호모그래피 계산

```
001: #include <stdio.h>
002: #include "cv.h"
003: #include "highgui.h"
004: void ConvertPtHomogeneousMat(CvPoint2D32f *P, CvMat *mP, int nPoints);
005: void ConvertHomogeneousWeight1(CvMat *mA);
006: void Sample4Points(CvMat *mA, CvMat *mB, int *index);
007: bool FindCornerPoints(IplImage *image, CvSize size, CvMat *mP);
008: void NormalizeCoordinates(CvMat *mA, CvMat *mT);
009: int  ComputeHomographyDLT(const CvMat *_mP, const CvMat *_mQ, CvMat *H);
010: double ComputeHomographyError(const CvMat *_mP, const CvMat *_mQ,
011:                               CvMat *H, int method=0);
012: void DrawRectangle(IplImage *image, const CvMat *mP, CvScalar color);
013: void PrintMat(const CvMat *mat, const char *strName);
014: int main()
015: {
016:     IplImage    *srcImage[2];
017:     if((srcImage[0]=cvLoadImage("image1.jpg"))==NULL)
018:         return -1;
019:     if((srcImage[1]=cvLoadImage("image2.jpg"))==NULL)
020:         return -1;
021:
022:     CvSize patternSize = cvSize(6, 3);
023:     int nPoints = patternSize.width*patternSize.height;
024:
025:     CvMat *mP[2];
026:     mP[0] = cvCreateMat(3, nPoints, CV_64F);
027:     mP[1] = cvCreateMat(3, nPoints, CV_64F);
028:     FindCornerPoints(srcImage[0], patternSize, mP[0]);
029:     FindCornerPoints(srcImage[1], patternSize, mP[1]);
030:
031:     int    index[4] = {0, 5, 12, 17};
032:     CvMat *mQ[2];
```

```
033:        mQ[0] = cvCreateMat(3, 4, CV_64F);
034:        mQ[1] = cvCreateMat(3, 4, CV_64F);
035:
036: // sample 4 points, mQ from corner points, mP
037:        Sample4Points(mP[0], mQ[0], index);
038:        Sample4Points(mP[1], mQ[1], index);
039:
040:        CvMat *H[2];
041:        H[0] = cvCreateMat(3, 3, CV_64F);
042:        H[1] = cvCreateMat(3, 3, CV_64F);
043:
044: // Test 1. calculate Homography by the least square method using all points
045:        ComputeHomographyDLT(mP[0], mP[1], H[0]); // more than 4 points
046:
047: // Test 2. calculate Homography using  only 4 points(0, 5, 12, 17)
048:        ComputeHomographyDLT(mQ[0], mQ[1], H[1]); // 4 points
049:
050:        PrintMat(H[0], "H[0]");
051:        PrintMat(H[1], "H[1]");
052:
053: // calculate  the transform errors
054:        double errorSum1;
055:        errorSum1 = ComputeHomographyError(mP[0], mP[1], H[0], 1);
056:        printf("errorSum1=%f\n", errorSum1);
057:
058:        double errorSum2;
059:        errorSum2 = ComputeHomographyError(mQ[0], mQ[1], H[1], 1);
060: //     errorSum2 = ComputeHomographyError(mP[0], mP[1], H[1], 1);
061:        printf("errorSum2=%f\n", errorSum2);
062: // Reprojection points using H
063:        CvMat   *mP2 = cvCreateMat(mP[0]->rows, mP[0]->cols, mP[0]->type);
064:        CvMat   *mQ2 = cvCreateMat(mQ[0]->rows, mQ[0]->cols, mQ[0]->type);
065:        cvMatMul(H[0], mP[0], mP2); // mP2 = H[0] x mP[0]
066:        cvMatMul(H[1], mQ[0], mQ2); // mQ2 = H[1] x mQ[0]
067:        ConvertHomogeneousWeight1(mP2); // mP2 == mP[1]
068:        ConvertHomogeneousWeight1(mQ2); // mQ2 == mQ[1]
069:
070:        // Drawing rectangles
071:        DrawRectangle(srcImage[0],mQ[0],  CV_RGB(0, 0,255));
072:        DrawRectangle(srcImage[1],mQ2,  CV_RGB(255, 0, 0));
073:
074:        cvNamedWindow("srcImage[0]", CV_WINDOW_AUTOSIZE);
075:        cvShowImage("srcImage[0]", srcImage[0]);
076:        cvNamedWindow("srcImage[1]", CV_WINDOW_AUTOSIZE);
077:        cvShowImage("srcImage[1]", srcImage[1]);
078:        cvWaitKey(0);
079:        cvDestroyAllWindows();
080:        for(int i=0; i<2; i++)
081:        {
082:                cvReleaseMat(&mP[i]);
083:                cvReleaseMat(&mQ[i]);
```

```
084:                cvReleaseImage(&srcImage[i]);
085:      }
086:      cvReleaseMat(&mP2);
087:      cvReleaseMat(&mQ2);
088:      return 0;
089: }
090: void ConvertPtHomogeneousMat(CvPoint2D32f *P, CvMat *mP, int nPoints)
091: {
092:      for(int i=0; i<nPoints; i++)
093:      {
094:            cvmSet(mP, 0, i, P[i].x);
095:            cvmSet(mP, 1, i, P[i].y);
096:            cvmSet(mP, 2, i, 1.0);
097:      }
098: }
099: void ConvertHomogeneousWeight1(CvMat *mA) // u/w, v/w
100: {
101:      int i;
102:      double u, v, w;
103:      for(i=0; i<mA->cols; i++)
104:      {
105:            u = cvmGet(mA, 0, i);
106:            v = cvmGet(mA, 1, i);
107:            w = cvmGet(mA, 2, i);
108:
109:            cvmSet(mA, 0, i, u/w);
110:            cvmSet(mA, 1, i, v/w);
111:            cvmSet(mA, 2, i, 1.0);
112:      }
113: }
114: void Sample4Points(CvMat *mA, CvMat *mB, int *index)
115: {
116:      int i, k;
117:      double x, y, w;
118:      for(i=0; i<4; i++)
119:      {
120:            k = index[i];
121:            x = cvmGet(mA, 0, k);
122:            y = cvmGet(mA, 1, k);
123:            w = cvmGet(mA, 2, k); //w=1
124:
125:            cvmSet(mB, 0, i, x);
126:            cvmSet(mB, 1, i, y);
127:            cvmSet(mB, 2, i, w);
128:      }
129: }
130: bool FindCornerPoints(IplImage *image, CvSize size, CvMat *mP)
131: {
132:      int nPoints =size.width*size.height;
133:      CvPoint2D32f *CornerP = new CvPoint2D32f[nPoints];
134:      int nCount;
```

```
135:    int nFound = cvFindChessboardCorners(image, size, CornerP, &nCount,
136:                     CV_CALIB_CB_ADAPTIVE_THRESH);
137:    if(nCount != size.width*size.height)
138:    {
139:            delete CornerP;
140:            return false;
141:    }
142:    cvDrawChessboardCorners(image, size, CornerP, nCount, nFound);
143:    ConvertPtHomogeneousMat(CornerP, mP, nPoints);
144:    delete CornerP;
145:    return true;
146: }
147: // Compute H  such that mQ <- > H x mP
148: int ComputeHomographyDLT(const CvMat *_mP, const CvMat *_mQ, CvMat *H)
149: {
150:    CvMat *mP = cvCloneMat(_mP);
151:    CvMat *mQ = cvCloneMat(_mQ);
152:
153: // Step 1: Normalize
154:    CvMat *T1 = cvCreateMat(3, 3, CV_64F);
155:    NormalizeCoordinates(mP, T1);
156: // PrintMat(T1, "T1");
157:
158:    CvMat *T2 = cvCreateMat(3, 3, CV_64F);
159:    NormalizeCoordinates(mQ, T2);
160: // PrintMat(T2, "T2");
161:
162: // Step2: make System A x H = 0
163:    int nArows;        // nArows : # of row in A
164:    if(mP->cols < 4)   // mP->cols : # of samples
165:            return 0;
166:    else if (mP->cols == 4)
167:            nArows = 9;    // 4 correspondence points, A : (9 x 9)
168:    else
169:            nArows = 2*mP->cols;// overdetermined matrix, A:(2*mP->cols x 9)
170:    CvMat *A = cvCreateMat(nArows, 9, CV_64F);
171:
172:    int i;
173:    int i1, i2;
174:    double x, y, u, v;
175:    for(i= 0; i<mP->cols; i++)
176:    {
177:            i1 = i*2;
178:            i2 = i1+1;
179:            x = cvGetReal2D(mP, 0, i);
180:            y = cvGetReal2D(mP, 1, i);
181:            u = cvGetReal2D(mQ, 0, i);
182:            v = cvGetReal2D(mQ, 1, i);
183:
184:            cvmSet(A, i1, 0, -x);
185:            cvmSet(A, i1, 1, -y);
```

```
186:              cvmSet(A, i1, 2, -1.0);
187:              cvmSet(A, i1, 3,  0.0);
188:              cvmSet(A, i1, 4,  0.0);
189:              cvmSet(A, i1, 5,  0.0);
190:              cvmSet(A, i1, 6,  u*x);
191:              cvmSet(A, i1, 7,  u*y);
192:              cvmSet(A, i1, 8,  u);
193:
194:              cvmSet(A, i2, 0, 0.0);
195:              cvmSet(A, i2, 1, 0.0);
196:              cvmSet(A, i2, 2, 0.0);
197:              cvmSet(A, i2, 3, -x);
198:              cvmSet(A, i2, 4, -y);
199:              cvmSet(A, i2, 5, -1.0);
200:              cvmSet(A, i2, 6, v*x);
201:              cvmSet(A, i2, 7, v*y);
202:              cvmSet(A, i2, 8, v);
203:         }
204:         if(nArows == 9) // mA->cols == 4, i.e., 4 correspondence points
205:         {
206:              for(int j= 0; j<9; j++) // fill zeros in the extra rows
207:                   cvmSet(A, 8, j, 0.0);
208:         }
209: // Step3: solve using SVD
210:    CvMat *tH = cvCreateMatHeader(9, 1,  mP->type);
211:    cvReshape(H, tH, 0, 9); // change channel (3 x 3)  -> (9 x 1)
212:
213:    CvMat *U  = cvCreateMat(A->rows, A->cols, CV_64F);
214:    CvMat *D  = cvCreateMat(9, 9, CV_64F);
215:    CvMat *VT = cvCreateMat(9, 9,  CV_64F);
216:    cvSVD(A, D, U, VT, CV_SVD_MODIFY_A+CV_SVD_V_T);
217:    double value;
218:    for(i= 0; i<9; i++)
219:    {
220:         value = cvGetReal2D(VT, 8, i);
221:         cvSetReal1D(tH, i, value);
222:    }
223: // Step 4:recover scale :  H = inv(T2) hat(H) T1
224:    CvMat *invT2 = cvCreateMat(3, 3, CV_64F);
225:    cvInv(T2, invT2);
226:    cvMatMul(invT2, H, H);
227:    cvMatMul(H, T1, H);
228:
229: // Step 5: Normalize s.t. tH[8] = H[2][2] = 1.0
230:    double scale = cvmGet(H, 2, 2);
231:    cvScale(H, H, 1.0/scale);
232:
233:    cvReleaseMat(&A);
234:    cvReleaseMat(&mP);
235:    cvReleaseMat(&mQ);
236:
```

```
237:    cvReleaseMat(&D);
238:    cvReleaseMat(&U);
239:    cvReleaseMat(&VT);
240:    cvReleaseMat(&T1);
241:    cvReleaseMat(&T2);
242:    cvReleaseMat(&invT2);
243:    return 1;
244: }
245: void NormalizeCoordinates(CvMat *mA, CvMat *mT)
246: {
247:    double avg[3];
248:    CvMat mAvg = cvMat(3, 1, CV_64F, avg);
249:    cvReduce(mA, &mAvg, 1, CV_REDUCE_AVG);
250:
251:    int i;
252:    double x, y;
253:    double dx, dy;
254:    double distSum=0.0, distAvg;
255:    for(i= 0; i<mA->cols; i++)
256:    {
257:        x = cvmGet(mA, 0, i);
258:        y = cvmGet(mA, 1, i);
259:
260:        dx =  x - avg[0];
261:        dy =  y - avg[1];
262:
263:        cvmSet(mA, 0, i, dx);
264:        cvmSet(mA, 1, i, dy);
265:
266:        distSum += cvSqrt(dx*dx + dy*dy);
267:    }
268:    // average distance
269:    distAvg = distSum /mA->cols;
270:    double scale = cvSqrt(2.0)/distAvg;
271:    cvScale(mA, mA, scale);
272:
273:    //Transform Matrix
274:    cvZero(mT);
275:    cvmSet(mT, 0, 0, scale); cvmSet(mT, 0, 2, -scale*avg[0]);
276:    cvmSet(mT, 1, 1, scale); cvmSet(mT, 1, 2, -scale*avg[1]);
277:    cvmSet(mT, 2, 2, 1.0);
278: }
279: // errSum = sum(d(mQ[i], H x mP[i])) if method = 0
280: // errSum = sum(d(mQ[i], H x mP[i]))
281: //        + sum(d(mP[i], inv(H) x mQ[i]))   if method = 1
282: double ComputeHomographyError(const CvMat *_mP, const CvMat *_mQ,
283:                               CvMat *H, int method)
284: {
285:    double errSum=0.0;
286:    // mQ = H x mP[i]
287:    CvMat *mQ = cvCreateMat(_mQ->rows, _mQ->cols, _mQ->type);
```

```
288:        CvMat *mE = cvCreateMat(_mQ->rows, _mQ->cols, _mQ->type);
289:
290:        cvMatMul(H, _mP, mQ); //reprojection
291:        ConvertHomogeneousWeight1(mQ);
292:
293:        cvSub(_mQ, mQ, mE);
294:        errSum = cvNorm(mE, NULL, CV_L2);
295: //     errSum = cvNorm(_mQ, mQ, CV_L2);
296:        if(method == 1)
297:        {
298:                CvMat *mP = cvCreateMat(_mQ->rows, _mQ->cols, _mQ->type);
299:                CvMat *invH = cvCreateMat(H->rows, H->cols, H->type);
300:                cvInv(H, invH);
301:
302:                cvMatMul(invH, _mQ, mP); //backprojection
303:                cvSub(_mP, mP, mE);
304:                errSum = errSum + cvNorm(mE, NULL, CV_L2);
305:                cvReleaseMat(&mP);
306:        }
307:        cvReleaseMat(&mQ);
308:        return errSum;
309: }
310: void DrawRectangle(IplImage *image, const CvMat *mP, CvScalar color)
311: {
312:        double x, y;
313:        CvPoint pts[4];
314:        for(int i=0; i<4; i++)
315:        {
316:                x = cvmGet(mP, 0, i);
317:                y = cvmGet(mP, 1, i);
318:                pts[i] = cvPoint(cvRound(x), cvRound(y));
319:                cvCircle(image, pts[i], 2, CV_RGB(0, 0, 255), 2);
320:        }
321:        cvLine(image, pts[0], pts[1], color, 2);
322:        cvLine(image, pts[2], pts[3], color, 2);
323:        cvLine(image, pts[0], pts[2], color, 2);
324:        cvLine(image, pts[1], pts[3], color, 2);
325: }
326: void PrintMat(const CvMat *mat, const char *strName)
327: {
328:        int    x, y;
329:        double   fValue;
330:        printf(" %s \n = \n", strName);
331:        for(y= 0; y<mat->rows; y++)
332:        {
333:                for(x= 0; x<mat->cols; x++)
334:                {
335:                        fValue = cvGetReal2D(mat, y, x);
336:                        printf("%.2lf ", fValue);
337:                }
338:                printf("\n");
```

```
339:    }
340:    printf("\n\n");
341: }
```

체스 보드 패턴에서 정규화된 DLT(Normalized_DLT)에 의한 호모그래피를 계산하는 알고리즘을 OpenCV 함수를 사용하여 구현하였다.

16-29행	"image1.jpg"와 "image2.jpg"를 srcImage[0]과 srcImage[1]에 각각 로드하고, 체스 보드 패턴의 내부 코너점을 FindCornerPoints 함수를 사용하여 행렬 mP[0]와 mP[1]에 각각 검출한다.
31-38행	31행의 index 배열은 외각 사각형의 코너점의 위치에 대한 첨자이다. 37행은 Sample4Points 함수를 사용하여 18개의 코너점을 가진 mP[0]와 mP[1]에서 index 배열을 이용하여 mP[0]와 mP[1]에서 외각 사각형의 4개의 코너점을 mQ[0]와 mQ[1]에 저장해온다. mP[0]와 mP[1]는 $3 \times nPoints$, 즉 여기서는 3×18 행렬이고, mQ[0]와 mQ[1]는 3×4 행렬이다.
45-48행	45행은 ComputeHomographyDLT 함수에 의해 18개의 대응점 mP[0]에서 mP[1]로의 호모그래피 변환 H[0]을 계산한다. ComputeHomographyDLT는 좌표를 정규화한 다음 호모그래피를 H[0]을 계산한다. 48행은 ComputeHomographyDLT 함수에 의해 18개의 대응점 mQ[0]에서 mQ[1]로의 호모그래피 변환 H[1]을 계산한다. ComputeHomographyDLT는 좌표를 정규화한 다음 호모그래피를 H[1]을 계산한다.
55-59행	55행은 ComputeHomographyError 함수를 사용하여 mP[0]에서 mP[1]로의 호모그래피 변환 H[0]의 오차 errorSum1을 계산한다. 59행은 ComputeHomographyError 함수를 사용하여 mQ[0]에서 mQ[1]로의 호모그래피 변환 H[1]의 오차 errorSum2를 계산한다.
65-68행	65행은 mP[0]에 호모그래피 변환 H[0]을 적용하여 결과를 mP2에 저장한다. 66행은 mQ[0]에 호모그래피 변환 H[1]을 적용하여 결과를 mQ2에 저장한다. 67행과 68행은 2D 직교 좌표를 얻기 위하여 mP2와 mQ2의 동차좌표 $(x, y, w)^T$를 $(x/w, y/w, 1)^T$로 변경한다. H[0]과 H[0]이 올바르게 계산되었다면, mP2는 mP[1]과 오차 내에서 같아야 하며, mQ2는 mQ[1]과 오차 내에서 같아야 한다.
71-72행	DrawRectangle 함수를 사용하여 mQ[0]의 4개의 코너점에 의한 사각형을 영상 srcImage[0] 표시하고, mQ2의 4개의 변환된 코너점에 의한 사각형을 영상 srcImage[1] 표시하였다. 즉, srcImage[0]에 표시된 사각형에서 호모그래피 변환 H[1]을 적용하여 계산된 사각형이 srcImage[1]에 표시된 사각형이다.
90-98행	ConvertPtHomogeneousMat 함수는 CvPoint2D32f 자료형의 2D 좌표 배열 P를 CvMat의 행렬의 각 열에 동차좌표 $(x, y, 1)^T$ 형태로 저장하여 반환한다.
99-113행	ConvertHomogeneousWeight1 함수는 행렬 mA의 열에 동차좌표 형식, $(x, y, w)^T$로 저장된 좌표들을 $(x/w, y/w, 1)^T$로 변환한다. 즉, 가중치를 제외하면 직교좌표로 사용할 수 있다.
114-129행	Sample4Points 함수는 4개의 대응점만을 사용한 기본 DLT 알고리즘을 테스트하기 위하여, 행렬 mA에서 배열 index의 열 위치에 저장된 4개의 좌표를 행렬 mB에 저장하여 반환한다.

130-146행 FindCornerPoints 함수는 호모그래피를 계산하는 데 필요한 코너점을 계산한다. cvFindChessboardCorners 함수를 사용하여 image에서 size의 코너점을 CornerP에 계산하고, cvDrawChessboardCorners 함수로 영상에 표시하며, ConvertPtHomogeneousMat 함수를 사용하여 CornerP를 CvMat 행렬 mP로 변환한다.

148-244행 FindHomographyDLT 함수는 코너점의 행렬 _mP에서 _mQ로의 호모그래피 H를 좌표를 정규화하고 SVD에 의해 계산한다.

245-278행 NormalizeCoordinates 함수는 대응점 좌표의 중심점에서 평균 거리가 $\sqrt{2}$ 가 되도록 정규화한다.

282-309행 ComputeHomographyError 함수는 _mP에서 _mQ로의 호모그래피 H의 오차를 계산한다. method = 0이면, 호모그래피 H만을 사용하여 각 대응점에 대하여 CV_L2 놈(norm)인 d(mQ[i], H x mP[i])의 합을 오차로 계산한다. method = 1이면, 호모그래피 H에 의한 오차 d(mQ[i], H x mP[i])와 호모그래피 H의 역행렬 invH에 의한 오차 sum(d(mP[i], inv(H) x mQ[i]))의 합을 오차로 계산한다.

310-325행 DrawRectangle 함수는 행렬 mP에 저장된 4개의 좌표를 영상 image에 원으로 표시하고, 사각형으로 표시한다.

[그림 4.7]는 mQ[0]에서 mQ[1]로의 호모그래피 H[1]에 의한 결과이다. [그림 4.7](a)의 사각형에 호모그래피 변환 H[1]을 적용한 결과가 [그림 4.7](b)의 사각형이다. 눈으로 보기에 정확히 변환된 것을 알 수 있다. [그림 4.8]는 호모그래피 변환 행렬과 오차이다. 18개의 대응점을 모두 사용하여 계산한 호모그래피 H[0]의 오차는 errorSum1=294.63이고, 4개의 대응점을 사용하여 계산한 호모그래피 H[1]의 오차는 errorSum2=166.2이다. 주의할 것은 59행은 단지 4점에서의 오차의 합이다. 60행 같이 4개의 대응점으로 계산한 호모그래피 H[1]을 가지고 18개의 모든 대응점에 대한 오차를 계산하면 errorSum2=313.57이 된다. 다음에 다룰 RANSAC 알고리즘을 사용하면 조금 더 오차를 줄일 수 있다.

(a) (b)

[그림 4.7] 호모그래피 H[1]에 의한 변환

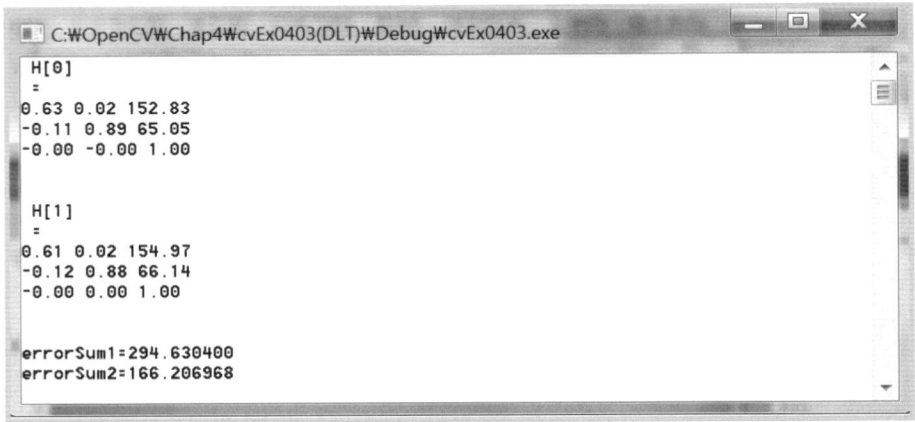

[그림 4.8] 호모그래피 H[0], H[1], 오차 계산

4.3.4 RANSAC을 이용한 정규화 DLT 알고리즘

RANSAC(Random Sample Consensus) 알고리즘은 $N>4$인 대응점에서 랜덤으로 4개의 대응점을 샘플링한 후에 정규화된 DLT를 이용하여 호모그래피 행렬 H를 반복적으로 계산하고, 임계값보다 오차가 작은 인라이어의 개수가 가장 클 때의 호모그래피를 찾는 방법을 사용한다. RANSAC 알고리즘을 이용한 호모그래피 계산은 다음과 같다. Hartley와 Zisserman 교재를 참고하였다.

Step 1: maxIter = 100, k=0, 임계값 T_DIST=10, maxInlier= -1, minStd= 10e5, p = 0.99로 초기화한다.
$p_i = (x_i, y_i, 1)$, $q_i = (u_i, v_i, 1)$, $i = 1,...,N$

Step 2: while(maxIter〉 k)
  (a) p_i, q_i에서 랜덤으로 4개의 대응점, $a_j \langle - \rangle b_j$, $j = 1,...,4$를 샘플링 한다.
  (b) 샘플 중 3개 이상의 대응점이 동일 선상(co-linear)에 있으면 (a)를 다시 수행하여 샘플링 한다.
  (c) 4개의 대응점을 이용하여 Normalized_DLT 방법으로 호모그래피 H_k를 계산한다.
  (d) N개의 모든 대응점 $p_i = (x_i, y_i, 1)$, $q_i = (u_i, v_i, 1)$, $i = 1,...,N$에 대하여 호모그래피 H_k에 의한 오차인 거리를 [수식 4-16]과 같이 계산한다.

$$d_i = d(q_i, H_k p_i) + d(H_k^{-1} q_i, p_i) \quad \text{[수식 4-16]}$$

  (e) $d_i < T\_DIST$인 인라이어의 거리의 표준편차 σ_k를 [수식 4-17]과 같이 계산한다.

$$\sigma_k = STD(d_i) \quad \text{[수식 4-17]}$$

  (f) $d_i < T\_DIST$인 인라이어(inliers)의 개수 m을 카운트한다.

(g) 인라이어의 개수가 가장 많은 호모그래피를 찾는다.
인라이어 개수가 동일한 경우는 인라이어의 표준편차가 적은 호모그래피를 찾는다.
즉, 만약 (m > MAX_inlier) 또는 (m == maxInlier && σ_k < MIN_std)) 이면 $H = H_k$로 저장하고 모든 인라이어 대응점을 저장한다.

(h) maxIter를 [수식 4-18]과 같이 갱신한다.

$$maxIter = \frac{\log(1-p)}{\log(1-(1-\epsilon)^s)}$$

여기서 $s = 4, p = 0.99, \epsilon = m/N$ [수식 4-18]

Step 3: 모든 인라이어를 가지고, Normalized_DLT를 적용하여 다시 호모그래피 H를 계산한다.

예제 cvEx0404   RANSAC에 의한 호모그래피

```
001: #include <stdio.h>
002: #include "cv.h"
003: #include "highgui.h"
004: #define  T_DIST  0.8
005: // new functions against cvEx0403
006: void ComputeRANSAChomograhy(CvMat *_mP, CvMat *_mQ, CvMat *H);
007: void NormalizeCoordinates2(CvMat *mA, CvMat *mT, CvMat  *mask);
008: int  ComputeHomographyDLT2(const CvMat *_mP, const CvMat *_mQ,
009:                            CvMat *H, CvMat *mask);
010: bool isColinear(CvMat *_mP);
011: void RandomNumber(CvRNG *rng_state, int index[], int nCorrPoints);
012: int ComputeInliers(const CvMat *_mP, const CvMat *_mQ, CvMat *H,
013:          CvMat *maskInlier,double *errorStd);
014: void DrawRectangle2(IplImage *image, const CvMat *mP,
015:                    int index[], CvScalar color);
016: //
017:
018: void ConvertPtHomogeneousMat(CvPoint2D32f *P, CvMat *mP, int nPoints);
019: void ConvertHomogeneousWeight1(CvMat *mA);
020: void Sample4Points(CvMat *mA, CvMat *mB, int *index);
021: bool FindCornerPoints(IplImage *image, CvSize size, CvMat *mP);
022: double ComputeHomographyError(const CvMat *_mP,
023:                       const CvMat *_mQ, CvMat *H, int method=0);
024: void PrintMat(const CvMat *mat, const char *strName);
025: int main()
026: {
027:    IplImage   *srcImage[2];
028:    if((srcImage[0]=cvLoadImage("image1.jpg"))==NULL)
029:         return -1;
030:     if((srcImage[1]=cvLoadImage("image2.jpg"))==NULL)
031:         return -1;
032:
```

```
033:    CvSize patternSize = cvSize(6, 3);
034:    int nPoints = patternSize.width*patternSize.height;
035:
036:    CvMat *mP[2];
037:    mP[0] = cvCreateMat(3, nPoints, CV_64F);
038:    mP[1] = cvCreateMat(3, nPoints, CV_64F);
039:    FindCornerPoints(srcImage[0], patternSize, mP[0]);
040:    FindCornerPoints(srcImage[1], patternSize, mP[1]);
041:
042:    CvMat *H = cvCreateMat(3, 3, CV_64F);
043:    ComputeRANSAChomograhy(mP[0], mP[1], H); // more than 4 points
044:    PrintMat(H, "final H");
045:
046: // calculate  the transform errors
047:    double errorSum1;
048:    errorSum1 = ComputeHomographyError(mP[0], mP[1], H, 1);
049:    printf("errorSum1=%f\n", errorSum1);
050:
051: // Reprojection points using H
052:    CvMat   *mP2 = cvCreateMat(mP[0]->rows, mP[0]->cols, mP[0]->type);
053:    cvMatMul(H, mP[0], mP2); // mP2 = H x mP[0]
054:    ConvertHomogeneousWeight1(mP2); // mP2 == mP[1]
055:
056:    // Drawing rectangles
057:    int     index[4] = {0, 5, 12, 17};
058:    DrawRectangle2(srcImage[0],mP[0], index,  CV_RGB(0,0,255));
059:    DrawRectangle2(srcImage[1],mP2, index,   CV_RGB(255,0,0));
060:
061:    cvShowImage("srcImage[0]", srcImage[0]);
062:    cvShowImage("srcImage[1]", srcImage[1]);
063:    cvWaitKey(0);
064:    cvDestroyAllWindows();
065:    for(int i=0; i<2; i++)
066:    {
067:        cvReleaseMat(&mP[i]);
068:        cvReleaseImage(&srcImage[i]);
069:    }
070:    cvReleaseMat(&mP2);
071:    return 0;
072: }
073: /////////////////
074: bool isColinear(CvMat *_mP)
075: { // Co-linearity check in 4 cases
076:    int idx[4][3] ={ {0, 1, 2},  {0, 1, 3}, {0, 2, 3}, {1, 2, 3}};
077:    double mA[9];
078:    CvMat mat = cvMat(3, 3, CV_64F, mA);
079:    CvMat submat0, submat1, submat2;
080:
081:    double det;
082:    for(int i=0; i<4 ; i++)
083:    {
```

```
084:            cvGetCol(_mP, &submat0, idx[i][0]);
085:            cvGetCol(_mP, &submat1, idx[i][1]);
086:            cvGetCol(_mP, &submat2, idx[i][2]);
087:            mA[0] = cvmGet(&submat0, 0, 0);
088:            mA[1] = cvmGet(&submat0, 1, 0);
089:            mA[2] = cvmGet(&submat0, 2, 0);
090:
091:            mA[3] = cvmGet(&submat1, 0, 0);
092:            mA[4] = cvmGet(&submat1, 1, 0);
093:            mA[5] = cvmGet(&submat1, 2, 0);
094:            mA[6] = cvmGet(&submat2, 0, 0);
095:            mA[7] = cvmGet(&submat2, 1, 0);
096:            mA[8] = cvmGet(&submat2, 2, 0);
097:            det = cvDet(&mat);
098:            if(abs(det) < 10e-2) // co-linear if det approximates zero
099:            {
100:                return true;
101:            }
102:    }
103:    return false;
104: }
105: void RandomNumber(CvRNG *rng_state, int index[], int nCorrPoints)
106: {
107: // cvRandArr(&rng_state, &sampleMat,CV_RAND_UNI, cvScalar(0,0, 0),
108: // cvScalar(nCorrPoints-1,nCorrPoints-1, nCorrPoints-1));
109: //  cvRandArr : possible the same random values in index
110:    int i;
111:    int k = 0;
112:    int rnd;
113:    for(;k<4;)
114:    {
115:        rnd= cvRandInt(rng_state)%nCorrPoints;
116:        for(i = 0; i<k; i++)
117:        {
118:            if(rnd == index[i])
119:                break;
120:        }
121:        if(i == k) // no the same random numbers in index[]
122:        {
123:            index[k] = rnd;
124:            k++;
125:        }
126:    }
127: }
128:
129: // errSum = sum(d(mQ[i], H x mP[i])) + sum(d(mP[i], inv(H) x mQ[i]))
130: int ComputeInliers(const CvMat *_mP, const CvMat *_mQ, CvMat *H,
131:         CvMat *maskInlier,double *errorStd)
132: {
133:    double d, d1, d2;
134:    double x, y, z;
```

```
135:        double errorSum=0.0;
136:        double errorSum2=0.0;
137:        int    nInlier=0;
138:        // mQ = H x mP[i]
139:        CvMat *mQ = cvCreateMat(_mQ->rows, _mQ->cols, _mQ->type);
140:        CvMat *mE1 = cvCreateMat(_mQ->rows, _mQ->cols, _mQ->type);
141:        CvMat *mE2 = cvCreateMat(_mQ->rows, _mQ->cols, _mQ->type);
142:        CvMat *distMat = cvCreateMat(1, _mQ->cols, CV_64F);
143:
144:        cvMatMul(H, _mP, mQ); //reprojection
145:        ConvertHomogeneousWeight1(mQ);
146:
147:        cvSub(_mQ, mQ, mE1);
148: //     d1 = cvNorm(mE1, NULL, CV_L2);
149:
150:        CvMat *mP = cvCreateMat(_mQ->rows, _mQ->cols, _mQ->type);
151:        CvMat *invH = cvCreateMat(H->rows, H->cols, H->type);
152:        cvInv(H, invH);
153:
154:        cvMatMul(invH, _mQ, mP); //backprojection
155:        ConvertHomogeneousWeight1(mP);
156:        cvSub(_mP, mP, mE2);
157:
158:        cvZero(maskInlier);
159:        cvZero(distMat);
160:        for(int i=0; i< mE2->cols; i++)
161:        {
162:            x = cvmGet(mE1, 0, i);
163:            y = cvmGet(mE1, 1, i);
164:            z = cvmGet(mE1, 2, i);
165:            d1 = cvSqrt(x*x + y*y + z*z);
166:
167:            x = cvmGet(mE2, 0, i);
168:            y = cvmGet(mE2, 1, i);
169:            z = cvmGet(mE2, 2, i);
170:            d2 = cvSqrt(x*x + y*y + z*z);
171:            d = d1 + d2;
172:            if(d <  T_DIST)
173:            {
174:                nInlier++;
175:                cvSetReal1D(maskInlier,i,1);
176:                errorSum += d;
177:                errorSum2 += d*d;
178:            }
179:        }
180:        double errorMean = errorSum/(double)nInlier;
181:        *errorStd = cvSqrt(errorSum2/(double)nInlier - errorMean*errorMean);
182:        cvReleaseMat(&mP);
183:        cvReleaseMat(&invH);
184:
185:        cvReleaseMat(&mQ);
```

Chpater 04 카메라 캘리브레이션(Camera Calibration)

```
186:      cvReleaseMat(&mE1);
187:      cvReleaseMat(&mE2);
188:      return nInlier;
189: }
190: void ComputeRANSAChomograhy(CvMat *_mP, CvMat *_mQ, CvMat *H)
191: {
192:      // Step1:
193:      double  e;
194:      int     i, k=0;
195:      int     maxIter = 100;
196:      int     nInlier;
197:      int     maxInlier= -1;
198:      double  minStd   = 10e5, p = 0.99;
199:      double stdK;
200:      int nCorrPoints = _mP->cols; // # of correspondance points
201:
202:      CvMat *mP2, *mQ2, *Hk;
203:      mP2 = cvCreateMat(3, 4, CV_64F);
204:      mQ2 = cvCreateMat(3, 4, CV_64F);
205:      Hk  = cvCreateMat(3, 3, CV_64F);
206:
207:      int     index[4];
208:      CvRNG   rng_state = cvRNG(-1);
209:
210:      CvMat *inlierMask = cvCreateMat(1, nCorrPoints, CV_8UC1);
211:      CvMat *InlierK    = cvCreateMat(1, nCorrPoints, CV_8UC1);
212:
213:      // Step2:
214:      while(maxIter > k)
215:      {
216:          // pick 4 corresponding points
217:              do
218:              {
219:                      RandomNumber(&rng_state, index, nCorrPoints);
220:                      Sample4Points(_mP, mP2, index);
221:                      Sample4Points(_mQ, mQ2, index);
222:                      // check co-linearity in mP2
223:              } while(isColinear(mP2));
224:
225:              cvZero(inlierMask);
226:              for(i=0; i< 4; i++) // using only the first 4 values
227:                      cvSetReal1D(inlierMask, i, 1);
228:              ComputeHomographyDLT2(mP2, mQ2, Hk, inlierMask);
229: //         PrintMat(Hk, "Hk");
230:
231:              nInlier = ComputeInliers(_mP, _mQ, Hk, InlierK, &stdK);
232: //         printf("k = %d: nInlier=%d, stdK = %f\n", k, nInlier, stdK);
233:              if(nInlier > maxInlier || (nInlier ==maxInlier && stdK < minStd))
234:              {
235:                      maxInlier = nInlier;
236:                      minStd    = stdK;
```

```
237:                    cvCopy(Hk, H);
238:                    cvCopy(InlierK, inlierMask);
239:            }
240:            // update  maxIter by Algorithm 3.5 in Hartley and Zisserman, pp.105
241:            e = 1 - (double)nInlier / (double)nCorrPoints;
242:            maxIter = (int)(log(1.0-p)/log(1.0-pow(1-e, 4)));
243:            k++;
244:    }
245:    printf("maxInlier=%d\n", maxInlier);
246: // PrintMat(inlierMask, "inlierMask");
247:    PrintMat(H, "Before H");
248: // Step 3:
249:    // compute H only using Inlier  points of all points
250:    ComputeHomographyDLT2(_mP, _mQ, H, inlierMask);
251:    PrintMat(H, "After H");
252:    cvReleaseMat(&mP2);
253:    cvReleaseMat(&mQ2);
254:    cvReleaseMat(&Hk);
255:    cvReleaseMat(&InlierK);
256:    cvReleaseMat(&inlierMask);
257: }
258: // Compute H  such that mQ <- > H x mP in mask != 0
259: int ComputeHomographyDLT2(const CvMat *_mP, const CvMat *_mQ,
260:                          CvMat *H, CvMat *mask)
261: {
262:    CvMat *mP = cvCloneMat(_mP);
263:    CvMat *mQ = cvCloneMat(_mQ);
264:
265: //Step 1: Normalize
266:    CvMat *T1 = cvCreateMat(3, 3, CV_64F);
267:    NormalizeCoordinates2(mP, T1, mask);
268:
269:    CvMat *T2 = cvCreateMat(3, 3, CV_64F);
270:    NormalizeCoordinates2(mQ, T2, mask);
271:
272: //Step2: make System A x H = 0
273:    int nArows;      // nArows : # of row in A
274:    int nNonZero = cvCountNonZero(mask);
275:    if(nNonZero < 4)  // nNonZero : # of samples
276:         return 0;
277:    else if (nNonZero == 4)
278:         nArows = 9;    // 4 correspondence points, A : (9 x 9) matrix
279:    else
280:    {
281:        // overdetermined matrix, A : (2*nArows x 9) matrix
282:         nArows = 2*nNonZero;
283:    }
284:    CvMat *A = cvCreateMat(nArows, 9, CV_64F);
285:
286:    int i;
287:    int i1, i2;
```

```
288:    double x, y, u, v;
289:    int nMask, k=0;
290:    for(i= 0; i<mP->cols; i++)
291:    {
292:            nMask= (int)cvGetReal1D(mask,i);
293:            if(!nMask) // nMask == 0
294:                    continue;
295:            x = cvGetReal2D(mP, 0, i);
296:            y = cvGetReal2D(mP, 1, i);
297:            u = cvGetReal2D(mQ, 0, i);
298:            v = cvGetReal2D(mQ, 1, i);
299:
300:            i1 = (k++)*2;
301:            i2 = i1+1;
302:
303:            cvmSet(A, i1, 0, -x);
304:            cvmSet(A, i1, 1, -y);
305:            cvmSet(A, i1, 2, -1.0);
306:            cvmSet(A, i1, 3,  0.0);
307:            cvmSet(A, i1, 4,  0.0);
308:            cvmSet(A, i1, 5,  0.0);
309:            cvmSet(A, i1, 6,  u*x);
310:            cvmSet(A, i1, 7,  u*y);
311:            cvmSet(A, i1, 8,  u);
312:
313:            cvmSet(A, i2, 0, 0.0);
314:            cvmSet(A, i2, 1, 0.0);
315:            cvmSet(A, i2, 2, 0.0);
316:            cvmSet(A, i2, 3, -x);
317:            cvmSet(A, i2, 4, -y);
318:            cvmSet(A, i2, 5, -1.0);
319:            cvmSet(A, i2, 6,  v*x);
320:            cvmSet(A, i2, 7,  v*y);
321:            cvmSet(A, i2, 8,  v);
322:    }
323:    if(nArows == 9) // mA->cols == 4, i.e., 4 correspondence points
324:    {
325:            for(int j= 0; j<9; j++) // fill zeros in the extra rows
326:                    cvmSet(A, 8, j, 0.0);
327:    }
328:
329: //Step3: solve using SVD
330:    CvMat *tH = cvCreateMatHeader(9, 1,  mP->type);
331:    cvReshape(H, tH, 0, 9); // change channel (3 x 3)  -> (9 x 1)
332:
333:    CvMat *U  = cvCreateMat(A->rows, A->cols, CV_64F);
334:    CvMat *D  = cvCreateMat(9, 9, CV_64F);
335:    CvMat *VT = cvCreateMat(9, 9,  CV_64F);
336:    // CV_SVD_MODIFY_A, for speeding up
337:    cvSVD(A, D, U, VT, CV_SVD_MODIFY_A+CV_SVD_V_T);
338:
```

```
339:    double value;
340:    for(i= 0; i<9; i++)
341:    {
342:            value = cvGetReal2D(VT, 8, i);
343:            cvSetReal1D(tH, i, value);
344:    }
345: //Step 4:recover scale :   H = inv(T2) hat(H) T1
346:    CvMat *invT2 = cvCreateMat(3, 3, CV_64F);
347:    cvInv(T2, invT2);
348:    cvMatMul(invT2, H, H);
349:    cvMatMul(H, T1, H);
350:
351: //Step 5: Normalize s.t. tH[8] = H[2][2] = 1.0
352:    double scale = cvmGet(H, 2, 2);
353:    cvScale(H, H, 1.0/scale);
354:
355:    cvReleaseMat(&A);
356:    cvReleaseMat(&mP);
357:    cvReleaseMat(&mQ);
358:    cvReleaseMat(&D);
359:    cvReleaseMat(&U);
360:    cvReleaseMat(&VT);
361:    cvReleaseMat(&T1);
362:    cvReleaseMat(&T2);
363:    cvReleaseMat(&invT2);
364:    return 1;
365: }
366: void NormalizeCoordinates2(CvMat *mA, CvMat *mT, CvMat *mask)
367: {
368:    float avg[3];
369: // CvMat mAvg = cvMat(3, 1, CV_64F, avg);
370: // cvReduce(mA, &mAvg, 1, CV_REDUCE_AVG);
371:    int i;
372:    double x, y;
373:    double dx, dy;
374:    int nMask;
375:    int nCount = 0;
376:    double sumX=0.0, sumY=0.0;
377:
378:    for(i= 0; i<mA->cols; i++)
379:    {
380:            nMask= (int)cvGetReal1D(mask,i);
381:            if(nMask == 0)
382:                    continue;
383:            x = cvmGet(mA, 0, i);
384:            y = cvmGet(mA, 1, i);
385:            sumX += x;
386:            sumY += y;
387:            nCount++;
388:    }
389:    avg[0] = sumX/(double)nCount;
```

```
390:    avg[1] = sumY/(double)nCount;
391:
392:    double distSum=0.0, distAvg;
393:    for(i= 0; i<mA->cols; i++)
394:    {
395:            nMask= (int)cvGetReal1D(mask,i);
396:            if(nMask == 0)
397:                    continue;
398:            x = cvmGet(mA, 0, i);
399:            y = cvmGet(mA, 1, i);
400:
401:            dx =  x - avg[0];
402:            dy =  y - avg[1];
403:
404:            cvmSet(mA, 0, i, dx);
405:            cvmSet(mA, 1, i, dy);
406:
407:            distSum += cvSqrt(dx*dx + dy*dy);
408:    }
409:    // average distance
410:    distAvg = distSum /mA->cols;
411:    double scale = cvSqrt(2.0)/distAvg;
412:    cvScale(mA, mA, scale);
413:
414:    //Transform Matrix
415:    cvZero(mT);
416:    cvmSet(mT, 0, 0, scale); cvmSet(mT, 0, 2, -scale*avg[0]);
417:    cvmSet(mT, 1, 1, scale); cvmSet(mT, 1, 2, -scale*avg[1]);
418:    cvmSet(mT, 2, 2, 1.0);
419: }
420: /////////////////////////////////
421: void ConvertPtHomogeneousMat(CvPoint2D32f *P, CvMat *mP, int nPoints)
422: {
423:    for(int i=0; i<nPoints; i++)
424:    {
425:            cvmSet(mP, 0, i, P[i].x);
426:            cvmSet(mP, 1, i, P[i].y);
427:            cvmSet(mP, 2, i, 1.0);
428:    }
429: }
430: void ConvertHomogeneousWeight1(CvMat *mA) // u/w, v/w
431: {
432:    int i;
433:    double u, v, w;
434:    for(i=0; i<mA->cols; i++)
435:    {
436:            u = cvmGet(mA, 0, i);
437:            v = cvmGet(mA, 1, i);
438:            w = cvmGet(mA, 2, i);
439:
440:            cvmSet(mA, 0, i, u/w);
```

```
441:                cvmSet(mA, 1, i, v/w);
442:                cvmSet(mA, 2, i, 1.0);
443:        }
444: }
445: void Sample4Points(CvMat *mA, CvMat *mB, int *index)
446: {
447:    int i, k;
448:    double x, y, w;
449:    for(i=0; i<4; i++)
450:    {
451:            k = index[i];
452:            x = cvmGet(mA, 0, k);
453:            y = cvmGet(mA, 1, k);
454:            w = cvmGet(mA, 2, k); //w=1
455:
456:            cvmSet(mB, 0, i, x);
457:            cvmSet(mB, 1, i, y);
458:            cvmSet(mB, 2, i, w);
459:    }
460: }
461: bool FindCornerPoints(IplImage *image, CvSize size, CvMat *mP)
462: {
463:    int nPoints =size.width*size.height;
464:    CvPoint2D32f *CornerP = new CvPoint2D32f[nPoints];
465:    int nCount;
466:    int nFound = cvFindChessboardCorners(image, size, CornerP, &nCount,
467:                        CV_CALIB_CB_ADAPTIVE_THRESH);
468:    if(nCount != size.width*size.height)
469:    {
470:            delete CornerP;
471:            return false;
472:    }
473:    cvDrawChessboardCorners(image, size, CornerP, nCount, nFound);
474:    ConvertPtHomogeneousMat(CornerP, mP, nPoints);
475:    delete CornerP;
476:    return true;
477: }
478:
479: // errSum = sum(d(mQ[i], H x mP[i])) if method = 0
480: // errSum = sum(d(mQ[i], H x mP[i]))
481: //         + sum(d(mP[i], inv(H) x mQ[i]))   if method = 1
482: double ComputeHomographyError(const CvMat *_mP, const CvMat *_mQ,
483:                        CvMat *H, int method)
484: {
485:    double errSum=0.0;
486:    // mQ = H x mP[i]
487:    CvMat *mQ = cvCreateMat(_mQ->rows, _mQ->cols, _mQ->type);
488:    CvMat *mE = cvCreateMat(_mQ->rows, _mQ->cols, _mQ->type);
489:
490:    cvMatMul(H, _mP, mQ); //reprojection
491:    ConvertHomogeneousWeight1(mQ);
```

```
492:
493:        cvSub(_mQ, mQ, mE);
494:        errSum = cvNorm(mE, NULL, CV_L2);
495: //     errSum = cvNorm(_mQ, mQ, CV_L2);
496:        if(method == 1)
497:        {
498:                CvMat *mP = cvCreateMat(_mQ->rows, _mQ->cols, _mQ->type);
499:                CvMat *invH = cvCreateMat(H->rows, H->cols, H->type);
500:                cvInv(H, invH);
501:
502:                cvMatMul(invH, _mQ, mP); //backprojection
503:                cvSub(_mP, mP, mE);
504:                errSum = errSum + cvNorm(mE, NULL, CV_L2);
505:                cvReleaseMat(&mP);
506:        }
507:        cvReleaseMat(&mQ);
508:        return errSum;
509: }
510: // We assume that mP has (3x6)=18 corners points
511: void DrawRectangle2(IplImage *image, const CvMat *mP,
512:                    int index[], CvScalar color)
513: {
514:        double x, y;
515:        CvPoint pts[4];
516:        for(int i=0; i<4; i++)
517:        {
518:                x = cvmGet(mP, 0, index[i]);
519:                y = cvmGet(mP, 1, index[i]);
520:                pts[i] = cvPoint(cvRound(x), cvRound(y));
521:                cvCircle(image, pts[i], 2, CV_RGB(0, 0, 255), 2);
522:        }
523:        cvLine(image, pts[0], pts[1], color, 2);
524:        cvLine(image, pts[2], pts[3], color, 2);
525:        cvLine(image, pts[0], pts[2], color, 2);
526:        cvLine(image, pts[1], pts[3], color, 2);
527: }
528: void PrintMat(const CvMat *mat, const char *strName)
529: {
530:        int    x, y;
531:        double fValue;
532:        printf(" %s \n = \n", strName);
533:        for(y= 0; y<mat->rows; y++)
534:        {
535:                for(x= 0; x<mat->cols; x++)
536:                {
537:                        fValue = cvGetReal2D(mat, y, x);
538:                        printf("%.2lf ", fValue);
539:                }
540:                printf("\n");
541:        }
542:        printf("\n\n");
543: }
```

예제 cvEx0403을 수정하여 RANSAC에 의한 호모그래피 계산을 구현하였다. T_DIST는 인라이어를 판단하는 허용 오차 임계값이다. T_DIST가 크면 인라이어의 개수가 많아지고, T_DIST가 작으면 인라이어 개수가 적어진다.

6-15행 예제 cvEx0403에 없는 새로 작성된 함수들의 원형이다. ComputeRANSAChomograhy는 RANSAC에 의한 호모그래피 계산 함수이고, NormalizeCoordinates2는 mask에 1로 설정된 좌표들만을 이용하여 정규화를 하며, ComputeHomographyDLT2 함수도 mask에 1로 설정된 좌표만을 이용하여 호모그래피를 계산하고, isColinear는 4개의 좌표 중에 3개의 좌표가 동일 직선 위에 있는지 체크하는 함수이다. RandomNumber는 4개의 난수를 발생하고, ComputeInliers 함수는 인라이어를 계산하며, DrawRectangle2는 index 행렬의 해당 좌표만을 이용하여 사각형을 표시한다.

43행 ComputeRANSAChomograhy 함수를 호출하여 mP[0]에서 mP[1]로의 호모그래피 H을 RANSAC 알고리즘에 의해 계산한다.

74-104행 isColinear 함수는 3×4 행렬 _mP의 열에 저장된 4개의 좌표 중에 3개의 좌표가 동일 직선 위에 있는지 체크하는 함수이다. 배열 idx는 4개 중 3개를 뽑을 경우의 수를 나열한 것이다. 3점이 동일 직선 위에 있으면 3점에 의해 이루어지는 삼각형의 면적이 0이 되므로 행렬식(determinant)이 0이 된다. 즉 배열 idx에 저장된 4가지 경우 중 하나라도 행렬식이 0에 가까우면 isColinear 함수는 true를 반환한다.

105-127행 RandomNumber 함수는 [0, nCorrPoints-1]의 정수 중에서 중복되지 않도록 난수 4개를 생성하여 index 배열에 저장한다. cvRandArr을 사용할 경우는 중복이 발생할 수도 있으므로, cvRandInt 함수를 사용하여 난수를 하나씩 발생시키고 중복을 체크하였다.

130-189행 ComputeInliers 함수는 호모그래피 H에 대한 _mP에서 _mQ로의 모든 대응점에서 인라이어의 개수를 반환하고, 인라이어 오차의 표준편차는 errorStd에 저장하고, 인라이어 정보는 행렬 maskInlier에 저장한다. 172행의 조건 (d < T_DIST)에 의해 인라이어가 결정된다.

190-257행 ComputeRANSAChomograhy 함수는 _mP에서 _mQ로의 호모그래피 H를 RANSAC 알고리즘으로 계산한다. 217-223행은 동일 직선상에 있지 않은 4개의 대응점을 mP2와 mQ2에 샘플링 한다.

228행은 ComputeHomographyDLT 함수로 mP2에서 mQ2로의 호모그래피 Hk를 계산한다. 이때 inlierMask 행렬에서 1인 위치의 좌표만을 사용하여 호모그래피를 계산한다. mP2와 mQ2는 4개의 대응점 좌표만을 가지고 있기 때문에 225-227행에서 inlierMask 행렬의 처음 4개의 값만을 1로 설정하였다.

231행은 ComputeInliers 함수를 호출하여 임의의 4개의 대응점 좌표로 계산한 호모그래피 Hk를 이용하여 인라이어의 개수 nInlier, 오차 표준편차 stdK, 인라이어의 위치 정보를 갖는 매스크 InlierK를 계산한다. 233-239행은 인라이어의 개수가 가장 많을 때의 Hk와 InlierK를 H와 inlierMask에 각각 저장한다. 인라이어의 개수가 동일 할 때는 오차가 적은 쪽을 저장한다.

241-242행은 Hartley와 Zisserman 교재에 의해 최대 반복횟수를 적응적으로 갱신한다.

214-244행의 while 문을 벗어나면 인라이어의 개수가 가장 많거나 오차가 가장 적을 때의 호모그래피가 H에 저장되고, 그때의 인라이어 정보는 inlierMask에 저장된다. 250행은 최종적으로 ComputeHomographyDLT2 함수를 호출하여 _mP에서 _mQ로의 호모그래피 H를 inlierMask에 1로 설정된 인라이어 대응점만을 사용하여 계산한다.

259-265행 ComputeHomographyDLT2 함수는 _mP에서 _mQ로의 호모그래피 H를 좌표 정규화와 SVD를 이용하여 계산한다. 예제 cvEx0403의 ComputeHomographyDLT 함수와 차이점은 mask가 추가되어 0이 아닌 1로 설정된 대응점만을 이용하여 호모그래피를 계산한다.

274행에서 행렬의 열의 개수 대신에 nNonZero = cvCountNonZero(mask)로 mask에서 0이 아닌 개수를 이용하였다. 292-294행에서 mask의 값이 0일 때는 행렬 mP와 mQ에서 대응점의 좌표값은 처리하지 않았다.

366-419행 NormalizeCoordinates2 함수는 대응점 좌표의 중심점에서 평균 거리가 $\sqrt{2}$가 되도록 정규화한다. 예제 cvEx0403의 NormalizeCoordinates 함수와 차이점은 mask가 추가되어 0이 아닌 1로 설정된 대응점만을 이용하여 정규화를 계산한다. 행렬 mA의 모든 좌표의 평균이 아니라, mask에 1로 설정된 좌표만의 평균을 계산해야 하기 때문에 cvReduce 함수를 사용하지 않고 평균을 직접 계산하였다.

실행 결과는 호모그래피에 의해 표시되는 원과 직선에 의한 사각형은 이전의 [그림 4.8]과 유사하다. [그림 4.9]는 T_DIST = 0.8로 하여 계산한 호모그래피 변환 행렬과 오차이다. Before H는 4개의 임의의 대응점으로 계산한 호모그래피 중에서 인라이어가 가장 많을 때, 즉 maxInlier=12일 때의 호모그래피이고, After H는 12개의 인라이어를 가지고 최종적으로 계산한 호모그래피이다. 이때의 오차는 errorSum1=274.35이다.

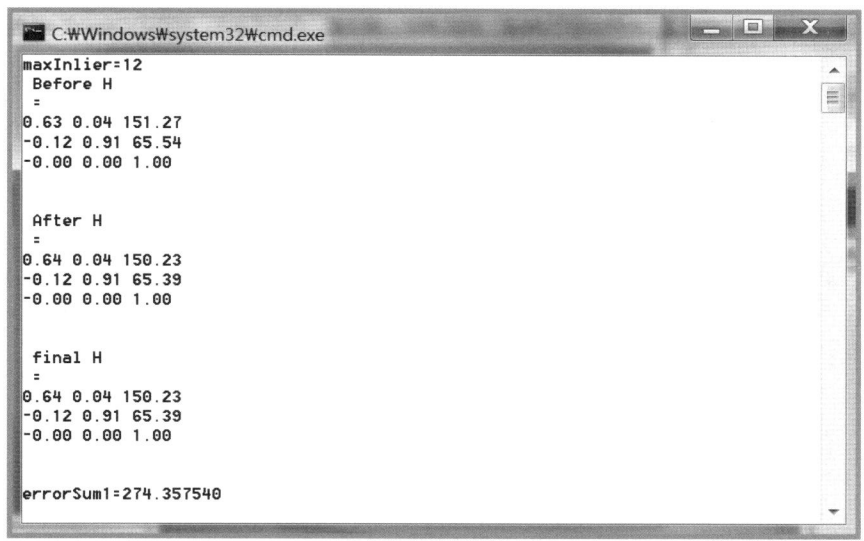

[그림 4.9] RANSAC에 의한 호모그래피 계산 T_DIST = 0.8

4.3.5 cvFindHomography 함수

(1) int cvFindHomography(const CvMat* srcPoints, const CvMat* dstPoints, CvMat* homography, int method=0, double ransacReprojThreshold=3, CvMat* mask=0)

cvFindHomography 함수는 $srcPoints(i) \rightarrow dstPoints(i)$의 호모그래피 행렬 H를 계산한다. 즉 $dstPoints(i) = H \times srcPoints(i)$인 호모그래피 행렬 H를 계산한다. $N=4$인 경우도 호모그래피를 계산하며, $N>4$인 경우는 최소 자승 오차, CV_RANSAC, CV_LMEDS에 의해 에러를 최소화하는 호모그래피를 계산한다.

① srcPoints와 dstPoints,는 서로 다른 평면 위에 N개의 대응 좌표들의 행렬로 2×N, N×2, 3×N 또는 N×3의 1차원 행렬이다. 3×N 또는 N×3은 동차좌표(homogeneous coordinates) 표현이다. 즉 내부에서 동차좌표로 표현해 준다. 1×N 또는 N×1의 2채널 또는 3채널 행렬도 가능하다. srcPoints는 $p_i = (x_i, y_i)$ 행렬이며, dstPoints는 $q_i = (u_i, v_i)$ 행렬이다.

② method=0이면 N 개의 대응 좌표 행렬 srcPoints와 dstPoints의 모든 점을 사용하여 최소 자승(least squares) 방법으로 호모그래피 H를 계산한다.

③ method = CV_RANSAC이면 RANSAC 알고리즘 기반으로 잡음에 강인한 호모그래피 H를 계산한다.

④ method = CV_LMEDS이면 Least-Median 알고리즘 기반으로 잡음에 강인한 호모그래피 H를 계산한다.

⑤ ransacReprojThreshold은 CV_RANSAC에서만 사용하며, 잡음(oulier)로 취급할 최대 허용 오류(maximum allowed reprojection error)이다. 즉, 인라이어를 판단하기 위한 임계값이다.

⑥ mask는 CV RANSAC 또는 CV_LMEDS에 의해 설정되는 마스크로 옵션이다.

예제 cvEx0405   cvFindHomography에 의한 두 영상 사이의 호모그래피

```
001: #include <stdio.h>
002: #include "cv.h"
003: #include "highgui.h"
004: #define  T_DIST   0.8
005: void ConvertPtHomogeneousMat(CvPoint2D32f *P, CvMat *mP, int nPoints);
006: void ConvertHomogeneousWeight1(CvMat *mA);
007: void Sample4Points(CvMat *mA, CvMat *mB, int *index);
008: bool FindCornerPoints(IplImage *image, CvSize size, CvMat *mP);
009: void NormalizeCoordinates(CvMat *mA, CvMat *mT);
010: double ComputeHomographyError(const CvMat *_mP, const CvMat *_mQ,
011:                               CvMat *H, int method);
012: void DrawRectangle(IplImage *image, const CvMat *mP, CvScalar color);
013: void PrintMat(const CvMat *mat, const char *strName);
014: int main()
015: {
016:    IplImage    *srcImage[2];
017:    if((srcImage[0]=cvLoadImage("image1.jpg"))==NULL)
018:         return -1;
019:    if((srcImage[1]=cvLoadImage("image2.jpg"))==NULL)
020:         return -1;
021:
022:    CvSize patternSize = cvSize(6, 3);
023:    int nPoints = patternSize.width*patternSize.height;
024:
025:    CvMat *mP[2];
026:    mP[0] = cvCreateMat(3, nPoints, CV_64F);
027:    mP[1] = cvCreateMat(3, nPoints, CV_64F);
028:    FindCornerPoints(srcImage[0], patternSize, mP[0]);
029:    FindCornerPoints(srcImage[1], patternSize, mP[1]);
030:
031:    int    index[4] = {0, 5, 12, 17};
032:    CvMat *mQ[2];
033:    mQ[0] = cvCreateMat(3, 4, CV_64F);
034:    mQ[1] = cvCreateMat(3, 4, CV_64F);
035:
036: // sample 4 points, mQ from corner points, mP
037:    Sample4Points(mP[0], mQ[0], index);
038:    Sample4Points(mP[1], mQ[1], index);
039:
040:    CvMat *H[2];
041:    H[0] = cvCreateMat(3, 3, CV_64F);
042:    H[1] = cvCreateMat(3, 3, CV_64F);
043:
044: // Test 1. calculate Homography by the least square method using all points
045:    cvFindHomography(mP[0], mP[1], H[0], 0); // least square method
046: // cvFindHomography(mP[0], mP[1], H[0], CV_RANSAC, T_DIST);
047: // cvFindHomography(mP[0], mP[1], H[0], CV_LMEDS);
048:
```

```
049:
050: // Test 2. calculate Homography using  only 4 points(0, 5, 12, 17)
051:     cvFindHomography(mQ[0], mQ[1], H[1], 0);  // least square method
052: // cvFindHomography(mQ[0], mQ[1], H[1],   CV_RANSAC, T_DIST);
053: // cvFindHomography(mQ[0], mQ[1], H[1],   CV_LMEDS);
054:
055:     PrintMat(H[0], "H[0]");
056:     PrintMat(H[1], "H[1]");
057:
058: // calculate  the transform errors
059:     double errorSum1;
060:     errorSum1 = ComputeHomographyError(mP[0], mP[1], H[0], 1);
061:     printf("errorSum1=%f\n", errorSum1);
062:
063:     double errorSum2;
064:     errorSum2 = ComputeHomographyError(mQ[0], mQ[1], H[1], 1);
065: // errorSum2 = ComputeHomographyError(mP[0], mP[1], H[1], 1);
066:     printf("errorSum2=%f\n", errorSum2);
067:
068: // Reprojection points using H
069:     CvMat  *mP2 = cvCreateMat(mP[0]->rows, mP[0]->cols, mP[0]->type);
070:     CvMat  *mQ2 = cvCreateMat(mQ[0]->rows, mQ[0]->cols, mQ[0]->type);
071:     cvMatMul(H[0], mP[0], mP2); // mP2 = H[0] x mP[0]
072:     cvMatMul(H[1], mQ[0], mQ2); // mQ2 = H[1] x mQ[0]
073:     ConvertHomogeneousWeight1(mP2); // mP2 == mP[1]
074:     ConvertHomogeneousWeight1(mQ2); // mQ2 == mQ[1]
075:
076:     // Drawing rectangles
077:     DrawRectangle(srcImage[0],mQ[0],  CV_RGB(0, 0,255));
078:     DrawRectangle(srcImage[1],mQ2,   CV_RGB(255, 0, 0));
079:
080:     cvNamedWindow("srcImage[0]", CV_WINDOW_AUTOSIZE);
081:     cvShowImage("srcImage[0]", srcImage[0]);
082:     cvNamedWindow("srcImage[1]", CV_WINDOW_AUTOSIZE);
083:     cvShowImage("srcImage[1]", srcImage[1]);
084:     cvWaitKey(0);
085:     cvDestroyAllWindows();
086:     for(int i=0; i<2; i++)
087:     {
088:         cvReleaseMat(&mP[i]);
089:         cvReleaseMat(&mQ[i]);
090:         cvReleaseImage(&srcImage[i]);
091:     }
092:     cvReleaseMat(&mP2);
093:     cvReleaseMat(&mQ2);
094:     return 0;
095: }
096: void ConvertPtHomogeneousMat(CvPoint2D32f *P, CvMat *mP, int nPoints)
097: {
098:     for(int i=0; i<nPoints; i++)
```

```
099:    {
100:            cvmSet(mP, 0, i, P[i].x);
101:            cvmSet(mP, 1, i, P[i].y);
102:            cvmSet(mP, 2, i, 1.0);
103:    }
104: }
105: void ConvertHomogeneousWeight1(CvMat *mA) // u/w, v/w
106: {
107:    int i;
108:    double u, v, w;
109:    for(i=0; i<mA->cols; i++)
110:    {
111:            u = cvmGet(mA, 0, i);
112:            v = cvmGet(mA, 1, i);
113:            w = cvmGet(mA, 2, i);
114:
115:            cvmSet(mA, 0, i, u/w);
116:            cvmSet(mA, 1, i, v/w);
117:            cvmSet(mA, 2, i, 1.0);
118:    }
119: }
120: void Sample4Points(CvMat *mA, CvMat *mB, int *index)
121: {
122:    int i, k;
123:    double x, y, w;
124:    for(i=0; i<4; i++)
125:    {
126:            k = index[i];
127:            x = cvmGet(mA, 0, k);
128:            y = cvmGet(mA, 1, k);
129:            w = cvmGet(mA, 2, k); //w=1
130:
131:            cvmSet(mB, 0, i, x);
132:            cvmSet(mB, 1, i, y);
133:            cvmSet(mB, 2, i, w);
134:    }
135: }
136: bool FindCornerPoints(IplImage *image, CvSize size, CvMat *mP)
137: {
138:    int nPoints =size.width*size.height;
139:    CvPoint2D32f *CornerP = new CvPoint2D32f[nPoints];
140:    int nCount;
141:    int nFound = cvFindChessboardCorners(image, size, CornerP, &nCount,
142:                                         CV_CALIB_CB_ADAPTIVE_THRESH);
143:    if(nCount !=  size.width*size.height)
144:    {
145:            delete CornerP;
146:            return false;
147:    }
148:    cvDrawChessboardCorners(image, size, CornerP, nCount, nFound);
149:    ConvertPtHomogeneousMat(CornerP, mP, nPoints);
```

```
150:     delete CornerP;
151:     return true;
152: }
153: // errSum = sum(d(mQ[i], H x mP[i])) if method = 0
154: // errSum = sum(d(mQ[i], H x mP[i]))
155: //         + sum(d(mP[i], inv(H) x mQ[i]))   if method = 1
156: double ComputeHomographyError(const CvMat *_mP, const CvMat *_mQ,
157:                               CvMat *H, int method)
158: {
159:     double errSum=0.0;
160:     // mQ = H x mP[i]
161:     CvMat *mQ = cvCreateMat(_mQ->rows, _mQ->cols, _mQ->type);
162:     CvMat *mE = cvCreateMat(_mQ->rows, _mQ->cols, _mQ->type);
163:
164:     cvMatMul(H, _mP, mQ); //reprojection
165:     ConvertHomogeneousWeight1(mQ);
166:
167:     cvSub(_mQ, mQ, mE);
168:     errSum = cvNorm(mE, NULL, CV_L2);
169: // errSum = cvNorm(_mQ, mQ, CV_L2);
170:     if(method == 1)
171:     {
172:         CvMat *mP = cvCreateMat(_mQ->rows, _mQ->cols, _mQ->type);
173:         CvMat *invH = cvCreateMat(H->rows, H->cols, H->type);
174:         cvInv(H, invH);
175:
176:         cvMatMul(invH, _mQ, mP); //backprojection
177:         cvSub(_mP, mP, mE);
178:         errSum = errSum + cvNorm(mE, NULL, CV_L2);
179:         cvReleaseMat(&mP);
180:     }
181:     cvReleaseMat(&mQ);
182:     return errSum;
183: }
184: void DrawRectangle(IplImage *image, const CvMat *mP, CvScalar color)
185: {
186:     double x, y;
187:     CvPoint pts[4];
188:     for(int i=0; i<4; i++)
189:     {
190:         x = cvmGet(mP, 0, i);
191:         y = cvmGet(mP, 1, i);
192:         pts[i] = cvPoint(cvRound(x), cvRound(y));
193:         cvCircle(image, pts[i], 2, CV_RGB(0, 0, 255), 2);
194:     }
195:     cvLine(image, pts[0], pts[1], color, 2);
196:     cvLine(image, pts[2], pts[3], color, 2);
197:     cvLine(image, pts[0], pts[2], color, 2);
198:     cvLine(image, pts[1], pts[3], color, 2);
199: }
200: void PrintMat(const CvMat *mat, const char *strName)
```

```
201: {
202:     int    x, y;
203:     double   fValue;
204:     printf(" %s  \n =  \n", strName);
205:     for(y= 0; y<mat->rows; y++)
206:     {
207:             for(x= 0; x<mat->cols; x++)
208:             {
209:                     fValue = cvGetReal2D(mat, y, x);
210:                     printf("%.2lf ", fValue);
211:             }
212:             printf("\n");
213:     }
214:     printf("\n\n");
215: }
```

예제 cvEx0403 프로그램에서 사용한 ComputeHomographyDLT 함수 대신 OpenCV 의 cvFindHomography 함수를 사용하여 호모그래피를 계산한다.

45–47행	45행은 cvFindHomography 함수를 사용하여 mP[0]에서 mP[1]로 호모그래피 H[0]를 method = 0인 최소 자승법으로 계산한다.
	46행은 cvFindHomography 함수를 사용하여 mP[0]에서 mP[1]으로 호모그래피 H[0]를 method = CV_RANSAC로 계산한다. T_DIST는 인라이어를 결정하는 임계값이다.
	47행은 cvFindHomography 함수를 사용하여 mP[0]에서 mP[1]으로 호모그래피 H[0]를 method =CV_LMEDS로 계산한다.
51–53행	cvFindHomography 함수를 사용하여, mQ[0]에서 mQ[1]로의 호모그래피 H[1]을 4점만을 사용하여 계산하기 때문에, method = 0인 최소 자승법, method = CV_RANSAC, method =CV_LMEDS 모두 동일한 결과를 가진다.

[그림 4.10]은 method = 0인 최소 자승법으로 계산한 결과이다. [그림 4.11]은 method = CV_RANSAC로 계산한 결과이다. [그림 4.12]는 method = CV_LMEDS 방법으로 계산한 결과이다.

[그림 4.10] method=0, 최소 자승법

OpenCV 컴퓨터 비전 프로그래밍

```
H[0]
=
 0.63  0.03 152.89
-0.12  0.89  65.70
-0.00  0.00   1.00


H[1]
=
 0.61  0.02 154.97
-0.12  0.88  66.14
-0.00  0.00   1.00


errorSum1=293.830076
errorSum2=166.206968
```

[그림 4.11] method=CV_RANSAC, ransacReprojThreshold = 0.8

```
H[0]
=
 0.63  0.03 152.89
-0.12  0.89  65.70
-0.00  0.00   1.00


H[1]
=
 0.61  0.02 154.97
-0.12  0.88  66.14
-0.00  0.00   1.00


errorSum1=293.830076
errorSum2=166.206968
```

[그림 4.12] method=CV_LMEDS

예제 cvEx0406 — cvFindHomography에 의한 세계 좌표와 영상 좌표 사이의 호모그래피

```
001: #include <stdio.h>
002: #include "cv.h"
003: #include "highgui.h"
004: void ConvertPtHomogeneousMat(CvPoint2D32f *P, CvMat *mP, int nPoints);
005: void ConvertHomogeneousWeight1(CvMat *mA);
006: bool FindCornerPoints(IplImage *image, CvSize size, CvMat *mP);
007: void SetWorldCoordinateChessBoard(CvMat *mW, double dStep, CvSize size);
008:
009: void DrawRectangle2(IplImage *image, const CvMat *mP,
010:                    int index[], CvScalar color);
011: void    PrintMat(const CvMat *mat, const char *strName);
012:
013: int main()
014: {
```

```
015:    IplImage    *srcImage[3];
016:    if((srcImage[0]=cvLoadImage("image1.jpg"))==NULL)
017:            return -1;
018:    if((srcImage[1]=cvLoadImage("image2.jpg"))==NULL)
019:            return -1;
020:
021:    CvSize patternSize = cvSize(6, 3);
022:    int nPoints = patternSize.width*patternSize.height;
023:
024:    CvMat *mP[2];
025:    mP[0] = cvCreateMat(3, nPoints, CV_64F);
026:    mP[1] = cvCreateMat(3, nPoints, CV_64F);
027:    FindCornerPoints(srcImage[0], patternSize, mP[0]);
028:    FindCornerPoints(srcImage[1], patternSize, mP[1]);
029:
030:    // set the corner points to the world coordinates (unit : cm)
031:    CvMat *mW = cvCreateMat(3, nPoints, CV_64F);
032:    SetWorldCoordinateChessBoard(mW, 3.8, patternSize);
033:    // PrintMat(mW, "mW");
034:    int i;
035:    CvMat *H[4];
036:    for(i=0; i<4; i++)
037:            H[i] = cvCreateMat(3, 3, CV_64F);
038:
039:    cvFindHomography(mW,   mP[0], H[0], 0);
040:    cvFindHomography(mW,   mP[1], H[1], 0);
041:    cvFindHomography(mP[0], mP[1], H[2], 0);
042:    cvMatMul(H[2], H[0], H[3]); // H[3] = H[2] x H[0], H[3] == H[1]
043:
044:    PrintMat(H[0], "H[0]:");
045:    PrintMat(H[1], "H[1]:");
046:    PrintMat(H[2], "H[2]:");
047:    PrintMat(H[3], "H[3]:");
048:
049: // Reprojection points using H[0]
050:    CvMat   *mQ[3];
051:    mQ[0]=cvCreateMat(mP[0]->rows, mP[0]->cols, mP[0]->type);
052:    mQ[1]=cvCreateMat(mP[1]->rows, mP[1]->cols, mP[1]->type);
053:    mQ[2]=cvCreateMat(mP[1]->rows, mP[1]->cols, mP[1]->type);
054:
055:    int     index[4] = {0, 5, 12, 17};
056:    cvMatMul(H[0], mW, mQ[0]);       // mQ[0] = H[0] x mW
057:    ConvertHomogeneousWeight1(mQ[0]); // mQ[0] == mP[0]
058:    DrawRectangle2(srcImage[0], mQ[0], index, CV_RGB(255,0,0));
059:
060: // Reprojection points using H[1]
061:    cvMatMul(H[1], mW, mQ[1]);       // mQ[1] = H[1] x mW
062:    ConvertHomogeneousWeight1(mQ[1]); // mQ[1] == mP[1]
063:    DrawRectangle2(srcImage[1], mQ[1], index, CV_RGB(255,0,0));
064:
065: // Reprojection points using H[1]
```

```
066:        srcImage[2] = cvCloneImage(srcImage[1]);
067:        cvMatMul(H[3], mW, mQ[2]);           // mQ[2] = H[2] x H[0] x mW
068:        ConvertHomogeneousWeight1(mQ[2]); // mQ[2] == mP[1]
069:        DrawRectangle2(srcImage[2], mQ[2], index,  CV_RGB(255,0,0));
070:
071:        cvShowImage("srcImage[0]", srcImage[0]);
072:        cvShowImage("srcImage[1]", srcImage[1]);
073:        cvShowImage("srcImage[2]", srcImage[2]);
074:        cvWaitKey(0);
075:
076:        cvDestroyAllWindows();
077:        for(i=0; i<4; i++)
078:                cvReleaseMat(&H[i]);
079:        cvReleaseMat(&mW);
080:        cvReleaseMat(&mP[0]);
081:        cvReleaseMat(&mP[1]);
082:        for(i=0; i<3; i++)
083:        {
084:                cvReleaseMat(&mQ[i]);
085:                cvReleaseImage(&srcImage[i]);
086:        }
087:        return 0;
088: }
089: void ConvertPtHomogeneousMat(CvPoint2D32f *P, CvMat *mP, int nPoints)
090: {
091:     for(int i=0; i<nPoints; i++)
092:     {
093:             cvmSet(mP, 0, i, P[i].x);
094:             cvmSet(mP, 1, i, P[i].y);
095:             cvmSet(mP, 2, i, 1.0);
096:     }
097: }
098: void ConvertHomogeneousWeight1(CvMat *mA) // u/w, v/w
099: {
100:     int i;
101:     double u, v, w;
102:     for(i=0; i<mA->cols; i++)
103:     {
104:             u = cvmGet(mA, 0, i);
105:             v = cvmGet(mA, 1, i);
106:             w = cvmGet(mA, 2, i);
107:
108:             cvmSet(mA, 0, i, u/w);
109:             cvmSet(mA, 1, i, v/w);
110:             cvmSet(mA, 2, i, 1.0);
111:     }
112: }
113: bool FindCornerPoints(IplImage *image, CvSize size, CvMat *mP)
114: {
115:     int nPoints =size.width*size.height;
116:     CvPoint2D32f *CornerP = new CvPoint2D32f[nPoints];
```

```
117:    int nCount;
118:    int nFound = cvFindChessboardCorners(image, size, CornerP, &nCount,
119:                        CV_CALIB_CB_ADAPTIVE_THRESH);
120:    if(nCount != size.width*size.height)
121:    {
122:            delete CornerP;
123:            return false;
124:    }
125:    cvDrawChessboardCorners(image, size, CornerP, nCount, nFound);
126:    ConvertPtHomogeneousMat(CornerP, mP, nPoints);
127:    delete CornerP;
128:    return true;
129: }
130: void SetWorldCoordinateChessBoard(CvMat *mW, double dStep, CvSize size)
131: {
132:    int nPoints = size.width*size.height;
133:    int i, j, k;
134:    // origin point : mW[size.width-1], the left-bottom point of corners
135:    double xW;
136:    double yW;
137:    for(i=0, yW = dStep; i<size.height; i++, yW += dStep)
138:    for(j=0, xW = (size.width)*dStep; j<size.width; j++, xW -= dStep)
139:    {
140:                k = i*size.width + j;
141:                cvmSet(mW, 0, k, xW);
142:                cvmSet(mW, 1, k, yW);
143:                cvmSet(mW, 2, k, 1.0);
144:    }
145: }
146: // We assume that mP has (3x6)=18 corners points
147: void DrawRectangle2(IplImage *image, const CvMat *mP,
148:                    int index[], CvScalar color)
149: {
150:    double x, y;
151:    CvPoint pts[4];
152:    for(int i=0; i<4; i++)
153:    {
154:            x = cvmGet(mP, 0, index[i]);
155:            y = cvmGet(mP, 1, index[i]);
156:            pts[i] = cvPoint(cvRound(x), cvRound(y));
157:            cvCircle(image, pts[i], 2, CV_RGB(0, 0, 255), 2);
158:    }
159:    cvLine(image, pts[0], pts[1], color, 2);
160:    cvLine(image, pts[2], pts[3], color, 2);
161:    cvLine(image, pts[0], pts[2], color, 2);
162:    cvLine(image, pts[1], pts[3], color, 2);
163: }
164: void PrintMat(const CvMat *mat, const char *strName)
165: {
166:    int    x, y;
167:    double    fValue;
```

```
168:        printf(" %s  \n =  \n", strName);
169:        for(y= 0; y<mat->rows; y++)
170:        {
171:                for(x= 0; x<mat->cols; x++)
172:                {
173:                        fValue = cvGetReal2D(mat, y, x);
174:                        printf("%.2f ", fValue);
175:                }
176:                printf("\n");
177:        }
178:        printf("\n\n");
179: }
```

실제 체스 보드 패턴 코너점의 세계 좌표(world coordinates)와 영상에서 검출된 체스 보드 패턴 코너점의 영상 좌표 사이의 호모그래피를 계산한다. 체스 보드 패턴이 XY 평면이라 가정(Z=0)하고, [그림 4.13]과 같이 체스 보드 패턴의 왼쪽 아래 모서리가 원점 (0,0)이라 가정한다.

32행	SetWorldCoordinateChessBoard 함수에 의해 코너점의 좌표를 행렬 mW에 설정한다. 체스 보드 패턴에서 작은 사각형은 정사각형이고, 한 변의 길이가 3.8cm이다.
39행	세계 좌표 mW에서 영상 srcImage[0]의 코너점인 mP[0]로의 호모그래피 H[0]을 계산한다.
40행	세계 좌표 mW에서 영상 srcImage[1]의 코너점인 mP[1]로의 호모그래피 H[1]을 계산한다.
41행	영상 srcImage[0]의 코너점 mP[0]에서 영상 srcImage[1]의 코너점 mP[1]로의 호모그래피 H[2]를 계산한다.
42행	호모그래피 행렬 H[2]와 H[0]를 곱하여 H[3]에 저장한다. H[3]는 H[1]과 같아야 한다.
56-58행	세계 좌표 행렬 mW에 호모그래피 변환 행렬 H[0]를 적용하여 mQ[0] 행렬을 계산한다. mQ[0] 행렬은 mP[0] 행렬과 같아야 한다.
61-63행	세계 좌표 행렬 mW에 호모그래피 변환 행렬 H[1]를 적용하여 mQ[1] 행렬을 계산한다. mQ[1] 행렬은 mP[1] 행렬과 같아야 한다.
66-69행	세계 좌표 행렬 mW에 호모그래피 변환 행렬 H[3]를 적용하여 mQ[2] 행렬을 계산한다. mQ[2] 행렬은 mP[1] 행렬과 같아야 한다.

Chpater 04 카메라 캘리브레이션(Camera Calibration)

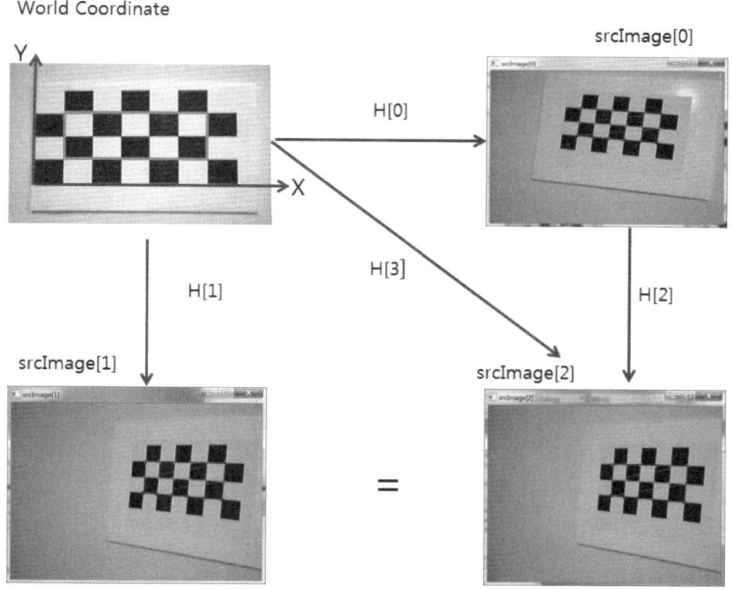

[그림 4.13] 세계 좌표와 영상 좌표 사이의 호모그래피

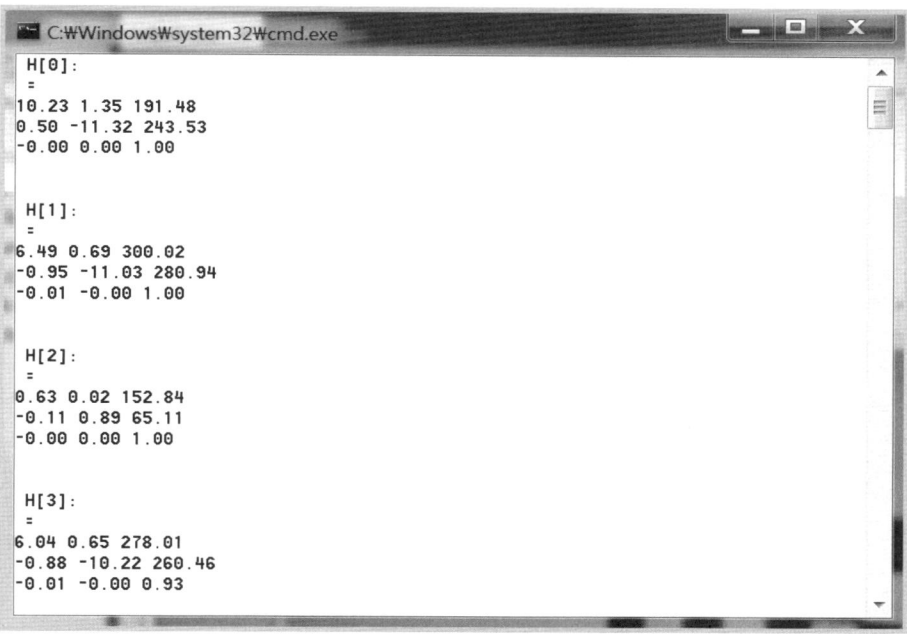

[그림 4.14] 세계 좌표와 영상 좌표 사이의 호모그래피 계산 결과

예제 cvEx0407 — cvFindHomography에 의한 비디오에서 세계 좌표와 영상 좌표사이의 호모그래피

```
001: #include <stdio.h>
002: #include "cv.h"
003: #include "highgui.h"
004: void ConvertPtHomogeneousMat(CvPoint2D32f *P, CvMat *mP, int nPoints);
005: void ConvertHomogeneousWeight1(CvMat *mA);
006: bool FindCornerPoints(IplImage *image, CvSize size, CvMat *mP);
007: void SetWorldCoordinateChessBoard(CvMat *mW, double dStep, CvSize size);
008: void DrawRectangle3(IplImage *image, const CvMat *mP, CvScalar color);
009: void PrintMat(const CvMat *mat, const char *strName);
010:
011: int main()
012: {
013:     IplImage*  frame=NULL;
014:     CvCapture* capture = cvCaptureFromFile("chess1.wmv");
015:     if(!capture)
016:     {
017:             printf("the video file was not found.");
018:             return 0;
019:     }
020:     int width = (int)cvGetCaptureProperty(capture,
021:                             CV_CAP_PROP_FRAME_WIDTH);
022:     int height = (int)cvGetCaptureProperty(capture,
023:                             CV_CAP_PROP_FRAME_HEIGHT);
024:     // for writing a output video
025:     int is_color = 1;
026:     double fps = 24.0;
027:     int fourcc = CV_FOURCC('D', 'I', 'V', 'X'); // : MPEG-4
028:     CvSize frame_size = cvSize(width, height);
029:     CvVideoWriter* videoWriter = cvCreateVideoWriter("boardHomography.avi",
030:             fourcc,  fps, frame_size, is_color);
031:     if(!videoWriter)
032:             return 0;
033:     cvNamedWindow("frame", 1);
034:
035:     CvSize patternSize = cvSize(6,3);
036:     int nPoints =patternSize.width*patternSize.height;
037:     char  strTmp[128];
038:
039:     // set the corner points to the world coordinates (unit : cm)
040:     CvMat *mW = cvCreateMat(3, nPoints, CV_64F);
041:     SetWorldCoordinateChessBoard(mW, 3.8, patternSize);
042:
043:     CvMat *mP[2];
044:     mP[0] = cvCreateMat(3, nPoints, CV_64F);
045:     mP[1] = cvCreateMat(3, nPoints, CV_64F);
046:
047:     CvMat *H = cvCreateMat(3, 3, CV_64F);
048:     // find the next pattern in video
```

```
049:    for(int t=0; cvWaitKey(10)!= 27 ;t++)
050:    {
051:            frame = cvQueryFrame(capture);
052:            if(!frame)
053:                    break;
054:            FindCornerPoints(frame, patternSize, mP[0]);
055:            cvFindHomography(mW, mP[0], H, 0);
056:            sprintf(strTmp, "H[%d]:", t);
057:            PrintMat(H, strTmp);
058:
059:            // transform and draw
060:            cvMatMul(H, mW, mP[1]);       // mP[1] = H x mW
061:            ConvertHomogeneousWeight1(mP[1]);
062:            DrawRectangle3(frame, mP[1], CV_RGB(255,0,0));
063:
064:            cvShowImage("frame", frame);
065:            cvWriteFrame(videoWriter,  frame);
066:    }
067:    cvWaitKey(0);
068:    cvDestroyAllWindows();
069:    cvReleaseMat(&mW);
070:    cvReleaseMat(&mP[0]);
071:    cvReleaseMat(&mP[1]);
072:    cvReleaseMat(&H);
073:    cvReleaseCapture(&capture);
074:    cvReleaseVideoWriter(&videoWriter);
075:    return 0;
076: }
077: void ConvertPtHomogeneousMat(CvPoint2D32f *P, CvMat *mP, int nPoints)
078: {
079:    for(int i=0; i<nPoints; i++)
080:    {
081:            cvmSet(mP, 0, i, P[i].x);
082:            cvmSet(mP, 1, i, P[i].y);
083:            cvmSet(mP, 2, i, 1.0);
084:    }
085: }
086: void ConvertHomogeneousWeight1(CvMat *mA) // u/w, v/w
087: {
088:    int i;
089:    double u, v, w;
090:    for(i=0; i<mA->cols; i++)
091:    {
092:            u = cvmGet(mA, 0, i);
093:            v = cvmGet(mA, 1, i);
094:            w = cvmGet(mA, 2, i);
095:
096:            cvmSet(mA, 0, i, u/w);
097:            cvmSet(mA, 1, i, v/w);
098:            cvmSet(mA, 2, i, 1.0);
099:    }
```

```
100: }
101: bool FindCornerPoints(IplImage *image, CvSize size, CvMat *mP)
102: {
103:    int nPoints =size.width*size.height;
104:    CvPoint2D32f *CornerP = new CvPoint2D32f[nPoints];
105:    int nCount;
106:    int nFound = cvFindChessboardCorners(image, size, CornerP, &nCount,
107:                         CV_CALIB_CB_ADAPTIVE_THRESH);
108:    if(nCount != size.width*size.height)
109:    {
110:            delete CornerP;
111:            return false;
112:    }
113:    cvDrawChessboardCorners(image, size, CornerP, nCount, nFound);
114:    ConvertPtHomogeneousMat(CornerP, mP, nPoints);
115:    delete CornerP;
116:    return true;
117: }
118: void SetWorldCoordinateChessBoard(CvMat *mW, double dStep, CvSize size)
119: {
120:    int nPoints = size.width*size.height;
121:    int i, j, k;
122:    // origin point : mW[size.width-1], the left-bottom point of corners
123:    double xW;
124:    double yW;
125:    for(i=0, yW = dStep; i<size.height; i++, yW += dStep)
126:    for(j=0, xW = (size.width)*dStep; j<size.width; j++, xW -= dStep)
127:    {
128:                k = i*size.width + j;
129:                cvmSet(mW, 0, k, xW);
130:                cvmSet(mW, 1, k, yW);
131:                cvmSet(mW, 2, k, 1.0);
132:    }
133: }
134: // We assume that mP has (3x6)=18 corners points
135: void DrawRectangle3(IplImage *image, const CvMat *mP, CvScalar color)
136: {
137:    int    index[4] = {0, 5, 12, 17};
138:    double x, y;
139:    CvPoint pts[4];
140:    for(int i=0; i<4; i++)
141:    {
142:            x = cvmGet(mP, 0, index[i]);
143:            y = cvmGet(mP, 1, index[i]);
144:            pts[i] = cvPoint(cvRound(x), cvRound(y));
145:            cvCircle(image, pts[i], 2, CV_RGB(0, 0, 255), 2);
146:    }
147:    cvLine(image, pts[0], pts[1], color, 2);
148:    cvLine(image, pts[2], pts[3], color, 2);
149:    cvLine(image, pts[0], pts[2], color, 2);
150:    cvLine(image, pts[1], pts[3], color, 2);
```

```
151: }
152: void PrintMat(const CvMat *mat, const char *strName)
153: {
154:     int    x, y;
155:     double fValue;
156:     printf(" %s \n = \n", strName);
157:     for(y= 0; y<mat->rows; y++)
158:     {
159:             for(x= 0; x<mat->cols; x++)
160:             {
161:                     fValue = cvGetReal2D(mat, y, x);
162:                     printf("%.2f ", fValue);
163:             }
164:             printf("\n");
165:     }
166:     printf("\n\n");
167: }
```

실제 체스 보드 패턴 코너점의 세계 좌표(world coordinates)와 비디오의 각 프레임에서 검출된 체스 보드 패턴 코너점의 영상 좌표 사이의 호모그래피를 계산한다. 체스 보드 패턴이 XY 평면이라 가정(Z=0)하고, [그림 4.13]과 같이 체스 보드 패턴의 왼쪽 아래 모서리가 원점(0,0)이라 가정한다.

41행   SetWorldCoordinateChessBoard 함수에 의해 코너점의 좌표를 행렬 mW에 설정한다. 체스 보드 패턴에서 작은 사각형은 정사각형이고, 한 변의 길이가 3.8cm이다.

54-55행   FindCornerPoints 함수로 비디오 프레임으로부터 코너점을 검출하여 행렬 mP에 저장하고, cvFindHomography 함수로 세계 좌표 mW에서 비디오 프레임의 코너점인 mP[0]로의 호모그래피 H를 계산한다.

60-62행   세계 좌표 행렬 mW에 호모그래피 변환행렬 H를 적용하여 mP[1] 행렬을 계산한다. DrawRectangle3 함수를 호출하여 mP[1] 행렬의 4개의 외각 코너점에 의해 사각형을 frame에 출력한다.

[그림 4.15]는 비디오에서 세계 좌표와 영상 좌표 사이의 호모그래피 계산을 보여준다. 비디오 프레임에서의 사각형은 코너점을 이용하여 표시한 것이 아니라, 세계 좌표 행렬 mW에 호모그래피 변환 행렬 H를 적용하여 계산한 mP[1] 행렬을 이용하여 계산한 결과이다.

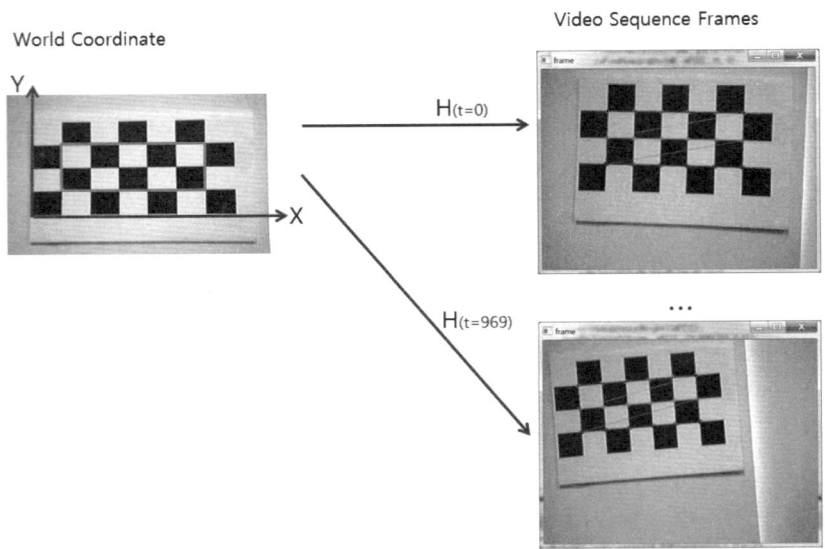

[그림 4.15] 비디오에서 세계 좌표와 영상 좌표 사이의 호모그래피 계산

4.4 호모그래피 H로부터 카메라 캘리브레이션

카메라 캘리브레이션은 카메라 내부 파라미터(intrinsic parameters)와 회전(rotation)과 이동(translation) 정보를 갖는 외부 파라미터(extrinsic parameters)를 계산하는 과정이다. [수식 4-19]는 3차원 세계 좌표(world coordinate) $M' = [X\ Y\ Z]^T$와 투영된 2차원 영상 좌표 $m' = [u\ v]^T$와 내부 파라미터(intrinsic parameters) A, 외부 파라미터 $[R|t]$의 관계를 보여준다. $P = A[R|t]$는 투영 행렬(projection matrix)이다.

$$s \cdot m' = PM'$$
$$s \cdot m' = A[R|t]M'$$

$$s \begin{bmatrix} u \\ v \\ 1 \end{bmatrix} = \begin{bmatrix} \alpha & \gamma & u_0 \\ 0 & \beta & v_0 \\ 0 & 0 & 1 \end{bmatrix} \begin{bmatrix} r_{11} & r_{12} & r_{13} & t1 \\ r_{21} & r_{22} & r_{23} & t2 \\ r_{31} & r_{32} & r_{33} & t3 \end{bmatrix} \begin{bmatrix} X \\ Y \\ Z \\ 1 \end{bmatrix}$$

[수식 4-19]

여기서는 Zhang은 마이크로소프트 기술보고서, "A Flexible New Technique for Camera Calibration,"에서 제시된 방법으로 캘리브레이션 파라미터를 계산하는 방법을 설명한다. Zhang의 카메라 캘리브레이션 방법은 일정한 규칙성이 있는 평면의 캘리브레이션 패턴을 세계 좌표계의 $Z = 0$인 평면으로 하여 설정하고, $[X\ Y\ 0]^T$인 평면과 영상 위에 투영된 좌표 평면 사이의 호모그래피 H을 계산하여 내부 파라미터(intrinsic parameters) A와 외부 파라미터 $[R|t]$를 계산한다. $Z = 0$이므로 [수식 4-19]는 [수식

4-20]과 같이 표현된다.

$$s \cdot \begin{bmatrix} u \\ v \\ 1 \end{bmatrix} = \begin{bmatrix} \alpha & \gamma & u_0 \\ 0 & \beta & v_0 \\ 0 & 0 & 1 \end{bmatrix} \begin{bmatrix} r_{11} & r_{12} & r_{13} & t1 \\ r_{21} & r_{22} & r_{23} & t2 \\ r_{31} & r_{32} & r_{33} & t3 \end{bmatrix} \begin{bmatrix} X \\ Y \\ 0 \\ 1 \end{bmatrix}$$

$$s \cdot \begin{bmatrix} u \\ v \\ 1 \end{bmatrix} = A[r_1 \ r_2 \ r_3 \ t] \begin{bmatrix} X \\ Y \\ 0 \\ 1 \end{bmatrix} = A[r_1 \ r_2 \ t] \begin{bmatrix} X \\ Y \\ 1 \end{bmatrix} = H \begin{bmatrix} X \\ Y \\ 1 \end{bmatrix} \quad \text{[수식 4-20]}$$

[수식 4-20]에서 $[X\ Y]^T$는 캘리브레이션 패턴의 실제 좌표이고, $[u\ v]^T$는 영상 화소의 좌표이다. (u_0, v_0)는 투영 중심(principal point)으로 일반적으로 영상의 중심점이다. (α, β)는 화소 거리로 표현된 초점거리이다. s는 임의의 스케일링 값이며, γ는 영상 축의 기울어짐을 의미한다. r_i는 회전 행렬 R의 i번째 열인 $r_i = [r_{1i}\ r_{2i}\ r_{3i}]^T$ 이다. H는 $[X\ Y\ 1]^T$을 $[u\ v\ 1]^T$로 변환하는 3×3의 호모그래피 행렬이다. 캘리브레이션 파라미터를 계산하는 순서는 다음과 같다.

① 캘리브레이션 패턴 위의 좌표 $[X\ Y]^T$와 영상 좌표 $[u\ v]^T$ 사이의 호모그래피 행렬 H를 계산한다.
② H로부터 내부 파라미터 행렬 A를 계산한다.
③ 호모그래피 행렬 H와 내부 파라미터 행렬 A로부터 외부 파라미터 $[R|t]$를 계산한다.

4.4.1 내부 파라미터 계산

호모그래피 행렬 H는 계산되었다고 가정하고, 호모그래피 회전 행렬 H로부터 카메라 내부 파라미터를 계산하는 방법은 행렬 B를 계산하고, 행렬 B로부터 행렬 A를 계산한다.

$$H = [h_1\ h_2\ h_3] = \lambda A[r_1\ r_2\ t] \quad \text{[수식 4-21]}$$

$$A^{-1}[h_1\ h_2\ h_3] = \lambda[r_1\ r_2\ r_3] \quad \text{[수식 4-22]}$$

R이 직교(orthonormal) 행렬이므로 [수식 4-17]로부터 [수식 4-18]과 [수식 4-19]의 2개의 제약 조건을 유도할 수 있다.

$$(r_1)^T r_2 = (A^{-1}h_1)^T (A^{-1}h_2) = h_1^T A^{-T} A^{-1} h_2 = 0 \quad \text{[수식 4-23]}$$

$$(r_1)^T r_1 = (r_2)^T r_2$$

$$(A^{-1}h_1)^T (A^{-1}h_1) = (A^{-1}h_2)^T (A^{-1}h_2)$$

$$h_1^T A^{-T} A^{-1} h_1 = h_2^T A^{-T} A^{-1} h_2 \quad \text{[수식 4-24]}$$

Step 1: $B = A^{-T}A^{-1}$를 계산한다.

$B = A^{-T}A^{-1}$라 놓으면 [수식 4-23]과 [수식 4-24]로부터 [수식 4-25]과 [수식 4-26]의 제약 조건을 얻는다. 여기서, $A^{-T} = (A^{-1})^T$이다. 행렬 B는 절대 원뿔 영상(the image of absolute conic)이라 불린다.

$$h_1^T B h_2 = 0 \qquad \text{[수식 4-25]}$$

$$h_1^T B h_1 - h_2^T B h_2 = 0 \qquad \text{[수식 4-26]}$$

행렬 B는 [수식 4-27]과 같이 표현된다.

$$B = A^{-T}A^{-1} = \begin{bmatrix} B_{11} & B_{12} & B_{13} \\ B_{12} & B_{22} & B_{23} \\ B_{13} & B_{23} & B_{33} \end{bmatrix} \qquad \text{[수식 4-27]}$$

$$= \begin{bmatrix} \dfrac{1}{\alpha^2} & -\dfrac{\gamma}{\alpha^2 \beta} & \dfrac{v_0 \gamma - u_0 \beta}{\alpha^2 \beta} \\ -\dfrac{\gamma}{\alpha^2 \beta} & \dfrac{\gamma^2}{\alpha^2 \beta^2} + \dfrac{1}{\beta^2} & -\dfrac{\gamma(v_0 \gamma - u_0 \beta)}{\alpha^2 \beta^2} - \dfrac{v_0}{\beta^2} \\ \dfrac{v_0 \gamma - u_0 \beta}{\alpha^2 \beta} & -\dfrac{\gamma(v_0 \gamma - u_0 \beta)}{\alpha^2 \beta^2} - \dfrac{v_0}{\beta^2} & \dfrac{(v_0 \gamma - u_0 \beta)^2}{\alpha^2 \beta^2} + \dfrac{v_0}{\beta^2} + 1 \end{bmatrix}$$

$h_i^T B h_j$는 행렬 H의 i번째 열인 $h_i = [h_{i1} \ h_{i2} \ h_{i3}]^T$와 벡터 $b = [B_{11} \ B_{12} \ B_{22} \ B_{13} \ B_{23} \ B_{33}]$에 의해 [수식 4-28]과 같이 표현된다.

$$h_i^T B h_j = [h_{i1} \ h_{i2} \ h_{i3}] \begin{bmatrix} B_{11} & B_{12} & B_{13} \\ B_{21} & B_{22} & B_{23} \\ B_{31} & B_{32} & B_{33} \end{bmatrix} \begin{bmatrix} h_{j1} \\ h_{j2} \\ h_{j3} \end{bmatrix}$$

$$= h_{i1}(B_{11}h_{j1} + B_{12}h_{j2} + B_{13}h_{j3})$$
$$+ h_{i2}(B_{21}h_{j1} + B_{22}h_{j2} + B_{23}h_{j3}$$
$$+ h_{i3}(B_{31}h_{j1} + B_{32}h_{j2} + B_{33}h_{j3}) \qquad \text{[수식 4-28]}$$

행렬 B는 대칭(symmetric) 행렬이므로, $B_{21} = B_{12}$, $B_{31} = B_{13}$, $B_{32} = B_{23}$이다. 그러므로 [수식 4-28]은 [수식 4-29]와 같다.

$$h_i^T B h_j = h_{i1}h_{j1}B_{11} + (h_{i1}h_{j2} + h_{i2}h_{j1})B_{12} + h_{i2}h_{j2}B_{22}$$
$$+ (h_{i1}h_{j3} + h_{i3}h_{j1})B_{13} + (h_{i2}h_{j3} + h_{i3}h_{j2})B_{23} + h_{i3}h_{j3}B_{33} \qquad \text{[수식 4-29]}$$

[수식 4-29]는 [수식 4-30]과 같다.

$$h_i^T B h_j = v_{ij}^T b \qquad \text{[수식 4-30]}$$

여기서,

$$v_{ij}^T = \begin{bmatrix} h_{i1}h_{j1}, & h_{i1}h_{j2}+h_{i2}h_{j1}, & h_{i2}h_{j2}, & h_{i1}h_{j3}+h_{i3}h_{j1}, & h_{i2}h_{j3}+h_{i3}h_{j2}, & h_{i3}h_{j3} \end{bmatrix}$$

$$b = [B_{11}, B_{12}, B_{22}, B_{13}, B_{23}, B_{33}]^T$$

제약 조건 [수식 4-25]와 [수식 4-26]으로부터 [수식 4-31]의 선형 방정식을 얻는다.

$$Vb = 0 \qquad \text{[수식 4-31]}$$

$$\begin{bmatrix} v_{12}^T \\ (v_{11}-v_{22})^T \end{bmatrix} b = 0$$

$$v_{12}^T = \begin{bmatrix} h_{11}h_{21}, & h_{11}h_{22}+h_{12}h_{21}, & h_{12}h_{22}, & h_{13}h_{21}+h_{11}h_{23}, & h_{13}h_{22}+h_{12}h_{23}, & h_{13}h_{23} \end{bmatrix}$$

$$v_{11}^T = \begin{bmatrix} h_{11}h_{11}, & 2h_{11}h_{12}, & h_{12}h_{12}, & 2h_{13}h_{11}, & 2h_{13}h_{12}, & h_{13}h_{13} \end{bmatrix}$$

$$v_{22}^T = \begin{bmatrix} h_{21}h_{21}, & 2h_{21}h_{22}, & h_{22}h_{22}, & 2h_{23}h_{21}, & 2h_{23}h_{22}, & h_{23}h_{23} \end{bmatrix}$$

$Vb=0$으로부터 벡터 b를 계산하는 방법은 다음과 같다. 행렬 V는 2개의 행을 갖고, 벡터 b의 미지수는 6개이므로, 호모그래피 3개가 있으면 선형 연립방정식 $Vb=0$의 해를 구할 수 있다. 연립방정식의 해를 계산하는 방법을 다음의 3가지 경우로 나누어 고려한다. 여기서 N은 캘리브레이션 패턴을 서로 다른 카메라 자세에서 취득한 영상의 개수이다. 그러므로 계산된 호모그래피 변환의 개수 역시 N이다.

① $N \geq 3$인 경우

캘리브레이션 패턴으로 계산한 1개의 H로부터 얻어지는 행렬 V는 2×6이다. 동일한 캘리브레이션 패턴에 대한 $N \geq 3$개의 영상으로부터 계산한 $H_i, i=1, \ldots, N$으로부터 생성한 $2N \times 6$ 행렬 V를 만들 수 있다. 벡터 b는 $V^T V$의 가장 작은 고유값에 대한 고유 벡터이며, V를 SVD(singular value decomposition)로 분해하여 벡터 b를 계산할 수 있다.

② $N=2$인 경우

영상 축의 기울어짐(skew)인 $\gamma=0$이면 [수식 4-27]의 행렬 B는 [수식 4-32]와 같다.

$$B = \begin{bmatrix} \dfrac{1}{\alpha^2} & 0 & \dfrac{-u_0}{\alpha^2} \\ 0 & \dfrac{1}{\beta^2} & -\dfrac{v_0}{\beta^2} \\ \dfrac{-u_0}{\alpha^2} & -\dfrac{v_0}{\beta^2} & \dfrac{u_0^2}{\alpha^2}+\dfrac{v_0^2}{\beta^2}+1 \end{bmatrix} \qquad \text{[수식 4-32]}$$

$B_{12}=0$이므로, $[0,1,0,0,0,0]\,b=0$을 추가하면 [수식 4-33]과 같다. 그러므로 $N=2$, 즉 2개의 호모그래피가 있으면 V 행렬은 5×6 행렬이 되어 V를 SVD로 분해하여 구할 수는 없고, V^TV의 가장 작은 고유값에 대한 고유 벡터를 구하여 벡터 b를 계산한다.

$$\begin{bmatrix} v_{12}^T \\ (v_{11}-v_{22})^T \\ 0\ 1\ 0\ 0\ 0\ 0 \end{bmatrix} \begin{bmatrix} B_{11} \\ B_{12} \\ B_{22} \\ B_{13} \\ B_{23} \\ B_{33} \end{bmatrix} = \begin{bmatrix} 0 \\ 0 \\ 0 \\ 0 \\ 0 \\ 0 \end{bmatrix} \qquad \text{[수식 4-33]}$$

③ $N=1$인 경우

영상 축의 기울어짐(skew) $\gamma=0$이라 하고, 영상의 중심점 (u_0, v_0)을 알고 있다면 [수식 4-32]로부터 유도된 [수식 4-34]의 4개의 제약조건과 이를 행렬로 표현한 [수식 4-35]의 해를 구하여 $N=1$일 때 벡터 b를 계산한다. [수식 4-35]에서 우변이 0 벡터가 아니므로, SVD 또는 고유 벡터로 해를 구하는 대신 연립방정식의 해를 직접 계산하는 방식으로 해를 계산한다.

$$\begin{aligned} B_{12} &= 0 \\ B_{13} &= -u_0 B_{11} \\ B_{23} &= -v_0 B_{22} \\ B_{33} &= u_0^2 B_{11} + v_0^2 B_{22} + 1 \end{aligned} \qquad \text{[수식 4-34]}$$

$$\begin{bmatrix} v_{12}^T \\ (v_{11}-v_{22})^T \\ 0 & 1 & 0 & 0 & 0 & 0 \\ u_0 & 0 & 0 & 1 & 0 & 0 \\ 0 & 0 & v_0 & 0 & 1 & 0 \\ -u_0^2 & 0 & -v_0^2 & 0 & 0 & 1 \end{bmatrix} \begin{bmatrix} B_{11} \\ B_{12} \\ B_{22} \\ B_{13} \\ B_{23} \\ B_{33} \end{bmatrix} = \begin{bmatrix} 0 \\ 0 \\ 0 \\ 0 \\ 0 \\ 1 \end{bmatrix} \qquad \text{[수식 4-35]}$$

④ $N=1$인 경우

$N=1$인 경우, [수식 4-35]를 사용하지 않고 계산할 수 있다. [수식 4-34]를 보면 B_{11}과 B_{22}를 계산하면 벡터 b의 나머지 요소를 구할 수 있다. [수식 4-31]과 [수식 4-35]로부터 조건을 v_{12}^T와 $(v_{11}-v_{22})^T$에 대입하여, [수식 4-36]과 [수식 4-37]을 유도하고, 행렬로 표현된 [수식 4-38]의 해를 구하여 B_{11}과 B_{22}를 계산한 다음 [수식 4-34]에 의해 벡터 b의 나머지 요소를 계산하는 방법이 [수식 4-35]를 사용하는 것보다 오류가 적다. [수식 4-38]에서 우변이 0 벡터가 아니므로, SVD 또는 고유 벡터로 해를 구하는 대신 연립방정식의 해를 직접 계산한다.

$$v_{12}^T b = a_1 B_{11} + b_1 B_{12} + c_1 B_{22} + d_1 B_{13} + e_1 B_{23} + f_1 B_{33} = 0$$
$$= a_1 B_{11} + c_1 B_{22} + d_1(-u_0 B_{11}) + e_1(-v_0 B_{22}) + f_1(u_0^2 B_{11} + v_0^2 B_{22} + 1) = 0$$
$$= (a_1 - d_1 u_0 + f_1 u_0^2) B_{11} + (c_1 - e_1 v_0 + f_1 v_0^2) B_{22} = -f_1$$

여기서,
$a_1 = h_{11} h_{21}$
$b_1 = h_{11} h_{22} + h_{12} h_{21}$
$c_1 = h_{12} h_{22}$
$d_1 = h_{13} h_{21} + h_{11} h_{23}$
$e_1 = h_{13} h_{22} + h_{12} h_{23}$
$f_1 = h_{13} h_{23}$

[수식 4-36]

$$(v_{11} - v_{22})^T b = a_2 B_{11} + b_2 B_{12} + c_2 B_{22} + d_2 B_{13} + e_2 B_{23} + f_2 B_{33} = 0$$
$$= a_2 B_{11} + c_2 B_{22} + d_2(-u_0 B_{11}) + e_2(-v_0 B_{22}) + f_2(u_0^2 B_{11} + v_0^2 B_{22} + 1) = 0$$
$$= (a_2 - d_2 u_0 + f_2 u_0^2) B_{11} + (c_2 - e_2 v_0 + f_2 v_0^2) B_{22} = -f_2$$

여기서,
$a_2 = h_{11}^2 - h_{21}^2$
$b_2 = 2(h_{11} h_{12} - h_{21} h_{22})$
$c_2 = h_{12}^2 - h_{22}^2$
$d_2 = 2(h_{13} h_{11} - h_{23} h_{21})$
$e_2 = 2(h_{13} h_{12} - h_{23} h_{22})$
$f_2 = h_{13}^2 - h_{23}^2$

[수식 4-37]

$$\begin{bmatrix} (a_1 - d_1 u_0 + f_1 u_0^2) & (c_1 - e_1 v_0 + f_1 v_0^2) \\ (a_2 - d_2 u_0 + f_2 u_0^2) & (c_2 - e_2 v_0 + f_2 v_0^2) \end{bmatrix} \begin{bmatrix} B_{11} \\ B_{22} \end{bmatrix} = \begin{bmatrix} -f_1 \\ -f_2 \end{bmatrix}$$

[수식 4-38]

Step 2: 행렬 B로부터 내부 파라미터 행렬 A을 계산한다.

행렬 B를 계산한 다음 내부 파라미터는 $B = \lambda A^{-T} A^{-1}$에 의해 [수식 4-39]와 같이 계산된다.

$$v_0 = (B_{12} B_{13} - B_{11} B_{23}) / (B_{11} B_{22} - B_{12}^2)$$
$$\lambda = B_{33} - [B_{13}^2 + v_0(B_{12} B_{13} - B_{11} B_{23})] / B_{11}$$
$$\alpha = \sqrt{\lambda / B_{11}}$$
$$\beta = \sqrt{\lambda B_{11} / (B_{11} B_{22} - B_{12}^2)}$$
$$\gamma = -B_{12} \alpha^2 \beta / \lambda$$
$$u_0 = \gamma v_0 / \beta - B_{13} \alpha^2 / \lambda$$

[수식 4-39]

4.4.2 외부 파라미터 계산

행렬 B로부터 내부 파라미터 행렬 A와 λ가 계산되면, 외부 파라미터는 [수식 4-40]과 같이 계산된다.

$$r_1 = \lambda A^{-1} h1$$
$$r_2 = \lambda A^{-1} h2$$
$$r_3 = r1 \times r_2$$
$$t = \lambda A^{-1} h3$$

[수식 4-40]

[수식 4-40]에서 회전 행렬 R은 정규화된 직교 행렬(orthonomal)이기 때문에 $\lambda = 1/\|A^{-1}h_1\| = 1/\|A^{-1}h_2\|$을 만족해야 한다. [수식 4-40]에 의해 계산된 회전 행렬 R은 잡음 때문에 정규화된 직교 행렬의 조건을 만족하지 않을 수 있다. [수식 4-40]에 의한 회전 행렬을 Q라 할 때, SVD를 수행하여 $Q = UDV^T$로 분해한 후에, $R = UV^T$로 계산하면 [수식 4-40]에 가장 근사한 회전 행렬을 얻는다.

4.4.3 MLE(Maximum Likelyhood Estimation)

N개의 영상이 있고, 각 영상에 M개의 좌표 점에 대하여 오류를 최소화하는 카메라 파라미터는 다음과 같이 구한다.

$$error = \sum_{i=1}^{N}\sum_{j=1}^{M} \| m_{ij} - \hat{m}(A, R_i, t_i, M_j) \|^2 \qquad \text{[수식 4-41]}$$

$\hat{m}(A, R_i, t_i, M_j)$는 영상 i에서 3차원 점 $M_j = [X_j\ Y_j\ 0]$의 투영점이다. [수식 4-41]의 오차를 최소로 하는 최적해 A, R, t는 Levenberg-Marquardt 알고리즘으로 계산한다.

4.4.4 카메라 렌즈 왜곡 보정

이상적인 핀홀 카메라의 캘리브레이션에 대하여 설명하였다. 여기서는 [수식 4-42]에 의한 카메라의 방사왜곡(radial distortion)의 보정에 대하여 설명한다. [수식 4-42]에서 k_1, k_2를 방사왜곡 계수라고 한다. (x, y)는 이상적인 카메라 좌표이고, $(\hat{x}, \hat{y})$는 왜곡에 의한 실제 카메라 좌표이다.

$$\hat{x} = x + x[k_1(x^2+y^2) + k_2(x^2+y^2)^2]$$
$$\hat{y} = y + y[k_1(x^2+y^2) + k_2(x^2+y^2)^2] \qquad \text{[수식 4-42]}$$

방사왜곡 계수 k_1, k_2는 다음과 같이 계산된다. 왜곡의 중심이 사진 주점(principal point)과 동일하다고 가정하면 카메라 좌표와 화소 좌표 사이의 관계 $[u, v, 1]^T = A[x, y, 1]^T$에 의해 $\alpha x = u - u_0$, $\beta y = v - v_0$가 되고, $\gamma = 0$라 하면 [수식 4-43]을 얻는다. (u, v)는 이상적인 영상 좌표이고, $(\hat{u}, \hat{v})$는 왜곡을 포함하는 실제 획득한 영상 좌표이다.

$$\begin{aligned}\hat{u} &= \alpha\hat{x}+\gamma\hat{y}+u_0 \\ &= \alpha\hat{x}+u_0 \\ &= u_0+\alpha(x+x[k_1(x^2+y^2)+k_2(x^2+y^2)^2]) \\ &= u+(u-u_0)[k_1(x^2+y^2)+k_2(x^2+y^2)^2]\end{aligned}$$

$$\begin{aligned}\hat{v} &= \beta\hat{y}+v_0 \\ &= v_0+\beta(y+y[k_1(x^2+y^2)+k_2(x^2+y^2)^2]) \\ &= v+(v-v_0)[k_1(x^2+y^2)+k_2(x^2+y^2)^2]\end{aligned}$$ [수식 4-43]

[수식 4-43]을 행렬 형태의 선형 방정식으로 표현하면 [수식 4-44]를 얻는다.

$$\begin{bmatrix}(u-u_0)(x^2+y^2) & (u-u_0)(x^2+y^2)^2 \\ (v-v_0)(x^2+y^2) & (v-v_0)(x^2+y^2)^2\end{bmatrix}\begin{bmatrix}k_1 \\ k_2\end{bmatrix}=\begin{bmatrix}\hat{u}-u \\ \hat{v}-v\end{bmatrix}$$ [수식 4-44]

[수식 4-44]는 각 좌표에 대하여 2개의 수식이 얻어진다. N개의 영상이 있고, 각 영상에 M개 좌표가 있을 때는 $2NM$개의 수식에 의해 [수식 4-45]의 선형 방정식이 만들어지고, 최소 자승법에 의한 해는 [수식 4-46]과 같다. $(x_i, y_i), i=1, ..., NM$은 캘리브레이션 패턴에서의 실제 좌표이고, $(\hat{u_i}, \hat{v_i}), i=1, ..., NM$는 카메라에 의해 획득된 영상 좌표이며, $(u_i, v_i), i=1, ..., NM$은 왜곡 없이 투영된 이상적인 영상 좌표이다. (u_i, v_i)는 다른 카메라 파라미터를 계산한 다음에 $[u,v,1]^T = A[x,y,1]^T$에 의해 계산된 좌표이다.

$$\begin{bmatrix}(u_1-u_0)(x_1^2+y_1^2) & (u_1-u_0)(x_1^2+y_1^2)^2 \\ (v_1-v_0)(x_1^2+y_1^2) & (v_1-v_0)(x_1^2+y_1^2)^2 \\ ..... & ...... \\ (u_{NM}-u_0)(x_{NM}^2+y_{NM}^2) & (u_{NM}-u_0)(x_{NM}^2+y_{NM}^2)^2 \\ (v_{NM}-v_0)(x_{NM}^2+y_{NM}^2) & (v_{NM}-v_0)(x_{NM}^2+y_{NM}^2)^2\end{bmatrix}\begin{bmatrix}k_1 \\ k_2\end{bmatrix}=\begin{bmatrix}\hat{u_1}-u_1 \\ \hat{v_1}-v_1 \\ ... \\ \hat{u_{NM}}-u_{NM} \\ \hat{v_{NM}}-v_{NM}\end{bmatrix}$$ [수식 4-45]

$$\hat{k} = (D^TD)^{-1}D^Td$$ [수식 4-46]

카메라 캘리브레이션을 계산하는 순서를 정리하면 다음과 같다.

① [수식 4-39]에 의해 행렬 B로부터 내부 파라미터 행렬 A를 계산한다.
② [수식 4-40]에 의해 외부 파라미터를 계산한다.
③ [수식 4-41]의 오차(error)를 최소로 하는 최적해 A, R, t는 Levenberg-Marquardt 알고리즘으로 계산하여 내부 파라미터와 외부 파라미터를 개선한다.
④ [수식 4-46]에 의해 방사왜곡 계수를 계산한다.
⑤ 오차를 줄이기 위해서는 ③과 ④과정을 수렴할 때까지 반복한다.

예제 cvEx0408

N=1개의 영상을 이용한 캘리브레이션 계산(Zhang data)
(제약조건: $\gamma = 0$, image center=(u0, v0))

```
001: #include <stdio.h>
002: #include "cv.h"
003: #include "highgui.h"
004: #define TOL 1.E-20
005: void CalcBfromH1(CvMat *mH, CvSize imageSize, CvMat *mB);
006: void CalcBfromH2(CvMat *mH, CvSize imageSize, CvMat *mB);
007: double CalcIntrinsicParams(CvMat *mB, CvMat *mA);
008: void CalcExtrinsicParams(CvMat *mH, CvMat *mA, CvMat *mRt);
009: void CalcRadialDistortion(CvMat *mA, CvMat *mRt, CvMat *mW,
010:                           CvMat *mPt, CvMat *mK);
011: void ReprojectCoords(CvMat *mA, CvMat *mRt, CvMat *mW, CvMat *mPt);
012: void CalcProjectMatrix(CvMat *mA, CvMat *mRt, CvMat *matProj);
013: void CalcCameraCoords(CvMat *mW, CvMat *mRt, CvMat *mCam);
014: void MakeRt2(CvMat *mRt,  CvMat *mRt2);
015: void Undistortion(CvMat *mA,  CvMat *mK,
016:                   IplImage *srcImage, IplImage *dstImage);
017: void DisplayCornerPoints(CvMat *mP, IplImage *frame);
018: void ReadData(char *strFileName,  CvMat *mP, int nPoints);
019: void PrintMat(const CvMat *mat, const char *strName);
020:
021: int main()
022: {
023:     IplImage    *srcImage;
024: // Title   : A flexible new technique for camera calibration
025: // Author  : Zhengyou Zhang
026: // Data    : http://research.microsoft.com/en-us/um/people/zhang/Calib/
027: // Image   : CalibIm1.tif, 640 x 480
028: // Pattern: 8 x 8 squares => 256 corners
029: //          17cm x 17cm, a square size : 0.5inch x 0.5inch
030: // model.txt : World coordnates of the corners
031: // data1.txt : Image coordnates of the corners in CalibIm1.tif
032: // we calculate the closed-form solution without LM algorithm.
033: // 1 Homography Calibration:
034: //          Known parameters: skew =0, image center(u0, v0)
035:
036:     if((srcImage=cvLoadImage("CalibIm1.tif"))==NULL)
037:             return -1;
038:     CvSize imageSize = cvGetSize(srcImage);
039:
040:     int nPoints = 8*8*4;
041:     CvMat *mP = cvCreateMat(3, nPoints, CV_64F);
042:     ReadData("data1.txt", mP, nPoints);
043:
044:     DisplayCornerPoints(mP, srcImage);
045:     cvShowImage("srcImage", srcImage);
046:
047:     // set the corner points to the world coordinates (unit : inch)
048:     CvMat *mW = cvCreateMat(3, nPoints, CV_64F);
```

```
049:     ReadData("model.txt", mW, nPoints);
050: //  PrintMat(mW, "mW:");
051:
052:     CvMat *H = cvCreateMat(3, 3, CV_64F);
053:     cvFindHomography(mW, mP, H, 0);
054:     PrintMat(H, "H:");
055:
056:     CvMat *A = cvCreateMat(3, 3, CV_64F);
057:     CvMat *B = cvCreateMat(3, 3, CV_64F);
058: //  CalcBfromH1(H, imageSize, B);
059:     CalcBfromH2(H, imageSize, B);
060:     PrintMat(B, "B:");
061:
062:     CalcIntrinsicParams(B,  A);
063:     PrintMat(A, "A:");
064:
065:     CvMat *Rt = cvCreateMat(3, 4, CV_64F);
066:     CalcExtrinsicParams(H, A, Rt);
067:     PrintMat(Rt, "Rt:");
068:
069:     double coeff[2];
070:     CvMat mK = cvMat(2, 1, CV_64F, coeff);
071:     CalcRadialDistortion(A, Rt, mW, mP, &mK);
072:     PrintMat(&mK, "&mK");
073:
074:     IplImage  *dstImage = cvCreateImage(cvGetSize(srcImage),
075:                              srcImage->depth, srcImage->nChannels);
076:     Undistortion(A,  &mK, srcImage, dstImage);
077:     cvShowImage("dstImage", dstImage);
078: /*
079:     double coeff2[4];
080:     CvMat mDistortion = cvMat(4, 1, CV_64F, coeff2);
081:     coeff2[0] =  coeff[0];
082:     coeff2[1] =  coeff[1];
083:     coeff2[2] =  0.0; // zero tangential distortion
084:     coeff2[3] =  0.0;
085:     cvUndistort2(srcImage, dstImage, A, &mDistortion);
086:     cvShowImage("dstImage", dstImage);
087: */
088:     cvWaitKey(0);
089:     cvReleaseMat(&mP);
090:     cvReleaseMat(&H);
091:     cvReleaseMat(&mW);
092:     cvReleaseMat(&A);
093:     cvReleaseMat(&B);
094:     cvReleaseMat(&Rt);
095:     cvReleaseImage(&srcImage);
096:     cvReleaseImage(&dstImage);
097:     return 0;
098: }
099: // 1 Homography: Known parameters: skew =0, image center(u0, v0)
```

```
100: // mB: 3x3, the image of absolute conic
101: void CalcBfromH1(CvMat *mH, CvSize imageSize, CvMat *mB)
102: {
103:     double u0, v0;
104:     u0 = imageSize.width/2.0;
105:     v0 = imageSize.height/2.0;
106:
107: // u0 = 295.79; // using Zhang's initial results
108: // v0 = 217.69;
109: // Step2: make System V x B = X
110:
111:     CvMat *V = cvCreateMat(6, 6, CV_64F);
112:     CvMat *X = cvCreateMat(6, 1, CV_64F);
113:
114:     double  h[3][3];
115:     double  a, b, c, d, e, f;
116:     int j, k;
117:
118:     // hi = [hi1, hi2, hi3]^T : i-th column
119:     for(j= 0; j<3; j++)
120:     for(k= 0; k<3; k++)
121:             h[k][j] = cvmGet(mH, j, k);
122:
123: // row =0
124:     a = h[0][0]*h[1][0];
125:     b = h[0][0]*h[1][1] + h[0][1]*h[1][0];
126:     c = h[0][1]*h[1][1];
127:     d = h[0][2]*h[1][0]+h[0][0]*h[1][2];
128:     e = h[0][2]*h[1][1]+h[0][1]*h[1][2];
129:     f = h[0][2]*h[1][2];
130:     cvmSet(V, 0,   0,  a);
131:     cvmSet(V, 0,   1,  b);
132:     cvmSet(V, 0,   2,  c);
133:     cvmSet(V, 0,   3,  d);
134:     cvmSet(V, 0,   4,  e);
135:     cvmSet(V, 0,   5,  f);
136:
137: // row =1
138:     a = h[0][0]*h[0][0] -  h[1][0]*h[1][0];
139:     b = 2.0*(h[0][0]*h[0][1] - h[1][0]*h[1][1]);
140:     c = h[0][1]*h[0][1] - h[1][1]*h[1][1];
141:     d = 2.0*(h[0][2]*h[0][0]-h[1][2]*h[1][0]);
142:     e = 2.0*(h[0][2]*h[0][1]-h[1][2]*h[1][1]);
143:     f = h[0][2]*h[0][2] - h[1][2]*h[1][2];
144:     cvmSet(V, 1,   0,  a);
145:     cvmSet(V, 1,   1,  b);
146:     cvmSet(V, 1,   2,  c);
147:     cvmSet(V, 1,   3,  d);
148:     cvmSet(V, 1,   4,  e);
149:     cvmSet(V, 1,   5,  f);
150:
```

```
151:  // row =2
152:      a = 0.0; b = 1.0; c = d = e = f = 0.0;
153:      cvmSet(V, 2,   0,   a);
154:      cvmSet(V, 2,   1,   b);
155:      cvmSet(V, 2,   2,   c);
156:      cvmSet(V, 2,   3,   d);
157:      cvmSet(V, 2,   4,   e);
158:      cvmSet(V, 2,   5,   f);
159:  // row =3
160:      a = u0; b = c = 0.0; d = 1.0; e = f = 0.0;
161:      cvmSet(V, 3,   0,   a);
162:      cvmSet(V, 3,   1,   b);
163:      cvmSet(V, 3,   2,   c);
164:      cvmSet(V, 3,   3,   d);
165:      cvmSet(V, 3,   4,   e);
166:      cvmSet(V, 3,   5,   f);
167:  // row =4
168:      a = b= 0.0; c = v0; d = 0.0; e = 1.0; f = 0.0;
169:      cvmSet(V, 4,   0,   a);
170:      cvmSet(V, 4,   1,   b);
171:      cvmSet(V, 4,   2,   c);
172:      cvmSet(V, 4,   3,   d);
173:      cvmSet(V, 4,   4,   e);
174:      cvmSet(V, 4,   5,   f);
175:  // row =5
176:      a = -u0*u0; b = 0.0; c = -v0*v0; d = e = 0.0; f = 1.0;
177:      cvmSet(V, 5,   0,   a);
178:      cvmSet(V, 5,   1,   b);
179:      cvmSet(V, 5,   2,   c);
180:      cvmSet(V, 5,   3,   d);
181:      cvmSet(V, 5,   4,   e);
182:      cvmSet(V, 5,   5,   f);
183:  // PrintMat(V, "V");
184:
185:      cvZero(X);
186:      cvmSet(X, 5,   0,   1.0);
187:
188:      double   _b[6];
189:      CvMat    mb = cvMat(6, 1, V->type, _b);
190:
191:      cvSolve(V, X, &mb, CV_LU);
192:  //   cvSolve(V, X, &mb, CV_NORMAL + CV_SVD);
193:
194:  // b = [ B00, B01, B11, B02, B12, B22 ]
195:      cvmSet(mB, 0,   0, _b[0]);
196:  // cvmSet(mB, 0,   1, _b[1]);
197:  // cvmSet(mB, 1,   0, _b[1]);
198:      cvmSet(mB, 0,   1, 0.0);
199:      cvmSet(mB, 1,   0, 0.0);
200:      cvmSet(mB, 0,   2, _b[3]);
201:      cvmSet(mB, 2,   0, _b[3]);
```

```
202:        cvmSet(mB, 1,   1, _b[2]);
203:        cvmSet(mB, 1,   2, _b[4]);
204:        cvmSet(mB, 2,   1, _b[4]);
205:        cvmSet(mB, 2,   2, _b[5]);
206:        cvReleaseMat(&V);
207:        cvReleaseMat(&X);
208: }
209: void CalcBfromH2(CvMat *mH, CvSize imageSize, CvMat *mB)
210: {
211:     double u0, v0;
212:
213:     u0 = imageSize.width/2.0;
214:     v0 = imageSize.height/2.0;
215: // Step2: make System V x B = X
216:
217:     CvMat *V = cvCreateMat(2, 2, CV_64F);
218:     CvMat *X = cvCreateMat(2, 1, CV_64F);;
219:
220:     double  h[3][3];
221:     double  a, b, c, d, e, f;
222:     int j, k;
223:
224:     // hi = [hi1, hi2, hi3] : i-th column
225:     for(j= 0; j<3; j++)
226:     for(k= 0; k<3; k++)
227:             h[j][k] = cvmGet(mH, k, j);
228: // row =0
229:     a = h[0][0]*h[1][0];
230:     b = h[0][0]*h[1][1] + h[0][1]*h[1][0];
231:     c = h[0][1]*h[1][1];
232:     d = h[0][2]*h[1][0]+h[0][0]*h[1][2];
233:     e = h[0][2]*h[1][1]+h[0][1]*h[1][2];
234:     f = h[0][2]*h[1][2];
235:     cvmSet(V, 0,   0,  a-d*u0+f*u0*u0);
236:     cvmSet(V, 0,   1,  c-e*v0+f*v0*v0);
237:     cvmSet(X, 0,   0, -f);
238:
239: // row =1
240:     a = h[0][0]*h[0][0] -  h[1][0]*h[1][0];
241:     b = 2.0*(h[0][0]*h[0][1] - h[1][0]*h[1][1]);
242:     c = h[0][1]*h[0][1] - h[1][1]*h[1][1];
243:     d = 2.0*(h[0][2]*h[0][0]-h[1][2]*h[1][0]);
244:     e = 2.0*(h[0][2]*h[0][1]-h[1][2]*h[1][1]);
245:     f = h[0][2]*h[0][2] - h[1][2]*h[1][2];
246:     cvmSet(V, 1,   0,  a - d*u0+f*u0*u0);
247:     cvmSet(V, 1,   1,  c - e*v0+f*v0*v0);
248:     cvmSet(X, 1,   0, -f);
249:
250:     PrintMat(V, "V");
251:     PrintMat(X, "X");
252:
```

```
253:    double  _b[2];
254:    CvMat   mb = cvMat(2, 1, V->type, _b);
255:
256: //  cvSolve(V, X, &mb, CV_LU);
257:    cvSolve(V, X, &mb, CV_NORMAL + CV_SVD);
258:
259:    // [ B11= _b[0], B22 = _b[1] ]
260:    cvmSet(mB, 0,   0, _b[0]);
261:    cvmSet(mB, 0,   1, 0.0);
262:    cvmSet(mB, 1,   0, 0.0);
263:    cvmSet(mB, 0,   2, -u0*_b[0]);
264:    cvmSet(mB, 2,   0, -u0*_b[0]);
265:    cvmSet(mB, 1,   1, _b[1]);
266:    cvmSet(mB, 1,   2, -v0*_b[1]);
267:    cvmSet(mB, 2,   1, -v0*_b[1]);
268:    cvmSet(mB, 2,   2, u0*u0*_b[0] + v0*v0*_b[1]+1.0);
269:    cvReleaseMat(&V);
270:    cvReleaseMat(&X);
271: }
272: // return value : lambda
273: double CalcIntrinsicParams(CvMat *mB, CvMat *mA)
274: {
275:    double  B[3][3];
276:    int j, k;
277:    for(j= 0; j<3; j++)
278:    for(k= 0; k<3; k++)
279:            B[j][k] = cvmGet(mB, k, j);
280:
281:    double den;
282:    den = (B[0][0]*B[1][1]-B[0][1]*B[0][1]);
283:
284:    if(fabs(den) < TOL) // error
285:    {
286:            printf("den = (B[0][0]*B[1][1]-B[0][1]*B[0][1])=%lf\n",den);
287:            return 0;
288:    }
289:    double u0, v0, lambda, alpha, betta, gamma;
290:    v0 = (B[0][1]*B[0][2] - B[0][0]*B[1][2])/den;
291:    if(fabs(B[0][0]) < TOL) // error
292:    {
293:            printf("B[0][0]=%lf\n",B[0][0]);
294:            return 0;
295:    }
296:    double a = (B[0][1]*B[0][2] - B[0][0]*B[1][2]);
297:    lambda = B[2][2] - (B[0][2]*B[0][2] + v0*a)/B[0][0];
298: // lambda = B[2][2] - (B[0][2]*B[0][2]
299: //         + v0*(B[0][1]*B[0][2] - B[0][0]*B[1][2]))/B[0][0];
300:    if (lambda/B[0][0]< 0.0) // error
301:    {
302:            printf("B[0][0]=%lf\n",B[0][0]);
303:            printf("lambda =%lf\n",lambda);
```

```
304:                printf("lambda/B[0][0]=%lf\n",lambda/B[0][0]);
305:                return 0;
306:        }
307:        if ((lambda*B[0][0]/den)< 0.0) // error
308:        {
309:                printf("lambda*B[0][0]/den=%lf\n",lambda*B[0][0]/den);
310:                return 0;
311:        }
312:     alpha   = cvSqrt(lambda/B[0][0]);
313:     betta   = cvSqrt(lambda*B[0][0]/den);
314:     gamma   = -B[0][1]*alpha*alpha*betta/lambda;
315: //  gamma   = 0.0;   // 0.0 if 1 homography
316:
317:     u0      = gamma*v0/alpha - B[0][2]*alpha*alpha/lambda;
318:
319:     cvZero(mA);
320:     cvmSet(mA, 0, 0, alpha);   // alpha
321:     cvmSet(mA, 0, 1, gamma);   // gamma
322:     cvmSet(mA, 0, 2, u0);       // u0
323:
324:     cvmSet(mA, 1, 1, betta);   // beta
325:     cvmSet(mA, 1, 2, v0);       // v0
326:     cvmSet(mA, 2, 2, 1.0);
327:     return lambda;
328: }
329: void CalcExtrinsicParams(CvMat *mH, CvMat *mA, CvMat *mRt)
330: {
331:     // Rt : 3 x 4 matrix, extrinsicParameters
332:     CvMat *A1 = cvCreateMat(3, 3, CV_64F);
333:
334:     CvMat _r1, _r2, _r3, _t;
335:     cvGetCol(mRt, &_r1, 0);
336:     cvGetCol(mRt, &_r2, 1);
337:     cvGetCol(mRt, &_r3, 2);
338:     cvGetCol(mRt, &_t,  3);
339:
340:     CvMat _h1, _h2, _h3;
341:     cvGetCol(mH, &_h1, 0);
342:     cvGetCol(mH, &_h2, 1);
343:     cvGetCol(mH, &_h3, 2);
344:
345:     cvInvert(mA, A1, CV_LU); // CV_SVD
346:     cvMatMul(A1, &_h1, &_r1);
347:     double lambda = 1.0/cvNorm(&_r1, NULL, CV_L2);
348:     cvScale(&_r1, &_r1, lambda);
349:
350:     cvMatMul(A1, &_h2, &_r2);
351: //  lambda = 1.0/cvNorm(&_r2, NULL, CV_L2);
352:     cvScale(&_r2, &_r2, lambda);
353:     cvCrossProduct(&_r1, &_r2, &_r3);
354:
```

```
355:    // CvMat _t = cvMat(3, 1, CV_64F, r1);
356:       cvMatMul(A1, &_h3, &_t);
357:    // lambda = cvNorm(&_t, NULL, CV_L2);
358:       cvScale(&_t, &_t, lambda);
359:
360:       double w[9], u[9], vt[9];
361:       CvMat W  = cvMat(3, 3, CV_64F, w);
362:       CvMat U  = cvMat(3, 3, CV_64F, u);
363:       CvMat Vt = cvMat(3, 3, CV_64F, vt);
364:
365:       CvMat Q;
366:       cvGetCols(mRt, &Q, 0, 3);
367:    // PrintMat(Rt, "Rt:");
368:    // PrintMat(&Q, "&Q:");
369:       cvSVD(&Q, &W, &U, &Vt, CV_SVD_V_T);
370:    // cvGEMM(&U, &Vt, 1, 0, 0, &Q);
371:       cvMatMul(&U, &Vt, &Q);
372:    /*
373:       double _qt[9], _tmp[9];
374:       CvMat matTemp = cvMat(3, 3, CV_64F, _tmp);
375:       CvMat Qt      = cvMat(3, 3, CV_64F, _qt);
376:       cvTranspose(&Q, &Qt);
377:       // matTemp must be a identity matrix because of orthonormality of R
378:       cvGEMM(&Q, &Qt, 1, 0, 0, &matTemp);
379:       PrintMat(&matTemp, " &matTemp:");
380:    */
381:       cvReleaseMat(&A1);
382: }
383: void CalcRadialDistortion(CvMat *mA, CvMat *mRt, CvMat *mW,
384:                            CvMat *mPt, CvMat *mK)
385: {
386:     CvMat *mCam = cvCreateMat(mPt->rows, mPt->cols, mPt->type);
387:     CvMat *mPt2 = cvCreateMat(mPt->rows, mPt->cols, mPt->type);
388:     CalcCameraCoords(mW, mRt, mCam);
389:     ReprojectCoords(mA, mRt,  mW, mPt2);
390: // PrintMat(mPt, "mPt");      // mPt : distorted image coordinates
391: // PrintMat(mPt2, "mPt2:"); // mPt2: ideal image coordinates by re-projection
392: // PrintMat(mCam, "mCam:"); // mCam:  camera coordinates
393:
394:     double u0, v0;
395:     u0 = cvmGet(mA, 0,   2);
396:     v0 = cvmGet(mA, 1,   2);
397:
398: // make System mD x mK = md
399:     CvMat *mD = cvCreateMat(2*mW->cols, 2, CV_64F);
400:     CvMat *md = cvCreateMat(2*mW->cols, 1, CV_64F);
401: // cvZero(mD);
402:     int i;
403:     double u1, v1;// mPt : distorted image coordinates
404:     double u2, v2;// mPt2: ideal image coordinates by re-projection
405:     double x, y;
```

```
406:        double xy2, du0, dv0, du, dv;
407:
408:        for(i=0; i<mW->cols; i++)
409:        {
410:                u1 = cvmGet(mPt, 0, i);
411:                v1 = cvmGet(mPt, 1, i);
412:
413:                u2 = cvmGet(mPt2, 0, i);
414:                v2 = cvmGet(mPt2, 1, i);
415:
416:                x = cvmGet(mCam, 0, i);
417:                y = cvmGet(mCam, 1, i);
418:
419:                xy2 = x*x + y*y;
420:                du0 = u2 - u0;
421:                dv0 = v2 - v0;
422:                du  = u1 - u2;
423:                dv  = v1 - v2;
424:
425:                cvmSet(mD, i*2,   0, du0*xy2);
426:                cvmSet(mD, i*2,   1, du0*xy2*xy2);
427:                cvmSet(mD, i*2+1, 0, dv0*xy2);
428:                cvmSet(mD, i*2+1, 1, dv0*xy2*xy2);
429:
430:                cvmSet(md, i*2,   0, du);
431:                cvmSet(md, i*2+1, 0, dv);
432:        }
433:        CvMat *mDt = cvCreateMat(2, 2*mW->cols, CV_64F);
434:        cvTranspose(mD, mDt);
435:
436:        CvMat *mTmp1 = cvCreateMat(2, 2, CV_64F);
437:        cvMatMul(mDt, mD, mTmp1);
438:        cvInvert(mTmp1, mTmp1, CV_LU);
439: //     cvInvert(mTmp1, mTmp1, CV_SVD);
440:        cvMatMul(mTmp1, mDt, mDt);
441:        cvMatMul(mDt, md, mK); //mK = inv(Dt D)(Dt)(md)
442:
443:        cvReleaseMat(&mCam);
444:        cvReleaseMat(&mPt2);
445:        cvReleaseMat(&mDt);
446:        cvReleaseMat(&mTmp1);
447: }
448: void ReprojectCoords(CvMat *mA, CvMat *mRt,  CvMat *mW, CvMat *mPt)
449: {
450:        CvMat *matProj = cvCreateMat(3, 3, CV_64F);
451:        CalcProjectMatrix(mA, mRt, matProj); // matProj = A[R|t]
452: //     PrintMat(matProj, "matProj:");
453:
454:        cvMatMul(matProj, mW, mPt);
455:
456:        // homogeneous(x', y', w) ->  (x, y, 1)
```

```
457:     CvMat    A1, A2, A3;
458:     cvGetRow(mPt, &A1,  0);
459:     cvGetRow(mPt, &A2,  1);
460:     cvGetRow(mPt, &A3,  2);
461:
462:     cvDiv(&A1, &A3, &A1);
463:     cvDiv(&A2, &A3, &A2);
464:     cvDiv(&A3, &A3, &A3);
465: }
466: void CalcProjectMatrix(CvMat *mA, CvMat *mRt,   CvMat *matProj)
467: {
468:     CvMat *Rt2 = cvCreateMat(3, 3, CV_64F);
469:     MakeRt2(mRt,   Rt2);
470: // PrintMat(&Rt2, "Rt2:");
471:     cvMatMul(mA, Rt2, matProj);
472:     double w = 1.0/cvmGet(matProj, 2, 2);
473:     cvScale(matProj, matProj, w);
474: // PrintMat(matProj, "matProj:");
475:     cvReleaseMat(&Rt2);
476: }
477: void CalcCameraCoords(CvMat *mW, CvMat *mRt, CvMat *mCam)
478: {
479:     CvMat *Rt2 = cvCreateMat(3, 3, CV_64F);
480:     MakeRt2(mRt,   Rt2);
481:     cvMatMul(Rt2, mW, mCam);
482:
483:     // homogeneous(x', y', w) -> (x, y, 1) : x = x'/w, y' = y/w
484:     CvMat    A1, A2, A3;
485:     cvGetRow(mCam, &A1,  0);
486:     cvGetRow(mCam, &A2,  1);
487:     cvGetRow(mCam, &A3,  2);
488:
489:     cvDiv(&A1, &A3, &A1);
490:     cvDiv(&A2, &A3, &A2);
491:     cvDiv(&A3, &A3, &A3);
492:     cvReleaseMat(&Rt2);
493: }
494: void MakeRt2(CvMat *mRt,   CvMat *mRt2)
495: {
496:     // Rt  : 3 x 4 matrix
497:     // Rt2 : 3 x 3 matrix, Rt2 = Rt[r1, r2, t]
498:     CvMat _r11, _r12, _t1;
499:     cvGetCol(mRt, &_r11, 0);
500:     cvGetCol(mRt, &_r12, 1);
501:     cvGetCol(mRt, &_t1,  3);
502:
503:     CvMat _r21, _r22, _t2;
504:     cvGetCol(mRt2, &_r21, 0);
505:     cvGetCol(mRt2, &_r22, 1);
506:     cvGetCol(mRt2, &_t2,  2);
507:
```

```
508:        cvCopy(&_r11,  &_r21);
509:        cvCopy(&_r12,  &_r22);
510:        cvCopy(&_t1,   &_t2);
511: }
512: void Undistortion(CvMat *mA,  CvMat *mK,
513:                   IplImage *srcImage, IplImage *dstImage)
514: {
515:     // Ref: cvInitUndistortRectifyMap
516:     int    u, v;
517:     double x, y;
518:     double x1, y1;
519:
520:     double cx, cy;
521:     double fx, fy;
522:
523:     cx = cvmGet(mA, 0,   2);
524:     cy = cvmGet(mA, 1,   2);
525:     fx = cvmGet(mA, 0,   0);
526:     fy = cvmGet(mA, 1,   1);
527:
528:     // Distortion coeff
529:     double k1 = cvmGet(mK, 0, 0);
530:     double k2 = cvmGet(mK, 1, 0);
531:     double r, r2, r4;
532:     CvMat *mapX= cvCreateMat(srcImage->height, srcImage->width, CV_32F);
533:     CvMat *mapY= cvCreateMat(srcImage->height, srcImage->width, CV_32F);
534:
535:     for(v=0; v< srcImage->height; v++)
536:     for(u=0; u< srcImage->width; u++)
537:     {
538:             x = (u - cx)/fx;
539:             y = (v - cy)/fy;
540:             r = cvSqrt(x*x + y*y);
541:             r2 = r*r;
542:             r4 = r2*r2;
543:
544:             x1 = x*(1.0 + k1*r2 + k2*r4);
545:             y1 = y*(1.0 + k1*r2 + k2*r4);
546:             cvmSet(mapX, v, u, x1*fx + cx);
547:             cvmSet(mapY, v, u, y1*fy + cy);
548:     }
549:     cvRemap(srcImage, dstImage, mapX, mapY);
550:     cvReleaseMat(&mapX);
551:     cvReleaseMat(&mapY);
552: }
553: void DisplayCornerPoints(CvMat *mP, IplImage *frame)
554: {
555:     double x, y;
556:     for(int i=0; i<mP->cols; i++)
557:     {
558:             x = cvmGet(mP, 0, i);
```

```
559:            y = cvmGet(mP, 1, i);
560:            cvCircle(frame,cvPoint(cvRound(x),cvRound(y)),2,CV_RGB(0,0,255),2);
561:        }
562:  }
563:  void ReadData(char *strFileName,  CvMat *mP, int nPoints)
564:  {
565:     FILE *fp = fopen(strFileName, "r");
566:     if(!fp) return;
567:     double x, y;
568:     for(int i=0; i<nPoints; i++)
569:     {
570:            fscanf(fp, "%lf %lf", &x, &y);
571:            cvmSet(mP, 0, i, x);
572:            cvmSet(mP, 1, i, y);
573:            cvmSet(mP, 2, i, 1.0);
574:     }
575:     fclose(fp);
576:  }
577:  void PrintMat(const CvMat *mat, const char *strName)
578:  {
579:     int    x, y;
580:     double  fValue;
581:     printf(" %s  \n =  \n", strName);
582:     for(y= 0; y<mat->rows; y++)
583:     {
584:            for(x= 0; x<mat->cols; x++)
585:            {
586:                   fValue = cvGetReal2D(mat, y, x);
587:                   printf("%10.5lf ", fValue);
588:            }
589:            printf("\n");
590:     }
591:     printf("\n\n");
592:  }
```

$N=1$개의 캘리브레이션 패턴 영상을 이용한 캘리브레이션 파라미터 계산을 Zhang의 마이크로소프트 기술보고서, "A Flexible New Technique for Camera Calibration," 에서 제시된 캘리브레이션 파라미터 계산방법으로 구현한다. 코너점의 세계 좌표와 영상 좌표는 http://research.microsoft.com/en-us/um/people/zhang/Calib/에서 구한 Zhang의 실험 데이터를 이용한다. model.txt는 세계 좌표 데이터이고, data1.txt는 CalibIm1.tif 영상의 코너점의 데이터이다. 1개의 호모그래피로부터 캘리브레이션하기 위하여 skew=0이며, 영상의 중심인 (u0, v0)는 이미 알고 있다고 가정한다.

36-49행 36행은 캘리브레이션 패턴 영상 "CalibIm1.tif"를 srcImage에 로드한다. srcImage에서 코너점을 검출하지 않고, 단지 코너점을 표시하고, 왜곡을 보정하기 위해서만 사용한다.

40행은 코너점의 개수를 nPoints에 저장한다. 각 영상에서 검은색 사각형의 개수가 8×8개이고, 각 사각형에 4개의 코너점이 있으므로 코너점의 개수는 nPoints는 $8 \times 8 \times 4$이다.

53행   cvFindHomography 함수로 세계 좌표 mW에서 영상 좌표 mP로의 호모그래피 H를 계산한다.

42행은 "data1.txt" 파일로부터 코너점의 좌표를 읽어 mP 행렬에 저장한다. 44-45행에서 mP 행렬에 저장된 코너점을 영상에 표시한다. 49행은 "model.txt" 파일로부터 코너점의 세계 좌표를 읽어 mW 행렬에 저장한다.

53행   cvFindHomography 함수로 세계 좌표 mW에서 영상 좌표 mP로의 호모그래피 H를 계산한다.

58-59행   CalcBfromH1 함수로 [수식 4-35]와 같이 행렬 B를 계산한다. CalcBfromH2 함수는 [수식 4-38]과 같이 행렬 B를 계산한다.

62행   CalcIntrinsicParams 함수로 행렬 B로부터 카메라 내부 파라미터 행렬 A를 계산한다.

66행   CalcExtrinsicParams 함수로 호모그래피 행렬 H와 내부 파라미터 행렬 A로부터 카메라 외부 파라미터 행렬 Rt를 계산한다.

71행   CalcRadialDistortion 함수로 A, Rt, mW, mP 행렬을 사용하여 방사왜곡 계수 행렬 mK를 계산한다.

76-87행   76행은 사용자 정의 함수 Undistortion를 사용하여 srcImage를 왜곡 보정하여 dstImage를 생성한다. 85행과 같이 OpenCV 함수 cvUndistort2를 사용하여 보정할 수 있다.

101-208행   CalcBfromH1 함수는 [수식 4-35]와 같이 행렬 B를 계산한다. 104-105행은 u0, v0을 영상의 중심으로 설정한다. cvSolve 함수의 CV_LU 또는 CV_NORMAL + CV_SVD에 의해 해를 구한다.

209-271행   CalcBfromH2 함수는 [수식 4-38]과 같이 행렬 B를 계산한다. 104-105행에서 u0, v0는 영상의 중심으로 설정한다. cvSolve 함수의 CV_LU 또는 CV_NORMAL + CV_SVD에 의해 해를 구한다.

273-328행   CalcIntrinsicParams 함수는 [수식 4-39]에 의해 B 행렬로부터 카메라 내부 파라미터 행렬 A를 계산한다. 282행의 den이 0이면 290행에서 Divide by Zero가 되므로 den은 0이 아니어야 한다. B[0][0] 역시 같은 이유로 0이 아니어야 한다.

329-382행   CalcExtrinsicParams 함수는 [수식 4-40]에 의해 호모그래피 행렬 H와 내부 파라미터 행렬 A로부터 카메라 외부 파라미터 행렬 Rt를 계산한다.

383-447행   CalcRadialDistortion 함수는 [수식 4-45], [수식 4-46]에 의해 A, Rt, mW, mP 행렬을 사용하여 방사왜곡 계수를 행렬 mK에 계산한다. CalcRadialDistortion 함수에서 mPt는 왜곡이 있는 영상 좌표이고, mCam은 mW에 mRt를 적용시킨 카메라 좌표이다. mPt2는 왜곡이 없는 이상적인 영상 좌표이다.

448-465행   ReprojectCoords() 함수는 내부 파라미터 mA와 외부 파라미터 mRt를 사용하여 세계 좌표 행렬 mW를 영상 좌표로 재투영시켜 mPt 행렬을 계산한다. 이와 같이 투영된 mPt는 왜곡이 없는 이상적인 영상 좌표이다.

466-476행   CalcProjectMatrix 함수는 내부 파라미터와 외부 파라미터를 곱한 투영 행렬을 계산한다. 이때 Z=0인 것을 고려하여 MakeRt2 함수로 mRt에서 z축에 대한 부분을 제외한 3×3 행렬 Rt2를 만들고, mA와 mRt2를 곱하여 matProj를 생성한다. 472행과 같이 행렬을 w에 대하여 정규화한다.

477-493행   CalcCameraCoords 함수는 세계 좌표 mW에 외부 파라미터 mRt_i를 곱하여 카메라 좌표 mCam를 생성한다. 이때 Z=0인 것을 고려하여 MakeRt2 함수로 mRt에서 z축에 대한 부분을 제외한 3×3 행렬 Rt2를 만들어 적용한다.

494-511행   MakeRt2 함수는 Z=0인 것을 고려하여, 3×4 행렬 mRt에서 z축에 대한 부분을 제외한 3×3 행렬 Rt2를 생성한다. 즉 Rt2 = Rt[r1, r2, t]이다.

512-552행 Undistortion 함수는 내부 파라미터와 방사왜곡 계수를 이용하여 변환 행렬 맵 행렬 mapX,
mapY를 생성하고 cvRemap 함수에 의해 srcImage를 왜곡 보정하여 dstImage를 생성한다.

[그림 4.16]은 Zhang의 N=1개의 캘리브레이션 패턴 영상("data1.txt", "CalibIm1.tif")을 이용한 캘리브레이션 계산 결과이다. N=1이므로, $\gamma=0$이고, $(u0, v0)$를 영상의 중심으로 설정하는 제약조건을 사용하였다. [그림 4.17](a)는 "data1.txt"의 영상 코너점을 읽어 "CalibIm1.tif" 영상에 표시한 결과이며, [그림 4.17](b)는 방사왜곡을 보정한 결과이다.

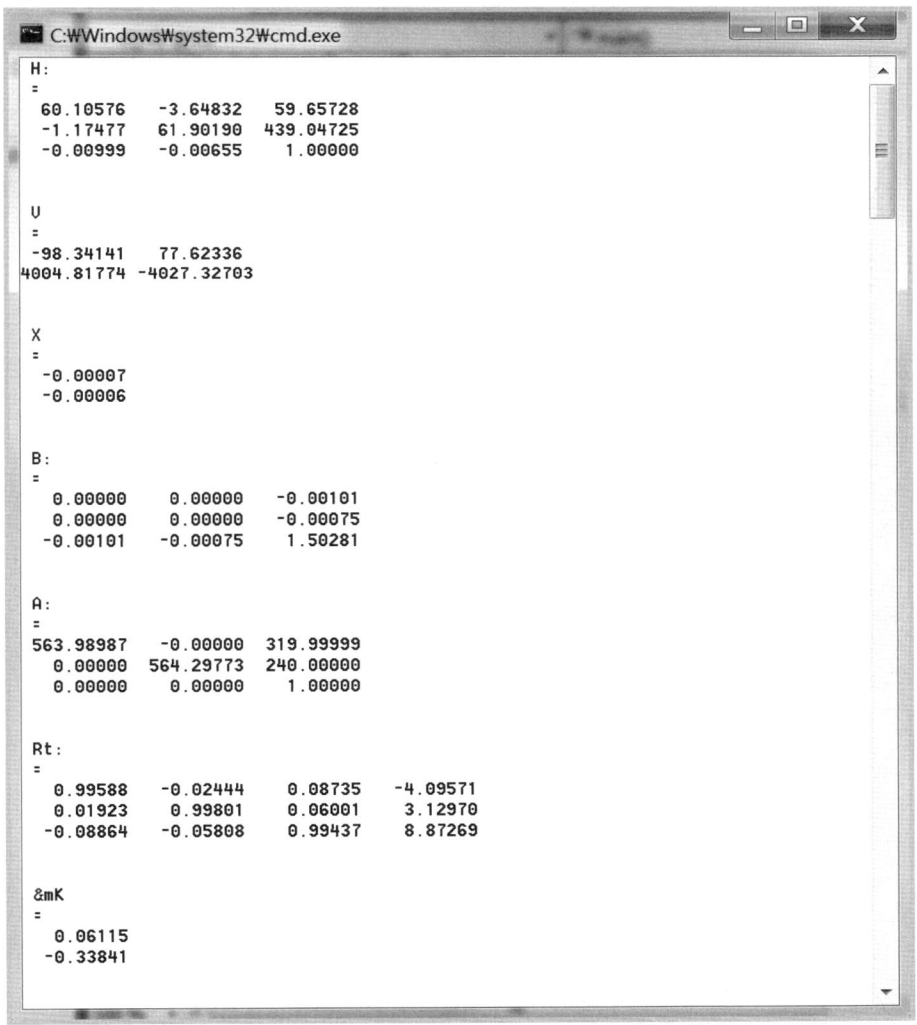

[그림 4.16] N=1개의 영상을 이용한 캘리브레이션 계산(Zhang data) 결과
(제약조건: $\gamma=0$, image center=(u0, v0))

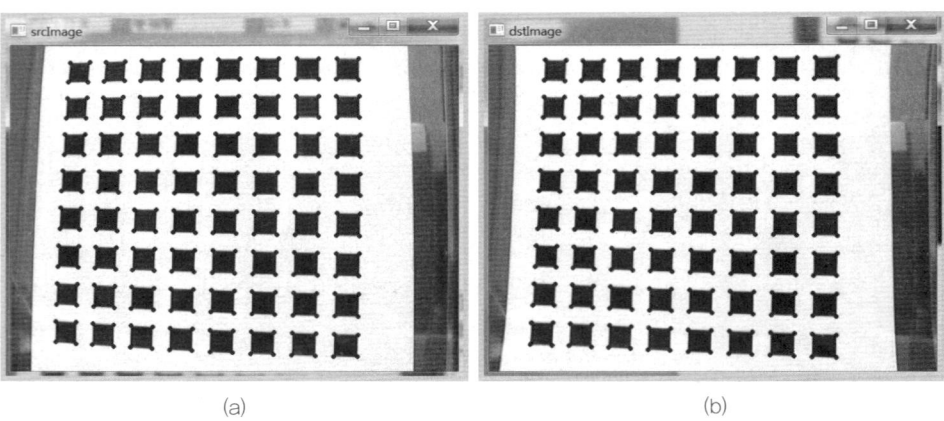

(a)   (b)

[그림 4.17] N=1개의 영상을 이용한 캘리브레이션에 의한 방사왜곡 보정

예제 cvEx0409   N≥2개의 영상을 이용한 캘리브레이션 계산(Zhang data) (제약조건: If N=2, $\gamma=0$)

```
001: #include <stdio.h>
002: #include "cv.h"
003: #include "highgui.h"
004:
005: #define TOL 1.E-20
006: void CalcBfromH(CvMat *mH[], int n, CvMat *mB);
007: double CalcIntrinsicParams(CvMat *mB, CvMat *mA);
008: void CalcExtrinsicParams(CvMat *mH, CvMat *mA, CvMat *mRt);
009: void CalcRadialDistortion(CvMat *mA, CvMat *mRt,
010:                           CvMat *mW, CvMat *mPt,CvMat *mK);
011: void ReprojectCoords(CvMat *mA, CvMat *mRt,  CvMat *mW, CvMat *mPt);
012: void CalcProjectMatrix(CvMat *mA, CvMat *mRt,  CvMat *matProj);
013: void CalcCameraCoords(CvMat *mW, CvMat *mRt, CvMat *mCam);
014: void MakeRt2(CvMat *mRt,  CvMat *mRt2);
015: void Undistortion(CvMat *mA,  CvMat *mK,
016:                   IplImage *srcImage, IplImage *dstImage);
017: void DisplayCornerPoints(CvMat *mP, IplImage *frame);
018: void ReadData(char *strFileName,  CvMat *mP, int nPoints);
019: void PrintMat(const CvMat *mat, const char *strName);
020: #define N 2
021: //#define N 4
022: //#define N 5
023: int main()
024: {
025:    IplImage    *srcImage[N];
026: // Title  : A flexible new technique for camera calibration
027: // Author : Zhengyou Zhang
028: // Data   : http://research.microsoft.com/en-us/um/people/zhang/Calib/
029: // Image  : 640 x 480
030: // Pattern: 8 x 8 squares => 256 corners
031: // 17cm x 17cm, a square size : 0.5inch x 0.5inch
032: // model.txt : World coordnates of the corners
```

```
033:    // data1.txt : Image coordnates of the corners in CalibIm1.tif
034:    // data2.txt : Image coordnates of the corners in CalibIm2.tif
035:    // data3.txt : Image coordnates of the corners in CalibIm3.tif
036:    // data4.txt : Image coordnates of the corners in CalibIm4.tif
037:    // data5.txt : Image coordnates of the corners in CalibIm5.tif
038:    // we calculate the closed-form solution
039:    //               without Levenberg-Marquardt algorithm.
040:
041:       char *strImage[]= {"CalibIm1.tif", "CalibIm2.tif", "CalibIm3.tif",
042:                          "CalibIm4.tif", "CalibIm5.tif"};
043:       char *strData[] = {"data1.txt", "data2.txt", "data3.txt",
044:                          "data4.txt", "data5.txt" };
045:       char  strTmp[128];
046:       int nPoints = 8*8*4;
047:
048:       // set the corner points to the world coordinates (unit : inch)
049:       CvMat *mW = cvCreateMat(3, nPoints, CV_64F);
050:       ReadData("model.txt", mW, nPoints);
051:
052:       int i;
053:       CvMat *mP[N];
054:       CvMat *H[N];
055:       for(i=0; i<N; i++)
056:       {
057:              if((srcImage[i]=cvLoadImage(strImage[i]))==NULL)
058:                     return -1;
059:              mP[i] = cvCreateMat(3, nPoints, CV_64F);
060:              ReadData(strData[i], mP[i], nPoints);
061:              DisplayCornerPoints(mP[i], srcImage[i]);
062:              cvShowImage(strImage[i],  srcImage[i]);
063:
064:              H[i] = cvCreateMat(3, 3, CV_64F);
065:              cvFindHomography(mW, mP[i], H[i], 0);
066:              sprintf(strTmp, "H[%d]:", i);
067:              PrintMat(H[i], strTmp);
068:       }
069:
070:       CvMat *A = cvCreateMat(3, 3, CV_64F);
071:       CvMat *B = cvCreateMat(3, 3, CV_64F);
072:       CalcBfromH(H, N, B);
073:       PrintMat(B, "B:");
074:
075:       CalcIntrinsicParams(B,  A);
076:       PrintMat(A, "A:");
077:
078:       IplImage *dstImage[N];
079:       CvMat *Rt[N], *mK[N];
080:       for(i=0; i<N; i++)
081:       {
082:              Rt[i] = cvCreateMat(3, 4, CV_64F);
083:              CalcExtrinsicParams(H[i], A, Rt[i]);
```

```
084:            sprintf(strTmp, "Rt[%d]:", i);
085:            PrintMat(Rt[i], strTmp);
086:
087:            mK[i] = cvCreateMat(2, 1, CV_64F);
088:            CalcRadialDistortion(A, Rt[i], mW, mP[i], mK[i]);
089:            sprintf(strTmp, "mK[%d]:", i);
090:            PrintMat(mK[i], strTmp);
091:            dstImage[i] = cvCreateImage(cvGetSize(srcImage[i]),
092:                         srcImage[i]->depth, srcImage[i]->nChannels);
093:            Undistortion(A, mK[i], srcImage[i], dstImage[i]);
094:            sprintf(strTmp, "dstImage[%d]:", i);
095:            cvShowImage(strTmp, dstImage[i]);
096:     }
097: /*
098:    double coeff2[4];
099:    CvMat mDistortion = cvMat(4, 1, CV_64F, coeff2);
100:    coeff2[0] = coeff[0];
101:    coeff2[1] = coeff[1];
102:    coeff2[2] = 0.0; // zero tangential distortion
103:    coeff2[3] = 0.0;
104:    cvUndistort2(srcImage1, dstImage, A, &mDistortion);
105:    cvShowImage("dstImage2", dstImage);
106: */
107:    cvWaitKey(0);
108:    cvReleaseMat(&mW);
109:    cvReleaseMat(&A);
110:    cvReleaseMat(&B);
111:    for(i=0; i<N; i++)
112:    {
113:            cvReleaseMat(&mP[i]);
114:            cvReleaseMat(&H[i]);
115:            cvReleaseMat(&Rt[i]);
116:            cvReleaseMat(&mK[i]);
117:            cvReleaseImage(&srcImage[i]);
118:            cvReleaseImage(&dstImage[i]);
119:    }
120:            return 0;
121: }
122: // n Homographies
123: // mB: 3x3, the image of absolute conic
124: void CalcBfromH(CvMat *mH[], int n, CvMat *mB)
125: {
126: //Step2: make System V x B = 0
127:    CvMat *V;
128:    if(n == 2)
129:            V = cvCreateMat(5, 6, CV_64F);
130:    else
131:            V = cvCreateMat(n*2, 6, CV_64F);
132:
133:    double h[3][3];
134:    double a, b, c, d, e, f;
```

```
135:    int i, j, k;
136:
137:    // hi = [hi1, hi2, hi3] : i-th column
138:    for(i= 0; i<n; i++)
139:    {
140:            for(j= 0; j<3; j++)
141:            for(k= 0; k<3; k++)
142:                    h[j][k] = cvmGet(mH[i], k, j);
143:    // row =0
144:            a = h[0][0]*h[1][0];
145:            b = h[0][0]*h[1][1] + h[0][1]*h[1][0];
146:            c = h[0][1]*h[1][1];
147:            d = h[0][2]*h[1][0]+h[0][0]*h[1][2];
148:            e = h[0][2]*h[1][1]+h[0][1]*h[1][2];
149:            f = h[0][2]*h[1][2];
150:            cvmSet(V, i*2,   0,  a);
151:            cvmSet(V, i*2,   1,  b);
152:            cvmSet(V, i*2,   2,  c);
153:            cvmSet(V, i*2,   3,  d);
154:            cvmSet(V, i*2,   4,  e);
155:            cvmSet(V, i*2,   5,  f);
156:
157:    // row =1
158:            a = h[0][0]*h[0][0] -  h[1][0]*h[1][0];
159:            b = 2.0*(h[0][0]*h[0][1] - h[1][0]*h[1][1]);
160:            c = h[0][1]*h[0][1] - h[1][1]*h[1][1];
161:            d = 2.0*(h[0][2]*h[0][0]-h[1][2]*h[1][0]);
162:            e = 2.0*(h[0][2]*h[0][1]-h[1][2]*h[1][1]);
163:            f = h[0][2]*h[0][2] - h[1][2]*h[1][2];
164:            cvmSet(V, i*2+1, 0,  a);
165:            cvmSet(V, i*2+1, 1,  b);
166:            cvmSet(V, i*2+1, 2,  c);
167:            cvmSet(V, i*2+1, 3,  d);
168:            cvmSet(V, i*2+1, 4,  e);
169:            cvmSet(V, i*2+1, 5,  f);
170:    }
171: // row =2
172:    if(n==2)
173:    {   // constraint: gamma =0, ie, skew =0
174:            a = 0.0; b = 1.0; c = d = e = f = 0.0;
175:            cvmSet(V, 4,   0,  a);
176:            cvmSet(V, 4,   1,  b);
177:            cvmSet(V, 4,   2,  c);
178:            cvmSet(V, 4,   3,  d);
179:            cvmSet(V, 4,   4,  e);
180:            cvmSet(V, 4,   5,  f);
181:    }
182: // PrintMat(V, "V");
183: /*
184: //  when n>=3, we can calculate the solution by using cvSVD,
185: //  but, when n= 2, i.e, V is a 5 x 6 matrix, we can not calculate like this.
```

```
186:     CvMat *U  = cvCreateMat(V->rows, V->cols, V->type);
187:     CvMat *D  = cvCreateMat(6, 6, V->type);
188:     CvMat *VT = cvCreateMat(6, 6,  V->type);
189:     cvSVD(V, D, U, VT, CV_SVD_V_T); //CV_SVD_MODIFY_A, for speeding up
190:     double   _b[6];
191:     for(j= 0; j<6; j++)
192:             _b[j] = cvGetReal2D(VT, 5, j);
193:     cvReleaseMat(&U);
194:     cvReleaseMat(&D);
195:     cvReleaseMat(&VT);
196: */
197:     // V2 = Vt*V
198:     CvMat *V2 = cvCreateMat(6, 6, CV_64F);
199:     CvMat *Vt = cvCreateMat(V->cols, V->rows, CV_64F);
200:     cvTranspose(V, Vt);
201:     cvMatMul(Vt, V, V2);
202:
203:     CvMat *mEvals = cvCreateMat(6, 1, CV_64F);
204:     CvMat *mEvects = cvCreateMat(6, 6, CV_64F);
205:     cvEigenVV(V2,  mEvects, mEvals);
206:     double  _b[6];
207:     for(j= 0; j<6; j++)
208:             _b[j] = cvGetReal2D(mEvects, 5, j);
209:     cvmSet(mB, 0,   0, _b[0]);
210:     cvmSet(mB, 0,   1, _b[1]);
211:     cvmSet(mB, 1,   0, _b[1]);
212:     cvmSet(mB, 0,   2, _b[3]);
213:     cvmSet(mB, 2,   0, _b[3]);
214:     cvmSet(mB, 1,   1, _b[2]);
215:     cvmSet(mB, 1,   2, _b[4]);
216:     cvmSet(mB, 2,   1, _b[4]);
217:     cvmSet(mB, 2,   2, _b[5]);
218:     cvReleaseMat(&V);
219:     cvReleaseMat(&Vt);
220:     cvReleaseMat(&V2);
221:     cvReleaseMat(&mEvals);
222:     cvReleaseMat(&mEvects);
223: }
224: // return value : lambda
225: double CalcIntrinsicParams(CvMat *mB, CvMat *mA)
226: {
227:     double  B[3][3];
228:     int j, k;
229:     for(j= 0; j<3; j++)
230:     for(k= 0; k<3; k++)
231:             B[j][k] = cvmGet(mB, k, j);
232:
233:     double den;
234:     den = (B[0][0]*B[1][1]-B[0][1]*B[0][1]);
235:
236:     if(fabs(den) < TOL) // error
```

```
237:    {
238:            printf("den = (B[0][0]*B[1][1]-B[0][1]*B[1][1])=%lf\n",den);
239:            return 0;
240:    }
241:    double u0, v0, lambda, alpha, betta, gamma;
242:    v0 = (B[0][1]*B[0][2] - B[0][0]*B[1][2])/den;
243:    if(fabs(B[0][0]) < TOL) // error
244:    {
245:            printf("B[0][0]=%lf\n",B[0][0]);
246:            return 0;
247:    }
248:    double a = (B[0][1]*B[0][2] - B[0][0]*B[1][2]);
249:    lambda = B[2][2] - (B[0][2]*B[0][2] + v0*a)/B[0][0];
250: // lambda = B[2][2] - (B[0][2]*B[0][2]
251: //                  + v0*(B[0][1]*B[0][2] - B[0][0]*B[1][2]))/B[0][0];
252:    if (lambda/B[0][0]< 0.0) // error
253:    {
254:            printf("B[0][0]=%lf\n",B[0][0]);
255:            printf("lambda =%lf\n",lambda);
256:            printf("lambda/B[0][0]=%lf\n",lambda/B[0][0]);
257:            return 0;
258:    }
259:    if ((lambda*B[0][0]/den)< 0.0) // error
260:    {
261:            printf("lambda*B[0][0]/den=%lf\n",lambda*B[0][0]/den);
262:            return 0;
263:    }
264:    alpha = cvSqrt(lambda/B[0][0]);
265:    betta = cvSqrt(lambda*B[0][0]/den);
266:    gamma = -B[0][1]*alpha*alpha*betta/lambda;
267: // gamma  = 0.0;   // 0.0 if 1 homography
268:
269:    u0    =  gamma*v0/alpha - B[0][2]*alpha*alpha/lambda;
270:
271:    cvZero(mA);
272:    cvmSet(mA, 0, 0, alpha);  // alpha
273:    cvmSet(mA, 0, 1, gamma);  // gamma
274:    cvmSet(mA, 0, 2, u0);     // u0
275:
276:    cvmSet(mA, 1, 1, betta);  // beta
277:    cvmSet(mA, 1, 2, v0);     // v0
278:    cvmSet(mA, 2, 2, 1.0);
279:    return lambda;
280: }
281: void CalcExtrinsicParams(CvMat *mH, CvMat *mA, CvMat *mRt)
282: {
283:    // Rt : 3 x 4 matrix, extrinsicParameters
284:    CvMat *A1 = cvCreateMat(3, 3, CV_64F);
285:
286:    CvMat _r1, _r2, _r3, _t;
287:    cvGetCol(mRt, &_r1, 0);
```

```
288:        cvGetCol(mRt, &_r2, 1);
289:        cvGetCol(mRt, &_r3, 2);
290:        cvGetCol(mRt, &_t,  3);
291:
292:        CvMat _h1, _h2, _h3;
293:        cvGetCol(mH, &_h1, 0);
294:        cvGetCol(mH, &_h2, 1);
295:        cvGetCol(mH, &_h3, 2);
296:
297:        cvInvert(mA, A1, CV_LU); // CV_SVD
298:        cvMatMul(A1, &_h1, &_r1);
299:        double lambda = 1.0/cvNorm(&_r1, NULL, CV_L2);
300:        cvScale(&_r1, &_r1, lambda);
301:
302:        cvMatMul(A1, &_h2, &_r2);
303: //     lambda = 1.0/cvNorm(&_r2, NULL, CV_L2);
304:        cvScale(&_r2, &_r2, lambda);
305:        cvCrossProduct(&_r1, &_r2, &_r3);
306:
307:        cvMatMul(A1, &_h3, &_t);
308: //     lambda = cvNorm(&_t, NULL, CV_L2);
309:        cvScale(&_t, &_t, lambda);
310:
311:        double w[9], u[9], vt[9];
312:        CvMat W  = cvMat(3, 3, CV_64F, w);
313:        CvMat U  = cvMat(3, 3, CV_64F, u);
314:        CvMat Vt = cvMat(3, 3, CV_64F, vt);
315:
316:        CvMat Q;
317:        cvGetCols(mRt, &Q, 0, 3);
318: //     PrintMat(Rt, "Rt:");
319: //     PrintMat(&Q, "&Q:");
320:        cvSVD(&Q, &W, &U, &Vt, CV_SVD_V_T);
321: //     cvGEMM(&U, &Vt, 1, 0, 0, &Q);
322:        cvMatMul(&U, &Vt, &Q);
323: /*
324:        double _qt[9], _tmp[9];
325:        CvMat matTemp = cvMat(3, 3, CV_64F, _tmp);
326:        CvMat Qt      = cvMat(3, 3, CV_64F, _qt);
327:        cvTranspose(&Q, &Qt);
328:        // matTemp must be a identity matrix because of orthonormality of R
329:        cvGEMM(&Q, &Qt, 1, 0, 0, &matTemp);
330:        PrintMat(&matTemp, " &matTemp:");
331: */
332:        cvReleaseMat(&A1);
333: }
334: void CalcRadialDistortion(CvMat *mA, CvMat *mRt,
335:                           CvMat *mW, CvMat *mPt, CvMat *mK)
336: {
337:        CvMat *mCam  = cvCreateMat(mPt->rows, mPt->cols, mPt->type);
338:        CvMat *mPt2  = cvCreateMat(mPt->rows, mPt->cols, mPt->type);
```

```
339:     CalcCameraCoords(mW, mRt, mCam);
340:     ReprojectCoords(mA, mRt,  mW, mPt2);
341: // PrintMat(mPt, "mPt");       //mPt :distorted image coordinates
342: // PrintMat(mPt2, "mPt2:"); //mPt2:ideal image coordinates by re-projection
343: // PrintMat(mCam, "mCam:"); //mCam:camera coordinates
344:
345:     double u0, v0;
346:     u0 = cvmGet(mA, 0,   2);
347:     v0 = cvmGet(mA, 1,   2);
348:
349: // make System mD x mK = md
350:     CvMat *mD = cvCreateMat(2*mW->cols, 2, CV_64F);
351:     CvMat *md = cvCreateMat(2*mW->cols, 1, CV_64F);
352: // cvZero(mD);
353:     int i;
354:     double u1, v1;// mPt : distorted image coordinates
355:     double u2, v2;// mPt2: ideal image coordinates by re-projection
356:     double x, y;
357:     double xy2, du0, dv0, du, dv;
358:
359:     for(i=0; i<mW->cols; i++)
360:     {
361:             u1 = cvmGet(mPt, 0, i);
362:             v1 = cvmGet(mPt, 1, i);
363:
364:             u2 = cvmGet(mPt2, 0, i);
365:             v2 = cvmGet(mPt2, 1, i);
366:
367:             x = cvmGet(mCam, 0, i);
368:             y = cvmGet(mCam, 1, i);
369:
370:             xy2 = x*x + y*y;
371:             du0 = u2 - u0;
372:             dv0 = v2 - v0;
373:             du  = u1 - u2;
374:             dv  = v1 - v2;
375:
376:             cvmSet(mD, i*2,   0, du0*xy2);
377:             cvmSet(mD, i*2,   1, du0*xy2*xy2);
378:             cvmSet(mD, i*2+1, 0, dv0*xy2);
379:             cvmSet(mD, i*2+1, 1, dv0*xy2*xy2);
380:
381:             cvmSet(md, i*2,   0, du);
382:             cvmSet(md, i*2+1, 0, dv);
383:     }
384:     CvMat *mDt = cvCreateMat(2, 2*mW->cols, CV_64F);
385:     cvTranspose(mD, mDt);
386:
387:     CvMat *mTmp1 = cvCreateMat(2, 2, CV_64F);
388:     cvMatMul(mDt, mD, mTmp1);
389:     cvInvert(mTmp1, mTmp1, CV_LU);
```

```
390: // cvInvert(mTmp1, mTmp1, CV_SVD);
391:     cvMatMul(mTmp1, mDt, mDt);
392:     cvMatMul(mDt, md, mK); //mK = inv(Dt D)(Dt)(md)
393:
394:     cvReleaseMat(&mCam);
395:     cvReleaseMat(&mPt2);
396:     cvReleaseMat(&mDt);
397:     cvReleaseMat(&mTmp1);
398: }
399: void ReprojectCoords(CvMat *mA, CvMat *mRt,  CvMat *mW, CvMat *mPt)
400: {
401:     CvMat *matProj = cvCreateMat(3, 3, CV_64F);
402:     CalcProjectMatrix(mA, mRt, matProj); // matProj = A[R|t]
403: // PrintMat(matProj, "matProj:");
404:
405:     cvMatMul(matProj, mW, mPt);
406:
407:     // homogeneous(x', y', w) -> (x, y, 1)
408:     CvMat   A1, A2, A3;
409:     cvGetRow(mPt, &A1,  0);
410:     cvGetRow(mPt, &A2,  1);
411:     cvGetRow(mPt, &A3,  2);
412:
413:     cvDiv(&A1, &A3, &A1);
414:     cvDiv(&A2, &A3, &A2);
415:     cvDiv(&A3, &A3, &A3);
416: }
417: void CalcProjectMatrix(CvMat *mA, CvMat *mRt,  CvMat *matProj)
418: {
419:     CvMat *Rt2 = cvCreateMat(3, 3, CV_64F);
420:     MakeRt2(mRt,  Rt2);
421: // PrintMat(&Rt2, "Rt2:");
422:     cvMatMul(mA, Rt2, matProj);
423:     double w = 1.0/cvmGet(matProj, 2, 2);
424:     cvScale(matProj, matProj, w);
425: // PrintMat(matProj, "matProj:");
426:     cvReleaseMat(&Rt2);
427: }
428: void CalcCameraCoords(CvMat *mW, CvMat *mRt, CvMat *mCam)
429: {
430:     CvMat *Rt2 = cvCreateMat(3, 3, CV_64F);
431:     MakeRt2(mRt,  Rt2);
432:     cvMatMul(Rt2, mW, mCam);
433:
434:     // homogeneous(x', y', w) -> (x, y, 1) : x = x'/w, y' = y/w
435:     CvMat   A1, A2, A3;
436:     cvGetRow(mCam, &A1,  0);
437:     cvGetRow(mCam, &A2,  1);
438:     cvGetRow(mCam, &A3,  2);
439:
440:     cvDiv(&A1, &A3, &A1);
```

Chpater 04 카메라 캘리브레이션(Camera Calibration)

```
441:    cvDiv(&A2, &A3, &A2);
442:    cvDiv(&A3, &A3, &A3);
443:    cvReleaseMat(&Rt2);
444: }
445: void MakeRt2(CvMat *mRt,  CvMat *mRt2)
446: {
447:    // Rt  : 3 x 4 matrix
448:    // Rt2 : 3 x 3 matrix, Rt2 = Rt[r1, r2, t]
449:    CvMat _r11, _r12, _t1;
450:    cvGetCol(mRt, &_r11, 0);
451:    cvGetCol(mRt, &_r12, 1);
452:    cvGetCol(mRt, &_t1,  3);
453:
454:    CvMat _r21, _r22, _t2;
455:    cvGetCol(mRt2, &_r21, 0);
456:    cvGetCol(mRt2, &_r22, 1);
457:    cvGetCol(mRt2, &_t2,  2);
458:
459:    cvCopy(&_r11, &_r21);
460:    cvCopy(&_r12, &_r22);
461:    cvCopy(&_t1,  &_t2);
462: }
463: void Undistortion(CvMat *mA,  CvMat *mK,
464:                   IplImage *srcImage, IplImage *dstImage)
465: {
466:    // Ref: cvInitUndistortRectifyMap
467:    int    u, v;
468:    double x, y;
469:    double x1, y1;
470:
471:    double cx, cy;
472:    double fx, fy;
473:
474:    cx = cvmGet(mA, 0,  2);
475:    cy = cvmGet(mA, 1,  2);
476:    fx = cvmGet(mA, 0,  0);
477:    fy = cvmGet(mA, 1,  1);
478:
479:    // Distortion coeff
480:    double k1 = cvmGet(mK, 0, 0);
481:    double k2 = cvmGet(mK, 1, 0);
482:    double r, r2, r4;
483:    CvMat *mapX= cvCreateMat(srcImage->height, srcImage->width, CV_32F);
484:    CvMat *mapY= cvCreateMat(srcImage->height, srcImage->width, CV_32F);
485:
486:    for(v=0; v< srcImage->height; v++)
487:    for(u=0; u< srcImage->width; u++)
488:    {
489:         x = (u - cx)/fx;
490:         y = (v - cy)/fy;
491:         r = cvSqrt(x*x + y*y);
```

```
492:            r2 = r*r;
493:            r4 = r2*r2;
494:
495:            x1 = x*(1.0 + k1*r2 + k2*r4);
496:            y1 = y*(1.0 + k1*r2 + k2*r4);
497:            cvmSet(mapX, v, u, x1*fx + cx);
498:            cvmSet(mapY, v, u, y1*fy + cy);
499:        }
500:    cvRemap(srcImage, dstImage, mapX, mapY);
501:    cvReleaseMat(&mapX);
502:    cvReleaseMat(&mapY);
503: }
504: void DisplayCornerPoints(CvMat *mP, IplImage *frame)
505: {
506:    double x, y;
507:    for(int i=0; i<mP->cols; i++)
508:    {
509:        x = cvmGet(mP, 0, i);
510:        y = cvmGet(mP, 1, i);
511:        cvCircle(frame,cvPoint(cvRound(x),cvRound(y)),2,CV_RGB(0,0,255),2);
512:    }
513: }
514: void ReadData(char *strFileName,  CvMat *mP, int nPoints)
515: {
516:    FILE *fp = fopen(strFileName, "r");
517:    if(!fp) return;
518:    double x, y;
519:    for(int i=0; i<nPoints; i++)
520:    {
521:        fscanf(fp, "%lf %lf", &x, &y);
522:        cvmSet(mP, 0, i, x);
523:        cvmSet(mP, 1, i, y);
524:        cvmSet(mP, 2, i, 1.0);
525:    }
526:    fclose(fp);
527: }
528: void PrintMat(const CvMat *mat, const char *strName)
529: {
530:    int    x, y;
531:    double  fValue;
532:    printf(" %s \n = \n", strName);
533:    for(y= 0; y<mat->rows; y++)
534:    {
535:        for(x= 0; x<mat->cols; x++)
536:        {
537:            fValue = cvGetReal2D(mat, y, x);
538:            printf("%10.5lf ", fValue);
539:        }
540:        printf("\n");
541:    }
542:    printf("\n\n");
543: }
```

$N \geq 2$개의 캘리브레이션 패턴 영상을 이용한 캘리브레이션 파라미터 계산을 cvEx0409에서와 같이, Zhang의 마이크로소프트 기술보고서, "A Flexible New Technique for Camera Calibration,"에서 제시된 방법으로 구현한다.

코너점의 세계 좌표와 영상 좌표는 http://research.microsoft.com/en-us/um/people/zhang/Calib/에서 구한 Zhang의 실험 데이터를 이용한다. model.txt는 세계 좌표 데이터이고, "data1.txt", "data2.txt", "data3.txt", "data4.txt", "data5.txt"는 "CalibIm1.tif", "CalibIm2.tif", "CalibIm3.tif", "CalibIm4.tif", "CalibIm5.tif" 영상의 코너점의 데이터이다. N=2인 경우는 skew=0으로 가정하고, $N > 2$인 경우는 제약조건이 없다.

20-22행	N은 캘리브레이션을 수행하는데 필요한 영상의 개수를 정의한다. 즉, 영상의 N이 2이면 두 개의 패턴 영상 "CalibIm1.tif", "CalibIm2.tif"의 코너점 데이터 "data1.txt", "data2.txt" 만을 사용하여 캘리브레이션을 수행한다.
41-46행	영상 파일의 이름을 strImage 배열에, 각 영상의 코너점 좌표 데이터 파일은 strData 배열에 초기화한다. N의 정의에 따라 앞부분에서부터 사용된다. 46행은 코너점의 개수를 nPoints에 설정한다.
49-69행	50행은 세계 좌표를 "model.txt" 파일에서 행렬 mW에 읽어오고, 55-68행은 N에 정의된 만큼 반복문을 통해, 영상은 srcImage[i]에 읽고, 코너점 데이터는 mP[i]에 읽은 다음 코너점을 영상에 표시하고, 65행에서 cvFindHomography 함수로 세계 좌표 mW에서 각 영상의 코너점 좌표 행렬 mP[i]로의 호모그래피 변환 H[i]를 계산한다.
70-75행	72행은 CalcBfromH 함수로 각 영상의 코너점 데이터로부터 계산된 호모그래피 변환 행렬 H를 이용하여 B 행렬을 계산한다. 75행은 B 행렬로부터 내부 파라미터 행렬 A를 계산한다.
78-96행	각각의 영상에 대한 외부 파라미터를 계산하고, 방사왜곡을 보정한다. 83행은 CalcExtrinsicParams 함수로 호모그래피 H[i]와 내부 파라미터 A를 사용하여 외부 파라미터 Rt[i]를 계산한다. 88행은 CalcRadialDistortion 함수에 의해 A, Rt[i], mW, mP[i]를 사용하여 방사왜곡 계수 mK[i]를 계산한다. 93행은 Undistortion 함수로 A, mK[i]를 이용하여 입력 영상인 srcImage[i]를 왜곡 보정시켜 dstImage[i]를 생성한다.
124-223행	CalcBfromH 함수는 호모그래피 변환 행렬 H를 이용하여 B 행렬을 계산한다. V^TV의 가장 작은 고유값에 대한 고유 벡터를 구하는 방법으로 B 행렬을 계산한다.
225-503행	CalcIntrinsicParams, CalcExtrinsicParams, CalcRadialDistortion, ReprojectCoords, CalcProjectMatrix, CalcCameraCoords, MakeRt2, Undistortion 등의 함수는 예제 cvEx0408의 함수와 같다.

225-280행의 CalcIntrinsicParams 함수는 [수식 4-39]에 의해 B 행렬로부터 카메라 내부 파라미터 행렬 A를 계산한다. 282행의 den이 0이면 290행에서 Divide by Zero가 되므로 den은 0이 아니어야 한다. B[0][0] 역시 같은 이유로 0이 아니어야 한다.

281-333행의 CalcExtrinsicParams 함수는 [수식 4-40]에 의해 호모그래피 행렬 H와 내부 파라미터 행렬 A로부터 카메라 외부 파라미터 행렬 Rt를 계산한다.

334-398행의 CalcRadialDistortion 함수는 [수식 4-45]와 [수식 4-46]에 의해 A, Rt, mW, mP 행렬을 사용하여 방사왜곡 계수를 행렬 mK에 계산한다. CalcRadialDistortion 함수에서 mPt는 왜곡이 있는 영상 좌표이고, mCam은 mW에 mRt를 적용시킨 카메라 좌표이다. mPt2는 왜곡이 없는 이상적인 영상 좌표이다.

399-416행의 ReprojectCoords 함수는 내부 파라미터 mA와 외부 파라미터 mRt를 사용하여 세계 좌표 행렬 mW를 영상 좌표로 재투영시켜 mPt 행렬을 계산한다. 이와 같이 투영된 mPt는 왜곡이 없는 이상적인 영상 좌표이다.

417-427행의 CalcProjectMatrix 함수는 내부 파라미터와 외부 파라미터를 곱한 투영 행렬을 계산한다. 이때 Z=0인 것을 고려하여 MakeRt2 함수로 mRt에서 z축에 대한 부분을 제외한 3×3 행렬 Rt2를 만들고, mA와 mRt2를 곱하여 matProj를 생성한다. 472행과 같이 행렬을 w에 대하여 정규화한다.

428-444행의 CalcCameraCoords 함수는 세계 좌표 mW에 외부 파라미터 mRt,를 곱하여 카메라 좌표 mCam를 생성한다. 이때 Z=0인 것을 고려하여 MakeRt2 함수로 mRt에서 z축에 대한 부분을 제외한 3×3 행렬 Rt2를 만들어 적용한다.

445-462행의 MakeRt2 함수는 Z=0인 것을 고려하여, 3×4 행렬 mRt에서 z축에 대한 부분을 제외한 3×3 행렬 Rt2를 생성한다. 즉 Rt2 = Rt[r1, r2, t]이다.

463-503행의 Undistortion 함수는 내부 파라미터와 방사왜곡 계수를 이용하여 변환 행렬 맵 행렬 mapX, mapY를 생성하고 cvRemap 함수에 의해 srcImage를 왜곡 보정하여 dstImage를 생성한다.

[그림 4.18]은 Zhang의 N=2개의 캘리브레이션 패턴 영상("data1.txt", "data2.txt", "CalibIm1.tif", "CalibIm2.tif")을 이용한 캘리브레이션 계산 결과이다. N=2이므로, 기울어짐이 없는 $\gamma=0$으로 설정하는 제약조건을 사용하였다. [그림 4.19](a)는 "data1.txt"로부터 영상 코너점을 읽어 "CalibIm1.tif" 영상에 표시한 결과이며, [그림 4.19](b)는 방사왜곡을 보정한 결과이다. [그림 4.19](c)는 "data2.txt"로부터 영상 코너점을 읽어 "CalibIm2.tif" 영상에 표시한 결과이며, [그림 4.19](d)는 방사왜곡을 보정한 결과이다. 21행, 22행과 같이 N을 4 또는 5로 정의하여 실행해보면, Zhang의 기술보고서, "A Flexible New Technique for Camera Calibration,"에서와 유사한 결과를 확인할 수 있다.

Chpater 04 카메라 캘리브레이션(Camera Calibration)

```
H[0]:
=
  60.10576   -3.64832   59.65728
  -1.17477   61.90190  439.04725
  -0.00999   -0.00655    1.00000

H[1]:
=
  59.74899    4.02774   74.40866
  -0.16831   63.67927  439.42989
  -0.00601    0.01421    1.00000

B:
=
   0.00000    0.00000   -0.00036
   0.00000    0.00000   -0.00027
  -0.00036   -0.00027    1.00000

A:
=
 825.56519   -0.00049  295.79850
   0.00000  825.22931  217.68794
   0.00000    0.00000    1.00000

Rt[0]:
=
   0.99143   -0.02691    0.12782   -3.71257
   0.01573    0.99602    0.08773    3.48159
  -0.12967   -0.08497    0.98791   12.97939

mK[0]:
=
   0.14828
  -1.83689

Rt[1]:
=
   0.99660   -0.00287    0.08236   -3.58610
   0.01846    0.98176   -0.18921    3.59327
  -0.08031    0.19009    0.97848   13.37263

mK[1]:
=
   0.17436
  -2.07092
```

[그림 4.18] N=2개의 영상을 이용한 캘리브레이션 계산(Zhang data) 결과 (제약조건: $\gamma = 0$)

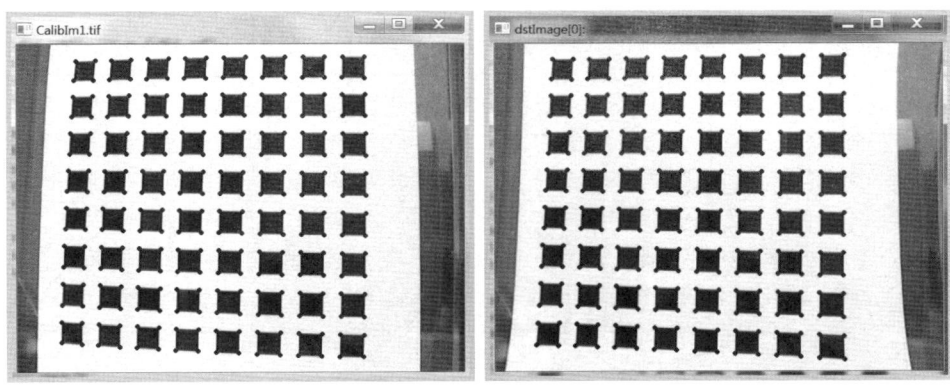

(a)　　　　　　　　　　　　　　　　　　(b)

(c)   (d)

[그림 4.19] N=2개의 영상을 이용한 방사왜곡 보정(Zhang data) (제약조건: $\gamma = 0$)

예제 cvEx0410   N=1개의 패턴 영상에서 코너점 및 캘리브레이션 계산 (제약조건: $\gamma = 0$, image center=(u0, v0))

```
001: #include <stdio.h>
002: #include "cv.h"
003: #include "highgui.h"
004:
005: #define TOL 1.E-20
006: void CalcBfromH1(CvMat *mH, CvSize imageSize, CvMat *mB);
007: void CalcBfromH2(CvMat *mH, CvSize imageSize, CvMat *mB);
008: bool CalcIntrinsicParams(CvMat *mB, CvMat *mA);
009: void CalcExtrinsicParams(CvMat *mH, CvMat *mA, CvMat *mRt);
010: void CalcRadialDistortion(CvMat *mA, CvMat *mRt,
011:                          CvMat *mW, CvMat *mPt, CvMat *mK);
012: void ReprojectCoords(CvMat *mA, CvMat *mRt, CvMat *mW, CvMat *mPt);
013: void CalcProjectMatrix(CvMat *mA, CvMat *mRt, CvMat *matProj);
014: void CalcCameraCoords(CvMat *mW, CvMat *mRt, CvMat *mCam);
015: void MakeRt2(CvMat *mRt, CvMat *mRt2);
016: void Undistortion(CvMat *mA, CvMat *mK,
017:                   IplImage *srcImage, IplImage *dstImage);
018: bool FindCornerPoints(IplImage *image, CvSize size, CvMat *mP);
019: void ConvertPtHomogeneousMat(CvPoint2D32f *P, CvMat *mP, int nPoints);
020: void ConvertHomogeneousWeight1(CvMat *mA);
021: void SetWorldCoordinateChessBoard(CvMat *mW, double dStep, CvSize size);
022: void DrawRectangle3(IplImage *image, const CvMat *mP, CvScalar color);
023: void PrintMat(const CvMat *mat, const char *strName);
024:
025: int main()
026: {
027:     IplImage    *srcImage;
028: // Ref: Zhengyou Zhang, "A flexible new technique for camera calibration,"
029: // MSR-TR-98-71.
030: // http://research.microsoft.com/?zhang
031:
032: // Pattern: 18 corners, a square size: 3.8cm x 3.8cm
```

```
033:   // we calculate the closed-form solution
034:   // without Levenberg-Marquardt algorithm.
035:
036:     CvSize patternSize = cvSize(6, 3);
037:     int nPoints =patternSize.width*patternSize.height;
038:
039:     // set the corner points to the world coordinates (unit : cm)
040:     CvMat *mW = cvCreateMat(3, nPoints, CV_64F);
041:     SetWorldCoordinateChessBoard(mW, 3.8, patternSize);
042: // PrintMat(mW, "mW:");
043:
044:     if((srcImage=cvLoadImage("image1.jpg"))==NULL)
045:            return -1;
046:     CvSize imageSize = cvGetSize(srcImage);
047:
048: // Corner detection
049:     CvMat *mP = cvCreateMat(3, nPoints, CV_64F);
050:     FindCornerPoints(srcImage, patternSize, mP);
051:
052:     ConvertHomogeneousWeight1(mP);
053:     DrawRectangle3(srcImage, mP, CV_RGB(255,0,0));
054:     cvShowImage("srcImage", srcImage);
055:
056:     CvMat *H = cvCreateMat(3, 3, CV_64F);
057:     cvFindHomography(mW, mP, H, 0);
058:     PrintMat(H, "H:");
059:
060:     CvMat *A = cvCreateMat(3, 3, CV_64F);
061:     CvMat *B = cvCreateMat(3, 3, CV_64F);
062:     CalcBfromH1(H, imageSize, B);
063: // CalcBfromH2(H, imageSize, B);
064:     PrintMat(B, "B:");
065:
066:     if(!CalcIntrinsicParams(B, A))
067:     {
068:            printf("We can not calculate the Intrinsic Params!!!\n");
069:            return -1; // error
070:     }
071:     PrintMat(A, "A:");
072:
073:     CvMat *Rt = cvCreateMat(3, 4, CV_64F);
074:     CalcExtrinsicParams(H, A, Rt);
075:     PrintMat(Rt, "Rt:");
076:
077:     double coeff[2];
078:     CvMat mK = cvMat(2, 1, CV_64F, coeff);
079:     CalcRadialDistortion(A, Rt, mW, mP, &mK);
080:     PrintMat(&mK, "&mK");
081:
082:     IplImage    *dstImage = cvCreateImage(cvGetSize(srcImage),
083:                                    srcImage->depth, srcImage->nChannels);
```

```
084:      Undistortion(A,   &mK, srcImage, dstImage);
085:      cvShowImage("dstImage", dstImage);
086:
087:      cvWaitKey(0);
088:      cvReleaseMat(&mP);
089:      cvReleaseMat(&mW);
090:      cvReleaseMat(&H);
091:      cvReleaseMat(&A);
092:      cvReleaseMat(&B);
093:      cvReleaseMat(&Rt);
094:      cvReleaseImage(&srcImage);
095:      cvReleaseImage(&dstImage);
096:      return 0;
097: }
098: // 1 Homography: Known parameters: skew=0, image center(u0, v0)
099: // mB: 3x3, the image of absolute conic
100: void CalcBfromH1(CvMat *mH, CvSize imageSize, CvMat *mB)
101: {
102:      double u0, v0;
103:      u0 = imageSize.width/2.0;
104:      v0 = imageSize.height/2.0;
105:
106: // u0 = 295.79; // using Zhang's initial results
107: // v0 = 217.69;
108: // Step2: make System V x B = X
109:
110:      CvMat *V = cvCreateMat(6, 6, CV_64F);
111:      CvMat *X = cvCreateMat(6, 1, CV_64F);
112:
113:      double  h[3][3];
114:      double  a, b, c, d, e, f;
115:      int j, k;
116:
117:      // hi = [hi1, hi2, hi3]^T : i-th column
118:      for(j= 0; j<3; j++)
119:      for(k= 0; k<3; k++)
120:              h[k][j] = cvmGet(mH, j, k);
121:
122: // row =0
123:      a = h[0][0]*h[1][0];
124:      b = h[0][0]*h[1][1] + h[0][1]*h[1][0];
125:      c = h[0][1]*h[1][1];
126:      d = h[0][2]*h[1][0]+h[0][0]*h[1][2];
127:      e = h[0][2]*h[1][1]+h[0][1]*h[1][2];
128:      f = h[0][2]*h[1][2];
129:      cvmSet(V, 0,   0,  a);
130:      cvmSet(V, 0,   1,  b);
131:      cvmSet(V, 0,   2,  c);
132:      cvmSet(V, 0,   3,  d);
133:      cvmSet(V, 0,   4,  e);
134:      cvmSet(V, 0,   5,  f);
```

```
135:
136:    // row =1
137:        a = h[0][0]*h[0][0] -  h[1][0]*h[1][0];
138:        b = 2.0*(h[0][0]*h[0][1] - h[1][0]*h[1][1]);
139:        c = h[0][1]*h[0][1] - h[1][1]*h[1][1];
140:        d = 2.0*(h[0][2]*h[0][0]-h[1][2]*h[1][0]);
141:        e = 2.0*(h[0][2]*h[0][1]-h[1][2]*h[1][1]);
142:        f = h[0][2]*h[0][2] - h[1][2]*h[1][2];
143:        cvmSet(V, 1,   0,  a);
144:        cvmSet(V, 1,   1,  b);
145:        cvmSet(V, 1,   2,  c);
146:        cvmSet(V, 1,   3,  d);
147:        cvmSet(V, 1,   4,  e);
148:        cvmSet(V, 1,   5,  f);
149:
150:    // row =2
151:        a = 0.0; b = 1.0; c = d = e = f = 0.0;
152:        cvmSet(V, 2,   0,  a);
153:        cvmSet(V, 2,   1,  b);
154:        cvmSet(V, 2,   2,  c);
155:        cvmSet(V, 2,   3,  d);
156:        cvmSet(V, 2,   4,  e);
157:        cvmSet(V, 2,   5,  f);
158:    // row =3
159:        a = u0; b = c = 0.0; d = 1.0; e = f = 0.0;
160:        cvmSet(V, 3,   0,  a);
161:        cvmSet(V, 3,   1,  b);
162:        cvmSet(V, 3,   2,  c);
163:        cvmSet(V, 3,   3,  d);
164:        cvmSet(V, 3,   4,  e);
165:        cvmSet(V, 3,   5,  f);
166:    // row =4
167:        a = b= 0.0; c = v0; d = 0.0; e = 1.0; f = 0.0;
168:        cvmSet(V, 4,   0,  a);
169:        cvmSet(V, 4,   1,  b);
170:        cvmSet(V, 4,   2,  c);
171:        cvmSet(V, 4,   3,  d);
172:        cvmSet(V, 4,   4,  e);
173:        cvmSet(V, 4,   5,  f);
174:    // row =5
175:        a = -u0*u0; b = 0.0; c = -v0*v0; d = e = 0.0; f = 1.0;
176:        cvmSet(V, 5,   0,  a);
177:        cvmSet(V, 5,   1,  b);
178:        cvmSet(V, 5,   2,  c);
179:        cvmSet(V, 5,   3,  d);
180:        cvmSet(V, 5,   4,  e);
181:        cvmSet(V, 5,   5,  f);
182:    // PrintMat(V, "V");
183:
184:        cvZero(X);
185:        cvmSet(X, 5,   0,  1.0);
```

```
186:
187:      double   _b[6];
188:      CvMat    mb = cvMat(6, 1, V->type, _b);
189:
190:      cvSolve(V, X, &mb, CV_LU);
191: //   cvSolve(V, X, &mb, CV_NORMAL + CV_SVD);
192:
193:      // b = [ B00, B01, B11, B02, B12, B22 ]
194:      cvmSet(mB, 0,    0,  _b[0]);
195: //   cvmSet(mB, 0,    1,  _b[1]);
196: //   cvmSet(mB, 1,    0,  _b[1]);
197:      cvmSet(mB, 0,    1,  0.0);
198:      cvmSet(mB, 1,    0,  0.0);
199:      cvmSet(mB, 0,    2,  _b[3]);
200:      cvmSet(mB, 2,    0,  _b[3]);
201:      cvmSet(mB, 1,    1,  _b[2]);
202:      cvmSet(mB, 1,    2,  _b[4]);
203:      cvmSet(mB, 2,    1,  _b[4]);
204:      cvmSet(mB, 2,    2,  _b[5]);
205:      cvReleaseMat(&V);
206:      cvReleaseMat(&X);
207: }
208: void CalcBfromH2(CvMat *mH, CvSize imageSize, CvMat *mB)
209: {
210:      double u0, v0;
211:
212:      u0 = imageSize.width/2.0;
213:      v0 = imageSize.height/2.0;
214: // Step2: make System V x B = X
215:
216:      CvMat *V = cvCreateMat(2, 2, CV_64F);
217:      CvMat *X = cvCreateMat(2, 1, CV_64F);;
218:
219:      double  h[3][3];
220:      double  a, b, c, d, e, f;
221:      int j, k;
222:
223:      // hi = [hi1, hi2, hi3] : i-th column
224:      for(j= 0; j<3; j++)
225:      for(k= 0; k<3; k++)
226:              h[j][k] = cvmGet(mH, k, j);
227: // row =0
228:      a = h[0][0]*h[1][0];
229:      b = h[0][0]*h[1][1] + h[0][1]*h[1][0];
230:      c = h[0][1]*h[1][1];
231:      d = h[0][2]*h[1][0]+h[0][0]*h[1][2];
232:      e = h[0][2]*h[1][1]+h[0][1]*h[1][2];
233:      f = h[0][2]*h[1][2];
234:      cvmSet(V, 0,   0,  a-d*u0+f*u0*u0);
235:      cvmSet(V, 0,   1,  c-e*v0+f*v0*v0);
236:      cvmSet(X, 0,   0,  -f);
```

```
237:
238: // row =1
239:     a = h[0][0]*h[0][0] -  h[1][0]*h[1][0];
240:     b = 2.0*(h[0][0]*h[0][1] -  h[1][0]*h[1][1]);
241:     c = h[0][1]*h[0][1] -  h[1][1]*h[1][1];
242:     d = 2.0*(h[0][2]*h[0][0]-h[1][2]*h[1][0]);
243:     e = 2.0*(h[0][2]*h[0][1]-h[1][2]*h[1][1]);
244:     f = h[0][2]*h[0][2] -  h[1][2]*h[1][2];
245:     cvmSet(V, 1,   0,  a - d*u0+f*u0*u0);
246:     cvmSet(V, 1,   1,  c - e*v0+f*v0*v0);
247:     cvmSet(X, 1,   0, -f);
248:
249:     PrintMat(V, "V");
250:     PrintMat(X, "X");
251:
252:     double   _b[2];
253:     CvMat    mb = cvMat(2, 1, V->type, _b);
254:
255: // cvSolve(V, X, &mb, CV_LU);
256:     cvSolve(V, X, &mb, CV_NORMAL + CV_SVD);
257:
258:     // [ B11= _b[0], B22 = _b[1] ]
259:     cvmSet(mB, 0,   0, _b[0]);
260:     cvmSet(mB, 0,   1, 0.0);
261:     cvmSet(mB, 1,   0, 0.0);
262:     cvmSet(mB, 0,   2, -u0*_b[0]);
263:     cvmSet(mB, 2,   0, -u0*_b[0]);
264:     cvmSet(mB, 1,   1, _b[1]);
265:     cvmSet(mB, 1,   2, -v0*_b[1]);
266:     cvmSet(mB, 2,   1, -v0*_b[1]);
267:     cvmSet(mB, 2,   2, u0*u0*_b[0] + v0*v0*_b[1]+1.0);
268:     cvReleaseMat(&V);
269:     cvReleaseMat(&X);
270: }
271: bool CalcIntrinsicParams(CvMat *mB, CvMat *mA)
272: {
273:     double   B[3][3];
274:     int j, k;
275:     for(j= 0; j<3; j++)
276:     for(k= 0; k<3; k++)
277:             B[j][k] = cvmGet(mB, k, j);
278:
279:     double den;
280:     den = (B[0][0]*B[1][1]-B[0][1]*B[0][1]);
281:
282:     if(fabs(den) < TOL) // error
283:     {
284:             printf("den = (B[0][0]*B[1][1]-B[0][1]*B[0][1])=%lf\n",den);
285:             return false;
286:     }
287:     double u0, v0, lambda, alpha, betta, gamma;
```

```
288:        v0 = (B[0][1]*B[0][2] - B[0][0]*B[1][2])/den;
289:        if(fabs(B[0][0]) < TOL) // error
290:        {
291:                printf("B[0][0]=%lf\n",B[0][0]);
292:                return false;
293:        }
294:        double a = (B[0][1]*B[0][2] - B[0][0]*B[1][2]);
295:        lambda = B[2][2] - (B[0][2]*B[0][2] + v0*a)/B[0][0];
296: //     lambda = B[2][2] - (B[0][2]*B[0][2]
297: //            + v0*(B[0][1]*B[0][2] - B[0][0]*B[1][2]))/B[0][0];
298:        if (lambda/B[0][0]< 0.0) // error
299:        {
300:                printf("B[0][0]=%lf\n",B[0][0]);
301:                printf("lambda =%lf\n",lambda);
302:                printf("lambda/B[0][0]=%lf\n",lambda/B[0][0]);
303:                return false;
304:        }
305:        if ((lambda*B[0][0]/den)< 0.0) // error
306:        {
307:                printf("lambda*B[0][0]/den=%lf\n",lambda*B[0][0]/den);
308:                return false;
309:        }
310:        alpha  = cvSqrt(lambda/B[0][0]);
311:        betta  = cvSqrt(lambda*B[0][0]/den);
312:        gamma  = -B[0][1]*alpha*alpha*betta/lambda;
313: //     gamma  = 0.0;   // 0.0 if 1 homography
314:        u0     = gamma*v0/alpha - B[0][2]*alpha*alpha/lambda;
315:        cvZero(mA);
316:        cvmSet(mA, 0, 0, alpha);   // alpha
317:        cvmSet(mA, 0, 1, gamma);   // gamma
318:        cvmSet(mA, 0, 2, u0);      // u0
319:
320:        cvmSet(mA, 1, 1, betta);   // beta
321:        cvmSet(mA, 1, 2, v0);      // v0
322:        cvmSet(mA, 2, 2, 1.0);
323:        return true;
324: }
325: void CalcExtrinsicParams(CvMat *mH, CvMat *mA, CvMat *mRt)
326: {
327:        // Rt : 3 x 4 matrix, extrinsicParameters
328:        CvMat *A1 = cvCreateMat(3, 3, CV_64F);
329:
330:        CvMat _r1, _r2, _r3, _t;
331:        cvGetCol(mRt, &_r1, 0);
332:        cvGetCol(mRt, &_r2, 1);
333:        cvGetCol(mRt, &_r3, 2);
334:        cvGetCol(mRt, &_t,  3);
335:
336:        CvMat _h1, _h2, _h3;
337:        cvGetCol(mH, &_h1, 0);
338:        cvGetCol(mH, &_h2, 1);
```

```
339:      cvGetCol(mH, &_h3, 2);
340:
341:      cvInvert(mA, A1, CV_LU); // CV_SVD
342:      cvMatMul(A1, &_h1, &_r1);
343:      double lambda = 1.0/cvNorm(&_r1, NULL, CV_L2);
344:      cvScale(&_r1, &_r1, lambda);
345:
346:      cvMatMul(A1, &_h2, &_r2);
347: //   lambda = 1.0/cvNorm(&_r2, NULL, CV_L2);
348:      cvScale(&_r2, &_r2, lambda);
349:      cvCrossProduct(&_r1, &_r2, &_r3);
350:
351: //   CvMat _t = cvMat(3, 1, CV_64F, r1);
352:      cvMatMul(A1, &_h3, &_t);
353: //   lambda = cvNorm(&_t, NULL, CV_L2);
354:      cvScale(&_t, &_t, lambda);
355:
356:      double w[9], u[9], vt[9];
357:      CvMat W  = cvMat(3, 3, CV_64F, w);
358:      CvMat U  = cvMat(3, 3, CV_64F, u);
359:      CvMat Vt = cvMat(3, 3, CV_64F, vt);
360:
361:      CvMat Q;
362:      cvGetCols(mRt, &Q, 0, 3);
363: // PrintMat(Rt, "Rt:");
364: // PrintMat(&Q, "&Q:");
365:      cvSVD(&Q, &W, &U, &Vt, CV_SVD_V_T);
366: // cvGEMM(&U, &Vt, 1, 0, 0, &Q);
367:      cvMatMul(&U, &Vt, &Q);
368: /*
369:      double _qt[9], _tmp[9];
370:      CvMat matTemp = cvMat(3, 3, CV_64F, _tmp);
371:      CvMat Qt      = cvMat(3, 3, CV_64F, _qt);
372:      cvTranspose(&Q, &Qt);
373:      // matTemp must be a identity matrix because of orthonormality of R
374:      cvGEMM(&Q, &Qt, 1, 0, 0, &matTemp);
375:      PrintMat(&matTemp, " &matTemp:");
376: */
377:      cvReleaseMat(&A1);
378: }
379: void CalcRadialDistortion(CvMat *mA, CvMat *mRt,
380:                           CvMat *mW, CvMat *mPt, CvMat *mK)
381: {
382:      CvMat *mCam = cvCreateMat(mPt->rows, mPt->cols, mPt->type);
383:      CvMat *mPt2 = cvCreateMat(mPt->rows, mPt->cols, mPt->type);
384:      CalcCameraCoords(mW, mRt, mCam);
385:      ReprojectCoords(mA, mRt,  mW, mPt2);
386: // PrintMat(mPt, "mPt");     // mPt :distorted image coordinates
387: // PrintMat(mPt2, "mPt2:"); // mPt2:ideal image coordinates by re-projection
388: // PrintMat(mCam, "mCam:"); // mCam:camera coordinates
389:
```

```
390:      double u0, v0;
391:      u0 = cvmGet(mA, 0,    2);
392:      v0 = cvmGet(mA, 1,    2);
393:
394: // make System mD x mK = md
395:      CvMat *mD = cvCreateMat(2*mW->cols, 2, CV_64F);
396:      CvMat *md = cvCreateMat(2*mW->cols, 1, CV_64F);
397: // cvZero(mD);
398:      int i;
399:      double u1, v1;// mPt : distorted image coordinates
400:      double u2, v2;// mPt2: ideal image coordinates by re-projection
401:      double x, y;
402:      double xy2, du0, dv0, du, dv;
403:
404:      for(i=0; i<mW->cols; i++)
405:      {
406:              u1 = cvmGet(mPt, 0, i);
407:              v1 = cvmGet(mPt, 1, i);
408:
409:              u2 = cvmGet(mPt2, 0, i);
410:              v2 = cvmGet(mPt2, 1, i);
411:
412:              x = cvmGet(mCam, 0, i);
413:              y = cvmGet(mCam, 1, i);
414:
415:              xy2 = x*x + y*y;
416:              du0 = u2 - u0;
417:              dv0 = v2 - v0;
418:              du  = u1 - u2;
419:              dv  = v1 - v2;
420:
421:              cvmSet(mD, i*2,   0, du0*xy2);
422:              cvmSet(mD, i*2,   1, du0*xy2*xy2);
423:              cvmSet(mD, i*2+1, 0, dv0*xy2);
424:              cvmSet(mD, i*2+1, 1, dv0*xy2*xy2);
425:
426:              cvmSet(md, i*2,   0, du);
427:              cvmSet(md, i*2+1, 0, dv);
428:      }
429:      CvMat *mDt = cvCreateMat(2, 2*mW->cols, CV_64F);
430:      cvTranspose(mD, mDt);
431:
432:      CvMat *mTmp1 = cvCreateMat(2, 2, CV_64F);
433:      cvMatMul(mDt, mD, mTmp1);
434:      cvInvert(mTmp1, mTmp1, CV_LU);
435: //   cvInvert(mTmp1, mTmp1, CV_SVD);
436:      cvMatMul(mTmp1, mDt, mDt);
437:      cvMatMul(mDt, md, mK); //mK = inv(Dt D)(Dt)(md)
438:
439:      cvReleaseMat(&mCam);
440:      cvReleaseMat(&mPt2);
```

```
441:        cvReleaseMat(&mDt);
442:        cvReleaseMat(&mTmp1);
443: }
444: void ReprojectCoords(CvMat *mA, CvMat *mRt,  CvMat *mW, CvMat *mPt)
445: {
446:     CvMat *matProj = cvCreateMat(3, 3, CV_64F);
447:     CalcProjectMatrix(mA, mRt, matProj); // matProj = A[R|t]
448: // PrintMat(matProj, "matProj:");
449:
450:     cvMatMul(matProj, mW, mPt);
451:
452:     // homogeneous(x', y', w) ->  (x, y, 1)
453:     CvMat   A1, A2, A3;
454:     cvGetRow(mPt, &A1,  0);
455:     cvGetRow(mPt, &A2,  1);
456:     cvGetRow(mPt, &A3,  2);
457:
458:     cvDiv(&A1, &A3, &A1);
459:     cvDiv(&A2, &A3, &A2);
460:     cvDiv(&A3, &A3, &A3);
461: }
462: void CalcProjectMatrix(CvMat *mA, CvMat *mRt,  CvMat *matProj)
463: {
464:     CvMat *Rt2 = cvCreateMat(3, 3, CV_64F);
465:     MakeRt2(mRt,  Rt2);
466: // PrintMat(&Rt2, "Rt2:");
467:     cvMatMul(mA, Rt2, matProj);
468:     double w = 1.0/cvmGet(matProj, 2, 2);
469:     cvScale(matProj, matProj, w);
470: // PrintMat(matProj, "matProj:");
471:     cvReleaseMat(&Rt2);
472: }
473: void CalcCameraCoords(CvMat *mW, CvMat *mRt, CvMat *mCam)
474: {
475:     CvMat *Rt2 = cvCreateMat(3, 3, CV_64F);
476:     MakeRt2(mRt,  Rt2);
477:     cvMatMul(Rt2, mW, mCam);
478:
479:     // homogeneous(x', y', w) ->  (x, y, 1) : x = x'/w, y' = y/w
480:     CvMat   A1, A2, A3;
481:     cvGetRow(mCam, &A1,  0);
482:     cvGetRow(mCam, &A2,  1);
483:     cvGetRow(mCam, &A3,  2);
484:
485:     cvDiv(&A1, &A3, &A1);
486:     cvDiv(&A2, &A3, &A2);
487:     cvDiv(&A3, &A3, &A3);
488:     cvReleaseMat(&Rt2);
489: }
490: void MakeRt2(CvMat *mRt,  CvMat *mRt2)
491: {
```

```
492:        // Rt  : 3 x 4 matrix
493:        // Rt2 : 3 x 3 matrix, Rt2 = Rt[r1, r2, t]
494:        CvMat _r11, _r12, _t1;
495:        cvGetCol(mRt, &_r11, 0);
496:        cvGetCol(mRt, &_r12, 1);
497:        cvGetCol(mRt, &_t1,  3);
498:
499:        CvMat _r21, _r22, _t2;
500:        cvGetCol(mRt2, &_r21, 0);
501:        cvGetCol(mRt2, &_r22, 1);
502:        cvGetCol(mRt2, &_t2,  2);
503:
504:        cvCopy(&_r11, &_r21);
505:        cvCopy(&_r12, &_r22);
506:        cvCopy(&_t1,  &_t2);
507: }
508: void Undistortion(CvMat *mA,  CvMat *mK,
509:                   IplImage *srcImage, IplImage *dstImage)
510: {
511:        // Ref: cvInitUndistortRectifyMap
512:        int     u, v;
513:        double  x, y;
514:        double x1, y1;
515:
516:        double cx, cy;
517:        double fx, fy;
518:
519:        cx = cvmGet(mA, 0,  2);
520:        cy = cvmGet(mA, 1,  2);
521:        fx = cvmGet(mA, 0,  0);
522:        fy = cvmGet(mA, 1,  1);
523:
524:        // Distortion coeff
525:        double k1 = cvmGet(mK, 0, 0);
526:        double k2 = cvmGet(mK, 1, 0);
527:        double r, r2, r4;
528:        CvMat *mapX= cvCreateMat(srcImage->height, srcImage->width, CV_32F);
529:        CvMat *mapY= cvCreateMat(srcImage->height, srcImage->width, CV_32F);
530:
531:        for(v=0; v< srcImage->height; v++)
532:        for(u=0; u< srcImage->width; u++)
533:        {
534:               x = (u - cx)/fx;
535:               y = (v - cy)/fy;
536:               r = cvSqrt(x*x + y*y);
537:               r2 = r*r;
538:               r4 = r2*r2;
539:
540:               x1 = x*(1.0 + k1*r2 + k2*r4);
541:               y1 = y*(1.0 + k1*r2 + k2*r4);
542:               cvmSet(mapX, v, u, x1*fx + cx);
```

Chpater 04 카메라 캘리브레이션(Camera Calibration)

```
543:                cvmSet(mapY, v, u, y1*fy + cy);
544:        }
545:        cvRemap(srcImage, dstImage, mapX, mapY);
546:        cvReleaseMat(&mapX);
547:        cvReleaseMat(&mapY);
548: }
549: void DisplayCornerPoints(CvMat *mP, IplImage *frame)
550: {
551:    double x, y;
552:    for(int i=0; i<mP->cols; i++)
553:    {
554:            x = cvmGet(mP, 0, i);
555:            y = cvmGet(mP, 1, i);
556:            cvCircle(frame,cvPoint(cvRound(x),cvRound(y)),2,CV_RGB(0,0,255),2);
557:    }
558: }
559: bool FindCornerPoints(IplImage *image, CvSize size, CvMat *mP)
560: {
561:    int nPoints =size.width*size.height;
562:    CvPoint2D32f *CornerP = new CvPoint2D32f[nPoints];
563:    int nCount;
564:    int nFound = cvFindChessboardCorners(image, size, CornerP, &nCount,
565:                            CV_CALIB_CB_ADAPTIVE_THRESH);
566:    if(nCount != size.width*size.height)
567:    {
568:            delete CornerP;
569:            return false;
570:    }
571:    cvDrawChessboardCorners(image, size, CornerP, nCount, nFound);
572:    ConvertPtHomogeneousMat(CornerP, mP, nPoints);
573:    delete CornerP;
574:    return true;
575: }
576: void ConvertPtHomogeneousMat(CvPoint2D32f *P, CvMat *mP, int nPoints)
577: {
578:    for(int i=0; i<nPoints; i++)
579:    {
580:            cvmSet(mP, 0, i, P[i].x);
581:            cvmSet(mP, 1, i, P[i].y);
582:            cvmSet(mP, 2, i, 1.0);
583:    }
584: }
585: void ConvertHomogeneousWeight1(CvMat *mA) // u/w, v/w
586: {
587:    int i;
588:    double u, v, w;
589:    for(i=0; i<mA->cols; i++)
590:    {
591:            u = cvmGet(mA, 0, i);
592:            v = cvmGet(mA, 1, i);
593:            w = cvmGet(mA, 2, i);
```

```
594:
595:             cvmSet(mA, 0, i, u/w);
596:             cvmSet(mA, 1, i, v/w);
597:             cvmSet(mA, 2, i, 1.0);
598:     }
599: }
600:
601: void SetWorldCoordinateChessBoard(CvMat *mW, double dStep, CvSize size)
602: {
603:     int nPoints = size.width*size.height;
604:     int i, j, k;
605:     // origin point : mW[size.width-1), the left-bottom point of corners
606:     double xW;
607:     double yW;
608:     for(i=0, yW = dStep; i<size.height; i++, yW += dStep)
609:     for(j=0, xW = (size.width)*dStep; j<size.width; j++, xW -= dStep)
610:     {
611:                 k = i*size.width + j;
612:                 cvmSet(mW, 0, k, xW);
613:                 cvmSet(mW, 1, k, yW);
614:                 cvmSet(mW, 2, k, 1.0);
615:     }
616: }
617: // We assume that mP has (3x6)=18 corners points
618: void DrawRectangle3(IplImage *image, const CvMat *mP, CvScalar color)
619: {
620:     int     index[4] = {0, 5, 12, 17};
621:     double x, y;
622:     CvPoint pts[4];
623:     for(int i=0; i<4; i++)
624:     {
625:             x = cvmGet(mP, 0, index[i]);
626:             y = cvmGet(mP, 1, index[i]);
627:             pts[i] = cvPoint(cvRound(x), cvRound(y));
628:             cvCircle(image, pts[i], 2, CV_RGB(0, 0, 255), 2);
629:     }
630:     cvLine(image, pts[0], pts[1], color, 2);
631:     cvLine(image, pts[2], pts[3], color, 2);
632:     cvLine(image, pts[0], pts[2], color, 2);
633:     cvLine(image, pts[1], pts[3], color, 2);
634: }
635: void PrintMat(const CvMat *mat, const char *strName)
636: {
637:     int    x, y;
638:     double   fValue;
639:     printf(" %s \n = \n", strName);
640:     for(y= 0; y<mat->rows; y++)
641:     {
642:             for(x= 0; x<mat->cols; x++)
643:             {
644:                     fValue = cvGetReal2D(mat, y, x);
```

```
645:                    printf("%10.5lf ", fValue);
646:            }
647:            printf("\n");
648:    }
649:    printf("\n\n");
650: }
```

cvEx0406의 세계 좌표와 영상의 코너점 사이의 호모그래피 계산 및 cvEx0408의 N=1 에서의 캘리브레이션 계산을 결합하여 구현하였다.

41행	SetWorldCoordinateChessBoard 함수로 코너점의 세계 좌표를 행렬 mW에 설정한다.
49-54행	50행은 FindCornerPoints 함수로 영상 srcImage에서 코너점을 검출하여 행렬 mP에 저장한다. 52행은 ConvertHomogeneousWeight1 함수로 행렬 mP에 저장된 코너점을 가중치가 1인 동차좌표로 변환한다. 53행은 DrawRectangle3 함수로 srcImage에 행렬 mP 저장된 좌표를 이용하여 외각 사각형으로 표시한다.
56-62행	57행은 cvFindHomography 함수로 세계 좌표 mW에서 영상 좌표 mP로의 호모그래피 H를 계산한다. 62행은 CalcBfromH1 함수로 [수식 4-35]와 같이 행렬 B를 계산한다. 63행 같이 CalcBfromH2 함수를 사용하여 [수식 4-38]과 같이 행렬 B를 계산할 수 있다.
66행	CalcIntrinsicParams 함수로 행렬 B로부터 카메라 내부 파라미터 행렬 A를 계산한다.
74행	CalcExtrinsicParams 함수로 호모그래피 행렬 H와 내부 파라미터 행렬 A로부터 카메라 외부 파라미터 행렬 Rt를 계산한다.
77-84행	79행은 CalcRadialDistortion 함수로 A, Rt, mW, mP 행렬을 사용하여 방사왜곡 계수 행렬 mK를 계산한다. 84행은 Undistortion 함수로 srcImage를 왜곡 보정하여 dstImage를 생성한다.

[그림 4.20]은 N=1개의 패턴 영상에서 코너점을 검출하고 캘리브레이션 계산을 수행한 결과이고, [그림 4.21]은 캘리브레이션에 의한 방사왜곡 보정 결과이다.

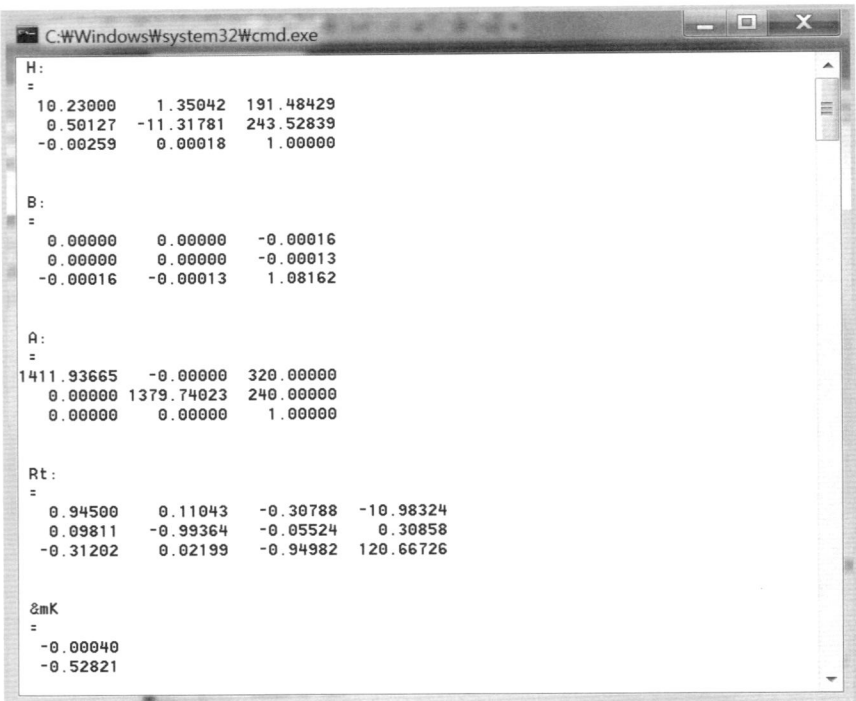

[그림 4.20] N=1개의 패턴 영상에서 코너점 검출 및 캘리브레이션 계산
(제약조건: $\gamma = 0$, image center=(u0, v0))

(a)　　　　　　　　　　　　　　　(b)

[그림 4.21] N=1개의 영상을 이용한 캘리브레이션으로 방사왜곡 보정

Chpater 04 카메라 캘리브레이션(Camera Calibration)

예제 cvEx0411   N≥2개의 영상을 이용한 캘리브레이션 계산(Corner 계산)

```
001: #include <stdio.h>
002: #include "cv.h"
003: #include "highgui.h"
004:
005: #define TOL 1.E-20
006: void CalcBfromH(CvMat *mH[], int n, CvMat *mB);
007: bool CalcIntrinsicParams(CvMat *mB, CvMat *mA);
008: void CalcExtrinsicParams(CvMat *mH, CvMat *mA, CvMat *mRt);
009: void CalcRadialDistortion(CvMat *mA, CvMat *mRt,
010:                          CvMat *mW, CvMat *mPt, CvMat *mK);
011: void ReprojectCoords(CvMat *mA, CvMat *mRt,  CvMat *mW, CvMat *mPt);
012: void CalcProjectMatrix(CvMat *mA, CvMat *mRt,  CvMat *matProj);
013: void CalcCameraCoords(CvMat *mW, CvMat *mRt, CvMat *mCam);
014: void MakeRt2(CvMat *mRt,  CvMat *mRt2);
015: void Undistortion(CvMat *mA,  CvMat *mK,
016:                   IplImage *srcImage, IplImage *dstImage);
017: bool FindCornerPoints(IplImage *image, CvSize size, CvMat *mP);
018: void ConvertPtHomogeneousMat(CvPoint2D32f *P, CvMat *mP, int nPoints);
019: void ConvertHomogeneousWeight1(CvMat *mA);
020: void SetWorldCoordinateChessBoard(CvMat *mW, double dStep, CvSize size);
021: void DrawRectangle3(IplImage *image, const CvMat *mP, CvScalar color);
022: void PrintMat(const CvMat *mat, const char *strName);
023: #define N 2
024: //#define N 3
025: //#define N 4
026: //#define N 5
027: int main()
028: {
029:     IplImage    *srcImage[N];
030: // Ref: Zhengyou Zhang, "A flexible new technique for camera calibration,"
031: // MSR-TR-98-71.
032: // http://research.microsoft.com/?zhang
033:
034: // Pattern: 18 corners, a square size: 3.8cm x 3.8cm
035: // we calculate the closed-form solution
036: // without Levenberg-Marquardt algorithm.
037:
038:     char *strImage[]= {"image1.jpg", "image2.jpg", "image3.jpg",
039:                       "image4.jpg", "image5.jpg"};
040:     char  strTmp[128];
041:     CvSize patternSize = cvSize(6, 3);
042:     int nPoints =patternSize.width*patternSize.height;
043:
044:     // set the corner points to the world coordinates (unit : cm)
045:     CvMat *mW = cvCreateMat(3, nPoints, CV_64F);
046:     SetWorldCoordinateChessBoard(mW, 3.8, patternSize);
047: // PrintMat(mW, "mW:");
048:
```

```
049:     int i;
050:     CvMat *mP[N];
051:     CvMat *H[N];
052:     for(i=0; i<N; i++)
053:     {
054:             if((srcImage[i]=cvLoadImage(strImage[i]))==NULL)
055:                 return -1;
056:             mP[i] = cvCreateMat(3, nPoints, CV_64F);
057:             FindCornerPoints(srcImage[i], patternSize, mP[i]);
058:
059:             ConvertHomogeneousWeight1(mP[i]);
060:             DrawRectangle3(srcImage[i], mP[i], CV_RGB(255,0,0));
061:
062:             H[i] = cvCreateMat(3, 3, CV_64F);
063:             cvFindHomography(mW, mP[i], H[i], 0);
064: //          sprintf(strTmp, "H[%d]:", i);
065: //          PrintMat(H[i], strTmp);
066:     }
067:
068:     CvMat *A = cvCreateMat(3, 3, CV_64F);
069:     CvMat *B = cvCreateMat(3, 3, CV_64F);
070:     CalcBfromH(H, N, B);
071: // PrintMat(B, "B:");
072:
073:     if(!CalcIntrinsicParams(B,  A))
074:     {
075:             printf("We can not calculate the Intrinsic Params!!!\n");
076:             return -1; // error
077:     }
078:     PrintMat(A, "A:");
079:
080:     IplImage *dstImage[N];
081:     CvMat *Rt[N], *mK[N];
082:     for(i=0; i<N; i++)
083:     {
084:             Rt[i] = cvCreateMat(3, 4, CV_64F);
085:             CalcExtrinsicParams(H[i], A, Rt[i]);
086:             sprintf(strTmp, "Rt[%d]:", i);
087:             PrintMat(Rt[i], strTmp);
088:
089:             mK[i] = cvCreateMat(2, 1, CV_64F);
090:             CalcRadialDistortion(A, Rt[i], mW, mP[i], mK[i]);
091: //          sprintf(strTmp, "mK[%d]:", i);
092: //                  PrintMat(mK[i], strTmp);
093:             dstImage[i] = cvCreateImage(cvGetSize(srcImage[i]),
094:                         srcImage[i]->depth, srcImage[i]->nChannels);
095:             Undistortion(A,  mK[i], srcImage[i], dstImage[i]);
096:             sprintf(strTmp, "dstImage[%d]:", i);
097:             cvShowImage(strTmp, dstImage[i]);
098:     }
099: /*
```

```
100:      double coeff2[4];
101:      CvMat mDistortion = cvMat(4, 1, CV_64F, coeff2);
102:      coeff2[0] = coeff[0];
103:      coeff2[1] = coeff[1];
104:      coeff2[2] = 0.0; // zero tangential distortion
105:      coeff2[3] = 0.0;
106:      cvUndistort2(srcImage1, dstImage, A, &mDistortion);
107:      cvShowImage("dstImage2", dstImage);
108: */
109:      cvWaitKey(0);
110:      cvReleaseMat(&mW);
111:      cvReleaseMat(&A);
112:      cvReleaseMat(&B);
113:      for(i=0; i<N; i++)
114:      {
115:              cvReleaseMat(&mP[i]);
116:              cvReleaseMat(&H[i]);
117:              cvReleaseMat(&Rt[i]);
118:              cvReleaseMat(&mK[i]);
119:              cvReleaseImage(&srcImage[i]);
120:              cvReleaseImage(&dstImage[i]);
121:      }
122:      return 0;
123: }
124: // n Homographies
125: // mB: 3x3, the image of absolute conic
126: void CalcBfromH(CvMat *mH[], int n, CvMat *mB)
127: {
128: //Step2: make System V x B = 0
129:    CvMat *V;
130:    if(n == 2)
131:            V = cvCreateMat(5, 6, CV_64F);
132:    else
133:            V = cvCreateMat(n*2, 6, CV_64F);
134:
135:    double  h[3][3];
136:    double  a, b, c, d, e, f;
137:    int i, j, k;
138:
139:    // hi = [hi1, hi2, hi3] : i-th column
140:    for(i= 0; i<n; i++)
141:    {
142:            for(j= 0; j<3; j++)
143:            for(k= 0; k<3; k++)
144:                    h[j][k] = cvmGet(mH[i], k, j);
145:      // row =0
146:            a = h[0][0]*h[1][0];
147:            b = h[0][0]*h[1][1] + h[0][1]*h[1][0];
148:            c = h[0][1]*h[1][1];
149:            d = h[0][2]*h[1][0]+h[0][0]*h[1][2];
150:            e = h[0][2]*h[1][1]+h[0][1]*h[1][2];
```

```
151:            f = h[0][2]*h[1][2];
152:            cvmSet(V, i*2,   0,  a);
153:            cvmSet(V, i*2,   1,  b);
154:            cvmSet(V, i*2,   2,  c);
155:            cvmSet(V, i*2,   3,  d);
156:            cvmSet(V, i*2,   4,  e);
157:            cvmSet(V, i*2,   5,  f);
158:
159:    // row =1
160:            a = h[0][0]*h[0][0] -  h[1][0]*h[1][0];
161:            b = 2.0*(h[0][0]*h[0][1] - h[1][0]*h[1][1]);
162:            c = h[0][1]*h[0][1] -  h[1][1]*h[1][1];
163:            d = 2.0*(h[0][2]*h[0][0]-h[1][2]*h[1][0]);
164:            e = 2.0*(h[0][2]*h[0][1]-h[1][2]*h[1][1]);
165:            f = h[0][2]*h[0][2] -  h[1][2]*h[1][2];
166:            cvmSet(V, i*2+1,   0,  a);
167:            cvmSet(V, i*2+1,   1,  b);
168:            cvmSet(V, i*2+1,   2,  c);
169:            cvmSet(V, i*2+1,   3,  d);
170:            cvmSet(V, i*2+1,   4,  e);
171:            cvmSet(V, i*2+1,   5,  f);
172:    }
173: // row =2
174:    if(n==2)
175:    {   // constraint: gamma =0, ie, skew =0
176:            a = 0.0; b = 1.0; c = d = e = f = 0.0;
177:            cvmSet(V, 4,   0,  a);
178:            cvmSet(V, 4,   1,  b);
179:            cvmSet(V, 4,   2,  c);
180:            cvmSet(V, 4,   3,  d);
181:            cvmSet(V, 4,   4,  e);
182:            cvmSet(V, 4,   5,  f);
183:    }
184: // PrintMat(V, "V");
185: /*
186: // when n>=3, we can calculate the solution by using cvSVD,
187: // but, when n= 2, i.e, V is a 5 x 6 matrix, we can not calculate like this.
188:    CvMat *U = cvCreateMat(V->rows, V->cols, V->type);
189:    CvMat *D = cvCreateMat(6, 6, V->type);
190:    CvMat *VT = cvCreateMat(6, 6,  V->type);
191:    cvSVD(V, D, U, VT, CV_SVD_V_T); // CV_SVD_MODIFY_A, for speeding up
192:    double  _b[6];
193:    for(j= 0; j<6; j++)
194:            _b[j] = cvGetReal2D(VT, 5, j);
195:    cvReleaseMat(&U);
196:    cvReleaseMat(&D);
197:    cvReleaseMat(&VT);
198: */
199:    // V2 = Vt*V
200:    CvMat *V2 = cvCreateMat(6, 6, CV_64F);
201:    CvMat *Vt = cvCreateMat(V->cols, V->rows, CV_64F);
```

```
202:    cvTranspose(V, Vt);
203:    cvMatMul(Vt, V, V2);
204:
205:    CvMat *mEvals = cvCreateMat(6, 1, CV_64F);
206:    CvMat *mEvects = cvCreateMat(6, 6, CV_64F);
207:    cvEigenVV(V2, mEvects, mEvals);
208:    double _b[6];
209:    for(j= 0; j<6; j++)
210:        _b[j] = cvGetReal2D(mEvects, 5, j);
211:    cvmSet(mB, 0,   0, _b[0]);
212:    cvmSet(mB, 0,   1, _b[1]);
213:    cvmSet(mB, 1,   0, _b[1]);
214:    cvmSet(mB, 0,   2, _b[3]);
215:    cvmSet(mB, 2,   0, _b[3]);
216:    cvmSet(mB, 1,   1, _b[2]);
217:    cvmSet(mB, 1,   2, _b[4]);
218:  . cvmSet(mB, 2,   1, _b[4]);
219:    cvmSet(mB, 2,   2, _b[5]);
220:    cvReleaseMat(&V);
221:    cvReleaseMat(&Vt);
222:    cvReleaseMat(&V2);
223:    cvReleaseMat(&mEvals);
224:    cvReleaseMat(&mEvects);
225: }
226: bool CalcIntrinsicParams(CvMat *mB, CvMat *mA)
227: {
228:    double  B[3][3];
229:    int j, k;
230:    for(j= 0; j<3; j++)
231:        for(k= 0; k<3; k++)
232:            B[j][k] = cvmGet(mB, k, j);
233:
234:    double den;
235:    den = (B[0][0]*B[1][1]-B[0][1]*B[0][1]);
236:
237:    if(fabs(den) < TOL) // error
238:    {
239:        printf("den = (B[0][0]*B[1][1]-B[0][1]*B[0][1])=%lf\n",den);
240:        return false;
241:    }
242:    double u0, v0, lambda, alpha, betta, gamma;
243:    v0 = (B[0][1]*B[0][2] - B[0][0]*B[1][2])/den;
244:    if(fabs(B[0][0]) < TOL) // error
245:    {
246:        printf("B[0][0]=%lf\n",B[0][0]);
247:        return false;
248:    }
249:    double a = (B[0][1]*B[0][2] - B[0][0]*B[1][2]);
250:    lambda = B[2][2] - (B[0][2]*B[0][2] + v0*a)/B[0][0];
251: // lambda = B[2][2] - (B[0][2]*B[0][2]
252: //          + v0*(B[0][1]*B[0][2] - B[0][0]*B[1][2]))/B[0][0];
```

```
253:    if (lambda/B[0][0]< 0.0) // error
254:    {
255:            printf("B[0][0]=%lf\n",B[0][0]);
256:            printf("lambda =%lf\n",lambda);
257:            printf("lambda/B[0][0]=%lf\n",lambda/B[0][0]);
258:            return false;
259:    }
260:    if ((lambda*B[0][0]/den)< 0.0) // error
261:    {
262:            printf("lambda*B[0][0]/den=%lf\n",lambda*B[0][0]/den);
263:            return false;
264:    }
265:    alpha   = cvSqrt(lambda/B[0][0]);
266:    betta   = cvSqrt(lambda*B[0][0]/den);
267:    gamma   = -B[0][1]*alpha*alpha*betta/lambda;
268:    u0      = gamma*v0/alpha - B[0][2]*alpha*alpha/lambda;
269:
270:    cvZero(mA);
271:    cvmSet(mA, 0, 0, alpha);    // alpha
272:    cvmSet(mA, 0, 1, gamma);    // gamma
273:    cvmSet(mA, 0, 2, u0);       // u0
274:
275:    cvmSet(mA, 1, 1, betta);    // beta
276:    cvmSet(mA, 1, 2, v0);       // v0
277:    cvmSet(mA, 2, 2, 1.0);
278:    return true;
279: }
280: void CalcExtrinsicParams(CvMat *mH, CvMat *mA, CvMat *mRt)
281: {
282:    // Rt : 3 x 4 matrix, extrinsicParameters
283:    CvMat *A1 = cvCreateMat(3, 3, CV_64F);
284:
285:    CvMat _r1, _r2, _r3, _t;
286:    cvGetCol(mRt, &_r1, 0);
287:    cvGetCol(mRt, &_r2, 1);
288:    cvGetCol(mRt, &_r3, 2);
289:    cvGetCol(mRt, &_t,  3);
290:
291:    CvMat _h1, _h2, _h3;
292:    cvGetCol(mH, &_h1, 0);
293:    cvGetCol(mH, &_h2, 1);
294:    cvGetCol(mH, &_h3, 2);
295:
296:    cvInvert(mA, A1, CV_LU); // CV_SVD
297:    cvMatMul(A1, &_h1, &_r1);
298:    double lambda = 1.0/cvNorm(&_r1, NULL, CV_L2);
299:    cvScale(&_r1, &_r1, lambda);
300:
301:    cvMatMul(A1, &_h2, &_r2);
302: // lambda = 1.0/cvNorm(&_r2, NULL, CV_L2);
303:    cvScale(&_r2, &_r2, lambda);
```

```
304:    cvCrossProduct(&_r1, &_r2, &_r3);
305:
306:    cvMatMul(A1, &_h3, &_t);
307: // lambda = cvNorm(&_t, NULL, CV_L2);
308:    cvScale(&_t, &_t, lambda);
309:
310:    double w[9], u[9], vt[9];
311:    CvMat W  = cvMat(3, 3, CV_64F, w);
312:    CvMat U  = cvMat(3, 3, CV_64F, u);
313:    CvMat Vt = cvMat(3, 3, CV_64F, vt);
314:
315:    CvMat Q;
316:    cvGetCols(mRt, &Q, 0, 3);
317: // PrintMat(Rt, "Rt:");
318: // PrintMat(&Q, "&Q:");
319:    cvSVD(&Q, &W, &U, &Vt, CV_SVD_V_T);
320: // cvGEMM(&U, &Vt, 1, 0, 0, &Q);
321:    cvMatMul(&U, &Vt, &Q);
322: /*
323:    double _qt[9], _tmp[9];
324:    CvMat matTemp = cvMat(3, 3, CV_64F, _tmp);
325:    CvMat Qt      = cvMat(3, 3, CV_64F, _qt);
326:    cvTranspose(&Q, &Qt);
327:    // matTemp must be a identity matrix because of orthonormality of R
328:    cvGEMM(&Q, &Qt, 1, 0, 0, &matTemp);
329:    PrintMat(&matTemp, " &matTemp:");
330: */
331:    cvReleaseMat(&A1);
332: }
333: void CalcRadialDistortion(CvMat *mA, CvMat *mRt,
334:                           CvMat *mW, CvMat *mPt, CvMat *mK)
335: {
336:    CvMat *mCam = cvCreateMat(mPt->rows, mPt->cols, mPt->type);
337:    CvMat *mPt2 = cvCreateMat(mPt->rows, mPt->cols, mPt->type);
338:    CalcCameraCoords(mW, mRt, mCam);
339:    ReprojectCoords(mA, mRt,  mW, mPt2);
340: // PrintMat(mPt, "mPt");     // mPt : distorted image coordinates
341: // PrintMat(mPt2, "mPt2:"); // mPt2: ideal image coordinates by re-projection
342: // PrintMat(mCam, "mCam:"); // mCam:  camera coordinates
343:
344:    double u0, v0;
345:    u0 = cvmGet(mA, 0,   2);
346:    v0 = cvmGet(mA, 1,   2);
347:
348: // make System mD x mK = md
349:    CvMat *mD = cvCreateMat(2*mW->cols, 2, CV_64F);
350:    CvMat *md = cvCreateMat(2*mW->cols, 1, CV_64F);
351: // cvZero(mD);
352:    int i;
353:    double u1, v1;// mPt : distorted image coordinates
354:    double u2, v2;// mPt2: ideal image coordinates by re-projection
```

```
355:        double x, y;
356:        double xy2, du0, dv0, du, dv;
357:
358:        for(i=0; i<mW->cols; i++)
359:        {
360:                u1 = cvmGet(mPt, 0, i);
361:                v1 = cvmGet(mPt, 1, i);
362:
363:                u2 = cvmGet(mPt2, 0, i);
364:                v2 = cvmGet(mPt2, 1, i);
365:
366:                x = cvmGet(mCam, 0, i);
367:                y = cvmGet(mCam, 1, i);
368:
369:                xy2 = x*x + y*y;
370:                du0 = u2 - u0;
371:                dv0 = v2 - v0;
372:                du  = u1 - u2;
373:                dv  = v1 - v2;
374:
375:                cvmSet(mD, i*2,   0, du0*xy2);
376:                cvmSet(mD, i*2,   1, du0*xy2*xy2);
377:                cvmSet(mD, i*2+1, 0, dv0*xy2);
378:                cvmSet(mD, i*2+1, 1, dv0*xy2*xy2);
379:
380:                cvmSet(md, i*2,   0, du);
381:                cvmSet(md, i*2+1, 0, dv);
382:        }
383:        CvMat *mDt = cvCreateMat(2, 2*mW->cols, CV_64F);
384:        cvTranspose(mD, mDt);
385:
386:        CvMat *mTmp1 = cvCreateMat(2, 2, CV_64F);
387:        cvMatMul(mDt, mD, mTmp1);
388:        cvInvert(mTmp1, mTmp1, CV_LU);
389: //     cvInvert(mTmp1, mTmp1, CV_SVD);
390:        cvMatMul(mTmp1, mDt, mDt);
391:        cvMatMul(mDt, md, mK); //mK = inv(Dt D)(Dt)(md)
392:
393:        cvReleaseMat(&mCam);
394:        cvReleaseMat(&mPt2);
395:        cvReleaseMat(&mDt);
396:        cvReleaseMat(&mTmp1);
397: }
398: void ReprojectCoords(CvMat *mA, CvMat *mRt,  CvMat *mW, CvMat *mPt)
399: {
400:        CvMat *matProj = cvCreateMat(3, 3, CV_64F);
401:        CalcProjectMatrix(mA, mRt, matProj); // matProj = A[R|t]
402: //     PrintMat(matProj, "matProj:");
403:
404:        cvMatMul(matProj, mW, mPt);
405:
```

```
406:    // homogeneous(x', y', w) -> (x, y, 1)
407:    CvMat   A1, A2, A3;
408:    cvGetRow(mPt, &A1,  0);
409:    cvGetRow(mPt, &A2,  1);
410:    cvGetRow(mPt, &A3,  2);
411:
412:    cvDiv(&A1, &A3, &A1);
413:    cvDiv(&A2, &A3, &A2);
414:    cvDiv(&A3, &A3, &A3);
415: }
416: void CalcProjectMatrix(CvMat *mA, CvMat *mRt,  CvMat *matProj)
417: {
418:    CvMat *Rt2 = cvCreateMat(3, 3, CV_64F);
419:    MakeRt2(mRt,  Rt2);
420: // PrintMat(&Rt2, "Rt2:");
421:    cvMatMul(mA, Rt2, matProj);
422:    double w = 1.0/cvmGet(matProj, 2, 2);
423:    cvScale(matProj, matProj, w);
424: // PrintMat(matProj, "matProj:");
425:    cvReleaseMat(&Rt2);
426: }
427: void CalcCameraCoords(CvMat *mW, CvMat *mRt, CvMat *mCam)
428: {
429:    CvMat *Rt2 = cvCreateMat(3, 3, CV_64F);
430:    MakeRt2(mRt,  Rt2);
431:    cvMatMul(Rt2, mW, mCam);
432:
433:    // homogeneous(x', y', w) ->  (x, y, 1) : x = x'/w, y' = y/w
434:    CvMat   A1, A2, A3;
435:    cvGetRow(mCam, &A1,  0);
436:    cvGetRow(mCam, &A2,  1);
437:    cvGetRow(mCam, &A3,  2);
438:
439:    cvDiv(&A1, &A3, &A1);
440:    cvDiv(&A2, &A3, &A2);
441:    cvDiv(&A3, &A3, &A3);
442:    cvReleaseMat(&Rt2);
443: }
444: void MakeRt2(CvMat *mRt,  CvMat *mRt2)
445: {
446:    // Rt  : 3 x 4 matrix
447:    // Rt2 : 3 x 3 matrix, Rt2 = Rt[r1, r2, t]
448:    CvMat _r11, _r12, _t1;
449:    cvGetCol(mRt, &_r11, 0);
450:    cvGetCol(mRt, &_r12, 1);
451:    cvGetCol(mRt, &_t1,  3);
452:
453:    CvMat _r21, _r22, _t2;
454:    cvGetCol(mRt2, &_r21, 0);
455:    cvGetCol(mRt2, &_r22, 1);
456:    cvGetCol(mRt2, &_t2,  2);
```

```
457:
458:     cvCopy(&_r11,  &_r21);
459:     cvCopy(&_r12,  &_r22);
460:     cvCopy(&_t1,   &_t2);
461: }
462: void Undistortion(CvMat *mA,   CvMat *mK,
463:                   IplImage *srcImage, IplImage *dstImage)
464: {
465:     // Ref: cvInitUndistortRectifyMap
466:     int    u, v;
467:     double x, y;
468:     double x1, y1;
469:
470:     double cx, cy;
471:     double fx, fy;
472:
473:     cx = cvmGet(mA, 0,   2);
474:     cy = cvmGet(mA, 1,   2);
475:     fx = cvmGet(mA, 0,   0);
476:     fy = cvmGet(mA, 1,   1);
477:
478:     // Distortion coeff
479:     double k1 = cvmGet(mK, 0, 0);
480:     double k2 = cvmGet(mK, 1, 0);
481:     double r, r2, r4;
482:     CvMat *mapX= cvCreateMat(srcImage->height, srcImage->width, CV_32F);
483:     CvMat *mapY= cvCreateMat(srcImage->height, srcImage->width, CV_32F);
484:
485:     for(v=0; v< srcImage->height; v++)
486:     for(u=0; u< srcImage->width; u++)
487:     {
488:             x = (u - cx)/fx;
489:             y = (v - cy)/fy;
490:             r = cvSqrt(x*x + y*y);
491:             r2 = r*r;
492:             r4 = r2*r2;
493:
494:             x1 = x*(1.0 + k1*r2 + k2*r4);
495:             y1 = y*(1.0 + k1*r2 + k2*r4);
496:             cvmSet(mapX, v, u, x1*fx + cx);
497:             cvmSet(mapY, v, u, y1*fy + cy);
498:     }
499:     cvRemap(srcImage, dstImage, mapX, mapY);
500:     cvReleaseMat(&mapX);
501:     cvReleaseMat(&mapY);
502: }
503: bool FindCornerPoints(IplImage *image, CvSize size, CvMat *mP)
504: {
505:     int nPoints =size.width*size.height;
506:     CvPoint2D32f *CornerP = new CvPoint2D32f[nPoints];
507:     int nCount;
```

```
508:    int nFound = cvFindChessboardCorners(image, size, CornerP, &nCount,
509:                        CV_CALIB_CB_ADAPTIVE_THRESH);
510:    if(nCount != size.width*size.height)
511:    {
512:            delete CornerP;
513:            return false;
514:    }
515:    cvDrawChessboardCorners(image, size, CornerP, nCount, nFound);
516:    ConvertPtHomogeneousMat(CornerP, mP, nPoints);
517:    delete CornerP;
518:    return true;
519: }
520: void ConvertPtHomogeneousMat(CvPoint2D32f *P, CvMat *mP, int nPoints)
521: {
522:    for(int i=0; i<nPoints; i++)
523:    {
524:            cvmSet(mP, 0, i, P[i].x);
525:            cvmSet(mP, 1, i, P[i].y);
526:            cvmSet(mP, 2, i, 1.0);
527:    }
528: }
529: void SetWorldCoordinateChessBoard(CvMat *mW, double dStep, CvSize size)
530: {
531:    int nPoints = size.width*size.height;
532:    int i, j, k;
533:    // origin point : mW[size.width-1], the left-bottom point of corners
534:    double xW;
535:    double yW;
536:    for(i=0, yW = 0.0; i<size.height; i++, yW += dStep)
537:    for(j=0, xW = (size.width-1)*dStep; j<size.width; j++, xW -= dStep)
538:    {
539:                k = i*size.width + j;
540:                cvmSet(mW, 0, k, xW);
541:                cvmSet(mW, 1, k, yW);
542:                cvmSet(mW, 2, k, 1.0);
543:    }
544: }
545: void ConvertHomogeneousWeight1(CvMat *mA) // u/w, v/w
546: {
547:    int i;
548:    double u, v, w;
549:    for(i=0; i<mA->cols; i++)
550:    {
551:            u = cvmGet(mA, 0, i);
552:            v = cvmGet(mA, 1, i);
553:            w = cvmGet(mA, 2, i);
554:
555:            cvmSet(mA, 0, i, u/w);
556:            cvmSet(mA, 1, i, v/w);
557:            cvmSet(mA, 2, i, 1.0);
558:    }
```

```
559:  }
560:  // We assume that mP has (3x6)=18 corners points
561:  void DrawRectangle3(IplImage *image, const CvMat *mP, CvScalar color)
562:  {
563:      int       index[4] = {0, 5, 12, 17};
564:      double x, y;
565:      CvPoint pts[4];
566:      for(int i=0; i<4; i++)
567:      {
568:              x = cvmGet(mP, 0, index[i]);
569:              y = cvmGet(mP, 1, index[i]);
570:              pts[i] = cvPoint(cvRound(x), cvRound(y));
571:              cvCircle(image, pts[i], 2, CV_RGB(0, 0, 255), 2);
572:      }
573:      cvLine(image, pts[0], pts[1], color, 2);
574:      cvLine(image, pts[2], pts[3], color, 2);
575:      cvLine(image, pts[0], pts[2], color, 2);
576:      cvLine(image, pts[1], pts[3], color, 2);
577:  }
578:  void PrintMat(const CvMat *mat, const char *strName)
579:  {
580:      int    x, y;
581:      double   fValue;
582:      printf(" %s  \n =  \n", strName);
583:      for(y= 0; y<mat->rows; y++)
584:      {
585:              for(x= 0; x<mat->cols; x++)
586:              {
587:                      fValue = cvGetReal2D(mat, y, x);
588:                      printf("%10.5lf ", fValue);
589:              }
590:              printf("\n");
591:      }
592:      printf("\n\n");
593:  }
```

cvEx0406의 세계 좌표와 영상의 코너점 사이의 호모그래피 계산 및 cvEx0409의 $N \geq 2$에서의 캘리브레이션 계산을 결합하여 구현하였다.

23-26행 캘리브레이션에 사용할 영상의 개수 N을 정의한다. N이 2이면 38-39행의 strImage[0]="image1.jpg", trImage[1]="image2.jpg"만 사용하여 캘리브레이션을 수행한다.

46-66행 46행은 SetWorldCoordinateChessBoard() 함수로 코너점의 세계 좌표를 행렬 mW에 설정한다.

57행은 FindCornerPoints 함수로 영상 srcImage[i]에서 코너점을 검출하여 행렬 mP[i]에 저장한다. 59-60행은 ConvertHomogeneousWeight1 함수로 행렬 mP[i]에 저장된 코너점을 가중치가 1인 동차좌표로 변환하고, DrawRectangle3 함수로 srcImage[i]에 행렬 mP[i] 저장된 좌표를 이용하여 사각형을 표시한다. 63행은 cvFindHomography 함수로 세계 좌표 mW에서 영상 좌표 mP[i]로의 호모그래피 H[i]를 계산한다.

70-77행   70행은 CalcBfromH1 함수로 호모그래피 행렬의 배열 H를 이용하여 [수식 4-35]와 같이 행렬 B를 계산한다. 73행은 CalcIntrinsicParams 함수로 행렬 B로부터 카메라 내부 파라미터 행렬 A를 계산한다.

82-98행   각 영상에 대해 외부 파라미터와 영상 왜곡을 계산한다. 85행은 CalcExtrinsicParams 함수로 호모그래피 행렬 H[i]와 내부 파라미터 행렬 A로부터 카메라 외부 파라미터 행렬 Rt[i]를 계산한다. 90행은 CalcRadialDistortion 함수로 A, Rt[i], mW, mP[i] 행렬을 사용하여 방사왜곡 계수 행렬 mK[i]를 계산한다. 95행은 Undistortion 함수로 srcImage[i]를 왜곡 보정하여 dstImage[i]를 생성한다.

[그림 4.22]는 N=2개의 패턴 영상에서 코너점을 검출하고 호모그래피를 계산한 다음 캘리브레이션 계산을 수행한 결과이고, [그림 4.23](a)는 strImage[0]="image1.jpg"의 캘리브레이션에 의한 방사왜곡 보정 결과이며, [그림 4.23](b)는 strImage[1]="image2.jpg"의 캘리브레이션에 의한 방사왜곡 보정 결과이다. [그림 4.24]는 N=5개의 패턴 영상에서 코너점을 검출하고 호모그래피를 계산한 다음 캘리브레이션 계산을 수행한 결과이다.

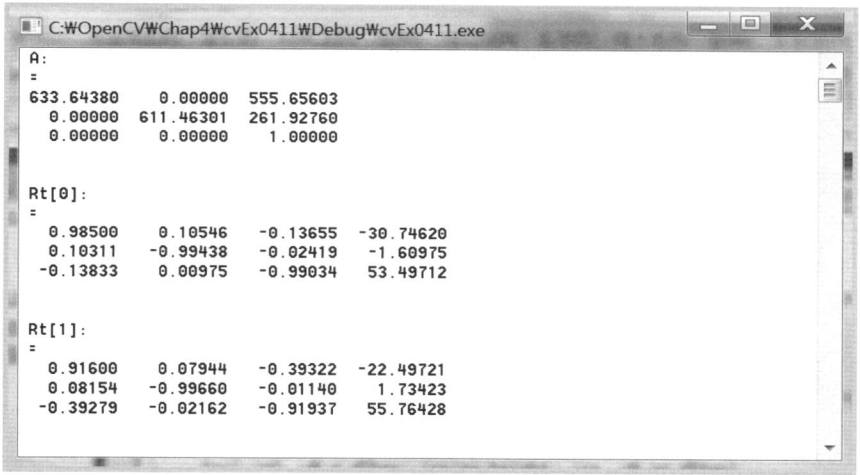

[그림 4.22] N=2개의 패턴 영상을 이용한 캘리브레이션 계산 (제약조건: $\gamma=0$)

[그림 4.23] N=2개의 영상을 이용한 캘리브레이션으로 방사왜곡 보정

```
A:
=
  825.73224    -3.01680   404.67758
    0.00000   819.57269   260.38693
    0.00000     0.00000     1.00000

Rt[0]:
=
    0.97735     0.10700    -0.18257   -18.47668
    0.10275    -0.99417    -0.03260    -1.47162
   -0.18500     0.01310    -0.98265    71.54237

Rt[1]:
=
    0.84644     0.07425    -0.52728    -9.46774
    0.07885    -0.99679    -0.01379     1.87502
   -0.52661    -0.02990    -0.84958    74.75485

Rt[2]:
=
    0.93796    -0.33063    -0.10445   -19.77368
   -0.32153    -0.94213     0.09492     8.86619
   -0.12979    -0.05545    -0.98999    68.50932

Rt[3]:
=
    0.87245    -0.46440    -0.15221   -12.70631
   -0.42020    -0.87187     0.25155     4.45541
   -0.24952    -0.15550    -0.95580    85.82040

Rt[4]:
=
    0.81331    -0.56729    -0.12928   -16.43284
   -0.55493    -0.82309     0.12072    15.84886
   -0.17490    -0.02644    -0.98423    94.42713
```

[그림 4.24] N=4개의 패턴 영상을 이용한 캘리브레이션 계산

예제 cvEx0412 비디오에서 N≥2개의 영상을 이용한 캘리브레이션 계산

```
001: #include <stdio.h>
002: #include "cv.h"
003: #include "highgui.h"
004: #define TOL 1.E-20
005: void CalcBfromH(CvMat *mH[], int n, CvMat *mB);
006: bool CalcIntrinsicParams(CvMat *mB, CvMat *mA);
007: void CalcExtrinsicParams(CvMat *mH, CvMat *mA, CvMat *mRt);
008: void CalcRadialDistortion(CvMat *mA, CvMat *mRt,
009:                           CvMat *mW, CvMat *mPt, CvMat *mK);
010: void ReprojectCoords(CvMat *mA, CvMat *mRt,  CvMat *mW, CvMat *mPt);
011: void CalcProjectMatrix(CvMat *mA, CvMat *mRt,  CvMat *matProj);
012: void CalcCameraCoords(CvMat *mW, CvMat *mRt, CvMat *mCam);
013: void MakeRt2(CvMat *mRt,  CvMat *mRt2);
014: void Undistortion(CvMat *mA,  CvMat *mK,
015:                   IplImage *srcImage, IplImage *dstImage);
016: bool FindCornerPoints(IplImage *image, CvSize size, CvMat *mP);
017: void ConvertPtHomogeneousMat(CvPoint2D32f *P, CvMat *mP, int nPoints);
018: void ConvertHomogeneousWeight1(CvMat *mA);
```

```
019: void SetWorldCoordinateChessBoard(CvMat *mW, double dStep, CvSize size);
020: void DrawRectangle4(IplImage *image, CvMat *mP, CvScalar color);
021: void PrintMat(const CvMat *mat, const char *strName);
022: #define  N    8
023: int main()
024: {
025:    IplImage*   frame=NULL;
026:    CvCapture* capture = cvCaptureFromFile("chess1.wmv");
027:    if(!capture)
028:    {
029:            printf("the video file was not found.");
030:            return 0;
031:    }
032:    int width = (int)cvGetCaptureProperty(capture,
033:                            CV_CAP_PROP_FRAME_WIDTH);
034:    int height = (int)cvGetCaptureProperty(capture,
035:                            CV_CAP_PROP_FRAME_HEIGHT);
036:    // for writing a output video
037:    int is_color = 1;
038:    double fps = 24.0;
039:    int fourcc = CV_FOURCC('D', 'I', 'V', 'X'); // : MPEG-4
040:    CvSize frame_size = cvSize(width, height);
041:    CvVideoWriter* videoWriter = cvCreateVideoWriter("boardHomography.avi",
042:            fourcc, fps, frame_size, is_color);
043:    if(!videoWriter)
044:            return 0;
045:    cvNamedWindow("frame", 1);
046:
047:    CvSize patternSize = cvSize(6,3);
048:    int nPoints =patternSize.width*patternSize.height;
049:    char  strTmp[128];
050:
051:    // set the corner points to the world coordinates (unit : cm)
052:    CvMat *mW = cvCreateMat(3, nPoints, CV_64F);
053:    SetWorldCoordinateChessBoard(mW, 3.8, patternSize);
054: // PrintMat(mW, "mW");
055:
056:    CvMat *mP = cvCreateMat(3, nPoints, CV_64F);
057:
058:    CvMat *currH = cvCreateMat(3, 3, CV_64F);
059:    CvMat *mH[N];
060:    int i;
061:    for(i=0; i<N; i++)
062:            mH[i] = cvCreateMat(3, 3, CV_64F);
063:
064:    CvMat *A = cvCreateMat(3, 3, CV_64F);
065:    CvMat *B = cvCreateMat(3, 3, CV_64F);
066:    CvMat *Rt = cvCreateMat(3, 4, CV_64F);
067:    CvMat *mK = cvCreateMat(2, 1, CV_64F);
068:    IplImage *dstImage = cvCreateImage(frame_size, IPL_DEPTH_8U, 3);
069:    int k = 0;
```

```
070:    bool bIntrinsicParam = false;
071: // bool bExtrinsicParam = false;
072:    for(int t=0; cvWaitKey(10) != 27 ;t++)
073:    {
074:            frame = cvQueryFrame(capture);
075:            if(!frame)
076:                    break;
077:            if(!FindCornerPoints(frame, patternSize, mP))
078:                    continue;
079:            DrawRectangle4(frame, mP, CV_RGB(255,0,0));
080:            cvShowImage("frame", frame);
081:
082:            cvFindHomography(mW, mP, currH, 0);
083:            if(!bIntrinsicParam)
084:                    cvCopy(currH, mH[k++]);
085:
086:            if(!bIntrinsicParam && k == N)
087:            {
088:                    CalcBfromH(mH, N, B);
089: //                 sprintf(strTmp, "B[%d]:", t);
090: //                 PrintMat(B, strTmp);
091:                    if(!CalcIntrinsicParams(B, A))
092:                    {
093:                            printf("We can not calculate the Intrinsic Params!!!\n");
094: //                         k = 0;
095:                            k = N/2;
096:                            bIntrinsicParam = false;
097:                            continue;
098:                    }
099:                    bIntrinsicParam = true;
100:                    printf(" t = %d, k=%d\n", t, k);
101:                    PrintMat(A, "A:");
102: //                 cvWaitKey(0);
103:            }
104:            if(bIntrinsicParam)
105:            {
106:                    CalcExtrinsicParams(currH, A, Rt);
107: //                 bExtrinsicParam = true;
108:                    sprintf(strTmp, "Rt[%d]:", t);
109:                    PrintMat(Rt, strTmp);
110:
111:                    CalcRadialDistortion(A, Rt, mW, mP, mK);
112:                    sprintf(strTmp, "mK[%d]:", t);
113:                    PrintMat(mK, strTmp);
114:
115:                    Undistortion(A, mK, frame, dstImage);
116:                    sprintf(strTmp, "dstImage[%d]:", i);
117:                    cvShowImage("dstImage", dstImage);
118:                    cvWriteFrame(videoWriter, dstImage);
119:                    cvWaitKey(0);
120:            }
```

```
121:        }
122:        cvWaitKey(0);
123:        cvDestroyAllWindows();
124:        cvReleaseMat(&mW);
125:        cvReleaseMat(&mP);
126:        cvReleaseMat(&Rt);
127:        cvReleaseMat(&mK);
128:        cvReleaseMat(&currH);
129:        for(i=0; i<N; i++)
130:                cvReleaseMat(&mH[i]);
131:        cvReleaseImage(&dstImage);
132:        cvReleaseCapture(&capture);
133:        cvReleaseVideoWriter(&videoWriter);
134:        return 0;
135: }
136: void CalcBfromH(CvMat *mH[], int n, CvMat *mB)
137: {
138: //Step2: make System V x B = 0
139:     CvMat *V;
140:     if(n == 2)
141:             V = cvCreateMat(5, 6, CV_64F);
142:     else
143:             V = cvCreateMat(n*2, 6, CV_64F);
144:
145:     double  h[3][3];
146:     double  a, b, c, d, e, f;
147:     int i, j, k;
148:
149:     // hi = [hi1, hi2, hi3] : i-th column
150:     for(i= 0; i<n; i++)
151:     {
152:             for(j= 0; j<3; j++)
153:             for(k= 0; k<3; k++)
154:                     h[j][k] = cvmGet(mH[i], k, j);
155:     // row =0
156:             a = h[0][0]*h[1][0];
157:             b = h[0][0]*h[1][1] + h[0][1]*h[1][0];
158:             c = h[0][1]*h[1][1];
159:             d = h[0][2]*h[1][0]+h[0][0]*h[1][2];
160:             e = h[0][2]*h[1][1]+h[0][1]*h[1][2];
161:             f = h[0][2]*h[1][2];
162:             cvmSet(V, i*2,   0,  a);
163:             cvmSet(V, i*2,   1,  b);
164:             cvmSet(V, i*2,   2,  c);
165:             cvmSet(V, i*2,   3,  d);
166:             cvmSet(V, i*2,   4,  e);
167:             cvmSet(V, i*2,   5,  f);
168:
169:     // row =1
170:             a = h[0][0]*h[0][0] - h[1][0]*h[1][0];
171:             b = 2.0*(h[0][0]*h[0][1] - h[1][0]*h[1][1]);
```

```
172:                c = h[0][1]*h[0][1] - h[1][1]*h[1][1];
173:                d = 2.0*(h[0][2]*h[0][0]-h[1][2]*h[1][0]);
174:                e = 2.0*(h[0][2]*h[0][1]-h[1][2]*h[1][1]);
175:                f = h[0][2]*h[0][2] - h[1][2]*h[1][2];
176:                cvmSet(V, i*2+1,   0,  a);
177:                cvmSet(V, i*2+1,   1,  b);
178:                cvmSet(V, i*2+1,   2,  c);
179:                cvmSet(V, i*2+1,   3,  d);
180:                cvmSet(V, i*2+1,   4,  e);
181:                cvmSet(V, i*2+1,   5,  f);
182:        }
183: // row =2
184:    if(n==2)
185:    {   // constraint: gamma =0, ie, skew =0
186:            a = 0.0; b = 1.0; c = d = e = f = 0.0;
187:            cvmSet(V, 4,   0,  a);
188:            cvmSet(V, 4,   1,  b);
189:            cvmSet(V, 4,   2,  c);
190:            cvmSet(V, 4,   3,  d);
191:            cvmSet(V, 4,   4,  e);
192:            cvmSet(V, 4,   5,  f);
193:    }
194: // PrintMat(V, "V");
195: /*
196: //  when n>=3, we can calculate the solution by using cvSVD,
197: //  but, when n= 2, i.e, V is a 5 x 6 matrix, we can not calculate like this.
198:    CvMat *U  = cvCreateMat(V->rows, V->cols, V->type);
199:    CvMat *D  = cvCreateMat(6, 6, V->type);
200:    CvMat *VT = cvCreateMat(6, 6,  V->type);
201:    cvSVD(V, D, U, VT, CV_SVD_V_T); // CV_SVD_MODIFY_A, for speeding up
202:    double   _b[6];
203:    for(j= 0; j<6; j++)
204:            _b[j] = cvGetReal2D(VT, 5, j);
205:    cvReleaseMat(&U);
206:    cvReleaseMat(&D);
207:    cvReleaseMat(&VT);
208: */
209:    // V2 = Vt*V
210:    CvMat *V2 = cvCreateMat(6, 6, CV_64F);
211:    CvMat *Vt = cvCreateMat(V->cols, V->rows, CV_64F);
212:    cvTranspose(V, Vt);
213:    cvMatMul(Vt, V, V2);
214:
215:    CvMat *mEvals = cvCreateMat(6, 1, CV_64F);
216:    CvMat *mEvects = cvCreateMat(6, 6, CV_64F);
217:    cvEigenVV(V2,  mEvects, mEvals);
218:    double   _b[6];
219:    for(j= 0; j<6; j++)
220:            _b[j] = cvGetReal2D(mEvects, 5, j);
221:    cvmSet(mB, 0,   0, _b[0]);
222:    cvmSet(mB, 0,   1, _b[1]);
```

```
223:    cvmSet(mB, 1,   0,  _b[1]);
224:    cvmSet(mB, 0,   2,  _b[3]);
225:    cvmSet(mB, 2,   0,  _b[3]);
226:    cvmSet(mB, 1,   1,  _b[2]);
227:    cvmSet(mB, 1,   2,  _b[4]);
228:    cvmSet(mB, 2,   1,  _b[4]);
229:    cvmSet(mB, 2,   2,  _b[5]);
230:    cvReleaseMat(&V);
231:    cvReleaseMat(&Vt);
232:    cvReleaseMat(&V2);
233:    cvReleaseMat(&mEvals);
234:    cvReleaseMat(&mEvects);
235: }
236: bool CalcIntrinsicParams(CvMat *mB, CvMat *mA)
237: {
238:    double   B[3][3];
239:    int j, k;
240:    for(j= 0; j<3; j++)
241:    for(k= 0; k<3; k++)
242:            B[j][k] = cvmGet(mB, k, j);
243:
244:    double den;
245:    den = (B[0][0]*B[1][1]-B[0][1]*B[0][1]);
246:
247:    if(fabs(den) < TOL) // error
248:    {
249:            printf("den = (B[0][0]*B[1][1]-B[0][1]*B[0][1])=%lf\n",den);
250:            return false;
251:    }
252:    double u0, v0, lambda, alpha, betta, gamma;
253:    v0 = (B[0][1]*B[0][2] - B[0][0]*B[1][2])/den;
254:    if(fabs(B[0][0]) < TOL) // error
255:    {
256:            printf("B[0][0]=%lf\n",B[0][0]);
257:            return false;
258:    }
259:    double a = (B[0][1]*B[0][2] - B[0][0]*B[1][2]);
260:    lambda = B[2][2] - (B[0][2]*B[0][2] + v0*a)/B[0][0];
261: // lambda = B[2][2] - (B[0][2]*B[0][2]
262: //         + v0*(B[0][1]*B[0][2] - B[0][0]*B[1][2]))/B[0][0];
263:    if (lambda/B[0][0]< 0.0) // error
264:    {
265:            printf("B[0][0]=%lf\n",B[0][0]);
266:            printf("lambda =%lf\n",lambda);
267:            printf("lambda/B[0][0]=%lf\n",lambda/B[0][0]);
268:            return false;
269:    }
270:    if ((lambda*B[0][0]/den)< 0.0) // error
271:    {
272:            printf("lambda*B[0][0]/den=%lf\n",lambda*B[0][0]/den);
273:            return false;
```

```
274:    }
275:    alpha  = cvSqrt(lambda/B[0][0]);
276:    betta  = cvSqrt(lambda*B[0][0]/den);
277:    gamma  = -B[0][1]*alpha*alpha*betta/lambda;
278:    u0     = gamma*v0/alpha - B[0][2]*alpha*alpha/lambda;
279:
280:    cvZero(mA);
281:    cvmSet(mA, 0, 0, alpha);    // alpha
282:    cvmSet(mA, 0, 1, gamma);    // gamma
283:    cvmSet(mA, 0, 2, u0);       // u0
284:
285:    cvmSet(mA, 1, 1, betta);    // beta
286:    cvmSet(mA, 1, 2, v0);       // v0
287:    cvmSet(mA, 2, 2, 1.0);
288:    return true;
289: }
290: void CalcExtrinsicParams(CvMat *mH, CvMat *mA, CvMat *mRt)
291: {
292:    // Rt : 3 x 4 matrix, extrinsicParameters
293:    CvMat *A1 = cvCreateMat(3, 3, CV_64F);
294:
295:    CvMat _r1, _r2, _r3, _t;
296:    cvGetCol(mRt, &_r1, 0);
297:    cvGetCol(mRt, &_r2, 1);
298:    cvGetCol(mRt, &_r3, 2);
299:    cvGetCol(mRt, &_t,  3);
300:
301:    CvMat _h1, _h2, _h3;
302:    cvGetCol(mH, &_h1, 0);
303:    cvGetCol(mH, &_h2, 1);
304:    cvGetCol(mH, &_h3, 2);
305:
306:    cvInvert(mA, A1, CV_LU); // CV_SVD
307:    cvMatMul(A1, &_h1, &_r1);
308:    double lambda = 1.0/cvNorm(&_r1, NULL, CV_L2);
309:    cvScale(&_r1, &_r1, lambda);
310:
311:    cvMatMul(A1, &_h2, &_r2);
312: // lambda = 1.0/cvNorm(&_r2, NULL, CV_L2);
313:    cvScale(&_r2, &_r2, lambda);
314:    cvCrossProduct(&_r1, &_r2, &_r3);
315:
316:    cvMatMul(A1, &_h3, &_t);
317: // lambda = cvNorm(&_t, NULL, CV_L2);
318:    cvScale(&_t, &_t, lambda);
319:
320:    double w[9], u[9], vt[9];
321:    CvMat W  = cvMat(3, 3, CV_64F, w);
322:    CvMat U  = cvMat(3, 3, CV_64F, u);
323:    CvMat Vt = cvMat(3, 3, CV_64F, vt);
324:
```

```
325:    CvMat Q;
326:    cvGetCols(mRt, &Q, 0, 3);
327: // PrintMat(Rt, "Rt:");
328: // PrintMat(&Q, "&Q:");
329:    cvSVD(&Q, &W, &U, &Vt, CV_SVD_V_T);
330: // cvGEMM(&U, &Vt, 1, 0, 0, &Q);
331:    cvMatMul(&U, &Vt, &Q);
332: /*
333:    double _qt[9], _tmp[9];
334:    CvMat matTemp = cvMat(3, 3, CV_64F, _tmp);
335:    CvMat Qt      = cvMat(3, 3, CV_64F, _qt);
336:    cvTranspose(&Q, &Qt);
337:    // matTemp must be a identity matrix because of orthonormality of R
338:    cvGEMM(&Q, &Qt, 1, 0, 0, &matTemp);
339:    PrintMat(&matTemp, " &matTemp:");
340: */
341:    cvReleaseMat(&A1);
342: }
343: void CalcRadialDistortion(CvMat *mA, CvMat *mRt,
344:                           CvMat *mW, CvMat *mPt, CvMat *mK)
345: {
346:    CvMat *mCam = cvCreateMat(mPt->rows, mPt->cols, mPt->type);
347:    CvMat *mPt2 = cvCreateMat(mPt->rows, mPt->cols, mPt->type);
348:    CalcCameraCoords(mW, mRt, mCam);
349:    ReprojectCoords(mA, mRt,  mW, mPt2);
350: // PrintMat(mPt, "mPt");     // mPt : distorted image coordinates
351: // PrintMat(mPt2, "mPt2:");  // mPt2: ideal image coordinates by re-projection
352: // PrintMat(mCam, "mCam:");  // mCam:   camera coordinates
353:
354:    double u0, v0;
355:    u0 = cvmGet(mA, 0,   2);
356:    v0 = cvmGet(mA, 1,   2);
357:
358: // make System mD x mK = md
359:    CvMat *mD = cvCreateMat(2*mW->cols, 2, CV_64F);
360:    CvMat *md = cvCreateMat(2*mW->cols, 1, CV_64F);
361: // cvZero(mD);
362:    int i;
363:    double u1, v1;// mPt : distorted image coordinates
364:    double u2, v2;// mPt2: ideal image coordinates by re-projection
365:    double x, y;
366:    double xy2, du0, dv0, du, dv;
367:
368:    for(i=0; i<mW->cols; i++)
369:    {
370:        u1 = cvmGet(mPt, 0, i);
371:        v1 = cvmGet(mPt, 1, i);
372:
373:        u2 = cvmGet(mPt2, 0, i);
374:        v2 = cvmGet(mPt2, 1, i);
375:
```

```
376:            x = cvmGet(mCam, 0, i);
377:            y = cvmGet(mCam, 1, i);
378:
379:            xy2 = x*x + y*y;
380:            du0 = u2 - u0;
381:            dv0 = v2 - v0;
382:            du  = u1 - u2;
383:            dv  = v1 - v2;
384:
385:            cvmSet(mD, i*2, 0, du0*xy2);
386:            cvmSet(mD, i*2, 1, du0*xy2*xy2);
387:            cvmSet(mD, i*2+1, 0, dv0*xy2);
388:            cvmSet(mD, i*2+1, 1, dv0*xy2*xy2);
389:
390:            cvmSet(md, i*2,   0, du);
391:            cvmSet(md, i*2+1, 0, dv);
392:        }
393:    CvMat *mDt = cvCreateMat(2, 2*mW->cols, CV_64F);
394:    cvTranspose(mD, mDt);
395:
396:    CvMat *mTmp1 = cvCreateMat(2, 2, CV_64F);
397:    cvMatMul(mDt, mD, mTmp1);
398:    cvInvert(mTmp1, mTmp1, CV_LU);
399: // cvInvert(mTmp1, mTmp1, CV_SVD);
400:    cvMatMul(mTmp1, mDt, mDt);
401:    cvMatMul(mDt, md, mK); //mK = inv(Dt D)(Dt)(md)
402:
403:    cvReleaseMat(&mCam);
404:    cvReleaseMat(&mPt2);
405:    cvReleaseMat(&mDt);
406:    cvReleaseMat(&mTmp1);
407: }
408: void ReprojectCoords(CvMat *mA, CvMat *mRt,  CvMat *mW, CvMat *mPt)
409: {
410:    CvMat *matProj = cvCreateMat(3, 3, CV_64F);
411:    CalcProjectMatrix(mA, mRt, matProj); // matProj = A[R|t]
412: // PrintMat(matProj, "matProj:");
413:
414:    cvMatMul(matProj, mW, mPt);
415:
416:    // homogeneous(x', y', w) ->  (x, y, 1)
417:    CvMat   A1, A2, A3;
418:    cvGetRow(mPt, &A1, 0);
419:    cvGetRow(mPt, &A2, 1);
420:    cvGetRow(mPt, &A3, 2);
421:
422:    cvDiv(&A1, &A3, &A1);
423:    cvDiv(&A2, &A3, &A2);
424:    cvDiv(&A3, &A3, &A3);
425: }
426: void CalcProjectMatrix(CvMat *mA, CvMat *mRt,  CvMat *matProj)
```

```
427: {
428:     CvMat *Rt2 = cvCreateMat(3, 3, CV_64F);
429:     MakeRt2(mRt,   Rt2);
430: //  PrintMat(&Rt2, "Rt2:");
431:     cvMatMul(mA, Rt2, matProj);
432:     double w = 1.0/cvmGet(matProj, 2, 2);
433:     cvScale(matProj, matProj, w);
434: //  PrintMat(matProj, "matProj:");
435:     cvReleaseMat(&Rt2);
436: }
437: void CalcCameraCoords(CvMat *mW, CvMat *mRt, CvMat *mCam)
438: {
439:     CvMat *Rt2 = cvCreateMat(3, 3, CV_64F);
440:     MakeRt2(mRt,   Rt2);
441:     cvMatMul(Rt2, mW, mCam);
442:
443:     // homogeneous(x', y', w) ->  (x, y, 1) : x = x'/w, y' = y/w
444:     CvMat   A1, A2, A3;
445:     cvGetRow(mCam, &A1,  0);
446:     cvGetRow(mCam, &A2,  1);
447:     cvGetRow(mCam, &A3,  2);
448:
449:     cvDiv(&A1, &A3, &A1);
450:     cvDiv(&A2, &A3, &A2);
451:     cvDiv(&A3, &A3, &A3);
452:     cvReleaseMat(&Rt2);
453: }
454: void MakeRt2(CvMat *mRt,   CvMat *mRt2)
455: {
456:     // Rt  : 3 x 4 matrix
457:     // Rt2 : 3 x 3 matrix, Rt2 = Rt[r1, r2, t]
458:     CvMat _r11, _r12, _t1;
459:     cvGetCol(mRt, &_r11, 0);
460:     cvGetCol(mRt, &_r12, 1);
461:     cvGetCol(mRt, &_t1,  3);
462:
463:     CvMat _r21, _r22, _t2;
464:     cvGetCol(mRt2, &_r21, 0);
465:     cvGetCol(mRt2, &_r22, 1);
466:     cvGetCol(mRt2, &_t2,  2);
467:
468:     cvCopy(&_r11,  &_r21);
469:     cvCopy(&_r12,  &_r22);
470:     cvCopy(&_t1,   &_t2);
471: }
472: void Undistortion(CvMat *mA,  CvMat *mK,
473:                   IplImage *srcImage, IplImage *dstImage)
474: {
475:     // Ref: cvInitUndistortRectifyMap
476:     int    u, v;
477:     double x, y;
```

```
478:        double x1, y1;
479:
480:        double cx, cy;
481:        double fx, fy;
482:
483:        cx = cvmGet(mA, 0,    2);
484:        cy = cvmGet(mA, 1,    2);
485:        fx = cvmGet(mA, 0,    0);
486:        fy = cvmGet(mA, 1,    1);
487:
488:        // Distortion coeff
489:        double k1 = cvmGet(mK, 0, 0);
490:        double k2 = cvmGet(mK, 1, 0);
491:        double r, r2, r4;
492:        CvMat *mapX= cvCreateMat(srcImage->height, srcImage->width, CV_32F);
493:        CvMat *mapY= cvCreateMat(srcImage->height, srcImage->width, CV_32F);
494:        for(v=0; v< srcImage->height; v++)
495:        for(u=0; u< srcImage->width; u++)
496:        {
497:                x = (u - cx)/fx;
498:                y = (v - cy)/fy;
499:                r = cvSqrt(x*x + y*y);
500:                r2 = r*r;
501:                r4 = r2*r2;
502:
503:                x1 = x*(1.0 + k1*r2 + k2*r4);
504:                y1 = y*(1.0 + k1*r2 + k2*r4);
505:                cvmSet(mapX, v, u, x1*fx + cx);
506:                cvmSet(mapY, v, u, y1*fy + cy);
507:        }
508:        cvRemap(srcImage, dstImage, mapX, mapY);
509:        cvReleaseMat(&mapX);
510:        cvReleaseMat(&mapY);
511: }
512: bool FindCornerPoints(IplImage *image, CvSize size, CvMat *mP)
513: {
514:        int nPoints =size.width*size.height;
515:        CvPoint2D32f *CornerP = new CvPoint2D32f[nPoints];
516:        int nCount;
517:        int nFound = cvFindChessboardCorners(image, size, CornerP, &nCount,
518:                              CV_CALIB_CB_ADAPTIVE_THRESH);
519:        if(nCount != size.width*size.height)
520:        {
521:                delete CornerP;
522:                return false;
523:        }
524:        cvDrawChessboardCorners(image, size, CornerP, nCount, nFound);
525:        ConvertPtHomogeneousMat(CornerP, mP, nPoints);
526:        delete CornerP;
527:        return true;
528: }
```

```
529: void ConvertPtHomogeneousMat(CvPoint2D32f *P, CvMat *mP, int nPoints)
530: {
531:     for(int i=0; i<nPoints; i++)
532:     {
533:             cvmSet(mP, 0, i, P[i].x);
534:             cvmSet(mP, 1, i, P[i].y);
535:             cvmSet(mP, 2, i, 1.0);
536:     }
537: }
538: void SetWorldCoordinateChessBoard(CvMat *mW, double dStep, CvSize size)
539: {
540:     int nPoints = size.width*size.height;
541:     int i, j, k;
542:     // origin point : mW[size.width-1), the left-bottom point of corners
543:     double xW;
544:     double yW;
545:     for(i=0, yW = dStep; i<size.height; i++, yW += dStep)
546:     for(j=0, xW = (size.width)*dStep; j<size.width; j++, xW -= dStep)
547:     {
548:                 k = i*size.width + j;
549:                 cvmSet(mW, 0, k, xW);
550:                 cvmSet(mW, 1, k, yW);
551:                 cvmSet(mW, 2, k, 1.0);
552:     }
553: }
554: void ConvertHomogeneousWeight1(CvMat *mA) // u/w, v/w
555: {
556:     int i;
557:     double u, v, w;
558:     for(i=0; i<mA->cols; i++)
559:     {
560:             u = cvmGet(mA, 0, i);
561:             v = cvmGet(mA, 1, i);
562:             w = cvmGet(mA, 2, i);
563:
564:             cvmSet(mA, 0, i, u/w);
565:             cvmSet(mA, 1, i, v/w);
566:             cvmSet(mA, 2, i, 1.0);
567:     }
568: }
569: // We assume that mP has (3x6)=18 corners points
570: void DrawRectangle4(IplImage *image, CvMat *mP, CvScalar color)
571: {
572:     int     index[4] = {0, 5, 12, 17};
573:     double x, y;
574:     CvPoint pts[4];
575:     ConvertHomogeneousWeight1(mP);
576:     for(int i=0; i<4; i++)
577:     {
578:             x = cvmGet(mP, 0, index[i]);
579:             y = cvmGet(mP, 1, index[i]);
```

```
580:                pts[i] = cvPoint(cvRound(x), cvRound(y));
581:                cvCircle(image, pts[i], 2, CV_RGB(0, 0, 255), 2);
582:       }
583:       cvLine(image, pts[0], pts[1], color, 2);
584:       cvLine(image, pts[2], pts[3], color, 2);
585:       cvLine(image, pts[0], pts[2], color, 2);
586:       cvLine(image, pts[1], pts[3], color, 2);
587: }
588: void PrintMat(const CvMat *mat, const char *strName)
589: {
590:       int     x, y;
591:       double  fValue;
592:       printf(" %s  \n =  \n", strName);
593:       for(y= 0; y<mat->rows; y++)
594:       {
595:              for(x= 0; x<mat->cols; x++)
596:              {
597:                     fValue = cvGetReal2D(mat, y, x);
598:                     printf("%10.2f ", fValue);
599:              }
600:              printf("\n");
601:       }
602:       printf("\n\n");
603: }
```

비디오에서 $N \geq 2$의 비디오 프레임으로부터 체스 보드 패턴의 코너점을 검출하고, 호모그래피를 계산한 다음 캘리브레이션을 수행한다.

22행	N을 8로 정의하여 8개의 비디오 프레임으로부터 각각의 체스 보드 패턴의 코너점을 검출하고, 호모그래피를 계산한 다음, 내부 파라미터를 계산하고, 내부 파라미터가 계산된 다음부터는 모든 프레임에 대하여 외부 파라미터를 계산하고, 방사왜곡을 보정한다.
77-84행	77행은 비디오 프레임의 코너점을 검출하여 행렬 mP에 저장한다. 79행은 코너점 행렬 mP을 frame에 표시한다. 82행은 cvFindHomography 함수로 세계 좌표 mW에서 코너점 mP로의 호모그래피 currH를 계산한다. 83-84행은 bIntrinsicParam= false인 경우, 즉 내부 파라미터가 계산되지 않은 경우는 currH를 mH[k++]에 복사한다. 배열 mH에 내부 파라미터가 계산되기 전까지의 호모그래피를 저장한다.
86-103행	내부 파라미터가 계산되지 않고(bIntrinsicParam= false), 계산된 호모그래피 개수가 N개일 때(k==N), 88행에서 N 개의 호모그래피 mH를 이용하여 B 행렬을 계산하고, 91행에서 B 행렬로부터 내부 파라미터 행렬 A를 계산한다. 만약 B 행렬로부터 내부 파라미터를 계산하지 못하면 새로운 비디오 프레임으로부터 호모그래피를 다시 계산한다. 94행과 같이 k=0으로 설정하면 N개의 호모그래피 전체를 다시 계산하고, 95행같이 k = N/2으로 하여 절반의 호모그래피 만을 다시 계산할 수 있다. 내부 파라미터 행렬 A가 적절히 계산되면 bIntrinsicParam = true로 설정하여, 다시 계산되지 않게 한다.
104-120행	일단 내부 파라미터가 계산되면, 다음 프레임부터는 106행에서 외부 파라미터를 계산하고, 111행에서 방사왜곡 mK를 계산하며, 115행에서 Undistortion 함수로 방사왜곡을 보정하고, 118행에서 보정된 영상을 비디오 프레임으로 출력한다.

[그림 4.25]는 N=8개의 비디오 프레임으로부터 캘리브레이션 계산한 내부 파라미터 행렬A와 t=7과 t=8 프레임에서의 외부 파라미터 행렬 Rt[7], Rt[8]과 방사왜곡 행렬 mK[7], mK[8]의 결과이다.

```
C:\Windows\system32\cmd.exe
t = 7, k=8
A:
=
    1728.63      149.92     -347.28
       0.00     1875.78      601.52
       0.00        0.00        1.00

Rt[7]:
=
       0.95       -0.03       -0.32       58.68
       0.03       -0.99        0.16      -31.41
      -0.32       -0.16       -0.93      193.58

mK[7]:
=
      -0.00
       0.01

Rt[8]:
=
       0.95       -0.04       -0.31       58.01
       0.03       -0.97        0.22      -31.77
      -0.31       -0.22       -0.92      193.53

mK[8]:
=
      -0.01
       0.02
```

[그림 4.25] N=8개의 비디오 프레임을 이용한 캘리브레이션 계산

4.5 OpenCV의 카메라 캘리브레이션

4.3절에서는 OpenCV의 카메라 캘리브레이션 함수를 사용하지 않고 카메라의 내부 파라미터(intrinsic parameters)와 외부 파라미터(extrinsic parameters)를 계산하고, 방사왜곡을 보정하는 알고리즘을 설명하고 예제에서 직접 구현하였다. 이 절에서는 OpenCV의 카메라 캘리브레이션 함수에 대하여 설명한다.

(1) void cvInitIntrinsicParams2D(const CvMat* object_points,
      const CvMat* image_points, const CvMat* point_counts,
      CvSize image_size, CvMat* camera_matrix, double aspect_ratio=1.)

object_points, image_points, point_counts, image_size, aspect_ratio를 입력받아 초기 카메라 행렬(내부 파라미터), camera_matrix를 계산한다. 물체의 좌표가 Z=0인 XY 평면에 있는 패턴에 대해서만 지원한다. 즉 평면 호모그래피를 통하여 계산된다.

① object_points

N개의 영상(뷰)이 있고, 각 영상에 M개의 좌표점이 있을 때, $1 \times NM$, $NM \times 1$의 3채널 입력 행렬이다. 1채널은 지원하지 않음에 주의한다. 각 좌표는 3차원 좌표이다. 만약 평면 패턴이면 XY 평면 좌표를 사용하고, Z=0으로 한다. 각 영상에서의 좌표점을 차례로 저장하면 된다.

② image_points

세계 좌표에 대응하는 영상 좌표로 N개의 영상이 있고, 각 영상에 M개의 좌표점이 있을 때, $1 \times NM$, $NM \times 1$의 2채널 입력 행렬이다. 1채널은 지원하지 않음에 주의한다.

③ point_counts

각 영상에서의 좌표의 개수를 저장한 정수 벡터(CV_32SC1)이다. 각 영상의 패턴에서의 특징점이 모두 보이면 모두 같은 값이며, 패턴의 특징점이 부분적으로 보이는 경우는 다른 값을 갖는다. N개의 영상(뷰)이 있으면 $1 \times N$, $N \times 1$의 1채널 입력 정수 행렬이다.

④ image_size

영상의 주점을 초기화하기 위해 사용하는 영상의 화소 크기이다.

⑤ camera_matrix

계산되는 카메라의 3×3의 카메라 행렬(내부 파라미터)이다.

⑥ aspect_ratio=1

aspect_ratio<=0 이면 f_x와 f_y가 독립적으로 계산되며, aspect_ratio>0 이면, $f_x = f_y \times aspectRatio$로 계산된다.

(2) double cvCalibrateCamera2(const CvMat* object_points,
   const CvMat* image_points, const CvMat* point_counts,
   CvSize image_size, CvMat* camera_matrix, CvMat* distortion_coeffs,
   CvMat* rotation_vectors=NULL, CvMat* translation_vectors=NULL,
   int flags=0, CvTermCriteria term_crit = cvTermCriteria(CV_
   TERMCRIT_ITER+CV_TERMCRIT_EPS,30,DBL_EPSILON))

cvCalibrateCamera2 함수는 여러 장의 캘리브레이션 패턴을 이용하여 카메라 행렬(내부 파라미터)과 카메라의 자세(외부 파라미터)를 계산한다. CV_CALIB_USE_INTRINSIC_GUESS가 설정되지 않을 때 내부 파라미터의 초기화는 평면 캘리브레이션 패턴에 대해서만 구현되어 있다.

① object_points

N개의 영상(뷰)이 있고, 각 영상에 M개의 좌표점이 있을 때, 3×NM, NM×3의 1채널 또는 1×NM, NM×1의 3채널 입력 행렬이다. 각 좌표는 3차원 좌표이다. 만약 평면 패턴이면 XY 평면 좌표를 사용하고, Z=0으로 한다. 각 영상에서의 좌표점을 차례로 저장하면 된다.

② image_points

세계 좌표에 대응하는 영상 좌표로 N개의 영상이 있고, 각 영상에 M개의 좌표점이 있을 때, 2×NM, NM×2의 1채널 또는 1×NM, NM×1의 2채널 입력 행렬이다.

③ point_counts

각 영상에서의 좌표의 개수를 저장한 정수벡터(CV_32SC1)이다. 각 영상의 패턴에서의 특징점이 모두 보이면 모두 같은 값이며, 패턴의 특징점이 부분적으로 보이는 경우는 다른 값을 갖는다. N개의 영상(뷰)이 있으면 1×N, N×1의 1채널 입력 정수 행렬이다.

④ image_size

내부 카메라 행렬을 초기화하기 위해 사용하는 영상의 화소 크기이다.

⑤ camera_matrix

출력으로 계산되는 3×3의 내부 카메라 행렬(내부 파라미터) A이다.

$$A = \begin{bmatrix} f_x & 0 & c_x \\ 0 & f_y & c_y \\ 0 & 0 & 1 \end{bmatrix}$$

flags에 CV_CALIB_USE_INTRINSIC_GUESS, CV_CALIB_FIX_ASPECT_RATIO가 사용되면 cvCalibrateCamera2 함수를 호출하기 전에 f_x, f_y, c_x, c_y 중 일부 또는 전부 초기화되어야 한다.

⑥ distortion_coeffs

출력으로 계산되는 카메라 렌즈 왜곡 계수 행렬이다. flags의 설정에 따라 4개(k_1, k_2, p_1, p_2), 5개(k_1, k_2, p_1, p_2, k_3), 또는 8개($k_1, k_2, p_1, p_2, k_3, k_4, k_5, k_6$)의 요소를 갖는다. 설정에 따라 1×4, 4×1, 1×5, 5×1, 1×8, 8×1의 1채널 실수(CV_32F, CV_64F) 벡터이다. 각각의 영상에 대하여 왜곡 계수 행렬이 존재하지 않고, 1대의 카메라에 의해 획득된 영상을 이용한 캘리브레이션이므로 최적화된 1개의 렌즈 왜곡 계수를 반환한다.

⑦ rotation_vectors

출력으로 계산되는 각 패턴의 뷰(영상)에 대한 회전 벡터이다. N이 영상(뷰)의 개수일 때, rotation_vectors는 N×3 또는 N×9의 1채널 또는 1×N, N×1의 3채널 입력 행렬이다. rotation_vectors와 translation_vectors를 통해 모델 좌표계에서 세계 좌표계로의 변환이 가능하다. cvRodrigues2 함수에 의하여 벡터에서 행렬 또는 행렬에서 벡터로 변환 가능하다.

⑧ translation_vectors
출력으로 계산되는 각 패턴의 뷰(영상)에 대한 이동 벡터이다. N이 영상(뷰)의 개수일 때, translation_vectors는 $N \times 3$의 1채널 또는 $1 \times N$, $N \times 1$의 3채널 입력 행렬이다.

⑨ int flags
flags=0이거나 다음 값들을 조합하여 사용한다.

    (a) flags=CV_CALIB_USE_INTRINSIC_GUESS
    camera_matrix에 f_x, f_y, c_x, c_y의 초기값이 설정되어 있고, 결과로는 최적화된 값을 반환한다. 이 플래그가 설정되지 않으면, c_x, c_y를 영상 중심으로 설정하고, f_x, f_y는 최소 자승법으로 계산한다. 만약 정확한 camera_matrix를 알고 있다면 cvFindExtrinsicCameraParams2를 사용하여 외부 파라미터를 계산하면 된다.

    (b) flags=CV_CALIB_FIX_PRINCIPAL_POINT
    이 플래그가 설정되면, c_x, c_y 값이 변경되지 않는다. 즉 영상의 중심이 되거나, CV_CALIB_USE_INTRINSIC_GUESS가 설정되면 초기값으로 설정된 값이 변경되지 않는다.

    (c) flags=CV_CALIB_FIX_ASPECT_RATIO
    이 플래그가 설정되면, camera_matrix에 초기화된 f_x/f_y의 비율이 변경되지 않는다. CV_CALIB_USE_INTRINSIC_GUESS가 설정되지 않으면 f_x, f_y의 값은 무시되고, f_x/f_y의 비율만 계산되고 사용된다.

    (d) flags=CV_CALIB_ZERO_TANGENT_DIST
    탄젠트 왜곡(Tangential distortion) 계수, (p_1, p_2)를 0으로 설정하고 변경하지 않는다.

    (e) flags=CV_CALIB_FIX_K1, ..., CV_CALIB_FIX_K6
    각 방사왜곡 계수 $k_1, k_2, k_3, k_4, k_5, k_6$가 최적화 동안 변경되지 않다. CV_CALIB_USE_INTRINSIC_GUESS가 설정되면, 해당 값을 사용하고, 그렇지 않으면 0으로 설정한다.

    (f) flags= CV_CALIB_RATIONAL_MODEL
    이 플래그가 설정되면, $(k_1, k_2, p_1, p_2, k_3, k_4, k_5, k_6)$의 8개 왜곡 계수를 계산하고 반환한다. 이 플래그가 설정되지 않으면 $(k_1, k_2, p_1, p_2, k_3)$의 5개 왜곡 계수를 계산하고 반환한다.

⑩ term_crit
최적화 알고리즘의 반복을 중단할 조건을 명시한다. 묵시적으로는 cvTermCriteria(CV_TERMCRIT_ITER+CV_TERMCRIT_EPS, 30, DBL_EPSILON)이다.

cvCalibrateCamera2 함수는 다음의 3단계로 수행한다.
Step 1: 평면 캘리브레이션 패턴일 때 초기 내부 파라미터를 계산한다.
또는 이미 계산된 값을 읽어 온다.
Step 2: cvFindExtrinsicCameraParams2 함수를 사용하여
초기 카마라 위치(외부 파라미터)를 계산한다.
Step 3: 영상 좌표와 cvProjectPoints2 함수에 의한 재투영 좌표 사이의 제곱 거리 합을
최소화하기 위하여 Levenberg-Marquardt 최적화 알고리즘을 적용한다.

(3) void cvFindExtrinsicCameraParams2(const CvMat* object_points,
　　const CvMat* image_points, const CvMat* camera_matrix,
　　const CvMat* distortion_coeffs, CvMat* rotation_vector,
　　CvMat* translation_vector, int use_extrinsic_guess=0)

object_points, image_points, camera_matrix, distortion_coeffs를 입력하여 물체의 자세, 즉 외부 파라미터를 계산한다. rotation_vector와 translation_vector가 계산된 결과이다.

① object_points
N개의 영상(뷰)이 있고, 각 영상에 M개의 좌표점이 있을 때, $3 \times NM$, $NM \times 3$의 1채널 또는 $1 \times NM$, $NM \times 1$의 3채널 입력 행렬이다. cvInitIntrinsicParams2D 함수와는 달리 1채널도 지원한다. 각 좌표는 3차원 좌표이다. 만약 평면 패턴이면 XY 평면 좌표를 사용하고, Z=0으로 한다. 각 영상에서의 좌표점을 차례로 저장하면 된다.

② image_points
세계 좌표에 대응하는 영상 좌표로 N개의 영상이 있고, 각 영상에 M개의 좌표점이 있을 때, $2 \times NM$, $NM \times 2$의 1채널 또는 $1 \times NM$, $NM \times 1$의 2채널 입력 행렬이다. cvInitIntrinsicParams2D 함수와는 달리 1채널도 지원한다.

③ camera_matrix
3×3의 입력 카메라 행렬(내부 파라미터) A이다.

$$A = \begin{bmatrix} f_x & 0 & c_x \\ 0 & f_y & c_y \\ 0 & 0 & 1 \end{bmatrix}$$

④ distortion_coeffs
입력 렌즈 왜곡 계수 행렬이다. 4개 (k_1, k_2, p_1, p_2), 5개 $(k_1, k_2, p_1, p_2, k_3)$, 또는 8개 $(k_1, k_2, p_1, p_2, k_3, k_4, k_5, k_6)$의 요소를 갖는다. distortion_coeffs=NULL이면 왜곡이 없다고 가정한다.

⑤ rotation_vector
cvFindExtrinsicCameraParams2 함수에 의해 계산되는 출력 회전 벡터이다. cvRodrigues2 함수에 의하여 벡터에서 행렬 또는 행렬에서 벡터로 변환 가능하다.

⑥ translation_vector
cvFindExtrinsicCameraParams2 함수에 의해 계산되는 출력 이동 벡터이다.

⑦ use_extrinsic_guess
use_extrinsic_guess=1이면, rotation_vector와 translation_vector에 초기값을 입력으로 주어야 하며, 이 초기값을 이용하여 Levenberg-Marquardt 알고리즘 같은 방법으로 최적화 결과를 반환한다.

(4) void cvGetOptimalNewCameraMatrix(const CvMat* camera_matrix, const CvMat* dist_coeffs, CvSize image_size, double alpha, CvMat* new_camera_matrix, CvSize new_imag_size = cvSize(0,0), CvRect* valid_pixel_ROI=0, int center_principal_point=0)

camera_matrix, dist_coeffs, image_size, alpha, center_principal_point를 입력으로 스케일 값을 변경시켜 새로운 최적의 카메라 행렬(내부 파라미터), new_camera_matrix를 계산한다. remap 함수를 위한 맵을 생성하기 위하여 camera_matrix, dist_coeffs, new_camera_matrix, new_imag_size를 initUndistortRectifyMap 함수로 전달할 때 사용한다.

① camera_matrix
3×3의 카메라 내부 파라미터 행렬이다.

② dist_coeffs
렌즈 왜곡 계수 행렬이다. 4개 (k_1, k_2, p_1, p_2), 5개 $(k_1, k_2, p_1, p_2, k_3)$, 또는 8개 $(k_1, k_2, p_1, p_2, k_3, k_4, k_5, k_6)$의 요소를 갖는다. distortion_coeffs=NULL이면 왜곡이 없다고 가정한다.

③ image_size
원본 영상의 크기이다.

④ alpha
스케일링 값으로 0과 1 사이의 실수 값이다. alpha=0이면, 왜곡을 보정한 영상의 모든 화소가 유효할 때이며, alpha=1이면, 입력 영상의 모든 화소가 보정된 영상에 있을 때이다.

⑤ new_camera_matrix
출력으로 새로 계산된 3×3의 카메라 내부 파라미터 행렬이다.

⑥ new_imag_size
새로 계산된 영상의 크기이다. 묵시적으로는 image_size와 같다.

⑦ valid_pixel_ROI=0
옵션 출력으로 왜곡 보정 영상에서 화소들의 경계 사각 영역이다.

⑧ center_principal_point=0
center_principal_point=1이면 주점(principal point)이 영상의 중심이어야 하며, center_principal_point=0이면 alpha에 최적의 위치를 결정한다.

(5) void cvProjectPoints2(const CvMat* object_points,
    const CvMat* rotation_vector, const CvMat* translation_vector,
    const CvMat* camera_matrix, const CvMat* distortion_coeffs,
    CvMat* image_points, CvMat* dpdrot=NULL, CvMat* dpdt=NULL,
    CvMat* dpdf=NULL, CvMat* dpdc=NULL, CvMat*dpddist=NULL,
    double aspect_ratio =0)

object_points의 3차원 좌표를 rotation_vector, translation_vector, camera_matrix, distortion_coeffs, aspectRatio를 입력으로 받아 영상 평면 위의 좌표 image_points로 투영한다.

① object_points
입력 3차원 물체 좌표이다. M이 좌표의 개수일 때, $3 \times M$, $M \times 3$의 1채널 또는 $1 \times M$, $M \times 1$의 3채널 입력 행렬이다.

② rotation_vector
입력 회전 벡터이다.

③ translation_vector
입력 이동 벡터이다.

④ camera_matrix
입력 카메라 행렬(내부 파라미터)이다.

⑤ distortion_coeffs

입력 렌즈 왜곡 계수 행렬이다. 4개 $(k_1, k_2, p_1, p_2)(k_1, k_2, p_1, p_2)$, 5개 $(k_1, k_2, p_1, p_2, k_3)$, 또는 8개 $(k_1, k_2, p_1, p_2, k_3, k_4, k_5, k_6)$의 요소를 갖는다. distortion_coeffs=NULL이면 왜곡이 없다고 가정한다.

⑥ image_points

물체의 좌표 object_points의 3차원 좌표에 대응하는 투영 계산된 $2 \times M$, $M \times 2$의 1채널 또는 $1 \times M$, $M \times 1$의 2채널의 출력 행렬이다.

⑦ aspectRatio

aspectRatio=1이면 f_x/f_y의 비율이 변경되지 않는다.

(6) void cvUndistort2(const CvArr* src, CvArr* dst,
    const CvMat* camera_matrix, const CvMat* distortion_coeffs,
    const CvMat* new_camera_matrix=0)

입력 영상 src에서 카메라 렌즈 왜곡을 보정하여 출력 영상 dst를 생성한다. 단위 회전 행렬을 사용한 initUndistortRectifyMap 함수와 remap 함수의 조합이다. 입력 영상에 대응되는 값이 없을 때는 0으로 출력한다.

① camera_matrix

입력 카메라 행렬(내부 파라미터)이다.

② distortion_coeffs

입력 렌즈 왜곡 계수 행렬이다. 4개 (k_1, k_2, p_1, p_2), 5개 $(k_1, k_2, p_1, p_2, k_3)$, 또는 8개 $(k_1, k_2, p_1, p_2, k_3, k_4, k_5, k_6)$의 요소를 갖는다. distortion_coeffs=NULL이면 왜곡이 없 다고 가정한다.

③ new_camera_matrix=0

왜곡된 입력 영상의 카메라 행렬이다. new_camera_matrix=0 이면 cnew_camera_matrix = amera_matrix으로 설정한다.

④ cvUndistort2 함수는 cvInitUndistortMap 함수 수행 후에 cvRemap 함수를 수행한 결과와 같다.

(7) void cvUndistortPoints(const CvMat* src, CvMat* dst,
    const CvMat* camera_matrix, const CvMat*dist_coeffs,
    const CvMat* R=0, const CvMat* P=0)

camera_matrix, distortion_coeffs, R, P를 입력으로 src의 왜곡이 있는 영상 좌표를 보정하여 dst로 출력한다. cvUndistortPoints 함수는 cvUndistort2 함수와 유사하다. cvUndistortPoints 함수는 좌표에 대해 적용된다.

① src
관측된 영상 좌표로, $1 \times M$, $M \times 1$의 2채널의 입력 행렬로 자료형은 CV_32FC2 또는 CV_64FC2이다.

② dst
왜곡 보정(undistortion) 또는 역 투영을 수행한 이상적인 출력 좌표이다.

③ camera_matrix
3×3의 카메라 행렬(내부 파라미터)이다.

④ distortion_coeffs
입력 렌즈 왜곡 계수 행렬이다. 4개 (k_1, k_2, p_1, p_2), 5개 $(k_1, k_2, p_1, p_2, k_3)$, 또는 8개 $(k_1, k_2, p_1, p_2, k_3, k_4, k_5, k_6)$의 요소를 갖는다. distortion_coeffs=NULL이면 왜곡이 없다고 가정한다.

⑤ R
물체 공간에서 3×3 교정(Rectification) 변환 행렬이다. 스테레오 영상에서 cvStereoRectify에 의해 계산되는 R1 또는 R2를 사용한다. R=0이면 변환 행렬로 단위 행렬이 사용된다.

⑥ P
새로운 3×3 카메라 행렬이거나 3×4 투영 행렬이다. 스테레오 영상에서 cvStereoRectify에 의해 계산되는 P1 또는 P2를 사용한다. P=0이면 변환 행렬로 단위 카메라 행렬이 사용된다.

(8) void cvRQDecomp3x3(const CvMat* matrixM, CvMat* matrixR,
    CvMat* matrixQ, CvMat* matrixQx=NULL, CvMat* matrixQy=NULL,
    CvMat* matrixQz=NULL, CvPoint3D64f* eulerAngles=NULL)

입력 3×3 회전 행렬 matrixM을 RQ 행렬 분해를 계산하여 matrixR, matrixQ, matrixQx, matrixQy, matrixQz, eulerAngles을 계산한다.

① matrixM
입력 3×3 회전 행렬이다.

② matrixR
출력 상삼각(upper-triangular) 3×3 출력 행렬이다.

③ matrixQ
출력 직교(orthogonal) 3×3 출력 행렬이다.

④ matrixQx
x축에 대한 회전 3×3 출력 행렬이다.

⑤ matrixQy
y축에 대한 회전 3×3 출력 행렬이다.

⑥ matrixQz
z축에 대한 회전 3×3 출력 행렬이다.

⑦ eulerAngles
3축에 대한 회전 행렬에 대응하는 오일러 각도(degree)이다.

(9) int cvRodrigues2(const CvMat* src, CvMat* dst, CvMat* jacobian=0)

① 회전 행렬에서 회전 벡터로 변환하거나, 회전 벡터에서 회전 행렬로 변환 계산한다.

② src
3×1 또는 1×3 입력 벡터 또는 3×3 입력 행렬이다.

③ dst
3×1 또는 1×3 출력 벡터 또는 3×3 출력 행렬이다.

오일러 정리에 의해 임의의 3차원 회전 행렬 R은 단위 벡터 (r_x, r_y, r_z)에 의해 정의되는 축(axis)과 각도(θ)에 의해 표현될 수 있다. 역으로 회전 행렬 R로부터 단위 벡터 (r_x, r_y, r_z)과 각도(θ)는 R의 고유값과 고유 벡터로부터 계산할 수 있다["Introductory Techniques for 3-D Computer Vision", Trucco와 Verri 참조).

Chpater 04 카메라 캘리브레이션(Camera Calibration)

$$R = I\cos\theta + (1-\cos\theta)\begin{bmatrix} r_x^2 & r_x r_y & r_z r_z \\ r_y r_x & r_y^2 & r_y r_z \\ r_z r_x & r_z r_y & r_z^2 \end{bmatrix} + \sin\theta \begin{bmatrix} 0 & -r_z & r_y \\ r_z & 0 & -r_x \\ -r_y & r_x & 0 \end{bmatrix} \quad \text{[수식 4-47]}$$

$$\sin\theta \begin{bmatrix} 0 & -r_z & r_y \\ r_z & 0 & -r_x \\ -r_y & r_x & 0 \end{bmatrix} = \frac{R - R^T}{2}$$

예제 cvEx0413   cvInitIntrinsicParams2D 함수로 카메라 내부 파라미터 계산(Zhang data)

```
001: #include <stdio.h>
002: #include "cv.h"
003: #include "highgui.h"
004: void DisplayCornerPoints(CvMat *mP, IplImage *frame);
005: void ReadData(char *strFileName, CvMat *mP, int nPoints);
006: void PrintMat(const CvMat *mat, const char *strName);
007: void MakeCalibrationData(CvMat *mW, CvMat *mP, CvMat *object_points,
008:                          CvMat * image_points, int k, int nPoints);
009: #define N 1
010: //#define N 2
011: //#define N 4
012: //#define N 5
013: int main()
014: {
015:     IplImage    *srcImage[N];
016: // Title   : A flexible new technique for camera calibration
017: // Author  : Zhengyou Zhang
018: // Data    : http://research.microsoft.com/en-us/um/people/zhang/Calib/
019: // Image   : 640 x 480
020: // Pattern : 8 x 8 squares => 256 corners
021: //           17cm x 17cm, a square size : 0.5inch x 0.5inch
022: // model.txt : World coordnates of the corners
023: // data1.txt : Image coordnates of the corners in CalibIm1.tif
024: // data2.txt : Image coordnates of the corners in CalibIm2.tif
025: // data3.txt : Image coordnates of the corners in CalibIm3.tif
026: // data4.txt : Image coordnates of the corners in CalibIm4.tif
027: // data5.txt : Image coordnates of the corners in CalibIm5.tif
028: // we calculate the closed-form solution
029: //              without Levenberg-Marquardt algorithm.
030:
031:     char *strImage[]= {"CalibIm1.tif", "CalibIm2.tif", "CalibIm3.tif",
032:                        "CalibIm4.tif", "CalibIm5.tif"};
033:     char *strData[] = {"data1.txt", "data2.txt", "data3.txt",
034:                        "data4.txt", "data5.txt" };
035:     char  strTmp[128];
036:     int nPoints = 8*8*4;
037:
```

```
038:      // Data setup
039:      CvMat* object_points    = cvCreateMat(1, N*nPoints,CV_32FC3);
040:      CvMat* image_points     = cvCreateMat(1, N*nPoints,CV_32FC2);
041:      CvMat* point_counts     = cvCreateMat(1, N, CV_32S);
042:
043:      // set the corner points to the world coordinates (unit : inch)
044:      CvMat *mW = cvCreateMat(2, nPoints, CV_32F);
045:      ReadData("model.txt", mW, nPoints);
046:
047:      int i;
048:      CvMat *mP = cvCreateMat(2, nPoints, CV_32F);
049:      for(i=0; i<N; i++)
050:      {
051:              if((srcImage[i]=cvLoadImage(strImage[i]))==NULL)
052:                      return -1;
053:              ReadData(strData[i], mP, nPoints);
054:              DisplayCornerPoints(mP,  srcImage[i]);
055:              cvShowImage(strImage[i], srcImage[i]);
056:
057:              MakeCalibrationData(mW, mP, object_points, image_points, i, nPoints);
058:              cvSetReal1D(point_counts, i, nPoints);
059:      }
060:      // Calibration
061:      CvSize image_size = cvGetSize(srcImage[0]);
062:      CvMat* camera_matrix = cvCreateMat(3, 3,   CV_32F);
063:      double aspect_ratio=1;
064:
065:      cvInitIntrinsicParams2D(object_points, image_points,
066:              point_counts, image_size, camera_matrix, aspect_ratio);
067:      PrintMat(camera_matrix, "camera_matrix:");
068:      cvWaitKey(0);
069:
070:      cvReleaseMat(&mW);
071:      cvReleaseMat(&mP);
072:      cvReleaseMat(&object_points);
073:      cvReleaseMat(&image_points);
074:      cvReleaseMat(&point_counts);
075:      cvReleaseMat(&camera_matrix);
076:      for(i=0; i<N; i++)
077:      {
078:              cvReleaseImage(&srcImage[i]);
079:      }
080:      return 0;
081: }
082: void MakeCalibrationData(CvMat *mW, CvMat *mP, CvMat *object_points,
083:                     CvMat * image_points, int k, int nPoints)
084: {
085:    int i, j;
086:    double x, y;
087:    CvPoint2D32f pt2;
088:    CvPoint3D32f pt3;
```

```
089:
090:    for(int j=k*nPoints, i=0; i<nPoints; i++, j++)
091:    {
092:        // object points
093:        pt3.x = CV_MAT_ELEM(*mW, float, 0, i);
094:        pt3.y = CV_MAT_ELEM(*mW, float, 1, i);
095:        pt3.z = 0.0; //z==0
096:        CV_MAT_ELEM(*object_points, CvPoint3D32f, 0, j)=pt3;
097:
098:        // image points
099:        pt2.x = CV_MAT_ELEM(*mP, float, 0, i);
100:        pt2.y = CV_MAT_ELEM(*mP, float, 1, i);
101:        CV_MAT_ELEM(*image_points, CvPoint2D32f, 0, j)= pt2;
102:    }
103: }
104: void DisplayCornerPoints(CvMat *mP, IplImage *frame)
105: {
106:    double x, y;
107:    for(int i=0; i<mP->cols; i++)
108:    {
109:        x = cvmGet(mP, 0, i);
110:        y = cvmGet(mP, 1, i);
111:        cvCircle(frame,cvPoint(cvRound(x),cvRound(y)),2,CV_RGB(0,0,255),2);
112:    }
113: }
114: void ReadData(char *strFileName,  CvMat *mP, int nPoints)
115: {
116:    FILE *fp = fopen(strFileName, "r");
117:    if(!fp) return;
118:    double x, y;
119:    for(int i=0; i<nPoints; i++)
120:    {
121:        fscanf(fp, "%lf %lf", &x, &y);
122:        cvmSet(mP, 0, i, x);
123:        cvmSet(mP, 1, i, y);
124:    }
125:    fclose(fp);
126: }
127: void PrintMat(const CvMat *mat, const char *strName)
128: {
129:    int    x, y;
130:    double   fValue;
131:    printf(" %s  \n = \n", strName);
132:    for(y= 0; y<mat->rows; y++)
133:    {
134:        for(x= 0; x<mat->cols; x++)
135:        {
136:            fValue = cvGetReal2D(mat, y, x);
137:            printf("%10.5lf ", fValue);
138:        }
139:        printf("\n");
```

```
140:    }
141:    printf("\n\n");
142: }
```

예제 cvEx0408과 cvEx0409의 Zhang 데이터를 사용한 카메라 캘리브레이션 예제에서 카메라 내부 파라미터를 cvInitIntrinsicParams2D 함수로 계산한다.

9-12행	카메라 캘리브레이션에 사용할 뷰(영상)의 개수 N을 정의한다.
39-41행	object_points는 물체 좌표로 $1 \times (N*nPoints)$의 3채널 실수(CV_32FC3) 행 벡터이다. image_points는 영상 좌표로 $1 \times (N*nPoints)$의 2채널 실수(CV_32FC2) 행 벡터이다. object_points는 $(N*nPoints) \times 1$의 열 벡터도 가능하다. 그러나, $(N*nPoints) \times 3$ 또는 $3 \times (N*nPoints)$의 1채널 행렬은 지원하지 않는다. image_points 또한 $(N*nPoints) \times 1$의 열 벡터도 가능하다. 그러나, $(N*nPoints) \times 2$ 또는 $2 \times (N*nPoints)$의 1채널(CV_32FC1) 행렬은 사용할 수 없다. point_counts는 $1 \times N$의 정수 (CV_32S) 벡터로 각 뷰(영상)의 코너점의 개수를 저장한다.
44-45행	물체 좌표를 "model.txt" 파일로부터 읽어 행렬 mW에 저장한다.
48-59행	각 뷰(영상)의 영상 코너점을 행렬 mP에 읽고, 영상 srcImage[i]에 표시한다. 57행에서 MakeCalibrationData 함수로 각 뷰 영상의 mW와 mP를 object_points와 image_points에 순서대로 저장한다. 58행은 각 뷰 영상의 코너점의 개수, nPoints를 행렬 point_counts의 각 요소에 저장한다.
65-66행	cvInitIntrinsicParams2D 함수로 object_points, image_points, point_counts, image_size, aspect_ratio를 입력으로 하여 카메라의 내부 파라미터 camera_matrix를 계산한다.
82-103행	MakeCalibrationData 함수는 k번째 뷰 영상의 mW와 mP를 object_points와 image_points의 k*nPoints에서 (k+1)*nPoints-1 열에 순서대로 저장한다. 93-95행은 CV_MAT_ELEM 매크로 함수를 사용하여 mW의 열에서 pt3.x, pt3.y를 읽고, 평면 패턴이므로 pt3.z=0으로 하여 object_points의 j열에 저장한다. CV_MAT_ELEM 매크로 함수에서 object_points의 요소는 3채널 32비트 실수이므로 CvPoint3D32f로 접근한다. 99-100행은 CV_MAT_ELEM 매크로 함수를 사용하여 mP의 열에서 pt2.x, pt2.y를 읽어 image_points의 j열에 저장한다. CV_MAT_ELEM 매크로 함수에서 image_points의 요소는 2채널 32비트 실수이므로 CvPoint2D32f로 접근한다.

[그림 4.26]은 N=1, [그림 4.27]은 N=2, [그림 4.28]은 N=4, [그림 4.29]는 N=5일 때 cvInitIntrinsicParams2D 함수로 카메라 내부 파라미터를 계산한 결과이다. [그림 4.26]과 [그림 4.16] 그리고 [그림 4.27]과 [그림 4.18]을 비교해 보면 유사한 결과를 얻었음을 알 수 있다.

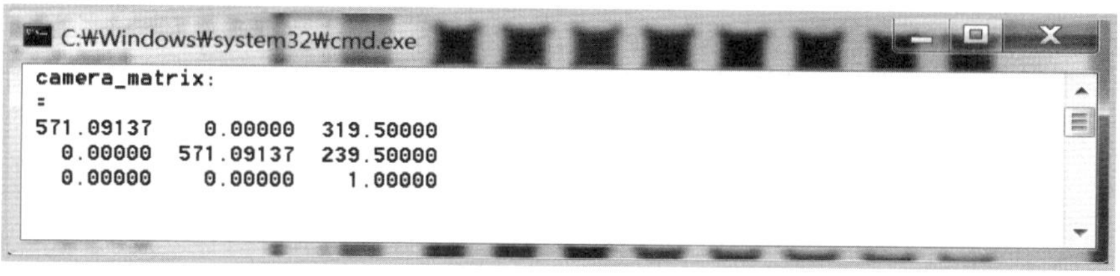
C:₩Windows₩system32₩cmd.exe
camera_matrix:
=
571.09137 0.00000 319.50000
0.00000 571.09137 239.50000
0.00000 0.00000 1.00000

[그림 4.26] N=1일 때 cvInitIntrinsicParams2D 함수로 카메라 내부 파라미터 계산

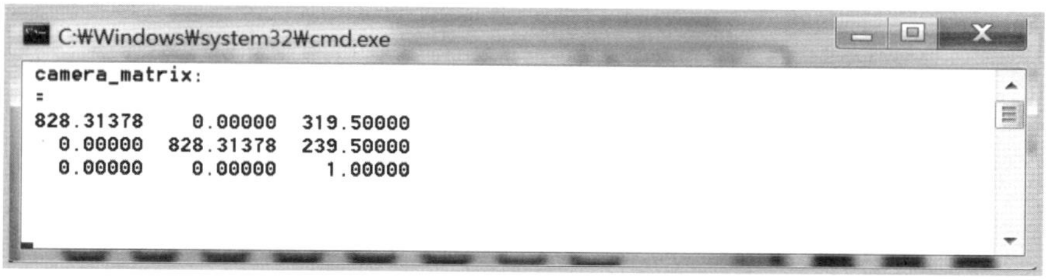
C:₩Windows₩system32₩cmd.exe
camera_matrix:
=
828.31378 0.00000 319.50000
0.00000 828.31378 239.50000
0.00000 0.00000 1.00000

[그림 4.27] N=2일 때 cvInitIntrinsicParams2D 함수로 카메라 내부 파라미터 계산

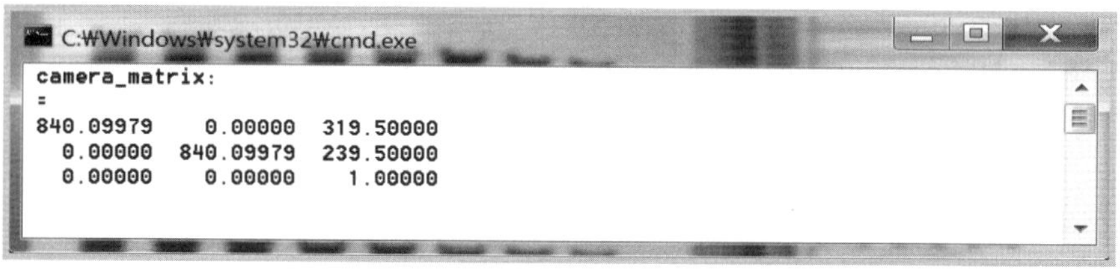
C:₩Windows₩system32₩cmd.exe
camera_matrix:
=
840.09979 0.00000 319.50000
0.00000 840.09979 239.50000
0.00000 0.00000 1.00000

[그림 4.28] N=4일 때 cvInitIntrinsicParams2D 함수로 카메라 내부 파라미터 계산

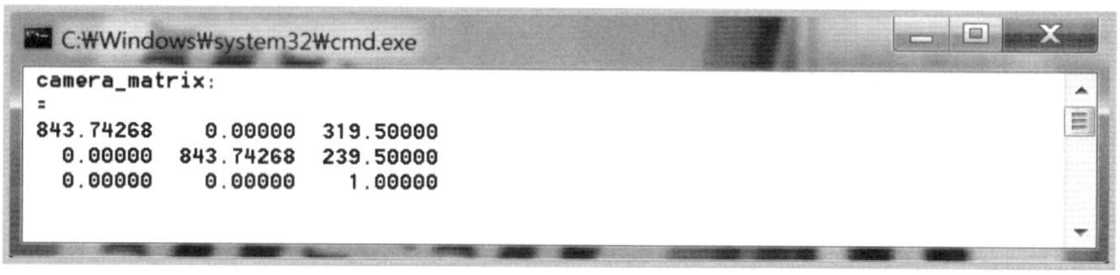
C:₩Windows₩system32₩cmd.exe
camera_matrix:
=
843.74268 0.00000 319.50000
0.00000 843.74268 239.50000
0.00000 0.00000 1.00000

[그림 4.29] N=5일 때 cvInitIntrinsicParams2D 함수로 카메라 내부 파라미터 계산

예제 cvEx0414 cvCalibrateCamera2 함수로 카메라 캘리브레이션 계산(Zhang data)

```
001: #include <stdio.h>
002: #include "cv.h"
003: #include "highgui.h"
004: void DisplayCornerPoints(CvMat *mP, IplImage *frame);
005: void ReadData(char *strFileName,  CvMat *mP, int nPoints);
006: void PrintMat(const CvMat *mat, const char *strName);
007: void MakeCalibrationData2(CvMat *mW, CvMat *mP, CvMat *object_points,
008:                          CvMat * image_points, int k, int nPoints);
009: #define N 1
010: //#define N 2
011: //#define N 4
012: //#define N 5
013: int main()
014: {
015:     IplImage    *srcImage[N];
016: // Title  : A flexible new technique for camera calibration
017: // Author : Zhengyou Zhang
018: // Data   : http://research.microsoft.com/en-us/um/people/zhang/Calib/
019: // Image  : 640 x 480
020: // Pattern: 8 x 8 squares => 256 corners
021: //          17cm x 17cm, a square size : 0.5inch x 0.5inch
022: // model.txt : World coordnates of the corners
023: // data1.txt : Image coordnates of the corners in CalibIm1.tif
024: // data2.txt : Image coordnates of the corners in CalibIm2.tif
025: // data3.txt : Image coordnates of the corners in CalibIm3.tif
026: // data4.txt : Image coordnates of the corners in CalibIm4.tif
027: // data5.txt : Image coordnates of the corners in CalibIm5.tif
028: // we calculate the closed-form solution
029: //               without Levenberg-Marquardt algorithm.
030:
031:     char *strImage[]= {"CalibIm1.tif", "CalibIm2.tif", "CalibIm3.tif",
032:                        "CalibIm4.tif", "CalibIm5.tif"};
033:     char *strData[] = {"data1.txt", "data2.txt", "data3.txt",
034:                        "data4.txt", "data5.txt" };
035:     char  strTmp[128];
036:     int nPoints = 8*8*4;
037:
038:     // Data setup
039:     CvMat* object_points    = cvCreateMat(3, N*nPoints,CV_32F);
040:     CvMat* image_points     = cvCreateMat(2, N*nPoints,CV_32F);
041:     CvMat* point_counts     = cvCreateMat(1, N, CV_32S);
042:     // set the corner points to the world coordinates (unit : inch)
043:     CvMat *mW = cvCreateMat(2, nPoints, CV_32F);
044:     ReadData("model.txt", mW, nPoints);
045:
046:     int i;
047:     CvMat *mP = cvCreateMat(2, nPoints, CV_32F);
048:     for(i=0; i<N; i++)
```

```
049:    {
050:            if((srcImage[i]=cvLoadImage(strImage[i]))==NULL)
051:                return -1;
052:            ReadData(strData[i], mP, nPoints);
053:            DisplayCornerPoints(mP,  srcImage[i]);
054:            cvShowImage(strImage[i], srcImage[i]);
055:
056:        MakeCalibrationData2(mW, mP, object_points, image_points, i, nPoints);
057:        cvSetReal1D(point_counts, i, nPoints);
058:    }
059:    // Calibration
060:    CvSize image_size = cvGetSize(srcImage[0]);
061:    CvMat* camera_matrix = cvCreateMat(3, 3,   CV_32F);
062:    CvMat* rotation_vectors= cvCreateMat(N, 3, CV_32F);
063:    CvMat* translation_vectors= cvCreateMat(N, 3,CV_32F);
064:    CvMat* distortion_coeffs = cvCreateMat(1,4,CV_64F);
065:
066:    int flags=0;
067:    CvTermCriteria term_crit
068:        =cvTermCriteria(CV_TERMCRIT_ITER+CV_TERMCRIT_EPS,30,DBL_EPSILON);
069:
070:    double reError;
071:    reError=cvCalibrateCamera2(object_points,image_points, point_counts,
072:                              image_size, camera_matrix, distortion_coeffs,
073:                              rotation_vectors, translation_vectors,
074:                              flags, term_crit);
075:    printf("reProjectionError = %f\n", reError);
076:    PrintMat(camera_matrix, "camera_matrix:");
077:    PrintMat(distortion_coeffs, "distortion_coeffs:");
078:    PrintMat(rotation_vectors, "rotation_vectors:");
079:    PrintMat(translation_vectors, "translation_vectors:");
080:
081:    CvMat* rotation_Mat= cvCreateMat(3, 3, CV_32F);
082:    CvMat  subMat;
083:    for(i=0; i<N; i++)
084:    {
085:            cvGetRow(rotation_vectors, &subMat, i);
086:            cvRodrigues2(&subMat, rotation_Mat);
087:            sprintf(strTmp, "rotation_Mat[%d]", i);
088:            PrintMat(rotation_Mat, strTmp);
089:    }
090:
091:    // Undistortion Image
092:    IplImage *dstImage[N];
093:    for(i=0; i<N; i++)
094:    {
095:            dstImage[i] = cvCreateImage(cvGetSize(srcImage[i]),
096:                        srcImage[i]->depth, srcImage[i]->nChannels);
097:
098:            cvUndistort2(srcImage[i], dstImage[i],
099:                        camera_matrix, distortion_coeffs);
```

```
100:                sprintf(strTmp, "dstImage[%d]", i);
101:                cvShowImage(strTmp, dstImage[i]);
102:        }
103:    cvWaitKey(0);
104:
105:    cvReleaseMat(&mW);
106:    cvReleaseMat(&mP);
107:    cvReleaseMat(&object_points);
108:    cvReleaseMat(&image_points);
109:    cvReleaseMat(&point_counts);
110:
111:    cvReleaseMat(&camera_matrix);
112:    cvReleaseMat(&distortion_coeffs);
113:    cvReleaseMat(&rotation_vectors);
114:    cvReleaseMat(&translation_vectors);
115:    cvReleaseMat(&rotation_Mat);
116:    for(i=0; i<N; i++)
117:    {
118:            cvReleaseImage(&srcImage[i]);
119:            cvReleaseImage(&dstImage[i]);
120:    }
121:    return 0;
122: }
123: void MakeCalibrationData2(CvMat *mW, CvMat *mP, CvMat *object_points,
124:                         CvMat * image_points, int k, int nPoints)
125: {
126:    int i, j;
127:    double x, y;
128:    for(int j=k*nPoints, i=0; i<nPoints; i++, j++)
129:    {
130:            // object points
131:      CV_MAT_ELEM(*object_points,float,0,j)=CV_MAT_ELEM(*mW, float,0, i);
132:      CV_MAT_ELEM(*object_points,float,1,j)=CV_MAT_ELEM(*mW, float,1, i);
133:      CV_MAT_ELEM(*object_points, float, 2, j)=0.0; //z=0
134:
135:            // image points
136:      CV_MAT_ELEM(*image_points, float,0,j)=CV_MAT_ELEM(*mP, float,0,i);
137:      CV_MAT_ELEM(*image_points, float,1,j)=CV_MAT_ELEM(*mP, float,1,i);
138:    }
139: }
140: void DisplayCornerPoints(CvMat *mP, IplImage *frame)
141: {
142:    double x, y;
143:    for(int i=0; i<mP->cols; i++)
144:    {
145:            x = cvmGet(mP, 0, i);
146:            y = cvmGet(mP, 1, i);
147:            cvCircle(frame,cvPoint(cvRound(x),cvRound(y)),2,CV_RGB(0,0,255),2);
148:    }
149: }
150: void ReadData(char *strFileName,  CvMat *mP, int nPoints)
```

```
151: {
152:     FILE *fp = fopen(strFileName, "r");
153:     if(!fp) return;
154:     double x, y;
155:     for(int i=0; i<nPoints; i++)
156:     {
157:             fscanf(fp, "%lf %lf", &x, &y);
158:             cvmSet(mP, 0, i, x);
159:             cvmSet(mP, 1, i, y);
160:     }
161:     fclose(fp);
162: }
163: void PrintMat(const CvMat *mat, const char *strName)
164: {
165:     int    x, y;
166:     double    fValue;
167:     printf(" %s \n = \n", strName);
168:     for(y= 0; y<mat->rows; y++)
169:     {
170:             for(x= 0; x<mat->cols; x++)
171:             {
172:                     fValue = cvGetReal2D(mat, y, x);
173:                     printf("%10.5lf ", fValue);
174:             }
175:             printf("\n");
176:     }
177:     printf("\n\n");
178: }
```

예제 cvEx0408과 cvEx0409의 Zhang 데이터를 사용한 카메라 캘리브레이션 예제에서 카메라 내부 파라미터, 외부 파라미터, 왜곡 계수를 cvCalibrateCamera2 함수로 계산한다.

9-12행   카메라 캘리브레이션에 사용할 뷰(영상)의 개수 N을 정의한다.

39-41행 object_points는 물체 좌표로 $3 \times (N*nPoints)$의 1채널 실수(CV_32F) 행렬이다. image_points는 영상 좌표로 $2 \times (N*nPoints)$의 1채널 실수(CV_32F) 행렬이다. object_points는 $(N*nPoints) \times 3$의 행렬도 가능하고, $1 \times (N*nPoints)$ 또는 $(N*nPoints) \times 1$의 3채널 실수(CV_32FC3) 행렬도 지원한다.

image_points도 $(N*nPoints) \times 2$의 행렬도 가능하고, $1 \times (N*nPoints)$ 또는 $(N*nPoints) \times 1$의 2채널(CV_32FC2) 행렬도 사용할 수 있다. point_counts는 $1 \times N$의 정수(CV_32S) 벡터로 각 뷰(영상)의 코너점의 개수를 저장한다.

44행   물체 좌표를 "model.txt" 파일로부터 읽어 행렬 mW에 저장한다.

47-58행 각 뷰(영상)의 영상 코너점을 행렬 mP에 읽고, 영상 srcImage[i]에 표시한다. 56행에서 MakeCalibrationData2 함수로 각 뷰 영상의 mW와 mP를 object_points와 image_points에 순서대로 저장한다. 57행은 각 뷰 영상의 코너점의 개수, nPoints를 행렬 point_counts의 각 요소에 저장한다.

71-74행   cvCalibrateCamera2 함수로 object_points, image_points, point_counts, image_size, flags, term_crit를 입력으로 하여 카메라의 내부 파라미터 camera_matrix, 외부 파라미터인 회전 벡터 rotation_vectors와 이동 행렬 translation_vectors와 렌즈 왜곡 계수 distortion_coeffs를 계산하고, 캘리브레이션을 가지고 object_points를 재투영했을 때의 오차를 reError에 저장한다.

83-89행   85행에서 cvGetRow 함수로 i번째 뷰(영상)에 대한 1×3 회전 벡터를 가져오고, 86행에서 cvRodrigues2 함수로 1×3 회전 벡터 rotation_vectors를 3×3 회전 행렬 rotation_Mat로 변환한다.

93-102행   cvUndistort2 함수를 사용하여 입력 영상 srcImage[i], 내부 파라미터 camera_matrix, 왜곡 계수 distortion_coeffs를 입력으로, 왜곡을 보정한 출력 영상 dstImage[i]를 생성한다.

123-139행   MakeCalibrationData2 함수는 k번째 뷰 영상의 mW와 mP를 object_points와 image_points의 k*nPoints에서 (k+1)*nPoints-1 열에 순서대로 저장한다. 131-133행은 CV_MAT_ELEM 매크로 함수를 사용하여 mW의 i 열의 0, 1 행의 값을 object_points의 j 열의 0, 1행에 저장한다. object_points의 j 열의 2행은 Z=0인 평면이므로 0으로 설정한다. CV_MAT_ELEM 매크로 함수에서 object_points의 요소는 1채널 32비트 실수이므로 float로 접근한다.

136-137행은 CV_MAT_ELEM 매크로 함수를 사용하여 mP의 i 열의 0, 1행의 값을 image_points의 j 열의 0, 1행에 저장한다. CV_MAT_ELEM 매크로 함수에서 image_points의 요소도 1채널 32비트 실수이므로 float로 접근한다. 예제 cvEx0413의 MakeCalibrationData 함수와 같이 object_points에 대해서는 3채널 행렬, image_points는 2채널 행렬로 데이터를 만들어 cvCalibrateCamera2 함수를 호출할 수 있다.

[그림 4.30]은 N=1, [그림 4.31]은 N=2, [그림 4.32]는 N=4일 때 카메라 캘리브레이션 계산 결과이다. Zhang의 결과와 유사함을 확인할 수 있고, [그림 4.30]과 [그림 4.16] 그리고 [그림 4.31]과 [그림 4.18]을 비교해 보면 유사한 결과를 얻었음을 알 수 있다.

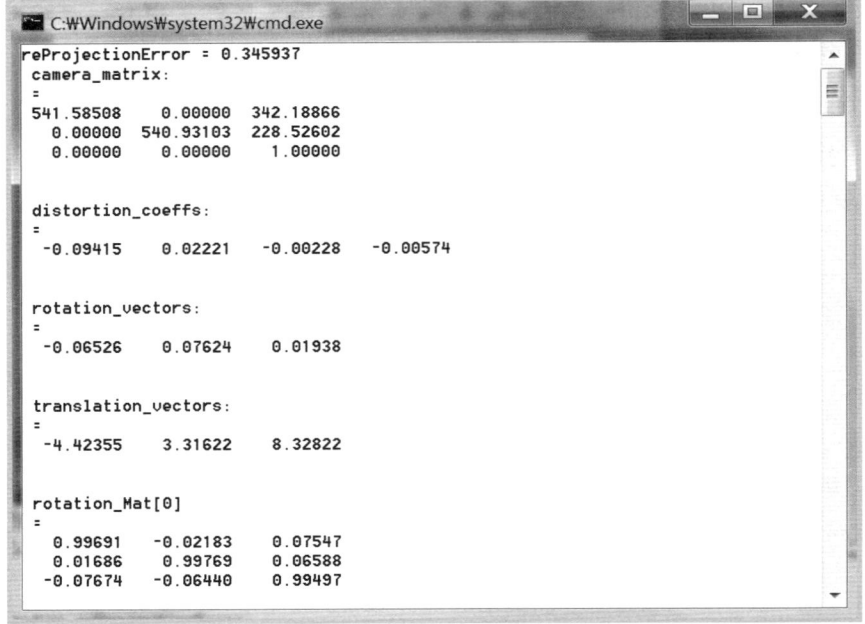

[그림 4.30] N=1일 때 cvCalibrateCamera2 함수로 카메라 캘리브레이션

```
reProjectionError = 0.290706
camera_matrix:
=
 819.50037     0.00000   308.73145
   0.00000   819.01050   207.56480
   0.00000     0.00000     1.00000


distortion_coeffs:
=
 -0.22072     0.17305     0.00135    -0.00035

rotation_vectors:
=
 -0.09897     0.11470     0.01995
  0.17952     0.06825     0.01178


translation_vectors:
=
 -3.91243     3.63688    12.59554
 -3.79134     3.75257    12.99298


rotation_Mat[0]
=
  0.99324    -0.02554     0.11327
  0.01421     0.99491     0.09973
 -0.11524    -0.09744     0.98855


rotation_Mat[1]
=
  0.99761    -0.00560     0.06888
  0.01781     0.98387    -0.17802
 -0.06677     0.17882     0.98161
```

[그림 4.31] N=2일 때 cvCalibrateCamera2 함수로 카메라 캘리브레이션

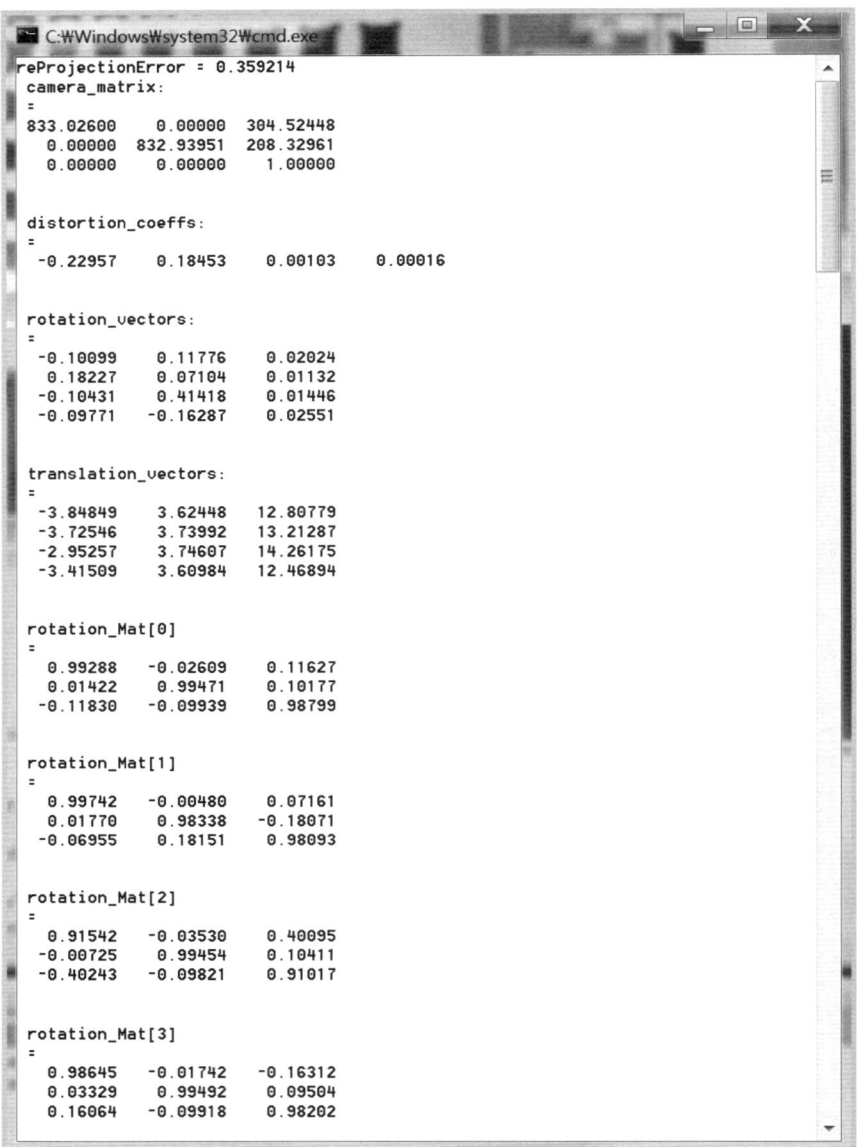

[그림 4.32] N=4일 때 cvCalibrateCamera2 함수로 카메라 캘리브레이션

Chpater 04 카메라 캘리브레이션(Camera Calibration)

예제 cvEx0415   cvCalibrateCamera2와 cvFindExtrinsicCameraParams2 함수로 카메라 캘리브레이션 계산(Zhang data)

```
001: #include <stdio.h>
002: #include "cv.h"
003: #include "highgui.h"
004: void DisplayCornerPoints(CvMat *mP, IplImage *frame);
005: void ReadData(char *strFileName,  CvMat *mP, int nPoints);
006: void PrintMat(const CvMat *mat, const char *strName);
007: void MakeCalibrationData2(CvMat *mW, CvMat *mP, CvMat *object_points,
008:                          CvMat * image_points, int k, int nPoints);
009: //#define N 1
010: #define N 2
011: //#define N 4
012: //#define N 5
013: int main()
014: {
015:     IplImage    *srcImage[N];
016: // Title   : A flexible new technique for camera calibration
017: // Author  : Zhengyou Zhang
018: // Data    : http://research.microsoft.com/en-us/um/people/zhang/Calib/
019: // Image   : 640 x 480
020: // Pattern: 8 x 8 squares => 256 corners
021: //           17cm x 17cm, a square size : 0.5inch x 0.5inch
022: // model.txt : World coordnates of the corners
023: // data1.txt : Image coordnates of the corners in CalibIm1.tif
024: // data2.txt : Image coordnates of the corners in CalibIm2.tif
025: // data3.txt : Image coordnates of the corners in CalibIm3.tif
026: // data4.txt : Image coordnates of the corners in CalibIm4.tif
027: // data5.txt : Image coordnates of the corners in CalibIm5.tif
028: // we calculate the closed-form solution
029: //              without Levenberg-Marquardt algorithm.
030:
031:     char *strImage[]= {"CalibIm1.tif", "CalibIm2.tif", "CalibIm3.tif",
032:                        "CalibIm4.tif", "CalibIm5.tif"};
033:     char *strData[] = {"data1.txt", "data2.txt", "data3.txt",
034:                        "data4.txt", "data5.txt" };
035:     char  strTmp[128];
036:     int nPoints = 8*8*4;
037:
038:     // Data setup
039:     CvMat* object_points   = cvCreateMat(3, N*nPoints,CV_32F);
040:     CvMat* image_points    = cvCreateMat(2, N*nPoints,CV_32F);
041:     CvMat* point_counts    = cvCreateMat(1, N, CV_32S);
042:     // set the corner points to the world coordinates (unit : inch)
043:     CvMat *mW = cvCreateMat(2, nPoints, CV_32F);
044:     ReadData("model.txt", mW, nPoints);
045:
046:     int i;
047:     CvMat *mP = cvCreateMat(2, nPoints, CV_32F);
048:     for(i=0; i<N; i++)
```

```
049:    {
050:            if((srcImage[i]=cvLoadImage(strImage[i]))==NULL)
051:                return -1;
052:            ReadData(strData[i], mP, nPoints);
053:            DisplayCornerPoints(mP,  srcImage[i]);
054:            cvShowImage(strImage[i], srcImage[i]);
055:
056:            MakeCalibrationData2(mW, mP, object_points, image_points, i, nPoints);
057:            cvSetReal1D(point_counts, i, nPoints);
058:    }
059:    // Calibration
060:    CvSize image_size = cvGetSize(srcImage[0]);
061:    CvMat* camera_matrix = cvCreateMat(3, 3,   CV_32F);
062:    CvMat* distortion_coeffs = cvCreateMat(1,4,CV_64F);
063:
064:    int flags=0;
065:    CvTermCriteria term_crit
066:        = cvTermCriteria(CV_TERMCRIT_ITER+CV_TERMCRIT_EPS,30,DBL_EPSILON);
067:
068:    double reError;
069:    reError = cvCalibrateCamera2(object_points, image_points, point_counts,
070:                            image_size, camera_matrix, distortion_coeffs,
071:                            NULL, NULL, flags, term_crit);
072:    printf("reProjectionError = %f\n", reError);
073:    PrintMat(camera_matrix, "camera_matrix:");
074:    PrintMat(distortion_coeffs, "distortion_coeffs:");
075:
076:    int use_extrinsic_guess=0;
077:    CvMat* translation_vectors= cvCreateMat(1, 3,CV_32F);
078:    CvMat* rotation_vectors= cvCreateMat(1, 3, CV_32F);
079:    CvMat* rotation_Mat= cvCreateMat(3, 3, CV_32F);
080:
081:    for(i=0; i<N; i++)
082:    {
083:            cvFindExtrinsicCameraParams2(object_points, image_points,
084:                        camera_matrix, distortion_coeffs,
085:                rotation_vectors, translation_vectors, use_extrinsic_guess);
086:
087: //     printf(strTmp, "rotation_vectors[%d]:", i);
088: //     PrintMat(rotation_vectors, strTmp);
089:
090:            cvRodrigues2(rotation_vectors, rotation_Mat);
091:            sprintf(strTmp, "rotation_Mat[%d]", i);
092:            PrintMat(rotation_Mat, strTmp);
093:
094:            sprintf(strTmp, "translation_vectors[%d]:", i);
095:            PrintMat(translation_vectors, strTmp);
096:    }
097:
098:    // Undistortion Image
099:    IplImage *dstImage[N];
```

```
100:    for(i=0; i<N; i++)
101:    {
102:            dstImage[i] = cvCreateImage(cvGetSize(srcImage[i]),
103:                            srcImage[i]->depth, srcImage[i]->nChannels);
104:
105:            cvUndistort2(srcImage[i], dstImage[i],
106:                            camera_matrix, distortion_coeffs);
107:            sprintf(strTmp, "dstImage[%d]", i);
108:            cvShowImage(strTmp, dstImage[i]);
109:    }
110:    cvWaitKey(0);
111:
112:    cvReleaseMat(&mW);
113:    cvReleaseMat(&mP);
114:    cvReleaseMat(&object_points);
115:    cvReleaseMat(&image_points);
116:    cvReleaseMat(&point_counts);
117:
118:    cvReleaseMat(&camera_matrix);
119:    cvReleaseMat(&distortion_coeffs);
120:    cvReleaseMat(&rotation_vectors);
121:    cvReleaseMat(&translation_vectors);
122:    cvReleaseMat(&rotation_Mat);
123:    for(i=0; i<N; i++)
124:    {
125:            cvReleaseImage(&srcImage[i]);
126:            cvReleaseImage(&dstImage[i]);
127:    }
128:    return 0;
129: }
130: void MakeCalibrationData2(CvMat *mW, CvMat *mP, CvMat *object_points,
131:                         CvMat * image_points, int k, int nPoints)
132: {
133:    int i, j;
134:    double x, y;
135:    for(int j=k*nPoints, i=0; i<nPoints; i++, j++)
136:    {
137:        // object points
138:        CV_MAT_ELEM(*object_points, float, 0, j)=CV_MAT_ELEM(*mW, float, 0, i);
139:        CV_MAT_ELEM(*object_points, float, 1, j)=CV_MAT_ELEM(*mW, float, 1, i);
140:        CV_MAT_ELEM(*object_points, float, 2, j)=0.0; //z=0
141:
142:        // image points
143:        CV_MAT_ELEM(*image_points, float, 0, j)=CV_MAT_ELEM(*mP, float, 0, i);
144:        CV_MAT_ELEM(*image_points, float, 1, j)=CV_MAT_ELEM(*mP, float, 1, i);
145:    }
146: }
147: void DisplayCornerPoints(CvMat *mP, IplImage *frame)
148: {
149:    double x, y;
150:    for(int i=0; i<mP->cols; i++)
```

```
151:        {
152:                x = cvmGet(mP, 0, i);
153:                y = cvmGet(mP, 1, i);
154:                cvCircle(frame,cvPoint(cvRound(x),cvRound(y)),2,CV_RGB(0,0,255),2);
155:        }
156: }
157: void ReadData(char *strFileName,  CvMat *mP, int nPoints)
158: {
159:    FILE *fp = fopen(strFileName, "r");
160:    if(!fp) return;
161:    double x, y;
162:    for(int i=0; i<nPoints; i++)
163:    {
164:            fscanf(fp, "%lf %lf", &x, &y);
165:            cvmSet(mP, 0, i, x);
166:            cvmSet(mP, 1, i, y);
167:    }
168:    fclose(fp);
169: }
170: void PrintMat(const CvMat *mat, const char *strName)
171: {
172:    int    x, y;
173:    double    fValue;
174:    printf(" %s  \n =  \n", strName);
175:    for(y= 0; y<mat->rows; y++)
176:    {
177:            for(x= 0; x<mat->cols; x++)
178:            {
179:                    fValue = cvGetReal2D(mat, y, x);
180:                    printf("%10.5lf ", fValue);
181:            }
182:            printf("\n");
183:    }
184:    printf("\n\n");
185: }
```

예제 cvEx0414와 같이 Zhang 데이터를 사용하여 cvCalibrateCamera2 함수로 카메라 내부 파라미터와 왜곡 계수를 계산하였다. 그러나 카메라 회전 및 이동의 외부 파라미터는 cvFindExtrinsicCameraParams2 함수로 계산한다.

39-59행 예제 cvEx0414와 같이 물체 좌표를 파일로부터 mW에 읽고, 영상 좌표를 mP에 읽어 물체 좌표는 object_points, 영상 좌표는 image_points에 차례로 저장한다.

69-71행 cvCalibrateCamera2 함수로 object_points, image_points, point_counts, image_size, flags, term_crit를 입력으로 하여 카메라의 내부 파라미터 camera_matrix와 렌즈 왜곡 계수 distortion_coeffs를 계산하고, 외부 파라미터인 회전 벡터 rotation_vectors와 이동 행렬 translation_vectors 인수는 NULL로 설정하여 계산하지 않는다.

Chpater 04 카메라 캘리브레이션(Camera Calibration)

77-96행　77-79행에서 translation_vectors는 회전 벡터로 1×3 행렬, rotation_vectors는 회전 벡터로 1×3 행렬, rotation_Mat는 3×3 회전 행렬이다. cvRodrigues2 함수로 rotation_vectors를 rotation_Mat로 변환한다. 예제 cvEx0414에서는 cvCalibrateCamera2 함수로 각 뷰(영상)에 대한 이동 벡터와 회전 벡터를 계산하기 위하여 translation_vectors와 rotation_vectors를 계산하기 위해서 두 가지 모두 $N \times 3$ 행렬이었다.

81-96행　83-85행에서 cvFindExtrinsicCameraParams2 함수로 object_points, image_points, camera_matrix, distortion_coeffs, use_extrinsic_guess를 입력으로 하여 카메라 외부 파라미터인 rotation_vectors와 translation_vectors를 계산한다.

90행은 cvRodrigues2 함수로 1×3 회전 벡터 rotation_vectors를 3×3 회전 행렬 rotation_Mat로 변환한다. use_extrinsic_guess=0으로 하여, rotation_vector와 translation_vector를 초기값 없이 계산한다. 만약 use_extrinsic_guess=1이면 cvCalibrateCamera2 함수 등으로 계산한 초기값을 otation_vectors와 translation_vectors에 입력으로 주어야 한다.

100-109행　예제 cvEx0414와 같이 cvUndistort2 함수를 사용하여 입력 영상 srcImage[i], 내부 파라미터 camera_matrix, 왜곡 계수 distortion_coeffs를 입력으로, 왜곡을 보정한 출력 영상 dstImage[i]를 생성한다.

[그림 4.33]은 N=1, [그림 4.34]는 N=2, [그림 4.35]는 N=4일 때 카메라 캘리브레이션 계산결과이다. 예제 cvEx0414의 결과와 비교 보면, 유사한 결과를 가짐을 알 수 있다.

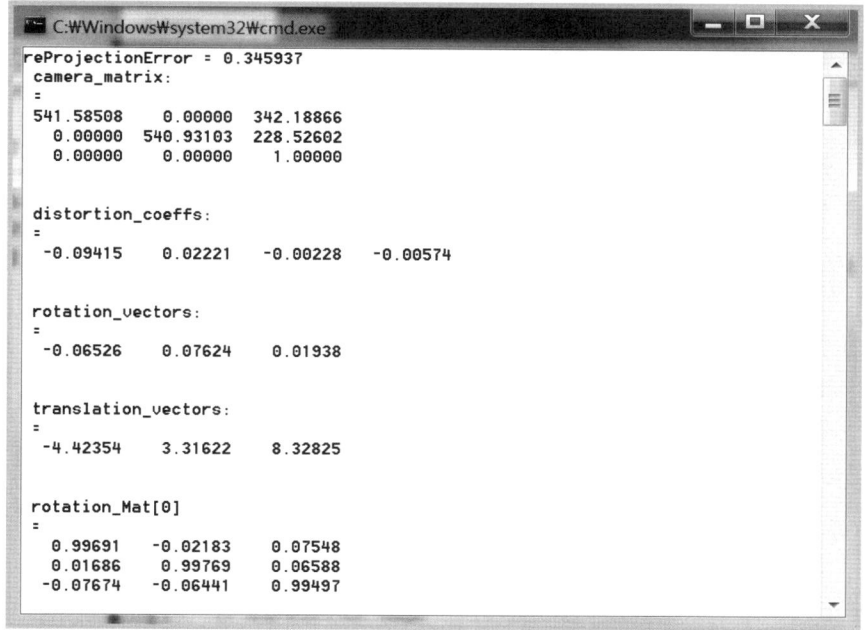

[그림 4.33] N=1일 때 cvCalibrateCamera2와 cvFindExtrinsicCameraParams2 함수로 카메라 캘리브레이션(Zhang 데이터)

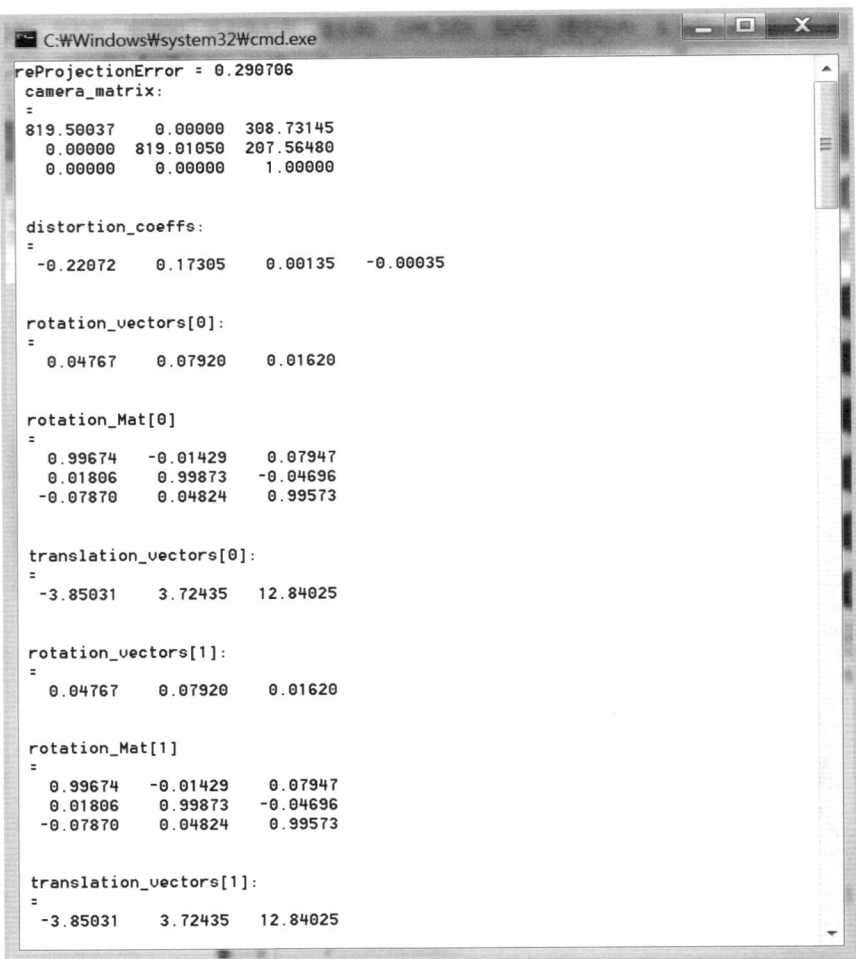

[그림 4.34] N=2일 때 cvCalibrateCamera2와 cvFindExtrinsicCameraParams2 함수로 카메라 캘리브레이션(Zhang 데이터)

```
reProjectionError = 0.359214
camera_matrix:
=
 833.02600    0.00000  304.52448
   0.00000  832.93951  208.32961
   0.00000    0.00000    1.00000

distortion_coeffs:
=
 -0.22957    0.18453    0.00103    0.00016


rotation_Mat[0]
=
  0.99242  -0.01865   0.12150
  0.01539   0.99950   0.02770
 -0.12196  -0.02562   0.99220


translation_vectors[0]:
=
 -3.55685    3.70729   13.38490


rotation_Mat[1]
=
  0.99242  -0.01865   0.12150
  0.01539   0.99950   0.02770
 -0.12196  -0.02562   0.99220


translation_vectors[1]:
=
 -3.55685    3.70729   13.38490


rotation_Mat[2]
=
  0.99242  -0.01865   0.12150
  0.01539   0.99950   0.02770
 -0.12196  -0.02562   0.99220


translation_vectors[2]:
=
 -3.55685    3.70729   13.38490


rotation_Mat[3]
=
  0.99242  -0.01865   0.12150
  0.01539   0.99950   0.02770
 -0.12196  -0.02562   0.99220


translation_vectors[3]:
=
 -3.55685    3.70729   13.38490
```

[그림 4.35] N=4일 때 cvCalibrateCamera2와 cvFindExtrinsicCameraParams2 함수로 카메라 캘리브레이션(Zhang 데이터)

예제 cvEx0416 — ccvCalibrateCamera2와 cvFindExtrinsicCameraParams2 함수로 카메라 캘리브레이션 및 cvProjectPoints2에 의한 검증

```
001: #include <stdio.h>
002: #include "cv.h"
003: #include "highgui.h"
004: bool FindCornerPoints(IplImage *image, CvSize size, CvMat *mP);
005: void ConvertPt2Mat(CvPoint2D32f *P, CvMat *mP, int nPoints);
006: void SetWorldCoordinateChessBoard(CvMat *mW, double dStep, CvSize size);
007:
008: void MakeCalibrationData2(CvMat *mW, CvMat *mP, CvMat *object_points,
009:                          CvMat * image_points, int k, int nPoints);
010: void DrawPoints(IplImage *image, const CvMat *mP, CvScalar color);
011:
012: void PrintMat(const CvMat *mat, const char *strName);
013: void PrintMat3(const CvMat *mat, const char *strName);
014:
015: //#define N 1
016: #define N 2
017: //#define N 4
018: //#define N 5
019: int main()
020: {
021:     IplImage    *srcImage[N];
022: // Pattern: 18 corners, a square size: 3.8cm x 3.8cm
023: // we calculate the closed-form solution without Levenberg-Marquardt algorithm.
024:
025:     char *strImage[]= {"image1.jpg", "image2.jpg", "image3.jpg",
026:                        "image4.jpg", "image5.jpg"};
027:     char  strTmp[128];
028:     CvSize patternSize = cvSize(6, 3);
029:     int nPoints =patternSize.width*patternSize.height;
030:
031:     // set the corner points to the world coordinates (unit : cm)
032:     CvMat *mW = cvCreateMat(3, nPoints, CV_64F);
033:     SetWorldCoordinateChessBoard(mW, 3.8, patternSize);
034: //  PrintMat(mW, "mW");
035:
036:     // Data setup
037:     CvMat* object_points    = cvCreateMat(3, N*nPoints,CV_64F);
038:     CvMat* image_points     = cvCreateMat(2, N*nPoints,CV_64F);
039:     CvMat* point_counts     = cvCreateMat(1, N, CV_32S);
040:     // set the corner points to the world coordinates (unit : inch)
041:
042:     int i;
043:     CvMat *mP[N];
044:     for(i=0; i<N; i++)
045:     {
046:         mP[i] = cvCreateMat(2, nPoints, CV_64F);
047:         if((srcImage[i]=cvLoadImage(strImage[i]))==NULL)
048:             return -1;
```

```
049:              FindCornerPoints(srcImage[i], patternSize, mP[i]);
050:              MakeCalibrationData2(mW, mP[i], object_points, image_points, i, nPoints);
051:              cvSetReal1D(point_counts, i, nPoints);
052:     }
053: // PrintMat(object_points, "object_points");
054: // PrintMat(image_points, "image_points");
055:
056:     // Calibration
057:     CvSize image_size = cvGetSize(srcImage[0]);
058:     CvMat* camera_matrix = cvCreateMat(3, 3,    CV_64F);
059:     CvMat* distortion_coeffs = cvCreateMat(1, 4,CV_64F);
060:
061:     int flags=0;
062:     CvTermCriteria term_crit
063:         = cvTermCriteria(CV_TERMCRIT_ITER+CV_TERMCRIT_EPS,30,DBL_EPSILON);
064:
065:     double reError;
066:     reError = cvCalibrateCamera2(object_points, image_points, point_counts,
067:                                  image_size, camera_matrix, distortion_coeffs,
068:                                  NULL, NULL, flags, term_crit);
069:     printf("reProjectionError = %f\n", reError);
070:     PrintMat(camera_matrix, "camera_matrix:");
071:     PrintMat(distortion_coeffs, "distortion_coeffs:");
072:
073:     int use_extrinsic_guess=0;
074:     CvMat* translation_vectors= cvCreateMat(1, 3,CV_64F);
075:     CvMat* rotation_vectors= cvCreateMat(1, 3, CV_64F);
076:     CvMat* rotation_Mat= cvCreateMat(3, 3, CV_64F);
077:
078:     CvMat *mP2 = cvCreateMat(1, nPoints, CV_64FC2);
079:     CvMat *mW2 = cvCreateMat(1, nPoints, CV_64FC3);
080:     cvConvertPointsHomogeneous(mW, mW2);
081:
082: // PrintMat(mW, "mW");
083: // PrintMat3(matM, "matM");
084:
085:     IplImage *dstImage[N];
086:     for(i=0; i<N; i++)
087:     {
088:              cvFindExtrinsicCameraParams2(mW, mP[i],
089:                       camera_matrix, distortion_coeffs,
090:                       rotation_vectors, translation_vectors, use_extrinsic_guess);
091:
092:              sprintf(strTmp, "rotation_vectors[%d]:", i);
093:              PrintMat(rotation_vectors, strTmp);
094:
095: //           cvRodrigues2(rotation_vectors, rotation_Mat);
096: //           sprintf(strTmp, "rotation_Mat[%d]", i);
097: //           PrintMat(rotation_Mat, strTmp);
098:
099:              sprintf(strTmp, "translation_vectors[%d]:", i);
```

```
100:                PrintMat(translation_vectors, strTmp);
101:
102:
103:                // Check the camera calibration parameters
104:                cvProjectPoints2(mW2, rotation_vectors, translation_vectors,
105:                    camera_matrix, distortion_coeffs, mP2);
106:
107:                dstImage[i] = cvCreateImage(cvGetSize(srcImage[i]),
108:                                srcImage[i]->depth, srcImage[i]->nChannels);
109:
110:                cvUndistort2(srcImage[i], dstImage[i],
111:                                camera_matrix, distortion_coeffs);
112:                sprintf(strTmp, "dstImage[%d]", i);
113:
114:                DrawPoints(dstImage[i], mP2, CV_RGB(0,255,0));
115:                cvShowImage(strTmp, dstImage[i]);
116:        }
117:    cvWaitKey(0);
118:
119:    cvReleaseMat(&mW);
120:    cvReleaseMat(&mW2);
121:    cvReleaseMat(&mP2);
122:    cvReleaseMat(&object_points);
123:    cvReleaseMat(&image_points);
124:    cvReleaseMat(&point_counts);
125:
126:    cvReleaseMat(&camera_matrix);
127:    cvReleaseMat(&distortion_coeffs);
128:    cvReleaseMat(&rotation_vectors);
129:    cvReleaseMat(&translation_vectors);
130:    cvReleaseMat(&rotation_Mat);
131:
132:    for(i=0; i<N; i++)
133:    {
134:            cvReleaseMat(&mP[i]);
135:            cvReleaseImage(&srcImage[i]);
136:            cvReleaseImage(&dstImage[i]);
137:    }
138:    return 0;
139: }
140: void MakeCalibrationData2(CvMat *mW, CvMat *mP, CvMat *object_points,
141:                    CvMat * image_points, int k, int nPoints)
142: {
143:    for(int j=k*nPoints, i=0; i<nPoints; i++, j++)
144:    {
145:    // object points
146:    CV_MAT_ELEM(*object_points, double, 0, j)=CV_MAT_ELEM(*mW, double, 0, i);
147:    CV_MAT_ELEM(*object_points, double, 1, j)=CV_MAT_ELEM(*mW, double, 1, i);
148:    CV_MAT_ELEM(*object_points, double, 2, j)=0.0; //z=0
149:
150:    // image points
```

```
151:     CV_MAT_ELEM(*image_points, double, 0, j)=CV_MAT_ELEM(*mP, double, 0, i);
152:     CV_MAT_ELEM(*image_points, double, 1, j)=CV_MAT_ELEM(*mP, double, 1, i);
153:     }
154: }
155: bool FindCornerPoints(IplImage *image, CvSize size, CvMat *mP)
156: {
157:     int nPoints =size.width*size.height;
158:     CvPoint2D32f *CornerP = new CvPoint2D32f[nPoints];
159:     int nCount;
160:     int nFound = cvFindChessboardCorners(image, size, CornerP, &nCount,
161:                                 CV_CALIB_CB_ADAPTIVE_THRESH);
162:     if(nCount != size.width*size.height)
163:     {
164:         delete CornerP;
165:         return false;
166:     }
167:     cvDrawChessboardCorners(image, size, CornerP, nCount, nFound);
168:     ConvertPt2Mat(CornerP, mP, nPoints);
169:     delete CornerP;
170:     return true;
171: }
172: void ConvertPt2Mat(CvPoint2D32f *P, CvMat *mP, int nPoints)
173: {
174:     for(int i=0; i<nPoints; i++)
175:     {
176:         cvmSet(mP, 0, i, P[i].x);
177:         cvmSet(mP, 1, i, P[i].y);
178:     }
179: }
180: void SetWorldCoordinateChessBoard(CvMat *mW, double dStep, CvSize size)
181: {
182:     int nPoints = size.width*size.height;
183:     int i, j, k;
184:     // origin point : mW[size.width-1), the left-bottom point of corners
185:     double xW;
186:     double yW;
187:     for(i=0, yW = dStep; i<size.height; i++, yW += dStep)
188:     for(j=0, xW = (size.width)*dStep; j<size.width; j++, xW -= dStep)
189:     {
190:         k = i*size.width + j;
191:         cvmSet(mW, 0, k, xW);
192:         cvmSet(mW, 1, k, yW);
193:         cvmSet(mW, 2, k, 0); // z = 0
194:     }
195: }
196: void DrawPoints(IplImage *image, const CvMat *mP, CvScalar color)
197: {
198:     double x, y;
199:     CvPoint pt1, pt2;
200:     CvScalar   pixel;
201:     for(int i=0; i<mP->rows; i++)
```

```
202:    for(int j=0; j<mP->cols; j++)
203:    {
204:            pixel = cvGet2D(mP, i, j);
205:            x = pixel.val[0];
206:            y = pixel.val[1];
207:
208:            pt2 = cvPoint(cvRound(x), cvRound(y));
209:            if(i==0 && j==0)
210:            {
211:                cvCircle(image, pt2, 5, CV_RGB(0, 255, 255),  2);
212:                pt1 = pt2;
213:                continue;
214:            }
215:            cvCircle(image, pt2, 2, CV_RGB(0, 0, 255), 2);
216:            cvLine(image, pt1, pt2, color, 1);
217:
218:            pt1 = pt2;
219:    }
220: }
221: void PrintMat(const CvMat *mat, const char *strName)
222: {
223:    int    x, y;
224:    double   fValue;
225:    printf(" %s \n =  \n", strName);
226:    for(y= 0; y<mat->rows; y++)
227:    {
228:            for(x= 0; x<mat->cols; x++)
229:            {
230:                    fValue = cvGetReal2D(mat, y, x);
231:                    printf("%10.5lf ", fValue);
232:            }
233:            printf("\n");
234:    }
235:    printf("\n\n");
236: }
237: void PrintMat3(const CvMat *mat, const char *strName)
238: {
239:    int    x, y;
240:    CvScalar   pixel;
241:    printf(" %s \n =  \n", strName);
242:    for(y= 0; y<mat->rows; y++)
243:    {
244:            for(x= 0; x<mat->cols; x++)
245:            {
246:                    pixel = cvGet2D(mat, y, x);
247:                    printf("(%10.5lf, %10.5lf, %10.5lf)",
248:                            pixel.val[0], pixel.val[1], pixel.val[2]);
249:            }
250:            printf("\n");
251:    }
252:    printf("\n\n");
253: }
```

영상 패턴의 코너점을 검출하고, cvCalibrateCamera2 함수로 카메라 내부 파라미터와 왜곡 계수를 계산하고, cvFindExtrinsicCameraParams2 함수로 각 영상을 획득할 때의 카메라 위치(회전 및 이동)인 외부 파라미터를 계산한다. 또한, cvProjectPoints2 함수로 코너점의 3차원 좌표를 왜곡 보정된 영상에 투영시켜 표시하여 계산된 캘리브레이션 파라미터를 검증한다.

32-33행
SetWorldCoordinateChessBoard 함수를 사용하여 캘리브레이션 패턴의 코너점 좌표를 mW에 설정한다. 이때 mW에 저장된 좌표는 동차좌표가 아니라 Z=0인 X-Y 평면 위의 3차원 좌표이다.

43-52행
cvFindExtrinsicCameraParams2 함수로 각 영상의 외부 파라미터를 계산할 때, 각 영상의 코너점의 영상 좌표가 필요하다. 43행은 행렬을 위한 포인터 배열을 선언하고, 48행은 mP[i]에 행렬을 생성하며, 49행은 FindCornerPoints 함수로 영상 srcImage[i]에서 패턴크기 patternSize의 코너점을 검출하여 mP[i] 행렬에 저장한다.

50행은 MakeCalibrationData2 함수로 mW와 mP[i]를 이용하여 object_points와 image_points에 캘리브레이션을 위한 데이터를 저장한다.

66-68행
cvCalibrateCamera2 함수로 N의 영상으로부터 얻은 3차원 좌표 object_points, 2차원 영상 좌표 image_points, 데이터 점의 개수 point_counts, 영상 크기 image_size, flags, 종료조건 term_crit를 입력으로 하여, 카메라의 내부 파라미터 행렬 camera_matrix와 렌즈 왜곡 계수 행렬 distortion_coeffs를 계산한다. 외부 파라미터인 회전 벡터 rotation_vectors와 이동 행렬 translation_vectors 인수는 NULL로 설정하여 계산하지 않는다.

78-80행
78행은 cvProjectPoints2 함수의 결과 행렬인 mP2 행렬을 CV_64FC2 자료형으로 생성한다. 79행은 3채널 행렬인 mW2를 CV_64FC3 자료형으로 생성한다. 80행은 cvConvertPointsHomogeneous 함수를 사용하여 1채널에 저장된 3차원 좌표 mW를 3채널로 변경한다. 여기서는 cvConvertPointsHomogeneous 함수에 의해 Z=0이 변경되지 않고, 단지 mW의 각 열(column)에 저장된 값을 3채널로 변경함에 유의한다.

86-116행
88-90행은 N의 영상을 이용하여 cvCalibrateCamera2 함수에 의해 계산된 camera_matrix, distortion_coeffs와 3차원 좌표 mW2와 strImage[i] 영상의 코너점 mP[i]를 이용하여 각 영상을 획득할 때의 카메라의 외부 파라미터 행렬 rotation_vectors, translation_vectors를 계산한다.

104-105행은 cvProjectPoints2 함수로 3차원 좌표 mW2를 카메라의 캘리브레이션 파라미터 행렬 rotation_vectors, translation_vectors, camera_matrix, distortion_coeffs를 이용하여 2차원으로 투영한 좌표를 mP2 행렬에 계산한다.

110-111행은 camera_matrix, distortion_coeffs 행렬을 이용하여 cvUndistort2 함수로 입력영상 srcImage[i]를 왜곡 보정하여 dstImage[i]에 저장한다.

114행은 DrawPoints 함수로 왜곡 보정된 영상 dstImage[i]에 cvProjectPoints2 함수로 투영된 2차원 좌표 행렬 mP2를 표시한다.

[그림 4.36]은 N=4일 때, 카메라 캘리브레이션 계산 결과이며, [그림 4.37]은 카메라 캘리브레이션 정보를 이용하여 cvProjectPoints2 함수로, 캘리브레이션 패턴의 3차원 좌표 mW를 cvUndistort2 함수로 왜곡 보정한 각 영상에 투영한 결과이다. FindCornerPoints 함수에서 검출된 코너점을 cvDrawChessboardCorners 함수로 표시한 결과와 비교하면 약간의 차이가 발생함을 볼 수 있다.

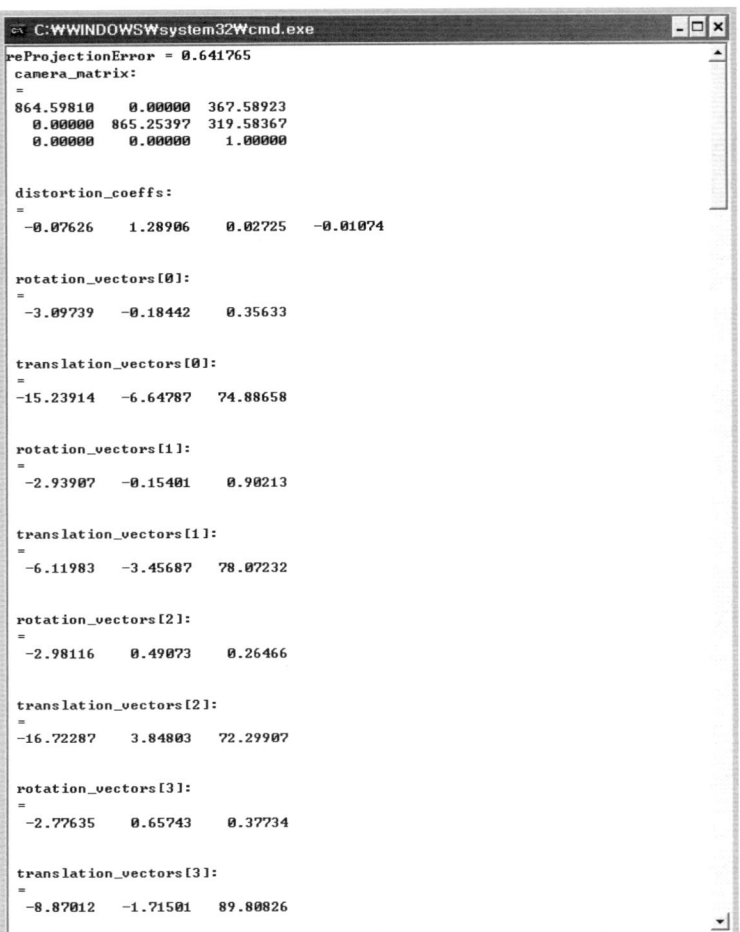

[그림 4.36] N=4일 때 cvCalibrateCamera2와 cvFindExtrinsicCameraParams2 함수로 캘리브레이션한 결과

Chpater 04 카메라 캘리브레이션(Camera Calibration)

[그림 4.37] N=4일 때, cvProjectPoints2 함수에 의한 투영 결과

예제 cvEx0417 비디오에서 카메라 캘리브레이션 계산

```
001: #include <stdio.h>
002: #include "cv.h"
003: #include "highgui.h"
004: #define TOL 1.E-20
005: void MakeCalibrationData2(CvMat *mW, CvMat *mP, CvMat *object_points,
006:                          CvMat * image_points, int k, int nPoints);
007: bool FindCornerPoints(IplImage *image, CvSize size, CvMat *mP);
008: void ConvertPt2Mat(CvPoint2D32f *P, CvMat *mP, int nPoints);
009: void SetWorldCoordinateChessBoard(CvMat *mW, double dStep, CvSize size);
010: void DrawPoints(IplImage *image, const CvMat *mP, CvScalar color);
011: void PrintMat(const CvMat *mat, const char *strName);
012: #define N   8
013: int main()
014: {
015:     IplImage*  frame=NULL;
016:     CvCapture* capture = cvCaptureFromFile("chess1.wmv");
017:     if(!capture)
018:     {
019:         printf("the video file was not found.");
020:         return 0;
021:     }
022:     int width = (int)cvGetCaptureProperty(capture,
```

```
023:                                         CV_CAP_PROP_FRAME_WIDTH);
024:     int height = (int)cvGetCaptureProperty(capture,
025:                                         CV_CAP_PROP_FRAME_HEIGHT);
026:     // for writing a output video
027:     int is_color = 1;
028:     double fps = 24.0;
029:     int fourcc = CV_FOURCC('D', 'I', 'V', 'X'); // : MPEG-4
030:     CvSize frame_size = cvSize(width, height);
031:     CvVideoWriter* videoWriter = cvCreateVideoWriter("videoCalib.avi",
032:             fourcc,  fps, frame_size, is_color);
033:     if(!videoWriter)
034:             return 0;
035:     cvNamedWindow("frame", 1);
036:
037:     CvSize patternSize = cvSize(6,3);
038:     int nPoints =patternSize.width*patternSize.height;
039:     char  strTmp[128];
040:
041:     // set the corner points to the world coordinates (unit : cm)
042:     CvMat *mW = cvCreateMat(3, nPoints, CV_64F);
043:     SetWorldCoordinateChessBoard(mW, 3.8, patternSize);
044:
045:     // Calibration Data
046:     CvMat* object_points    = cvCreateMat(3, N*nPoints,CV_64F);
047:     CvMat* image_points     = cvCreateMat(2, N*nPoints,CV_64F);
048:     CvMat* point_counts     = cvCreateMat(1, N, CV_32S);
049:
050:     // Calibration Matrix
051:     CvMat* camera_matrix = cvCreateMat(3, 3,   CV_64F);
052:     CvMat* distortion_coeffs = cvCreateMat(1,4,CV_64F);
053:
054:     CvMat *mP = cvCreateMat(2, nPoints, CV_64F);
055:     IplImage *dstImage = cvCreateImage(frame_size, IPL_DEPTH_8U, 3);
056:
057:     int flags=0;
058:     CvTermCriteria term_crit
059:       = cvTermCriteria(CV_TERMCRIT_ITER+CV_TERMCRIT_EPS,30,DBL_EPSILON);
060:     double reError;
061:
062:     int use_extrinsic_guess=0;
063:     CvMat* translation_vectors= cvCreateMat(1, 3,CV_64F);
064:     CvMat* rotation_vectors= cvCreateMat(1, 3, CV_64F);
065:     CvMat* rotation_Mat= cvCreateMat(3, 3, CV_64F);
066:
067:     CvMat *mP2 = cvCreateMat(1, nPoints, CV_64FC2);
068:     CvMat *mW2 = cvCreateMat(1, nPoints, CV_64FC3);
069:     cvConvertPointsHomogeneous(mW, mW2);
070:
071:     int k = 0;
072:     bool bIntrinsicParam = false;
073:     for(int t=0; cvWaitKey(10)!= 27 ;t++)
```

```
074:     {
075:         frame = cvQueryFrame(capture);
076:         if(!frame)
077:             break;
078:         if(!FindCornerPoints(frame, patternSize, mP))
079:             continue;
080:         cvShowImage("frame", frame);
081:
082:         if(!bIntrinsicParam)
083:         {
084:             cvSetReal1D(point_counts, k, nPoints);
085:             MakeCalibrationData2(mW, mP, object_points, image_points, k++, nPoints);
086:         }
087:         if(!bIntrinsicParam && k == N)
088:         {
089:             reError = cvCalibrateCamera2(object_points, image_points, point_counts,
090:                             frame_size, camera_matrix, distortion_coeffs,
091:                                 NULL, NULL, flags, term_crit);
092:             bIntrinsicParam = true;
093:             PrintMat(camera_matrix, "camera_matrix:");
094:             cvWaitKey(0);
095:         }
096:         if(bIntrinsicParam)
097:         {
098:             cvFindExtrinsicCameraParams2(mW2, mP,
099:                     camera_matrix, distortion_coeffs,
100:                 rotation_vectors, translation_vectors, use_extrinsic_guess);
101:
102: //          cvRodrigues2(rotation_vectors, rotation_Mat);
103: //          sprintf(strTmp, "rotation_Mat[%d]", t);
104: //          PrintMat(rotation_Mat, strTmp);
105:
106:             sprintf(strTmp, "rotation_vectors[%d]", t);
107:             PrintMat(rotation_vectors, strTmp);
108:             sprintf(strTmp, "translation_vectors[%d]:", t);
109:             PrintMat(translation_vectors, strTmp);
110:
111:             cvProjectPoints2(mW2, rotation_vectors, translation_vectors,
112:                     camera_matrix, distortion_coeffs, mP2);
113:             cvUndistort2(frame, dstImage,
114:                     camera_matrix, distortion_coeffs);
115:             DrawPoints(dstImage, mP2, CV_RGB(0,255,0));
116:
117:             cvShowImage("dstImage", dstImage);
118:             cvWriteFrame(videoWriter,  dstImage);
119:         }
120:     }
121:     cvWaitKey(0);
122:     cvDestroyAllWindows();
123:     cvReleaseMat(&mW);
124:     cvReleaseMat(&mW2);
```

```
125:
126:     cvReleaseMat(&mP);
127:     cvReleaseMat(&mP2);
128:     cvReleaseMat(&object_points);
129:     cvReleaseMat(&image_points);
130:     cvReleaseMat(&point_counts);
131:     cvReleaseMat(&camera_matrix);
132:     cvReleaseMat(&distortion_coeffs);
133:     cvReleaseMat(&rotation_vectors);
134:     cvReleaseMat(&translation_vectors);
135:     cvReleaseMat(&rotation_Mat);
136:     cvReleaseImage(&dstImage);
137:     cvReleaseCapture(&capture);
138:     cvReleaseVideoWriter(&videoWriter);
139:     return 0;
140: }
141: void MakeCalibrationData2(CvMat *mW, CvMat *mP, CvMat *object_points,
142:                      CvMat * image_points, int k, int nPoints)
143: {
144:     for(int j=k*nPoints, i=0; i<nPoints; i++, j++)
145:     {
146:     // object points
147:     CV_MAT_ELEM(*object_points, double, 0, j)=CV_MAT_ELEM(*mW, double, 0, i);
148:     CV_MAT_ELEM(*object_points, double, 1, j)=CV_MAT_ELEM(*mW, double, 1, i);
149:     CV_MAT_ELEM(*object_points, double, 2, j)=0.0; //z=0
150:
151:     // image points
152:     CV_MAT_ELEM(*image_points, double, 0, j)=CV_MAT_ELEM(*mP, double, 0, i);
153:     CV_MAT_ELEM(*image_points, double, 1, j)=CV_MAT_ELEM(*mP, double, 1, i);
154:     }
155: }
156: bool FindCornerPoints(IplImage *image, CvSize size, CvMat *mP)
157: {
158:     int nPoints =size.width*size.height;
159:     CvPoint2D32f *CornerP = new CvPoint2D32f[nPoints];
160:     int nCount;
161:     int nFound = cvFindChessboardCorners(image, size, CornerP, &nCount,
162:                      CV_CALIB_CB_ADAPTIVE_THRESH);
163:     if(nCount !=  size.width*size.height)
164:     {
165:          delete CornerP;
166:          return false;
167:     }
168:
169:     IplImage *grayImage = cvCreateImage(cvGetSize(image), 8, 1);
170:     cvCvtColor(image, grayImage, CV_BGR2GRAY);
171:     cvFindCornerSubPix(grayImage, CornerP, nCount, cvSize(11, 11),
172:                        cvSize(-1, -1),
173:          cvTermCriteria(CV_TERMCRIT_EPS+CV_TERMCRIT_ITER, 20, 0.1));
174:     cvReleaseImage(&grayImage);
175:
```

```
176:        cvDrawChessboardCorners(image, size, CornerP, nCount, nFound);
177:        ConvertPt2Mat(CornerP, mP, nPoints);
178:        delete CornerP;
179:        return true;
180: }
181: void ConvertPt2Mat(CvPoint2D32f *P, CvMat *mP, int nPoints)
182: {
183:     for(int i=0; i<nPoints; i++)
184:     {
185:             cvmSet(mP, 0, i, P[i].x);
186:             cvmSet(mP, 1, i, P[i].y);
187:     }
188: }
189: void SetWorldCoordinateChessBoard(CvMat *mW, double dStep, CvSize size)
190: {
191:     int nPoints = size.width*size.height;
192:     int i, j, k;
193:     // origin point : mW[size.width-1), the left-bottom point of corners
194:     double xW;
195:     double yW;
196:     for(i=0, yW = dStep; i<size.height; i++, yW += dStep)
197:     for(j=0, xW = (size.width)*dStep; j<size.width; j++, xW -= dStep)
198:     {
199:                 k = i*size.width + j;
200:                 cvmSet(mW, 0, k, xW);
201:                 cvmSet(mW, 1, k, yW);
202:                 cvmSet(mW, 2, k, 0.0); // z=0
203:     }
204: }
205: void DrawPoints(IplImage *image, const CvMat *mP, CvScalar color)
206: {
207:     double x, y;
208:     CvPoint pt1, pt2;
209:     CvScalar   pixel;
210:     for(int i=0; i<mP->rows; i++)
211:     for(int j=0; j<mP->cols; j++)
212:     {
213:             pixel = cvGet2D(mP, i, j);
214:             x = pixel.val[0];
215:             y = pixel.val[1];
216:
217:             pt2 = cvPoint(cvRound(x), cvRound(y));
218:             if(i==0 && j==0)
219:             {
220:                 cvCircle(image, pt2, 5, CV_RGB(0, 255, 255),  2);
221:                 pt1 = pt2;
222:                 continue;
223:             }
224:         cvCircle(image, pt2, 2, CV_RGB(0, 0, 255), 2);
225:         cvLine(image, pt1, pt2, color, 1);
226:
```

```
227:            pt1 = pt2;
228:        }
229: }
230: void PrintMat(const CvMat *mat, const char *strName)
231: {
232:     int    x, y;
233:     double    fValue;
234:     printf(" %s  \n =  \n", strName);
235:     for(y= 0; y<mat->rows; y++)
236:     {
237:            for(x= 0; x<mat->cols; x++)
238:            {
239:                    fValue = cvGetReal2D(mat, y, x);
240:                    printf("%10.2f ", fValue);
241:            }
242:            printf("\n");
243:     }
244:     printf("\n\n");
245: }
```

예제 cvEx0416을 비디오에 적용하였다. 비디오에서 처음 N개의 프레임을 이용하여 cvCalibrateCamera2 함수로 카메라 내부 파라미터와 렌즈 왜곡 계수를 계산하고, 내부 파라미터가 계산되면, 각 프레임의 외부 파라미터를 cvFindExtrinsicCameraParams2 함수를 사용하여 계산한다. cvProjectPoints2 함수로 3차원 좌표를 2차원으로 투영시키고, cvUndistort2 함수에 의해 왜곡 보정된 결과 영상 dstImage에 2차원 좌표를 표시한다.

82-86행   bIntrinsicParam=false로 카메라 내부 파라미터가 아직 계산되지 않았으면, 현재의 코너점의 개수를 point_counts 배열에 저장하고, mW, mP를 이용하여 object_points, image_points에 저장하고, k를 1 증가시킨다.

87-95행   bIntrinsicParam=false이고, N개의 프레임에서 코너점을 검출하여 object_points, image_points, point_counts에 데이터가 준비되었으면, cvCalibrateCamera2 함수로 내부 파라미터 camera_matrix와 왜곡 계수 distortion_coeffs를 계산하고. bIntrinsicParam=true로 설정하여 내부 파라미터를 다시 계산하지 않도록 한다.

96-119행   bIntrinsicParam=true로 내부 파라미터가 계산되었으면, 98-100행은 cvFindExtrinsicCameraParams2 함수로 3차원 좌표 mW2와 현재 프레임의 코너점 좌표 mP를 이용하여 외부 파라미터 rotation_vectors, translation_vectors를 계산한다.

111-112행은 cvProjectPoints2 함수로 3차원 좌표 mW2를 카메라의 캘리브레이션 파라미터 행렬 rotation_vectors, translation_vectors, camera_matrix, distortion_coeffs을 이용하여 2차원으로 투영시켜 mP2 행렬을 계산한다.

113-114행은 cvUndistort2 함수로 현재 프레임 영상 frame의 왜곡을 보정하여 dstImage에 저장한다. 115행은 DrawPoints 함수로 왜곡 보정된 영상 dstImage에 cvProjectPoints2 함수로 투영된 2차원 좌표 행렬 mP2를 표시한다.

[그림 4.38]은 "chess1.wmv" 비디오에서 N=8일 때 카메라의 내부 파라미터 캘리브레이션과 t=7에서 외부 파라미터 결과이다. [그림 4.39]는 t=7, 50, 100, 200에서 비디오에서 카메라 캘리브레이션을 이용한 투영 결과이다.

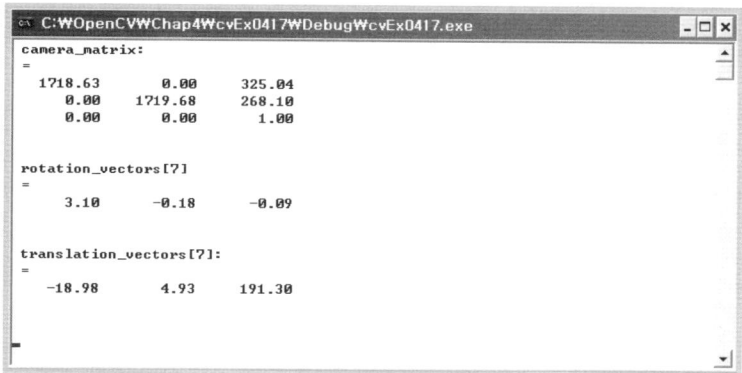

[그림 4.38] 비디오에서 카메라 캘리브레이션, t=7

(a) dstImage, t=7   (b) dstImage, t=50

(c) dstImage, t=100   (c) dstImage, t=200

[그림 4.39] 비디오에서 카메라 캘리브레이션을 이용한 투영 결과

4.6 행렬을 XML과 YML로 저장 및 읽기

OpenCV의 자료구조는 XML과 XML(Extensible Markup Language) 또는 YML/YAML(Yet Another Markup Language) 파일에 저장하고 읽을 수 있다. 여기서는 행렬을 XML 또는 YML 파일에 저장하고, XML 또는 YML 파일로부터 OpenCV 행렬에 읽어 오는 방법을 간단히 예제를 사용하여 설명한다.

한번 특정 카메라를 캘리브레이션 하면, 그 카메라의 내부 파라미터와 렌즈 왜곡 계수 행렬은 매번 계산할 필요 없이, 파일에 저장하고, 필요할 때 읽어서 사용하면 편리하다.

예제 cvEx0418 행렬을 XML로 읽기/쓰기

```
001: #include "cv.h"
002: //#include "cxcore.h"
003: void PrintMat(const CvMat *mat, const char *strName);
004: int main()
005: {
006:     CvFileStorage* fsW = cvOpenFileStorage("a.xml", 0, CV_STORAGE_WRITE);
007: // CvFileStorage* fsW = cvOpenFileStorage("a.yml", 0, CV_STORAGE_WRITE);
008:
009:     CvMat* matA = cvCreateMat(3, 3, CV_32F);
010:     cvSetIdentity(matA);
011:     cvWrite(fsW, "A", matA);
012:     cvReleaseFileStorage(&fsW);
013:
014:     CvFileStorage* fsR = cvOpenFileStorage("a.xml", 0, CV_STORAGE_READ);
015: // CvFileStorage* fsR = cvOpenFileStorage("a.yml", 0, CV_STORAGE_READ);
016:
017:     CvMat* matB;
018:     matB = (CvMat*)cvReadByName(fsR, 0, "A");
019:
020: // CvFileNode *param;
021: // param= cvGetFileNodeByName (fsR, NULL, "A");
022: // matB = (CvMat *)cvRead(fsR, param);
023:
024:     cvReleaseFileStorage(&fsR);
025:     PrintMat(matB, "matB");
026:
027:
028:     cvReleaseMat(&matA);
029:     cvReleaseMat(&matB);
030:     return 0;
031: }
032: void PrintMat(const CvMat *mat, const char *strName)
033: {
034:     int    x, y;
035:     double    fValue;
```

```
036:     printf(" %s  \n =  \n", strName);
037:     for(y= 0; y<mat->rows; y++)
038:     {
039:             for(x= 0; x<mat->cols; x++)
040:             {
041:                     fValue = cvGetReal2D(mat, y, x);
042:                     printf("%.2f ", fValue);
043:             }
044:             printf("\n");
045:     }
046:     printf("\n\n");
047: }
```

6-7행 6행은 cvOpenFileStorage 함수를 사용하여 XML 파일인 "a.xml"을 쓰기 모드인 CV_STORAGE_WRITE로 쓰기 가능하도록 개방(open)하고, CvFileStorage* 포인터 fsW에 저장한다. 쓰기 모드인 CV_STORAGE_WRITE로 개방하면 해당 파일을 생성한다. 7행은 YML 파일인 "a.yml"을 쓰기 모드인 CV_STORAGE_WRITE로 개방한다.

11행 cvWrite 함수로 fsW에 "A" 이름으로 행렬 matA를 출력한다.

12행 cvReleaseFileStorage 함수로 포인터 fsW에 개방된 파일을 닫는다.

14-15행 14행은 cvOpenFileStorage 함수를 사용하여 XML 파일인 "a.xml"을 읽기 모드인 CV_STORAGE_READ로 읽기 가능하도록 개방(open)하고, CvFileStorage* 포인터 fsR에 저장한다. 읽기 모드인 CV_STORAGE_READ는 해당 파일이 없는 경우 NULL 포인터를 반환한다.

15행은 YML 파일인 "a.yml"을 읽기 모드인 CV_STORAGE_READ로 개방한다.

18행 18행은 cvReadByName() 함수로 파일 포인터 fsR에서 이름 "A"를 키로 하여 행렬을 읽어 행렬 포인터 matB에 저장한다. cvReadByName 함수의 2번째 파라미터는 CvFileNode* map=0으로 하여 최상위 노드(top-level node)에서 이름 "A"를 검색한다.

20-22행 cvGetFileNodeByName 함수에 의해 최상위 노드에서 이름 "A"를 검색하여 CvFileNode * 포인터 param에 저장하고, param를 이용하여 cvRead 함수로 읽을 수도 있다. cvReadByName 함수로 읽은 것과 결과는 같으나, cvReadByName 함수를 사용하는 것이 더 간단하다.

24행 cvReleaseFileStorage 함수로 포인터 fsR에 개방된 파일을 닫는다.

PrintMat 함수에 의해 행렬 matB가 단위 행렬로 출력됨을 알 수 있다. [그림 4.40]는 XML 파일 출력된 결과이고, [그림 4.41]은 YML 파일 출력된 결과이다.

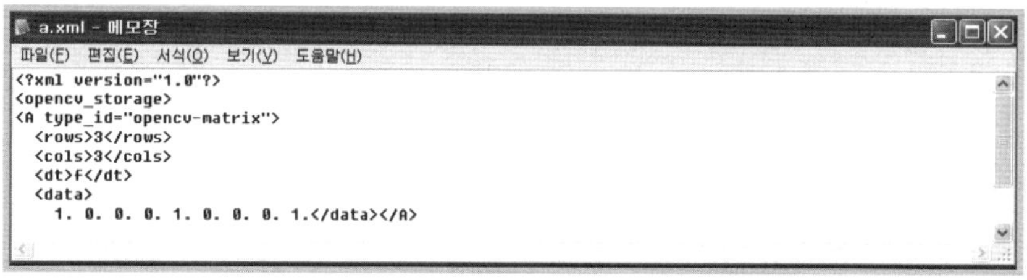


```
<?xml version="1.0"?>
<opencv_storage>
<A type_id="opencv-matrix">
  <rows>3</rows>
  <cols>3</cols>
  <dt>f</dt>
  <data>
    1. 0. 0. 0. 1. 0. 0. 0. 1.</data></A>
```

[그림 4.40] XML 파일 출력

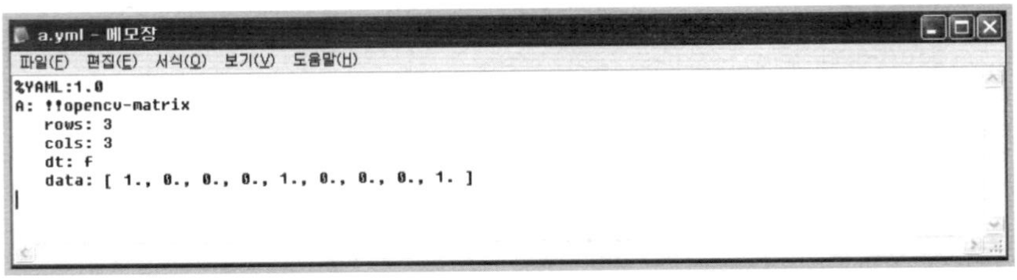

```
a.yml - 메모장
파일(F) 편집(E) 서식(O) 보기(V) 도움말(H)
%YAML:1.0
A: !!opencv-matrix
   rows: 3
   cols: 3
   dt: f
   data: [ 1., 0., 0., 0., 1., 0., 0., 0., 1. ]
```

[그림 4.41] YML 파일 출력

예제 cvEx0419 비디오에서 카메라 내부 파라미터와 렌즈 왜곡 계수 행렬을 XML/YML로 쓰기

```
001: #include <stdio.h>
002: #include "cv.h"
003: #include "highgui.h"
004: #define TOL 1.E-20
005: void MakeCalibrationData2(CvMat *mW, CvMat *mP, CvMat *object_points,
006:                          CvMat * image_points, int k, int nPoints);
007: bool FindCornerPoints(IplImage *image, CvSize size, CvMat *mP);
008: void ConvertPt2Mat(CvPoint2D32f *P, CvMat *mP, int nPoints);
009: void SetWorldCoordinateChessBoard(CvMat *mW, double dStep, CvSize size);
010: void PrintMat(const CvMat *mat, const char *strName);
011: #define N    8
012: int main()
013: {
014: //  CvFileStorage* fsW = cvOpenFileStorage("calib.xml", 0, CV_STORAGE_WRITE);
015:     CvFileStorage* fsW = cvOpenFileStorage("calib.yml", 0, CV_STORAGE_WRITE);
016:
017:     IplImage*  frame=NULL;
018:     CvCapture* capture = cvCaptureFromFile("chess1.wmv");
019:     if(!capture)
020:     {
021:         printf("the video file was not found.");
022:         return 0;
023:     }
024:     int width = (int)cvGetCaptureProperty(capture,
025:                             CV_CAP_PROP_FRAME_WIDTH);
026:     int height = (int)cvGetCaptureProperty(capture,
027:                             CV_CAP_PROP_FRAME_HEIGHT);
028:     CvSize frame_size = cvSize(width, height);
029:
030:     cvNamedWindow("frame", 1);
031:
032:     CvSize patternSize = cvSize(6,3);
033:     int nPoints =patternSize.width*patternSize.height;
034:
035:     // set the corner points to the world coordinates (unit : cm)
036:     CvMat *mW = cvCreateMat(3, nPoints, CV_64F);
037:     SetWorldCoordinateChessBoard(mW, 3.8, patternSize);
038:
039:     // Calibration Data
```

```
040:    CvMat* object_points    = cvCreateMat(3, N*nPoints,CV_64F);
041:    CvMat* image_points     = cvCreateMat(2, N*nPoints,CV_64F);
042:    CvMat* point_counts     = cvCreateMat(1, N, CV_32S);
043:
044:    // Calibration Matrix
045:    CvMat* camera_matrix = cvCreateMat(3, 3,   CV_64F);
046:    CvMat* distortion_coeffs = cvCreateMat(1,4,CV_64F);
047:
048:    CvMat *mP = cvCreateMat(2, nPoints, CV_64F);
049:
050:    int flags=0;
051:    CvTermCriteria term_crit
052:       = cvTermCriteria(CV_TERMCRIT_ITER+CV_TERMCRIT_EPS,30,DBL_EPSILON);
053:    double reError;
054:
055:    int k = 0;
056:    bool bIntrinsicParam = false;
057:    for(int t=0; !bIntrinsicParam ;t++)
058:    {
059:         frame = cvQueryFrame(capture);
060:         if(!frame)
061:              break;
062:         if(!FindCornerPoints(frame, patternSize, mP))
063:              continue;
064:         cvShowImage("frame", frame);
065:
066:         if(!bIntrinsicParam)
067:         {
068:             cvSetReal1D(point_counts, k, nPoints);
069:         MakeCalibrationData2(mW, mP, object_points, image_points, k++, nPoints);
070:         }
071:         if(!bIntrinsicParam && k == N)
072:         {
073:            reError = cvCalibrateCamera2(object_points, image_points, point_counts,
074:                           frame_size, camera_matrix, distortion_coeffs,
075:                              NULL, NULL, flags, term_crit);
076:             bIntrinsicParam = true;
077:             PrintMat(camera_matrix, "camera_matrix:");
078:             PrintMat(distortion_coeffs, "distortion_coeffs:");
079:             // file write
080:             cvWrite(fsW, "camera_matrix", camera_matrix);
081:             cvWrite(fsW, "distortion_coeffs", distortion_coeffs);
082:
083:         }
084:         cvWaitKey(10);
085:    }
086:    cvReleaseFileStorage(&fsW);
087:    cvDestroyAllWindows();
088:    cvReleaseMat(&mW);
089:    cvReleaseMat(&mP);
090:    cvReleaseMat(&object_points);
```

```
091:        cvReleaseMat(&image_points);
092:        cvReleaseMat(&point_counts);
093:        cvReleaseMat(&camera_matrix);
094:        cvReleaseMat(&distortion_coeffs);
095:        cvReleaseCapture(&capture);
096:        return 0;
097: }
098: void MakeCalibrationData2(CvMat *mW, CvMat *mP, CvMat *object_points,
099:                           CvMat * image_points, int k, int nPoints)
100: {
101:    for(int j=k*nPoints, i=0; i<nPoints; i++, j++)
102:    {
103:            // object points
104:    CV_MAT_ELEM(*object_points, double, 0, j)=CV_MAT_ELEM(*mW, double, 0, i);
105:    CV_MAT_ELEM(*object_points, double, 1, j)=CV_MAT_ELEM(*mW, double, 1, i);
106:    CV_MAT_ELEM(*object_points, double, 2, j)=0.0; //z=0
107:
108:            // image points
109:    CV_MAT_ELEM(*image_points, double, 0, j)=CV_MAT_ELEM(*mP, double, 0, i);
110:    CV_MAT_ELEM(*image_points, double, 1, j)=CV_MAT_ELEM(*mP, double, 1, i);
111:    }
112: }
113: bool FindCornerPoints(IplImage *image, CvSize size, CvMat *mP)
114: {
115:    int nPoints =size.width*size.height;
116:    CvPoint2D32f *CornerP = new CvPoint2D32f[nPoints];
117:    int nCount;
118:    int nFound = cvFindChessboardCorners(image, size, CornerP, &nCount,
119:                        CV_CALIB_CB_ADAPTIVE_THRESH);
120:    if(nCount != size.width*size.height)
121:    {
122:            delete CornerP;
123:            return false;
124:    }
125:
126:    IplImage *grayImage = cvCreateImage(cvGetSize(image), 8, 1);
127:    cvCvtColor(image, grayImage, CV_BGR2GRAY);
128:    cvFindCornerSubPix(grayImage, CornerP, nCount, cvSize(11, 11),
129:                        cvSize(-1, -1),
130:            cvTermCriteria(CV_TERMCRIT_EPS+CV_TERMCRIT_ITER, 20, 0.1));
131:    cvReleaseImage(&grayImage);
132:
133:    cvDrawChessboardCorners(image, size, CornerP, nCount, nFound);
134:    ConvertPt2Mat(CornerP, mP, nPoints);
135:    delete CornerP;
136:    return true;
137: }
138: void ConvertPt2Mat(CvPoint2D32f *P, CvMat *mP, int nPoints)
139: {
140:    for(int i=0; i<nPoints; i++)
141:    {
142:            cvmSet(mP, 0, i, P[i].x);
143:            cvmSet(mP, 1, i, P[i].y);
```

```
144:    }
145: }
146: void SetWorldCoordinateChessBoard(CvMat *mW, double dStep, CvSize size)
147: {
148:     int nPoints = size.width*size.height;
149:     int i, j, k;
150:     // origin point : mW[size.width-1), the left-bottom point of corners
151:     double xW;
152:     double yW;
153:     for(i=0, yW = dStep; i<size.height; i++, yW += dStep)
154:     for(j=0, xW = (size.width)*dStep; j<size.width; j++, xW -= dStep)
155:     {
156:              k = i*size.width + j;
157:              cvmSet(mW, 0, k, xW);
158:              cvmSet(mW, 1, k, yW);
159:              cvmSet(mW, 2, k, 0.0); // z=0
160:     }
161: }
162: void PrintMat(const CvMat *mat, const char *strName)
163: {
164:     int   x, y;
165:     double  fValue;
166:     printf(" %s  \n =  \n", strName);
167:     for(y= 0; y<mat->rows; y++)
168:     {
169:          for(x= 0; x<mat->cols; x++)
170:          {
171:              fValue = cvGetReal2D(mat, y, x);
172:              printf("%10.2f ", fValue);
173:          }
174:          printf("\n");
175:     }
176:     printf("\n\n");
177: }
```

cvEx0417의 비디오에서 카메라 캘리브레이션 계산에서 내부 파라미터와 렌즈 왜곡 계수 행렬이 계산되면 XML 파일로 저장하고 종료한다.

14-15행   14행은 cvOpenFileStorage 함수를 사용하여 XML 파일인 "calib.xml"을 쓰기 모드인 CV_STORAGE_WRITE로 쓰기 가능하도록 개방(open)하고, CvFileStorage* 포인터 fsW에 저장한다. 15행은 YML 파일인 "calib.yml"을 쓰기 모드인 CV_STORAGE_WRITE로 개방한다.

80-81행   80행은 cvWrite 함수로 fsW에 "camera_matrix" 이름으로 행렬 camera_matrix를 출력한다. 81행은 cvWrite 함수로 fsW에 "distortion_coeffs" 이름으로 행렬 distortion_coeffs를 출력한다.

86행   cvReleaseFileStorage 함수로 포인터 fsW에 개방된 파일을 닫는다.

[그림 4.42]은 비디오에서 카메라 내부 파라미터와 렌즈 왜곡 계수 행렬을 YML 파일로 출력한 결과이다.

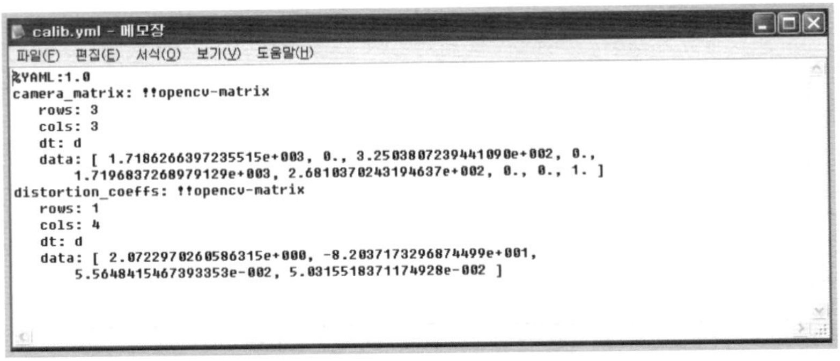

[그림 4.42] 비디오에서 카메라 내부 파라미터와 렌즈 왜곡 계수 행렬을 YML 파일 출력

예제 cvEx0420 비디오에서 카메라 내부 파라미터와 렌즈 왜곡 계수 행렬을 XML/YML에서 읽고, 외부 파라미터 계산

```
001: #include <stdio.h>
002: #include "cv.h"
003: #include "highgui.h"
004: #define TOL 1.E-20
005: bool FindCornerPoints(IplImage *image, CvSize size, CvMat *mP);
006: void ConvertPt2Mat(CvPoint2D32f *P, CvMat *mP, int nPoints);
007: void SetWorldCoordinateChessBoard(CvMat *mW, double dStep, CvSize size);
008: void DrawPoints(IplImage *image, const CvMat *mP, CvScalar color);
009: void PrintMat(const CvMat *mat, const char *strName);
010: #define N    8
011: int main()
012: {
013: // CvFileStorage* fsR = cvOpenFileStorage("calib.xml", 0, CV_STORAGE_READ);
014:    CvFileStorage* fsR = cvOpenFileStorage("calib.yml", 0, CV_STORAGE_READ);
015:
016:    IplImage*  frame=NULL;
017:    CvCapture* capture = cvCaptureFromFile("chess1.wmv");
018:    if(!capture)
019:    {
020:            printf("the video file was not found.");
021:            return 0;
022:    }
023:    int width = (int)cvGetCaptureProperty(capture,
024:                            CV_CAP_PROP_FRAME_WIDTH);
025:    int height = (int)cvGetCaptureProperty(capture,
026:                            CV_CAP_PROP_FRAME_HEIGHT);
027:    CvSize frame_size = cvSize(width, height);
028:
029:    // for writing a output video
030:    int is_color = 1;
031:    double fps = 24.0;
032:    int fourcc = CV_FOURCC('D', 'I', 'V', 'X'); // : MPEG-4
033:    CvVideoWriter* videoWriter = cvCreateVideoWriter("videoCalib.avi",
034:            fourcc,  fps, frame_size, is_color);
035:    if(!videoWriter)
```

```
036:            return 0;
037:     cvNamedWindow("frame", 1);
038:
039:     CvSize patternSize = cvSize(6,3);
040:     int nPoints =patternSize.width*patternSize.height;
041:     char   strTmp[128];
042:
043:     // set the corner points to the world coordinates (unit : cm)
044:     CvMat *mW = cvCreateMat(3, nPoints, CV_64F);
045:     SetWorldCoordinateChessBoard(mW, 3.8, patternSize);
046:
047:     // Calibration Matrix
048:     CvMat* camera_matrix;
049:     camera_matrix = (CvMat*)cvReadByName(fsR, 0, "camera_matrix");
050:
051:     CvMat* distortion_coeffs;
052:     distortion_coeffs = (CvMat*)cvReadByName(fsR, 0, "distortion_coeffs");
053:
054:     if(camera_matrix == NULL || distortion_coeffs == NULL)
055:     {
056:            printf(" No calibration data");
057:            return -1;   // exit
058:     }
059:     cvReleaseFileStorage(&fsR);
060:
061:
062:     CvMat *mP = cvCreateMat(2, nPoints, CV_64F);
063:     IplImage *dstImage = cvCreateImage(frame_size, IPL_DEPTH_8U, 3);
064:
065:     int flags=0;
066:     CvTermCriteria term_crit
067:        = cvTermCriteria(CV_TERMCRIT_ITER+CV_TERMCRIT_EPS,30,DBL_EPSILON);
068:
069:     int use_extrinsic_guess=0;
070:     CvMat* translation_vectors= cvCreateMat(1, 3,CV_64F);
071:     CvMat* rotation_vectors= cvCreateMat(1, 3, CV_64F);
072:     CvMat* rotation_Mat= cvCreateMat(3, 3, CV_64F);
073:
074:     CvMat *mP2 = cvCreateMat(1, nPoints, CV_64FC2);
075:     CvMat *mW2 = cvCreateMat(1, nPoints, CV_64FC3);
076:      cvConvertPointsHomogeneous(mW, mW2);
077:
078:     for(int t=0; cvWaitKey(10)!= 27 ;t++)
079:     {
080:            frame = cvQueryFrame(capture);
081:            if(!frame)
082:                   break;
083:            if(!FindCornerPoints(frame, patternSize, mP))
084:                   continue;
085:            cvShowImage("frame", frame);
086:
```

```
087:              cvFindExtrinsicCameraParams2(mW2, mP,
088:                      camera_matrix, distortion_coeffs,
089:                 rotation_vectors, translation_vectors, use_extrinsic_guess);
090:
091: //           cvRodrigues2(rotation_vectors, rotation_Mat);
092: //           sprintf(strTmp, "rotation_Mat[%d]", t);
093: //           PrintMat(rotation_Mat, strTmp);
094:
095:              sprintf(strTmp, "rotation_vectors[%d]", t);
096:              PrintMat(rotation_vectors, strTmp);
097:              sprintf(strTmp, "translation_vectors[%d]:", t);
098:              PrintMat(translation_vectors, strTmp);
099:
100:              cvProjectPoints2(mW2, rotation_vectors, translation_vectors,
101:                      camera_matrix, distortion_coeffs, mP2);
102:              cvUndistort2(frame, dstImage,
103:                          camera_matrix, distortion_coeffs);
104:              DrawPoints(dstImage, mP2, CV_RGB(0,255,0));
105:
106:              cvShowImage("dstImage", dstImage);
107:              cvWriteFrame(videoWriter,  dstImage);
108:      }
109:     cvWaitKey(0);
110:     cvDestroyAllWindows();
111:     cvReleaseMat(&mW);
112:     cvReleaseMat(&mW2);
113:
114:     cvReleaseMat(&mP);
115:     cvReleaseMat(&mP2);
116:
117:     cvReleaseMat(&camera_matrix);
118:     cvReleaseMat(&distortion_coeffs);
119:     cvReleaseMat(&rotation_vectors);
120:     cvReleaseMat(&translation_vectors);
121:     cvReleaseMat(&rotation_Mat);
122:     cvReleaseImage(&dstImage);
123:     cvReleaseCapture(&capture);
124:     cvReleaseVideoWriter(&videoWriter);
125:     return 0;
126: }
127: bool FindCornerPoints(IplImage *image, CvSize size, CvMat *mP)
128: {
129:     int nPoints =size.width*size.height;
130:     CvPoint2D32f *CornerP = new CvPoint2D32f[nPoints];
131:     int nCount;
132:     int nFound = cvFindChessboardCorners(image, size, CornerP, &nCount,
133:                         CV_CALIB_CB_ADAPTIVE_THRESH);
134:     if(nCount !=  size.width*size.height)
135:     {
136:         delete CornerP;
137:         return false;
```

```
138:    }
139:
140:    IplImage *grayImage = cvCreateImage(cvGetSize(image), 8, 1);
141:    cvCvtColor(image, grayImage, CV_BGR2GRAY);
142:    cvFindCornerSubPix(grayImage, CornerP, nCount, cvSize(11, 11),
143:                       cvSize(-1, -1),
144:            cvTermCriteria(CV_TERMCRIT_EPS+CV_TERMCRIT_ITER, 20, 0.1));
145:    cvReleaseImage(&grayImage);
146:
147:    cvDrawChessboardCorners(image, size, CornerP, nCount, nFound);
148:    ConvertPt2Mat(CornerP, mP, nPoints);
149:    delete CornerP;
150:    return true;
151: }
152: void ConvertPt2Mat(CvPoint2D32f *P, CvMat *mP, int nPoints)
153: {
154:    for(int i=0; i<nPoints; i++)
155:    {
156:            cvmSet(mP, 0, i, P[i].x);
157:            cvmSet(mP, 1, i, P[i].y);
158:    }
159: }
160: void SetWorldCoordinateChessBoard(CvMat *mW, double dStep, CvSize size)
161: {
162:    int nPoints = size.width*size.height;
163:    int i, j, k;
164:    // origin point : mW[size.width-1), the left-bottom point of corners
165:    double xW;
166:    double yW;
167:    for(i=0, yW = dStep; i<size.height; i++, yW += dStep)
168:    for(j=0, xW = (size.width)*dStep; j<size.width; j++, xW -= dStep)
169:    {
170:                k = i*size.width + j;
171:                cvmSet(mW, 0, k, xW);
172:                cvmSet(mW, 1, k, yW);
173:                cvmSet(mW, 2, k, 0.0); // z=0
174:    }
175: }
176: void DrawPoints(IplImage *image, const CvMat *mP, CvScalar color)
177: {
178:    double x, y;
179:    CvPoint pt1, pt2;
180:    CvScalar   pixel;
181:    for(int i=0; i<mP->rows; i++)
182:    for(int j=0; j<mP->cols; j++)
183:    {
184:            pixel = cvGet2D(mP, i, j);
185:            x = pixel.val[0];
186:            y = pixel.val[1];
187:
188:            pt2 = cvPoint(cvRound(x), cvRound(y));
```

```
189:            if(i==0 && j==0)
190:            {
191:                cvCircle(image, pt2, 5, CV_RGB(0, 255, 255),  2);
192:                pt1 = pt2;
193:                continue;
194:            }
195:        cvCircle(image, pt2, 2, CV_RGB(0, 0, 255), 2);
196:        cvLine(image, pt1, pt2, color, 1);
197:
198:        pt1 = pt2;
199:    }
200: }
201: void PrintMat(const CvMat *mat, const char *strName)
202: {
203:    int    x, y;
204:    double    fValue;
205:    printf(" %s \n =  \n", strName);
206:    for(y= 0; y<mat->rows; y++)
207:    {
208:            for(x= 0; x<mat->cols; x++)
209:            {
210:                    fValue = cvGetReal2D(mat, y, x);
211:                    printf("%10.2f ", fValue);
212:            }
213:            printf("\n");
214:    }
215:    printf("\n\n");
216: }
```

비디오에서 카메라 내부 파라미터와 렌즈 왜곡 계수 행렬은 cvEx0419에서 저장한 "calib.xml" 파일로부터 읽고, 외부 파라미터만 계산한다.

13-14행 13행은 cvOpenFileStorage 함수를 사용하여 XML 파일인 "calib.xml"을 읽기 모드인 CV_STORAGE_READ로 읽기 가능하도록 개방(open)하고, CvFileStorage* 포인터 fsR에 저장한다. 14행은 YML 파일인 "calib.yml"을 읽기 모드인 CV_STORAGE_READ로 개방한다.

48-59행 49행은 cvReadByName 함수로 fsR에서 "camera_matrix" 이름으로 검색하여 행렬 camera_matrix를 저장한다. 52행은 cvReadByName 함수로 fsR에서 "distortion_coeffs" 이름으로 검색하여 행렬 distortion_coeffs를 저장한다.

54행은 파일로부터 캘리브레이션 파라미터를 읽을 수 없으면 프로그램을 종료한다. 59행은 cvReleaseFileStorage 함수로 포인터 fsW에 개방된 파일을 닫는다.

실행 결과는 cvEx0417의 결과와 같지만, 동일한 카메라에 대해서 매번 카메라의 내부 파라미터와 렌즈 왜곡 계수를 계산하지 않아도 되므로 보다 효율적이다.

4.7 스테레오 영상

서로 다른 카메라 뷰(view)의 스테레오 영상을 이용한 캘리브레이션, 깊이(depth) 계산, 에피폴라 기하(epipolar geometry) 등에 대하여 설명한다.

4.7.1 에피폴라 및 기반 행렬 계산

(1) int cvFindFundamentalMat(const CvMat* points1, const CvMat* points2, CvMat* fundamental_matrix, int method=CV_FM_RANSAC, double param1=3., double param2=0.99, CvMat* status=NULL)

두 영상의 대응점으로부터 기반 행렬(fundamental matrix) F를 계산한다. 기반 행렬 F와 두 대응점 x, x' 사이의 관계는 $x'^T F x = 0$이다.

① points1은 1번 영상의 N개의 대응점으로 실수(float, double)이다.
② points2는 point1과 같은 크기 및 포맷의 2번 영상의 N개의 대응점이다.
③ method는 계산 방법으로 method=CV_FM_7POINT이면 N=7의 대응점이 필요하다. method=CV_FM_8POINT이면 $N \geq 8$개 이상의 대응점이 필요하다. method=CV_FM_RANSAC이면 RANSAC 알고리즘으로 $N \geq 8$개 이상의 대응점이 필요하다. method=CV_FM_LMEDS이면 LMedS 알고리즘으로 $N \geq 8$개 이상의 대응점이 필요하다.
④ param1은 CV_FM_RANSAC에서만 사용되며, 한 점에서 에피폴라 라인까지의 최소거리 임계값으로 이 값보다 큰 좌표는 아웃라이어가 된다.
⑤ param2는 CV_FM_RANSAC 또는 CV_FM_LMEDS에서 사용되며 계산되는 행렬의 유의수준(확률)으로 0에서 1 사이의 값이다.
⑥ status는 N 요소를 갖는 행렬로 CV_FM_RANSAC 또는 CV_FM_LMEDS에서만 사용되며, 대응되는 대응점이 아웃라이어이면 0, 인라이어이면 1로 출력된다.
⑦ fundamental_matrix는 $N \geq 8$개 이상의 대응점인 경우 3×3 행렬이다. N=7의 대응점인 경우 3×3 행렬이 연속으로 3개가 저장된 9×3 행렬이다. computeCorrespondEpilines 함수와 stereoRectifyUncalibrated 함수에서 사용된다.

(2) void cvComputeCorrespondEpilines(const CvMat* points, int which_image, const CvMat* fundamental_matrix, CvMat* correspondent_lines)

스테레오 영상의 두 영상 중 하나의 영상에 있는 좌표점 각각에 대하여, 대응하는 모든 에피폴라 라인 epilines를 계산한다.
① points는 입력 좌표로 $N \times 1$ 또는 $1 \times N$의 CV_32FC2 행렬이다.
② which_image는 입력 좌표 points가 어느 영상의 좌표인가를 나타낸다. which_image는 1 또는 2이다.

③ fundamental_matrix는 기반 행렬로 cvFindFundamentalMat 또는 stereoRectify 함수로부터 계산된다.

④ correspondent_lines는 출력으로 다른 영상에 있는 좌표점에 대응하는 에피폴라 라인이다. 각 라인은 직선의 방정식 $ax + by + c = 0$의 계수 (a, b, c)로 저장된다.
which_image = 1이면, 1번 영상 위의 좌표점 p_i^1에 대한 2번 영상에서의 에피폴라 라인 l_i^2는 $l_i^2 = Fp_i^1$로 계산된다. which_image = 2이면, 2번 영상 위의 좌표점 p_i^2에 대한 1번 영상에서의 에피폴라 라인 l_i^1는 $l_i^1 = F^T p_i^2$로 계산된다. 각 라인 계수는 $a_i^2 + b_i^2 = 1$로 정규화된다.

(3) void cvCorrectMatches(CvMat* F, CvMat* points1, CvMat* points2, CvMat* new_points1, CvMat*new_points2)

기반 행렬(fundamental matrix) F를 이용하여 대응점 사이의 기하학적 에러를 최소화하도록 대응점들을 조정하여 개선한다.

① points1, points2
points1은 1번 영상의 대응점 좌표의 $1 \times N$ 행렬이고, points2는 2번 영상의 대응점 좌표의 $1 \times N$ 행렬이다.

② F는 3×3 기반 행렬(fundamental matrix)이다.

③ new_points1, new_points2는 $newPoints2^T \times F \times newPoint1 = 0$의 에피폴라 기하 제약조건을 만족하도록 새로 조정된 대응점 행렬이다.

예제 cvEx0421 — cvFindFundamentalMat, cvComputeCorrespondEpilines, cvCorrectMatches 함수로 F 행렬 및 에피폴라 라인 계산

```
001: #include <stdio.h>
002: #include "cv.h"
003: #include "highgui.h"
004: void ConvertPtMat(CvPoint2D32f *P, CvMat *mP, int nPoints);
005: bool FindCornerPoints(IplImage *image, CvSize size, CvMat *mP);
006: void DrawEpiploarLines(IplImage *image, const CvMat *epipolaLines, CvScalar color);
007: void PrintMat(const CvMat *mat, const char *strName);
008: int main()
009: {
010:     IplImage    *srcImage[2];
011:     if((srcImage[0]=cvLoadImage("image1.jpg"))==NULL)
012:         return -1;
013:     if((srcImage[1]=cvLoadImage("image2.jpg"))==NULL)
014:         return -1;
015:     CvSize patternSize = cvSize(6, 3);
016:     int nPoints = patternSize.width*patternSize.height;
017:
018:     CvMat *mP[2];
019: // 1 channel points
020: // mP[0] = cvCreateMat(2, nPoints, CV_32F);
```

```
021:    // mP[1] = cvCreateMat(2, nPoints, CV_32F);
022:
023:    // 2 channel points
024:       mP[0] = cvCreateMat(1, nPoints, CV_32FC2);
025:       mP[1] = cvCreateMat(1, nPoints, CV_32FC2);
026:
027:       FindCornerPoints(srcImage[0], patternSize, mP[0]);
028:       FindCornerPoints(srcImage[1], patternSize, mP[1]);
029:
030:       CvMat *F = cvCreateMat(3, 3, CV_64F);
031:       cvFindFundamentalMat(mP[0], mP[1], F, CV_FM_RANSAC, 3.0, 0.99, NULL);
032:       PrintMat(F, "CV_FM_RANSAC, F :");
033: /*
034:       cvFindFundamentalMat(mP[0], mP[1], F, CV_FM_8POINT);
035:       PrintMat(F, "CV_FM_8POINT, F :");
036:       cvFindFundamentalMat(mP[0], mP[1], F, CV_FM_LMEDS, 3.0, 0.99, NULL);
037:       PrintMat(F, "CV_FM_LMEDS, F :");
038: */
039:       CvMat *mNewP[2]; // new points
040:       mNewP[0] = cvCreateMat(1, nPoints, CV_32FC2);
041:       mNewP[1] = cvCreateMat(1, nPoints, CV_32FC2);
042:       cvCorrectMatches(F, mP[0], mP[1],mNewP[0], mNewP[1]);
043:       CvPoint2D32f pt[2];
044:       int i;
045:       for(i=0; i<nPoints; i++)
046:       {
047:              pt[0] = CV_MAT_ELEM(*mP[0], CvPoint2D32f, 0, i);
048:              pt[1] = CV_MAT_ELEM(*mNewP[0], CvPoint2D32f, 0, i);
049:              printf("mP[0]:(%f, %f)->mNewP[0]:(%f, %f)\n",
050:                     pt[0].x, pt[0].y, pt[1].x, pt[1].y);
051:       }
052:       for(i=0; i<nPoints; i++)
053:       {
054:              pt[0] = CV_MAT_ELEM(*mP[1], CvPoint2D32f, 0, i);
055:              pt[1] = CV_MAT_ELEM(*mNewP[1], CvPoint2D32f, 0, i);
056:              printf("mP[1]:(%f, %f) ->mNewP[1]:(%f, %f)\n",
057:                     pt[0].x, pt[0].y, pt[1].x, pt[1].y);
058:       }
059:
060:       CvMat* epipolaLines = cvCreateMat(nPoints, 3, CV_32F);
061:       cvComputeCorrespondEpilines(mP[0], 1, F, epipolaLines);
062: //    cvComputeCorrespondEpilines(mNewP[0], 1, F, epipolaLines);
063:       DrawEpiploarLines(srcImage[1], epipolaLines, CV_RGB(0, 0, 255));
064:
065:       cvNamedWindow("srcImage[0]", CV_WINDOW_AUTOSIZE);
066:       cvShowImage("srcImage[0]", srcImage[0]);
067:       cvNamedWindow("srcImage[1]", CV_WINDOW_AUTOSIZE);
068:       cvShowImage("srcImage[1]", srcImage[1]);
069:
070:       cvWaitKey(0);
071:       cvDestroyAllWindows();
```

```
072:    for(int i=0; i<2; i++)
073:    {
074:            cvReleaseMat(&mP[i]);
075:            cvReleaseMat(&mNewP[i]);
076:            cvReleaseImage(&srcImage[i]);
077:    }
078:    cvReleaseMat(&F);
079:    cvReleaseMat(&epipolaLines);
080:    return 0;
081: }
082: void ConvertPtMat(CvPoint2D32f *P, CvMat *mP, int nPoints)
083: {
084:    for(int i=0; i<nPoints; i++)
085:    {
086: // 1 channel
087: //         cvmSet(mP, 0, i, P[i].x);
088: //         cvmSet(mP, 1, i, P[i].y);
089: // 2 channel
090:            CV_MAT_ELEM(*mP, CvPoint2D32f, 0, i)= P[i];
091:    }
092: }
093: bool FindCornerPoints(IplImage *image, CvSize size, CvMat *mP)
094: {
095:    int nPoints =size.width*size.height;
096:    CvPoint2D32f *CornerP = new CvPoint2D32f[nPoints];
097:    int nCount;
098:    int nFound = cvFindChessboardCorners(image, size, CornerP, &nCount,
099:                                         CV_CALIB_CB_ADAPTIVE_THRESH);
100:    if(nCount !=  size.width*size.height)
101:    {
102:            delete CornerP;
103:            return false;
104:    }
105:    cvDrawChessboardCorners(image, size, CornerP, nCount, nFound);
106:    ConvertPtMat(CornerP, mP, nPoints);
107:    delete CornerP;
108:    return true;
109: }
110: void DrawEpiploarLines(IplImage *image, const CvMat *epipolaLines, CvScalar color)
111: {
112:    double x1 = 0;
113:    double x2 = image->width-1;
114:    double y1, y2;
115:    double a, b, c;
116:
117:    CvPoint pt1, pt2;
118:    for(int i=0; i<epipolaLines->rows; i++)
119:    {
120:            a = cvmGet(epipolaLines, i, 0);
121:            b = cvmGet(epipolaLines, i, 1);
122:            c = cvmGet(epipolaLines, i, 2);
```

```
123:            printf("%d: %f, %f, %f\n", i, a, b, c);
124:            if(b != 0.0)
125:            {
126:                    y1 = (- a*x1 - c)/b;
127:                    y2 = (- a*x2 - c)/b;
128:            }
129:            else
130:            {
131:                    y1 = 0;
132:                    y2 = image->height-1;
133:            }
134:            pt1 = cvPoint(cvRound(x1), cvRound(y1));
135:            pt2 = cvPoint(cvRound(x2), cvRound(y2));
136:
137:            cvLine(image, pt1, pt2, color, 1);
138:    }
139: }
140: void PrintMat(const CvMat *mat, const char *strName)
141: {
142:    int     x, y;
143:    double  fValue;
144:    printf(" %s  \n = \n", strName);
145:    for(y= 0; y<mat->rows; y++)
146:    {
147:            for(x= 0; x<mat->cols; x++)
148:            {
149:                    fValue = cvGetReal2D(mat, y, x);
150:                    printf("%.2lf ", fValue);
151:            }
152:            printf("\n");
153:    }
154:    printf("\n\n");
155: }
```

2대의 카메라로부터 획득한 스테레오 영상을 갖고 기반 행렬 F를 계산하고, 에피폴라 라인을 생성하고 표시한다. 예제에서는 1대의 카메라를 이동시켜 스테레오 영상을 획득하였다.

18-28행 20-21행은 스테레오 영상의 대응점을 저장할 $2 \times nPoints$의 1채널 32비트 실수(CV_32F) 행렬을 생성한다. 24-25행은 스테레오 영상의 대응점을 저장할 $1 \times nPoints$의 2채널 32비트 실수(CV_32FC2) 행렬을 생성한다. 1 채널, 2채널 행렬 모두 가능하다.

27-28행은 FindCornerPoints 함수로 영상 srcImage[0]의 코너점을 mP[0]에 저장하고, 영상 srcImage[1]의 코너점을 mP[1]에 저장한다.

30-38행	31행은 CV_FM_RANSAC 방법으로 mP[0]에서 mP[1]로의 기반 행렬 F를 계산한다. 34행은 CV_FM_8POINT 방법, 36행은 CV_FM_LMEDS 방법으로 mP[0]에서 mP[1]로의 기반 행렬 F를 계산한다.
39-42행	cvCorrectMatches 함수로 F, mP[0], mP[1]을 입력으로 하여, 에피폴라 기하 조건을 만족하도록 mP[0]를 보정하여 mNewP[0]를 생성하고, mP[1]을 보정하여 mNewP[1]을 생성한다.
45-58행	45-51행은 보정 전 좌표 mP[0]와 보정 후 좌표 mNewP[0]를 출력하고, 52-58행은 보정 전 좌표 mP[1]과 보정 후 좌표 mNewP[1]을 출력한다.
60-63행	61행은 which_image =1로 하여, srcImage[0]의 보정 전인 mP[0]의 각 코너점 좌표에 대한 srcImage[1]에서의 에피폴라 라인을 F를 이용하여 epipolaLines에 계산한다.
	62행은 which_image=1로 하여, srcImage[0]의 보정 후인 mNewP[0]의 각 코너점 좌표에 대한 srcImage[1]에서의 에피폴라 라인을 F를 이용하여 epipolaLines에 계산한다.

[그림 4.43](a)는 61행의 기반 행렬 F와 mP[0]을 사용하여 계산한 에피폴라 라인을 표시한 영상이고, [그림 4.43](b)는 62행의 기반 행렬 F와 보정된 mNewP[0]을 사용하여 계산한 에피폴라 라인을 표시한 영상이다. [그림 4.44]는 F 행렬과 보정 전후의 좌표 결과이다.

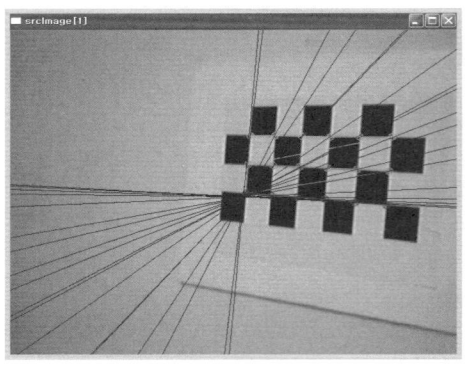 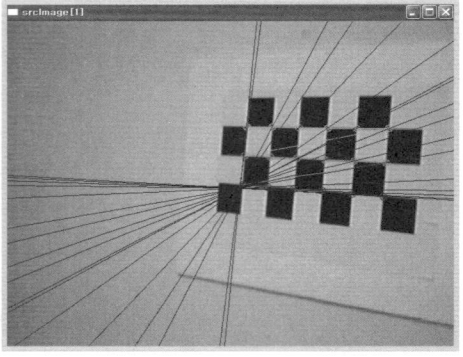

(a) (b)

[그림 4.43] F 행렬을 이용한 에피폴라 라인

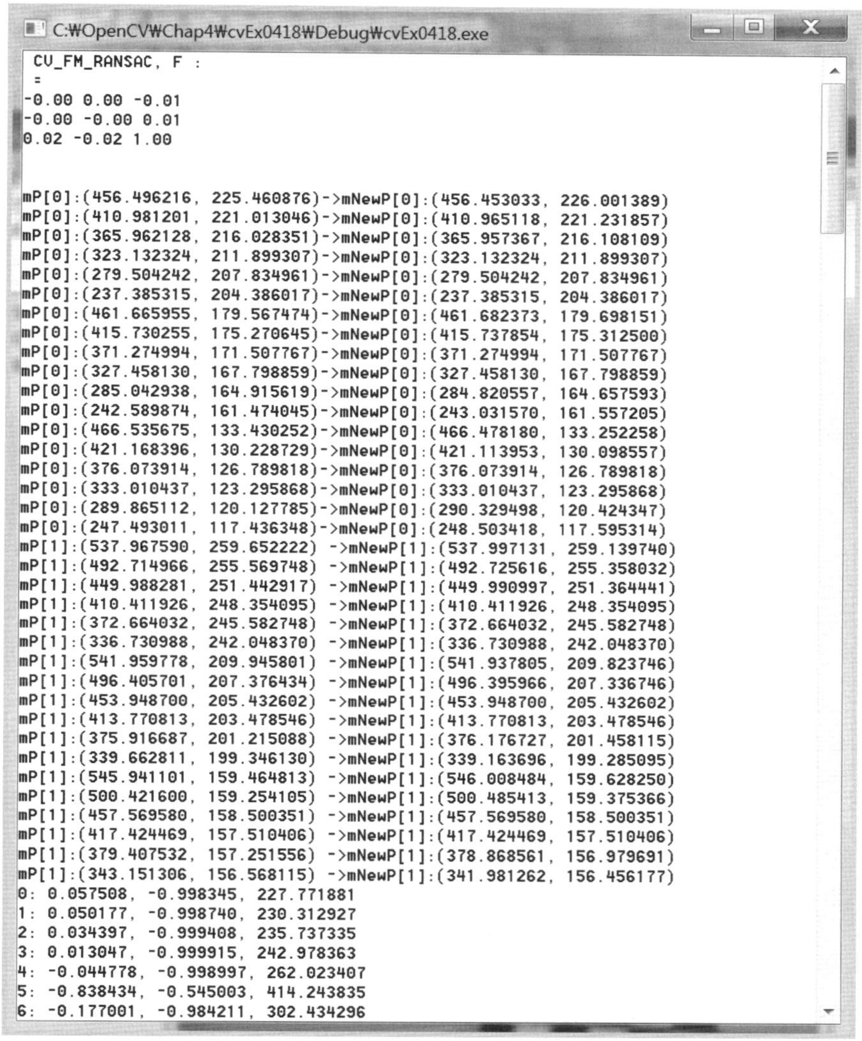

[그림 4.44] F 행렬과 에피폴라 라인 결과

4.7.2 스테레오 캘리브레이션

cvStereoCalibrate 함수는 스테레오 카메라를 캘리브레이션하고, cvStereoRectify 함수는 캘리브레이션된 스테레오 카메라에서 교정 변환(rectification transforms)을 계산한다. cvStereoRectifyUncalibrated 함수는 캘리브레이션 정보 없이 스테레오 카메라 영상을 교정한다. cvInitUndistortRectifyMap, cvInitUndistortMap 함수를 사용하여 왜곡 보정 및 cvRemap 함수에서 사용할 교정 변환 맵을 계산한다. cvCreateStereoBMState, cvFindStereoCorrespondenceBM 함수는 블록 정합 알고리즘을 이용하여 교정 변환된 스테레오 영상의 잔차(disparity)를 계산한다. cvTriangulatePoints 함수는 삼각법(triangulation)으로 2차원 좌표를 3차원으로 재구성(reconstruction)한다. cvReprojectImageTo3D 함수는 잔차 영상(disparity image)

을 3D 공간으로 재투영한다.

(1) double cvStereoCalibrate(const CvMat* object_points, const CvMat* image_points1, const CvMat* image_points2, const CvMat* npoints, CvMat* camera_matrix1, CvMat* dist_coeffs1, CvMat* camera_matrix2, CvMat* dist_coeffs2, CvSize image_size, CvMat* R, CvMat* T, CvMat* E=0, CvMat* F=0, CvTermCriteria erm_crit=cvTermCriteria(CV_TERMCRIT_ITER+CV_TERMCRIT_EPS,30,1e-6), int flags=CV_CALIB_FIX_INTRINSIC)

① cvStereoCalibrate 함수는 두 대의 스테레오 카메라 사이의 기하학적 관계인 회전 행렬(R) 및 이동(T) 벡터를 계산한다.
② objectPoints는 캘리브레이션 패턴의 물체 좌표를 입력한다.
③ imagePoints1, imagePoints2는 스테레오 카메라 1, 2번의 영상 좌표를 입력한다.
④ cameraMatrix1, cameraMatrix2는 스테레오 카메라 1, 2번의 내부 파라메타 행렬을 계산한다. 만약 flags에 CV_CALIB_USE_INTRINSIC_GUESS, CV_CALIB_FIX_ASPECT_RATIO, CV_CALIB_FIX_INTRINSIC, CV_CALIB_FIX_FOCAL_LENGTH 등이 설정되면 해당 요소를 입력으로 설정해야 한다.
⑤ distCoeffs1, distCoeffs2는 스테레오 카메라 1, 2번 카메라의 렌즈 왜곡 계수로 입력으로 줄 수도 있고, 출력으로 계산될 수도 있다.
⑥ imageSize는 영상 크기로 내부 파라미터에 영상 중심을 초기화할 때 입력한다.
⑦ R 행렬은 1번과 2번 카메라 좌표 사이의 회전 행렬이 출력으로 계산된다.
⑧ T 행렬은 1번과 2번 카메라 좌표 사이의 이동 벡터가 출력으로 계산된다.
⑨ E는 필수 행렬(essential matrix)이 출력으로 계산된다.
⑩ F는 기반 행렬(fundamental matrix)이 출력으로 계산된다.
⑪ term_crit는 최적화 알고리즘의 종료조건이다.
⑫ flags는 0이거나 다음 조건들의 조합이다.
- CV_CALIB_FIX_INTRINSIC
  cameraMatrix와 distCoeffs는 입력으로 받아 고정시키고, R, T, E, F만 계산된다.
- CV_CALIB_USE_INTRINSIC_GUESS
  명시된 플래그 값에 따라 내부 파라미터의 일부 또는 전부를 입력으로 받아, 최적화한다.
- CV_CALIB_FIX_PRINCIPAL_POINT
  최적화 수행 동안 영상의 주점을 고정한다. 즉 입력받은 것을 변경하지 않는다.
- CV_CALIB_FIX_FOCAL_LENGTH
  초점거리 f_x, f_y을 고정한다. 즉 입력받은 것을 변경하지 않는다.
- CV_CALIB_FIX_ASPECT_RATIO
  f_x/f_y의 비율은 고정하고 f_y는 최적화한다.
- CV_CALIB_SAME_FOCAL_LENGTH
  두 카메라의 초점거리를 같도록 한다.
- CV_CALIB_ZERO_TANGENT_DIST

각 카메라의 탄젠트 왜곡을 0으로 설정한다.
- CV_CALIB_FIX_K1,...,CV_CALIB_FIX_K6
  대응하는 방사 왜곡 계수를 고정시킨다.
- CV_CALIB_RATIONAL_MODEL
  k_4, k_5, k_6 계수를 사용하여 $k_1, k_2, p_1, p_2, k_3, k_4, k_5, k_6$의 8개의 렌즈 왜곡 계수를 사용한다. CV_CALIB_RATIONAL_MODEL이 설정되지 않으면, k_1, k_2, p_1, p_2, k_3 5개의 왜곡 계수만 사용된다.

⑬ cvFindExtrinsicCameraParams2() 함수로 스테레오 카메라 1, 2번 각각에 대하여 계산된 외부 파라미터가 (R_1, T_1), (R_2, T_2)이면, R, T, F와의 관계는 [수식 4-48], [수식 4-49], [수식 4-50]과 같은 관계가 있다.

$$R_2 = R \times R_1,$$
$$T_2 = R \times T_1 + T \qquad \text{[수식 4-48]}$$

$$E = \begin{bmatrix} 0 & -T_z & T_y \\ T_z & 0 & -T_x \\ -T_y & T_x & 0 \end{bmatrix} \times R, \text{ 여기서 } T = [T_x, T_y, T_z]^T \quad \text{[수식 4-49]}$$

$$F = cameraMatrix2^{-T} \times E \times cameraMatrix1^{-1} \qquad \text{[수식 4-50]}$$

cvStereoCalibrate 함수를 사용하면 스테레오 카메라의 내부 파라미터와 외부 파라미터, 왜곡 계수 등을 모두 캘리브레이션할 수 있으나, 잡음 등으로 최적화된 결과를 얻지 못할 수도 있으므로, 만약 cvCalibrateCamera2 함수로 내부 파라미터를 CV_CALIB_FIX_INTRINSIC 플래그를 사용하면 더욱 좋은 결과를 얻을 수 있다.

(2) void cvStereoRectify(const CvMat* camera_matrix1, const CvMat* camera_matrix2, const CvMat* dist_coeffs1, const CvMat* dist_coeffs2, CvSize image_size, const CvMat* R, const CvMat* T, CvMat* R1, CvMat* R2, CvMat* P1, CvMat* P2, CvMat* Q=0, int flags=CV_CALIB_ZERO_DISPARITY, double alpha=-1, CvSize new_image_size=cvSize(0,0), CvRect* valid_pix_ROI1=0, CvRect * valid_pix_ROI2=0)

① cvStereoRectify 함수는 Bouguet의 알고리즘을 구현한 것으로 두 대의 스테레오 카메라를 수평 또는 수직으로 나란히 놓이도록 교정하기 위한 변환을 계산한다. 즉, cvStereoCalibrate 함수로 계산된 camera_matrix1, camera_matrix2, dist_coeffs1, dist_coeffs2, R, T와 image_size, flags, alpha 등을 입력으로 하여, R1, R2, P1, P2, Q, newImageSize, validPixROI1, validPixROI2 등의 교정 변환(rectification transforms)을 계산한다. cvStereoRectify 함수에 의해 계산되는 투영 행렬 P1, P2는 새로운 카메라의 좌표계에서의 투영 행렬이다.
② camera_matrix1, camera_matrix2는 1, 2번 카메라의 내부 파라미터 입력이다.
③ dist_coeffs1, dist_coeffs2는 1, 2번 카메라의 왜곡 계수 입력이다.
④ image_size는 입력으로 스테레오 캘리브레이션을 위해 사용된 영상의 크기이다.
⑤ R 행렬은 cvStereoCalibrate 함수로 계산된 1번과 2번 카메라 사이의 회전 행렬이다.

⑥ T 행렬은 cvStereoCalibrate 함수로 계산된 1번과 2번 카메라 사이의 이동 벡터이다.
⑦ R1은 1번 카메라의 교정 변환을 위한 3×3 회전 행렬 출력이다.
⑧ R2는 2번 카메라의 교정 변환을 위한 3×3 회전 행렬 출력이다.
⑨ P1은 1번 카메라의 새로 교정된 좌표 시스템에서의 3×4 투영 행렬 출력이다.
⑩ P2는 2번 카메라의 새로 교정된 좌표 시스템에서의 3×4 투영 행렬 출력이다.
⑪ Q는 잔차-깊이(disparity-to-depth) 변환을 위한 4×4 출력 행렬이다.

$$Q = \begin{bmatrix} 1 & 0 & 0 & -cx_1 \\ 0 & 1 & 0 & -cy_1 \\ 0 & 0 & 0 & f_x \\ 0 & 0 & -1/T_x & (cx_1 - cx_2)/T_x \end{bmatrix}$$ [수식 4-51]

flags=CV_CALIB_ZERO_DISPARITY이면, $cx_1 = cx_2$ 이므로, Q는 [수식 5-52]와 같다.

$$Q = \begin{bmatrix} 1 & 0 & 0 & -cx_1 \\ 0 & 1 & 0 & -cy_1 \\ 0 & 0 & 0 & f_x \\ 0 & 0 & -1/T_x & 0 \end{bmatrix}$$ [수식 4-52]

⑫ flags=CV_CALIB_ZERO_DISPARITY이면, cvStereoRectify 함수는 각 카메라의 주점(principal points)을 동일하게 한다. flags=0이면, 가로 또는 세로로 영상을 이동시킬 수 있다.
⑬ alpha는 0과 1 사이의 스케일링 파라미터로, alpha=-1이면, 임으로 스케일링한다.
  alpha=0이면, 검정 영역 없이 유효한 화소만 보이도록 교정된 영상이 확대되고 이동된다.
  alpha=1이면, 교정된 영상에 원영상이 모두 보이도록 축소된다.
⑭ newImageSize는 교정 후의 새로운 영상 크기이다. (0,0)이면 원 영상의 크기인 image_size와 동일하게 설정한다. 방사 왜곡 등이 있을 때는 원 영상보다 크게 하는 것이 좋다.
⑮ validPixROI1와 validPixROI2는 옵션으로 모든 화소가 유효한 교정된 영상 내의 사각형을 출력한다. alpha=0이면 ROI는 전체 영역이 된다.
⑯ cvStereoRectify 함수로 계산된 두 회전 행렬 R1, R2는 두 대의 스테레오 카메라의 영상 투영 평면을 같은 평면이 되도록 하여, 모든 에피폴라 라인을 교정된 영상에서 평행하게 한다. 결과적으로 스테레오 영상의 잔차를 계산하기 위한 대응점 탐색을 1차원에서 탐색할 수 있어 깊이(depth) 계산을 쉽게 한다.
⑰ 수평 스테레오 카메라인 경우
  1, 2번 카메라가 x축을 따라서 수평으로 배치된 경우, 교정된 영상에서 1, 2번 카메라의 대응되는 에피폴라 라인은 y축은 같고 수평을 이룬다. 그리고 P1, P2는 [수식 4-53]과 같다. T_x는 두 카메라 사이의 수평 방향 이동이다. flags=CV_CALIB_ZERO_DISPARITY이면, $cx_1 = cx_2$이다. 즉, 1번 카메라는 원점(0, 0, 0)에 위치하여, 회전 없이, +Z 축 방향으로 초점거리 f만큼 떨어진 곳에 투영 중심이 (cx_1, cy)이 투영 평면이 위치하고 있다. 2번 카메라는 원점(T_x,0,0)에 위치하여, 회전 없이, +Z 축 방향으로 초점거리 f만큼 떨어진 곳에 투영 중심이 (cx_1, cy)이 투영 평면이 위치하고 있다. cvStereoRectify 함수로 교정되기 때문에 회전은 단위 행렬이고, y축이 일치하도록 교정되어 있다.

$$P1 = A[I|0] = \begin{bmatrix} f & 0 & cx_1 \\ 0 & f & cy \\ 0 & 0 & 1 \end{bmatrix} \begin{bmatrix} 1 & 0 & 0 & |0 \\ 0 & 1 & 0 & |0 \\ 0 & 0 & 1 & |0 \end{bmatrix} = \begin{bmatrix} f & 0 & cx_1 & 0 \\ 0 & f & cy & 0 \\ 0 & 0 & 1 & 0 \end{bmatrix}$$ [수식 4-53]

$$P2 = A[I|T] = \begin{bmatrix} f & 0 & cx_2 \\ 0 & f & cy \\ 0 & 0 & 1 \end{bmatrix} \begin{bmatrix} 1 & 0 & 0| & Tx \\ 0 & 1 & 0| & 0 \\ 0 & 0 & 1| & 0 \end{bmatrix} = \begin{bmatrix} f & 0 & cx_2 & f^*T_x \\ 0 & f & cy & 0 \\ 0 & 0 & 1 & 0 \end{bmatrix}$$

⑱ 수직 스테레오 카메라인 경우

1, 2번 카메라가 y축을 따라서 수직으로 배치된 경우, 교정된 영상에서 1, 2번 카메라의 대응되는 에피폴라 라인은 x축은 같고 수직을 이룬다. 그리고 P1, P2는 [수식 4-54]와 같다. T_y는 두 카메라 사이의 수직 방향 이동이다. flags=CV_CALIB_ZERO_DISPARITY이면, $cy_1 = cy_2$이다. cvStereoRectify 함수로 교정되기 때문에 회전은 단위 행렬이고, x축이 일치하도록 교정되어 있다.

$$P1 = \begin{bmatrix} f & 0 & cx & 0 \\ 0 & f & cy_1 & 0 \\ 0 & 0 & 1 & 0 \end{bmatrix} \qquad P2 = \begin{bmatrix} f & 0 & cx & 0 \\ 0 & f & cy_2 & T_y^*f \\ 0 & 0 & 1 & 0 \end{bmatrix}$$ [수식 4-54]

(3) int cvStereoRectifyUncalibrated(const CvMat* points1, const CvMat* points2, const CvMat* F, CvSize img_size, CvMat* H1, CvMat* H2, double threshold=5)

① 캘리브레이션 정보 없이 스테레오 카메라 영상을 교정한다.
② points1과 points2는 1, 2번 카메라의 대응점으로 cvFindFundamentalMat 함수와 자료 형식이 같다.
③ F는 입력으로 points1, points2를 이용하여 cvFindFundamentalMat 함수로 계산된 기반 행렬이다.
④ img_size는 영상의 크기이다.
⑤ H1, H2는 출력으로 1, 2번 영상의 교정 호모그래피(rectification homography) 행렬이다.
⑥ threshold는 아웃라이어를 위한 임계값으로, threshold>0이면,
$|points2[i]^T \times F \times points1[i]| > threshold$ 인 대응점은 아웃라이어로 판단한다.

cvStereoRectifyUncalibrated 함수는 Hartley의 논문 "Theory and Practice of Projective Rectification"을 구현한 것으로 스테레오 영상의 대응점으로부터 계산된 에피폴라 기하의 기반 행렬 F의 계산에 매우 민감하다. OpenCV 문서에 언급된 바와 같이 렌즈 왜곡이 심각한 경우 cvCalibrateCamera2와 cvStereoCalibrate 함수에 의해 캘리브레이션을 수행하고, cvUndistortPoints 함수로 대응점에 대하여 렌즈 왜곡을 보정한 뒤에 기반 행렬 F를 계산해야 한다. 그럼에도 불구하고 cvStereoRectify 함수와 비교하여 만족할 만한 결과를 얻기가 어렵다.

(4) void cvInitUndistortRectifyMap(const CvMat* camera_matrix,
   const CvMat* dist_coeffs, const CvMat* R,
   const CvMat* new_camera_matrix, CvArr* mapx, CvArr* mapy)

(5) void cvInitUndistortMap(const CvMat* camera_matrix,
   const CvMat* distortion_coeffs, CvArr* mapx, CvArr* mapy)

① 왜곡 보정 및 remap 함수에서 사용할 교정 변환 맵(rectification transforms)을 계산한다.
② camera_matrix는 입력으로 카메라 내부 파라미터이다.
③ dist_coeffs는 입력 왜곡 계수 벡터이며, NULL이면 왜곡이 없다고 가정한다.
④ R은 옵션으로 물체 공간에서의 교정 변환으로 cvStereoRectify 함수로 계산된 R1 또는 R2 이다. R=NULL이면 단위 행렬로 가정한다. cvInitUndistortMap 함수는 R을 단위 행렬로 가정한다.
⑤ new_camera_matrix는 새로운 카메라 내부 파라미터이다. 단일 카메라의 경우, new_camera_matrix=camera_matrix이거나 스케일을 고려할 때는 cvGetOptimalNewCameraMatrix 함수로 계산한다. 스테레오 카메라일 때 new_camera_matrix는 cvStereoRectify 함수로 계산된 P1 또는 P2를 이용하여 설정된다. 그러므로 스테레오 카메라의 경우, cvStereoCalibrate 함수를 호출한 다음, cvStereoRectify 함수를 호출하고, cvInitUndistortMap 함수를 2번 호출한다.
⑥ mapx, mapy는 출력으로 계산되는 맵이다. cvRemap 함수의 입력이 된다.

(6) void cvComputeCorrespondEpilines(const CvMat* points, int which_image,
   const CvMat* fundamental_matrix, CvMat* correspondent_lines)

스테레오 영상의 기반 행렬 F를 사용하여, 각 영상의 좌표에 대한 대응하는 에피폴라 라인을 계산한다.

① points는 스테레오 영상 위의 입력 좌표로, CV_32FC2 자료형의 Nx1 또는 1xN 행렬이다.
② which_image=1이면, points는 1번(왼쪽) 카메라로부터의 영상의 좌표 행렬이며, which_image=2이면, points는 2번(오른쪽) 카메라로부터의 영상의 좌표 행렬임을 의미한다.
③ fundamental_matrix는 cvStereoCalibrate 함수로 계산한 기반 행렬이다.
④ correspondent_lines는 출력인 작 좌표에 대한 에피폴라 라인으로 직선의 방정식 $ax + by + c = 0$의 계수 (a b c)가 저장된다.

예제 cvEx0422   2대의 USB 카메라부터 스테레오 비디오 획득

```
001: #include "cv.h"
002: #include "highgui.h"
003: int main()
004: {
005:     CvCapture* capture[2];
006:     capture[0] = cvCaptureFromCAM(0);
007:     capture[1] = cvCaptureFromCAM(1);
008:     if(!capture[0] || !capture[1])
009:     {
010:             printf("Cameras were not found.");
011:             return 0;
012:     }
013:     int width = (int)cvGetCaptureProperty(capture[0],
014:                             CV_CAP_PROP_FRAME_WIDTH);
015:     int height = (int)cvGetCaptureProperty(capture[0],
016:                             CV_CAP_PROP_FRAME_HEIGHT);
017:
018:     // for writing output videos
019:     int is_color = 1;
020:     double fps = 24.0;
021:     int fourcc = CV_FOURCC('D', 'I', 'V', 'X'); // : MPEG-4
022:     CvSize frame_size = cvSize(width, height);
023:     CvVideoWriter* videoWriter[2];
024:     videoWriter[0] = cvCreateVideoWriter("leftCam.avi",
025:             fourcc, fps, frame_size, is_color);
026:     videoWriter[1] = cvCreateVideoWriter("rightCam.avi",
027:             fourcc, fps, frame_size, is_color);
028:
029:     if(!videoWriter[0] || !videoWriter[1])
030:             return 0;
031:
032:     IplImage* frame[2];
033:     cvNamedWindow("Camera1", CV_WINDOW_AUTOSIZE);
034:     cvNamedWindow("Camera2", CV_WINDOW_AUTOSIZE);
035:     for(int t=0; cvWaitKey(10)!= 27 ;t++)
036:     {
037:             frame[0] = cvQueryFrame(capture[0]);
038:             frame[1] = cvQueryFrame(capture[1]);
039:
040:             if(!frame[0] || !frame[1])
041:                     break;
042:
043:             cvWriteFrame(videoWriter[0], frame[0]);
044:             cvWriteFrame(videoWriter[1], frame[1]);
045:
046:         cvShowImage("Camera1", frame[0]);
047:         cvShowImage("Camera2", frame[1]);
048:
```

```
049:    }
050:     cvDestroyAllWindows();
051:    for(int i=0; i<2; i++)
052:    {
053:            cvReleaseCapture(&capture[i]);
054:            cvReleaseVideoWriter(&videoWriter[i]);
055:    }
056:    return 0;
057: }
```

[그림 4.45]와 같이 2대의 USB 카메라를 모니터 상단에 대략 25.5cm 간격으로 배치하고 스테레오 카메라 캘리브레이션을 위해 좌, 우 비디오 영상을 획득한다. 37행과 38행은 엄밀하게 동일 시간에 좌, 우 영상이 획득되는 것은 아니지만, 대략적으로는 동일시간에 획득된다 할 수 있다. 스테레오 카메라의 좌, 우 카메라가 수평과 자세가 대략 위치되어 있다.

[그림 4.46](a)는 왼쪽 카메라로부터 획득한 비디오이고, [그림 4.46](b)는 오른쪽 카메라로부터 획득한 비디오이다.

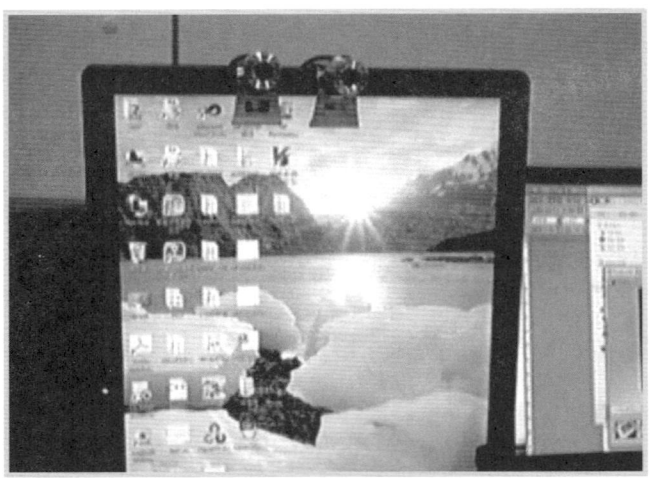

[그림 4.45] 2대의 USB 카메라 배치

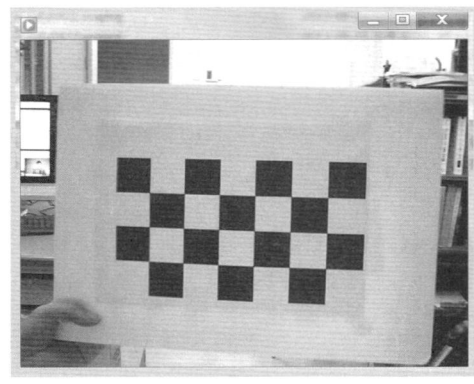

(a) leftCam.avi   (b) rightCam.avi

[그림 4.46] 2대의 USB 카메라로 획득한 비디오

예제 cvEx0423   cvStereoCalibrate 함수를 이용한 비디오 스테레오 캘리브레이션(1)

```
001: #include <stdio.h>
002: #include "cv.h"
003: #include "highgui.h"
004: bool FindCornerPoints(IplImage *image, CvSize size, CvMat *mP);
005: void SetWorldCoordinateChessBoard(CvMat *mW, double dStep, CvSize size);
006: void MakeStreoCalibrationData(CvMat *mW, CvMat *mP[], CvMat *object_points,
007:                               CvMat * image_points[], int k);
008: void PrintMat(const CvMat *mat, const char *strName);
009: #define STEP_T 10
010: #define N 8
011: int main()
012: {
013:    IplImage*  frame[2];
014:    CvCapture* capture[2];
015:    capture[0]= cvCaptureFromFile("leftCam.avi");
016:    capture[1]= cvCaptureFromFile("rightCam.avi");
017:    if(!capture[0] || !capture[1])
018:    {
019:         printf("the video files were not found.");
020:         return 0;
021:    }
022:    int width = (int)cvGetCaptureProperty(capture[0],
023:                          CV_CAP_PROP_FRAME_WIDTH);
024:    int height = (int)cvGetCaptureProperty(capture[0],
025:                          CV_CAP_PROP_FRAME_HEIGHT);
026:    CvSize image_size = cvSize(width, height);
027:
028:    cvNamedWindow("Cam1", 1);
029:    cvNamedWindow("Cam2", 1);
030:
031:    CvSize patternSize = cvSize(6,3);
032:    int nPoints = patternSize.width * patternSize.height;
033:    char  strTmp[128];
034:
035:    // set the corner points to the world coordinates (unit : cm)
036:    CvMat *mW = cvCreateMat(1, nPoints, CV_32FC3);
037:    SetWorldCoordinateChessBoard(mW, 3.8, patternSize);
038:
039:    CvMat *mP[2]; // mP[0]: left, mP[1]: right
040:    mP[0] = cvCreateMat(1, nPoints, CV_32FC2);
041:    mP[1] = cvCreateMat(1, nPoints, CV_32FC2);
042:
043:    CvMat* object_points    = cvCreateMat(1, N*nPoints,CV_32FC3);
044:    CvMat* image_points[2];
045:    image_points[0]=cvCreateMat(1, N*nPoints,CV_32FC2);
046:    image_points[1]=cvCreateMat(1, N*nPoints,CV_32FC2);
047:    CvMat* point_counts     = cvCreateMat(1, N, CV_32S);
048:
```

```
049:    CvMat* camera_matrix[2];
050:    camera_matrix[0] = cvCreateMat(3, 3, CV_64F);
051:    camera_matrix[1] = cvCreateMat(3, 3, CV_64F);
052:
053:    CvMat* distortion_coeffs[2];
054:    distortion_coeffs[0]= cvCreateMat(1,5,CV_64F);
055:    distortion_coeffs[1]= cvCreateMat(1,5,CV_64F);
056:
057:    CvMat *R, *T, *E, *F;
058:    R= cvCreateMat(3,3,CV_64F);
059:    T= cvCreateMat(3,1,CV_64F);   // 1 x 3 matrix is not ok.
060:    E= cvCreateMat(3,3,CV_64F);
061:    F= cvCreateMat(3,3,CV_64F);
062:    CvTermCriteria term_crit
063:            = cvTermCriteria(CV_TERMCRIT_ITER+CV_TERMCRIT_EPS,100,1e-6);
064:
065:    int     flags=  CV_CALIB_FIX_ASPECT_RATIO +
066:                        CV_CALIB_ZERO_TANGENT_DIST +
067:                        CV_CALIB_SAME_FOCAL_LENGTH+
068:                        CV_CALIB_FIX_K3;
069:
070:    CvMat* mapX = cvCreateMat(image_size.height, image_size.width, CV_32F);
071:    CvMat* mapY = cvCreateMat(image_size.height, image_size.width, CV_32F);
072:
073:    IplImage *dstImage[2];
074:    dstImage[0]= cvCreateImage(image_size, IPL_DEPTH_8U, 3);
075:    dstImage[1]= cvCreateImage(image_size, IPL_DEPTH_8U, 3);
076:
077:    char strFileName[128];
078:    sprintf(strFileName, "streoCalib%d.yml", N);
079:    CvFileStorage* fsW = cvOpenFileStorage(strFileName, 0, CV_STORAGE_WRITE);
080:    double repError;
081:    int k=0;
082:    bool bStreoCalibrate = false;
083:    for(int t=0; cvWaitKey(10)!= 27 ;t++)
084:    {
085:            frame[0] = cvQueryFrame(capture[0]);
086:            frame[1] = cvQueryFrame(capture[1]);
087:            if(!frame[0] || !frame[1])
088:                    break;
089:            if(!bStreoCalibrate)
090:            {
091:                    if(t%STEP_T != 0) //pick a frame per STEP_T frames
092:                            continue;
093:                    if(!FindCornerPoints(frame[0], patternSize, mP[0]))
094:                            continue;
095:                    if(!FindCornerPoints(frame[1], patternSize, mP[1]))
096:                            continue;
097:                    cvShowImage("Cam1", frame[0]);
098:                    cvShowImage("Cam2", frame[1]);
099:                    if(k<N)
```

```
100:                    {
101:                            printf(" Gethering point data k = %d ....\n", k);
102:                            cvSetReal1D(point_counts, k, mP[0]->cols);
103:                            MakeStreoCalibrationData(mW, mP, object_points,
104:                                            image_points, k++);
105:                    }
106:                    else // if(k==N)
107:                    {
108:                            printf("StereoCalibration Start... \n");
109:                            repError=cvStereoCalibrate(object_points, image_points[0],
110:                                            image_points[1], point_counts,
111:                                            camera_matrix[0], distortion_coeffs[0],
112:                                            camera_matrix[1], distortion_coeffs[1],
113:                                            image_size, R, T, E, F,
114:                                            term_crit, flags);
115:                            bStreoCalibrate = true;
116:                            printf("repError = %lf\n", repError);
117:                            printf("StereoCalibration Done... \n");
118:
119:                            PrintMat(camera_matrix[0], "camera_matrix[0]:");
120:                            cvWrite(fsW, "camera_matrix0", camera_matrix[0]);
121:
122:                            PrintMat(camera_matrix[1], "camera_matrix[1]:");
123:                            cvWrite(fsW, "camera_matrix1", camera_matrix[1]);
124:
125:                            PrintMat(distortion_coeffs[0], "distortion_coeffs[0]:");
126:                            cvWrite(fsW, "distortion_coeffs0", distortion_coeffs[0]);
127:
128:                            PrintMat(distortion_coeffs[1], "distortion_coeffs[1]:");
129:                            cvWrite(fsW, "distortion_coeffs1", distortion_coeffs[1]);
130:
131:                            PrintMat(R, "R");
132:                            cvWrite(fsW, "R", R);
133:
134:                            PrintMat(T, "T");
135:                            cvWrite(fsW, "T", T);
136:
137:                            PrintMat(E, "E");
138:                            cvWrite(fsW, "E", E);
139:
140:                            PrintMat(F, "F");
141:                            cvWrite(fsW, "F", F);
142:                            cvReleaseFileStorage(&fsW);
143:                    }
144:            }
145:            else // calibration done
146:            {
147:                    cvUndistort2(frame[0], dstImage[0],
148:                            camera_matrix[0], distortion_coeffs[0]);
149:                    cvUndistort2(frame[1], dstImage[1],
150:                            camera_matrix[1], distortion_coeffs[1]);
```

```
151:        /*
152:                cvInitUndistortMap(camera_matrix[0], distortion_coeffs[0], mapX, mapY);
153:                cvRemap(frame[0], dstImage[0], mapX, mapY);
154:                cvInitUndistortMap(camera_matrix[1], distortion_coeffs[1], mapX, mapY);
155:                cvRemap(frame[1], dstImage[1], mapX, mapY);
156:        */
157:                    cvShowImage("Cam1", dstImage[0]);
158:                    cvShowImage("Cam2", dstImage[1]);
159:                    cvWaitKey(0);
160:            }
161:
162:        }
163:    cvDestroyAllWindows();
164:    cvReleaseMat(&mW);
165:    cvReleaseMat(&R);
166:    cvReleaseMat(&T);
167:    cvReleaseMat(&E);
168:    cvReleaseMat(&F);
169:    cvReleaseMat(&point_counts);
170:    cvReleaseMat(&mapX);
171:    cvReleaseMat(&mapY);
172:    for(int i=0; i<2; i++)
173:    {
174:            cvReleaseMat(&mP[i]);
175:            cvReleaseMat(&image_points[i]);
176:            cvReleaseMat(&camera_matrix[i]);
177:            cvReleaseMat(&distortion_coeffs[i]);
178:            cvReleaseImage(&dstImage[i]);
179:            cvReleaseCapture(&capture[i]);
180:    }
181:    return 0;
182: }
183: void MakeStreoCalibrationData(CvMat *mW, CvMat *mP[], CvMat *object_points,
184:                       CvMat * image_points[], int k)
185: {
186:    int nPoints = mP[0]->cols;
187:    for(int j=k*nPoints, i=0; i<nPoints; i++, j++)
188:    {
189:            // object points
190:            CV_MAT_ELEM(*object_points, CvPoint3D32f, 0, j)
191:                            = CV_MAT_ELEM(*mW, CvPoint3D32f, 0, i);
192:            // image points
193:            CV_MAT_ELEM(*image_points[0], CvPoint2D32f, 0, j)
194:                            = CV_MAT_ELEM(*mP[0], CvPoint2D32f, 0, i);
195:            CV_MAT_ELEM(*image_points[1], CvPoint2D32f, 0, j)
196:                            = CV_MAT_ELEM(*mP[1], CvPoint2D32f, 0, i);
197:    }
198: }
199: void ConvertPtMat(CvPoint2D32f *P, CvMat *mP, int nPoints)
200: {
201:    for(int i=0; i<nPoints; i++)
```

```
202:    {
203:            CV_MAT_ELEM(*mP, CvPoint2D32f, 0, i)= P[i];
204:    }
205: }
206: bool FindCornerPoints(IplImage *image, CvSize size, CvMat *mP)
207: {
208:    int nPoints =size.width*size.height;
209:    CvPoint2D32f *CornerP = new CvPoint2D32f[nPoints];
210:    int nCount;
211:    int nFound = cvFindChessboardCorners(image, size, CornerP, &nCount,
212:                         CV_CALIB_CB_ADAPTIVE_THRESH);
213:    if(nCount != size.width*size.height)
214:    {
215:            delete CornerP;
216:            return false;
217:    }
218:    IplImage *grayImage = cvCreateImage(cvGetSize(image), 8, 1);
219:    cvCvtColor(image, grayImage, CV_BGR2GRAY);
220:    cvFindCornerSubPix(grayImage, CornerP, nCount, cvSize(11, 11),
221:                       cvSize(-1, -1),
222:            cvTermCriteria(CV_TERMCRIT_EPS+CV_TERMCRIT_ITER, 20, 0.01));
223:    cvReleaseImage(&grayImage);
224:
225:    cvDrawChessboardCorners(image, size, CornerP, nCount, nFound);
226:    ConvertPtMat(CornerP, mP, nPoints);
227:    delete CornerP;
228:    return true;
229: }
230: void SetWorldCoordinateChessBoard(CvMat *mW, double dStep, CvSize size)
231: {
232:    int nPoints = size.width*size.height;
233:    int i, j, k;
234:    // origin point : mW[size.width-1), the left-bottom point of corners
235:    double xW;
236:    double yW;
237:    CvPoint3D32f pt3;
238:    for(i=0, yW = dStep; i<size.height; i++, yW += dStep)
239:    for(j=0, xW = (size.width)*dStep; j<size.width; j++, xW -= dStep)
240:    {
241:            k = i*size.width + j;
242:            pt3.x = xW;
243:            pt3.y = yW;
244:            pt3.z = 0.0;
245:            CV_MAT_ELEM(*mW, CvPoint3D32f, 0, k)= pt3;
246:    }
247: }
248: void PrintMat(const CvMat *mat, const char *strName)
249: {
250:    int  x, y;
251:    double  fValue;
252:    printf(" %s  \n =  \n", strName);
```

```
253:    for(y= 0; y<mat->rows; y++)
254:    {
255:            for(x= 0; x<mat->cols; x++)
256:            {
257:                    fValue = cvGetReal2D(mat, y, x);
258:                    printf("%.2f ", fValue);
259:            }
260:            printf("\n");
261:    }
262:    printf("\n\n");
263: }
```

2대의 USB 카메라부터 획득한 스테레오 비디오("leftCam.avi", "rightCam.avi")에서 cvStereoCalibrate 함수로 스테레오 캘리브레이션을 수행한다.

9-10행   STEP_T는 코너점을 검출할 프레임의 샘플링 간격을 정의한다. N은 스테레오 캘리브레이션을 위한 코너점을 검출할 프레임의 개수를 정의한다. 캘리브레이션 정확도는 데이터에 따라 달라지며, 반드시 N의 크기에 비례하여 캘리브레이션 정확도가 높아지지는 않는다.

36-47행   mW는 CV_32FC3 행렬로 패턴의 코너점에 대한 3차원 좌표를 설정한다. mP[0]와 mP[1]은 자료형이 CV_32FC2인 행렬이며, mP[0]은 leftCam.avi의 프레임에서 코너점, mP[1]은 "rightCam.avi"의 프레임에서 검출한 코너점을 저장하기 위한 행렬이다. object_points는 코너점에 대한 3차원 좌표의 $1 \times (N * nPoints)$ 크기 행렬로, 3차원 좌표행렬 mW를 N번 반복하여 차례로 저장한다. image_points[0]와 image_points[1]는 각각 "leftCam.avi"와 "rightCam.avi"로부터 검출된 코너점의 영상 좌표를 저장할 $1 \times (N * nPoints)$ 크기의 행렬로, 각각 mP[0]와 mP[1]을 N번 반복하여 차례로 저장한다. point_counts는 $1 \times N$ 크기의 행렬로 N개의 프레임에서 검출된 코너점의 개수를 저장하기 위한 행렬이다.

49-82행   49-51행은 카메라의 내부 파라미터 행렬 camera_matrix[0], camera_matrix[1]을 선언하고 생성한다. 53-55행은 렌즈 왜곡 계수 행렬 distortion_coeffs[0], distortion_coeffs[1]을 선언하고 생성한다. 57-61행은 R, T, E, F 행렬을 선언하고 생성한다. 62-63행은 term_crit는 종료 조건으로 최대 반복 100회, 오차 1e-6으로 설정한다. 65-68행은 스테레오 캘리브레이션의 flags를 설정한다.

70-71행은 cvInitUndistortMap 함수에 의해 계산되는 왜곡 보정을 위한 맵 행렬 mapX, mapY을 선언하고 생성한다. 73-75행은 cvInitUndistortMap 함수로 입력 프레임 frame[0], frame[1]을 왜곡 보정하여 저장할 영상 dstImage[0], dstImage[1]을 생성한다. 77-79행은 N의 값에 따라 스테레오 캘리브레이션 결과를 저장할 파일을 생성하고 개방한다.

80-82행에서, repError는 cvStereoCalibrate 함수 반환되는 스테레오 캘리브레이션의 재투영 에러를 저장할 변수이다. k는 N개의 프레임을 카운트할 변수이며, bStreoCalibrate은 스테레오 캘리브레이션이 수행되었는지를 확인하기 위한 변수이다.

89-144행   bStreoCalibrate=false로 아직 캘리브레이션이 수행되지 않았으면, 캘리브레이션 데이터를 준비하고 캘리브레이션을 수행한다. 91-92행은 프레임 번호 t가 STEP_T의 배수인 프레임에서만 데이터를 준비하기 위한 처리이다. 93-96행은 FindCornerPoints() 함수로 코너점을 검출한다. frame[0]에서 patternSize 크기의 코너점을 검출하여 mP[0]에 저장하고, frame[1]에서 코너점을 검출하여 mP[1]에 저장한다.

99-105행은 N개의 프레임으로부터 스테레오 캘리브레이션을 위한 데이터를 준비하는 과정으로, cvSetReal1D 함수로 point_counts에 코너점의 개수 mP[0]->cols를 저장하고, MakeStreoCalibrationData 함수로 mW, mP를 object_points, image_points 행렬에 차례로 저장한다.

106-143행은 데이터가 준비되었으면, 즉 k==N이면, 준비된 데이터를 이용하여 109-114행에서 스테레오 캘리브레이션을 수행하고, 115행에서 bStreoCalibrate=true로 설정하여 더는 캘리브레이션을 수행하지 않게 하며, 116-142행에서 캘리브레이션 정보를 화면과 파일에 출력한다.

145-160행   147-150행은 cvUndistort2 함수로 카메라 내부 파라미터와 왜곡 계수를 이용하여 입력 프레임 영상 frame[0], frame[1] 영상을 dstImage[0], dstImage[1]으로 보정한다. 152-155행과 같이 cvInitUndistortMap 함수로 mapX, mapY 행렬을 생성하고, cvRemap 함수로 보정할 수 있다. 159행은 한 프레임씩 처리 결과를 보고 싶을 때 사용한다.

[그림 4.47]은 STEP_T를 10, N을 8로 하여 스테레오 캘리브레이션을 수행한 후에 내부 파라미터와 렌즈왜곡 계수를 사용하여 왜곡 보정을 수행한 결과이다. [그림 4.48]은 스테레오 캘리브레이션을 수행한 결과로 "streoCalib8.yml" 파일에 저장되며, 재투영 오류는 repError=0.434984이다. [그림 4.49]는 N을 12로 하여 스테레오 캘리브레이션을 수행한 결과로 "streoCalib12.yml" 파일에 저장되며, 재투영 오류는 repError=0.400163로 약간 감소된 것을 알 수 있다. 그리고 N의 값이 달라 카메라 내부 파라미터 행렬의 초점거리 등이 다른 것을 확인할 수 있다. 즉, 카메라 캘리브레이션을 통하여 스케일 파라미터를 결정할 수 없기 때문에, 캘리브레이션 결과는 사용하는 데이터에 의존함을 확인할 수 있다.

[그림 4.47] cvUndistort2 함수에 의한 스테레오 영상 왜곡 보정(N=8, STEP_T=10)

```
C:\OpenCV\Chap4\cvEx0423(streoCalibration)\Debug\cvEx0423.exe

 Gethering point data k = 6 ....
 Gethering point data k = 7 ....
StereoCalibration Start...
repError = 0.434984
StereoCalibration Done...
 camera_matrix[0]:
 =
917.71 0.00 381.14
0.00 917.71 172.86
0.00 0.00 1.00


 camera_matrix[1]:
 =
917.71 0.00 385.01
0.00 917.71 170.16
0.00 0.00 1.00


 distortion_coeffs[0]:
 =
-0.22 -0.67 0.00 0.00 0.00


 distortion_coeffs[1]:
 =
-0.09 -0.51 0.00 0.00 0.00


 R
 =
0.99 -0.10 0.06
0.10 0.99 -0.00
-0.06 0.01 1.00


 T
 =
-6.19
-0.41
-0.47


 E
 =
0.07 0.47 -0.41
-0.85 0.12 6.15
-0.22 -6.20 0.06


 F
 =
0.00 0.00 -0.00
-0.00 0.00 0.02
-0.00 -0.02 1.00
```

[그림 4.48] cvStereoCalibrate 함수에 의한 캘리브레이션 결과(N=8, STEP_T=10)

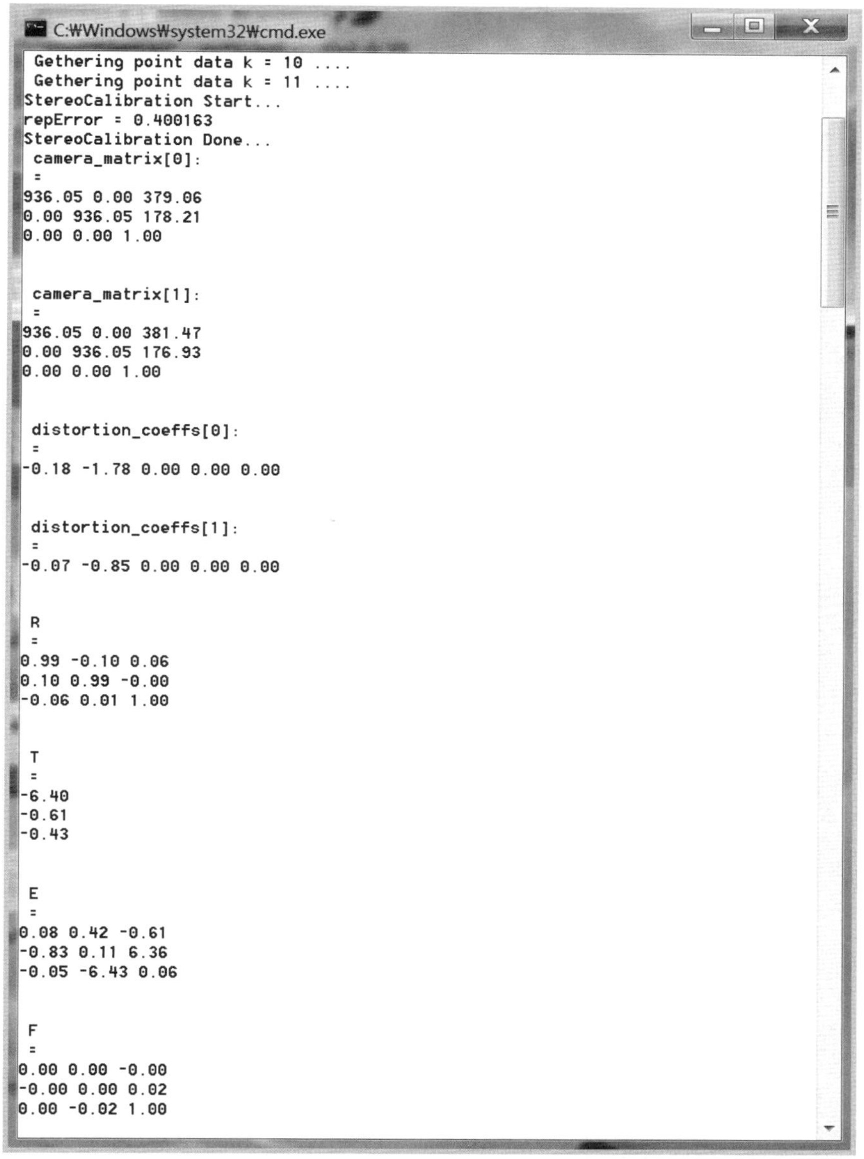

```
C:\Windows\system32\cmd.exe

 Gethering point data k = 10 ....
 Gethering point data k = 11 ....
StereoCalibration Start...
repError = 0.400163
StereoCalibration Done...
 camera_matrix[0]:
 =
936.05 0.00 379.06
0.00 936.05 178.21
0.00 0.00 1.00


 camera_matrix[1]:
 =
936.05 0.00 381.47
0.00 936.05 176.93
0.00 0.00 1.00


 distortion_coeffs[0]:
 =
-0.18 -1.78 0.00 0.00 0.00


 distortion_coeffs[1]:
 =
-0.07 -0.85 0.00 0.00 0.00


 R
 =
0.99 -0.10 0.06
0.10 0.99 -0.00
-0.06 0.01 1.00


 T
 =
-6.40
-0.61
-0.43


 E
 =
0.08 0.42 -0.61
-0.83 0.11 6.36
-0.05 -6.43 0.06


 F
 =
0.00 0.00 -0.00
-0.00 0.00 0.02
0.00 -0.02 1.00
```

[그림 4.49] cvStereoCalibrate 함수에 의한 캘리브레이션 결과(N=12, STEP_T=10)

예제 cvEx0424
cvStereoCalibrate 함수를 이용한 비디오 스테레오 캘리브레이션(2)
($R_2 = R \times R_1$, $T_2 = R \times T_1 + T$의 관계 확인)

```
001: #include <stdio.h>
002: #include "cv.h"
003: #include "highgui.h"
004: bool FindCornerPoints(IplImage *image, CvSize size, CvMat *mP);
005: void SetWorldCoordinateChessBoard(CvMat *mW, double dStep, CvSize size);
006: void PrintMat(const CvMat *mat, const char *strName);
007: int main()
008: {
009:    IplImage*  frame[2];
010:    CvCapture* capture[2];
011:    capture[0]= cvCaptureFromFile("leftCam.avi");
012:    capture[1]= cvCaptureFromFile("rightCam.avi");
013:    if(!capture[0] || !capture[1])
014:    {
015:            printf("the video files were not found.");
016:            return 0;
017:    }
018:    int width = (int)cvGetCaptureProperty(capture[0],
019:                            CV_CAP_PROP_FRAME_WIDTH);
020:    int height = (int)cvGetCaptureProperty(capture[0],
021:                            CV_CAP_PROP_FRAME_HEIGHT);
022:    CvSize image_size = cvSize(width, height);
023:
024:    cvNamedWindow("Cam1", 1);
025:    cvNamedWindow("Cam2", 1);
026:
027:    CvSize patternSize = cvSize(6,3);
028:    int nPoints =patternSize.width*patternSize.height;
029:    char   strTmp[128];
030:
031:    // set the corner points to the world coordinates (unit : cm)
032:    CvMat *mW = cvCreateMat(1, nPoints, CV_32FC3);
033:    SetWorldCoordinateChessBoard(mW, 3.8, patternSize);
034:
035:    CvMat *mP[2]; // mP[0]: left, mP[1]: right
036:    mP[0] = cvCreateMat(1, nPoints, CV_32FC2);
037:    mP[1] = cvCreateMat(1, nPoints, CV_32FC2);
038:
039:    // Read streo calibration parameters in streoCalib8.yml.
040:    // It is calculated in cvEx0423.
041:    CvFileStorage* fsR;
042: //  fsR = cvOpenFileStorage("streoCalib8.yml", 0, CV_STORAGE_READ);
043:    fsR = cvOpenFileStorage("streoCalib12.yml", 0, CV_STORAGE_READ);
044:    CvMat* camera_matrix[2];   // camera_matrix1, camera_matrix2
045:    camera_matrix[0] = (CvMat*)cvReadByName(fsR, 0, "camera_matrix0");
046:    camera_matrix[1] = (CvMat*)cvReadByName(fsR, 0, "camera_matrix1");
047: //  PrintMat(camera_matrix[0], "camera_matrix[0]");
048: //  PrintMat(camera_matrix[1], "camera_matrix[1]");
```

```
049:
050:     CvMat* distortion_coeffs[2];
051:     distortion_coeffs[0] = (CvMat*)cvReadByName(fsR, 0, "distortion_coeffs0");
052:     distortion_coeffs[1] = (CvMat*)cvReadByName(fsR, 0, "distortion_coeffs1");
053: //  PrintMat(distortion_coeffs[0], "distortion_coeffs[0]");
054: //  PrintMat(distortion_coeffs[1], "distortion_coeffs[1]");
055:
056:     CvMat *R, *T, *E, *F;
057:     R=(CvMat*)cvReadByName(fsR, 0, "R");
058:     T=(CvMat*)cvReadByName(fsR, 0, "T");
059:     E=(CvMat*)cvReadByName(fsR, 0, "E");
060:     F=(CvMat*)cvReadByName(fsR, 0, "F");
061:     cvReleaseFileStorage(&fsR);
062:
063:     CvMat* mapX = cvCreateMat(image_size.height, image_size.width, CV_32F);
064:     CvMat* mapY = cvCreateMat(image_size.height, image_size.width, CV_32F);
065:
066:     IplImage *dstImage[2];
067:     dstImage[0]= cvCreateImage(image_size, IPL_DEPTH_8U, 3);
068:     dstImage[1]= cvCreateImage(image_size, IPL_DEPTH_8U, 3);
069:
070:     // for cvFindExtrinsicCameraParams2
071:     CvMat* T1= cvCreateMat(3, 1,CV_64F);
072:     CvMat* T2= cvCreateMat(3, 1,CV_64F);
073:
074:     CvMat* _R1 = cvCreateMat(1, 3, CV_64F);
075:     CvMat*  R1 = cvCreateMat(3, 3, CV_64F);
076:
077:     CvMat* _R2 = cvCreateMat(1, 3, CV_64F);
078:     CvMat*  R2 = cvCreateMat(3, 3, CV_64F);
079:
080:     CvMat*  tmpR = cvCreateMat(3, 3, CV_64F);
081:     CvMat*  tmpT = cvCreateMat(3, 1, CV_64F);
082:
083:     for(int t=0; cvWaitKey(10)!= 27 ;t++)
084:     {
085:             frame[0] = cvQueryFrame(capture[0]);
086:             frame[1] = cvQueryFrame(capture[1]);
087:             if(!frame[0] || !frame[1])
088:                 break;
089:             if(!FindCornerPoints(frame[0], patternSize, mP[0]))
090:                 continue;
091:             if(!FindCornerPoints(frame[1], patternSize, mP[1]))
092:                 continue;
093:
094:             cvFindExtrinsicCameraParams2(mW, mP[0],
095:                     camera_matrix[0], distortion_coeffs[0],
096:                 _R1, T1, 0);
097:             cvRodrigues2(_R1, R1);
098:
099:             cvFindExtrinsicCameraParams2(mW, mP[1],
```

```
100:                             camera_matrix[1], distortion_coeffs[1],
101:                     _R2, T2, 0);
102:             cvRodrigues2(_R2, R2);
103:
104:             sprintf(strTmp, "R1[%d]", t);
105:             PrintMat(R1, strTmp);
106:             sprintf(strTmp, "T1[%d]", t);
107:             PrintMat(T1, strTmp);
108:
109:             sprintf(strTmp, "R2[%d]", t);
110:             PrintMat(R2, strTmp);
111:             sprintf(strTmp, "T2[%d]", t);
112:             PrintMat(T2, strTmp);
113:
114:             sprintf(strTmp, "R[%d]", t);
115:             PrintMat(R, strTmp);
116:             sprintf(strTmp, "T[%d]", t);
117:             PrintMat(T, strTmp);
118:
119: //      check that R2 = R*R1, T2 = R*T1+T;
120:             cvMatMul(R, R1, tmpR); //tmpR = R2 = R*R1
121:             PrintMat(tmpR, "R2=R*R1:");
122:             PrintMat(R2, "R2:");
123:
124:             cvMatMulAdd(R, T1, T, tmpT);
125:             PrintMat(tmpT, "T2=R*T1+T:"); // tmpT= T2=R*T1+T;
126:             PrintMat(T2, "T2:");
127:
128:             cvUndistort2(frame[0], dstImage[0],
129:                             camera_matrix[0], distortion_coeffs[0]);
130:             cvUndistort2(frame[1], dstImage[1],
131:                             camera_matrix[1], distortion_coeffs[1]);
132:
133:             cvShowImage("Cam1", dstImage[0]);
134:             cvShowImage("Cam2", dstImage[1]);
135:             cvWaitKey(0);
136:     }
137:     cvWaitKey(0);
138:     cvDestroyAllWindows();
139:     cvReleaseMat(&mW);
140:     cvReleaseMat(&R);
141:     cvReleaseMat(&T);
142:     cvReleaseMat(&E);
143:     cvReleaseMat(&F);
144:     cvReleaseMat(&mapX);
145:     cvReleaseMat(&mapY);
146:
147:     cvReleaseMat(&T1);
148:     cvReleaseMat(&T2);
149:     cvReleaseMat(&_R1);
150:     cvReleaseMat(&_R2);
```

```
151:        cvReleaseMat(&R1);
152:        cvReleaseMat(&R2);
153:
154:        cvReleaseMat(&tmpR);
155:        cvReleaseMat(&tmpT);
156:        for(int i=0; i<2; i++)
157:        {
158:                cvReleaseMat(&mP[i]);
159:                cvReleaseMat(&camera_matrix[i]);
160:                cvReleaseMat(&distortion_coeffs[i]);
161:                cvReleaseImage(&dstImage[i]);
162:                cvReleaseCapture(&capture[i]);
163:        }
164:        return 0;
165: }
166: void ConvertPtMat(CvPoint2D32f *P, CvMat *mP, int nPoints)
167: {
168:        for(int i=0; i<nPoints; i++)
169:        {
170:                CV_MAT_ELEM(*mP, CvPoint2D32f, 0, i)= P[i];
171:        }
172: }
173: bool FindCornerPoints(IplImage *image, CvSize size, CvMat *mP)
174: {
175:        int nPoints =size.width*size.height;
176:        CvPoint2D32f *CornerP = new CvPoint2D32f[nPoints];
177:        int nCount;
178:        int nFound = cvFindChessboardCorners(image, size, CornerP, &nCount,
179:                        CV_CALIB_CB_ADAPTIVE_THRESH);
180:        if(nCount != size.width*size.height)
181:        {
182:                delete CornerP;
183:                return false;
184:        }
185:        IplImage *grayImage = cvCreateImage(cvGetSize(image), 8, 1);
186:        cvCvtColor(image, grayImage, CV_BGR2GRAY);
187:        cvFindCornerSubPix(grayImage, CornerP, nCount, cvSize(11, 11),
188:                                cvSize(-1, -1),
189:                cvTermCriteria(CV_TERMCRIT_EPS+CV_TERMCRIT_ITER, 20, 0.01));
190:        cvReleaseImage(&grayImage);
191:
192:        cvDrawChessboardCorners(image, size, CornerP, nCount, nFound);
193:        ConvertPtMat(CornerP, mP, nPoints);
194:        delete CornerP;
195:        return true;
196: }
197: void SetWorldCoordinateChessBoard(CvMat *mW, double dStep, CvSize size)
198: {
199:        int nPoints = size.width*size.height;
200:        int i, j, k;
201:        // origin point : mW[size.width-1), the left-bottom point of corners
```

```
202:        double xW;
203:        double yW;
204:        CvPoint3D32f pt3;
205:        for(i=0, yW = dStep; i<size.height; i++, yW += dStep)
206:           for(j=0, xW = (size.width)*dStep; j<size.width; j++, xW -= dStep)
207:           {
208:                   k = i*size.width + j;
209:                   pt3.x = xW;
210:                   pt3.y = yW;
211:                   pt3.z = 0.0;
212:                   CV_MAT_ELEM(*mW, CvPoint3D32f, 0, k)= pt3;
213:           }
214: }
215: void PrintMat(const CvMat *mat, const char *strName)
216: {
217:        int    x, y;
218:        double   fValue;
219:        printf(" %s \n =  \n", strName);
220:        for(y= 0; y<mat->rows; y++)
221:        {
222:              for(x= 0; x<mat->cols; x++)
223:              {
224:                     fValue = cvGetReal2D(mat, y, x);
225:                     printf("%.2f ", fValue);
226:              }
227:              printf("\n");
228:        }
229:        printf("\n\n");
230: }
```

예제 cvEx0423의 cvStereoCalibrate 함수를 이용한 비디오 스테레오 캘리브레이션의 결과인 회전 행렬 R, 이동 행렬 T와 cvFindExtrinsicCameraParams2 함수로 계산한 두 카메라의 회전과 위치 관련 행렬 R1, T1과 R2, T2의 관계를 확인한다.

42-61행 스테레오 캘리브레이션 결과를 42-43행에 따라 "streoCalib8.yml" 또는 "streoCalib12.yml" 파일로부터 camera_matrix[0], camera_matrix[1], distortion_coeffs[0], distortion_coeffs[1], R, T, E, F에 읽어온다.

71-81행 cvFindExtrinsicCameraParams2 함수로 계산할 두 카메라의 회전과 위치 관련 행렬 R1, T1과 R2, T2를 생성한다. tmpR과 tmpT는 행렬 곱셈을 위한 임시 행렬이다.

94-97행 cvFindExtrinsicCameraParams2 함수로 "leftCam.avi"의 각 프레임에 대한 회전 벡터 _R1과 이동 벡터 T1을 계산하고, cvRodrigues2 함수로 회전 벡터 _R1으로부터 회전 행렬 R1을 계산한다. 이때 하나의 프레임에서 3차원 좌표 행렬 mW와 대응하는 코너점 영상 좌표 행렬 mP[0]만을 사용하여 계산한다.

99-102행 cvFindExtrinsicCameraParams2 함수로 "rightCam.avi"의 각 프레임에 대한 회전 벡터 _R2와 이동 벡터 T2를 계산하고, cvRodrigues2 함수로 회전 벡터 _R2로부터 회전 행렬 R2를 계산한다. 이때 하나의 프레임에서 3차원 좌표 행렬 mW와 대응하는 코너점 영상 좌표 행렬 mP[1]만을 사용하여 계산한다.

120-122행 $R_2 = R \times R_1$을 확인하기 위하여 120행은 행렬 곱셈 R*R1을 계산하여 tmpR에 저장한다. 121행의 tmpR 출력과 122행의 R2를 출력하여 같은지 확인한다.

124-126행 $T_2 = R \times T_1 + T$을 확인하기 위하여 124행은 R*T1+T를 계산하여 tmpT에 저장한다. 125행의 tmpT와 126행의 T2를 출력하여 같은지 확인한다.

[그림 4.50]은 "streoCalib8.yml"에 의한 실행 결과이고, [그림 4.51]은 "streoCalib12.yml"에 의한 실행 결과이다. 결과에서 약간의 오차가 있지만, R2=R*R1과 T2=R*T1+T의 관계가 있음을 확인할 수 있다.

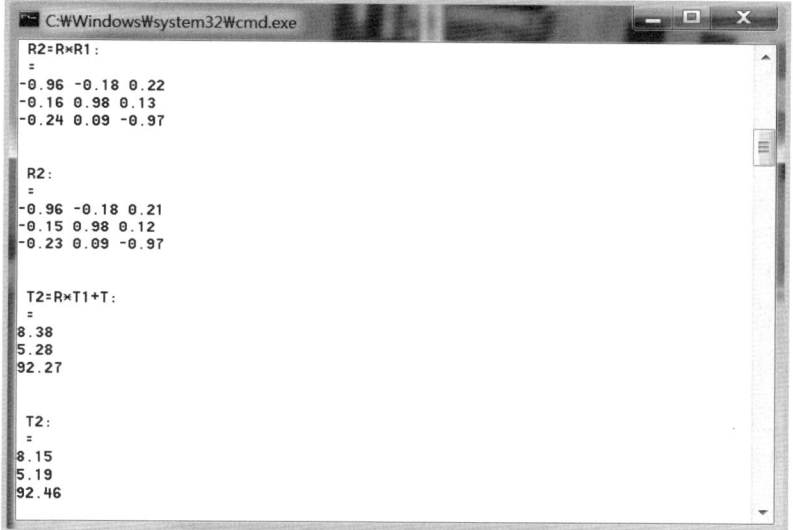

[그림 4.50] $R_2 = R \times R_1$, $T_2 = R \times T_1 + T$의 관계 확인(streoCalib8.yml)

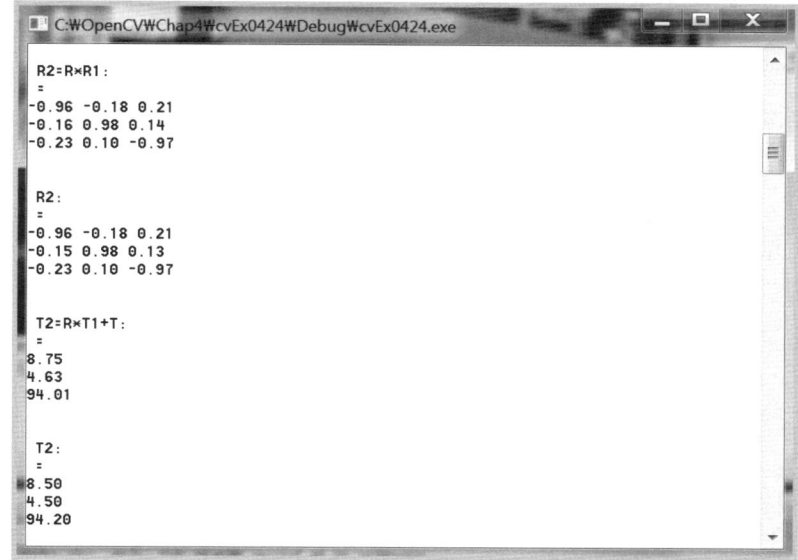

[그림 4.51] $R_2 = R \times R_1$, $T_2 = R \times T_1 + T$의 관계 확인(streoCalib12.yml)

예제 cvEx0425 cvStereoRectify 함수를 이용한 스테레오 교정 (streoCalibRect8.yml, streoCalibRect12.yml)

```
001: #include <stdio.h>
002: #include "cv.h"
003: #include "highgui.h"
004: bool FindCornerPoints(IplImage *image, CvSize size, CvMat *mP);
005: void SetWorldCoordinateChessBoard(CvMat *mW, double dStep, CvSize size);
006: void PrintMat(const CvMat *mat, const char *strName);
007: void MergeImage(IplImage *image1, IplImage *image2, IplImage *mergeImage);
008:
009: int main()
010: {
011:     IplImage*  frame[2];
012:     CvCapture* capture[2];
013:     capture[0]= cvCaptureFromFile("leftCam.avi");
014:     capture[1]= cvCaptureFromFile("rightCam.avi");
015:     if(!capture[0] || !capture[1])
016:     {
017:             printf("the video files were not found.");
018:             return 0;
019:     }
020:     int width = (int)cvGetCaptureProperty(capture[0],
021:                             CV_CAP_PROP_FRAME_WIDTH);
022:     int height = (int)cvGetCaptureProperty(capture[0],
023:                             CV_CAP_PROP_FRAME_HEIGHT);
024:     CvSize image_size = cvSize(width, height);
025:     CvSize image_size2 = cvSize(width*2, height);
026:
027:     // for writing output videos
028:     int is_color = 1;
029:     double fps = 24.0;
030:     int fourcc = CV_FOURCC('D', 'I', 'V', 'X'); // : MPEG-4
031:     CvVideoWriter* videoWriter;
032:     videoWriter= cvCreateVideoWriter("rectified.avi",
033:         fourcc,  fps, image_size2, is_color);
034:     if(!videoWriter)
035:             return 0;
036:
037:     CvSize patternSize = cvSize(6,3);
038:     int nPoints =patternSize.width*patternSize.height;
039:     char  strTmp[128];
040:
041:     // set the corner points to the world coordinates (unit : cm)
042:     CvMat *mW = cvCreateMat(1, nPoints, CV_32FC3);
043:     SetWorldCoordinateChessBoard(mW, 3.8, patternSize);
044:
045:     CvMat *mP[2]; // mP[0]: left, mP[1]: right
046:     mP[0] = cvCreateMat(1, nPoints, CV_32FC2);
047:     mP[1] = cvCreateMat(1, nPoints, CV_32FC2);
048:
```

```
049:      // Read streo calibration parameters from streoCalib8.yml or streoCalib12.yml
050:      // which is calculated in cvEx0423.
051:      CvFileStorage* fsR;
052:      fsR = cvOpenFileStorage("streoCalib8.yml", 0, CV_STORAGE_READ);
053: //   fsR = cvOpenFileStorage("streoCalib12.yml", 0, CV_STORAGE_READ);
054:
055:      CvMat* camera_matrix[2];   // camera_matrix1, camera_matrix2
056:      camera_matrix[0] = (CvMat*)cvReadByName(fsR, 0, "camera_matrix0");
057:      camera_matrix[1] = (CvMat*)cvReadByName(fsR, 0, "camera_matrix1");
058:      PrintMat(camera_matrix[0], "camera_matrix[0]");
059:      PrintMat(camera_matrix[1], "camera_matrix[1]");
060:
061:      CvMat* distortion_coeffs[2];
062:      distortion_coeffs[0] = (CvMat*)cvReadByName(fsR, 0, "distortion_coeffs0");
063:      distortion_coeffs[1] = (CvMat*)cvReadByName(fsR, 0, "distortion_coeffs1");
064:      PrintMat(distortion_coeffs[0], "distortion_coeffs[0]");
065:      PrintMat(distortion_coeffs[1], "distortion_coeffs[1]");
066:
067:      CvMat *R, *T;
068:      R=(CvMat*)cvReadByName(fsR, 0, "R");
069:      T=(CvMat*)cvReadByName(fsR, 0, "T");
070:      PrintMat(R, "R");
071:      PrintMat(T, "T");
072:      cvReleaseFileStorage(&fsR);
073:
074: // for cvStereoRectify
075:      CvMat *rR[2], *P[2], *Q;
076:      rR[0]= cvCreateMat(3,3,CV_64F);
077:      rR[1]= cvCreateMat(3,3,CV_64F);
078:
079:      P[0]= cvCreateMat(3,4,CV_64F);
080:      P[1]= cvCreateMat(3,4,CV_64F);
081:
082:      Q = cvCreateMat(4,4,CV_64F);
083:
084:      CvRect roi[2];
085:      double alpha =-1; // scale: 0.95
086:
087:      cvStereoRectify(camera_matrix[0], camera_matrix[1],
088:                      distortion_coeffs[0],distortion_coeffs[1],
089:                      image_size, R, T, rR[0], rR[1], P[0], P[1],
090:                      Q, CV_CALIB_ZERO_DISPARITY, alpha, image_size,
091:                      &roi[0],&roi[1]);
092:
093:      // calculate the rectification maps for undistortions
094:      CvMat *mapX[2], *mapY[2];
095:      mapX[0] = cvCreateMat(image_size.height, image_size.width, CV_32F);
096:      mapY[0] = cvCreateMat(image_size.height, image_size.width, CV_32F);
097:      mapX[1] = cvCreateMat(image_size.height, image_size.width, CV_32F);
098:      mapY[1] = cvCreateMat(image_size.height, image_size.width, CV_32F);
099:
```

```
100:        cvInitUndistortRectifyMap(camera_matrix[0], distortion_coeffs[0],
101:                    rR[0], P[0], mapX[0],mapY[0]);
102:        cvInitUndistortRectifyMap(camera_matrix[1], distortion_coeffs[1],
103:                    rR[1], P[1], mapX[1],mapY[1]);
104:
105:     CvFileStorage* fsW;
106:     fsW = cvOpenFileStorage("streoCalibRect8.yml", 0, CV_STORAGE_WRITE);
107: //  fsW = cvOpenFileStorage("streoCalibRect12.yml", 0, CV_STORAGE_WRITE);
108:
109:     PrintMat(camera_matrix[0], "camera_matrix[0]:");
110:     cvWrite(fsW, "camera_matrix0", camera_matrix[0]);
111:
112:     PrintMat(camera_matrix[1], "camera_matrix[1]:");
113:     cvWrite(fsW, "camera_matrix1", camera_matrix[1]);
114:
115:     PrintMat(distortion_coeffs[0], "distortion_coeffs[0]:");
116:     cvWrite(fsW, "distortion_coeffs0", distortion_coeffs[0]);
117:
118:     PrintMat(distortion_coeffs[1], "distortion_coeffs[1]:");
119:     cvWrite(fsW, "distortion_coeffs1", distortion_coeffs[1]);
120:
121:     PrintMat(R, "R");
122:     cvWrite(fsW, "R", R);
123:
124:     PrintMat(T, "T");
125:     cvWrite(fsW, "T", T);
126:
127:     PrintMat(rR[0], "rR[0]");
128:     cvWrite(fsW, "rR0", rR[0]);
129:
130:     PrintMat(rR[1], "rR[1]");
131:     cvWrite(fsW, "rR1", rR[1]);
132:
133:     PrintMat(P[0], "P0");
134:     cvWrite(fsW, "P0", P[0]);
135:
136:     PrintMat(P[1], "P1");
137:     cvWrite(fsW, "P1", P[1]);
138:
139:     PrintMat(Q, "Q");
140:     cvWrite(fsW, "Q", Q);
141:     cvReleaseFileStorage(&fsW);
142:
143:     IplImage *remapImage[2];
144:     remapImage[0]= cvCreateImage(image_size, IPL_DEPTH_8U, 3);
145:     remapImage[1]= cvCreateImage(image_size, IPL_DEPTH_8U, 3);
146:
147:     IplImage *resultImage[2];
148:     resultImage[0]= cvCreateImage(image_size2, IPL_DEPTH_8U, 3);//originalImage
149:     resultImage[1]= cvCreateImage(image_size2, IPL_DEPTH_8U, 3);//rectifiedImage
150:
```

```
151:    for(int t=0; cvWaitKey(10)!= 27 ;t++)
152:    {
153:            frame[0] = cvQueryFrame(capture[0]);
154:            frame[1] = cvQueryFrame(capture[1]);
155:            if(!frame[0] || !frame[1])
156:                    break;
157:            cvRemap(frame[0], remapImage[0], mapX[0], mapY[0]);
158:            cvRemap(frame[1], remapImage[1], mapX[1], mapY[1]);
159:
160:            // Draw the valid areas
161:            cvRectangle(remapImage[0], cvPoint(roi[0].x, roi[0].y),
162:                    cvPoint(roi[0].x+roi[0].width, roi[0].y+roi[0].height),
163:                    CV_RGB(255, 0, 255),2);
164:
165:            cvRectangle(remapImage[1], cvPoint(roi[1].x, roi[1].y),
166:                    cvPoint(roi[1].x+roi[1].width, roi[1].y+roi[1].height),
167:                    CV_RGB(255, 0, 255), 2);
168:
169:            MergeImage(frame[0],   frame[1], resultImage[0]);
170:            MergeImage(remapImage[0], remapImage[1], resultImage[1]);
171:
172:            // draw some lines to resultImage[0] and resultImage[1]
173:            // in order to check for stereo rectification
174:            for(int  y = 0; y < resultImage[0]->height; y += 16)
175:            {
176:                    cvLine(resultImage[0], cvPoint(0,y),
177:                                    cvPoint(resultImage[0]->width,y),
178:                                    CV_RGB(0,255,0));
179:                    cvLine(resultImage[1], cvPoint(0,y),
180:                                    cvPoint(resultImage[1]->width,y),
181:                                    CV_RGB(0,255,0));
182:            }
183:            cvShowImage("originalImage", resultImage[0]);
184:            cvShowImage("rectifiedImage", resultImage[1]);
185:            cvWriteFrame(videoWriter,  resultImage[1]);
186: //         cvWaitKey(0);
187:    }
188:    cvWaitKey(0);
189:    cvDestroyAllWindows();
190:    cvReleaseFileStorage(&fsW);
191:    cvReleaseMat(&mW);
192:    cvReleaseMat(&R);
193:    cvReleaseMat(&T);
194:    cvReleaseMat(&Q);
195:    cvReleaseVideoWriter(&videoWriter);
196:    for(int i=0; i<2; i++)
197:    {
198:            cvReleaseMat(&mP[i]);
199:            cvReleaseMat(&camera_matrix[i]);
200:            cvReleaseMat(&distortion_coeffs[i]);
201:            cvReleaseImage(&remapImage[i]);
```

```
202:            cvReleaseCapture(&capture[i]);
203:
204:            cvReleaseMat(&rR[i]);
205:            cvReleaseMat(&P[i]);
206:            cvReleaseMat(&mapX[i]);
207:            cvReleaseMat(&mapY[i]);
208:            cvReleaseImage(&resultImage[i]);
209:    }
210:    return 0;
211: }
212: void MergeImage(IplImage *image1, IplImage *image2, IplImage *mergeImage)
213: {
214:    //  We assume that mergeImage->width == image1->width + image2->width,
215:    //                  mergeImage->height== image1->height
216:    //                                    == image2->height
217:    cvSetImageROI(mergeImage,
218:            cvRect(0, 0, image1->width, image1->height));
219:    cvCopy(image1, mergeImage);
220:    cvSetImageROI(mergeImage,
221:            cvRect(image1->width, 0, image2->width, image2->height));
222:    cvCopy(image2, mergeImage);
223:    cvResetImageROI(mergeImage);
224: }
225: void ConvertPtMat(CvPoint2D32f *P, CvMat *mP, int nPoints)
226: {
227:    for(int i=0; i<nPoints; i++)
228:    {
229:            CV_MAT_ELEM(*mP, CvPoint2D32f, 0, i)= P[i];
230:    }
231: }
232: bool FindCornerPoints(IplImage *image, CvSize size, CvMat *mP)
233: {
234:    int nPoints =size.width*size.height;
235:    CvPoint2D32f *CornerP = new CvPoint2D32f[nPoints];
236:    int nCount;
237:    int nFound = cvFindChessboardCorners(image, size, CornerP, &nCount,
238:                        CV_CALIB_CB_ADAPTIVE_THRESH);
239:    if(nCount != size.width*size.height)
240:    {
241:            delete CornerP;
242:            return false;
243:    }
244:    IplImage *grayImage = cvCreateImage(cvGetSize(image), 8, 1);
245:    cvCvtColor(image, grayImage, CV_BGR2GRAY);
246:    cvFindCornerSubPix(grayImage, CornerP, nCount, cvSize(11, 11),
247:                        cvSize(-1, -1),
248:            cvTermCriteria(CV_TERMCRIT_EPS+CV_TERMCRIT_ITER, 20, 0.01));
249:    cvReleaseImage(&grayImage);
250:
251:    cvDrawChessboardCorners(image, size, CornerP, nCount, nFound);
252:    ConvertPtMat(CornerP, mP, nPoints);
```

```
253:     delete CornerP;
254:     return true;
255: }
256: void SetWorldCoordinateChessBoard(CvMat *mW, double dStep, CvSize size)
257: {
258:     int nPoints = size.width*size.height;
259:     int i, j, k;
260:     // origin point : mW[size.width-1), the left-bottom point of corners
261:     double xW;
262:     double yW;
263:     CvPoint3D32f pt3;
264:     for(i=0, yW = dStep; i<size.height; i++, yW += dStep)
265:     for(j=0, xW = (size.width)*dStep; j<size.width; j++, xW -= dStep)
266:     {
267:             k = i*size.width + j;
268:             pt3.x = xW;
269:             pt3.y = yW;
270:             pt3.z = 0.0;
271:             CV_MAT_ELEM(*mW, CvPoint3D32f, 0, k)= pt3;
272:     }
273: }
274: void PrintMat(const CvMat *mat, const char *strName)
275: {
276:     int    x, y;
277:     double fValue;
278:     printf(" %s \n = \n", strName);
279:     for(y= 0; y<mat->rows; y++)
280:     {
281:         for(x= 0; x<mat->cols; x++)
282:         {
283:             fValue = cvGetReal2D(mat, y, x);
284:             printf("%.2f ", fValue);
285:         }
286:         printf("\n");
287:     }
288:     printf("\n\n");
289: }
```

cvStereoCalibrate 함수를 이용한 비디오 스테레오 캘리브레이션을 수행한 예제 cvEx0423을 기반으로 cvStereoRectify 함수를 추가하여 스테레오 영상 프레임을 교정 변환을 계산하고, cvInitUndistortRectifyMap 함수와 cvRemap 함수를 사용하여 교정 변환을 수행하고, 좌우 영상을 병합하고, 수평 방향으로 직선을 표시하여 교정이 올바르게 수행되었는지를 확인하며, 스테레오 카메라에 대한 모든 캘리브레이션 정보를 "streoCalibRect8.yml" 또는 "streoCalibRect12.yml" 파일에 저장한다. 비디오에서의 스테레오 캘리브레이션이지만, 캘리브레이션 패턴이 움직이지 않으므로 모든 프레임에서의 캘리브레이션 행렬이 오차 범위 내에서 동일하게 계산됨을 확인한다.

24-35행 image_size2는 원본의 좌우 프레임과 교정된 영상의 좌우 영상을 병합하기 위한 영상의 크기인 cvSize(width*2, height)이다. 교정된 좌우 스테레오 영상 dstImage[0], dstImage[1]을 병합하여 "rectified.avi"를 생성한다.

51-72행 cvEx0423에서 cvStereoCalibrate 함수를 이용하여 스테레오 캘리브레이션을 수행한 결과인 "streoCalib8.yml" 또는 "streoCalib12.yml" 파일에서 캘리브레이션 정보를 읽어온다.

75-82행 cvStereoRectify 함수의 출력을 위한 rR[2], P[2], Q 행렬의 자료형을 CV_64F로 생성한다. 이것은 "streoCalib8.yml" 또는 "streoCalib12.yml" 파일에서 읽어온 camera_matrix[0], camera_matrix[1] 등의 캘리브레이션 정보의 자료형이 CV_64F이기 때문이다.

87-91행 cvStereoRectify 함수로 camera_matrix[0], camera_matrix[1], distortion_coeffs[0], distortion_coeffs[1], image_size, R, T를 입력하여, 회전 행렬 rR[0], rR[1]와 투영 행렬 P[0], P[1], 잔차-깊이 변환 행렬 Q를 계산하고, 유효영역 roi[0], roi[1]을 계산한다. flags는 CV_CALIB_ZERO_DISPARITY로 설정한다.

94-103행 100-101행은 좌측 영상에 대하여 cvInitUndistortRectifyMap 함수로 camera_matrix[0], distortion_coeffs[0], rR[0], P[0]을 입력하여 교정 변환 맵 mapX[0], mapY[0]을 생성하고, 102-103행은 우측 영상에 대하여 cvInitUndistortRectifyMap 함수로 camera_matrix[1], distortion_coeffs[1], rR[1], P[1]을 입력하여 교정 변환 맵 mapX[1], mapY[1]를 생성한다. 이와같이 교정 변환 맵은 한 번만 계산하면 된다.

105-141행 카메라의 내부 파라미터 행렬, 왜곡 계수 행렬 등 스테레오 캘리브레이션 파라미터와 cvStereoRectify 함수로 계산한 행렬을 "streoCalibRect8.yml" 또는 "streoCalibRect12.yml" 파일에 저장한다.

157-158행 cvRemap 함수로 입력 프레임 frame[0]을 교정 변환시켜 dstImage[0]을 생성하고 frame[1]을 교정 변환시켜 dstImage[1]을 생성한다.

161-167행 cvStereoRectify 함수로 계산된 좌우 스테레오 영상의 유효 영역 roi[0], roi[1]의 사각형을 dstImage[0], dstImage[1]에 각각 표시한다.

169-170행 MergedImage 함수로 좌우 스테레오 입력 영상 frame[0], frame[1]을 수평으로 병합하여 resultImage[0]을 생성하고, 교정된 영상 dstImage[0], dstImage[1]을 수평으로 병합하여 resultImage[1]을 생성한다.

174-182행 입력 스테레오 영상과 교정된 스테레오 영상을 병합한 resultImage[0]과 resultImage[1]에 y축을 16화소 간격으로 수평 직선을 표시한다.

212-224행 MergedImage 함수는 image1을 mergeImage의 왼쪽에 그리고 image2를 mergeImage의 오른쪽에 복사하여 병합한다. mergeImage->width=image1->width + image2->width이며, mergeImage->height=image1->height, image2->height이다.

[그림 4.52]는 "streoCalib8.yml" 파일의 스테레오 캘리브레이션 정보를 이용하여, cvStereoRectify 함수로 계산된 rR[0], rR[1], P[0], P[1] 행렬을 보여준다. flags=CV_CALIB_ZERO_DISPARITY로 설정된 수평 스테레오 카메라이므로, [수식 4-52]에 의한 Q 행렬과 [수식 4-53]에 의한 P[0], P[1] 행렬을 확인할 수 있다. [그림 4.53]은 t=1에서 원본 스테레오 영상, frame[0], frame[1]을 병합한 resultImage[0] 이다. 표시된 직선을 보면, 좌, 우 영상이 동일한 위치를 통과하지 않음을 확인할 수 있다. [그림 4.54]는 t=1에서

alpha = -1로 교정된 스테레오 영상을 병합한 결과로, 표시된 직선을 보면, 좌, 우 영상이 동일한 위치를 통과함을 확인할 수 있다. [그림 4.55]는 "streoCalib12.yml" 파일의 스테레오 캘리브레이션 정보를 이용하여, cvStereoRectify 함수로 계산된 rR[0], rR[1], P[0], P[1] 행렬을 보여주며, [그림 4.56]은 교정된 스테레오 영상을 병합한 결과로 좌우 스테레오 영상의 유효영역 roi[0]이 적절히 계산되지 않았으나 표시된 직선을 보면, 좌, 우 영상이 동일한 위치를 통과함을 확인할 수 있다.

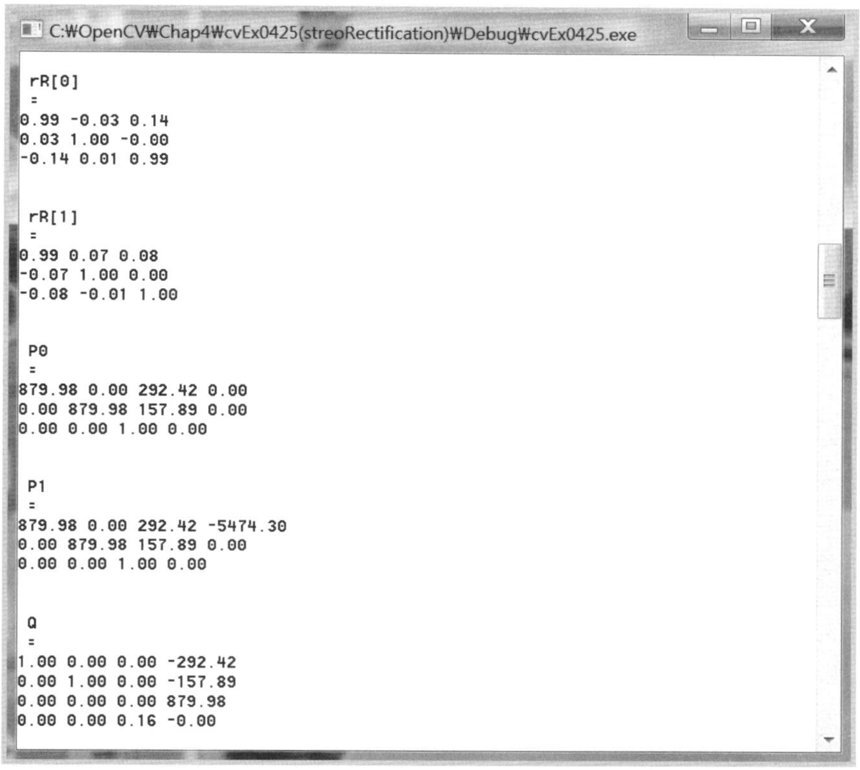

[그림 4.52] cvStereoRectify 함수로 계산된 rR[0], rR[1], P[0], P[1], Q 행렬 t=1, streoCalib8.yml

[그림 4.53] 원본 스테레오 영상의 병합, resultImage[0], t=1

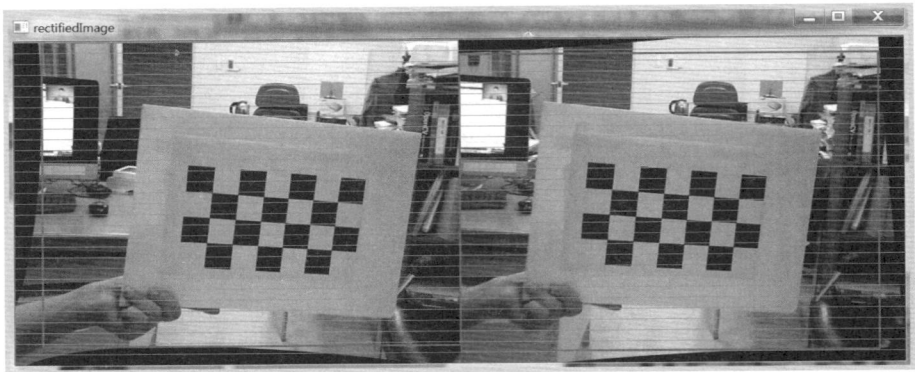

[그림 4.54] cvStereoRectify 함수를 이용한 교정, resultImage[1], alpha = −1, t=1, streoCalib8.yml

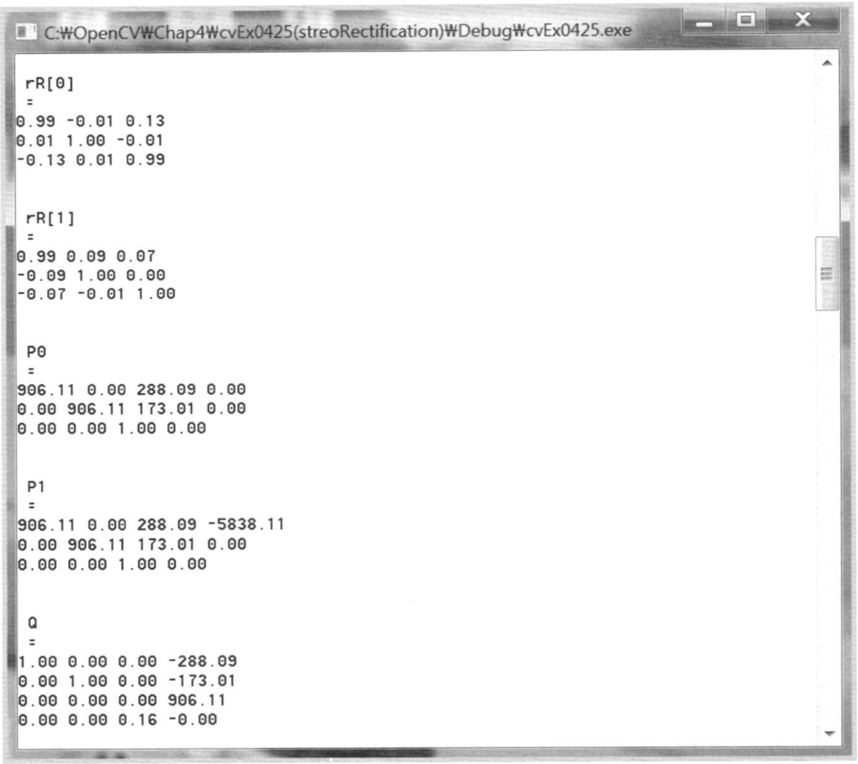


```
 rR[0]
 =
0.99 -0.01 0.13
0.01 1.00 -0.01
-0.13 0.01 0.99


 rR[1]
 =
0.99 0.09 0.07
-0.09 1.00 0.00
-0.07 -0.01 1.00


 P0
 =
906.11 0.00 288.09 0.00
0.00 906.11 173.01 0.00
0.00 0.00 1.00 0.00


 P1
 =
906.11 0.00 288.09 -5838.11
0.00 906.11 173.01 0.00
0.00 0.00 1.00 0.00


 Q
 =
1.00 0.00 0.00 -288.09
0.00 1.00 0.00 -173.01
0.00 0.00 0.00 906.11
0.00 0.00 0.16 -0.00
```

[그림 4.55] cvStereoRectify 함수로 계산된 rR[0], rR[1], P[0], P[1], Q 행렬 streoCalib12.yml

[그림 4.56] cvStereoRectify 함수를 이용한 교정, resultImage[1], alpha = -1, t=1, streoCalib12.yml

4.7.3 3D 깊이(Depth) 계산 및 3D 재구성(Reconstruction)

스테레오 카메라를 캘리브레이션하고, 교정 변환을 수행한 후에 cvCreateStereoBMState, cvFindStereoCorrespondenceBM 함수를 사용한 블록 정합 알고리즘을 이용하여 교정 변환된 스테레오 영상의 잔차(disparity)를 계산하면, 깊이(depth)를 계산할 수 있다.

cvTriangulatePoints 함수는 삼각법(triangulation)으로 2차원 좌표를 3차원으로 재구성(reconstruction)한다. cvReprojectImageTo3D 함수는 잔차 영상(disparity image)을 3D 공간으로 투영한다. 가까운 물체는 잔차 값이 크고, 멀리 있는 물체는 잔차 값이 작다.

(1) CvStereoBMState 구조체

```
/* Block matching algorithm structure */
typedef struct CvStereoBMState
{
    // pre-filtering (normalization of input images)
    int preFilterType; // = CV_STEREO_BM_NORMALIZED_RESPONSE now
    int preFilterSize; // averaging window size: ~5x5..21x21
    int preFilterCap; // the output of pre-filtering is clipped by
[-preFilterCap,preFilterCap]

    // correspondence using Sum of Absolute Difference (SAD)
    int SADWindowSize; // ~5x5..21x21
    int minDisparity;  // minimum disparity (can be negative)
    int numberOfDisparities; // maximum disparity - minimum disparity (> 0)

    // post-filtering
    int textureThreshold;  // the disparity is only computed for pixels
            // with textured enough neighborhood
```

```
    int uniquenessRatio;   // accept the computed disparity d* only if
                           // SAD(d) >= SAD(d*)*(1 + uniquenessRatio/100.)
                           // for any d != d*+/-1 within the search range.
    int speckleWindowSize; // disparity variation window
    int speckleRange;      // acceptable range of variation in window

    int trySmallerWindows; // if 1, the results may be more accurate,
                           // at the expense of slower processing
    CvRect roi1, roi2;
    int disp12MaxDiff;

    // temporary buffers
    CvMat* preFilteredImg0;
    CvMat* preFilteredImg1;
    CvMat* slidingSumBuf;
    CvMat* cost;
    CvMat* disp;
} CvStereoBMState;
```

① 전처리 : pre-filtering (normalization of input images)

전처리 단계는 영상 개선을 수행하고, 밝기에 대한 의존도를 줄이기 위하여 영상을 정규화한다. 현재는 preFilterType = CV_STEREO_BM_NORMALIZED_RESPONSE만을 지원하며, preFilterSize는 평균 필터(averaging)의 윈도우 크기로 [5, 255] 사이의 홀수로 5, 7, 11 등이 사용된다. 전처리의 결과는 preFilterCap 설정에 따라 [-preFilterCap, preFilterCap] 사이의 값으로 제한된다. preFilterCap 값은 [1, 63]의 범위이다.

② SAD에 의한 대응점 찾기: Sum of Absolute Difference (SAD)

SAD 값이 가장 작은 곳을 대응점으로 매칭한다. SADWindowSize는 SAD의 윈도우 크기로 홀수이며, 영상의 가로 또는 세로 크기보다 클 수 없다. minDisparity는 가능한 최소 잔차이며, numberOfDisparities는 잔차의 개수 또는 탐색할 화소수로 maximumDisparity − minimumDisparity이며, 양수이고 16의 배수로 설정한다. maximumDisparity = minimumDisparity + numberOfDisparities로 계산된다.

③ 후처리 : post-filtering

후처리 과정은 잘못 매칭된 결과를 걸러내는 작업이다. textureThreshold는 SAD의 임계치로 양수이며, textureThreshold보다 SAD 값이 작으면 값인 FILTERED = (mindisp − 1)*16 값으로 채운다. uniquenessRatio는 탐색 영역에서 매칭 유일성을 위한 값으로, 아래의 조건을 만족하지 않으면 작은 값으로 대치한다. 최적의 매칭 SAD(d*) 값이 바로 이웃하는 위치가 아닌, 탐색 범위의 모든 위치에서의 값보다, 작다는 것을 보장하기 위함이다. uniquenessRatio는 [5, 15] 범위 값을 사용한다.

```
// accept the computed disparity d* only if
// SAD(d) >= SAD(d*) * (1 + uniquenessRatio/100.)
// for any d != d* +1 or d != d* -1 within the search range.
```

speckleWindowSize와 speckleRange를 사용하여 물체 경계에서의 잔차 값을 필터링한다. speckleWindowSize 크기 내에서 잔차의 최대값과 최소값의 변화가 speckleRange 범위 내에 들어오면 매칭이 이루어진 것으로 고려한다. 실제로는 잔차 영상을 연결 요소 CC(connected components) 레이블링을 통하여 speckleWindowSize 보다 작은 크기의 연결 요소 CC들을 작은 값으로 채운다. speckleRange는 연결 요소 내의 잔차 변화의 최대 허용 값이다.

(2) CvStereoBMState* cvCreateStereoBMState(int preset=CV_STEREO_BM_BASIC, int numberOfDisparities=0)

① BM(block matching) 알고리즘을 이용하여 스테레오 영상(a rectified stereo pair)의 잔차 계산을 위한 cvFindStereoCorrespondenceBM 함수의 상태를 초기화한다.
② preset은 카메라의 종류를 설정한다. preset=CV_STEREO_BM_BASIC은 일반적인 범용 카메라에 적합하다. 어안렌즈는 FISH_EYE_PRESET, 시야각이 좁을 경우는 NARROW_PRESET로 설정한다.
③ numberOfDisparities는 잔차를 탐색하는 범위로, 0부터 numberOfDisparities까지 탐색한다.
④ cvReleaseStereoBMState 함수로 메모리를 해제해야 한다.

(3) void cvFindStereoCorrespondenceBM(const CvArr* left, const CvArr* right, CvArr* disparity, CvStereoBMState* state)

① BM 알고리즘을 이용하여 스테레오 영상(a rectified stereo pair)의 잔차(disparity)를 계산한다.
② left, right는 8비트 단일 채널의 좌, 우 스테레오 영상이다.
③ disparity는 계산되는 잔차 맵(disparity map)으로 입력 영상과 같은 크기이고, CV_32F이면 잔차 값이 실수이며, CV_16S면 실수값을 16으로 스케일된 정수 값이다.
④ state는 vCreateStereoBMState 함수에 의해 설정된 값이다.
⑤ 스테레오 보정을 수행한 다음, cvFindStereoCorrespondenceBM 함수를 수행한다.

(4) void cvReprojectImageTo3D(const CvArr* disparityImage, CvArr* _3dImage, const CvMat* Q, int handleMissingValues=0)

① 잔차 영상(disparity image)을 [수식 4-55]에 의해 3D 공간으로 재투영한다.
② disparityImage는 입력 잔차 영상으로, CV_8U, CV_16S, CV_32S 또는 CV_32F의 단일 채널 영상이다.
③ _3dImage는 재투영된 결과로 입력 영상과 같은 크기의 3채널 실수 영상이다.
④ Q는 cvStereoRectify 함수에 의해 계산되는 잔차-깊이(disparity-to-depth) 변환 4×4 투영 변환 행렬이다.
⑤ handleMissingValues는 잔차가 없는 경우의 처리이다. handleMissingValues=1이면 아웃라이어에 대응하는 최소 잔차를 갖는 모든 화소의 깊이 값, Z = 10000으로 설정한다.

$$[X, Y, Z, W]^T = Q \times [x, y, disparity(x, y), 1]^T$$
$$3dImage(x, y) = (X/W, Y/W, Z/W)$$

[수식 4-55]

⑥ (x, y, d)와 같이 점으로 주어진 잔차 데이터는, cvPerspectiveTransform 함수를 이용하여 3차원으로 재투영한다.

(5) void cvTriangulatePoints(CvMat* P1, CvMat* P2, CvMat* projPoints1, CvMat* projPoints2, CvMat* points4D)

① 삼각법(triangulation)에 의해 2차원 좌표를 3차원으로 재구성(reconstruction)한다.
② P1, P2는 A[R|T]로 계산한 투영 행렬이다. [수식 4-53]와 [수식 4-54]의 cvStereoRectify 함수에 의한 투영 행렬은 정확한 3차원 좌표를 계산하지 못한다.
③ projPoints1, projPoints2는 1, 2번(좌, 우) 카메라에 의한 영상의 대응점으로 1채널의 $2 \times N$ 행렬이다.
④ points4D는 재구성된 3차원 좌표로 1채널의 $4 \times N$의 동차좌표 행렬이다.

Chpater 04 카메라 캘리브레이션(Camera Calibration)

예제 cvEx0426 — cvFindStereoCorrespondenceBM 함수를 이용한 깊이 계산(1)
(스테레오 영상: tsukuba_l.png, tsukuba_r.png)

```
001: #include "cv.h"
002: #include "highgui.h"
003:
004: IplImage *srcImage[2];
005: IplImage *disparity[2];
006: CvSize image_size;
007: CvStereoBMState *BMState;
008: void on_changeSADWindowSize(int pos=11);
009: void on_changeNumberOfDisparities(int pos=6);
010: void on_changeUniquenessRatio(int  pos=15);
011: int main()
012: {
013:    srcImage[0] = cvLoadImage("tsukuba_l.png", CV_LOAD_IMAGE_GRAYSCALE);
014:    srcImage[1] = cvLoadImage("tsukuba_r.png", CV_LOAD_IMAGE_GRAYSCALE);
015:    if(!srcImage[0] || !srcImage[1])
016:    {
017:            printf("the streo images were not found.");
018:            return 0;
019:    }
020:    image_size = cvGetSize(srcImage[0]);
021:
022:    // create and initialize BMState
023:    BMState = cvCreateStereoBMState();
024:    BMState->preFilterSize =9;
025:    BMState->preFilterCap  = 31;
026:    BMState->SADWindowSize = 21;
027:    BMState->minDisparity  = -64;
028:    BMState->numberOfDisparities = 5*16;
029:    BMState->uniquenessRatio = 10;
030:    BMState->textureThreshold = 0;
031:
032: // disparity[0] = cvCreateImage(image_size, IPL_DEPTH_16S, 1);
033:    disparity[0] = cvCreateImage(image_size, IPL_DEPTH_32F, 1);
034:    disparity[1] = cvCreateImage(image_size, IPL_DEPTH_8U, 1);
035:
036:    cvNamedWindow("disparity", CV_WINDOW_AUTOSIZE);
037:    cvShowImage("disparity", disparity[1]);
038:
039:    int pos= BMState->SADWindowSize;
040:    on_changeSADWindowSize(pos);
041:    cvCreateTrackbar("SADWindowSize", "disparity", &pos, 35,
042:                     on_changeSADWindowSize);
043:
044:    int pos2= BMState->numberOfDisparities/16;
045:    on_changeNumberOfDisparities(pos2);
046:    cvCreateTrackbar("nOfDisparities", "disparity", &pos2, 20,   // max = 20*16
047:                     on_changeNumberOfDisparities);
048:
```

```
049:    int pos3= BMState->uniquenessRatio;
050:    on_changeUniquenessRatio(pos3);
051:    cvCreateTrackbar("uniquenessRatio", "disparity", &pos3,15,
052:                        on_changeUniquenessRatio);
053:    cvWaitKey(0);
054:
055:    cvDestroyWindow("disparity");
056:    cvReleaseStereoBMState(&BMState);
057:    for(int i=0; i<2; i++)
058:    {
059:            cvReleaseImage(&disparity[i]);
060:            cvReleaseImage(&srcImage[i]);
061:    }
062:    return 0;
063: }
064: void on_changeSADWindowSize(int  pos)
065: {
066:    if(pos%2==0)
067:            pos++;   // make it an odd number
068:    BMState->SADWindowSize = MAX(5, pos);
069:    cvFindStereoCorrespondenceBM(
070:            srcImage[0], srcImage[1], disparity[0], BMState);
071:
072: // double minVal, maxVal;
073: // cvMinMaxLoc(disparity[0], &minVal, &maxVal);
074: // printf("minVal=%lf, maxVal=%lf\n", minVal, maxVal);
075:
076:    cvNormalize(disparity[0], disparity[1], 0, 256, CV_MINMAX);
077:
078:    cvShowImage("disparity", disparity[1]);
079:    cvSaveImage("disparity.jpg", disparity[0]);
080: }
081: void on_changeNumberOfDisparities(int  pos)
082: {
083:    BMState->numberOfDisparities= MAX(16, pos*16);
084:    cvFindStereoCorrespondenceBM(
085:            srcImage[0], srcImage[1], disparity[0], BMState);
086:    cvNormalize(disparity[0], disparity[1], 0, 256, CV_MINMAX);
087:    cvShowImage("disparity", disparity[1]);
088:    cvSaveImage("disparity.jpg", disparity[0]);
089: }
090: void on_changeUniquenessRatio(int  pos)
091: {
092:    BMState->uniquenessRatio= pos;
093:    cvFindStereoCorrespondenceBM(
094:            srcImage[0], srcImage[1], disparity[0], BMState);
095:    cvNormalize(disparity[0], disparity[1], 0, 256, CV_MINMAX);
096:    cvShowImage("disparity", disparity[1]);
097:    cvSaveImage("disparity.jpg", disparity[0]);
098: }
```

OpenCV 설치 폴더의 Samples 폴더에 있는 스테레오 영상 "scene_l.png"와 "scene_r.png"에 cvFindStereoCorrespondenceBM 함수를 적용하여 잔차 영상을 계산한다. 두 스테레오 영상은 스테레오 교정이 되어 있다고 가정하고 블록 매칭을 수행한다. 블록 매칭 상태를 위한 구조체 CvStereoBMState의 멤버 값의 변화에 따른 결과를 확인하기 위하여 SADWindowSize, numberOfDisparities, uniquenessRatio에 대한 트랙 바를 생성하여, 상태 값을 변경하여 블록 매칭을 수행한다.

23-30행   CvStereoBMState * 자료형의 전역변수 BMState에 블록 매칭을 위한 상태를 생성하고, 초기화한다. 초기에 BMState->minDisparity = -64이고 BMState->numberOfDisparities = 5*16이므로 maxDisparity = -64 + 80 = 16이다.

32-34행   disparity[0]은 잔차를 계산하기 위한 영상으로 16비트 정수인 IPL_DEPTH_16S로 생성하면 실제 잔차 값을 16으로 스케일링한 값이 저장된다. 32비트 실수인 IPL_DEPTH_32F로 생성하면 실제 잔차 값이 저장된다. disparity[1]은 잔차를 화면에 표시하기 위한 8비트 영상이다.

39-42행   SADWindowSize 변수값을 변경하기 위한 트랙 바를 생성하고, on_changeSADWindowSize 함수를 지정한다. 트랙 바의 위치 초기값은 pos= BMState->SADWindowSize로 설정하고, pos의 최대값은 35로 설정한다.

44-47행   numberOfDisparities 변수값을 변경하기 위한 트랙 바를 생성하고, on_changeNumberOfDisparities 함수를 지정한다. 트랙 바의 위치 초기값은 pos2= BMState->numberOfDisparities/16로 설정하고, pos2의 최대값은 20으로 설정한다.

49-52행   uniquenessRatio 변수값을 변경하기 위한 트랙 바를 생성하고, on_changeUniquenessRatio 함수를 지정한다. 트랙 바의 위치 초기값은 pos3= BMState->uniquenessRatio로 설정하고, pos3의 최대값은 15로 설정한다.

64-80행   on_changeSADWindowSize 함수는 트랙 바의 위치를 이용하여, SADWindowSize 변수의 값을 홀수로 설정하고, cvFindStereoCorrespondenceBM 함수를 호출하여 srcImage[0]과 srcImage[1] 사이의 잔차를 disparity[0]에 계산한다. disparity[0]의 자료형인 IPL_DEPTH_16S이면 잔차를 16으로 스케일링하여 계산한다. cvNormalize 함수로 disparity[0]을 [0, 255]로 정규화하여 8비트 잔차 영상 disparity[1]을 계산하고, 화면에 표시하며, 잔차 영상 disparity[0]을 "disparity.jpg" 파일에 저장한다.

81-89행   on_changeNumberOfDisparities 함수는 numberOfDisparities 변수의 값을 트랙 바의 위치 pos에 16을 곱하여 16의 배수로 설정하고, cvFindStereoCorrespondenceBM 함수를 호출하여 잔차를 계산하고, 화면에 표시하며, 잔차 영상 disparity[0]을 "disparity.jpg" 파일에 저장한다.

90-98행   on_changeUniquenessRatio 함수는 트랙 바의 위치를 uniquenessRatio 변수값으로 설정하고, cvFindStereoCorrespondenceBM 함수를 호출하여 잔차를 계산하고, 화면에 표시하며, 잔차 영상 disparity[0]을 "disparity.jpg" 파일에 저장한다.

[그림 4.57]은 cvSaveImage 함수에 의해 저장된 잔차 영상 "disparity.jpg"이다. [그림 4.57](a)은 disparity[0]의 자료형을 IPL_DEPTH_32F인 결과로 잔차의 값이 작아 잘 표시되지 않고, [그림 4.57](b)은 disparity[0]의 자료형을 IPL_DEPTH_16S로 한 결과로 잔차 값이 스케일링되어 명확히 표시되는 것을 확인할 수 있다. [그림 4.58]은 3개의 BMState 상태 변수를 변경할 수 있는 트랙 바와 잔차 영상을 표시한다.

 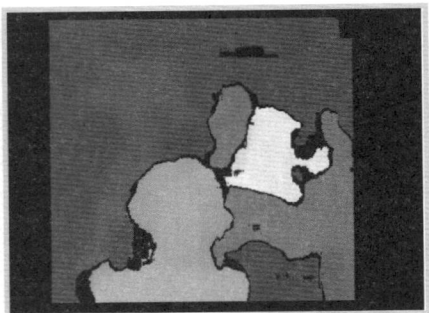

(a) IPL_DEPTH_32F　　　　　　　　(b) IPL_DEPTH_16S

[그림 4.57] cvSaveImage("disparity.jpg", disparity[0]);

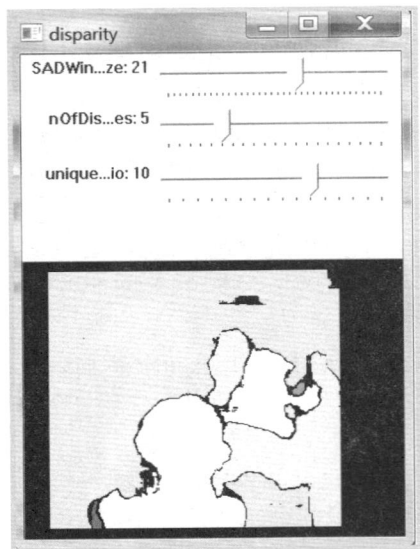

[그림 4.58] 3개의 BMState 상태 변수를 변경할 수 있는 트랙 바와 잔차 영상

예제 cvEx0427
cvFindStereoCorrespondenceBM 함수를 이용한 깊이 계산(2)
잔차 확인 : ("tsukuba_l.png", "tsukuba_r.png")

```
001: #include "cv.h"
002: #include "highgui.h"
003: #define DISPARITY_TH 10
004: int main()
005: {
006:    IplImage *srcImage[2];
007:    IplImage *disparity[2];
008:    CvSize image_size;
009:    CvStereoBMState *BMState;
010:
011:    srcImage[0] = cvLoadImage("tsukuba_l.png", CV_LOAD_IMAGE_GRAYSCALE);
012:    srcImage[1] = cvLoadImage("tsukuba_r.png", CV_LOAD_IMAGE_GRAYSCALE);
013:    if(!srcImage[0] || !srcImage[1])
014:    {
015:        printf("the streo images were not found.");
016:        return 0;
017:    }
018:    image_size = cvGetSize(srcImage[0]);
019:
020:    // create and initialize BMState
021:    BMState = cvCreateStereoBMState();
022:    BMState->preFilterSize =9;
023:    BMState->preFilterCap = 31;
024:    BMState->SADWindowSize = 21;
025:    BMState->minDisparity  = -64;  // 0
026:    BMState->numberOfDisparities = 5*16;
027:    BMState->uniquenessRatio = 10;
028:    BMState->textureThreshold = 0;
029:
030: // disparity[0] = cvCreateImage(image_size, IPL_DEPTH_16S, 1);
031:    disparity[0] = cvCreateImage(image_size, IPL_DEPTH_32F, 1);
032:    disparity[1] = cvCreateImage(image_size, IPL_DEPTH_8U, 1);
033:
034:    cvFindStereoCorrespondenceBM(
035:        srcImage[0], srcImage[1], disparity[0], BMState);
036:
037:    cvNormalize(disparity[0], disparity[1], 0, 256, CV_MINMAX);
038:    cvNamedWindow("disparity", CV_WINDOW_AUTOSIZE);
039:    cvShowImage("disparity", disparity[1]);
040:
041:    // check disparity
042:    int x, y;
043:    CvPoint p1;
044:    CvPoint p2;
045:    int d;
046:    for(y=0; y<srcImage[0]->height; y+= 16)
047:    for(x=0; x<srcImage[0]->width; x+= 8)
048:    {
```

```
049:            p1 = cvPoint(x, y);
050:            d = (int)cvGetReal2D(disparity[0], y, x);
051:            if(d<DISPARITY_TH)
052:                continue;
053:            p2.x = (int)(p1.x - d);
054:            p2.y = p1.y;
055:
056:            cvCircle(srcImage[0], p1, 2, CV_RGB(255, 255, 255), 2);
057:            cvCircle(srcImage[1], p2, 2, CV_RGB(255, 255, 255), 2);
058:            cvShowImage("srcImage[0]",srcImage[0]);
059:            cvShowImage("srcImage[1]",srcImage[1]);
060: //         cvWaitKey(0);
061:        }
062:    cvWaitKey(0);
063:
064:    cvDestroyWindow("disparity");
065:    cvReleaseStereoBMState(&BMState);
066:    for(int i=0; i<2; i++)
067:    {
068:        cvReleaseImage(&disparity[i]);
069:        cvReleaseImage(&srcImage[i]);
070:    }
071:    return 0;
072: }
```

cvEx0426에서 cvFindStereoCorrespondenceBM 함수를 이용하여 계산된 스테레오 영상 "scene_l.png"와 "scene_r.png" 사이의 잔차가 매칭에 의해 올바르게 계산되었는지 확인한다. 스테레오 교정이 되어 있으므로, 매칭이 올바르게 계산되었으면 y 좌표는 변경되지 않으므로 좌측 영상 tsukuba_l(y, x)와 잔차 d(y, x)는 [수식 4-56]의 관계가 성립한다.

$$tsukuba\_r(y, x) = tsukuba\_l(y, x - d(y, x)) \quad [\text{수식 4-56}]$$

21-39행 CvStereoBMState * 자료형의 전역변수 BMState에 블록 매칭을 위한 상태를 생성하고, 초기화하고, cvFindStereoCorrespondenceBM 함수로 srcImage[0]과 srcImage[1] 사이의 잔차를 disparity[0]에 계산한다. disparity[0]는 IPL_DEPTH_32F 자료형이므로 실제 16이 곱해지지 않은 잔차를 계산한다.

42-61행 y는 16씩, x는 8씩 건너뛰며 확인한다. 49행은 p1에 좌표 (x, y)를 저장한다. 50행은 잔차 disparity[0]에서 (y, x) 위치의 잔차를 읽어 d에 저장하며, 51행은 d<DISPARITY_TH이면 표시하지 않기 위해 다음 반복으로 넘어간다. 53-54행은 srcImage[0] 영상의 p1에 대응하는 srcImage[1]의 좌표 p2.x를 계산한다. 56-57행은 좌표 p1을 srcImage[0] 영상에 원으로 표시하고, 좌표 p2을 srcImage[1] 영상에 원으로 표시하여 매칭되는 대응점을 표시한다.

[그림 4.59]는 DISPARITY_TH = 10으로 설정하여 실행한 결과이다. 카메라에 가까운 화소만 검출된 것을 확인할 수 있으며, 왼쪽은 좌표와 오른쪽의 좌표가 동일한 곳이 검출된 것을 확인할 수 있다. 스테레오 영상의 잔차를 이용하면 거리에 따른 물체 분할도 가능함을 알 수 있다.

Chpater 04 카메라 캘리브레이션(Camera Calibration)

(a) scene_l.png   (b) scene_r.png

[그림 4.59] tsukuba_r(y, x) = tsukuba_l(y, x − d(y, x)) 확인

예제 cvEx0428 비디오에서 cvFindStereoCorrespondenceBM 함수를 이용한 잔차(disparity) 계산 및 cvReprojectImageTo3D에 의한 3차원 역투영 (cvEx0425의 "streoCalibRect8.yml", "streoCalibRect12.yml" 이용)

```
001: #include <stdio.h>
002: #include "cv.h"
003: #include "highgui.h"
004:
005: #define  TH_DISPARITY    30
006:
007: CvSize image_size;
008: CvStereoBMState *BMState;
009: void on_changePreFilterCap(int  pos=5);
010: void on_changePreFilterSize(int  pos=63);
011: void on_changeSADWindowSize(int pos=11);
012: void on_changeNumberOfDisparities(int pos=6);
013: void on_changeUniquenessRatio(int  pos=15);
014: void MergeImage(IplImage *image1, IplImage *image2, IplImage *mergeImage);
015: void PrintMat(const CvMat *mat, const char *strName);
016:
017: int main()
018: {
019:    IplImage*  frame[2];
020:    CvCapture* capture[2];
021:    capture[0]= cvCaptureFromFile("leftCam.avi");
022:    capture[1]= cvCaptureFromFile("rightCam.avi");
023:
024: // capture[0]= cvCaptureFromCAM(0);
025: // capture[1]= cvCaptureFromCAM(1);
026:
027:    if(!capture[0] || !capture[1])
028:    {
029:         printf("the video files were not found.");
030:         return 0;
031:    }
032:    int width = (int)cvGetCaptureProperty(capture[0],
033:                            CV_CAP_PROP_FRAME_WIDTH);
```

```cpp
034:    int height = (int)cvGetCaptureProperty(capture[0],
035:                              CV_CAP_PROP_FRAME_HEIGHT);
036:    CvSize image_size  = cvSize(width, height);
037:    CvSize image_size2 = cvSize(width*2, height);
038:
039:    IplImage *resultImage;
040:    resultImage= cvCreateImage(image_size2, IPL_DEPTH_8U, 1);
041:
042:    CvSize patternSize = cvSize(6,3);
043:    int nPoints =patternSize.width*patternSize.height;
044:    char   strTmp[128];
045:
046:    // Read streo calibration parameters from streoCalibRect8.yml or
047:    //   streoCalibRect12.yml which is calculated in cvEx0425.
048:    CvFileStorage* fsR;
049:    fsR = cvOpenFileStorage("streoCalibRect8.yml", 0, CV_STORAGE_READ);
050: // fsR = cvOpenFileStorage("streoCalibRect12.yml", 0, CV_STORAGE_READ);
051:    if(!fsR)
052:           return 0;
053:
054:    CvMat* camera_matrix[2];   // camera_matrix1, camera_matrix2
055:    camera_matrix[0] = (CvMat*)cvReadByName(fsR, 0, "camera_matrix0");
056:    camera_matrix[1] = (CvMat*)cvReadByName(fsR, 0, "camera_matrix1");
057: // PrintMat(camera_matrix[0], "camera_matrix[0]");
058: // PrintMat(camera_matrix[1], "camera_matrix[1]");
059:
060:    CvMat* distortion_coeffs[2];
061:    distortion_coeffs[0] = (CvMat*)cvReadByName(fsR, 0, "distortion_coeffs0");
062:    distortion_coeffs[1] = (CvMat*)cvReadByName(fsR, 0, "distortion_coeffs1");
063: // PrintMat(distortion_coeffs[0], "distortion_coeffs[0]");
064: // PrintMat(distortion_coeffs[1], "distortion_coeffs[1]");
065:
066:    CvMat *R, *T;
067:    R=(CvMat*)cvReadByName(fsR, 0, "R");
068:    T=(CvMat*)cvReadByName(fsR, 0, "T");
069: // PrintMat(R, "R");
070: // PrintMat(T, "T");
071:
072: // for cvStereoRectify
073:    CvMat *rR[2], *P[2], *Q;
074:    rR[0] = (CvMat*)cvReadByName(fsR, 0, "rR0");
075:    rR[1] = (CvMat*)cvReadByName(fsR, 0, "rR1");
076:
077:    P[0] = (CvMat*)cvReadByName(fsR, 0, "P0");
078:    P[1] = (CvMat*)cvReadByName(fsR, 0, "P1");
079:
080:    Q = (CvMat*)cvReadByName(fsR, 0, "Q");
081: // PrintMat(Q, "Q");
082:    cvReleaseFileStorage(&fsR);
083:
084:    CvTermCriteria term_crit
```

```
085:              = cvTermCriteria(CV_TERMCRIT_ITER+CV_TERMCRIT_EPS,30,1e-6);
086:     CvMat *mapX[2], *mapY[2];
087:     mapX[0] = cvCreateMat(image_size.height, image_size.width, CV_32F);
088:     mapY[0] = cvCreateMat(image_size.height, image_size.width, CV_32F);
089:     mapX[1] = cvCreateMat(image_size.height, image_size.width, CV_32F);
090:     mapY[1] = cvCreateMat(image_size.height, image_size.width, CV_32F);
091:
092:     cvInitUndistortRectifyMap(camera_matrix[0], distortion_coeffs[0],
093:                 rR[0], P[0], mapX[0],mapY[0]);
094:     cvInitUndistortRectifyMap(camera_matrix[1], distortion_coeffs[1],
095:                 rR[1], P[1], mapX[1],mapY[1]);
096:
097:     CvMat *Image3D = cvCreateMat(image_size.height, image_size.width, CV_32FC3);
098:     CvMat *point3D = cvCreateMat(4,1,CV_64F);
099:
100:     IplImage *grayImage[2];
101:     grayImage[0]= cvCreateImage(image_size, 8, 1);
102:     grayImage[1]= cvCreateImage(image_size, 8, 1);
103:
104:     IplImage *remapImage[2];
105:     remapImage[0]= cvCreateImage(image_size, IPL_DEPTH_8U, 1);
106:     remapImage[1]= cvCreateImage(image_size, IPL_DEPTH_8U, 1);
107:
108:     IplImage * disparity[2];
109:     disparity[0] = cvCreateImage(image_size, IPL_DEPTH_32F, 1);
110:     disparity[1] = cvCreateImage(image_size, IPL_DEPTH_8U, 1);
111:
112:     BMState = cvCreateStereoBMState();
113:     BMState->preFilterType = CV_STEREO_BM_NORMALIZED_RESPONSE;
114:     BMState->preFilterSize = 21;
115:     BMState->preFilterCap  = 21;
116:     BMState->SADWindowSize = 21;
117:
118: //  BMState->minDisparity= -32;
119:     BMState->minDisparity= 0; // maxDisparity = minDisparity+numberOfDisparities
120:     BMState->numberOfDisparities=8*16;
121:     BMState->textureThreshold= 0;
122:     BMState->uniquenessRatio=10;
123:
124:     cvNamedWindow("disparity", CV_WINDOW_AUTOSIZE);
125:     cvShowImage("disparity", disparity[1]);
126:
127:     int pos0=BMState->preFilterSize;
128:     on_changePreFilterSize(pos0);
129:     cvCreateTrackbar("FilterSize", "disparity", &pos0, 100, on_changePreFilterSize);
130:
131:     int pos1=BMState->preFilterCap;
132:     on_changePreFilterCap(pos0);
133:     cvCreateTrackbar("FilterCap", "disparity", &pos1, 63, on_changePreFilterCap);
134:
135:     int pos2=BMState->SADWindowSize;
```

```
136:        on_changeSADWindowSize(pos2);
137:        cvCreateTrackbar("SAD Size", "disparity", &pos2, 35, on_changeSADWindowSize);
138:
139:        int pos3=BMState->numberOfDisparities/16;
140:        on_changeNumberOfDisparities(pos3);
141:        cvCreateTrackbar("nOfDis","disparity", &pos3, 20, on_changeNumberOfDisparities);
142:
143:        int pos4=BMState->uniquenessRatio;
144:        on_changeUniquenessRatio(pos4);
145:        cvCreateTrackbar("unique", "disparity", &pos4, 15, on_changeUniquenessRatio);
146:
147:        for(int t=0; cvWaitKey(10)!= 27 ;t++)
148:        {
149: //             printf(" t = %d\n", t);
150:            frame[0] = cvQueryFrame(capture[0]);
151:            frame[1] = cvQueryFrame(capture[1]);
152:            if(!frame[0] || !frame[0])
153:                break;
154:            cvCvtColor(frame[0], grayImage[0], CV_BGR2GRAY);
155:            cvCvtColor(frame[1], grayImage[1], CV_BGR2GRAY);
156:
157:            cvRemap(grayImage[0], remapImage[0], mapX[0], mapY[0]);
158:            cvRemap(grayImage[1], remapImage[1], mapX[1], mapY[1]);
159:
160:            MergeImage(remapImage[0], remapImage[1], resultImage);
161:            for(int  y = 0; y < resultImage->height; y += 32)
162:            {
163:                cvLine(resultImage, cvPoint(0,y),
164:                                cvPoint(resultImage->width,y),
165:                                CV_RGB(0,255,0));
166:            }
167:            cvShowImage("resultImage",resultImage);
168:
169:        cvFindStereoCorrespondenceBM(
170:                remapImage[0], remapImage[1], disparity[0],   BMState);
171:
172: // start Check 1:
173:            double min_val, max_val;
174: //         cvMinMaxLoc(disparity[0], &min_val, &max_val);
175: //         printf("disparity: min_val=%lf, max_val=%lf\n",  min_val, max_val);
176:        cvThreshold(disparity[0],  disparity[0], TH_DISPARITY, 0,
177:                    CV_THRESH_TOZERO);
178: //         cvMinMaxLoc(disparity[0], &min_val, &max_val);
179: //         printf("disparity: min_val=%lf, max_val=%lf\n",  min_val, max_val);
180: // end Check 1:
181:
182: // start Check 2:
183:            int x, y;
184:            CvPoint p1;
185:            CvPoint p2;
186:            int d;
```

```
187:            for(y=0; y<remapImage[0]->height; y+= 8)
188:            for(x=0; x<remapImage[0]->width; x+= 8)
189:            {
190:                    p1 = cvPoint(x, y);
191:                    d = (int)cvGetReal2D(disparity[0], y, x);
192:                    if(d<TH_DISPARITY)
193:                            continue;
194:                    p2.x = (int)(p1.x - d);
195:                    p2.y = p1.y;
196:                    cvCircle(remapImage[0], p1, 2, CV_RGB(255, 255, 255), 2);
197:                    cvCircle(remapImage[1], p2, 2, CV_RGB(255, 255, 255), 2);
198:                    MergeImage(remapImage[0], remapImage[1], resultImage);
199:                    for(int  y1 = 0; y1 < resultImage->height; y1 += 32)
200:                    {
201:                            cvLine(resultImage, cvPoint(0,y1),
202:                                    cvPoint(resultImage->width,y1),
203:                                    CV_RGB(0,255,0));
204:                    }
205:            }
206:            cvShowImage("resultImage",resultImage);
207: // end Check 2:
208:
209:            cvNormalize(disparity[0], disparity[1], 0, 255, CV_MINMAX);
210:            cvShowImage("disparity", disparity[1]);
211:            cvReprojectImageTo3D(disparity[0], Image3D, Q, 0);
212:            cvShowImage("depthmap",Image3D);
213:            cvWaitKey(0);
214:    /*
215: // start Check 3:
216:        int   x, y;
217:            CvScalar pixel;
218:            double d;
219:            double X, Y, Z, W;
220:            for(y= 0; y<Image3D->rows; y++)
221:            for(x= 0; x<Image3D->cols; x++)
222:            {
223:               d = cvGetReal2D(disparity[0], y, x);
224:               if(d == 0) // then W =0
225:                       continue;
226:
227:               cvSetReal1D(point3D, 0, (double)x);
228:               cvSetReal1D(point3D, 1, (double)y);
229:               cvSetReal1D(point3D, 2, (double)d);
230:               cvSetReal1D(point3D, 3, 1.0);
231:
232:               cvMatMul(Q, point3D, point3D);
233:               X = cvGetReal1D(point3D, 0);
234:               Y = cvGetReal1D(point3D, 1);
235:               Z = cvGetReal1D(point3D, 2);
236:               W = cvGetReal1D(point3D, 3);
237:
```

```
238:                    X   = X/W;
239:                    Y   = Y/W;
240:                    Z   = Z/W;
241:
242:                    pixel.val[0] = X;
243:                    pixel.val[1] = Y;
244:                    pixel.val[2] = Z;
245:
246:                    cvSet2D(Image3D, y, x, pixel);
247:                    pixel = cvGet2D(Image3D, y, x);
248:                    printf("(X, Y, Z) = (%lf, %lf, %lf)\n", X, Y, Z);
249:                    printf("pixel = (%lf, %lf, %lf)\n",
250:                            pixel.val[0], pixel.val[1],pixel.val[2]);
251:
252:             }
253: // end Check 3:
254: */
255:     }
256:     cvWaitKey(0);
257:     cvDestroyAllWindows();
258:     cvReleaseMat(&R);
259:     cvReleaseMat(&T);
260:     cvReleaseMat(&Q);
261:
262:     cvReleaseStereoBMState(&BMState);
263:     cvReleaseMat(&Image3D);
264:     cvReleaseImage(&resultImage);
265:
266:     for(int i=0; i<2; i++)
267:     {
268:             cvReleaseMat(&camera_matrix[i]);
269:             cvReleaseMat(&distortion_coeffs[i]);
270:             cvReleaseCapture(&capture[i]);
271:             cvReleaseMat(&rR[i]);
272:             cvReleaseMat(&P[i]);
273:             cvReleaseMat(&mapX[i]);
274:             cvReleaseMat(&mapY[i]);
275:             cvReleaseImage(&disparity[i]);
276:             cvReleaseImage(&remapImage[i]);
277:             cvReleaseImage(&grayImage[i]);
278:     }
279:     return 0;
280: }
281: void MergeImage(IplImage *image1, IplImage *image2, IplImage *mergeImage)
282: {
283:     //  We assume that mergeImage->width == image1->width + image2->width,
284:     //                 mergeImage->height== image1->height
285:     //                                   == image2->height
286:     cvSetImageROI(mergeImage,
287:             cvRect(0, 0, image1->width, image1->height));
288:     cvCopy(image1, mergeImage);
```

```
289:     cvSetImageROI(mergeImage,
290:             cvRect(image1->width, 0, image2->width, image2->height));
291:     cvCopy(image2, mergeImage);
292:     cvResetImageROI(mergeImage);
293: }
294: void on_changePreFilterSize(int  pos)
295: {
296:     int nOdd;
297:     nOdd = (pos%2)? pos: pos+1;
298:     BMState->preFilterSize = MAX(5, nOdd); // odd number in [5, 255]
299:  }
300: void on_changePreFilterCap(int  pos)
301: {
302:     BMState->preFilterCap = MAX(1, MIN(pos, 63)); // [1, 63]
303:  }
304: void on_changeSADWindowSize(int  pos)
305: {
306:     int nOdd;
307:     nOdd = (pos%2)? pos: pos+1;
308:     BMState->SADWindowSize = MAX(5, nOdd); // odd number in [5, 255]
309:  }
310: void on_changeNumberOfDisparities(int  pos)
311: {
312:      BMState->numberOfDisparities= MAX(16, pos*16);
313:  }
314: void on_changeUniquenessRatio(int  pos)
315: {
316:     BMState->uniquenessRatio= pos;
317:  }
318: void PrintMat(const CvMat *mat, const char *strName)
319: {
320:     int    x, y;
321:     double   fValue;
322:     printf(" %s  \n =  \n", strName);
323:     for(y= 0; y<mat->rows; y++)
324:     {
325:             for(x= 0; x<mat->cols; x++)
326:             {
327:                     fValue = cvGetReal2D(mat, y, x);
328:                     printf("%.2f ", fValue);
329:             }
330:             printf("\n");
331:     }
332:     printf("\n\n");
333: }
```

비디오에서 cvFindStereoCorrespondenceBM 함수를 이용하여 잔차(disparity)를 계산하고, cvReprojectImageTo3D 함수를 사용하여 영상의 좌표를 3차원으로 역투영한다. 예제 cvEx0425의 비디오에서 스테레오 보정 결과인 "streoCalibRect8.yml", "streoCalibRect12.yml" 파일을 이용하여 스테레오 영상을 보정한다.

5행	cvFindStereoCorrespondenceBM 함수에 의해 계산된 잔차(disparity)에 적용할 임계값을 TH_DISPARITY에 정의한다.
48-82행	cvEx0425의 비디오에서 스테레오 보정 결과인 "streoCalibRect8.yml" 또는 "streoCalibRect12.yml" 파일에서 스테레오 카메라 캘리브레이션 정보를 읽어온다.
86-95행	92-93행은 좌측 영상에 대하여 cvInitUndistortRectifyMap 함수로 camera_matrix[0], distortion_coeffs[0], rR[0], P[0]을 입력하여 교정 변환 맵 mapX[0]과 mapY[0]을 생성하고, 94-95행은 우측 영상에 대하여 cvInitUndistortRectifyMap 함수로 camera_matrix[1], distortion_coeffs[1], rR[1], P[1]을 입력하여 교정 변환 맵 mapX[1]과 mapY[1]을 생성한다. 이처럼 교정 변환 맵은 한 번만 계산하면 된다.
97-110행	Image3D 행렬은 cvReprojectImageTo3D 함수에 의해 3차원 좌표가 계산될 3채널 (CV_32FC3) 행렬이다. point3D 행렬은 Check 3에서 cvReprojectImageTo3D 함수 대신 직접 3차원 좌표를 직접 계산할 때 사용한다. grayImage[0]과 grayImage[1]은 입력 프레임을 그레이 스케일로 변경하여 저장할 때 사용한다. cvFindStereoCorrespondenceBM 함수에 의한 스테레오 매칭이 그레이 스케일 영상을 입력받기 때문이다. remapImage[0]과 remapImage[1]은 cvRemap 함수에 의한 보정 결과를 저장하기 위한 영상이며, disparity[0]은 cvFindStereoCorrespondenceBM 함수의 결과인 잔차(disparity)를 저장할 영상이다. disparity[0]은 32비트 실수인 IPL_DEPTH_32F로 생성하여, 실제 잔차 값이 저장된다. disparity[1]은 잔차를 화면에 표시하기 위한 8비트 영상이다.
112-122행	CvStereoBMState * 자료형의 전역변수 BMState에 블록 매칭을 위한 상태를 생성하고, 초기화한다. 초기에 BMState->minDisparity = 0이고 BMState->numberOfDisparities = 8*16이므로 maxDisparity = 128이다. BMState->minDisparity= -32로 설정하여 실행하면 maxDisparity = -32 +128 = 96이다.
124-145행	전역변수 BMState에 초기화된 블록매칭을 위한 상태 값을 변경하기 위한 트랙 바를 생성한다. BMState->preFilterSize 변수의 값을 변경하기 위한 트랙 바 FilterSize를 생성하고 on_changePreFilterSize 함수를 지정한다. BMState->preFilterCap 변수의 값을 변경하기 위한 트랙 바 FilterCap를 생성하고 on_changePreFilterCap 함수를 지정한다. BMState->SADWindowSize 변수의 값을 변경하기 위한 트랙 바 SAD Size를 생성하고 on_changeSADWindowSize 함수를 지정한다. BMState->numberOfDisparities 변수의 값을 변경하기 위한 트랙 바 nOfDis를 생성하고 on_changeNumberOfDisparities 함수를 지정한다. BMState->uniquenessRatio 변수의 값을 변경하기 위한 트랙 바 unique를 생성하고 on_changeUniquenessRatio 함수를 지정한다.
154-158행	cvCvtColor 함수를 사용하여 입력 영상 프레임 frame[0]과 frame[1]을 CV_BGR2GRAY 로 변환하여 그레이 스케일 영상을 grayImage[0]과 grayImage[1]에 저장한다. cvRemap 함수로 mapX[0], mapY[0], mapX[1], mapY[1]을 사용하여 grayImage[0], grayImage[1]을 보정 변환하여 remapImage[0]과 remapImage[1]에 저장한다.
160-166행	MergedImage 함수로 보정 변환된 좌우 스테레오 영상 remapImage[0]과 remapImage[1]을 수평으로 병합하여 resultImage을 생성하고, resultImage에 y축을 16화소 간격으로 수평 직선을 표시한다.
169-170행	cvFindStereoCorrespondenceBM 함수로 remapImage[0]과 remapImage[1]을 BMState 상태 정보를 이용하여 정합하여 잔차 disparity[0]을 계산한다.

172-180행 cvMinMaxLoc 함수를 사용하면 계산된 잔차 disparity[0]의 최대, 최소값을 확인할 수 있다. cvThreshold 함수에서 CV_THRESH_TOZERO로 disparity[0]에서 5행에 정의된 임계값 TH_DISPARITY보다 작은 값은 0으로 설정한다. 잔차가 임계값보다 큰 화소(가까운 화소) 만을 보기 위한 것이다.

183-206행 좌, 우 스테레오 영상에서 매칭되는 화소를 계산하여 원으로 표시하여 매칭 결과를 확인할 수 있다.

109-211행 cvNormalize 함수로 잔차 disparity[0]을 [0, 255] 범위로 정규화하여 disparity[1]에 저장하고 표시한다. cvReprojectImageTo3D 함수로 잔차 disparity[0]에 행렬 Q를 적용하여 3차원 좌표 행렬 Image3D를 생성하고 표시한다.

215-253행 cvReprojectImageTo3D 함수를 사용하는 대신 잔차인 disparity[0]에 행렬 Q를 적용하여 3차원 좌표를 직접 계산한다. cvReprojectImageTo3D 함수를 사용한 결과와 같다.

[그림 4.60], [그림 4.61], [그림 4.62]는 streoCalibRect8.yml의 스테레오 캘리브레이션 정보를 이용한다. [그림 4.60]은 t=0, t=10 프레임에서 183-206행의 좌, 우 스테레오 영상에서 계산된 잔차(disparity)를 이용하여 매칭되는 화소를 확인하기 위하여 원으로 표시한 결과이다. t=0에서는 TH_DISPARITY보다 큰 잔차를 갖는 화소가 적고, 잘못 매칭되는 화소도 볼 수 있다. t=10에서는 카메라에 가까운 손바닥 부근에서 좀 더 많은 매칭 화소가 보임을 확인할 수 있다. 잔차가 큰 화소는 카메라에 가깝다는 의미이다. [그림 4.61]은 cvNormalize 함수로 정규화된 잔차인 disparity[1]을 표시한다. [그림 4.62]는 cvReprojectImageTo3D 함수로 잔차 disparity[0]에 행렬 Q를 적용하여 계산한 3차원 좌표 행렬 Image3D를 표시한다.

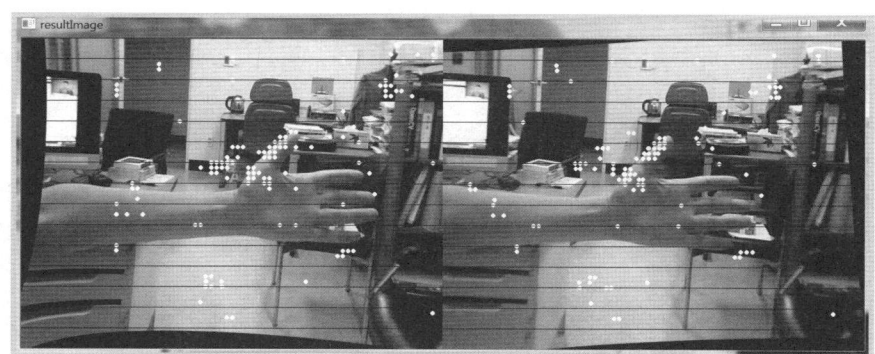

(a) t=0

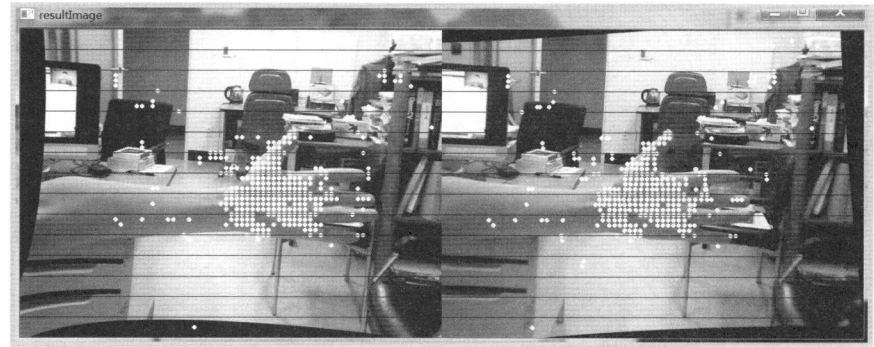

(b) t=10

[그림 4.60] cvShowImage("resultImage", resultImage);

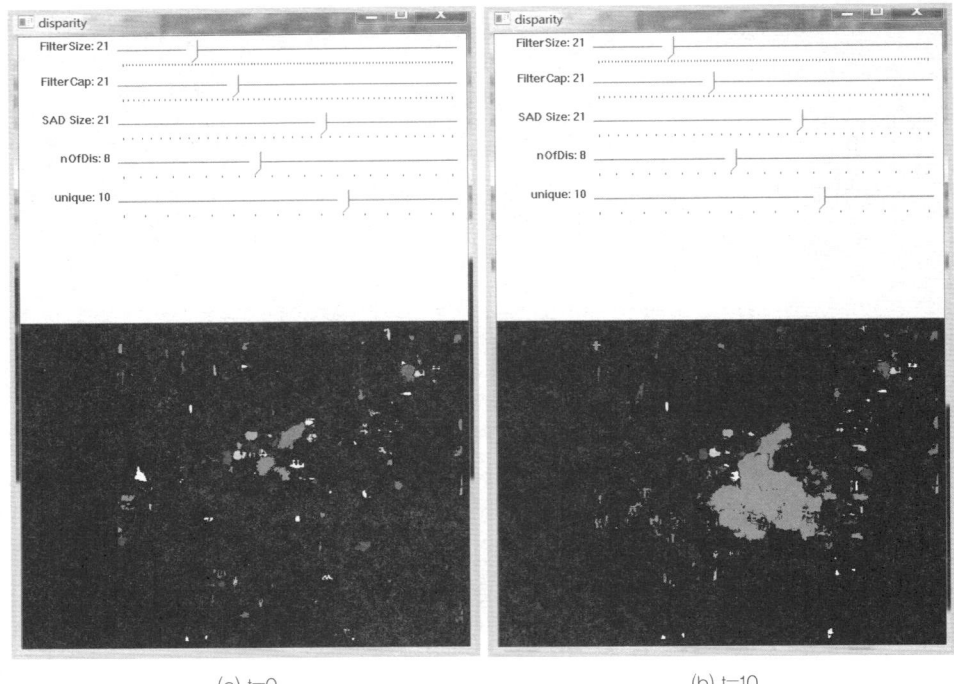

(a) t=0 (b) t=10

[그림 4.61] cvShowImage("disparity", disparity[1]);

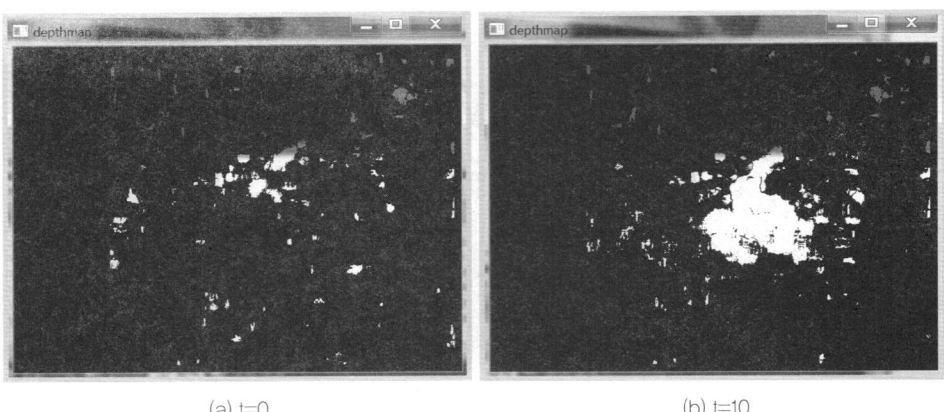

(a) t=0 (b) t=10

[그림 4.62] cvShowImage("depthmap", Image3D);

예제 cvEx0429

cvTriangulatePoints 함수
(3D point -> cvProjectPoints2 -> 2D point -> cvTriangulatePoints -> 3D point)

```
001: #include "cv.h"
002: #include "highgui.h"
003:
004: int main()
005: {
006: //  ref : http://mede.swiix.ch/vision_frame.php
007:
008:    // Assume that the same internal parameters in streo cameras.
009:      double dataA[9] = { 500,    0,  320,
010:                            0,  500,  240,
011:                            0,    0,    1};
012:    CvMat A[2]; // internal parameters
013:    A[0] = cvMat(3,3,CV_64F, dataA);
014:    A[1] = cvMat(3,3,CV_64F, dataA);
015:
016:    // Assume that the same distortion parameters in streo cameras.
017:      double dataD[5] = { -0.22, -0.67, 0.0, 0.0, 0.0};
018:    CvMat D[2]; // distortion parameters
019:    D[0]= cvMat(1,5,CV_64F, dataD);
020:    D[1]= cvMat(1,5,CV_64F, dataD);
021:
022:    //Identity, but looking into +z axis at (0, 0, 0)
023:      double dataP0[12] = { 1, 0, 0, 0,
024:                            0, 1, 0, 0,
025:                            0, 0, 1, 0};
026:    CvMat Rt[2]; // External parameters, Rt =[ R | T ]
027:    Rt[0] = cvMat(3,4,CV_64F, dataP0); //[R,T] at camera #0
028:
029:      double rvData[3] = { 0, 0, 0 }; // no rotations
030:      CvMat RV = cvMat(1,3,CV_64F,rvData);
031:
032: // translation vectors of the streo camera
033:    CvMat T[2];
034: // double tData0[3] = {  0.0, 0.0, 0.0 };
035:    double tData0[3] = {  dataP0[3], dataP0[7], dataP0[11] };
036:    T[0] = cvMat(3,1,CV_64F,tData0);  // translation at camera #0
037:
038:    double tData1[3] = {  -5, 0.0, 0.0 };
039:    T[1] = cvMat(3,1,CV_64F,tData1); // translationat camera #1
040:
041:    //Identity rotation,  -5 translation on x-axis, looking into +z axis
042:    // [R,T] at camera #1
043:    double dataP1[12] = { 1, 0, 0, tData1[0],
044:                          0, 1, 0, tData1[1],
045:                          0, 0, 1, tData1[2]};
046:    Rt[1] = cvMat(3,4,CV_64F, dataP1);
047:
048: // a given 3D point, ptA for checking cvTriangulatePoints
```

```
049:     double ptDataA[3] = { 10.0, 10.0, 100};
050:     CvMat  ptA = cvMat(1,1,CV_64FC3, ptDataA);
051:     printf("The given 3D point, ptA: (%lf, %lf, %lf)\n",
052:             ptDataA[0], ptDataA[1], ptDataA[2]);
053:
054: // check 1: project a 3D point, ptA onto 2D points
055:     double ptData0[2];
056:     double ptData1[2];
057:     CvMat  pt2D[2];
058:     pt2D[0]= cvMat(1,1,CV_64FC2, ptData0);
059:     pt2D[1]= cvMat(1,1,CV_64FC2, ptData1);
060:     cvProjectPoints2(&ptA, &RV, &T[0], &A[0], &D[0], &pt2D[0]);
061:     cvProjectPoints2(&ptA,  &RV, &T[1], &A[1], &D[1], &pt2D[1]);
062:
063:     printf(" project ptA to 2D points using cvProjectPoints2\n");
064:     printf("ptData0: %f, %f\n", ptData0[0], ptData0[1]);
065:     printf("ptData1: %f, %f\n", ptData1[0], ptData1[1]);
066: // check 1: end
067:
068: // check 2: calculate the 3D position
069:     cvUndistortPoints(&pt2D[0],&pt2D[0],&A[0],&D[0]);
070:     cvUndistortPoints(&pt2D[1],&pt2D[1],&A[1],&D[1]);
071:     printf(" undistortion 2D points\n");
072:     printf("ptData0: %f, %f\n", ptData0[0], ptData0[1]);
073:     printf("ptData1: %f, %f\n", ptData1[0], ptData1[1]);
074:
075:     // support 1 channel at cvTriangulatePoints in C
076:     // so, convert CV_64FC2 to CV_64FC1
077:     CvMat *_pt2D[2];
078:     _pt2D[0] = cvCreateMat(2,1,CV_64FC1);
079:     _pt2D[1] = cvCreateMat(2,1,CV_64FC1);
080:     cvmSet(_pt2D[0], 0, 0, ptData0[0]);
081:     cvmSet(_pt2D[0], 1, 0, ptData0[1]);
082:     cvmSet(_pt2D[1], 0, 0, ptData1[0]);
083:     cvmSet(_pt2D[1], 1, 0, ptData1[1]);
084:
085:     CvMat *point3D = cvCreateMat(4,1,CV_64F) ;
086:     cvTriangulatePoints(&Rt[0], &Rt[1], _pt2D[0], _pt2D[1], point3D);
087:     double X, Y, Z, W;
088:     W = cvmGet(point3D, 3, 0);
089:     X = cvmGet(point3D, 0, 0)/W;
090:     Y = cvmGet(point3D, 1, 0)/W;
091:     Z = cvmGet(point3D, 2, 0)/W;
092:     printf("The calculated 3D point, point3D: (%lf, %lf, %lf)\n",
093:             X, Y, Z);
094:     cvReleaseMat(&_pt2D[0]);
095:     cvReleaseMat(&_pt2D[1]);
096:     cvReleaseMat(&point3D);
097:     return 0;
098: }
```

cvTriangulatePoints 함수를 이해하기 위하여, 스테레오 카메라 정보를 임의로 설정하고, 다음의 단계를 수행한다. 소스 코드는 http://mede.swiix.ch/vision_frame.php 를 참조하였다.

단계 1: cvProjectPoints2 함수로 주어진 3차원 좌표를 2차원 영상 좌표로 투영한다.
단계 2: cvUndistortPoints 함수로 2차원 영상 좌표를 보정한다.
단계 3: cvTriangulatePoints 함수로 보정된 2차원 좌표를 3차원 좌표로 역투영하여, 주어진 2차원 좌표와 비교한다.

8-20행	스테레오 카메라에서 0번, 1번 카메라의 내부 파라미터와 왜곡 계수를 동일하게 설정한다.
22-46행	0번 카메라를 원점 T[0]=(0, 0, 0)에 위치시키고, 회전 없이 설정하여 외부 파라미터 Rt[0]을 초기화한다.
	1번 카메라를 원점 T[1]=(-5, 0, 0)에 위치시키고, 회전 없이 설정하여 외부 파라미터 Rt[1]를 초기화한다. 행렬 RV는 회전 벡터를 (0, 0, 0으)로 설정하여 두 카메라에서 회전이 없다고 설정한다. 행렬 RV에 cvRodrigues 함수를 적용하면, Rt[0], Rt[1]의 회전 부분에 설정된 단위 행렬을 얻을 수 있다.
48-52행	3채널 CV_64FC3 데이터를 갖는 행렬 ptA에 3차원 좌표 (10.0, 10.0, 100)을 초기화한다.
54-65행	cvProjectPoints2 함수로 주어진 3차원 좌표 ptA=(10.0, 10.0, 100)를 0번 카메라에 투영시켜 2차원 좌표 pt2D[0]을 생성하고, 1번 카메라에 투영시켜 2차원 좌표 pt2D[1]을 생성한다.
69-70행	cvUndistortPoints 함수로 카메라 렌즈 왜곡을 보정한다.
75-92행	77-83행은 cvTriangulatePoints 함수 2채널(CV_64FC2)을 지원하지 않기 때문에 1채널(CV_64FC1)로 변경한다. 86행은 cvTriangulatePoints 함수로 2대의 카메라 정보 Rt[0], Rt[1]과 투영 좌표 _pt2D[0], _pt2D[1]을 이용하여 3차원 좌표 point3D를 계산한다. 88-91행은 동차좌표를 3차원 좌표로 변경한다. 92-93행의 출력은 51-52행의 주어진 좌표의 출력과 같다.

[그림 4.63]은 cvTriangulatePoints 함수에 의한 3차원 좌표계산 결과로, cvTriangulatePoints 함수에 의해 계산된 3차원 좌표가 주어진 3차원 좌표와 같음을 알 수 있다.

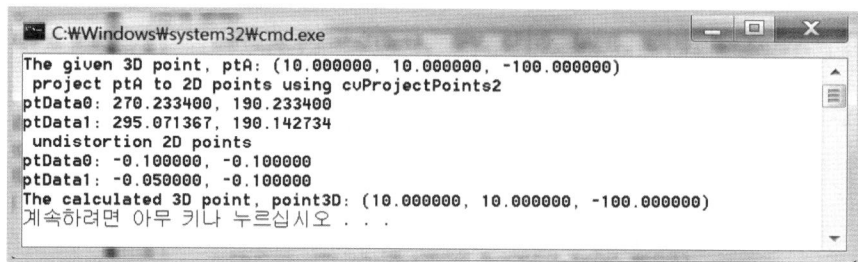

[그림 4.63] cvTriangulatePoints 함수에 의한 3차원 좌표계산

예제 cvEx0430
비디오에서 코너점의 3차원 좌표 계산(1)
(cvFindExtrinsicCameraParams2, cvProjectPoints2, cvTriangulatePoints)

```c
001: #include <stdio.h>
002: #include "cv.h"
003: #include "highgui.h"
004: bool FindCornerPoints(IplImage *image, CvSize size, CvMat *mP);
005: void SetWorldCoordinateChessBoard(CvMat *mW, double dStep, CvSize size);
006: void PrintMat(const CvMat *mat, const char *strName);
007: int main()
008: {
009:     IplImage*  frame[2];
010:     CvCapture* capture[2];
011:     capture[0]= cvCaptureFromFile("leftCam.avi");
012:     capture[1]= cvCaptureFromFile("rightCam.avi");
013:     if(!capture[0] || !capture[1])
014:     {
015:             printf("the video files were not found.");
016:             return 0;
017:     }
018:     int width = (int)cvGetCaptureProperty(capture[0],
019:                             CV_CAP_PROP_FRAME_WIDTH);
020:     int height = (int)cvGetCaptureProperty(capture[0],
021:                             CV_CAP_PROP_FRAME_HEIGHT);
022:     CvSize image_size = cvSize(width, height);
023:     CvSize patternSize = cvSize(6,3);
024:     int nPoints =patternSize.width*patternSize.height;
025:     char  strTmp[128];
026:
027:     // set the corner points to the world coordinates (unit : cm)
028:     CvMat *mW = cvCreateMat(1, nPoints, CV_32FC3);
029:     SetWorldCoordinateChessBoard(mW, 3.8, patternSize);
030:
031:     CvMat *mP[2]; // mP[0]: left, mP[1]: right
032:     mP[0] = cvCreateMat(1, nPoints, CV_32FC2);
033:     mP[1] = cvCreateMat(1, nPoints, CV_32FC2);
034:
035:     // Read streo calibration parameters in streoCalib8.yml.
036:     // It is calculated in cvEx0423.
037:     CvFileStorage* fsR;
038:     fsR = cvOpenFileStorage("streoCalib8.yml", 0, CV_STORAGE_READ);
039: //  fsR = cvOpenFileStorage("streoCalib12.yml", 0, CV_STORAGE_READ);
040:     CvMat* camera_matrix[2];   // camera_matrix1, camera_matrix2
041:     camera_matrix[0] = (CvMat*)cvReadByName(fsR, 0, "camera_matrix0");
042:     camera_matrix[1] = (CvMat*)cvReadByName(fsR, 0, "camera_matrix1");
043:
044:     CvMat* distortion_coeffs[2];
045:     distortion_coeffs[0] = (CvMat*)cvReadByName(fsR, 0, "distortion_coeffs0");
046:     distortion_coeffs[1] = (CvMat*)cvReadByName(fsR, 0, "distortion_coeffs1");
047:
048:     cvReleaseFileStorage(&fsR);
```

```
049:
050:     // for cvFindExtrinsicCameraParams2
051:     CvMat*  T[2];
052:     CvMat*  R[2];
053:     CvMat*  _R[2];
054:
055:     T[0]= cvCreateMat(3, 1,CV_64F);
056:     T[1]= cvCreateMat(3, 1,CV_64F);
057:
058:     _R[0] = cvCreateMat(1, 3, CV_64F);
059:      R[0] = cvCreateMat(3, 3, CV_64F);
060:
061:     _R[1] = cvCreateMat(1, 3, CV_64F);
062:      R[1] = cvCreateMat(3, 3, CV_64F);
063:
064:     CvMat*  tmpR = cvCreateMat(3, 3, CV_64F);
065:     CvMat*  tmpT = cvCreateMat(3, 1, CV_64F);
066:
067:     CvMat*  Proj[2]; // Proj = A[R|T]
068:     Proj[0] = cvCreateMat(3, 4, CV_64F);
069:     Proj[1] = cvCreateMat(3, 4, CV_64F);
070:     CvMat   tmpP;
071:
072:     CvMat*  _mP[2];
073:     _mP[0] = cvCreateMat(2, nPoints, CV_32FC1);
074:     _mP[1] = cvCreateMat(2, nPoints, CV_32FC1);
075:
076:     CvMat *point3D = cvCreateMat(4,nPoints,CV_64F);
077:
078:     for(int t=0; cvWaitKey(10)!= 27 ;t++)
079:     {
080:             frame[0] = cvQueryFrame(capture[0]);
081:             frame[1] = cvQueryFrame(capture[1]);
082:             if(!frame[0] || !frame[1])
083:                     break;
084:             if(!FindCornerPoints(frame[0], patternSize, mP[0]))
085:                     continue;
086:             if(!FindCornerPoints(frame[1], patternSize, mP[1]))
087:                     continue;
088:             cvShowImage("frame[0]", frame[0]);
089:             cvShowImage("frame[1]", frame[1]);
090:
091:             // Calculate external parameters
092:             cvFindExtrinsicCameraParams2(mW, mP[0],
093:                     camera_matrix[0], distortion_coeffs[0],
094:                     _R[0], T[0], 0);
095:             cvRodrigues2(_R[0], R[0]);
096:
097:             cvFindExtrinsicCameraParams2(mW, mP[1],
098:                     camera_matrix[1], distortion_coeffs[1],
099:                     _R[1], T[1], 0);
```

```
100:            cvRodrigues2(_R[1], R[1]);
101:
102:            // Calculate Projection matrix: Proj = A[R | T]
103:            // Proj[0] = camera_matrix[0][ R[0] | T[0]]
104:            cvGetCols(Proj[0], &tmpP, 0, 3);
105:            cvCopy(R[0], &tmpP);
106:            cvGetCol(Proj[0], &tmpP, 3);
107:            cvCopy(T[0], &tmpP);
108:            cvMatMul(camera_matrix[0], Proj[0], Proj[0]);
109: //         PrintMat(Proj[0], "Proj[0]");
110:
111:            // Proj[1] = camera_matrix[1][ R[1] | T[1]]
112:            cvGetCols(Proj[1], &tmpP, 0, 3);
113:            cvCopy(R[1], &tmpP);
114:            cvGetCol(Proj[1], &tmpP, 3);
115:            cvCopy(T[1], &tmpP);
116:            cvMatMul(camera_matrix[1], Proj[1], Proj[1]);
117: //         PrintMat(Proj[1], "Proj[1]");
118:
119:    cvProjectPoints2(mW, _R[0], T[0], camera_matrix[0], distortion_coeffs[0], mP[0]);
120:    cvProjectPoints2(mW, _R[1], T[1], camera_matrix[1], distortion_coeffs[1], mP[1]);
121:
122:            //(1xnPoints: CV_32FC2) -> (2xnPoints: CV_32FC1)
123:            for(int i=0; i<nPoints; i++)
124:            {
125:                    CvPoint2D32f p;
126:                    p = CV_MAT_ELEM(*mP[0], CvPoint2D32f, 0, i);
127:                    cvmSet(_mP[0], 0, i, p.x);
128:                    cvmSet(_mP[0], 1, i, p.y);
129:
130:                    p = CV_MAT_ELEM(*mP[1], CvPoint2D32f, 0, i);
131:                    cvmSet(_mP[1], 0, i, p.x);
132:                    cvmSet(_mP[1], 1, i, p.y);
133:            }
134: //          PrintMat(_mP[0], "_mP[0]");
135:
136:            cvTriangulatePoints(Proj[0], Proj[1], _mP[0], _mP[1], point3D);
137:
138:            printf("\nReconstructed 3D points at t=%d\n", t);
139:            CvScalar p;
140:            double X, Y, Z, W;
141:            double error, meanError=0.0;
142:            for(int i=0; i<nPoints; i++)
143:            {
144:                    W = cvGetReal2D(point3D, 3, i);
145:                    X = cvGetReal2D(point3D, 0, i)/W;
146:                    Y = cvGetReal2D(point3D, 1, i)/W;
147:                    Z = cvGetReal2D(point3D, 2, i)/W;
148:                    printf("3D: %f, %f, %f\n", X, Y, Z);
149:
150:                    p = cvGet2D(mW, 0, i);
```

```
151:
152:                    error  = (X - p.val[0])*(X - p.val[0]);
153:                    error += (Y - p.val[1])*(Y - p.val[1]);
154:                    error += (Z - p.val[2])*(Z - p.val[2]);
155:               meanError += cvSqrt(error);
156:           }
157:           meanError /= nPoints;
158:           printf("meanError = %lf\n", meanError);
159:           cvWaitKey(0);
160:     }
161:     cvWaitKey(0);
162:     cvDestroyAllWindows();
163:     cvReleaseMat(&mW);
164:
165:     cvReleaseMat(&tmpR);
166:     cvReleaseMat(&tmpT);
167:     cvReleaseMat(&point3D);
168:
169:     for(int i=0; i<2; i++)
170:     {
171:           cvReleaseMat(&mP[i]);
172:           cvReleaseMat(&camera_matrix[i]);
173:           cvReleaseMat(&distortion_coeffs[i]);
174:           cvReleaseMat(&T[i]);
175:           cvReleaseMat(&_R[i]);
176:           cvReleaseMat(&R[i]);
177:           cvReleaseCapture(&capture[i]);
178:     }
179:     return 0;
180: }
181: void ConvertPtMat(CvPoint2D32f *P, CvMat *mP, int nPoints)
182: {
183:     for(int i=0; i<nPoints; i++)
184:     {
185:           CV_MAT_ELEM(*mP, CvPoint2D32f, 0, i)= P[i];
186:     }
187: }
188: bool FindCornerPoints(IplImage *image, CvSize size, CvMat *mP)
189: {
190:     int nPoints =size.width*size.height;
191:     CvPoint2D32f *CornerP = new CvPoint2D32f[nPoints];
192:     int nCount;
193:     int nFound = cvFindChessboardCorners(image, size, CornerP, &nCount,
194:                 CV_CALIB_CB_ADAPTIVE_THRESH);
195:     if(nCount !=  size.width*size.height)
196:     {
197:           delete CornerP;
198:           return false;
199:     }
200:     IplImage *grayImage = cvCreateImage(cvGetSize(image), 8, 1);
201:     cvCvtColor(image, grayImage, CV_BGR2GRAY);
```

```
202:        cvFindCornerSubPix(grayImage, CornerP, nCount, cvSize(11, 11),
203:                           cvSize(-1, -1),
204:            cvTermCriteria(CV_TERMCRIT_EPS+CV_TERMCRIT_ITER, 20, 0.01));
205:        cvReleaseImage(&grayImage);
206:
207:        cvDrawChessboardCorners(image, size, CornerP, nCount, nFound);
208:        ConvertPtMat(CornerP, mP, nPoints);
209:        delete CornerP;
210:        return true;
211: }
212: void SetWorldCoordinateChessBoard(CvMat *mW, double dStep, CvSize size)
213: {
214:     int nPoints = size.width*size.height;
215:     int i, j, k;
216:     // origin point : mW[size.width-1), the left-bottom point of corners
217:     double xW;
218:     double yW;
219:     CvPoint3D32f pt3;
220:     for(i=0, yW = dStep; i<size.height; i++, yW += dStep)
221:     for(j=0, xW = (size.width)*dStep; j<size.width; j++, xW -= dStep)
222:     {
223:            k = i*size.width + j;
224:            pt3.x = xW;
225:            pt3.y = yW;
226:            pt3.z = 0.0;
227:            CV_MAT_ELEM(*mW, CvPoint3D32f, 0, k)= pt3;
228:            printf("%d: (xW, yW, zW) = %f, %f, %f\n", k, pt3.x , pt3.y, pt3.z);
229:     }
230: }
231: void PrintMat(const CvMat *mat, const char *strName)
232: {
233:    int    x, y;
234:    double    fValue;
235:    printf(" %s  \n =  \n", strName);
236:    for(y= 0; y<mat->rows; y++)
237:    {
238:            for(x= 0; x<mat->cols; x++)
239:            {
240:                    fValue = cvGetReal2D(mat, y, x);
241:                    printf("%.2f ", fValue);
242:            }
243:            printf("\n");
244:    }
245:    printf("\n\n");
246: }
```

스테레오 카메라를 책상을 보도록 고정시키고, 책상 위의 캘리브레이션 패턴을 손으로 움직여 획득한 스테레오 비디오("leftCam.avi", "rightCam.avi") 영상을 예제 cvEx0423을 사용하여 "streoCalib8.yml", "streoCalib12.yml"의 캘리브레이션 정보를 계산한 다음, 스테레오 비디오의 각 비디오 프레임에서, 캘리브레이션 패턴의 코너점에

서 2차원 좌표를 계산하고, cvFindExtrinsicCameraParams2 함수로 각 프레임에서의 카메라의 위치를 계산하고, Proj = A[R | T]에 의한 투영 행렬을 계산한다.

투영 행렬 Proj[0], Proj[1]과 코너점의 영상 좌표 mP[0], mP[1]을 이용하여 cvTriangulatePoints 함수로 코너점의 3차원 좌표를 계산한다. cvTriangulatePoints 함수로 계산된 3차원 좌표 행렬 point3D와 카메라 캘리브레이션을 위해 SetWorldCoordinateChessBoard 함수에서 설정한 실제 3차원 좌표 행렬 mW와 비교하여 에러를 계산한다.

37-48행	예제 cvEx0423을 사용하여 계산한 "streoCalib8.yml"과 "streoCalib12.yml" 파일로부터 스테레오 카메라의 캘리브레이션 정보를 읽어 온다. 카메라는 고정시키고 캘리브레이션 패턴을 움직이면서, 각 프레임에서 캘리브레이션 패턴에 상대적인 위치 및 자세를 계산할 것이므로, 내부 파라미터 행렬 camera_matrix[0], camera_matrix[1]과 렌즈 왜곡 계수 행렬 distortion_coeffs[0], distortion_coeffs[1]만을 읽어온다.
50-76행	cvFindExtrinsicCameraParams2 함수에 의해 계산될 케메라의 이동 행렬, T[0], T[1], 회전 벡터 _R[0], _R[1]과 cvRodrigues2 함수에 의해 변환될 회전 행렬 R[0], R[1]을 선언 생성하고, Proj = A[R|T]에 의해 계산될 투영 행렬 Proj[0], Proj[1]을 선언하고 생성한다. 2채널(CV_32FC2) 영상 좌표 행렬 mP[0], mP[1]을 1 채널(CV_32FC1)로 변경할 _mP[0], _mP[1]을 선언하고 생성한다. point3D는 cvTriangulatePoints 함수에 의해 계산될 3차원 좌표를 위한 행렬이다.
84-87행	FindCornerPoints 함수로 영상 frame[0], frame[1]에서 코너점을 검출하여 행렬 mP[0], mP[1]에 각각 저장한다.
92-100행	92-95행은 "leftCam.avi"에 대해, cvFindExtrinsicCameraParams2 함수로 mW, mP[0], camera_matrix[0], distortion_coeffs[0]을 이용하여 회전 벡터 _R[0], 이동 벡터 T[0]을 계산한다. cvRodrigues2 함수로 회전 벡터 _R[0]을 회전 행렬 R[0]로 계산한다. 97-100행은 "rightCam.avi"에 대해, cvFindExtrinsicCameraParams2 함수로 mW, mP[1], camera_matrix[1], distortion_coeffs[1]을 이용하여 회전 벡터 _R[1], 이동 벡터 T[1]을 계산한다. cvRodrigues2 함수로 회전 벡터 _R[1]를 회전 행렬 R[1]로 계산한다.
102-116행	103-108행은 "leftCam.avi"에 대해, Proj[0] = camera_matrix[0][R[0]	T[0]] 수식으로 투영 행렬을 계산한다. 111-116행은 "rightCam.avi"에 대해, Proj[1] = camera_matrix[1][R[1]	T[1]] 수식으로 투영 행렬을 계산한다.
119-120행	cvProjectPoints2 함수로 코너점의 좌표행렬 mW를 카메라 캘리브레이션 정보를 이용하여 왜곡이 보정된 영상 좌표 행렬 mP[0], mP[1]을 계산한다.
122-133행	2채널(CV_32FC2) 영상 좌표 행렬 mP[0], mP[1]을 1 채널(CV_32FC1) 영상 좌표 행렬 _mP[0], _mP[1]로 변환한다.
136행	cvTriangulatePoints 함수로 Proj[0], Proj[1], _mP[0], _mP[1]을 사용하여 3차원 좌표 행렬 point3D를 계산한다.

139-160행 144-147행은 동차 행렬 point3D를 좌표로 변환하여 3차원 좌표 X, Y, Z 값을 계산한다. 150-155행은 SetWorldCoordinateChessBoard 함수에서 설정한 실제 3차원 좌표 행렬 mW의 값을 읽어와 거리 에러의 합을 계산하고, 157행에서 에러 평균을 계산한다.

[그림 4-64]는 t=0에서 cvProjectPoints2 함수로 영상 좌표의 왜곡을 보정하고, cvTriangulatePoints 함수로 계산된 3차원 좌표 (X, Y, Z)와 Z=0 평면에 위치시킨 캘리브레이션 패턴의 코너점의 3차원 좌표 (xW, yW, zW)의 행렬 mW를 보여주며, 평균 에러는 0.203668이다.

[그림 4-65]는 t=1에서 cvProjectPoints2 함수로 영상 좌표의 왜곡을 보정하고, cvTriangulatePoints 함수로 계산된 3차원 좌표 (X, Y, Z)를 보여주며, 평균 에러는 0.202763이다.

[그림 4-66]은 t=0에서 119-120행의 cvProjectPoints2 함수를 주석 처리하여 왜곡을 보정하지 않고 cvTriangulatePoints 함수로 계산된 3차원 좌표 (X, Y, Z)를 표시하며, 평균 에러는 0.338695로 약간 증가한다.

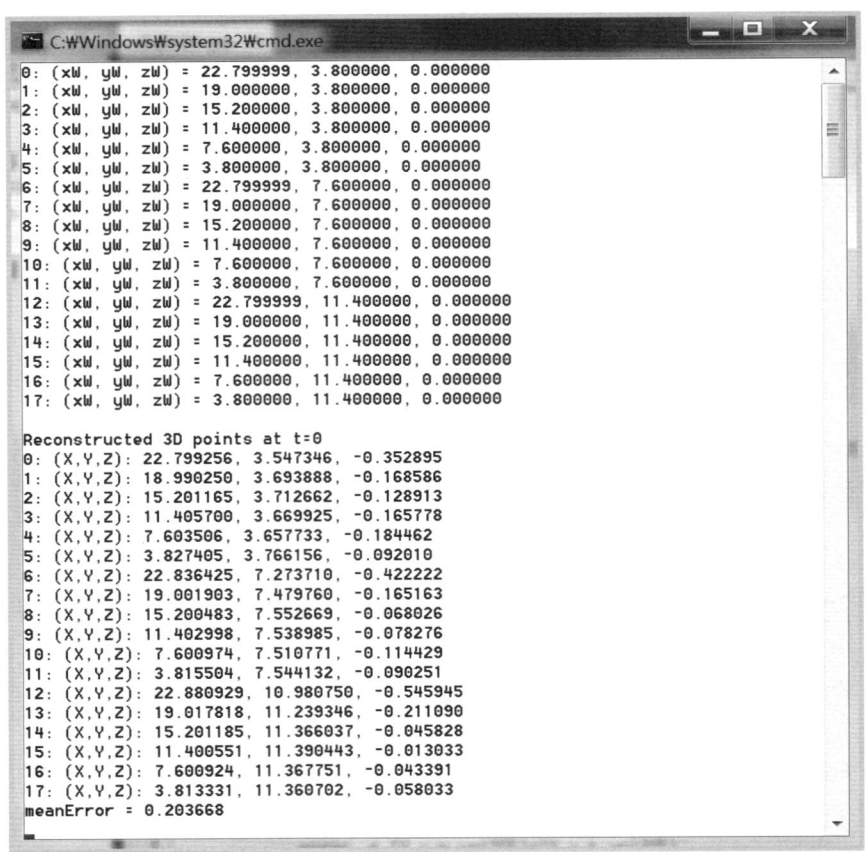

[그림 4.64] 비디오에서 코너점의 3차원 좌표 계산
(streoCalib8.yml, cvFindExtrinsicCameraParams2, cvProjectPoints2, cvTriangulatePoints, t=0)

```
C:\Windows\system32\cmd.exe
Reconstructed 3D points at t=1
0: (X,Y,Z): 22.799007, 3.548421, -0.351719
1: (X,Y,Z): 18.990141, 3.694571, -0.167846
2: (X,Y,Z): 15.201116, 3.713326, -0.128197
3: (X,Y,Z): 11.405712, 3.670976, -0.164654
4: (X,Y,Z): 7.603645, 3.659189, -0.182918
5: (X,Y,Z): 3.827598, 3.767255, -0.090857
6: (X,Y,Z): 22.836224, 7.274588, -0.421157
7: (X,Y,Z): 19.001829, 7.480224, -0.164609
8: (X,Y,Z): 15.200467, 7.552909, -0.067740
9: (X,Y,Z): 11.403008, 7.539294, -0.077909
10: (X,Y,Z): 7.601043, 7.511374, -0.113720
11: (X,Y,Z): 3.815631, 7.544735, -0.089549
12: (X,Y,Z): 22.880753, 10.981544, -0.544860
13: (X,Y,Z): 19.017756, 11.239751, -0.210547
14: (X,Y,Z): 15.201180, 11.366139, -0.045691
15: (X,Y,Z): 11.400552, 11.390475, -0.012991
16: (X,Y,Z): 7.600947, 11.367927, -0.043160
17: (X,Y,Z): 3.813397, 11.360986, -0.057662
meanError = 0.202763
```

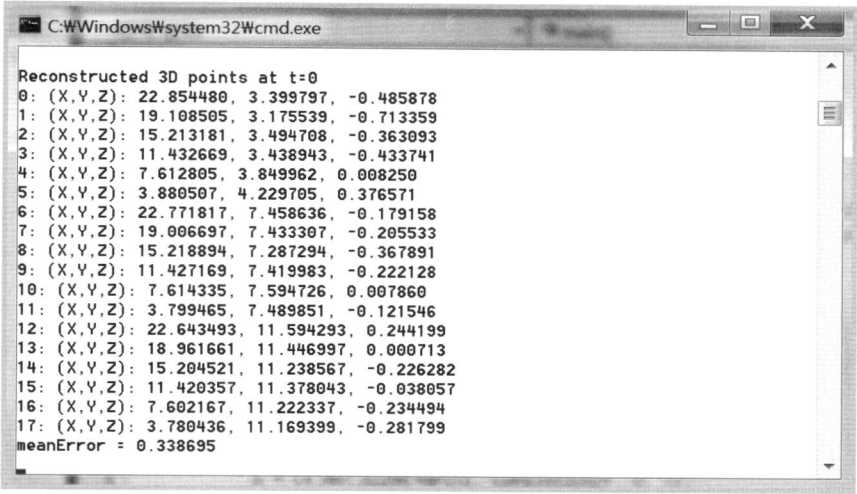

[그림 4.65] [그림 4.64] 비디오에서 코너점의 3차원 좌표 계산
(streoCalib8.yml, cvFindExtrinsicCameraParams2, cvProjectPoints2, cvTriangulatePoints, t=1)

```
C:\Windows\system32\cmd.exe

Reconstructed 3D points at t=0
0: (X,Y,Z): 22.854480, 3.399797, -0.485878
1: (X,Y,Z): 19.108505, 3.175539, -0.713359
2: (X,Y,Z): 15.213181, 3.494708, -0.363093
3: (X,Y,Z): 11.432669, 3.438943, -0.433741
4: (X,Y,Z): 7.612805, 3.849962, 0.008250
5: (X,Y,Z): 3.880507, 4.229705, 0.376571
6: (X,Y,Z): 22.771817, 7.458636, -0.179158
7: (X,Y,Z): 19.006697, 7.433307, -0.205533
8: (X,Y,Z): 15.218894, 7.287294, -0.367891
9: (X,Y,Z): 11.427169, 7.419983, -0.222128
10: (X,Y,Z): 7.614335, 7.594726, 0.007860
11: (X,Y,Z): 3.799465, 7.489851, -0.121546
12: (X,Y,Z): 22.643493, 11.594293, 0.244199
13: (X,Y,Z): 18.961661, 11.446997, 0.000713
14: (X,Y,Z): 15.204521, 11.238567, -0.226282
15: (X,Y,Z): 11.420357, 11.378043, -0.038057
16: (X,Y,Z): 7.602167, 11.222337, -0.234494
17: (X,Y,Z): 3.780436, 11.169399, -0.281799
meanError = 0.338695
```

[그림 4.66] 비디오에서 코너점의 3차원 좌표 계산
(streoCalib8.yml, cvFindExtrinsicCameraParams2, cvTriangulatePoints, t=0)

예제 cvEx0431
비디오에서 코너점의 3차원 좌표 계산(2)
(cvStereoRectify 투영행렬, cvUndistortPoints, cvTriangulatePoints)

```c
001: #include <stdio.h>
002: #include "cv.h"
003: #include "highgui.h"
004: bool FindCornerPoints(IplImage *image, CvSize size, CvMat *mP);
005: void SetWorldCoordinateChessBoard(CvMat *mW, double dStep, CvSize size);
006: void MergeImage(IplImage *image1, IplImage *image2, IplImage *mergeImage);
007: void PrintMat(const CvMat *mat, const char *strName);
008: void ProjectPoints2(CvMat *Proj, CvMat *point3D, CvPoint *projectedPt);
009: int main()
010: {
011:     IplImage*  frame[2];
012:     CvCapture* capture[2];
013:     capture[0]= cvCaptureFromFile("leftCam.avi");
014:     capture[1]= cvCaptureFromFile("rightCam.avi");
015:     if(!capture[0] || !capture[1])
016:     {
017:             printf("the video files were not found.");
018:             return 0;
019:     }
020:     int width = (int)cvGetCaptureProperty(capture[0],
021:                             CV_CAP_PROP_FRAME_WIDTH);
022:     int height = (int)cvGetCaptureProperty(capture[0],
023:                             CV_CAP_PROP_FRAME_HEIGHT);
024:     CvSize image_size = cvSize(width, height);
025:     CvSize patternSize = cvSize(6,3);
026:     int nPoints =patternSize.width*patternSize.height;
027:
028:     // set the corner points to the world coordinates (unit : cm)
029:     CvMat *mW = cvCreateMat(1, nPoints, CV_32FC3);
030:     SetWorldCoordinateChessBoard(mW, 3.8, patternSize);
031:
032:     CvMat *mP[2]; // mP[0]: left, mP[1]: right
033:     mP[0] = cvCreateMat(1, nPoints, CV_32FC2);
034:     mP[1] = cvCreateMat(1, nPoints, CV_32FC2);
035:
036:
037: // Read the streo calibration parameters in streoCalibRect8.yml/streoCalibRect12.yml.
038: // It is calculated by using cvEx0425.
039:     CvFileStorage* fsR;
040:     fsR = cvOpenFileStorage("streoCalibRect8.yml", 0, CV_STORAGE_READ);
041: // fsR = cvOpenFileStorage("streoCalibRect12.yml", 0, CV_STORAGE_READ);
042:     CvMat* camera_matrix[2];   // camera_matrix1, camera_matrix2
043:     camera_matrix[0] = (CvMat*)cvReadByName(fsR, 0, "camera_matrix0");
044:     camera_matrix[1] = (CvMat*)cvReadByName(fsR, 0, "camera_matrix1");
045: // PrintMat(camera_matrix[0], "camera_matrix[0]");
046: // PrintMat(camera_matrix[1], "camera_matrix[1]");
047:
048:     CvMat* distortion_coeffs[2];
```

```
049:    distortion_coeffs[0] = (CvMat*)cvReadByName(fsR, 0, "distortion_coeffs0");
050:    distortion_coeffs[1] = (CvMat*)cvReadByName(fsR, 0, "distortion_coeffs1");
051: // PrintMat(distortion_coeffs[0], "distortion_coeffs[0]");
052: // PrintMat(distortion_coeffs[1], "distortion_coeffs[1]");
053:    CvMat *R, *T;
054:    R=(CvMat*)cvReadByName(fsR, 0, "R");
055:    T=(CvMat*)cvReadByName(fsR, 0, "T");
056:    PrintMat(R, "R");
057:    PrintMat(T, "T");
058:
059: // for cvStereoRectify
060:    CvMat *rR[2], *Proj[2], *Q;
061:    rR[0] = (CvMat*)cvReadByName(fsR, 0, "rR0");
062:    rR[1] = (CvMat*)cvReadByName(fsR, 0, "rR1");
063:
064:    Proj[0] = (CvMat*)cvReadByName(fsR, 0, "P0");
065:    Proj[1] = (CvMat*)cvReadByName(fsR, 0, "P1");
066:    PrintMat(Proj[0], "Proj[0]");
067:    PrintMat(Proj[1], "Proj[1]");
068:
069:    Q = (CvMat*)cvReadByName(fsR, 0, "Q");
070:    PrintMat(Q, "Q");
071:    cvReleaseFileStorage(&fsR);
072:
073:    CvMat *mapX[2], *mapY[2];
074:    mapX[0] = cvCreateMat(image_size.height, image_size.width, CV_32F);
075:    mapY[0] = cvCreateMat(image_size.height, image_size.width, CV_32F);
076:    mapX[1] = cvCreateMat(image_size.height, image_size.width, CV_32F);
077:    mapY[1] = cvCreateMat(image_size.height, image_size.width, CV_32F);
078:
079:    cvInitUndistortRectifyMap(camera_matrix[0], distortion_coeffs[0],
080:                rR[0], Proj[0], mapX[0],mapY[0]);
081:    cvInitUndistortRectifyMap(camera_matrix[1], distortion_coeffs[1],
082:                rR[1], Proj[1], mapX[1],mapY[1]);
083:
084:    CvMat* _mP[2];
085:    _mP[0] = cvCreateMat(2, nPoints, CV_32FC1);
086:    _mP[1] = cvCreateMat(2, nPoints, CV_32FC1);
087:
088:    CvMat *point3Dn = cvCreateMat(4,nPoints,CV_64F);
089:    CvMat *point3D = cvCreateMat(4,1,CV_64F);
090:
091:    IplImage *remapImage[2];
092:    remapImage[0]= cvCreateImage(image_size, IPL_DEPTH_8U, 3);
093:    remapImage[1]= cvCreateImage(image_size, IPL_DEPTH_8U, 3);
094:
095:    CvSize image_size2 = cvSize(width*2, height);
096:    IplImage *mergeImage;
097:    mergeImage= cvCreateImage(image_size2, IPL_DEPTH_8U, 3);
098:
099:    for(int t=0; cvWaitKey(10)!= 27 ;t++)
```

```
100:        {
101:                frame[0] = cvQueryFrame(capture[0]);
102:                frame[1] = cvQueryFrame(capture[1]);
103:                if(!frame[0] || !frame[1])
104:                        break;
105:                if(!FindCornerPoints(frame[0], patternSize, mP[0]))
106:                        continue;
107:                if(!FindCornerPoints(frame[1], patternSize, mP[1]))
108:                        continue;
109: //             cvShowImage("frame[0]", frame[0]);
110: //             cvShowImage("frame[1]", frame[1]);
111:
112: // for rectification image
113:                cvRemap(frame[0], remapImage[0], mapX[0], mapY[0]);
114:                cvRemap(frame[1], remapImage[1], mapX[1], mapY[1]);
115:
116:  // for undistortion of the corner points
117:                cvUndistortPoints(mP[0], mP[0], camera_matrix[0],
118:                                        distortion_coeffs[0], rR[0], Proj[0]);
119:                cvUndistortPoints(mP[1], mP[1], camera_matrix[1],
120:                                        distortion_coeffs[1], rR[1], Proj[1]);
121:
122:                // mP[0] -> _mP[0]
123:                // mP[1] -> _mP[1]
124:                for(int i=0; i<nPoints; i++)
125:                {
126:                        CvPoint2D32f p;
127:                        p = CV_MAT_ELEM(*mP[0], CvPoint2D32f, 0, i);
128:                        cvmSet(_mP[0], 0, i, p.x);
129:                        cvmSet(_mP[0], 1, i, p.y);
130:
131:                        p = CV_MAT_ELEM(*mP[1], CvPoint2D32f, 0, i);
132:                        cvmSet(_mP[1], 0, i, p.x);
133:                        cvmSet(_mP[1], 1, i, p.y);
134:                }
135:                cvTriangulatePoints(Proj[0], Proj[1], _mP[0], _mP[1], point3Dn);
136:
137:                printf("\nReconstructed 3D points at t=%d\n", t);
138:                double X, Y, Z, W;
139:                for(int i=0; i<nPoints; i++)
140:                {
141:                        W = cvGetReal2D(point3Dn, 3, i);
142:                        X = cvGetReal2D(point3Dn, 0, i)/W;
143:                        Y = cvGetReal2D(point3Dn, 1, i)/W;
144:                        Z = cvGetReal2D(point3Dn, 2, i)/W;
145:                        printf("3D: %f, %f, %f\n", X, Y, Z);
146:                }
147: // Display 3 Axis at camera 0
148:                CvPoint projectedPt[4];
149:                double f = cvGetReal2D(Proj[0], 0, 0);
150:                cvSetReal1D(point3D, 0, 0.0);
```

Chpater 04 카메라 캘리브레이션(Camera Calibration)

```
151:            cvSetReal1D(point3D, 1, 0.0);
152:            cvSetReal1D(point3D, 2, f);
153:            cvSetReal1D(point3D, 3, 1.0);
154:            ProjectPoints2(Proj[0], point3D, &projectedPt[0]);
155:
156:            cvSetReal1D(point3D, 0, 100.0);
157:            cvSetReal1D(point3D, 1, 0.0);
158:            cvSetReal1D(point3D, 2, f);
159:            cvSetReal1D(point3D, 3, 1.0);
160:            ProjectPoints2(Proj[0], point3D, &projectedPt[1]);
161:
162:            cvSetReal1D(point3D, 0, 0.0);
163:            cvSetReal1D(point3D, 1, 100.0);
164:            cvSetReal1D(point3D, 2, f);
165:            cvSetReal1D(point3D, 3, 1.0);
166:            ProjectPoints2(Proj[0], point3D, &projectedPt[2]);
167:
168:        cvLine(remapImage[0], projectedPt[0], projectedPt[1], CV_RGB(0, 0, 255), 2);
169:        cvLine(remapImage[0], projectedPt[0], projectedPt[2], CV_RGB(255, 0, 0), 2);
170:
171: // Display 3 Axis at camera 1
172:            f = cvGetReal2D(Proj[1], 0, 0); // focal length
173:            cvSetReal1D(point3D, 0, 0.0);
174:            cvSetReal1D(point3D, 1, 0.0);
175:            cvSetReal1D(point3D, 2, f);
176:            cvSetReal1D(point3D, 3, 1.0);
177:            ProjectPoints2(Proj[1], point3D, &projectedPt[0]);
178:
179:            cvSetReal1D(point3D, 0, 100.0);
180:            cvSetReal1D(point3D, 1, 0.0);
181:            cvSetReal1D(point3D, 2, f);
182:            cvSetReal1D(point3D, 3, 1.0);
183:            ProjectPoints2(Proj[1], point3D, &projectedPt[1]);
184:
185:            cvSetReal1D(point3D, 0, 0.0);
186:            cvSetReal1D(point3D, 1, 100.0);
187:            cvSetReal1D(point3D, 2, f);
188:            cvSetReal1D(point3D, 3, 1.0);
189:            ProjectPoints2(Proj[1], point3D, &projectedPt[2]);
190:
191:        cvLine(remapImage[1], projectedPt[0], projectedPt[1], CV_RGB(0, 0, 255), 2);
192:        cvLine(remapImage[1], projectedPt[0], projectedPt[2], CV_RGB(255, 0, 0), 2);
193:
194: //         cvShowImage("remapImage[0]", remapImage[0]);
195: //         cvShowImage("remapImage[1]", remapImage[1]);
196:
197:            MergeImage(remapImage[0], remapImage[1], mergeImage);
198:            for(int  y = 0; y < mergeImage->height; y += 32)
199:            {
200:                    cvLine(mergeImage, cvPoint(0,y),
201:                                    cvPoint(mergeImage->width,y),
```

```
202:                                    CV_RGB(0,255,0));
203:              }
204:              cvShowImage("mergeImage",mergeImage);
205:              cvWaitKey(0);
206:       }
207:    cvWaitKey(0);
208:    cvDestroyAllWindows();
209:    cvReleaseMat(&mW);
210:    cvReleaseMat(&point3Dn);
211:    cvReleaseMat(&point3D);
212:    cvReleaseImage(&mergeImage);
213:    for(int i=0; i<2; i++)
214:    {
215:              cvReleaseMat(&mP[i]);
216:              cvReleaseMat(&camera_matrix[i]);
217:              cvReleaseMat(&distortion_coeffs[i]);
218:
219:              cvReleaseMat(&rR[i]);
220:              cvReleaseMat(&Proj[i]);
221:              cvReleaseMat(&mapX[i]);
222:              cvReleaseMat(&mapY[i]);
223:              cvReleaseImage(&remapImage[i]);
224:
225:              cvReleaseCapture(&capture[i]);
226:    }
227:    return 0;
228: }
229: void MergeImage(IplImage *image1, IplImage *image2, IplImage *mergeImage)
230: {
231:    //  We assume that mergeImage->width == image1->width + image2->width,
232:    //                 mergeImage->height== image1->height
233:    //                                   == image2->height
234:    cvSetImageROI(mergeImage,
235:          cvRect(0, 0, image1->width, image1->height));
236:    cvCopy(image1, mergeImage);
237:    cvSetImageROI(mergeImage,
238:          cvRect(image1->width, 0, image2->width, image2->height));
239:    cvCopy(image2, mergeImage);
240:    cvResetImageROI(mergeImage);
241: }
242:
243: void ProjectPoints2(CvMat *Proj, CvMat *point3D, CvPoint *projectedPt)
244: {
245:    CvMat *point2D = cvCreateMat(3,1,CV_64F);
246:    cvMatMul(Proj, point3D, point2D);
247:
248:    double W = cvGetReal1D(point2D, 2);
249:    projectedPt->x = (int)(cvGetReal1D(point2D, 0)/W + 0.5);
250:    projectedPt->y =  (int)(cvGetReal1D(point2D, 1)/W + 0.5);
251: // printf("projectedPt(x, y): %d, %d\n", projectedPt->x, projectedPt->y);
252:    cvReleaseMat(&point2D);
```

```cpp
253:    }
254:
255:    void ConvertPtMat(CvPoint2D32f *P, CvMat *mP, int nPoints)
256:    {
257:        for(int i=0; i<nPoints; i++)
258:        {
259:                CV_MAT_ELEM(*mP, CvPoint2D32f, 0, i)= P[i];
260:        }
261:    }
262:    bool FindCornerPoints(IplImage *image, CvSize size, CvMat *mP)
263:    {
264:        int nPoints =size.width*size.height;
265:        CvPoint2D32f *CornerP = new CvPoint2D32f[nPoints];
266:        int nCount;
267:        int nFound = cvFindChessboardCorners(image, size, CornerP, &nCount,
268:                            CV_CALIB_CB_ADAPTIVE_THRESH);
269:        if(nCount != size.width*size.height)
270:        {
271:                delete CornerP;
272:                return false;
273:        }
274:        IplImage *grayImage = cvCreateImage(cvGetSize(image), 8, 1);
275:        cvCvtColor(image, grayImage, CV_BGR2GRAY);
276:        cvFindCornerSubPix(grayImage, CornerP, nCount, cvSize(11, 11),
277:                            cvSize(-1, -1),
278:                cvTermCriteria(CV_TERMCRIT_EPS+CV_TERMCRIT_ITER, 200, 0.01));
279:        cvReleaseImage(&grayImage);
280:
281:        cvDrawChessboardCorners(image, size, CornerP, nCount, nFound);
282:        ConvertPtMat(CornerP, mP, nPoints);
283:        delete CornerP;
284:        return true;
285:    }
286:    void SetWorldCoordinateChessBoard(CvMat *mW, double dStep, CvSize size)
287:    {
288:        int nPoints = size.width*size.height;
289:        int i, j, k;
290:        // origin point : mW[size.width-1), the left-bottom point of corners
291:        double xW;
292:        double yW;
293:        CvPoint3D32f pt3;
294:        for(i=0, yW = dStep; i<size.height; i++, yW += dStep)
295:        for(j=0, xW = (size.width)*dStep; j<size.width; j++, xW -= dStep)
296:        {
297:                k = i*size.width + j;
298:                pt3.x = xW;
299:                pt3.y = yW;
300:                pt3.z = 0.0;
301:                CV_MAT_ELEM(*mW, CvPoint3D32f, 0, k)= pt3;
302:                printf("%d:(xW, yW, zW) = %lf, %lf, %lf\n",i, pt3.x, pt3.y, pt3.z);
303:        }
```

```
304: }
305: void PrintMat(const CvMat *mat, const char *strName)
306: {
307:     int    x, y;
308:     double fValue;
309:     printf(" %s  \n = \n", strName);
310:     for(y= 0; y<mat->rows; y++)
311:     {
312:         for(x= 0; x<mat->cols; x++)
313:         {
314:             fValue = cvGetReal2D(mat, y, x);
315:             printf("%.2f ", fValue);
316:         }
317:         printf("\n");
318:     }
319:     printf("\n\n");
320: }
```

스테레오 비디오("leftCam.avi", "rightCam.avi") 영상을 예제 cvEx0425를 사용하여 cvStereoRectify 함수로 스테레오 교정을 수행하여 계산한 "streoCalibRect8.yml"과 "streoCalibRect12.yml" 파일의 스테레오 카메라 캘리브레이션 교정 정보를 읽어서, 코너점을 좌, 우 스테레오 영상에서 검출한 후에, cvUndistortPoints 함수로 왜곡을 제거한 코너점 좌표를 계산하고, cvStereoRectify 함수로 계산한 스테레오 카메라의 투영 행렬을 cvTriangulatePoints 함수에 적용하여 코너점의 3차원 좌표를 계산한다. 이렇게 계산된 3차원 좌표는 cvStereoRectify 함수에 의해 교정된 좌표계에 대하여 계산된 3차원 좌표로 예제 cvEx0430과 결과가 다르다. 원점(0, 0, 0)에 위치해 있는 왼쪽 카메라를 기준으로 한 좌표가 계산된다.

37-71행 예제 cvEx0425를 사용하여 계산한 "streoCalibRect8.yml", "streoCalibRect12.yml" 파일로부터 스테레오 카메라의 캘리브레이션 교정 정보를 읽어 온다. 내부 파라미터 행렬 camera_matrix[0], camera_matrix[1]과 렌즈 왜곡 계수 행렬 distortion_coeffs[0], distortion_coeffs[1], 카메라 회전 행렬 R, 이동행렬 T, 스테레오 교정 회전 행렬 rR[0], rR[1], 투영 행렬 Proj[0], Proj[1], 깊이 계산 행렬 Q 등을 읽어온다.

73-82행 좌, 우 스테레오 영상을 교정하기 위한 변환 맵 행렬 mapX, mapY을 선언하고, cvInitUndistortRectifyMap 함수를 사용하여 교정 변환 맵을 계산한다.

84-97행 _mP 행렬은 $2 \times nPoints$의 CV_32FC1 자료형의 1채널 행렬로 CV_32FC2의 2채널인 mP 행렬을 변환 저장하기 위한 행렬이다. point3Dn는 nPoints 개의 코너점의 3차원 좌표를 위한 행렬이며, point3D는 1개의 3차원 좌표를 위한 행렬이다. remapImage는 좌, 우 스테레오 영상의 교정된 영상을 저장할 영상이며, mergeImage는 좌, 우 스테레오 교정 영상 remapImage[0], remapImage[1]을 하나의 영상으로 병합할 영상이다.

105-108행 FindCornerPoints 함수로 좌, 우 스테레오 영상에서 코너점을 검출하여 mP[0], mP[1]에 저장한다.

113-114행 cvRemap 함수로 영상 frame[0]에 mapX[0], mapY[0]을 적용하여 교정된 영상을 remapImage[0]에 저장한다. 영상 frame[1]에 mapX[1], mapY[1]을 적용하여 교정된 영상을 remapImage[1]에 저장한다.

117-120행 cvUndistortPoints 함수로 camera_matrix[0], distortion_coeffs[0], rR[0], Proj[0]을 이용하여 코너점 mP[0]에서 왜곡을 제거하여 다시 mP[0]에 저장한다.

camera_matrix[1], distortion_coeffs[1], rR[1], Proj[1]을 이용하여 코너점 mP[1]에서 왜곡을 제거하여 다시 mP[1]에 저장한다.

124-134행 cvTriangulatePoints 함수를 사용하기 위하여, CV_32FC2의 2채널인 mP 행렬을 $2 \times nPoints$의 CV_32FC1 자료형의 1채널 행렬인 _mP 행렬로 변환 저장한다.

135-146행 135행은 cvTriangulatePoints 함수로 좌, 우 투영 행렬 Proj[0], Proj[1]을 사용하여 코너점 행렬 _mP[0], _mP[1]를 이용하여 3차원 좌표점 point3Dn을 계산한다. 139-146행은 동차 행렬로 표현된 좌표를 3차원 좌표로 변환한다.

148-169행 135행에서 cvTriangulatePoints 함수로 계산된 3차원 좌표는 cvStereoRectify 함수로 스테레오 교정을 수행하여 계산한 투영 행렬을 기반으로 계산한 것으로, 주어진 스테레오 비디오가 수평 스테레오 카메라로부터 획득한 것이므로 [수식 4-53]과 같으며, 왼쪽 카메라는 원점(0, 0, 0)에 위치하여 회전 없이, +Z 축 방향으로 초점거리 f만큼 떨어진 곳에 투영 중심이 (cx_1, cy)이 투영 평면이 위치하고 있다.

오른쪽 카메라는 원점$(T_x, 0, 0)$에 위치하여, 회전 없이, +Z 축 방향으로 초점거리 f만큼 떨어진 곳에 투영 중심이 (cx_1, cy)이 투영 평면이 위치하고 있다. 교정 변환에 의해 좌, 우 스테레오 카메라의 XY 축과 투영면은 평행하다.

좌측 카메라의 위치인 원점(0, 0, 0)으로부터 초점거리 f=cvGetReal2D(Proj[0], 0, 0) 만큼 떨어져 있는 왼쪽 카메라의 투영면에 카메라의 X, Y축을 표시하기 위하여, 투영면 위의 3점을 동차좌표 (0, 0, f, 1), (100, 0, f, 1), (0, 100, f, 1)을 point3D에 저장한 후에, 사용자 정의 함수 ProjectPoints2로 왼쪽 카메라의 투영 행렬 Proj[0]을 사용하여 3차원 동차좌표 point3D를 투영면 위에 투영시켜 projectedPt[0], projectedPt[1], projectedPt[2]에 각각 저장한다.

168행은 cvLine 함수로 교정 영상 remapImage[0]에 projectedPt[0]에서 projectedPt[1]까지 직선을 CV_RGB(0, 0, 255) 색상으로 X축을 표시한다. 169행은 교정 영상 remapImage[1]에 projectedPt[0]에서 projectedPt[2]까지 직선을 CV_RGB(255, 0, 0) 색상으로 Y축을 표시한다.

172-192행 오른쪽 카메라는 원점$(T_x, 0, 0)$에 위치하여, 회전 없이, +Z 축 방향으로 초점거리 f 만큼 떨어진 곳에 투영중심이 (cx_1, cy)이 투영 평면이 위치하고 있다. (0, 0, f, 1), (100, 0, f, 1), (0, 100, f, 1)을 point3D에 저장한 후에, 사용자 정의 함수 ProjectPoints2로 오른쪽 카메라의 투영 행렬 Proj[1]을 사용하여 3차원 동차좌표 point3D를 오른쪽 카메라의 투영면 위에 투영시켜 projectedPt[0], projectedPt[1], projectedPt[2]에 각각 저장한다. 191-192행은 cvLine 함수로 X, Y 축을 CV_RGB(0, 0, 255), CV_RGB(255, 0, 0) 색상으로 각각 표시한다.

197-204행 사용자 정의 함수 MergeImage로 교정된 영상 remapImage[0], remapImage[1]을 수평으로 합성하여 영상 mergeImage에 저장하고, cvStereoRectify 함수로 계산한 파라미터에 의한 스테레오 교정을 확인 표시하기 위하여 일정 간격으로 y축을 일정하게 하여 직선으로 표시한다.

243-253행 사용자 정의 함수 ProjectPoints2는 3차원 좌표 point3D에 투영 행렬 Proj을 적용하여 투영 평면 위의 2차원 좌표 projectedPt를 계산한다.

[그림 4.67]은 스테레오 교정 영상에 XY 축을 표시한 결과이다. 파란색 CV_RGB(0, 0, 255)의 X축, 빨간색 CV_RGB(255, 0, 0)의 Y축을 표시한다. [그림 4.68]은 cvStereoRectify와 cvTriangulatePoints 함수로 계산한 3차원 좌표를 표시한다. 예제 cvEx0430의 결과와 같이 Z=0인 XY 평면 위의 세계 좌표가 계산되는 것이 아니다. cvTriangulatePoints 함수에 의해 계산된 Z 값은 원점에 위치한 카메라로부터의 거리이다. 잔차(disparity)와 Q 행렬을 이용하여 3차원 좌표를 계산할 수 있다.

[그림 4.67] 스테레오 교정 영상에 XY 축 표시

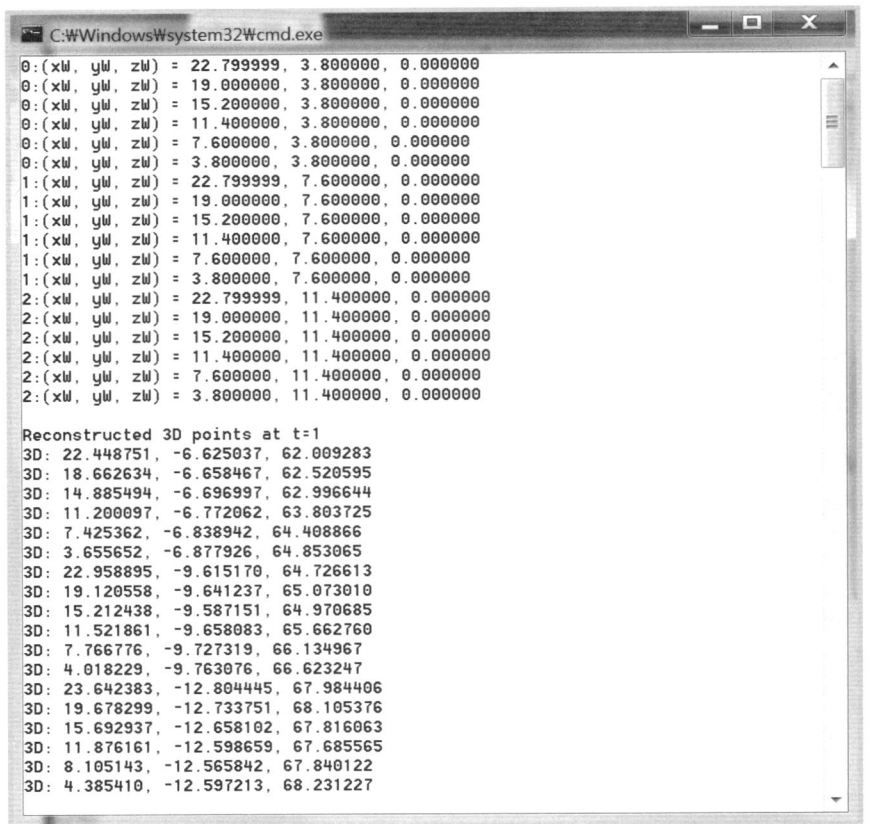

[그림 4.68] cvStereoRectify와 cvTriangulatePoints 함수로 3차원 좌표 계산(t=1)

Chpater 04 카메라 캘리브레이션(Camera Calibration) 423

예제 cvEx0432   비디오에서 코너점의 3차원 좌표 계산(3)
(cvStereoRectify의 Q행렬, cvUndistortPoints, 잔차(disparity))

```
001: #include <stdio.h>
002: #include "cv.h"
003: #include "highgui.h"
004: bool FindCornerPoints(IplImage *image, CvSize size, CvMat *mP);
005: void MergeImage(IplImage *image1, IplImage *image2, IplImage *mergeImage);
006: void PrintMat(const CvMat *mat, const char *strName);
007: int main()
008: {
009:     IplImage*  frame[2];
010:     CvCapture* capture[2];
011:     capture[0]= cvCaptureFromFile("leftCam.avi");
012:     capture[1]= cvCaptureFromFile("rightCam.avi");
013:     if(!capture[0] || !capture[1])
014:     {
015:             printf("the video files were not found.");
016:             return 0;
017:     }
018:     int width = (int)cvGetCaptureProperty(capture[0],
019:                             CV_CAP_PROP_FRAME_WIDTH);
020:     int height = (int)cvGetCaptureProperty(capture[0],
021:                             CV_CAP_PROP_FRAME_HEIGHT);
022:     CvSize image_size = cvSize(width, height);
023:     CvSize patternSize = cvSize(6,3);
024:     int nPoints =patternSize.width*patternSize.height;
025:
026: // set the corner points to the world coordinates (unit : cm)
027: // CvMat *mW = cvCreateMat(1, nPoints, CV_32FC3);
028: // SetWorldCoordinateChessBoard(mW, 3.8, patternSize);
029:
030:     CvMat *mP[2]; // mP[0]: left, mP[1]: right
031:     mP[0] = cvCreateMat(1, nPoints, CV_32FC2);
032:     mP[1] = cvCreateMat(1, nPoints, CV_32FC2);
033:
034:
035: // Read the streo calibration parameters in streoCalibRect8.yml/streoCalibRect12.yml.
036: // It is calculated by using cvEx0425.
037:     CvFileStorage* fsR;
038:     fsR = cvOpenFileStorage("streoCalibRect8.yml", 0, CV_STORAGE_READ);
039: // fsR = cvOpenFileStorage("streoCalibRect12.yml", 0, CV_STORAGE_READ);
040:     CvMat* camera_matrix[2];   // camera_matrix1, camera_matrix2
041:     camera_matrix[0] = (CvMat*)cvReadByName(fsR, 0, "camera_matrix0");
042:     camera_matrix[1] = (CvMat*)cvReadByName(fsR, 0, "camera_matrix1");
043: // PrintMat(camera_matrix[0], "camera_matrix[0]");
044: // PrintMat(camera_matrix[1], "camera_matrix[1]");
045:
046:     CvMat* distortion_coeffs[2];
047:     distortion_coeffs[0] = (CvMat*)cvReadByName(fsR, 0, "distortion_coeffs0");
048:     distortion_coeffs[1] = (CvMat*)cvReadByName(fsR, 0, "distortion_coeffs1");
```

```
049: // PrintMat(distortion_coeffs[0], "distortion_coeffs[0]");
050: // PrintMat(distortion_coeffs[1], "distortion_coeffs[1]");
051:    CvMat *R, *T;
052:    R=(CvMat*)cvReadByName(fsR, 0, "R");
053:    T=(CvMat*)cvReadByName(fsR, 0, "T");
054: // PrintMat(R, "R");
055: // PrintMat(T, "T");
056:
057: // for cvStereoRectify
058:    CvMat *rR[2], *Proj[2], *Q;
059:    rR[0] = (CvMat*)cvReadByName(fsR, 0, "rR0");
060:    rR[1] = (CvMat*)cvReadByName(fsR, 0, "rR1");
061:
062:    Proj[0] = (CvMat*)cvReadByName(fsR, 0, "P0");
063:    Proj[1] = (CvMat*)cvReadByName(fsR, 0, "P1");
064: // PrintMat(Proj[0], "Proj[0]");
065: // PrintMat(Proj[1], "Proj[1]");
066:
067:    Q = (CvMat*)cvReadByName(fsR, 0, "Q");
068: // PrintMat(Q, "Q");
069:    cvReleaseFileStorage(&fsR);
070:
071:    CvMat *mapX[2], *mapY[2];
072:    mapX[0] = cvCreateMat(image_size.height, image_size.width, CV_32F);
073:    mapY[0] = cvCreateMat(image_size.height, image_size.width, CV_32F);
074:    mapX[1] = cvCreateMat(image_size.height, image_size.width, CV_32F);
075:    mapY[1] = cvCreateMat(image_size.height, image_size.width, CV_32F);
076:
077:    cvInitUndistortRectifyMap(camera_matrix[0], distortion_coeffs[0],
078:                  rR[0], Proj[0], mapX[0],mapY[0]);
079:    cvInitUndistortRectifyMap(camera_matrix[1], distortion_coeffs[1],
080:                  rR[1], Proj[1], mapX[1],mapY[1]);
081:
082:    CvMat *point3D = cvCreateMat(4,1,CV_64F);
083:
084:    IplImage *remapImage[2];
085:    remapImage[0]= cvCreateImage(image_size, IPL_DEPTH_8U, 3);
086:    remapImage[1]= cvCreateImage(image_size, IPL_DEPTH_8U, 3);
087:
088:    CvSize image_size2 = cvSize(width*2, height);
089:    IplImage *mergeImage;
090:    mergeImage= cvCreateImage(image_size2, IPL_DEPTH_8U, 3);
091:
092:    for(int t=0; cvWaitKey(10)!= 27 ;t++)
093:    {
094:            frame[0] = cvQueryFrame(capture[0]);
095:            frame[1] = cvQueryFrame(capture[1]);
096:        if(!frame[0] || !frame[1])
097:            break;
098:        if(!FindCornerPoints(frame[0], patternSize, mP[0]))
099:                continue;
```

```
100:            if(!FindCornerPoints(frame[1], patternSize, mP[1]))
101:                continue;
102: // for rectification image
103:            cvRemap(frame[0], remapImage[0], mapX[0], mapY[0]);
104:            cvRemap(frame[1], remapImage[1], mapX[1], mapY[1]);
105:
106:  // for undistortion of the corner points
107:            cvUndistortPoints(mP[0], mP[0], camera_matrix[0],
108:                            distortion_coeffs[0], rR[0], Proj[0]);
109:            cvUndistortPoints(mP[1], mP[1], camera_matrix[1],
110:                            distortion_coeffs[1], rR[1], Proj[1]);
111:        CvPoint2D32f p[2];
112:        float dX, dY;
113:        double X, Y, Z, W;
114:        printf("\nReconstructed 3D points at t=%d\n", t);
115:        for(int i=0; i<nPoints; i++)
116:        {
117:            p[0] = CV_MAT_ELEM(*mP[0], CvPoint2D32f, 0, i);
118:            p[1] = CV_MAT_ELEM(*mP[1], CvPoint2D32f, 0, i);
119:
120:            dX = p[0].x - p[1].x; // disparity
121: //            dY = p[0].y - p[1].y; // should be zero, but some errors
122: //            printf("disparity[%d]: dX = %f\n", i, dX);
123:
124:    cvCircle(remapImage[0], cvPoint(p[0].x, p[0].y), 3, CV_RGB(0, 0, 255), 2);
125: // cvCircle(remapImage[1], cvPoint(p[1].x, p[1].y), 3, CV_RGB(0, 0, 255), 2);
126:    cvCircle(remapImage[1], cvPoint(p[0].x-dX, p[0].y), 3, CV_RGB(0, 0, 255), 2);
127:
128:            if(dX == 0) // then W =0
129:                continue;
130:
131:            cvSetReal1D(point3D, 0, (double)p[0].x);
132:            cvSetReal1D(point3D, 1, (double)p[0].y);
133:            cvSetReal1D(point3D, 2, (double)dX);
134:            cvSetReal1D(point3D, 3, 1.0);
135:
136:            cvMatMul(Q, point3D, point3D);
137:            W = cvGetReal1D(point3D, 3);
138:            X = cvGetReal1D(point3D, 0)/W;
139:            Y = cvGetReal1D(point3D, 1)/W;
140:            Z = cvGetReal1D(point3D, 2)/W;
141:            printf("3D: %f, %f, %f\n", X, Y, Z);
142:        }
143:        MergeImage(remapImage[0], remapImage[1], mergeImage);
144:        for(int  y = 0; y < mergeImage->height; y += 32)
145:        {
146:            cvLine(mergeImage, cvPoint(0,y),
147:                        cvPoint(mergeImage->width,y),
148:                        CV_RGB(0,255,0));
149:        }
150:        cvShowImage("mergeImage",mergeImage);
```

```
151:            cvWaitKey(0);
152:        }
153:    cvWaitKey(0);
154:    cvDestroyAllWindows();
155: // cvReleaseMat(&mW);
156:    cvReleaseMat(&point3D);
157:    cvReleaseImage(&mergeImage);
158:    for(int i=0; i<2; i++)
159:    {
160:            cvReleaseMat(&mP[i]);
161:            cvReleaseMat(&camera_matrix[i]);
162:            cvReleaseMat(&distortion_coeffs[i]);
163:
164:            cvReleaseMat(&rR[i]);
165:            cvReleaseMat(&Proj[i]);
166:            cvReleaseMat(&mapX[i]);
167:            cvReleaseMat(&mapY[i]);
168:            cvReleaseImage(&remapImage[i]);
169:            cvReleaseCapture(&capture[i]);
170:    }
171:    return 0;
172: }
173: void MergeImage(IplImage *image1, IplImage *image2, IplImage *mergeImage)
174: {
175:    //  We assume that mergeImage->width == image1->width + image2->width,
176:    //                  mergeImage->height== image1->height
177:    //                                    == image2->height
178:    cvSetImageROI(mergeImage,
179:            cvRect(0, 0, image1->width, image1->height));
180:    cvCopy(image1, mergeImage);
181:    cvSetImageROI(mergeImage,
182:            cvRect(image1->width, 0, image2->width, image2->height));
183:    cvCopy(image2, mergeImage);
184:    cvResetImageROI(mergeImage);
185: }
186: void ConvertPtMat(CvPoint2D32f *P, CvMat *mP, int nPoints)
187: {
188:    for(int i=0; i<nPoints; i++)
189:    {
190:            CV_MAT_ELEM(*mP, CvPoint2D32f, 0, i)= P[i];
191:    }
192: }
193: bool FindCornerPoints(IplImage *image, CvSize size, CvMat *mP)
194: {
195:    int nPoints =size.width*size.height;
196:    CvPoint2D32f *CornerP = new CvPoint2D32f[nPoints];
197:    int nCount;
198:    int nFound = cvFindChessboardCorners(image, size, CornerP, &nCount,
199:                            CV_CALIB_CB_ADAPTIVE_THRESH);
200:    if(nCount !=  size.width*size.height)
201:    {
```

```
202:            delete CornerP;
203:            return false;
204:        }
205:        IplImage *grayImage = cvCreateImage(cvGetSize(image), 8, 1);
206:        cvCvtColor(image, grayImage, CV_BGR2GRAY);
207:        cvFindCornerSubPix(grayImage, CornerP, nCount, cvSize(11, 11),
208:                           cvSize(-1, -1),
209:            cvTermCriteria(CV_TERMCRIT_EPS+CV_TERMCRIT_ITER, 200, 0.01));
210:        cvReleaseImage(&grayImage);
211:
212:        cvDrawChessboardCorners(image, size, CornerP, nCount, nFound);
213:        ConvertPtMat(CornerP, mP, nPoints);
214:        delete CornerP;
215:        return true;
216: }
217: void PrintMat(const CvMat *mat, const char *strName)
218: {
219:     int    x, y;
220:     double fValue;
221:     printf(" %s \n = \n", strName);
222:     for(y= 0; y<mat->rows; y++)
223:     {
224:          for(x= 0; x<mat->cols; x++)
225:          {
226:              fValue = cvGetReal2D(mat, y, x);
227:              printf("%.2f ", fValue);
228:          }
229:          printf("\n");
230:     }
231:     printf("\n\n");
232: }
```

예제 cvEx0431과 동일하게 스테레오 비디오("leftCam.avi", "rightCam.avi") 영상을 예제 cvEx0425를 사용하여 cvStereoRectify 함수로 스테레오 교정을 수행하여 계산한 "streoCalibRect8.yml"과 "streoCalibRect12.yml" 파일의 스테레오 카메라 캘리브레이션 교정 정보를 읽어서, 코너점을 좌, 우 스테레오 영상에서 검출한 후에, cvUndistortPoints 함수로 왜곡을 제거한 코너점 좌표를 계산하고, 좌, 우의 교정된 코너점에서 잔차(disparity)를 계산하고, cvStereoRectify의 Q 행렬을 곱하여 3차원 좌표를 계산한다.

37-69행 예제 cvEx0425를 사용하여 계산한 "streoCalibRect8.yml"과 "streoCalibRect12.yml" 파일로부터 스테레오 카메라의 캘리브레이션 교정 정보를 읽어 온다. 내부 파라미터 행렬 camera_matrix[0], camera_matrix[1]과 렌즈 왜곡 계수 행렬 distortion_coeffs[0], distortion_coeffs[1], 카메라 회전 행렬 R, 이동행렬 T, 스테레오 교정 회전 행렬 rR[0], rR[1], 투영 행렬 Proj[0], Proj[1], 깊이 계산 행렬 Q 등을 읽어온다.

71-90행   71-80행은 좌, 우 스테레오 영상을 교정하기 위한 변환 맵 행렬 mapX와 mapY를 선언하고, cvInitUndistortRectifyMap 함수를 사용하여 교정 변환 맵을 계산한다.

82행의 point3D는 1개의 3차원 좌표를 위한 행렬이다. remapImage는 좌, 우 스테레오 영상의 교정된 영상을 저장할 영상이며, mergeImage는 좌, 우 스테레오 교정 영상 remapImage[0], remapImage[1]을 하나의 영상으로 병합할 영상이다.

98-110행   98-101행은 FindCornerPoints 함수로 좌, 우 스테레오 영상에서 코너점을 mP[0], mP[1]에 검출하며, 103-104행은 cvRemap 함수로 영상 frame[0]에 mapX[0], mapY[0]을 적용하여 교정된 영상을 remapImage[0]에 저장한다. 영상 frame[1]에 mapX[1], mapY[1]을 적용하여 교정된 영상을 remapImage[1]에 저장한다.

107-110행은 cvUndistortPoints 함수로 camera_matrix[0], distortion_coeffs[0], rR[0], Proj[0]을 이용하여 코너점 mP[0]에서 왜곡을 제거하여 다시 mP[0]에 저장하고, camera_matrix[1], distortion_coeffs[1], rR[1], Proj[1]을 이용하여 코너점 mP[1]에서 왜곡을 제거하여 다시 mP[1]에 저장한다.

111-142행   118-119행은 왜곡이 제거된 좌, 우 스테레오 영상의 코너점 mP[0], mP[1]을 p[0], p[1]에 읽고, 120행은 dX = p[0].x - p[1].x에 의해 잔차(disparity)를 계산한다. 121행의 dY = p[0].y - p[1].y는 스테레오 교정이 성공적이었으면 0이어야 하지만, 약간의 오차가 발생할 수 있다.

124행은 cvCircle 함수로 영상 remapImage[0]에 cvPoint(p[0].x, p[0].y)를 CV_RGB(0, 0, 255) 색상으로 원을 표시하고, cvCircle 함수로 영상 remapImage[1]에 잔차를 이용하여 계산된 좌표 cvPoint(p[0].x-dX, p[0].y)에 CV_RGB(0, 0, 255) 색상으로 원을 표시한다.

128-129행은 dX==0, 즉 잔차가 없으면 다음 코너점을 처리하며, 131-134행은 좌측 영상의 코너점과 잔차를 이용하여 행렬 point3D에 (p[0].x,)p[0].y, dX, 1)를 설정하고, 136행은 Q 행렬에 point3D 행렬을 곱하여 point3D 행렬에 다시 저장하고, 137-140행에서 동차좌표를 3차원 좌표로 변환한다.

143-149행   사용자 정의 함수 MergeImage로 교정된 영상 remapImage[0], remapImage[1]를 수평으로 합성하여 영상 mergeImage에 저장하고, cvStereoRectify 함수로 계산한 파라미터에 의한 스테레오 교정을 확인 표시하기 위하여 일정 간격으로 y축을 일정하게 하여 직선으로 표시한다.

[그림 4.69]는 코너점에 cvUndistortPoints 함수를 적용하고, 우측 스테레오 카메라 영상은 잔차(disparity)를 이용하여 코너점을 표시하였다. [그림 4.70]은 cvStereoRectify의 Q 행렬, cvUndistortPoints, 잔차(disparity)로 3차원 좌표 계산이며, 예제 cvEx0431의 계산 결과와 오차 범위 내에서 동일함을 알 수 있다. 계산된 3차원 좌표의 Z 값은 원점에 위치한 좌측 카메라로부터의 거리이다.

Chpater 04 카메라 캘리브레이션(Camera Calibration)

[그림 4.69] cvUndistortPoints 함수와 잔차에 의한 코너점 표시

```
Reconstructed 3D points at t=1
3D: 22.218390, -6.528112, 61.266727
3D: 18.492116, -6.566430, 61.829994
3D: 14.808389, -6.639665, 62.578807
3D: 11.138350, -6.700576, 63.302840
3D: 7.404791, -6.787921, 64.072718
3D: 3.655674, -6.876023, 64.841705
3D: 22.638529, -9.439582, 63.678241
3D: 18.931412, -9.510408, 64.300945
3D: 15.165444, -9.543433, 64.716712
3D: 11.487322, -9.609949, 65.389088
3D: 7.767965, -9.730557, 66.152725
3D: 4.019149, -9.789763, 66.761436
3D: 23.178668, -12.492129, 66.445634
3D: 19.329918, -12.441829, 66.670617
3D: 15.563135, -12.514072, 67.115255
3D: 11.842749, -12.544762, 67.426639
3D: 8.109286, -12.577979, 67.897392
3D: 4.391320, -12.683215, 68.624010
```

[그림 4.70] cvStereoRectify의 Q 행렬, cvUndistortPoints, 잔차(disparity)로 3차원 좌표 계산

함수 찾아보기

함수	페이지
cvAcc	74
cvCalcBackProject	123
cvCalcGlobalOrientation	89
cvCalcMotionGradient	88
cvCalcOpticalFlowBM	97
cvCalcOpticalFlowFarneback	100
cvCalcOpticalFlowHS	98
cvCalcOpticalFlowLK	99
cvCalcOpticalFlowPyrLK	100
cvCalibrateCamera2	292
cvCamShift	123
cvCaptureFromCAM	64
cvCaptureFromFile	64
cvCircle	43
cvCloneImage	36
cvComputeCorrespondEpilines	345, 356
cvCopy	36
cvCorrectMatches	346
cvCreateImage	35
cvCreateKalman	141
cvCreateStereoBMState	385
cvCreateVideoWriter	67
cvCvtColor	54
cvDestroyAllWindows	33
cvDestroyWindow	33
cvDrawChessboardCorners	168
cvEllipse	43
cvFindChessboardCorners	167
cvFindExtrinsicCameraParams2	295
cvFindFundamentalMat	345
cvFindHomography	198
cvFindStereoCorrespondenceBM	385
cvGetCaptureProperty	65
cvGetCol	61
cvGetCols	61
cvGet*D	39
cvGetImage	49
cvGetImageCOI	46
cvGetImageROI	46
cvGetMat	48
cvGetOptimalNewCameraMatrix	296
cvGetReal*D	39

cvGetRow	62
cvGetRows	62
cvGetSubRect	51
cvGrabFrame	65
cvInitIntrinsicParams2D	291
cvInitUndistortMap	356
cvInitUndistortRectifyMap	356
CvKalman	138
cvKalmanCorrect	141
cvKalmanPredict	141
cvLine	43
cvLoadImage	32
cvMeanShift	123
cvMerge	54
cvMultiplyAcc	75
cvNamedWindow	33
cvProjectPoints2	297
cvQueryFrame	65
cvRectangle	43
cvReleaseCapture	65
cvReleaseImage	35
cvReleaseVideoWriter	68
cvReprojectImageTo3D	386
cvResetImageROI	45
cvReshape	53
cvRetrieveFrame	65
cvRodrigues2	300
cvRQDecomp3x3	299
cvRunningAvg	75
cvSaveImage	32
cvSegmentMotion	89
cvSet	36
cvSetCaptureProperty	66
cvSet*D	39
cvSetImageCOI	46
cvSetImageROI	45
cvSetReal*D	38
cvSetZero	36
cvShowImage	33
cvSplit	54
cvSquareAcc	75
CvStereoBMState	383
cvStereoCalibrate	352
cvStereoRectify	353
cvStereoRectifyUncalibrated	355
cvTriangulatePoints	386
cvUndistort2	298

cvUndistortPoints	298
cvUpdateMotionHistory	88
cvWaitKey	33
cvWriteFrame	68

OpenCV
컴퓨터 비전 프로그래밍
**Motion Detection / Tracking
& Camera Calibration**

인쇄 일자 : 2013년 12월 26일 초판 인쇄
발행 일자 : 2014년 1월 3일 초판 발행

펴낸곳 : 가메출판사(http://www.kame.co.kr)
발행인 : 성만경
지은이 : 김동근

주소 : 서울시 마포구 서교동 394-25 동양한강트레벨 504호
전화 : 031)923-8317
팩스 : 031)923-8327

ISBN : 978-89-8079-267-3
등록번호 : 제313-2009-264호

정가 : 25,000원

잘못된 책은 구입하신 서점에서 교환해 드립니다.
이 책의 무단 전재 및 복제를 금합니다.